세계사를 보는
새로운 눈

세계사를 보는
새로운 눈

김종국 지음

생각의창

역사의 실체를 찾아서

군자는 의義에 밝고, 소인은 이利에 밝다. _《논어論語》, 〈이인里仁〉

우리가 저녁 식사를 기대하는 것은 푸줏간, 술집, 빵집의 자비심이 아니라

그들 자신의 이해利害에 대한 배려다. _애덤 스미스Adam Smith, 《국부론》

    유교 가치관과 서구 가치관은 서로 다른 방향을 가리킨다. 한반도 주변에서는 서구 문명을 대표하는 미국과 과거 아시아 문명을 주도한 중국이 치열한 패권 경쟁을 벌이고 있다. 우리는 유교 가치관과 서구 가치관, 서구 문명과 중국 문명이 교류·갈등하는 교차점에 살고 있다. 세계정세를 이해하고 한국 사회의 방향성을 모색하려면, 세계 역사와 동서양 차이를 깊이 탐구할 필요가 있다.

    이 책은 경제를 중심으로 동서양 역사를 조명하면서 두 가지 주제에 초점을 맞추었다.

첫째, 어떤 요소가 경제와 역사를 움직이는가?

둘째, 서구와 중국은 어떤 요인에 의해 다른 경로로 발전해왔는가?

경제는 경제 요인뿐 아니라 여러 경제 외적인 요인에 의해 움직인다. 지리, 권력, 전쟁, 과학, 기술, 문화, 이데올로기, 제도 등 수많은 요소가 작용한다.

이 책에서 나는 동서양 경제와 역사를 '지리, 욕망, 이성, 힘, 문화, 제도'라는 여섯 가지 관점에서 분석해보고자 했다. 그러면서 연대순으로 사건을 서술하기보다 배경과 변동 요인을 파악해 역사적 실체에 다가서려고 노력했다.

이 책이 다루는 범위는 그리스·로마, 고대 중국에서 시작해 미·중 패권 경쟁에 이르기까지 전 시대다. 고대부터 이야기를 시작하는 것은 현대 문명을 지배하는 유전자가 아주 오래전부터 형성되었다고 보았기 때문이다.

이 책을 쓰게 된 동기는 1997년 IMF 외환 위기다. 아시아 외환 위기는 신자유주의와 아시아 신흥국 경제체제가 마주치며 발생한 사건이다. 한국은 왜 외환 위기를 맞게 되었고, 동서양 경제관의 차이는 무엇인가. 경제·사회 발전을 위해 어떤 요소가 필요한가. 여러 생각이 오랫동안 머릿속을 맴돌았다.

긴 구상과 숙고 끝에 언론인으로 일하며 얻은 지식과 경험, 해외 답사, 개인적 연구가 더해져 이 책이 세상에 나오게 되었다.

동서양 경제사를 일정한 틀로 분석하고 압축, 정리한다는 것은 무모한 도전이고 모험일지 모른다. 하지만 역사 탐구는 도전만으로도 가치 있는 일이고, 작은 생각이라도 기록으로 남기지 않으면 모두 사라질 것이라는 안타까움에 용기를 냈다.

지난 4년 동안 밤낮을 바꿔 가며 자료를 찾고 글을 정리했다. 악전고투의 시간이었지만 새로운 지식을 얻을 때마다 큰 즐거움을 느꼈다.

이 책이 나오기까지 격려와 조언을 아끼지 않은 고승철 작가와 직접 편집, 교정을 맡아 남다른 열정을 보여준 '생각의창' 김병우 대표에게 깊이 감사드린다. 끝으로 집필하는 동안 곁에서 든든한 버팀목이 되어 준 아내와 가족 모두에게 사랑의 인사를 전한다.

차례

서장

경제와 역사에 영향을 미치는
핵심 요소 여섯 가지

다시 돌아보는
충격의 그날

1997년 11월 미국의 연방준비제도이사회 의장 앨런 그린스펀Alan Greenspan은 일본은행 고위 관계자로부터 긴급한 전화를 받았다.

"댐이 무너지려 하고 있습니다." 이는 충격적이었다. 아시아의 괄목할 만한 경제성장의 상징인 한국은 당시 세계 11위의 경제 규모를 자랑하고 있었다. _앨런 그린스펀, 《격동의 시대》

한국은행은 250억 달러 외환을 보유하고 있다고 밝혔으나, 그린스펀은 사실이 아니었다고 증언했다.

곧 우리는 한국 정부가 이 외환 보유고를 속여 왔다play games는 사실을 알게 되었다. 한국 정부는 갖고 있던 외환 대부분을 시중 은행에 매각 또는 융자했으며, 이 은행들은 또 악성 채무 문제를 해결하는 데 이 자금을 썼다. _앨런 그린스펀, 《격동의 시대》

국가 부도 위기에 몰린 한국은 그해 12월 3일 IMF로부터 550억 달러를 지원받는 구제금융 협정에 서명했다. 건국 이후 처음으로 한국은 굴욕적 IMF 관리 체제에 들어가게 되었다.

아시아 외환 위기 3년 전, 미국의 저명한 경제학자 폴 크루그먼Paul Krugman은 아시아 경제의 위험성을 알리는 경고를 보냈다. 크루그먼은 1994년 말 〈포린 어페어스Foreign Affairs〉에 기고한 글에서 정부가 주도하는 권위주의적 아시아 경제는 기술 면에서 치명적 약점을 안고 있다고 지적했다.

기계와 기반 시설에 더 많이 투자하는 효율성의 향상 없이, 단순한 투입량 증가는 수확 체감의 법칙에 부닥치게 되어 있다. 투입 주도 성장은 불가피하게 한계가 있다. _폴 크루그먼, 〈포린 어페어스〉 기고문, '아시아 기적의 신화The Myth of Asia's Miracle'

이런 경고에도 아시아 국가들은 경제 기적을 이룬 아시아 경제체제에 자신감을 보였다. 크루그먼은 아시아 경제가 쇠락한 소련과 비슷한 전철을 밟게 될 가능성이 있다고 주장했다. 크루그먼의 우울한 경고는 그대로 들어맞았다.

한국은 1996년 말 OECD에 가입하고 세계화 추세에 맞춰 무역·금융 시장을 개방했으나, 펀더멘털fundamental이 좋지 않았다. 한국은 1994년부터 경상수지 적자를 보였고, 1996년 237억 달러의 많은 적자를 냈다. 1994년 568억 달러였던 외채는 1996년 말 1,047억 달러로 2배 가까이 늘어났다. 외채 가운데 60%는 1년 안에 갚아야 하는 단기 외채였다. 경상수지 적자가 발생하면 환율을 시장에 맞춰야 하는데 물가와 외채 상환 부담이 높아진다는 이유로 환율을 인위적으로 통제했다. 한국경제연구원 분석에 따르면, 1996년 말 적정 환율은 1달러에 1,001.50원이었으나 정부와 한국은행은 환율을 839원에 묶어 두었다.

당시 재정경제원 차관 강만수는 후일 경상수지 적자와 고평가된 환율이 외환 위기를 초래했다고 지적했다.

기업들은 국내외 은행에서 돈을 빌려 설비 투자를 늘리고 외형을 확대하는 경쟁을 벌였다. 재정경제부가 발표한 〈1999년 경제백서〉에 따르면, 1997년 한국 제조업 부채비율은 396%로 대만 86%, 미국 153%보다 훨씬 높았다. 동남아시아에서 외환 위기 태풍이 북상하자 재벌 기업과 은행, 종합금융회사는 추풍낙엽처럼 쓰러졌다. 한보, 삼미, 한신공영, 진로, 대농, 쌍용, 기아자동차가 파산하고 은행은 부실화되었다. 1997년 11월 외환 보유고는 바닥을 드러내 원-달러 환율은 1,000원을 넘어섰다. 대선을 앞두고 여야가 극한으로 맞서게 되면서 국회에 넘겨진 금융개혁법안 처리는 무산되었다.

한국 정부는 결국 IMF 협정에 서명했다. 사실상 경제 항복 선언이었다. IMF와 미국의 재무부, 미국 언론은 한국 정부를 매섭게 몰아쳤다. 한국 관리들이 자본시장 개방에 난색을 보이자 미국 언론이 공격했다. 〈월스트리트 저널Wall Street Journal〉 아시아판은 IMF 요구를 순순히 따르지 않는 한국 관리들 태도를 문제 삼아 '문화, 믿음, 오만한 기관과의 지저분한 충돌messy clash of culture, beliefs, and proud institution'이라고 공격했다.

한국 정부는 IMF 요구에 따라, 가혹한 긴축정책을 실시하고 외국인 주식 지분 한도를 50%로 높였다. 수많은 기업이 도산하거나 해외에 헐값에 매각되고, 대량 해고 사태가 일어났다. 1998년 매월 이삼천 개 업체가 부도를 내고, 자살자가 한 해 5,000명이나 늘어났다. 경제성장률은 마이너스 5.1%로 떨어졌다.

하버드대 경제학 교수 제프리 삭스Jeffrey Sachs는 IMF가 '잘못된 약wrong medicine'을 처방했다고 비판했다.

> 아시아 위기는 7월 초에 시작된 국제 채권자들과 투자자들에 의해 갑작스럽고 예상치 못한 자금 이탈로 시작되었다. 두 달 안에 그것은 아시아 전체 은행 시스템을 위태롭게 했다. IMF는 초기 행동에서 상황을 악화시킨 매우 중대한 실수를 저질렀다. 그들이 들어왔을 때, 그들은 도움을 주려는 나라의 상당수 은행을 폐쇄했다. 그 결과는 급격한 은행 위기를 불러왔고, 현재 경제 생산의 하강 곡선으로 이어지고 있다. _〈뉴욕 타임스The New York Times〉

IMF 관리 체제에서 한국 경제는 초토화되었다. 미국 투자회사들은 달러를 가져와 기업과 금융기관, 부동산을 헐값에 사들였다. 미국 투자회사들은 막대한 수익을 챙겼다. 이 때문에 아시아 외환 위기가 서방 투기 자본의 음모라는 주장이 제기된다.

미국 재무장관 로버트 루빈Robert Rubin은 한국이 IMF 프로그램을 받아들이지 않으면 돈을 빌려줄 수 없다는 '엄한 사랑tough love'을 보여주었다고 강만수는 회고한다. 클린턴 대통령의 최측근으로 불린 루빈은 대형 투자 은행 골드만삭스 회장 출신이다.

〈워싱턴 포스트The Washington Post〉 기자 폴 블루스타인Paul Blustein은 2001년 출간한 현장 취재 기록《징벌Chastening》에서 미국의 재무부 뒤에 월스트리트가 있다고 주장했다.

> 미국 재무부의 국제 담당 부서는 한국 정부에 금융시장을 개방하도록 오랫동안 촉구해왔다. 예를 들면, 외국은행에 대한 규제를 철폐하고, 한국 기업이 국제 채권시장에서 돈을 빌릴 수 있게 하고, 외국인에게 더 많은 주식을 팔도록 허용하는 조치다. 한국 정부에 대한 압박 배후에는 미국 금융 서비스 회사의 로비가 동력으로 작용했다. _폴 블루스타인,《징벌》

1999년 2월 〈뉴욕 타임스〉는 '미국이 아시아에 금융 자유화를 압박한 것은 미국 은행과 증권사들에게 잠재적 금광gold mine으로 보였기 때문이다'라고 보도했다. UC 산타바버라대 사회학자 얀 피테르서Jan Nederveen Pieterse는 아시아 외환 위기를 아시아 경제의 미국화로 해석했다.

> 1990년대는 미국과 아시아 자본주의 사이 대결의 시간으로 묘사되었다. 이 대결에서 미국 자본주의가 승리했다. 레이건 시대 규제 완화로 고삐가 풀린 투기 자본과 헤지펀드가 1997년 아시아 위기와 뒤이은 금융 위기에서 큰 역할을 했다. 미국에서는 아시아 위기가 아시아 경제를 미국화할 기회로 환영받았다. _얀 피테르서,《신자유주의 세계화와 워싱턴 컨센서스 Neoliberal Globalization and the Washington Consensus》

한국은
우물 안 개구리였다

한국은 개항 이후 서구 자본주의를 받아들이고 산업화를 위해 땀을 흘렸지만, 자본주의의 냉혹함을 제대로 알지 못했다. 초국적 금융자본의 야수적 공격성을 알지 못했다. 투기 자본은 취약점을 보이면 피 냄새를 맡은 상어 떼처럼 투기적 공격을 가한다. 세계화가 되면 국경이 없어진다고 했지만, 국경은 존재했다.

거친 대양을 항해한 경험이 적은 한국 금융기관들은 손쉽게 외자를 빌려 쓰다 화를 당했다. 세계화는 막강한 자본과 기술, 금융 노하우를 가진 선진국 이데올로기다. 선진 노하우를 공부하고 치밀하게 대처하지 않으면 백전백패할 수밖에 없다.

한국은 국가가 민간경제에 깊이 개입하는 동아시아 발전모델East Asian Development Model로 성장했다. 일본, 한국, 대만, 싱가포르, 중국의 발전 전략이 이 유형에 속한다. 정치학자 문돈과 정진영에 따르면, 한국이 채택한 발전모델은 권위주의 정부와 관료 조직, 유교 문화에 바탕을 두었다. 이 모델은 사회 전체가 경제성장, 산업화를 최우선 목표로 하고 대외적으로는 미국과의 우호적 통상 관계를 특징으로 한다. 한국은 이 모델로 고도성장을 이루었으나 정경 유착, 정실 자본주의라는 구조적 취약점을 갖고 있었다.

한국인들은 조급하게 빠른 성장을 원했다. 단기적 성장보다 장기적으로 과학·기술을 발전시키고, 교육·연구 개발에 투자하는 것이 더 중요하다는 사실을 정부와 기업은 자각하지 못했다. 한국 정치인과 관료, 기업가, 시민 들은 외환 위기 고통을 겪으며 자본주의를 처음부터 다시 학습해야 했다. 오늘날 한국은 위기를 극복하고 1인당 국민소득 3만 달러를 넘어서는 선진국 대열에 올라섰지만, 많은 과제를 안고 있다.

- 한 나라가 지속적이고 안정적으로 발전하려면 어떤 요소가 필요한가?
- 경제가 쇠퇴하고 위기에 빠지는 원인은 무엇인가?
- 서구 자본주의는 어떻게 발전했고 그 실체는 무엇인가?
- 서구와 아시아는 무엇이 다른가?

나는 이런 질문을 던지며 아시아적 가치와 자본주의 뿌리를 찾아가고자 한다. 먼저, 경제와 역사를 움직이는 핵심 동력이 무엇인지를 살펴보고, 분석 틀을 활용해 서양과 중국의 경제 역사를 조명하기로 한다.

경제사를 분석하는
다양한 시각

경제사는 경제의 역사를 다루는 경제학의 한 분야다. 경제학과 역사학 연구에는 많은 방법론이 쓰인다. 고전 경제학은 경제 성장을 결정하는 요인을 토지, 자본, 노동으로 보았다. 현대 경제학은 경제 성장의 3요소를 자본, 노동, 기술로 본다. 제도학파 경제학자는 경제제도를 강조한다. 1993년 노벨 경제학상을 수상한 더글러스 노스Douglass North는 재산권, 법률 등 제도institution가 경제성장을 좌우하는 핵심 요소라고 주장했다. 런던경제대 교수 켄트 덩Kent Deng은 중국 경제사 연구에 유용한 분석 틀로 다음 아홉 가지 가설을 소개했다.

① 이데올로기 결정론Ideological determinism

② 시장 모델Market model

③ 환경결정론Environmental determinism

④ 계급투쟁 가설Class-struggle hypothesis

⑤ 인구 모델Population model

⑥ 기술결정론Technological determinism

⑦ 지대 추구 정부, 착취적 지주 가설Rent-seeking government and exploitative

　　landlordism hypothesis

⑧ 정부 역할Role of state

⑨ 세계체제World-system paradigm

이 아홉 가지 가설에는 경제사 분석 틀이 거의 망라되어 있다.

여섯 가지 핵심 요소

나는 이 책에서 경제와 역사에 영향을 미치는 핵심 요소를 여섯 가지로 압축했다.

① 지리geography
② 욕망desire
③ 이성reason
④ 힘power
⑤ 문화culture
⑥ 제도institution

각 키워드는 관련된 개념이 모여 있는 클러스터cluster를 대표한다. **지리**는 자연환경·인구·자원·민족주의와 한 무리를 이루고, **욕망**은 시장·경

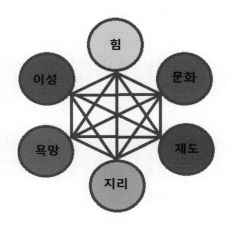

제·자본주의·탐욕, **이성**은 합리주의·과학·기술, **힘**은 권력·군사력·폭력·공격성, **문화**는 전통·종교·자유·평등·이데올로기, **제도**는 정치·경제 제도·법과 연관성이 높다. 각 요소는 독립적이면서도 상호작용하며 역동적으로 움직인다.

이제 각 요소의 개념과 특징을 자세히 살펴보기로 하자.

지리

세계 4대 문명은 온난한 기후에 큰 강이 흐르는 평야 지대에서 기원했다. 기후, 지형, 생물 분포, 자원은 인간의 삶에 절대적 영향을 미친다. 인구, 언어, 종교, 경제, 정치제도는 지리적 환경과 연관성이 높다.

14세기 아랍의 역사학자 이븐 할둔Ibn Khaldun은 기후와 자연환경이 피부색과 기질, 문화에 큰 영향을 준다고 보았다.

온대에 가까운 곳에 사는 이들을 제외하고 남방과 북방의 비온대 지역 주민들은 종교에 대해서 무지하다. 종교적 학문은 그들에게서 찾아볼 수 없다. 모두들 인간이라기보다는 야수에 가깝다고 할 수 있다. _이븐 할둔, 《역사 서설》

19세기 독일 지리학자 프리드리히 라첼Friedrich Ratzel은 찰스 다윈Charles Robert Darwin의 진화론을 지리학에 적용해 '환경결정론Environment determinism'을 주장했다. 환경결정론은 자연조건이 문명과 야만, 문화 수준을 결정한다고 본다. 이 이론은 문명화 사명론으로 확대해석되어 제국주의를 뒷받침하게 된다.

독일 출신 역사학자 카를 비트포겔Karl Wittfogel은 《동양적 전제주의Oriental Despotism》에서 아시아 전제주의는 대규모 치수治水 사업에서 기원했다고 주장했다. 관개시설을 건설하고 농경지를 확대하는 과정에서 강력한 권력이 필요했고, 이로 인해 전제 군주가 다스리는 수력 사회hydraulic society가 출현했다는 것이다. 카를 마르크스Karl Marx의 아시아 생산양식과 환경결정론을 혼합한 비트포겔의 주장은 학계에 뜨거운 논란을 일으켰다.

환경결정론은 1950년대 '환경가능론Environment possibilism'에 의해 점차 밀려났다. 환경가능론은 인간 의지로 자연환경을 극복할 수 있다는 주장이다. 바다 개펄에 도시를 건설한 베네치아, 낮은 땅을 막아 국토를 넓힌 네덜란드, 사막에 초현대식 도시를 세운 두바이가 환경가능론의 대표적 예다.

풍부한 자원이 오히려 경제 발전을 저해하는 경우도 있다. 천연자원을 수출하는 제3세계 국가 대부분이 개발도상국에 머물거나, 1960~1970년대 북해 유전으로 큰 이익을 얻은 네덜란드가 인플레이션과 산업 침체를 겪은 사례는 '자원의 저주'로 불린다.

환경결정론이 쇠퇴했다고 하지만 영향력이 완전히 사라진 것은 아니다. 환경결정론을 주장하는 재레드 다이아몬드Jared Diamond의《총, 균, 쇠》는 출간 후 20년 넘게 스테디셀러 자리를 차지하고 있다.

민족마다 역사가 다르게 진행된 것은 각 민족의 생물학적 차이 때문이 아니라 환경적 차이 때문이다. 지리 환경은 분명히 역사에 영향을 미친다. 문제는 그 영향력이 얼마나 큰지, 그리고 과연 역사의 광범위한 경향도 지리적 환경으로 설명할 수 있는지를 밝혀내는 일이다. _재레드 다이아몬드, 《총, 균, 쇠》

제프리 삭스도 지리적 환경이 경제 발전에 상당한 영향을 준다고 말한다.

온대, 강설 지대의 경제가 열대 지역 경제보다 빨리 성장했다. 말라리아가 창궐하는 지역은 그런 질병이 없는 지역보다 느리게 성장했다. 땅으로 둘러싸인 나라들은 해안이 있는 나라들에 비해 느리게 성장했다. … 힌두 사회나 이슬람 사회의 경우, 경제정책 변수나 지리 변수를 빼놓고는 낮은 성장률을 설명할 자료가 없었다. _제프리 삭스, 〈경제 발전의 새로운 사회학을 위한 소고〉,《문화가 중요하다》

지리는 '자연'과 '인간'의 상호 관계다. 지리와 국제정치, 안보 관계를 연구하는 지정학Geopolitics과 지리와 경제의 상호 관계를 다루는 지경학 Geoeconomics은 국가와 기업의 의사 결정에 중요한 비중을 차지한다.

민족주의 또한 지리를 배경으로 한다. 일정 지역을 중심으로 형성된 혈연, 전통, 역사에서 민족주의가 자라난다.

> 황금시대, 조상, 위대한 영웅에 대한 공유된 기억, 그것이 구현하는 공동체 가치, 민족 기원의 신화, 이주, 신의 선택, 그들을 구별하는 공동체, 영토, 역사, 운명의 상징들, 혈연과 제사의 다양한 전통, 관습이 과거의 민족과 현재, 미래의 국민 관계를 이해하는 열쇠를 제공한다. _안토니 스미스 Anthony Smith, 《민족주의Nationalism》

유럽을 세계의 중심에 놓는 유럽 중심주의와 동양을 열등하게 보는 오리엔탈리즘은 환경결정론, 인종주의, 민족주의와 닿아 있다.

흔히 지리는 운명이라고 말한다. 교통, 통신 발달, 세계화에도 불구하고 지리는 세계 정치·경제와 밀접하게 연관되어 있다. 지리가 모든 것을 결정하지는 않지만, 경제 발전에 상당한 영향을 미친다.

욕망

원소 기호 Au, 물보다 20배 정도 무겁고 아름다운 노란색 광채를 내는 황금은 오래도록 인간을 매료시켰다. 황금은 희귀성과 심미적 가치로 신화의 테마, 숭배, 욕망의 대상이 되었고 폭력과 정복, 전쟁의 원인이 되었다.

콜럼버스는 황금과 향료를 찾아 대서양을 건넜다. 콜럼버스가 꿈꾸던 곳은 궁전 지붕과 방바닥이 온통 황금으로 덮여 있다는 황금의 나라 '지팡구Zipangu, Cipangu(일본)'였다. 그는 서인도제도에 도착해 눈에 불을 켜고 황금을 찾았다.

그들(원주민)이 황금 코걸이를 걸고 다니는 것을 보면 이 섬에도 황금이 있음을 알 수 있다. 하지만 더 이상 시간을 허비하지 않고, 시팡고섬을 발견할 수 있는지 그 여부를 알아보기 위해 출발하려고 한다. _《콜럼버스 항해록》

콜럼버스 항해는 결과적으로 세계사에 혁명적 변화를 가져왔다. 세계체제론자 이매뉴얼 월러스틴Immanuel Wallerstein은 16세기에 유럽이 신대륙을 포함해 주변부를 식민화함으로써 자본주의가 시작되었다고 말한다. 자본주의는 인간의 욕망과 이기심을 기본 전제로 한다.
애덤 스미스Adam Smith는 인간의 이기적 행동이 '보이지 않는 손'에 이끌려 사회에 유익한 결과를 가져온다고 보았다.

자기의 상태를 개선하고자 하는 각 개인의 자연적인 노력이 자유와 안정을 보장받고 그 실행을 허락받는다면 매우 강력한 원리이며, 그것만으로 아무런 도움 없이 그 사회를 부와 번영으로 이끌 수 있다. _애덤 스미스, 《국부론》

토머스 홉스Thomas Hobbes는 욕망을 인간 행위의 동력으로 보았다.
"어떤 사람이 욕구하거나 욕망하는 대상은 그것이 무엇이든 그 사람에게는 선이며, 미워하거나 혐오하는 대상은 악이다."

"모든 욕망은 권력에 대한 욕망으로 환원되는데 그 이유는 부, 지식, 명예는 모두 권력의 일종이기 때문이다."

"인간에게는 일반적으로 끊임없이 힘을 추구하는 욕망이 있으며, 이 욕망은 오직 죽어서야 멈추게 된다고 말하겠다."

네덜란드 철학자 바뤼흐 스피노자Baruch de Spinoza는 "자기를 보존하려는 욕망이 인간의 본질"이라고 말했다. 그는 생명을 보존하려는 의지, 욕망을 '코나투스conatus'라 불렀다. 영국 철학자 데이비드 흄David Hume은 "이성reason은 정념passion의 노예"라고 주장했다. 그가 관찰한 인간은 이기심으로 가득 찬 존재다.

> 내 손가락의 생채기보다 전 세계의 파멸을 선택했다고 해도 이성과 상충
> 되지 않는다. _데이비드 흄, 《인간이란 무엇인가》

흄의 철학은 전국시대 사상가 양주楊朱의 위아설爲我說과 매우 흡사하다.

> 옛날 사람들은 자기 몸에서 한 개의 터럭을 뽑음으로써 천하가 이롭게 된
> 다 해도 뽑아 주지 않았다. _《열자列子》, 〈양주〉

양주는 도덕을 숭상하는 유학자들로부터 거센 비판을 받았다. 맹자는 양주를 '무군無君', 임금을 부정하는 금수禽獸 같은 자라고 공격했다. 공자 사상을 집대성한 《대학大學》은 '덕은 근본이요, 재물은 끝이다(德者本也, 財者末也)'라고 가르쳤다. 중국 전통 사회에서는 이익을 얻으려는 상업을 말

업未業으로 여겼고 군자의 길, 정치 안정을 경제 발전보다 중요하게 생각했다. 관점의 차이는 동서양 운명을 바꿨다. 한때 세계 경제의 3분의 1을 차지했던 중국은 폐쇄주의와 상공업 억제로 자본주의 발전에 실패했다.

오스트리아 정신과 의사 지그문트 프로이트Sigmund Freud는 욕망의 실체를 과학적으로 규명해 정신분석학의 문을 열었다. 프로이트에 따르면, 인간 정신은 '이드id'와 '에고ego', '슈퍼에고superego'로 구성된다. 무의식에 잠재된 이드는 쾌감 원리에 따라 움직이는 원초적 본능이다. 인간의 소망, 욕망, 충동이 이드다. 이드는 물 밑에 숨어 있는 빙산의 본체처럼 거대하다. 에고는 욕망 '이드'와 도덕적 규범 '슈퍼에고' 사이에서 갈등하고 균형을 잡는다. 프로이트는 인간이 이성적 존재라는 계몽주의 신화를 해체하고, 인간을 무의식적 욕망에 휩싸인 비합리적 존재로 보았다.

미국 심리학자 에이브러험 매슬로Abraham Maslow는 인간 욕구needs를 다섯 단계로 나눴다. 1단계는 먹고 마시는 생리 욕구, 2단계는 자신의 생명·생존을 지키려는 안전 욕구, 3단계는 애정을 바라는 소속 욕구, 4단계는 명예·권력을 바라는 존경 욕구, 최상층 5단계는 자아실현 욕구다. 인간은 처음에는 물질, 명예 같은 결핍을 채우려고 갈망하다가, 그 단계를 지나면 자아실현을 위해 성장을 추구한다는 것이 매슬로의 주장이다.

데이비드 매클렐런드David McClelland는 인간의 동기를 친교 욕구Need for Affiliation, 성취 욕구Need for Achievement, 권력 욕구Need for Power로 나눴다. 친교 욕구는 다른 사람과 좋은 관계를 유지하려는 욕구이고, 성취 욕구는 남보다 높은 목표를 달성하려는 욕구다. 권력 욕구는 다른 사람에게 영향력을 행사하고 통제하려는 욕구다. 매클렐런드의 영국 근대사 분석에 따르면, 시민혁명이 일어난 1600년대 폭력, 범죄율이 높아지고 권력 욕구 성향이 높아진 것으로 나타났다. 해외식민지를 만들고 산업혁명을 시작한 1700년대에는 성취 욕구가 급상승했다. 반대로 이웃과 가까이 지내려는 친교 욕구는 떨어졌다. 매클렐런드는 성취 욕구가 교육, 환경에 의해 후천적으로 형성되며 성취 욕구가 강한 사회일수록 경제성장률이 높다고 주장했다.

욕망은 맹렬히 타오르는 불과 같다. 불은 화재, 폭발, 재앙을 부르기도 하지만 문명을 움직이는 에너지원이다. 욕망은 자연에 도전해 삶의 터전을 일구고, 이성을 활용해 과학기술을 발전시키고, 힘으로 지배하려는 공격성을 나타내고, 자유주의 이데올로기에 친화적이다. 욕망이 지나치면 탐욕으로 발전해 불화, 갈등, 분쟁을 일으킨다.

욕망은 사회 가치관, 도덕, 법, 제도와 대립하거나 상호작용하는 관계에 있다. 욕망을 어떻게 다스리느냐 하는 문제는 모든 사회가 안고 있는 영원한 숙제다.

이성

1880년 새해 전야 뉴저지의 멘로 파크Menlo Park에는 에디슨이 발명한 전구를 보기 위해 3,000여 명의 군중이 몰려들었다. 어둠 속에서 전구가 환한 빛을 내뿜자 사람들은 놀라움에 환호성을 질렀다.

전구는 역사상 가장 중요한 발명의 하나로 꼽힌다. 에디슨은 필라멘트를 개발하기 위해 6,000가지가 넘는 재료를 가지고 실험을 했다. 그는 실패를 거듭한 끝에 일본산 대나무로 탄소 필라멘트를 만들어 실용적 전구 발명에 성공했다. 그는 1882년 뉴욕 맨해튼에 발전소를 지어 퍼스트 디스트릭트First District 지역 85명의 고객에게 전기를 공급했다. 첫 번째 고객 중에는 에디슨에게 거액의 자금을 지원한 금융 부호 J. P. 모건John Pierpont Morgan도 있었다. 전기 기술은 전 세계로 퍼져나가 1887년 조선 경복궁의 백열전등을 밝히기도 했다.

인간은 선사시대부터 도구를 사용했고 발전시켜 왔다. 프랑스 철학자 헨리 베르그송Henri Bergson은 인간을 '호모 파베르Homo faber(도구를 만드는 사람)'라고 정의했다.

> 인간과 지능의 지속적인 특징을 엄격하게 살펴본다면 우리는 호모 사피엔스가 아니라 호모 파베르라고 말해야 한다. 다시 말해서, 지능의 본래 특징은 인공 물체, 특히 도구를 만들고 제조 방법을 무한히 변화시키는 능력이다. _헨리 베르그송,《창조적 진화Creative Evolution》

플라톤은 인간 영혼soul을 두 마리 말과 마부에 비유했다. 두 마리 말은 욕망desire과 기개spirit이고, 마부는 이성reason이다. 욕망은 사랑하고, 먹고, 마시고 싶어 하고, 싫어하는 것은 반발하고, 거부한다. 기개는 열정적이고 용감하고 이성에 순응한다. 마부는 이성으로 두 마리 말을 제어한다. 플라톤은 이성, 기개, 욕망의 3가지 요소가 조화를 이루면 지혜, 용기, 절제, 정의의 덕을 갖추게 된다고 말한다. 그 이성은 목적을 달성하기 위해 추리하고 계산하는 도구적 이성과 다르다. 원인과 결과, 참과 거짓, 선악을 판단하는 도덕적이고 지적인 능력을 가리킨다. 플라톤과 달리 아리스토텔레스는 눈에 보이는 현실에서 진리를 찾으려 했다.

그리스 철학 사상은 중세에 재발견되어 르네상스와 지리적 발견, 과학혁명의 기반이 된다. 콜럼버스가 대서양을 항해할 수 있었던 것은 르네상스 시대의 천문학과 지도 제작 기술 덕분이었다. 독일 뉘른베르크에서 천문학을 공부한 마르틴 베하임Martin Behaim은 콜럼버스가 항해를 떠난 1492년 같은 해에, 공 모양의 지구의 에르답펠Erdapfel(대지의 사과)을 제작했다. 니콜라우스 코페르니쿠스Nicolaus Copernicus는 1543년 지동설을 주장한《천구의 회전에 관하여》를 발표했고, 갈릴레오 갈릴레이Galileo Galilei는 1609년 망원경으로 목성 주위를 도는 위성을 관측했다. 과학혁명은 아이작 뉴턴Issac Newton이 1687년《프린키피아Principia》를 완성함으로써 절정에 달한다.

계몽주의 사상가들은 과학과 이성의 빛이 밝은 미래를 가져다줄 것이라고 낙관했다. 계몽 시대 이성은 플라톤의 이성과 달리 차가운 도구적 이성이다. 도덕성을 경시하고 효율성을 앞세우는 도구적 이성은 근대 서양 문명의 특성을 이루게 된다. 과학혁명은 18세기 산업혁명으로 이어졌다.

산업혁명에 성공한 서양은 철강과 증기 엔진, 직물 기계, 철도, 대포를 만들어 경제력에서 앞서갔고, 아시아는 낮은 성장 단계에 머물렀다. 영국 과학자 조지프 니덤Joseph Needham은 종이, 나침반, 인쇄술, 화약을 발명한 기술 선진국 중국이 왜 과학기술에서 뒤졌는지 의문을 품었다. 이를 '니덤의 퍼즐Needham's puzzle'이라고 한다. 그는 필생의 과제로 중국의 과학과 문명을 연구했다. 그는 중국 전통 사상에 과학에 관한 관념이 미약했다고 결론 내렸다.

우리는 중국인들의 과학적 사상은 음양陰陽과 오행五行이라는 두 근본적인 원리들을 포함했다는 것을 알게 되었다. 기본적으로 음과 양의 두 힘은 인간 자신의 성적 경험에 대한 소극적이고 적극적인 투사들로부터 파생되었던 반면에, 오행은 모든 실체와 모든 과정 뒤에 놓여 있다고 믿어졌다. _조지프 니덤,《중국의 과학과 문명》

과학 지식 없이 경험과 손기술만으로 기술을 발전시키는 데에는 한계가 있다. 문명 비평가 진관타오金觀濤는 중국 전통 윤리와 정치사상이 과학을 억제했다고 지적한다.

서양에서 이미 '이론–실험–이론'의 순환 과정을 의식하고 운용하기 시작해 부단한 수정을 하며 과학의 발전을 가속화하고 있을 때, 중국의 과학자들은… 독창적인 이론의 과감한 수립보다는 봉건적 윤리와 조화를 이룰 수 있는 만고불변의 사변체계를 수립하는 데 몰두했다. _진관타오,《중국 문화의 시스템론적 해석》

현대 경제에서 기술혁신은 경제 발전에 가장 중요한 요소로 여겨진다. 조지프 슘페터Joseph Schumpeter는 기업가 정신entrepreneurship, 혁신innovation을 경제 발전의 동력으로 보았다. 혁신은 새로운 상품, 새로운 생산방식, 새로운 시장, 새로운 원료 공급원, 새로운 조직이 출현해 낡은 경제구조를 파괴하고 구조를 혁신하는 과정이다. 1971년 노벨 경제학상을 수상한 사이먼 쿠즈네츠Simon Kuzents는 기술 중심 성장을 '근대경제성장Modern Economic Growth'의 특징으로 보았다. 18~20세기 200년 동안 유럽과 미국의 1인당 생산량은 10년마다 15~30%씩 증가했다. 자본과 노동의 투입량 증가는 생산 증가분의 20%에 불과했다. 나머지 80%는 기술의 힘이라는 이야기다.

기술혁신을 나타내는 지표로 총요소 생산성Total Factor Productivity, TFP이 있다. 총요소 생산성은 자본과 노동으로 설명할 수 없는 성장 요인을 말한다. 한국생산성본부에 따르면, 2001~2017년 총요소 생산성의 성장 기여율은 독일 59.4%, 일본 50%(2001~2015년), 영국 35.3%, 미국 34.5%, 한국 19%로 나타났다. 선진국의 기술혁신 기여율이 높은 것을 알 수 있다.

미국 경제학자 폴 로머Paul Romer는 지식knowledge이 경제성장의 핵심 요소라는 '신성장 모델'을 제시했다. 로머는 연구 개발R&D 투자를 신성장 모델의 엔진으로 보았다. 연구 개발은 개별 기업의 성장을 촉진하고 지식이 밖으로 흘러나가 사회 전체의 지식수준을 높이게 된다. 한 사회의 지식수준을 높이는 최선의 방법은 인적 자본 투자, 즉 교육이다. 시카고대 경제학자 개리 베커Gary Becker는 1964년 사람을 일종의 자본으로 보는 인적 자본human capital 개념을 제시했다. 베커는 "교육은 노동의 시장가치를 높이는 하나의 투자다"라는 주장을 폈다. 인간을 경제적 가치로 평가하는 베커의 인적 자본 개념은 당시 많은 비판을 받았으나 오늘날 경제 발전 연구에 유용한 개념으로 쓰인다.

한 나라의 지식수준은 대학 경쟁력과 관련성이 높다. 세계 대학 순위는 국가 지식수준을 평가할 수 있는 한 지표다. 영국에 본부를 둔 THETimes Higher Education의 '2022 세계 대학 순위'에 따르면, 100위권 안에 미국 대학이 38개 포함되어 1위를 차지했고, 영국 11개, 중국이 홍콩을 합해 10개, 네덜란드 7개, 독일과 호주 각 6개, 캐나다가 5개 포함되었다. 한국은 2개 대학이 100위권에 들었다.

과학기술의 급속한 발전이 긍정적 측면만 있는 것은 아니다. 기술혁신에 의한 '창조적 파괴Creative Destruction'는 문자 그대로 파괴를 동반한다. 증기기관은 물레방아를 밀어내고 기차는 역마차를 사라지게 했다. 창조적 파괴는 생산성이 높은 분야는 성장시키고, 생산성이 낮은 분야는 파괴한다. 농업사회에서 산업사회로, 제조업에서 서비스업으로의 급격한 변화는 실업과 임금 하락, 빈곤 문제를 낳았다.

도구적 이성은 무절제한 산업화로 환경을 파괴하고, 욕망과 결합해 가공할 살상 무기를 만들어 낸다. 과학기술과 도덕성의 조화는 현대사회가 풀어야 할 어려운 과제의 하나다.

힘

2022년 2월 24일 오전 4시 50분, 러시아군은 국경을 넘어 우크라이나를 침공했다. 우크라이나 침공은 옛 소련의 영광을 재현하려는 푸틴의 시대착오적 야망에서 비롯된 것으로 분석된다. 지난 20세기 전쟁으로 1억 명 이상이 숨지는 재앙을 겪고도 폭력과 전쟁은 끊이지 않는다. 인류 역사는 전쟁의 역사다.

알렉산드로스는 마케도니아 병사를 이끌고 페르시아와 이집트, 중앙아시아를 정복했고 로마는 지중해를 중심으로 대제국을 건설했다. 진시황은 힘으로 중국 대륙을 통일했고, 한무제는 서역으로 영토를 넓혔다. 우마이야 왕조는 중동, 아프리카, 이베리아반도에 걸쳐 이슬람 제국을 건설했고, 칭기즈칸은 유라시아 대륙을 정복했다. 스페인 제국, 대영제국은 모두 힘으로 건설되었다. 전쟁은 지도를 바꾸고 역사를 바꿨다.

니콜로 마키아벨리Niccolò Machiavelli는 《군주론》에서 "무장한 모든 예언자는 승리하고, 무장하지 않는 모든 예언자는 멸망한다"고 말했다. 법가를 집대성한 한비자韓非子는 힘의 필요성을 호랑이와 개의 비유로 설명했다.

"호랑이가 개를 복종시킬 수 있는 이유는 발톱과 이빨을 가졌기 때문이다." 마오쩌둥은 1927년 공산당 최고회의에서 "모든 권력은 총구에서 나온다"라는 명언을 남겼다.

경제력과 군사력은 함수관계를 가진다. 세계에서 군사비를 가장 많이 지출하는 나라는 미국이다. 스톡홀름 국제평화연구소에 따르면, 미국은 2020년 군사비로 7,782억 달러를 지출해 세계 군사비 총액 2조 달러의 39%를 차지했다. 2위는 중국으로 13%, 러시아는 3.1%로 나타났다. 경제 규모와 비교하면 미국은 GDP의 3.7%를 군사비로 쓰고 중국은 1.7%, 러시아는 4.3%를 지출한다.

미국이 많은 군사비를 지출하는 이유는 패권 유지를 위해서라고 할 수 있다. 미국은 '2018 국방 전략서National Defense Strategy'에서 국방 전략의 목표를 전 세계와 핵심 지역에서 군사적 우위 유지라고 밝혔다. 영국 역사학자 폴 케네디Paul Michael Kennedy는 강대국의 흥망은 군사력과 밀접하게 관련되어 있다고 말한다.

군사력을 유지하는 데 항상 부가 필요하며, 부를 획득하고 지탱하는 데는 군사력이 필요하다. 16세기 서유럽의 발전 이후 강대국 체제에 끼어든 선진국들─스페인, 네덜란드, 프랑스, 영국 그리고 최근의 미국 등─의 흥망사는 정치적 차원에서 생산·자금 조달 능력과 군사력 사이의 함수관계를 잘 보여준다. _폴 케네디,《강대국의 흥망》

강한 자가 승리한다고 하지만 다윗과 골리앗 싸움처럼 역사에는 예외가 있다. 페르시아 대함대는 살라미스 해전에서 소수의 그리스 연합군에 무너졌고, 초한 전쟁에서 항우項羽는 유방劉邦 군대에 패했다. 스페인 무적함대는 잉글랜드 함대에, 일본 수군은 명량에서 이순신 장군에 패했다. 전쟁의 승패는 병력 숫자뿐 아니라 지형, 기후, 전략, 전술, 무기, 사기, 훈련 등 다양한 요인에 의해 좌우된다. 이 때문에 고대부터 전쟁에서 승리하기 위해 체계적 군사학, 전쟁술, 병법兵法을 연구해왔다.

춘추시대 손무孫武가 쓴《손자병법孫子兵法》은 동양 군사학의 고전으로 꼽힌다.《손자병법》은 전쟁의 승패를 결정짓는 다섯 가지 요소로 정치, 기후, 지리, 장수, 법제法制를 들었다. 로마 시대 베게티우스Vegetius의《군사학 논고De Re Militari》는 서양 군사학의 고전이다. 베게티우스의 금언은 국제정치 논의에서 자주 인용된다.

> 평화를 원하는 자는 전쟁을 준비해야 한다. 승리를 원하는 자는 군인들을 훈련시키는 노고를 아껴서는 안 된다. 성공을 희망하는 자는 원칙으로 싸워야 하고 행운만 바라보고 싸워서는 안 된다. _베게티우스,《군사학 논고》

샤를마뉴Charlemagne는 장수들에게 베게티우스의 책을 휴대하고 다니도록 했고, 마키아벨리는 베게티우스 이론을 참고해《전술론》을 저술했다.

그렇다면 인간은 왜 전쟁을 할까?

미국 정치학자 퀸시 라이트Quincy Wright는 선사시대부터 일어난 전쟁 동기를 여덟 가지로 분류했다. 그 여덟 가지는 ① 식량food ② 성sex ③ 영토territory ④ 모험adventure ⑤ 자기 보존self-preservation ⑥ 지배domination ⑦ 독립independence ⑧ 정치·사회적 목적society이다.

전쟁 동기 대부분이 부, 권력, 명예와 관련이 있다. 토머스 홉스는 경쟁과 욕망이 전쟁 원인이라고 말했다.

경쟁은 인간이 원하는 것을 얻기 위해 상대방을 공격하게 만든다. 자기 확신의 결핍은 안전을 확보하기 위해 상대방을 공격하게 만든다. 명예는 명성을 얻기 위해 상대방을 공격하게 만든다. _토머스 홉스, 《리바이어던 Leviathan》

종교와 이데올로기 또한 전쟁의 주요 동기다. 십자군 전쟁은 종교적 적대감과 영토적 야망이 뒤섞인 열망에서 시작되었다. 지하드jihad는 이슬람 성전聖戰으로 통한다. 미·소 냉전은 대표적 이데올로기 전쟁이라 할 수 있다. 이데올로기 대립은 한반도와 베트남에서 열전熱戰으로 터져 나왔다.

19세기 프러시아 전략가 카를 폰 클라우제비츠Carl von Clausewitz는 전쟁을 정치 행위로 해석했다. 그는 《전쟁론》에서 '전쟁은 다른 수단(무력)을 동원한 국가 정책의 연장'이라고 규정했다.

심리학자들은 인간이 선천적, 또는 후천적으로 공격성을 가지고 있다고 본다. 제1차 세계대전의 참상을 목격한 프로이트는 인간 본성에 공격성이 잠재해 있다고 말했다. 인간 본성에 생존하려는 본능(에로스eros)과 함께, 파괴하려는 본능(타나토스thanatos)이 있다는 주장이다.

에로스적인 본능은 생명 지향의 노력을 나타냅니다. 죽음 본능이 특별한 신체 기관의 도움으로 외부 대상에게 돌려지면 파괴 본능으로 바뀝니다. 말하자면 생명체는 외부 대상을 파괴함으로써 자신의 생명을 보존하는 것

입니다. _프로이트,《문명 속의 불만》

　오스트리아 동물행동학자 콘라트 로렌츠Konrad Lorenz는 인간도 다른 동물처럼 자기 종족을 공격하는 본능이 있다고 주장했다. 미국 심리학자 존 돌라드John Dollard와 레너드 버코위츠Leonard Berkowitz는 욕구 좌절로 인해 공격성이 나타난다고 보았다. 앨버트 반두라Albert Bandura는 어른이나 타인을 모방하는 후천적 사회적 학습을 통해 공격성을 갖게 된다고 주장했다.

　물리적 힘은 국가 생존과 경제 번영에 필수적 요소다. 막스 베버Max Weber는 '국가란 일정한 영토 내에서 정당한 물리적 폭력을 독점하는 공동체'라고 정의했다. 국가는 강제력으로 사회질서를 유지한다. 그리고 대외적으로는 국가를 방위하고 적을 겨냥해 군사 활동을 전개한다.

　미국 사회학자 찰스 틸리Charles Tilly는 "전쟁은 국가를 만들고, 국가는 전쟁을 만든다"고 말했다. 국가는 전쟁을 통해 국가 이익을 확대하고, 상공업을 보호한다. 전쟁 과정에서 국가권력이 강화되고, 국가는 세금을 거두고 병력을 모집해 전쟁과 국가 건설을 지원한다. 군사력과 폭력은 경제구조를 지탱하는 강력한 힘으로 작용한다.

　미국 국제정치학자 조지프 나이Joseph Nye는 국력을 구성하는 세 요소로 경제력, 군사력, 소프트 파워를 들었다. 소프트 파워soft power는 정치적 가치, 문화, 외교정책을 말한다. 조지프 나이는 경제력과 소프트 파워도 중요하지만 군사력은 "앞으로도 세계 정치에서 핵심적 힘으로 남아 있을 것이다"라고 내다보았다.

　물리적 힘이 무장한 군대에서만 나오는 것은 아니다. 민중 반란과 혁명으로 역사는 여러 차례 진로를 수정했다. 권력층의 폭정과 부패, 사회 불평등, 빈곤이 극단에 이르면 사회 불만이 폭력으로 분출한다. 진시황은 막강한 전제 국가를 건설했지만 진秦 제국은 건국 15년 만에 민중 반란으로 붕괴했다. 중국 역대 왕조 대부분이 민란으로 멸망했다.

서구 민주주의는 시민혁명의 산물이다. 영국은 청교도혁명과 명예혁명을 통해 의회 민주주의를 확립했다. 미국독립혁명과 프랑스혁명은 사회 가치·제도를 근본적으로 변화시켜 자유민주주의 발전에 기여했다. 산업혁명 시대 노동계급 불만은 마르크스의 《공산당 선언》으로 터져 나왔다. 러시아와 중국 공산당은 혁명으로 공산주의 정권을 수립했다.

> 공산주의는 자신들의 목적이 기존의 모든 사회질서를 폭력으로 전복해야 달성될 수 있음을 공개적으로 선언한다. _마르크스, 《공산당 선언》

힘은 국가 통치에 중요한 요소이지만 힘만으로 국가를 통치하기는 불가능하다. 시민의 자발적 동의에 의한 정당성legitimacy(적법성, 정통성)이 필수 조건이다. 막스 베버는 정당한 지배 유형으로 전통적 지배, 카리스마적 지배, 합법적 지배라는 세 가지 모델을 제시했다. 현대사회의 이상적 지배 유형은 객관적 권위와 법률에 근거하는 합법적 지배라 할 수 있다.

독일 출신 정치학자 한나 아렌트Hannah Arendt는 《인간의 조건》에서 권력은 소수가 독점하는 것이 아니라 시민 다수의 공론 영역public realm에 잠재한다고 보았다. 권력은 권력자의 것이 아니라 다중의 결합된 의지라는 뜻이다. 아렌트는 '폭정tyranny은 폭력violence으로 권력을 대체하려는 시도이고, 폭민 정치mob rule는 힘strength으로 권력을 대체하려는 시도'라고 정의했다. 폭력violence은 말 그대로 폭력적 수단, 물리적 힘을 말한다. 힘strength은

군중의 집단적 힘을 의미한다. 정당한 권력은 소수의 폭력이나 다수의 힘
이 아니라 시민들이 공유하는, 깨어 있는 여론에서 나온다는 것이 아렌트
의 주장이다.

권력이 정당성을 상실하면 잔인한 폭력, 악으로 전락한다. 힘과 정당성
의 조화는 국내정치와 국제정치에서 똑같이 요구되는 명제다.

문화

1960년 한국과 아프리카 가나는 모두 국민소
득 200달러 미만의 가난한 개발도상국이었다. 30년 뒤 한국의 국민소득
은 6,600달러, 가나는 400달러로 큰 차이를 보였다. 새뮤얼 헌팅턴Samuel
Huntington은 《문화가 중요하다》에서 경제 발전의 차이가 문화 때문이라고
말한다.

> 물론 여러 가지 요인이 작용했겠지만, 내가 볼 때 문화가 결정적 요인이
> 라고 생각한다. 한국인들은 검약, 투자, 근면, 교육, 조직, 기강, 극기 정신
> 등을 하나의 가치로 생각한다. 가나 국민들은 다른 가치관을 갖고 있다.
> _새뮤얼 헌팅턴, 《문화가 중요하다》

영어로 '문화culture'는 재배를 뜻하는 라틴어 '쿨투스cultus'에서 나왔다. 문
화는 인간이 땅을 일구며 형성한 삶의 방식이라 할 수 있다. 헌팅턴은 문
화에는 한 사회의 가치, 실천, 상징, 제도, 인간관계 등이 모두 포함된다고
밝혔다. 문화는 한 사회의 정체성을 나타내고, 개인의 생각과 행동에 큰 영
향을 미친다.

문화와 비슷한 말로 문명이 있다. 문명civilization은 도시 키비타스civitas에서 유래했다. 문명은 인간이 야만과 미개함에서 벗어나 쌓아 올린 높은 수준의 문화와 사회를 가리킨다. 문화와 문명은 비슷한 말로 쓰이지만 문화는 정신, 문명은 물질을 강조한다.

경희대 철학과 교수 이한구는 문명을 '문화 유전자cultural gene의 결합체'로 보았다. 그는 문명 구조를 아래와 같은 도표로 설명했다. 도표를 보면 문명은 3중 구조로 되어 있다. 한가운데의 첫 번째 층은 근본적 신념 체계Core Belief System이고, 중간의 두 번째 층은 정치·경제·사회·문화·교육을 비롯한 사회체제, 가장 바깥쪽의 세 번째 층은 과학·기술·군사 영역이다. 중핵인 근본적 신념 체계는 종교·예술·철학 영역으로 문명의 유전자에

문명의 구조

* 출처: 이한구, 〈현대 문명의 두 패러다임에 대한 고찰〉

해당한다.

종교는 가장 강력한 신념 체계다. 막스 베버는 자본주의가 왜 서구에서만 발전했는지를 규명하려고 유럽, 중국, 인도 사회를 비교 연구했다. 베버는《프로테스탄트 윤리와 자본주의 정신》에서 개신교 직업윤리와 금욕주의가 근대 자본주의 정신의 기원이 되었다고 주장했다. 해외에서 축적한 거대 자본과 시민사회, 과학기술, 합리적 법과 제도가 부분적으로 자본주의 형성에 기여했지만 종교와 윤리가 더 강한 영향을 미쳤다는 주장이다.

공자가 창시한 유교 문화는 리利보다 의義, 법法보다 예禮, 개인보다 조화를 강조했다. 진시황은 절대 권력을 옹호하는 법가를 받아들여 황제 제도를 창시했다. 절대군주제와 결합한 유교 관료제는 2,000년 이상 중국 사회를 지배했다. 유교 이데올로기는 가족 관계, 정치, 경제, 문화에 이르기까지 사회 모든 분야에 깊이 뿌리를 내렸다. 중국이 아편전쟁에서 패배하고 반식민지로 전락한 뒤 유교는 사회 정체의 주범으로 비난받았다. 20세기 초 신문화운동과 문화혁명 시기에는 유교를 타도하자는 "타도공가점打倒孔家店" 구호가 나오기도 했다.

베버는《유교와 도교》에서 문학적 교양을 중시하는 유교 철학과 지배계급의 가산제家産制적 성격이 중국에서 자본주의 발생을 방해했다고 주장했다.

유교 사상은 1970년대 동아시아 국가들이 고도성장을 지속하면서 재평가되었다. 싱가포르 전 총리 리콴유李光耀는 근면, 검약, 예절, 가족, 교육을 중시하는 아시아적 가치가 경제 발전의 주요인이라고 주장했다. 1997년 아시아 외환 위기로 아시아적 가치는 크게 흔들렸다.

유교는 현대 중국에서 집중 조명을 받고 있다. 2013년 11월 시진핑은 공자의 고향 취푸曲阜를 방문해 전통문화 계승을 역설했다. "중화민족의 위대한 부흥은 중화 문화의 발전과 번영을 조건으로 해야 한다." 중국 언론 매체에서 역사와 전통이 강조되고, 해외 각지에 공자 이름을 딴 공자학원이 설립되었다. 유교 이데올로기는 대외적으로는 민족주의, 정치적으로는 권위주의적 특성을 보인다.

문화는 지역, 종교, 언어에 따라 뚜렷하게 나눠진다. 미국 정치학자 로널드 잉글하트Ronald Inglehart와 독일 정치학자 크리스티안 벨젤Christian Welzel은 세계 100여 개국을 대상으로 문화 가치관을 조사해 세계 문화 지도World Cultural Map를 작성했다. 이 지도를 보면, 프로테스탄트 신자가 많은 서유럽과 북유럽 국가 문화는 세속적·자기 표현적이고, 아프리카와 이슬람 문화권은 전통적 가치와 생존적 가치를 중시하는 것으로 나타났다. 유교 문화권은 세속적 가치를 중시하고, 라틴아메리카는 전통적 가치를 중요하게 생각하는 것으로 조사되었다.

잉글하트는 세속적 가치·자기 표현적 가치를 중요하게 여기는 나라 대부분이 평균 소득이 높고, 사회가 안정된 민주 국가 그룹에 속했다고 밝혔다. 문화가 경제성장, 민주주의 발전과 밀접한 연관성이 있다는 의미다.

게오르크 헤겔Georg Hegel은 정신spirit이 역사를 움직인다고 보았다. 그는 1806년 나폴레옹이 예나Jena에 입성하는 광경을 보고 "세계정신이 말을 타고 지나가는 것을 보았다"며 감격스러워했다. 그는 민족과 국가는 다르지만 낡은 봉건 질서를 무너뜨리고 자유·평등 가치를 전파하는 나폴레옹을 세계정신으로 보았다. 정신·관념을 역사 동력으로 보는 역사관을 관념론Idealism이라 한다.

마르크스는 물질을 역사 동력으로 보는 유물론唯物論, historical materialism을 주장했다. 유물론은 하부구조를 형성하는 생산력과 생산 관계가 상부구조인 정치·법·이데올로기를 결정한다는 이론이다. 마르크스는 자기의식이니 세계정신이니 하는 헤겔의 말은 유령 같은 이데올로기, 허위의식이고 지배계급을 정당화하는 쇠사슬이라고 비판했다. 마르크스는 이데올로기를 허위의식이라고 비판했지만, 공산주의 이념 자체가 강력한 이데올로기다.

　이데올로기는 사람들을 특정한 방향으로 이끄는 가치관이다. 이데올로기는 단순한 관념이 아니라 현실 세계를 해석하고 행동 방향을 제시해, 정치적 행동에 나서게 하는 힘으로 작용한다.

　자유와 평등은 인류가 추구해온 중요한 가치다. 인간 존엄성과 자유를 강조하는 자유주의는 17~18세기 시민혁명 시기에 사상적 체계를 갖췄다. 존 로크John Locke 는《통치론Two Treatises of Government》에서 인간은 태어날 때부터 자유롭고 평등한 존재라고 말했다.

> 인간은 모두 평등하고 독립된 존재이므로 어느 누구도 다른 사람의 생명,
> 건강, 자유 또는 소유물에 위해를 가해서는 안 된다고 가르친다. _존 로크,
> 《통치론》

　로크는 개인의 재산권 보호에 강조점을 두었다. 그는 사유재산은 인간 노동의 결과라는 주장을 폈다. "떡갈나무 밑에서 자신이 주운 도토리나 숲 속의 나무에서 딴 사과를 섭취한 사람은 확실히 그것들을 그 자신의 것으로 수취한 사람이다." 로크 사상은 미국독립혁명과 프랑스혁명의 이념적 바탕이 되었다.

자유주의는 자유시장경제와 자본주의 발전을 촉진했으나 부의 불평등을 불러온다는 비판이 제기된다.

프랑스혁명 전야에 살았던 장 자크 루소Jean Jacques Rousseau는 불평등 문제에 주목했다. 루소는 인간의 이기심과 사유재산제로 인해 불평등이 심해지고, 분쟁이 일어난다고 보았다.

> 가장 강한 자의 권리와 최초 점유자 권리 사이에는 끊임없이 분쟁이 발생했고, 이 분쟁은 싸움과 살인으로 막을 내리곤 했다. 이제 막 태어난 사회는 끔찍하기 짝이 없는 전쟁 상태로 변해버렸다. _장 자크 루소,《인간 불평등 기원론》

루소는《사회계약론》에서 각 구성원은 자신의 재산 가운데 필요한 만큼을 제외하고 공동체에 양보해야 한다는 급진적 주장을 폈다. 루소의 사유재산 분배 주장은 사회주의로 가는 길을 열었다는 평가를 받는다.

마르크스는 토지, 건물, 기계 등 생산수단의 사회적 소유를 주장했다. 그는 자본주의 체제를 전복하고 생산수단을 사회화해 공산주의 체제로 전환해야 한다고 주장했다.

'낮은 단계 공산주의에서는 능력에 따라 일하고 일한 만큼 가져가고, 높은 단계에서는 능력에 따라 일하고 필요에 따라 가져간다'는 것이 공산주의 이상이다. 인간 욕망을 부정하고 결과의 평등을 주장하는 공산주의 실험은 1세기도 못 가 실패했다. 1980년대 소련은 시장이 작동하지 않아 경제성장이 정체되고 생산 시설 낙후, 소비재 부족, 생활의 질 저하로 자연붕괴 과정을 겪었다.

마르크스주의는 쇠퇴했지만, 평등 요구가 사라진 것은 아니다. 평등 이데올로기는 자유 이데올로기만큼이나 강력하다.

프랑스혁명 이후 자유주의 이데올로기와 대중의 평등 요구 사이에 나온 타협책이 자유민주주의Liberal Democracy다. 자유민주주의는 자유주의와 민주주의를 결합해 자유와 평등을 동시에 실현하려는 절충안이다. 자유민주주의는 참정권을 모든 시민으로 확대해 평등을 추구하되, 법치와 대의제로 다수의 횡포를 견제한다는 생각을 담고 있다.

> 자유주의자에게 민주주의는 물론 인민에 의한 통치를 의미하지만, 이 통치의 본질적인 부분에는 개인의 권리와 자유의 보호가 포함된다. 이것은 다수의 통치를 제한해야 한다는 것을 의미한다. _테렌스 볼Terence Ball, 《현대 정치사상의 파노라마》

자유 경쟁에 바탕을 두는 자본주의 사회에서 불평등 문제는 상존한다. 문제는 부의 불평등이 심해지면 사회 불안과 경제 위기를 불러올 수 있다는 점이다. 1920년대 미국의 빈부 격차와 저소득층의 높은 부채비율은 대공황을 초래한 원인의 하나로 지적된다. 루스벨트 행정부는 존 메이너드 케인스John Maynard Keynes 이론에 따라 공공 지출을 확대해 돌파구를 찾았다.

1980년대 신자유주의 등장과 2008년 글로벌 금융 위기로 또다시 불평등 문제가 수면 위로 떠올랐다. 자유와 평등은 보완관계이기도 하지만 현실에서 자주 대립한다. 자유와 평등의 이념 대립은 풀기 어려운 난제다. 존 롤스John Rawls의 자유주의적 평등주의, 공동체주의, 복지국가 모델, 제3의 길, 이해관계자 자본주의 등 다양한 대안들은 자유와 평등의 균형을 찾으려는 시도라 할 수 있다.

제도

고가 품목은 명예로운 값비쌈의 표시이기 때문에 사람을 즐겁게 하고, 그 즐거움은 그 제품의 형태와 색상이 부여하는 즐거움과 뒤섞이게 된다. _소스타인 베블런, 《유한계급론》

19세기 말 미국 경제학자 소스타인 베블런Thorstein Veblen은 값이 비쌀수록 잘 팔리는 기이한 현상이 유한계급의 과시적 소비에 원인이 있다고 분석했다. 베블런은 인간이 늘 합리적이지 않으며 계급, 명예, 관습의 영향을 받는다고 보았다. 베블런은 제도를 경제 분석에 포함시켜 미국 '제도학파' 경제학의 토대를 쌓았다.

제도는 '사회 안에서 통용되는 게임의 규칙', '사람들이 매 순간 마주치는 틀'로 정의된다. 대표적 제도로 가족제도, 정치제도, 경제제도, 교육제도, 종교제도가 있다. 제도학파는 제도를 포함해야 경제 현실을 제대로 이해할 수 있다고 본다.

애덤 스미스를 비롯한 고전학파 경제학자들은 역사, 제도, 정치, 윤리를 중요하게 생각했다. 고전학파 경제학은 국가 경제, 공공 이익을 연구하는 학문이라는 의미에서 정치경제학political economy이라 불렸다. 계급 갈등 구조를 분석한 마르크스 이론은 대표적 정치경제학 이론이다. 정치경제학은 1870년대 한계효용 이론이 나오고 시장경제를 중심으로 이론을 전개하면서, 정치와 결별하고 경제학economics으로 재탄생하게 된다.

경제학은 수리와 통계분석 방법을 도입해 학문적 발전을 이루었으나 역사와 제도를 제외해 현실을 제대로 반영하지 못한다는 비판을 받는다. 19세기 독일 역사학파 경제학자들은 산업혁명에 성공한 영국과 후진국 독일은 경제 발전 단계가 다르기 때문에 독일 현실에 맞는 경제정책을 시행해야 한다고 주장했다. 후기 역사학파 중심인물 구스타프 슈몰러Gustav Schmoller는 제도 연구를 해부학에 비유했다.

> 가격과 순환 현상에 집중하는 전통경제학은 해부학 없이 신체 체액으로 경제 현상을 설명하려는 생리학과 같은 것이다. _구스타프 슈몰러, 《국민경제학원론》

정치와 제도를 강조하는 제도학파는 경제학의 비주류에 머물러 있다. 정치학과 경제학은 지향하는 목표가 다르다. 정치학은 정의를 지향하고 정부와 시민, 권력 문제에 중점을 둔다. 경제학은 번영을 목표로 하고 시장과 생산, 소비 문제를 다룬다. 정치학과 경제학은 목표는 다르지만 현실에서는 공존할 수밖에 없다.

제도가 경제에 미치는 영향력은 거의 절대적이다. 신제도주의 경제학자 더글러스 노스는 국가 성장과 쇠퇴는 경제제도에 달려 있다고 말한다.

> 효율적 경제조직의 발전은 서유럽의 경제성장을 설명해준다. 효율적 조직은 제도적 정비와 재산권 확립을 낳는다. 이 제도들은 개인이 경제활동에 적극적으로 참여하도록 유도하는 인센티브를 제공한다. _더글러스 노스, 《서구 세계의 성장The Rise of the Western World》

프랑스와 스페인은 강력한 왕권과 제국적 야망에도 불구하고, 재산권 제도 확립에 실패해 네덜란드, 잉글랜드에 뒤졌다고 노스는 지적한다. 미국 경제학자 대런 애스모글루Daren Acemoglu와 정치학자 제임스 로빈슨James Robinson은 궁극적으로 정치제도가 경제 흥망을 좌우한다고 주장했다.

> 경제제도는 교육을 받고, 저축과 투자를 하며, 혁신을 하고 신기술을 채택하는 등 경제적 인센티브를 제공한다. 국민이 어떤 경제제도하에서 살게 될지는 정치 과정을 통해 결정되며, 이 과정의 기제를 결정하는 것이 바로 정치제도다. _애스모글루·로빈슨,《국가는 왜 실패하는가》

두 학자는 정치의 중요성을 설명하기 위해 남북한을 예로 들었다. 한밤중 우주정거장에서 촬영한 한반도 위성사진은 남북한 경제 상황을 빛과 어둠으로 선명하게 보여준다. 1945년 이전은 남북한 주민 간에 경제적 격차가 존재하지 않았다. 남북이 다른 정치제도를 갖게 되면서 차이가 천양지차로 벌어졌다.

제도에는 헌법, 법률, 규칙 같은 공식적 제도formal institution도 있지만 윤리, 관행 같은 비공식 제도informal institution도 있다. 비공식 제도가 경제활동에 더 큰 영향을 주기도 한다. 사회에 부패, 무질서, 갈등이 만연해 있다면 경제 발전을 기대하기 어렵다.

비공식 제도와 비슷한 개념으로 사회자본social capital이 있다. 사회자본은 눈에 보이지 않는 자본으로 사회 구성원 사이의 신뢰, 협력적 규범, 네트워크를 가리킨다. 이탈리아 남부와 북부는 같은 제도 아래 있지만, 지역 간 소득 격차가 크다. 14세기 이후 공화정을 실시한 북부 도시는 지방자치가 활발하고 소득수준이 높은 반면, 전제군주하에 있던 남부는 낮은 수준에 머물러 있다. 미국 정치학자 로버트 퍼트넘Robert Putnam은 사회 신뢰도와 역사적 경험 차이가 이러한 결과를 만들었다고 설명했다.

경제 발전은 물질적 조건뿐 아니라 민주적이고 효율적인 정치, 경제제도, 사회자본이 큰 역할을 한다고 볼 수 있다.

사회적 균형이 중요하다

지금까지 경제와 역사 발전을 이끄는 여섯 가지 요소의 개별적 특성을 살펴보았다. 여섯 가지 요소 가운데 어느 한 요소만 중요하고 다른 요소는 덜 중요한 게 아니다. 하나하나가 모두 중요하다. 또 각 요소는 서로 밀접하게 연결되어 있어 한 요소라도 부족하면 문제가 발생한다.

권위주의는 일정 기간 강력한 힘을 발휘하지만 다수의 자유와 욕망을 통제해 한계에 부딪힌다. 자본주의는 인간이 발명한 가장 효율적 제도이지만 시장질서가 무너지면 독과점, 불평등, 경제 위기가 발생한다. 공산주의는 욕망을 억압하고 획일적 평등을 강요해 경제 발전에 실패했다.

독일 화학자 유스투스 폰 리비히Justus von Liebig는 식물의 성장을 연구하다가 특이한 법칙을 발견했다. 식물 성장을 좌우하는 요소는 넘칠 정도로 풍부한 영양소가 아니라 가장 부족한 영양소라는 것이다. 이것이 '최소량의 법칙law of minimum'이다.

물을 가득 채운 나무 물통의 한 조각이 떨어져 나가면 떨어져 나간 부분으로 물이 흘러 나간다.

　최소량의 법칙은 인간 사회에도 적용할 수 있다.

　자원, 경제적 자유, 과학기술, 군사력, 공정성, 법, 제도 가운데 어느 한 요소라도 결함이 생기면 문제가 사회 전체로 퍼져나간다. 요소 간의 조화와 균형이 핵심적 과제다. 한 국가가 지속적으로 성장, 발전하려면 성장을 추구하면서도 사회적 균형을 이루려는 노력이 필요하다.

　이제 동서양 경제와 역사가 어떻게 변화해왔는지 역사 속으로 들어가 보자.

제**1**장

서양 역사의 뿌리 1_ 그리스 문명

그리스 신화,
실제 역사가 되다

《일리아스》속 그리스 역사

노래하소서, 여신이여, 펠레우스의 아들 아킬레우스의 노여움을!

아카이아인들에게 헤아릴 수 없는 고통을 가져다주었으며

영웅들의 수많은 굳센 혼백들을 하데스에게 보내고

그들 자신은 개들과 온갖 새들의 먹이가 되게 한 그 잔혹한 노여움을!

인간의 왕인 아트레우스의 아들(아가멤논)과 고귀한 아킬레우스가 처음 서

로 다투고 갈라선 그날부터

이렇듯 제우스의 뜻은 이뤄졌도다.

_호메로스Homeros,《일리아스Iliás 1-1》

《일리아스Iliás》첫머리는 아킬레우스의 분노로 시작한다. 그리스 원정군 사령관 아가멤논과 최고의 전사 아킬레우스가 '다투고 갈라선' 것은 한 명 의 여성 노예 때문이었다. 아가멤논은 아폴론 사제의 딸 크리세이스를 납

치해 갔다가 아폴론의 노여움으로 많은 병사들이 전염병에 걸려 죽는다. 아킬레우스가 아가멤논에게 크리세이스를 돌려보내라고 하자, 아가멤논은 아킬레우스의 정부 브리세이스를 요구한다. 아킬레우스는 분노한다.

내가 피땀 흘려 얻었고 아카이아인들의 아들들이 내게 준
내 명예의 선물을 그대가 몸소 빼앗아 가겠다고 위협하다니!
_호메로스, 《일리아스 1-162》

아가멤논과 아킬레우스는 무리를 독점하려는 수사슴처럼 맹렬한 기세로 달려들어 서로의 뿔을 부딪쳤다. 아름다운 여성 노예는 욕망의 대상이고, 전사의 명예가 걸린 문제다. 욕망이 좌절되거나 부당한 대우를 받으면 분노가 폭발한다. 뮤즈는 분노, 그리스어로 '메니스mênis'를 찬양한다. 메니스는 일시적으로 화를 내는 것이 아니다. 모욕에 대한 응징이다. 토머스 홉스는 메니스를 복수욕復讐欲, the desire for vengeance이라고 정의했다.

복수욕은 어떤 사람이 행했던 가상의 모욕을 그가 후회하도록 그에게 나쁜 것evil을 행하려 하거나, 또는 다른 사람이 모욕injury하지 못하게 겁에 질리도록 하려는 일정하고 오래 지속되는 의지다. _토머스 홉스, 《인간론 천 줄 읽기》

복수는 죽이는 것으로 충족되지 않으며, 상대가 힘에 압도되어 공포에 떨어야 해소된다고 홉스는 말한다. 미국의 고전학자 레너드 뮐너Leonard Muellner는 메니스를 규율을 어기는 행위에 대한 신성한 제재制裁, sanction라

고 정의했다. 아가멤논이 반사회적 행위로 사회를 위험에 빠뜨려 아킬레우스가 분노했다는 것이 그의 해석이다. 독일 철학자 페터 슬로터다이크 Peter Sloterdijk는 분노는 인간을 움직이는 동력이라고 말한다.

> 서사시의 메니스는 시인에게는 가장 중요한 에너지원이며, 폭풍우나 태양 빛과 같이 스스로 부풀어 오른다. 이는 본질적인 형태의 활성적 에너지이기도 하다. 이러한 에너지는 스스로 최초의 물질을 생성해낼 수 있으므로 세상 곳곳의 지엽적인 갈등에도 널리 퍼져 있다. _페터 슬로터다이크, 《분노는 세상을 어떻게 지배했는가》

분노는 공격성으로 표현된다. 아킬레우스는 아가멤논의 무능과 탐욕을 공격했다.

> 그대는 일찍이 싸움터에 나가기 위하여 백성들과 함께 무장하거나
> 아카이아인들의 장수들과 함께 매복할 용기를 내어 본 적이 한 번도 없었소.
> 그보다는 선물을 빼앗아 가지는 편이 훨씬 낫겠지요.
> 백성을 잡아먹는 왕이여!
> _호메로스, 《일리아스 1-226》

아가멤논은 왕의 권위로 응대했다.

> 내 몸소 그대의 막사에 가서

그대의 명예의 선물인 볼이 예쁜 브리세이스를 데리고 갈 것이오.

그러면 그대는 내가 그대보다 얼마나 더 위대한지 잘 알게 될 것이오.

_호메로스,《일리아스 1-184》

아킬레우스가 충동적으로 칼을 빼려 하자 아테나 여신이 나타나 제지한다. 여성 노예를 빼앗긴 아킬레우스는 아가멤논에게 저주를 퍼붓는다. 아킬레우스는 전투를 거부했다. 전우들이 죽어 나가도 막사에 틀어박혀 꿈적하지 않았다. 친구 파트로클로스가 트로이 왕자 헥토르에게 죽임을 당하자 분노는 헥토르를 향한다. 아킬레우스는 복수를 결심한다. 아킬레우스는 전쟁에 나가면 불멸의 명예를 얻지만 일찍 죽어야 하는 운명이다.

테티스가 눈물을 흘리며 말했다.

"내 아들아, 네 말을 들어보니 너는 역시 단명短命하겠구나.

헥토르 다음에는 곧 네가 죽게 되어 있으니 말이다."

그녀에게 준족 아킬레우스가 크게 역정을 내며 말했다.

"당장이라도 죽고 싶어요. 전우가 죽는데 도와주지 못했으니 말이에요."

_호메로스,《일리아스 18-94》

아킬레우스의 분노는 무자비한 살육으로 분출된다.

아킬레우스는 창을 들고 신과도 같이 사방으로 내달으며

그들을 쫓아가 죽였고, 검은 대지에는 피가 내를 이루었다.

_호메로스,《일리아스 20-493》

아킬레우스는 헥토르를 뒤쫓았다.

마치 깃털 달린 새들 중에서 가장 날랜 매가
산속에서 겁 많은 비둘기를 재빨리 내리 덮치듯이
_호메로스, 《일리아스 22-139》

헥토르는 일격에 쓰러졌다. 아킬레우스는 헥토르의 시신을 전차에 매달
아 끌고 다니며 모욕했다. 트로이 왕 프리아모스는 한밤중 아킬레우스의
막사를 찾아왔다. 프리아모스는 아들을 살해한 아킬레우스 손에 입을 맞
추고 아들의 시신을 돌려줄 것을 간청했다.

아킬레우스여, 신을 두려워하고 그대의 아버지를 생각하여 나를 동정하시
오.
나는 그분보다 더 동정받아 마땅하오.
지상에 사는 어떤 사람도 차마 하지 못한 짓을 하고 있지 않소!
내 자식을 죽인 사람의 얼굴에다 손을 내밀고 있으니 말이오.
_호메로스, 《일리아스 24-503》

아킬레우스는 아버지 같은 노인 프리아모스를 보고 함께 통곡한다. 흐
르는 눈물에 분노는 눈 녹듯 녹아내렸다. 남의 아픔을 자신의 아픔으로 느
끼는 공감共感이야말로 분노를 치유하는 묘약이다. 《일리아스》는 프리아모
스가 아들 헥토르의 시신을 찾아 장례를 지내는 장면으로 막을 내린다.
트로이 전쟁 이야기는 다른 서사시를 통해 이어진다. 아킬레우스는 그

의 운명대로 파리스가 쏜 독화살에 발뒤꿈치를 맞아 최후를 맞고, 꾀가 많은 오디세우스는 목마를 들여보내 트로이 성을 함락한다.

서양 문명의
원초적 가치관을 담다

《일리아스》는 기원전 750년경에 활동했다는 시인 호메로스의 서사시다. 일리아스(그리스어 Iliás, 영어 Iliad)는 트로이의 다른 이름 일리오스Ilios에서 유래했다. 24권으로 구성된 장편 서사시《일리아스》는 10년간의 트로이 전쟁 마지막 해의 몇 주 상황을 그리고 있다.

호메로스가 지은《일리아스》와《오디세이》는 서양에서 성경 다음가는 고전으로 꼽힌다. 2,800년 전 서사시《일리아스》가 최고 고전으로 평가받는 것은 서양 문명의 원초적 가치관을 담고 있기 때문이다.

그리스 신화에서 트로이 전쟁은 파리스의 심판 이야기로 시작된다. 헤라와 아테나, 아프로디테가 '세상에서 가장 아름다운 여신' 자리를 놓고 겨루는 경연에서 트로이 왕자 파리스가 심판을 보게 된다. 파리스는 자신에게 '세상에서 가장 아름다운 여자'를 약속한 아프로디테를 주인공으로 선택한다. 파리스는 스파르타 왕비 헬레네를 유혹해 트로이로 달아나고, 그리스 연합군은 보복에 나선다.

역사가 헤로도토스Herodotos는 트로이 전쟁이 그리스·아시아 간 여성 납치전에서 비롯되었다고 전한다. 그리스인과 아시아인은 서로 납치전을 벌여왔는데, 파리스가 헬레네 왕비를 납치하자 그리스가 전쟁을 일으켰다는 것이다. 역사가 투키디데스Thucydides는 파리스의 심판은 허구이며 트로이 전쟁은 약탈 활동이었다고 주장한다.

자기 이익이나 피보호자의 부양을 위해 영향력이 강한 자가 지도자가 되어 해적으로 돌변해 방벽이 없는 도시나 취락을 침입해 약탈하고, 그것을 주된 생활의 수입원으로 삼았던 것이다. 게다가 그들은 이러한 약탈 행위를 부끄러워하기는커녕 오히려 일종의 명예심마저 느끼고 있었다. _투키디데스, 《펠로폰네소스 전쟁사》

아리스토텔레스는 전쟁을 사냥에 비유했다.

사냥은 재산 획득 기술의 일부인 만큼, 어떤 의미에서 전쟁 기술은 본성적으로 재산 획득 기술의 하나이며, 이런 기술은 들짐승은 물론이요 지배받도록 태어났음에도 이를 거부하는 인간들에게도 사용되어야 한다. _아리스토텔레스, 《정치학》

현대 학자들도 트로이 전쟁을 약탈 전쟁으로 해석한다.

빅토르 베라르Victor Bérard(프랑스 외교관, 학자)는 트로이가 다르다넬스 해협을 통과하는 험난한 항로를 피해 육로 수송을 가능케 해주는 전략적 요충지였기 때문에 아카이아인이 이곳을 차지하려고 전쟁을 일으켰다는 가정을 세웠다. _피에르 레베크Pierre Lévêque, 《그리스 문명의 탄생》

미국 역사학자 베리 스트라우스Barry Strauss는 《트로이 전쟁, 새로운 역사》에서 트로이 전쟁은 마을을 약탈하고 민간인을 살상하는 '더러운 전쟁Dirty War'이라고 평했다.

그리스 원정군,
욕망의 약탈자

《일리아스》에 묘사된 그리스 원정군은 바이킹 같은 약탈자다. 아킬레우스는 트로이에 도착하기 전 23개 도시를 파괴했다고 자랑했다.

사람들이 사는 열두 도시를 나는 이미 함선들을 타고 가서 파괴했고
또 육로로도 기름진 트로이 도처에서 열한 도시를 파괴했소.
그리고 그 모든 도시에서 값진 보물들을 수없이 노획해 와서
모두 아트레우스의 아들 아가멤논에게 갖다 바치곤 했소.
_호메로스, 《일리아스 9-328》

아킬레우스는 트로이 남쪽 테베를 공격해 헥토르 아내 안드로마케의 아버지를 죽이고, 어머니를 붙잡은 뒤 몸값을 받고 풀어주었다. 아가멤논의 최종 목표는 트로이의 보물이었다. 그는 아킬레우스를 회유하려고 성을 함락하면 많은 재물을 주겠다고 약속했다.

우리 아카이아인들이 전리품을 분배할 적에
그대도 안으로 들어가 청동과 황금을 그대의 배에 가득 싣고,
또 아르고스의 헬레네 다음으로 가장 아름다운 트로이 여인 스무 명을
그대가 손수 고르도록 하시오.
_호메로스, 《일리아스 9-279》

트로이 왕 프리아모스는 아들 헥토르에게 괴물 아킬레우스와의 싸움은 피하라고 말한다.

아들들은 살해되고 딸들은 끌려가 포로가 되고 방들은 약탈되고
말 못 하는 어린아이들은 무시무시한 결전에서 땅바닥에 내동댕이쳐지고,
며느리들은 아카이아인들의 잔혹한 손에 끌려가고!
그리고 나 자신은 맨 마지막으로 개들이…
_호메로스,《일리아스 22-62》

프리아모스의 예언은 틀리지 않았다. 에우리피데스Euripides의 희곡《트로이의 여인》은 트로이 성이 함락된 뒤 그리스로 끌려간 여인들의 비참한 운명을 그리고 있다.

강자는 살고
약자는 죽는다

고대 그리스에서 덕德, virtue에 해당하는 말은 아레테arete다. 아레테는 전쟁의 신 아레스Ares에서 왔다. 호전성·용기·기백이 탁월함excellence·효율성efficiency을 뜻하는 말로 변했다. 전쟁에서 용감한 전사가 덕이 있는 전사이고 탁월한 정치가, 힘센 운동선수, 솜씨 좋은 장인이 아레테를 가진 사람이다.

펠레우스는 아들 아킬레우스에게 늘 최고가 되라고 가르쳤다. 아킬레우스는 승리와 명예에 집착했다. 너그러움과 도덕은 전사의 덕목이 아니다. 헥토르가 아킬레우스에게 누가 죽더라도 시신을 모욕하지 말자는 신사협

정을 제안하자, 아킬레우스는 단호하게 거절한다.

> 헥토르여, 잊지 못할 자여, 내게 합의에 관하여 말하지 말라.
> 사자와 사람 사이에 맹약이 있을 수 없고
> 늑대와 새끼 양은 한마음 한뜻이 되지 못한다.
> _호메로스, 《일리아스 22-261》

홉스는 《시민론On Citizen》에서 "인간에 대해 인간은 일종의 신이며, 또한 악명 높은 늑대"라고 말했다. 트로이 왕자 헥토르는 공손하고 가족을 위해 헌신하는 인물이다. 그는 훌륭한 인격을 가졌으나 전사의 냉혹함을 갖지 못했다. 광기 어린 아킬레우스의 얼굴을 보자 헥토르는 달아나기 시작했다. 헥토르는 죽임을 당하고 전차 뒤에 매달려 끌려다니는 수모를 당한다. 강자는 살고 약자는 죽는다. 승자는 오만했고 패자는 비참했다.

지나친 자만심 휴브리스hubris는 복수의 여신 네메시스Nemesis의 보복을 받는다. 아폴론은 아킬레우스에게 강력한 경고를 보냈다.

> 그의 마음은 사납기가 사자 같아요.
> 자신의 큰 힘과 거만한 용기에 복종하여
> 사람의 작은 가축 떼 속으로 뛰어들어 끼니를 마련하는 사자 같단 말이오.
> 이처럼 아킬레우스는 동정심도 수치심도 없는 자요.
> _호메로스, 《일리아스 24-40》

아폴론의 저주를 받은 아킬레우스는 파리스가 쏜 화살에 최후를 맞는다. 아킬레우스는 인간적 결함이 있지만, 용기와 탁월함을 가졌기에 위대한 전사로 추앙받는다.

미국 시카고대 교수 아서 애드킨스A. W. H. Adkins는 호메로스 서사시에서 '경쟁적competitive 행동은 높이 평가되고, 협력적cooperative 행동은 낮은 평가를 받는다'고 분석했다. 경쟁적 가치는 경쟁에서 승리함을 의미한다. 경쟁적 가치는 결과를 중요시한다. 과정이 아무리 좋아도 실패는 수치스러운 일이다. 애드킨스의 '경쟁적 가치 이론'은 가족·친구와의 연대를 가볍게 보았다는 비판을 받지만, 호메로스 서사시를 이해하는 유용한 틀을 제공한다.

용기 있는 전사는
죽어도 사라지지 않는다

그리스 전사들은 도시를 약탈한 뒤 전리품을 배분한다. 기여도에 따라 몫을 나누는 것이 고대 그리스의 정의관이다. '각자의 몫은 각자에게suum cuique'라는 로마법 정신은 그리스 정의 개념을 반영한다. 전사의 정의는 물질과 명예가 결합된 개념이다.

아가멤논은 아킬레우스가 전투에 나서지 않자 선물 공세를 폈다. 브리세이스를 돌려주고 귀향하면 아르고스의 7개 도시를 주겠다고 약속했다. 아킬레우스는 선물을 거부했다. 전사의 명예가 회복되지 않았기 때문이다.

뒷전에 처져 있는 자나 열심히 싸우는 자나 똑같은 몫을 받고,
비겁한 자나 용감한 자나 똑같은 명예를 누리고 있소.

일하지 않는 자나 열심히 일하는 자나 죽기는 매일반이오.

_호메로스,《일리아스 9-318》

아킬레우스는 동료들이 들판에서 죽어가도 그는 자신의 명예를 우선했다. 지나친 우월 의식은 공동체에 해를 가져온다. 스승 포이닉스Phoenix는 칼리돈Calydon의 영웅 멜레아그로스Meleagros처럼 아무 대가 없이 공동체에 헌신하라고 말한다.

전사들은 도륙되고 도시는 불에 타 잿더미가 되고,
아이들과 허리띠를 깊숙이 맨 여인들은 이방인들에게 끌려가게 된다는,
이런 비참한 이야기를 듣고 나서야 멜레아그로스의 마음이 움직이기 시작했고,
아무 대가도 없이 그냥 재앙을 막아 주었던 것이오.

_호메로스,《일리아스 9-592》

아킬레우스는 파트로클로스가 전사한 뒤 자신의 잘못을 자책한다. 아가멤논도 뒤늦게 전공에 따라 몫을 나누겠다고 약속한다. 아킬레우스는 공동체를 위해 목숨을 던진다. 호메로스는 아킬레우스에게 죽음 뒤에도 영원히 산다는 '불멸성immortality'을 부여했다. 용기 있는 전사는 죽어도 사라지지 않는 것이니, 죽음을 두려워하지 말고 용기 있게 싸우라고 호메로스는 말한다.

아킬레우스,
서양 자유주의의 원형

아킬레우스는 자기중심적이고 반항적이다. 무조건적 복종을 거부한다.

> 내 만일 무슨 명령을 내리든 매사에 복종한다면
> 그것은 겁쟁이고 쓸모없는 인간이라고 불러도 좋소.
> 그따위 명령은 다른 사람들에게나 내리고 나에게는 내리지 마시오.
> _호메로스,《일리아스 1-293》

자유주의는 개인의 자유를 우선시한다. 아킬레우스에게서 서양 자유주의의 원형을 발견할 수 있다. 평민 전사 테르시테스는 전사 회의 아고라 agora에서 왕에게 거침없는 비판을 쏟아 낸다.

> 아트레우스의 아들(아가멤논)이여, 무엇이 모자라서 불만이시오?
> 그대의 막사는 청동으로 가득 차 있고,
> 그대의 막사에는 우리 아카이아인들이 도시를 함락할 적마다 고르고 골라
> 맨 먼저 그대에게 바친 여인들이 많이 있지 않소!
> 저 양반은 이곳 트로이 땅에서 명예의 선물들이나 실컷 탐식하도록 내버려 두고
> 우리는 함선들을 타고 고향으로 떠나도록 합시다.
> _호메로스,《일리아스 2-225》

테르시테스는 오디세우스에게 매질을 당하고 웃음거리가 되지만 그는 병사들의 뜻을 대변한다.

스위스 역사학자 커트 라플라웁Kurt Raaflaub은 "호머는 엘리트와 귀족 편향성에도 불구하고 후일 민주주의의 핵심을 형성하게 될 제도와 관행, 정신의 일부를 앞서 반영하고 있다"고 평가했다.

《일리아스》는 명예, 정의, 자유정신, 화해에 대한 희망을 담고 있지만 참혹한 전쟁 이야기다. 전사들은 권력과 명예, 부를 얻기 위해 전쟁에 뛰어들어 도시를 파괴하고 약탈한다. 사람들은 폭력의 희생자가 되어 고통 속에 죽어간다.

그리스 문명의 뿌리는 폭력적 전사 사회다. 그리스 사회는 후대에 민주주의를 도입하고 윤리 의식을 높여가지만, 공격성과 투쟁심은 그리스인 특유의 기질이 되었다.

트로이 전쟁,
신화가 아닌 역사적 사실

호메로스 서사시는 고대 그리스인의 교과서였다. 아이들은 서사시를 암송하며 전쟁 영웅의 삶과 죽음을 찬양했다. 트로이 전쟁과 영웅의 이야기는 문학, 철학, 연극, 그림, 조각의 소재가 되었다.

《일리아스》는 수많은 아킬레우스의 후예를 만들어 냈다. 알렉산드로스는 《일리아스》를 읽으며 세계 정복 야망을 키웠다. 카이사르는 알렉산드로스를 롤 모델로 삼았다. 30대 젊은 시절 스페인 남부 카디즈에서 알렉산드로스 동상을 본 카이사르는 "알렉산드로스는 내 나이에 위대한 업적을 이루었는데 나는 무엇을 했는가?" 한탄했다고 전해진다. 나폴레옹은《일리아스》영웅들을 수놓은 코르시카 고향 집 태피스트리 위에서 태어났다. 호메로스 서사시를 여러 번 읽은 나폴레옹은 마지막 유배지 세인트헬레나섬에서《일리아스》를 읽고 짧은 서평을 남겼다.

> 서사시의 영웅들은 야수같이 거칠지만 그들의 연설은 높은 문명 수준을 보여준다. _라 까즈comte de Las Cases, 《나폴레옹 전기》

호메로스 서사시는 미국 중고등학교 독서 과제는 물론 대학 신입생이 반드시 읽고 공부해야 할 고전 목록 첫 번째에 올라 있다.

트로이 전쟁은 신화로 알려져 왔지만, 신화가 아니라 역사였다.

《일리아스》에 매료된 독일 사업가 하인리히 슐리만Heinrich Schliemann은 어릴 적 꿈을 이루려고 고대 도시 트로이를 찾아 나섰다. 그는 1871년 터키 다르다넬스 해협 남쪽 히살리크Hisarlik 언덕에서 발굴을 시작했다. 사업에서 모은 거액의 재산을 유적 발굴에 쏟아부었다. 그는 그곳에서 여러 층으로 된 트로이 성곽과 '프리아모스의 보물'로 불리는 황금 왕관과 목걸이 등 유물을 찾아냈다. 아마추어 고고학자의 트로이 발견은 세계를 놀라게 했다. 그는 보물 사냥꾼처럼 땅을 파헤쳐 유적을 파괴했다는 비난을 받기도 하지만 트로이 전쟁이 역사적 사실임을 증명했다.

헤로도토스는 트로이 전쟁 시기를 기원전 1250년으로, 헬레니즘 시대 수학자 에라토스테네스Eratosthenes는 기원전 1183년으로 추산했다.

어둠 속에서 하나둘
불빛이 밝혀지고

기원전 1600년에서 1100년 사이에 존속한 미케네Mycenae 왕국은 전쟁과 무역으로 에게해를 장악했다. 미케네 성은 그리스 남쪽 아르골리스 평야가 내려다보이는 해발 278미터의 울퉁불퉁한 바위 언덕 위에 서 있다. 두 마리의 돌사자가 육중한 성문을 지키고, 높이 12미터의 거대한 성벽이 왕궁을 둘러싸고 있다. 미케네 성은 돌덩이 하나의 무게만 해도 평균 10톤에 달해 외눈박이 거인 키클롭스Cyclops의 성으로 불린다.

슐리만은 2천 년 동안 폐허로 남아 있던 미케네 고분에서 아가멤논의 황금 마스크와 왕관, 술잔 등의 유물을 발굴했다. 황금이 가득한 도시 미케네 전설이 사실로 밝혀졌다. 장인들의 작업장과 곡물, 올리브, 포도주를 저장한 저장고는 왕과 관료가 경제활동에 직접 관여했음을 보여준다.

지중해를 장악한 미케네 왕국은 미스터리한 폭풍에 휘말려 갑자기 붕괴한다.

미스터리한 민족,
'바다 사람들'

기원전 1207년 이집트 해안에 정체를 알 수 없는 배들이 수없이 몰려왔다. 침입자는 이상한 머리 모양을 하거나 헬멧을 쓴 낯선 사람들이었다. 이집트인들은 그들이 누구인지 알 수 없어 그저 바다 사람들Sea Peoples이라고 불렀다. 기원전 1177년 람세스 3세Ramses III 때 또 다시 바다 사람들이 몰려왔다. 람세스 3세는 대규모 전차 부대와 함선을 이끌고 이들을 격퇴했다. 대체 바다 사람들은 어디에서 왔을까?

이집트 테베Thebes 메디네트 하부Medinet Habu 신전 벽에는 람세스의 전투 장면과 바다 민족 이름이 새겨져 있다. 대부분 그리스와 트로이계 이름이다.

- 데니옌Denyen은 그리스계 다나안Danaan
- 펠레셋Peleset은 그리스 원주민 펠라스지안Pelasgian
- 에크웨쉬Ekwesh는 그리스계 아카이안Achaean
- 쉐클레쉬Shekelesh는 시칠리아Sicilia
- 셰르덴Sherden은 사르디니아Sardinia
- 테레쉬Teresh는 티레니안Tyrrhenian(에트루리아인)
- 웨쉐쉬Weshesh는 트로이 윌루사Wilusa를 가르치는 말로 해석되고, 테케르Tjekker는 그리스계와 시칠리아라는 설이 엇갈린다.

비슷한 시기에 소아시아의 거대 제국 히타이트Hittite가 멸망하고 그리스의 미케네, 티린스Tiryns, 필로스Pylos 왕궁이 불길에 휩싸였다.

이렇게 지중해 청동기 문명이 한꺼번에 붕괴했다.

청동기 문명은
왜 갑자기 사라졌나?

청동기 문명 붕괴 원인에 대해 지진, 가뭄, 내란, 트로이 전쟁, 전투 기술 변화 등 여러 이론이 제시된다. 가장 유력한 이론은 가뭄설이다. 기원전 1200년대 중반 아나톨리아(소아시아)반도 내륙의 히타이트에 가뭄이 계속되었다. 가뭄설은 최근 과학적 연구로 증명되었다.

프랑스 툴루즈대 다비드 카니에스키David Kaniewski 연구팀은 2013년 키프로스 호수에 가라앉은 꽃가루 샘플을 채취해 청동기시대 기후변화를 분석했다. 꽃가루 분석을 통해 기원전 1200년에서 850년 사이 동지중해에 300년 동안 극심한 가뭄이 지속되었다는 사실이 확인되었다. 갑작스러운 바다 사람의 출현은 가뭄으로 폭동과 대규모 난민이 발생했기 때문으로 추측된다.

그리스에서는 내란이 일어났을 가능성이 있다. 아가멤논이 트로이 전쟁에서 돌아온 뒤 왕비 클리템네스트라와 정부 아이기스토스에게 암살당하는 그리스 비극 이야기는 권력투쟁의 일단을 보여준다.

미국 역사학자 에릭 클라인Eric Cline은《기원전 1177년》에서 청동기 문명 붕괴는 퍼펙트 스톰Perfect Storm 같은 복합적 재앙이라고 주장했다. 퍼펙트 스톰은 허리케인이 2개 이상의 기상 전선과 부딪히면서 위력이 폭발적으로 커지는 현상을 말한다. 히타이트의 가뭄과 미케네 내란으로 대량 난민이 발생하고, 이들이 해안 도시를 공격해 해상 교역망이 무너지면서 국가 시스템 붕괴를 가져왔을 것이라는 설명이다.

청동기 문명 붕괴는 연쇄적인 민족이동을 촉발했다. 도리스족Dorian이 그리스 남쪽 스파르타와 크레타로 내려오고, 그리스 북쪽의 아이올리안

Aeolian과 이오니아인Ionian이 소아시아 해안으로 이주했다. 그리스계 펠레 셋Peleset인은 레반트의 가자Gaza, 애쉬켈론Ashkelon, 에크론Ekron 지역에 정착 했다. 구약성경에 나오는 블레셋Philistine의 거인 골리앗Goliath이 펠레셋인이 다. 펠레셋인이 살던 지역은 오늘날 팔레스타인Palestine으로 불린다.

미케네가 멸망한 후 그리스에서는 인구가 급감하고 문자 기록이 사라졌 다. 영국 고고학자 스노드그래스Snodgrass의 분석에 의하면, 기원전 13세기 이후 마을 숫자가 8분의 1로 줄어들었다. 기원전 1100년부터 800년까지 300년간 그리스는 암흑기에 들어선다.

어둠을 뚫고 나온
폴리스

기원전 8세기 짙은 어둠 속에서 하나둘 불이 밝혀 지기 시작했다. 큰 횃불이 아니라 반딧불처럼 수많은 작은 불빛이었다. 그 리스 본토에 아테네, 스파르타, 아르고스, 코린토스, 테베를 비롯해 밀레투 스, 사모스 등 에게해와 이오니아에 점점이 폴리스가 출현했다. 폴리스 숫 자가 1,000여 개에 달했다.

폴리스는 성벽 도시를 중심으로 주위 농촌과 연합한 도시국가다. 아테 네는 폴리스의 전형을 보여준다. 해발 150미터 바위 언덕 아크로폴리스 위에 파르테논 신전이 우뚝 서 있고 언덕 아래 물건을 사고파는 광장 아고 라와 원형극장, 관공서, 주택이 이어진다.

초기 폴리스는 평균 인구 4,000~5,000명의 작은 도시였다. 폴리스는 도시와 국가를 합한 도시국가city-state로 번역되는데 함께 살아가는 공동체 community를 뜻한다.

아리스토텔레스는 인간은 생존과 훌륭한 삶을 위해 폴리스에서 살아가는 동물이라고 말했다.

국가는 자연의 산물이며, 인간은 본성적으로 국가 공동체를 운영하는 동물임이 분명하다. _아리스토텔레스, 《정치학》

폴리스,
시민권의 기원

암흑시대로부터 어떻게 폴리스가 탄생했는가? 폴리스는 오랜 진화의 산물이다. 미케네 왕국이 붕괴된 후 그리스는 부족사회로 후퇴했다. 무역과 상업이 사라지고 사람들은 자급자족에 의존했다. 높은 산과 복잡한 해안선, 섬으로 이뤄진 자연 지형은 지역 간 이동과 교류를 어렵게 했다. 문명사가 빅터 데이비스 핸슨Victor Davis Hanson은 자급자족하던 농촌 공동체가 폴리스로 발전했다고 말한다.

다른 학자들은 전쟁 조직이 폴리스로 발전했을 것이라고 추정한다. 기원전 8세기 들어 인구가 늘어나면서 이웃 간에 전쟁이 잦아졌다. 보병전에서는 병력 숫자가 중요하다. 귀족 전사들은 농민과 연대해 폴리스를 만들었다.

토지를 소유한 전사 지배계급은 단합해 바실레우스basileus(부족장)를 권좌에서 밀어냈다. 그들은 시민권이라는 개념을 창안해 농민의 지지를 얻거나 강압적 방법으로 연대를 얻어냈다. _로스 피터Rose Peter W., 《고대 그리스의 계급Class in Archaic Greece》

땅을 가진 농민은 병역 의무를 지는 대신 시민권을 받았다. 노예와 여성은 시민권에서 제외되었다. 아테네의 경우 남성 시민이 인구의 20%를 차지했다. 귀족들은 폴리스를 대표하는 집정관 아르콘archon을 선출하고 귀족정을 시행했다. 귀족회의 아레오파구스Areopagus가 실질 권력을 행사했다.

막스 베버는 시민권과 자치도시가 그리스인의 독창적 발명이라고 주장했다.

서양에서만 법학자에 의해 만들어지고 합리적으로 해석되고 계획된 합리적 법률을 알았고, 서양에서만 시민권 개념이 발견된다. 왜냐하면 서양에서만 특정한 의미의 도시가 존재했기 때문이다. _막스 베버,《일반경제사 General Economic History》

베버는 동양에서는 신분 차이와 종교적 금기禁忌, taboo 때문에 자치도시가 출현하지 않았다고 주장했지만, 도시국가는 페니키아에서 먼저 등장했다. 티레Tyre, 시돈Sidon, 비블로스Byblos에 시민권 제도가 있었고, 자문 기구와 민회를 운영했다.

그리스인들은 성소聖所 올림피아Olympia에 모여 제우스 신에게 제사를 지내고 운동경기를 열었다. 기원전 776년에 열린 첫 번째 올림픽이 고대 올림픽의 시초다.

《일리아스》에 나오는 전사처럼 그리스인들은 달리기, 권투, 레슬링, 창던지기로 힘과 기예를 겨뤘다. 그리스인은 건강한 육체와 힘을 숭배했고 경쟁에 열광했다. 그들은 이웃과 영토 전쟁을 벌이다가 올림픽 경기가 시작되면 올림피아로 달려갔다. 그리스인은 올림픽을 통해 하나의 헬라스 사람Hellenes이라는 동족 의식을 다졌다.

첫 번째 올림픽(기원전 776년)에서 페르시아 전쟁(기원전 490년) 직전까지를 아르카이크 시대Archaic period(상고기上古期)라고 부른다.

동방의 빛

"빛은 동방에서 온다Ex Oriente lux"는 말처럼 문명은 오리엔트에서 왔다. 그리스인은 오리엔트 철기 기술과 알파벳을 수입해 문명 세계에 진입했다. 철기 기술은 키프로스에서 왔다. 히타이트 제국이 멸망한 뒤 철기 기술이 키프로스에 전해졌고, 이 기술이 그리스로 들어왔다. 철은 구리, 주석보다 구하기 쉽고 단단해 군사력과 농업 생산성을 획기적으로 높여 주었다. 알파벳은 페니키아에서 왔다. 그리스인들은 페니키아인으로부터 알파벳을 배웠다. 그리스 알파벳은 기원전 770~750년 사이 제작된 도기 그릇에 처음 등장한다.

오리엔트 영향은 그림, 조각, 건축에도 나타난다. 암흑시대 그리스 도자기는 단순한 기하학 무늬였으나 이집트와 메소포타미아 영향을 받아 화려하게 변신한다. 그리핀, 스핑크스, 사자, 소 같은 동물과 연꽃, 야자 잎 같은 식물, 오리엔트 의상을 입은 여인과 그리스 신화, 호메로스의 영웅이 등장한다.

미국 정치학자 마틴 버널Martin Bernal은 《블랙 아테나Black Athena》에서 그리스 문명이 독자적으로 발전한 게 아니라 대부분 이집트, 페니키아로부터 수입했다고 주장했다. 책 제목 '블랙 아테나'는 그리스 문명의 아프리카 기원설을 상징한다. 버널은 아테나, 포세이돈, 아프로디테, 디오니소스, 헤라클레스, 오르페우스 등 거의 모든 그리스 신 이름이 이집트에서 왔고, 어휘와 물질문화가 이집트, 페니키아에서 그리스로 전해졌다고 주장했다.

미국 역사학자 체스터 스타Chester Starr는 "동양 문화의 도움 없이 그리스 혼자 힘만으로 그렇게 많은 성취를 할 수 없었을 것이다"라고 말했다. 그리스인들은 오리엔트 문명에 자신들의 문화를 결합해 서양 문명의 기초를 쌓았다.

오디세우스의 후예

좁은 땅에 인구가 급증하자 그리스인은 바다로 나갔다. 새로운 땅에서 운명을 개척하려는 모험가와 권력투쟁에서 밀려난 귀족, 상인, 해적, 가난한 농민, 노동자가 이 대열에 참가했다.

기원전 770년 에우보이아Euboea인들이 나폴리 앞 이스키아Ischia섬에 그리스의 첫 번째 식민지 피테쿠사이Pithekoussai를 건설했다. 그리스인은 이탈리아와 아프리카 북부, 프랑스, 스페인, 흑해 지역에 500여 개 식민지를 세웠다.

소크라테스는 지중해와 흑해 해안에 도시를 이루며 사는 그리스인을 가리켜 "연못가에 사는 개미와 개구리 같다"고 말했다.

이탈리아 남부와 시칠리아는 기후가 온화하고 땅이 비옥해 그리스인이 가장 많이 정착했다. 쿠마이Cumae, 낙소스Naxos, 시라쿠사Syracusa, 시바리스Sybaris, 크로톤Croton, 타렌툼Tarentum에 식민 도시가 건설되었다. 그리스인들은 이 일대를 '큰 그리스'라는 뜻으로 마그나 그라이키아Magna Graecia라고 불렀다.

《오디세이》는 트로이 전쟁 영웅 오디세우스가 고향 이타카로 돌아오다가 10년 동안 바다를 방랑하는 이야기다.

바다는 위험이 가득한 곳이다. 낙원 같은 섬에는 아름다운 마녀와 바다의 요정, 외눈박이 거인이 살고 해협을 지날 때 세이렌Seiren의 매력적인 노래가 죽음을 부른다. 해협을 지나면 머리가 여섯 개 달린 괴물 스킬라Scylla와 바다의 소용돌이 카리브디스Charybdis가 배를 집어삼킨다.

하지만 위험 뒤에는 축복받은 땅이 기다린다.

> 밀이며 보리며 거대한 포도송이들로 포도주를 가져다주는 포도나무하며
> 이 모든 것이 씨를 뿌리거나 경작하지 않건만 그들을 위해 풍성하게 돋아
> 나고.
> 그러면 제우스의 비가 그것들을 자라나게 해주지요.
> _호메로스,《오디세이 9-108》

오디세우스는 키클롭스섬을 바라보며 곡식을 심을 농지와 배를 댈 수 있는 좋은 포구를 구상한다. 오디세우스는 명예보다 물질적 욕망을 추구했다.

《일리아스》가 전쟁과 약탈 시대의 상징이라면,《오디세이》는 상업 시대 이데올로기를 대표한다.

그리스인은 식민지 개척으로 부를 축적했다. 이탈리아와 시칠리아에서 철과 식량, 트라키아에서 금과 은, 목재, 아프리카 키레네에서 소가죽과 곡물, 흑해에서는 식량이 들어왔다. 그리스 본토 메트로폴리스metropolis(어머니 도시)에서는 도자기와 올리브, 포도주, 청동기, 직물, 공예품을 수출했다.

경제적 인간 오디세우스의 특별한 재능은 메티스Mêtis다. 메티스는 꾀와 임기응변으로 일을 성공시키는 능력을 말한다. 아킬레우스가 강력한 하드 파워hard power에 의존했다면 오디세우스는 지능적 소프트 파워soft power를 함께 사용한다. 트로이 목마를 만들어 트로이 성을 함락하고, 거인을 만났을 때 '아무것도 아닌 자Nobody'라고 자신을 위장하고, 세이렌 해협을 지날 때 자신의 몸을 돛대에 묶고 선원들 귀를 밀랍으로 막아 노랫소리를 듣지 못하게 한 지략도 오디세우스의 머리에서 나왔다.

오디세우스의 이성理性은 도구적 이성instrumental reason이다. 도구적 이성은 목적을 위해 이성을 수단으로 사용하는 것을 말한다. 시카고대 교수 제임스 레드필드James Redfield는 오디세우스를 상인 정신을 가진 '경제적 인간economic man'이라고 평가했다.

오디세우스는 모든 일에 비용 대비 효과를 분석한다. 현재의 지출이 미래에 얼마나 효용을 가져다줄 것인가를 평가한다. _제임스 레드필드, 〈경제적 인간The Economic Man〉,《호메로스 읽기Approaches to Homer》

오디세우스는 지략을 이용해 키클롭스섬을 약탈했다. 섬에 사는 외눈박이 거인 폴리페모스Polyphemus는 '타자他者', 문명화되지 않은 야만인이다.

그들은 의논하는 회의장도 없고 법규도 없으며
높은 산들의 꼭대기에 있는 속이 빈 동굴들 안에 살면서
각자 자기 자식들과 아내들에게 법규를 정해주고
자기들끼리는 서로 상관하지 않아요.

_호메로스, 《오디세이 9-112》

오디세우스는 남의 땅에 상륙해 주인 허락도 없이 염소를 잡아먹고, 동굴로 들어가 거인을 포도주에 취하게 한 뒤 눈을 찌르고 양을 훔쳐 달아난다. 거인을 공격한 것은 나그네에게 호의好意, xenia를 베풀어야 하는 그리스인의 관습을 어겼기 때문이라고 호메로스는 말한다.

영국 고전학자 에밀리 윌슨Emily Wilson은 "폴리페모스(외눈박이 거인) 에피소드는 그리스인의 비非그리스인에 대한 착취를 정당화하려는 시도로 읽힐 수 있다"고 비판했다.

서양은 후일 이성을 도구로 대포, 범선, 과학, 기술을 발전시켜 세계를 제패하게 된다.

폴리스에 몰아친
도전과 극복

호전적 전사들이 모여 사는 폴리스에서는 정치적 분쟁stasis이 끊이지 않았다. 아리스토텔레스는 "덜 가진 사람은 똑같이 갖기 위해, 똑같이 가진 자들은 더 갖기 위해 들고 일어난다"고 개탄했다.

기원전 700년 전후에 활동한 시인 헤시오드Hesiod는 폴리스의 고단한 삶을 시로 표현했다. 헤시오드는 젊은 시절 헬리콘Helicon 산기슭에서 목동을 했고, 작은 유산을 물려받아 농사를 지었다. 아스크라Ascra는 '겨울에는 아주 춥고 여름에는 찌는 듯이 더운, 전혀 기쁠 날이 없는 비참한 보금자리'라고 헤시오드는 묘사했다.

헤시오드는 자신이 사는 시대를 불의와 폭력이 판치는 '철의 시대'라 불렀다. 성문화된 법이 없는 폴리스는 말 그대로 무법 지대였다. 그는 당시 시대상을 매와 나이팅게일에 비유했다.

나이팅게일은 매의 구부러지고 날카로운 발톱에 쩔려 가엽게 비명을 지르고 있었다. 그러자 매는 나이팅게일을 호통치면서 이렇게 말했다. "이 한심한 녀석아, 너는 왜 비명을 지르고 난리냐? … 나는 내 마음 내키는 대로 먹어치울 수도 있고, 놓아줄 수도 있다. 바보만이 강자와 대적해서 패배하여 치욕과 고통을 당하는 법이다." _헤시오드, 〈노동과 나날〉

'매는 귀족 지배층을 상징하고, 나이팅게일은 민중demos, 헤시오드 자신을 나타낸다'고 토론토대 사회학자 조지프 브라이언트Joseph Bryant는 해석한다. 헤시오드에게는 말썽을 부리는 동생 페르세스Perses가 있었다. 페르세스는 자기 몫의 유산을 탕진하고 헤시오드를 상대로 소송을 냈다. 헤시오드는 재판관이 페르세스의 뇌물을 받고 부당한 판결을 내리려 한다고 비난했다.

뇌물을 좋아하는 여러분 왕Basileus들이시여, 정당하게 판결을 내리고 정의를 왜곡할 생각을 떨쳐버리길 바랍니다. 다른 사람들에게 해를 끼치는 사람은 스스로에게 해를 자초할 것이기 때문입니다. _헤시오드, 〈노동과 나날〉

헤시오드는 농민의 평범한 삶과 노동의 신성함을 강조했다.

네가 노동을 하면 게으른 자는 곧 너를 부러워할 것이다. 너는 곧 부자가될 것이기 때문이다. 부에는 명예와 존경이 따르는 법이다. _헤시오드, 〈노동과 나날〉

헤시오드의 교훈시는 그리스 사회에 윤리적 자각을 호소했다. 그는 약육강식을 비판했지만 불의를 바로잡을 방법이 없었다. 정의의 여신 디케Dike의 심판을 기다릴 뿐이었다.

아테네를 구한
솔론

아테네에서는 귀족의 과두정치가 오래 지속되면서 귀족과 평민의 갈등이 높아졌다. 성문법 드라코Drako 법을 만들었으나 피로 썼다고 할 정도로 가혹해 작은 물건을 훔쳐도 사형에 처했다. 부자에게 빚을 진 농민 헥테모로이hektemoroi는 매년 수확의 6분의 1을 임대료로 물어야 했고 빚을 갚지 못하면 토지를 잃거나 노예로 팔려나갔다. 오래전 이국땅에 팔려나간 노예 중에는 모국어를 잊어버린 사람도 있었다.

귀족과 평민 들은 솔론Solon에게 중재를 요청했다. 솔론은 그리스 7대 현인 중 한 사람으로 모든 계층의 존경을 받았다. 그는 귀족 후손이었지만 가난한 사람에게 우호적이었다.

> 솔론은 끊임없이 부자에게 분쟁의 책임이 있다고 말했다. 그는 시elegy 첫 줄에 '탐욕과 교만'을 우려한다고 썼다. 이 말은 탐욕과 교만이 분쟁의 원인이라는 뜻이다. _아리스토텔레스, 《아테네 헌법》

솔론은 드라콘 법을 폐지하고 '무거운 짐 덜어내기' 정책을 실시했다. 빚을 갚지 못해 농노나 노예가 된 사람의 빚을 탕감하고 신체를 저당 잡는 행위를 금지했다. 빚 때문에 노예가 된 아테네인은 자유인으로 해방되었다.

솔론은 소득수준에 따라 시민을 4개 계급으로 나눴다. 귀족, 기사, 중산층 세 계급을 의회 불레boule에 참여시켰다. 최하층 평민까지 참여하는 민회ecclesia도 설립했다. 솔론의 정치 개혁은 금권정치金權政治 요소도 있지만, 정치 참여 폭을 넓혀 민주주의 토대를 마련했다는 평가를 받는다.

젊었을 때 외국에 나가 장사를 한 솔론은 유능한 경제정책가이기도 했다. 그는 농업 위주의 아테네 경제구조를 상공업 중심으로 바꿨다. 농민에게 올리브나무를 많이 심도록 하고, 올리브 기름을 흑해 지역에 수출해 곡물과 교환했다. 특수한 기술을 가지고 있거나, 가족과 함께 아테네에 정착하는 외국인에게는 시민권을 주었다. 이 정책으로 페니키아 상인과 장인, 코린트 도공, 조선 기술자가 아테네에 정착했다. 아버지는 자식들에게 무역이나 한 가지 이상의 기술을 가르치도록 하고, 이를 지키지 않는 아버지는 자신이 부양하지 않아도 되었다.

솔론은 아테네를 위기에서 구했으나 모두를 만족시키지는 못했다. 부자는 평민에게 특혜를 준다고 불평했고, 평민은 땅을 재분배해주지 않는다고 불만을 표시했다. 솔론은 이 법을 100년 동안 지키라고 말하고는 이집트와 이오니아로 철학 여행을 떠났다.

홉라이트 혁명

솔론이 떠난 뒤 다시 혼란이 일어났고 참주가 등장했다. 뛰어난 선동가 페이시스트라토스Peisistratos는 생명의 위협을 받고 있다고 속이고 무장 경호원을 허용받은 뒤 정권을 잡았다. 귀족들에게 추방되었다가 다시 아테네로 돌아올 때는 아름다운 여인을 아테나 여신으로 분장시켜 함께 입성했다.

19년 동안 집권한 페이시스트라토스는 독재적 참주였으나, 솔론의 법을 준수했고 상공업을 발전시켰다. 아테네 하천에서 나는 붉은 흙으로 레드 피규어red-figure(인물을 붉은색으로 칠한 그림) 도자기를 만들어 수출하고 라우리온Laurion에서 채굴한 은으로 은화를 주조했다.

참주 등장 배경에는 중무장 보병 홉라이트hoplite가 있다. 도시국가들은 기원전 670년을 전후해 홉라이트 전투 방식을 도입했다. 청동 갑옷과 방패로 중무장한 홉라이트 보병은 밀집형 팔랑크스phalanx 대형으로 전투를 한다. 창으로 찌르고 방패로 밀며 함께 전진하는 조직력이 승패를 갈랐다. 귀족과 평민이 같은 대열에서 전투하면서 신분 차별은 점차 사라졌다.

역사학자들은 홉라이트가 가져온 정치·사회적 변화를 홉라이트 혁명hoplite revolution이라 칭한다.

상공업 발전과 중산층 증가도 참주 등장의 한 배경이다. 영국 역사학자 에디트 홀Edith Hall은 "상업을 하는 신흥 중산층은 왕들이나 대토지를 가진 세습 귀족의 집단 통치보다 그들의 이익을 불도저처럼 지원해줄 단일 군주를 필요로 했다"고 말했다. 참주는 귀족 재산을 빼앗아 민중들에게 나눠주고 가난한 사람 부채를 탕감하며, 상공업 진흥 정책을 폈다.

참주정은 법을 무시하는 독재정치를 말한다. 아리스토텔레스는 참주정이 오래 가는 경우도 있지만 해악을 가지고 있어 대개 단명한다고 설명했다.

페이시스트라토스의 아들 히피아스Hippias는 잔혹한 독재자였다. 자신을 노린 암살 사건이 일어난 뒤부터 시민을 억압하고 무거운 세금을 물렸다. 아테네 시민들은 무력으로 히피아스를 추방했다.

아테네
직접 민주주의

　　　　　　클레이스테네스Cleisthenes는 508년 최초로 민주정
을 세웠다. 아테네에서 추방된 알크마이온 가문 출신 클레이스테네스는
평민과 공존하는 길을 택했다. 그는 정치제도를 완전히 뜯어고쳤다.

전 지역을 10개 부족tribe으로 나누고, 그 아래 150개 데모스demos를 두
었다. 민주주의democracy는 마을을 뜻하는 데모스에서 유래했다. 데모스는
투표로 10명의 스트라테고이strategoi(장군)를 선출하고 추첨으로 불레 위원
500명을 뽑았다.

불레는 정부 업무를 집행하는 역할을 맡고, 민회는 전쟁·외교·재정 정
책의 최종 결정권을 가졌다. 법원 디카스테리아dikasteria도 시민에 의해 운
영되었다. 도자기 파편에 이름을 써서 지도자를 추방하는 도편추방, 오스
트라시즘ostracism도 이때 도입되었다.

아테네 정치는 귀족정치, 금권정치, 참주정을 거쳐 민주정으로 발전했
다. 아테네의 직접 민주주의는 혁명적 제도였으나 공직자를 추첨으로 선
발해 전문성이 떨어졌고, 포퓰리즘의 위험성을 안고 있었다.

철학의 탄생

　　　　　　고대 신화 도시 델포이Delphoi는 아테네에서 북서
쪽으로 180킬로미터 떨어진 깊은 산중에 있다. 그리스인들은 델포이를
세계의 중심, 세계의 배꼽omphalos으로 생각했다. 제우스가 지구의 동쪽과
서쪽 끝에서 독수리 두 마리를 날렸더니 델포이에서 만났다는 신화가 전
해진다.

델포이 마을에서 경사진 숲길을 따라 걸어 올라가면 신화의 세계로 들어서게 된다. 언덕 위에는 도시국가들이 신에게 올릴 제물을 보관하던 대리석 보물 창고, 원형극장, 스타디움이 있고 그 아래 아폴론 신전이 서 있다. 신탁을 내리던 옛 신전은 허물어지고, 지금은 6개의 붉은색 석회암 기둥만 남아 있다. 신전 뒤로는 높이 2,457미터의 바위산 파르나소스가 수직으로 솟아 있고 앞쪽은 가파른 절벽이다. 절벽 아래 깊은 협곡에는 키 작은 올리브나무가 숲을 이루고 골짜기 끝으로 코린토스만으로 통하는 푸른 바다와 작은 포구가 보인다.

아폴론은 이곳에 살던 무시무시한 뱀 파이턴Python을 죽이고 여사제를 통해 신탁을 내리기 시작했다고 전해진다. 그리스인들은 중요한 일이 있을 때 델포이를 찾아가 신탁을 구했다. 리디아 왕 크로이소스Kroisos는 "대국이 멸망할 것"이라는 신탁을 받고 페르시아와 전쟁하다가 자기 나라가 멸망했다는 전설이 전해진다.

알렉산드로스는 페르시아 원정을 떠나기 전 델포이를 찾았다. 알렉산드로스는 신탁소가 문을 닫은 날인데도 여성 사제Pythia를 쫓아다니며 신탁을 요구했다. 여사제가 "못 당하겠다"고 말하자 알렉산드로스는 흡족해하며 돌아갔다고 한다.

델포이 신전 입구에는 '너 자신을 알라', '지나치지 말라'는 경구가 새겨져 있었다. 소크라테스의 지혜, 아리스토텔레스의 중용 철학은 델포이 역사와 닿아 있다.

고대 그리스인은 불가사의한 자연현상과 인간 심리를 신과 연결했다. 하늘과 땅, 바다, 태양, 달, 전쟁, 승리, 지혜, 아름다움, 정의, 사랑, 욕망, 운명, 꿈, 질투를 신의 활동으로 설명했다. 그리스 신화의 신은 보통 사람처

럼 사랑하고 질투하고 욕망하고 갈등하는 인간적 신이다. 신화의 안개 속
에서 지혜와 이성이 깨어나기 시작했다.

철학은 이오니아 남쪽 부유한 상업 도시 밀레토스Miletus에서 탄생했다.
이집트, 바빌론, 페니키아와 교역하던 밀레토스 사람들은 그들로부터 천
문학, 수학, 기하학 지식을 흡수했다.

탈레스Thales(기원전 624~546년)는 페니키아인 후손이다. 그는 밤에 별을
보며 걷다가 우물에 빠질 정도로 천문학에 몰두했다. 밤에 별을 보며 항해
하는 페니키아 항해 기술과 과학적 사고 사이에는 밀접한 상관관계가 있
다고 헬레니즘 시대 지리학자 스트라본Strabon은 말했다. 탈레스는 천문학
지식을 이용해 기원전 585년 일식이 일어날 것이라고 예측했다. 이집트
에서 기하학을 배운 탈레스는 작은 막대기를 가지고 막대기와 피라미드
그림자 길이를 비교해 피라미드 높이를 계산했다.

초기 철학은 우주 생성 원인을 찾는 자연주의 철학, 과학이었다. 탈레스
는 만물이 물로 되어 있다고 생각했다. 지구는 물로 채워진 원반이고 육지
는 물에 떠 있다고 설명했다. 자연현상을 객관적으로 설명하려 했던 탈레
스는 최초의 철학자로 불린다.

헤라클레이토스Heracleitos는 만물은 불로 이뤄져 끊임없이 변한다고 말
했다. 그는 물은 항상 흐르기 때문에 '같은 강물에 두 번 몸을 담글 수 없
다'는 금언을 남겼다.

프로타고라스Protagoras는 인간은 만물의 척도라고 말했다. 인간을 중심
에 놓은 프로타고라스는 최초의 휴머니스트로 불린다.

'피타고라스의 정리'로 유명한 피타고라스Pythagoras는 수數의 철학을 창
시했다. 사모스섬에서 태어난 피타고라스는 이집트에서 기하학을 공부하

고, 바빌론에서 마기Magi(마법사)로부터 수학과 음악, 신비주의를 학습한 것으로 전해진다. 피타고라스는 이탈리아 크로토나Crotona에 교단을 세우고 신도들과 금욕 생활을 했다.

그리스인들은 이집트와 바빌론의 천문학, 기하학, 수학을 받아들이고 이성적 연구를 통해 지적 혁명의 주역이 되었다. 역사학자 체스터 스타는 기원전 750~650년 100년간을 그리스 역사에서 가장 극적 발전이 일어난 '혁명의 시대the Age of Revolution'라고 평가했다.

유럽, 아시아의 충돌

페르시아가 유럽으로 세력을 확대하던 시기에 소아시아 이오니아에서 전쟁이 터졌다. 밀레토스 참주 아리스타고라스Aristagoras가 페르시아 총독과 다툼을 벌이다 이오니아 독립을 선언했다.

아테네는 이오니아에 20척의 함선을 보냈고 에레트리아Eretria는 5척을 지원했다. 헤로도토스는 "이 배들이 그리스인과 이방인에게 악의 시작이었다"고 탄식했다.

이오니아 연합군은 498년 페르시아 총독이 주재하는 사르디스로 진격해 도시를 불태웠다. 분노한 페르시아의 다리우스 왕은 밀레토스를 함락하고 초토화시켰다. 아테네 침공은 시간문제였다.

기원전 490년 9월 17일 아침 페르시아군 2만 5,000명이 아테네 마라톤 평원에 상륙했다. 아테네 병력은 1만 명 수준이었다. 페르시아군은 가벼운 무장을 하고 활과 짧은 창을 사용했다. 아테네군은 청동 갑옷으로 무장한 홉라이트였다. 아테네군은 뒤로 물러서는 척하면서 좌우로 페르시아군을 포위했다. 페르시아군 6,400명이 전사하고 아테네군 전사자는

192명뿐이었다.

한 병사는 43킬로미터를 달려 아테네 시민들에게 승전 소식을 알린 뒤, 그 자리에서 쓰러졌다. 아테네인들은 아테네 병사들과 목숨을 걸고 달려 온 '마라톤 전사'를 자유 시민의 표상으로 기렸다.

> 아테나이(아테네)는 그렇게 점점 강성해졌다. 아테나이인(아테네인)들이 참주들의 지배를 받는 동안에는 전쟁에서 어떤 나라도 능가할 수 없었지만, 참주들에게서 벗어나자 세상에서 가장 뛰어난 전사들로 거듭났기 때문이다. _헤로도토스, 《역사》

다리우스는 아테네에 복수하려고 원정을 준비하던 중 세상을 떠났다. 보복 공격을 걱정하던 아테네에 예기치 않은 행운이 찾아왔다. 기원전 483년 라우리온 은광에서 경제성 높은 광맥이 터졌다. 은맥 발견으로 아테네 정부는 매년 100탈렌트(1탈렌트는 은 26킬로그램, 140만 달러)의 재정수입을 올리게 되었다. 100탈렌트는 연간 재정수입의 10%에 이르는 금액이다.

아테네는 젊은 정치인 테미스토클레스Themistocles의 제안에 따라 함선 200척을 건조했다.

살라미스 해전,
유럽 중심주의가 싹트다

기원전 480년 크세르크세스 왕이 헬레스폰토스 해협을 건너 그리스를 침공했다. 육군 20만 명, 함선 1,200척이 동원되었다. 그리스 연합군은 보병 6,000명, 스파르타 결사대 300명, 370여 척의 전함뿐이었다.

북쪽에서 아테네로 진입하려면 테르모필레 고개를 지나야 한다. 스파르타 레오니다스 왕이 지휘하는 300 결사대는 사흘 동안 테르모필레 고개에서 페르시아군을 저지하다 옥쇄했다. 테르모필레가 뚫리자 아테네 사령관 테미스토클레스는 아테네를 포기하고 주민을 인근 지역으로 소개疏開했다. 그는 고향을 떠나지 않으려는 사람들을 "나무성벽이 도와주리라"는 델포이 신탁으로 설득했다.

수적으로 열세인 그리스 해군은 페르시아 함대를 좁은 살라미스 앞바다로 유인했다. 그리스 함선 200여 척과 페르시아 함선 1,000여 척이 살라미스 해협에서 맞붙었다. 바다에서 높은 풍랑이 일었다. 그리스 배는 중심이 낮은 데 비해 페르시아 배는 중심이 높아 파도에 크게 흔들렸다. 좁은 해협에서 수적 우세는 별 소용이 없었다. 그리스 해군은 배 앞에 달린 충각기로 페르시아 기함을 들이받은 뒤, 제독 아리아비그네스Ariabignes를 창으로 찔러 바다에 던졌다. 장수를 잃은 페르시아 함대는 혼란에 빠졌다.

살라미스섬 건너편 페라마Perama 언덕에서 해전을 지켜보던 크세르크세스는 굳은 표정으로 자리를 떴다. 페르시아 해군은 200~300척의 배를 잃었고 그리스군 손실은 40척에 불과했다. 서양 학자들은 살라미스 해전을 페르시아 전제군주제와 그리스 자유정신의 대결로 해석한다.

살라미스는 두 개의 완전히 이질적인 문화—하나는 거대하고 부유한 제국 체제이고 다른 하나는 작고 가난하며 탈중심화된 체제—가 충돌한 중요한 전투였다. 전자(페르시아)는 중앙집권화된 궁전 문화에서 동원할 수 있는 세금, 인력, 복종으로부터 그 막강한 힘을 끌어냈으며, 후자(그리스)는 작고 자율적이며 자유로운 종신 귀족의 공동체에서만 나올 수 있는 자발성, 혁신, 창발성을 힘으로 삼았다. _빅터 데이비스 핸슨,《살육과 문명》

그리스 해군을 과소평가한 페르시아는 해군력을 모두 투입해 한 번에 승부를 보려다 패배를 자초했다. 전술에 실패했고 자율 시스템이 부재했다.

페르시아군은 이듬해 벌어진 플라타이아이 육상 전투와 이오니아 미칼레 해전에서도 그리스군에 패배했다. 페르시아는 다시는 그리스를 넘보지 않았다.

살라미스 해전은 서양이 동양보다 우월하다는 유럽 중심주의가 싹트는 계기가 되었다.

아테네 황금시대

전쟁이 끝나고 아테네 시민들이 집으로 돌아왔을 때 도시는 폐허로 변해 있었다. 아크로폴리스 신전은 불타고 가옥은 약탈당했다. 도시는 무너졌지만 시민은 살아남았다. 아테네에는 농사지을 땅과 라우리온 은광, 해군력이 있었다. 무엇보다 페르시아 전쟁 승리의 주역이라는 명성이 있었다.

작은 폴리스들이 아테네에 보호를 요청했다. 아테네와 에게해 도시국가들은 478년 델로스Delos에서 방위 동맹을 결성했다. 265개 폴리스가 참여했다. 각 폴리스가 1표씩 투표권을 갖고, 아테네가 우두머리hegemon 역할을 맡았다.

델로스 동맹은 매년 기금을 걷었다. 첫해 460탈렌트의 기금이 모였다. 아테네는 배를 만들고 함대를 운영했다. 페르시아 전쟁이 끝난 기원전 479년 이후 50년 동안 그리스 세계는 유례없는 평화와 번영을 누렸다.

이 시기가 그리스 고전 시대Classical period다.

아테네 제국

페르시아 전쟁 이후 아테네 민주주의는 대중 민주주의로 급변했다. 살라미스 해전 때 함선에서 노를 젓던 평민계급 테데스thetes가 주요 정치 세력으로 부상했다. 급진 개혁파 출신 페리클레스Pericles는 민중을 기반으로 정권을 잡았다.

페리클레스는 웅변술에 뛰어나 연설할 때 혀끝으로 천둥 번개를 일으키는 듯했다고 전해진다. 페리클레스의 펠로폰네소스 전몰자 추도식은 역사적 명연설로 꼽힌다.

정치 책임이 소수가 아닌 다수에게 있기 때문에 민주주의라 불립니다. 개인 분규와 관련해 모든 사람이 법 앞에 평등하고, 계급이 아닌 능력과 평판에 따라 공직자를 선출합니다. 국가에 무엇인가 기여할 수 있다면, 가난이나 낮은 출신 때문에 방해받지 않을 것입니다. _'페리클레스의 펠로폰네소스 전몰자 추모 연설', 투키디데스, 《펠로폰네소스 전쟁사》

페리클레스는 시민의 정치 참여를 강조했다. 사적인 일에 매달려 정치에 참여하지 않는 사람을 쓸모없는 사람idiotes이라고 비판했다. 영어 이디어트idiot는 공적인 일에 참여하지 않는 사람을 뜻하는 그리스어 이디오테스idiotes에서 나왔다. 그는 가난한 시민도 정치에 참여할 수 있게 공직을 맡거나 배심원을 맡으면 수당을 지급했다.

페리클레스는 능란한 정치력으로 대중을 이끌어 30년 동안 1인 통치를 실현했다. 페리클레스 시대 아테네는 그리스 세계의 중심 도시가 되었다. 아테네에서 외항 피레우스까지 긴 방벽이 건설되고 피레우스에는 부두, 창고, 시장, 은행이 들어섰다. 페리클레스는 아테네의 번영을 이렇게 자랑했다. "우리 도시의 큰 규모로 인해 전 세계 물품이 우리 항구로 모여들고, 아테네인들은 이국의 과일을 국내 과일만큼이나 친숙한 사치품으로 여긴다."

지중해 세계는 식민지 개척과 무역을 통해 빠르게 성장했다. 경제성장은 인구 증가로 나타났다. 기원전 800년 50만 명 수준이던 그리스 인구는 330년대 550~600만 명으로 10배 이상 늘어난 것으로 추정된다. 아테네 인구는 30만 명에 이르렀다. 시민이 4~6만 명(가족을 합해 10만 명), 메틱스 metics(거류 외국인) 4만 명, 노예 15만 명 정도로 추정된다. 아테네 인구는 폴리스가 감당할 수 있는 적정 인구 수준을 몇 배 초과했다. 아테네는 식량의 절반 이상을 흑해와 시칠리아, 이집트에서 수입했다.

일본 경제학자 다케시 아메미야Takeshi Amemiya는 기원전 4~5세기 아테네 국내총생산GDP을 계량경제기법을 이용해 추정했다.

아테네 국내총생산

국내총생산	금액(탈렌트)	비율(%)
밀	130	2.9
보리	389	8.8
올리브, 포도 등 농작물	434	9.8
은	1,000	22.6
제조업	2,477	55.9
계	**4,430**	**100**

* 출처: 다케시 아메미야, 《고대 그리스 경제와 경제학Economy and Economics of Ancient Greece》

제조업 비중이 55.9%, 은 생산이 22.6%로 두 산업이 국내총생산의 4분의 3을 차지한다. 라우리온 500여 개 광산에서는 2만 명의 노예가 일했다. 라우리온에서 채굴된 은광석은 올빼미가 새겨진 은화로 가공했다. 아테네 은화는 지중해 기축통화 역할을 했다.

아테네는 제조업 제품과 은을 수출하고 그 돈으로 식량과 원료를 수입했다. 수출과 수입을 합한 무역액이 5,520탈렌트로 국내총생산의 1.2배에 달하는 것으로 추산된다. 아테네는 베네치아, 네덜란드, 싱가포르 같은 무역으로 살아가는 국제무역 국가였다.

자신감을 가진 페리클레스는 아테네 패권주의hegemony 정책을 폈다. 아테네는 델로스 금고가 약탈당할 위험이 있다는 이유로 금고를 아테네로 옮겼다. 5,000탈렌트가 아테네로 들어왔다. 델로스 동맹은 사실상 아테네 제국Athenian Empire이 되었다.

페리클레스는 델로스 동맹 기금으로 파르테논 신전을 건축했다. 반대파는 동맹 기금을 아테네 건축비로 쓰는 것은 정당하지 못하다고 공격했다. 페리클레스는 전쟁 비용을 치르고 남는 돈을 쓰는 것은 잘못이 아니라고 반박했다. 더 나아가 신전 건축은 후세에 영광을 남기고, 일거리를 제공하고, 도시를 윤택하게 할 것이라고 주장했다. 파르테논 신전 건설에는 2,000탈렌트 이상이 소요되었다.

페이디아스Pheidias가 설계한 파르테논 신전은 아테네 건축 공학 기술과 예술성이 집약된 서양 건축 최고의 걸작으로 평가된다. 신전 안에 높이 11.5미터의 아테나 신상을 세우고 순금 1톤으로 금박을 입혔다. 아크로폴리스 언덕에 우뚝 서서 아테네 경관을 압도하는 파르테논 신전에는 제국주의의 야망이 서려 있다.

페리클레스는 건축가 페이디아스, 철학자 아낙사고라스Anaxagoras, 작가 소포클레스Sophocles를 친구로 둔 교양인이었고, 소크라테스와도 교제했다. 그는 예술, 문학, 철학을 적극적으로 후원했다. 디오니소스 극장에서는 그리스 3대 비극 작가 연극이 공연되었다. 모든 시민에게 일 년에 한 번 연극이나 경기장에 무료로 입장할 수 있게 했다. 이 시대에 고전기를 대표하는 우아한 조각이 탄생했다. 〈크니도스의 비너스〉, 〈벨베데레의 아폴론〉, 〈원반 던지는 사람〉은 인체 비례를 엄격하게 적용해 인간의 이상적 아름다움을 표현했다.

미국 스탠퍼드대 역사학자 조시아 오버Josiah Ober는 "그리스 세계가 위대한 것은 문화적 성과 때문이며, 문화적 성과는 경제성장에 의해 지탱되고 경제성장은 독특한 정치제도 덕분에 가능했다"고 말했다.

페리클레스 시대는 위대했으나 위대함은 화를 불렀다. 페리클레스는 평등한 민주주의를 외치면서 밖으로는 불평등한 패권을 지향했다. 아테네의 급속한 팽창은 다른 폴리스의 두려움과 시기심을 촉발했다.

페리클레스 재임 말기에 일어난 펠로폰네소스 전쟁은 그리스 세계에 내린 재앙이었다.

투키디데스의 덫

전쟁은 작은 불씨에서 시작되었다.

아테네는 그리스반도 동쪽 케르키라를 놓고 코린토스와 분쟁을 벌였고, 메가라 선박을 아테네에서 쫓아냈다. 코린토스와 메가라는 펠로폰네소스 동맹 종주국 스파르타로 달려가 보복 공격을 부추겼다. 스파르타는 분쟁 지역에서 철군하라고 아테네에 최후통첩을 보냈지만, 아테네는 거부했다.

페리클레스는 이 기회에 스파르타를 눌러야 한다고 생각했다. 그는 스파르타가 군자금이 없어 당분간 움직이지 못할 것이라고 오판했다. 자만심, 휴브리스가 판단력을 마비시켰다.

스파르타는 더 이상 공격을 늦추면 동맹국을 잃을지 모른다고 우려했다. 스파르타는 전쟁 기계 같은 전사 국가였다. 스파르타 남성은 어릴 때부터 군사훈련을 받고 30세에서 60세까지 병영에 살면서 전쟁에 나갔다. 군대에 가 있는 동안 경제활동과 가정생활은 거의 존재하지 않았다.

기원전 431년 스파르타 육군이 공격을 개시했다. 아테네 영토에 들어온 스파르타군은 농촌을 황폐화시켰다. 육군이 약한 아테네는 주민을 성벽 안으로 이주시키고 해상 공격을 가했다. 그때 아테네에 전염병이 돌아 인구의 3분의 1 정도인 7만 5,000~10만 명이 목숨을 잃었다. 페리클레스도 병에 걸려 쓰러졌다. 아테네와 스파르타는 동맹국을 끌어들여 끝없는 소모전을 벌였다.

역사가 투키디데스는 《펠로폰네소스 전쟁사》에서 기존 강국 스파르타에 대한 신흥 강국 아테네의 도전이 전쟁 원인이라고 진단했다. 미국 하버드대 교수 그레이엄 앨리슨Graham Allison은 이러한 전쟁 패턴을 '투키디데스의 덫Thucydides's Trap'이라 명명했다. 투키디데스는 '현실주의 정치Realpolitik' 이론의 시조로 불린다. 그는 전쟁의 원인을 파고들면 그 안에는 인간의 지배 욕망이 자리 잡고 있다고 보았다. 현실주의 정치의 대표적 예는 아테네의 '멜로스Melos' 침공이다.

기원전 416년 여름 아테네는 스파르타 식민지 멜로스섬에 함대를 보내 델로스 동맹에 가입하고 기금을 내놓으라고 요구했다. 아테네는 힘이 정의라고 윽박질렀다.

신의 법은 분명히 자연의 법칙에 의해 우월한 자가 언제나 이기는 게 인도라고 우리는 상식적으로 이해하고 있기 때문입니다. 이 법칙은 우리가 결정한 것도 아니고, 처음 이용하는 것도 아니며, 예로부터 존재해 영구히 이어져가는 것이며, 우리는 그에 따라 행동하고 있는 데 불과합니다. _투키디데스, 《펠로폰네소스 전쟁사》

멜로스는 굴복을 거부했다. 아테네는 멜로스의 모든 성인 남자를 학살하고 여성과 어린이는 노예로 팔았다.

펠로폰네소스 전쟁 기간 중 가장 미스터리한 사건은 시칠리아 원정이다.

기원전 415년 아테네 민회는 시라쿠사와 전쟁을 하던 세게스타를 돕기 위해 함대를 보내기로 했다. 처음에는 함선 60척을 보내기로 했다가 시라쿠사를 점령하면 엄청난 부를 차지할 수 있다는 젊은 선동가 알키비아데스Alkibiades의 꾐에 넘어가 병력 규모를 대폭 늘렸다. 민회는 당초 계획의 2배가 넘는 134척의 함선과 6,400여 명의 병력을 보내기로 결의했다. 대부분의 아테네인들은 시라쿠사가 얼마나 크고 강한지 모르고 파병에 찬성표를 던졌다.

시칠리아 원정은 처음부터 삐걱거렸다.

출항 전날 아테네인들이 신성시하는 헤르마herma 조각상이 누군가에 의해 훼손되는 사건이 일어났다. 아테네인들은 이번에는 반대파 선동에 넘어가 알키비아데스를 범인으로 지목했다. 알키비아데스는 스파르타로 달아나 아테네의 비밀 군사 정보를 제공했다.

시칠리아 원정은 재앙으로 끝났다. 비전투요원을 포함해 아테네인 4만 명이 스파르타 연합군에 포위되었다. 7,000명의 병사가 포로로 잡혀 채석장에서 최후를 맞거나 노예로 팔렸다. 원정군이 전멸되었다는 소식에 아테네 시민들은 공황 상태에 빠졌다. 포퓰리즘이 가져온 재앙이었다.

아테네 민주주의는 유능한 지도자를 잃고 시민이 자제력을 잃으면서 중우정치로 전락했다. 델로스 동맹 도시들은 일제히 아테네에 반기를 들었다. 기원전 404년 식량 공급이 끊긴 아테네는 스파르타에 항복했다.

전쟁 결과는 참혹했다.

전쟁이 끝날 무렵 아테네인의 3분의 1에서 3분의 2가 사망한 것으로 추산되었다. 전쟁에 승리한 스파르타도 힘을 소진해 이전의 위세를 회복하지 못했다.

펠로폰네소스 전쟁은 그리스 도시국가를 자멸에 이르게 한 자기 파괴적 전쟁이었다. 27년간 오랜 전쟁으로 고대 그리스 황금기는 안개처럼 사라졌다.

위대한
철학자들

전쟁 중에도 아테네 지성은 깨어 있었다.

펠로폰네소스 전쟁 기간 동안 세 번 전투에 참가한 소크라테스는 아테네로 돌아와 자신의 철학을 설파했다. 소크라테스는 대화법을 통해 사람들이 진리를 스스로 깨닫게 했다.

친구 카이레폰은 델포이를 찾아가 "이 세상에서 소크라테스보다 지혜로운 사람이 있는가?"라고 물었다. 여사제는 "없다"고 대답했다. 소크라테스는 "내가 무지하다는 것을 내가 알기 때문에 신이 그렇게 대답했을 것"

이라고 말했다. 그는 델포이 신전 입구에 새겨진 '너 자신을 알라'는 경구를 철학 주제로 삼았다. 그는 지식이 가장 큰 덕이고, 무지는 악이라 보았다. 소크라테스는 대중 민주주의에 대해 비판적이었다. 그는 민주정치를 선장 없는 항해에 비유했다.

> 선원들은 서로 키를 잡겠다고 다투네. 각자 모두가 자기만이 키를 잡아야 한다는 것이네. 그러면서도 그들은 일찍이 항해술을 배운 일도 없고, 따라서 누가 그들에게 가르쳐주고 또는 언제 배웠는지 말할 처지에 있지 않네.
> _플라톤, 《국가론》

교육받지 않은 시민에게 정치를 맡기는 것은 항해술을 배우지 않은 사람에게 배를 맡기는 것과 같다는 말이다. 소크라테스는 지배받기를 원하는 자는 지배할 수 있는 유능한 사람을 찾아야 한다고 주장했다.

소크라테스는 젊은이들을 타락시켰다는 혐의로 재판에 회부되었다. 아테네를 배신한 알키비아데스가 소크라테스 제자였다는 사실이 재판에 불리하게 작용했다. 소크라테스는 배심원들에게 자신의 생각을 바꾸지 않을 것이며 "생명과 힘이 있는 한 평소대로 지혜를 구하고 지혜를 가르치겠다"고 맞섰다. 시민 배심원은 불경죄로 사형을 선고했다. 소크라테스는 판결이 부당하다고 생각했으나 달아나지 않고 독배를 마셨다.

현대 학자들은 소크라테스의 죽음을 진리와 사상의 자유를 지키기 위한 순교로 해석한다. 아테네 직접 민주주의는 시칠리아 원정 실패와 소크라테스 죽음으로 오점을 남겼다.

플라톤은 아테네 민주주의보다 스파르타 귀족정을 선호했다. 그는 지혜로운 철인哲人이 다스리는 나라를 이상으로 여겼다. 그는 인간 영혼이 욕망, 기백, 이성으로 이뤄졌다고 보았다. 영혼을 두 마리 말과 마부에 비유했다. 그는 폴리스도 인간 영혼과 같은 구조라고 보았다. 욕망을 가진 말은 생업을 하는 평민이고, 기백을 가진 말은 싸우는 전사, 마부는 국가를 다스리는 정치가다. 플라톤은 정치가, 전사, 평민으로 구성된 계급 사회가 이상적이라고 생각했다.

플라톤을 대표하는 철학은 이데아idea론이다. 그는 모든 사물의 본질은 이데아라고 말했다. 우리가 눈으로 보는 현실은 어두운 동굴에 비친 희미한 그림자일 뿐, 동굴 밖 밝은 세상이 이데아라고 가르쳤다. 그는 지혜에 대한 사랑eros과 철학을 통해 이데아에 도달할 수 있다고 말했다. 이데아론은 기독교 신학과 서양 관념 철학에 지대한 영향을 끼쳤다.

소크라테스 사후 플라톤은 아테네 외곽에 '아카데미아'를 세우고 수학, 철학, 음악을 가르쳤다. 아카데미아 입구에 '기하학을 모르는 이는 여기 들어올 수 없다'는 경구를 붙였다. 아카데미아는 동로마 유스티니아누스 시대에 문을 닫을 때까지 900년간 존속했다.

아리스토텔레스는 스승 플라톤과 달리 현실 세계에서 보편적 원리를 찾으려 했다. 그는 정치학, 철학, 윤리학, 생물학, 예술에 이르기까지 거의 모든 분야 학문을 연구하고 과학적 연구 방법을 제시했다. 아리스토텔레스는 《니코마코스 윤리학》에서 삶의 목적은 행복이고, 행복에 이르는 길은 이성과 중용이라고 주장했다.

호메로스 시대, 용기에 한정되었던 덕(아레테)이 고전 시대에 이르면 지혜, 용기, 절제, 정의를 포함하는 개념으로 넓어지게 된다.

아리스토텔레스는 도시국가 정치체제를 연구해 《정치학》을 저술했다.

그는 왕정kingship, 귀족정aristocracy, 혼합정polity을 좋은 정체라고 보았다. 정체가 왜곡되면 참주정tyranny, 과두정oligarchy, 민주정democracy이 된다. 아리스토텔레스는 민주정은 다수가 자신의 이익만 생각하는 체제이기 때문에 바람직하지 않다고 비판했다. 대신 과두정과 민주정의 장점을 결합한 혼합정을 권했다. 로마 공화정이 대표적 혼합정이라 할 수 있다.

아리스토텔레스는 노예제도를 자연스러운 현상이라고 보았다. 이성을 갖지 못한 자는 본성적으로 노예이고, 열등한 자는 주인의 지배를 받는 편이 낫다고 말했다. 그의 보수적이고 차별적 가치관은 제자 알렉산드로스에게 전해진다.

알렉산드로스,
욕망과 광기의 정복자

마케도니아는 그리스 북쪽 변방이었다. 주민 마케드노스족은 산악 지대에서 목축과 사냥을 하며 살았다. 헤로도토스는 마케드노스족이 스파르타의 도리스족과 같은 헤라클레스 후손이라고 전한다.

그리스인들은 마케도니아인이 그리스 문화에 무지하고 알아듣기 힘든 방언을 쓰는 야만인이라고 무시했다. 알렉산드로스 대왕의 선조 알렉산드로스 1세는 올림픽 경기에 나갔다가 다른 선수들의 항의로 출전이 거부되었다. 그는 그리스 민족임을 입증해 가까스로 경기에 참가했다.

마케도니아가 역사 전면에 등장한 것은 알렉산드로스 아버지 필리포스 2세Philippos II 때다. 테베에 3년간 인질로 가 있다가 마케도니아로 돌아온 필리포스는 군대 양성에 정열을 쏟았다. 트라키아 금광을 빼앗은 뒤 이 재원으로 1만 명의 상비군을 육성했다. 그는 전투대형 팔랑크스를 혁신적으로 바꿨다. 2.5미터 창을 6미터로 늘리고, 앞뒤 8줄을 16줄로 늘렸다. 마케도니아 군사력은 2~3배 강해졌다.

필리포스는 기원전 338년 테베와 아테네 연합군을 대파하고 그리스 세계 패자로 등장했다. 페르시아 침공을 준비하던 필리포스는 경호원에게 의문의 죽임을 당했다. 20세의 알렉산드로스가 왕위를 물려받았다.

알렉산드로스는 어릴 적 아버지로부터 헤라클레스의 피를 물려받고 어머니로부터 아킬레우스의 피를 물려받았다는 이야기를 들으며 성장했다. 그는 7세 때 엄격한 레오니다스Leonidas에게 육체 훈련을 받았고, 아리스토텔레스에게 그리스 문학과 철학, 지리, 과학을 배웠다.

알렉산드로스는 아리스토텔레스가 알기 쉽게 고쳐 쓴《일리아스》를 평생 소중하게 간직했다. 플루타르코스Ploutarchos에 따르면, 알렉산드로스는 《일리아스》가 군사학의 보물 창고라며 잠을 잘 때도 칼과 함께 베개 밑에 두었다고 한다.

알렉산드로스는 왕이 된 뒤 남쪽 폴리스들이 반란을 일으키자, 테베를 초토화시켰다. 테베 성에 불을 질러 주민 6,000명을 학살하고 부녀자와 어린이 3만 명을 노예로 팔았다. 폴리스들은 공포에 질려 알렉산드로스에게 굴복했다. 내부가 안정되자 알렉산드로스는 곧바로 페르시아 원정에 나섰다.

아시아는
신의 선물

기원전 334년 알렉산드로스는 원정군을 이끌고 헬레스폰토스 해협을 건넜다. 그는 육지에 닿기 전 배에서 창을 던져 아시아 땅에 꽂았다. "아시아는 창으로 얻어낸 신의 선물이다." 그는 페르시아 원정을 자신의 제국주의 야망을 성취할 기회로 보았다.

웅변가 이소크라테스Isocrates는 그리스인이 단결해 페르시아를 침공하자며 '범그리스주의'를 주장했다.

> 내륙에 사는 사람(페르시아 주민)은 남부러울 것 없는 토지를 가지고 있기 때문에 그것 대부분을 경작하지 않은 채로 그냥 놔두고 보고만 있는데도 거기에서 풍성한 열매를 거두어들이고 엄청난 부를 누리고 있지 않습니까! … 우리는 아시아 전체를 확실하게 접수할 수 있을 것입니다. 그리고 우리가 주도권을 놓고 우리끼리 서로 싸우는 것보다는 그 왕과 그의 왕국을 걸고 전쟁을 벌이는 것이 훨씬 더 멋진 일입니다. _이소크라테스, 〈시민 대축전에 부쳐〉,《그리스의 위대한 연설》

그리스 우월주의도 침공 배경의 하나다. 그리스인들은 그리스어를 하지 못하는 이방인을 바르바로스barbaros라고 불렀다. 이방인이라는 단어는 후일 다른 민족을 멸시하는 미개인barbarian이라는 의미로 변했다. 아리스토텔레스는 원정을 떠나는 제자 알렉산드로스에게 이렇게 충고했다. "그리스인은 온화한 군주처럼, 이방인은 절대 참주처럼 다스리고 그리스인은 친구처럼, 이방인은 짐승이나 식물처럼 대하라."

알렉산드로스는 아시아에 도착해 가장 먼저 트로이 성을 찾았다. 그는 선조 아킬레우스 무덤에 술잔을 올리고 무덤 주변을 꽃으로 장식했다. 그는 무덤 곁에서 아킬레우스에게는 위업을 전해준 호메로스가 있는데, 자신은 그렇지 못하다고 한탄했다고 전해진다. 그는 또 페니키아 티레 성을 함락시킨 뒤에는 헤라클레스 신전을 찾아 제사를 올렸다. 소아시아에서는 헤라클레스처럼 사자 가죽을 쓴 자신의 초상을 은화에 새겨넣었다. 신화의 영웅들을 경쟁자로 생각한 알렉산드로스는 그들의 명성과 영광을 뛰어넘으려 했다.

또 한 명의 롤 모델은 페르시아 제국을 창건한 키루스 대왕Cyrus the Great이다. 기원전 600년 페르시아 남부 작은 왕국에서 태어난 키루스는 메디아, 리디아, 바빌론을 정복하고 소아시아에서 중앙아시아에 이르는 세계 최대 제국을 건설했다. 키루스는 민족 종교와 문화를 포용하는 정책을 폈다. 바빌론에 끌려와 있던 유대민족을 고향으로 돌려보내고 성전을 짓도록 했다. 구약성경 〈에스라서〉에 나오는 고레스 대왕이 키루스 대왕이다. 페르시아에 용병으로 갔던 철학자 크세노폰Xenophon은 키루스 이야기를 모아 《키로페디아Cyropaedia》를 썼다. 알렉산드로스는 어린 시절 《키로페디아》를 읽고 키루스 대왕을 흠모하게 되었다고 폴란드 역사학자 울리히 빌켄Ulrich Wilcken은 전한다. 페르세폴리스로 진군했을 때 알렉산드로스는 키루스 대왕 석묘를 참배하고 예의를 표했다.

키루스 대왕은 아이로니컬하게도 자기 제국을 침공한 적장의 롤 모델이 되었다.

페르시아 정복과
보물 창고

알렉산드로스는 페르시아 원정에 승산이 있다고 생각했을까?

전력을 보면 마케도니아는 페르시아의 상대가 되지 않았다. 페르시아는 30만 병력과 400척의 함선을 보유했다. 알렉산드로스 군대는 보병 3만

2,000명, 기병 5,000명에 160척의 함선이 전부였다. 인구를 보면 페르시아는 4,000~5,000만 명이고, 그리스 본토 인구를 합해도 500~600만 명에 불과했다. 그야말로 8 대 1의 싸움이었다. 하지만 전쟁 승패는 객관적 전력만으로 결정되지 않는다. 알렉산드로스는 두려움을 모르는 전사였고 뛰어난 전술가였다.

페르시아군은 숫자는 많았지만, 허점도 그에 못지않게 많았다. 그리스에게 2차례 전쟁에서 패했고, 기원전 401년 자국 영토에 들어온 그리스 용병도 물리치지 못했다. 바빌론에 고립되었던 그리스 용병 1만 명은 페르시아군과 전투를 하면서 3,200킬로미터를 이동해 이들 가운데 6,000명이 그리스로 귀환했다. 용병 지휘관 크세노폰은 페르시아 땅에서 겪은 무용담을《아나바시스Anabasis》라는 책으로 남겼다. 알렉산드로스는 페르시아 원정을 떠나기 전 크세노폰이 쓴 책을 읽거나 전해 들었을 것으로 추정된다.

알렉산드로스는 페르시아군을 맞아 보병과 기병을 혼합한 작전을 구사했다. 중무장 보병이 육박전을 벌이는 사이, 기병이 신속하게 적 뒤로 돌아가 후방을 때렸다. 이 전술은 모루에 쇳덩어리를 올려놓고 망치로 내리치는 '모루와 망치' 작전으로 불린다.

페르시아군은 앞뒤에서 밀려오는 마케도니아군 공세에 말려 우왕좌왕하다 달아나기에 바빴다.

알렉산드로스는 첫 번째 큰 전투 소아시아 그라니코스강 전투에서 4만 명의 페르시아군을 격파했다. 그는 한 가지 전술만 쓰는 것이 아니라 시간과 지형에 따라 전술을 바꿨다.

이듬해 페르시아 왕 다리우스 3세가 직접 참전한 이수스 전투에서 알렉산드로스는 전투 중에 대열에서 이탈해 다리우스를 향해 돌진했다. 다리우스는 혼비백산해 군대와 가족을 남겨 두고 혼자 달아났다. 다리우스는 2년 뒤 티그리스 강변 가우가멜라에서 알렉산드로스 군대와 다시 한번 마주쳤다. 다리우스는 코끼리 15마리와 10만 병력을 동원해 최후 결전을 벌였으나 대패하고 동쪽으로 달아났다.

알렉산드로스는 페르시아군과 3번 싸워 3번 모두 승리했다. 역사가 빅터 데이비스 핸슨은 "유목 민족으로 이뤄진 페르시아군은 기병과 궁수가 강했으나 중장 보병이 약했고, 육박전에서는 중무장한 마케도니아군의 적수가 되지 못했다"고 분석했다. 핸슨은 "알렉산드로스는 8년 동안 20만 명을 학살했고, 마케도니아군 피해는 수백 명에 불과했다"고 밝혔다.

페르시아군은 여러 지역에서 징발되어 군기가 해이하고 지시와 명령에 익숙해, 지휘부가 무너지면 오합지졸이 되었다. 거대 제국은 그야말로 허무하게 패망했다.

알렉산드로스는 페르시아 옛 수도 수사와 새로운 수도 페르세폴리스를 점령하고 보물 창고를 털었다. 보물 창고에는 어마어마한 부가 쌓여 있었다. 미국 고고학자 프랭크 홀트Frank Holt는 수사 왕궁 보물 창고에 5만 탈렌트, 페르세폴리스 보물 창고에 12만 탈렌트를 포함해 모두 19만 탈렌트의 보물이 쌓여 있었다고 밝혔다. 19만 탈렌트는 현재 가치로 26억 6,000만 달러에 이른다. 전성기 시절 아테네가 갖고 있던 재산의 20배에 가까운 금액이다.

페르세폴리스에서 노획한 금은과 재물이 너무 많아 노새가 끄는 수레 1만 대, 낙타 5,000마리가 동원되었다고 플루타르코스는 전한다.

세계시민주의

알렉산드로스는 페르시아 수도를 점령한 뒤에도 진군을 멈추지 않았다. 동쪽으로, 동쪽으로 향하며 세계 끝까지 가고자 했다. 그는 중앙아시아 사마르칸트 일대를 장악한 뒤 힌두쿠시산맥을 넘었다. 뗏목을 타고 인더스강을 건너 인도를 침공했다.

많은 전사자가 나왔지만 알렉산드로스는 진군을 고집했다. 전쟁에 지친 병사들은 인도 북부 펀잡Punjab에서 행군을 멈추고 회군을 요구했다. 알렉산드로스는 어쩔 수 없이 군대를 돌렸다. 그는 이집트와 페르시아를 정복하고 중앙아시아, 인도를 거쳐 바빌론으로 돌아오기까지 10년을 전쟁터에서 보냈다.

알렉산드로스는 가는 곳마다 자신의 이름을 딴 도시를 건설했다. 이렇게 해서 알렉산드리아라는 이름을 가진 도시가 70개 이상 생겨났다. 이들 도시에 그리스인들이 이주하면서 그리스 문화를 전파했고 여기서 문화 융합이 일어났다.

알렉산드로스는 페르시아 문화를 접한 뒤 그 문화에 빠져들었다. 그는 페르시아가 뛰어난 문명국가이고, 훌륭한 행정제도와 예절을 가지고 있다고 보았다. 알렉산드로스는 페르시아 의상을 입고 풍습을 따라 하기도 했다. 중앙아시아에서 이방인인 박트리아 공주 록사나Roxana와 결혼하고, 바빌론에서 페르시아 왕녀와 결혼했다.

알렉산드로스는 그리스인과 페르시아인을 하나의 시민으로 통합하려고 했다. 그 일환으로 마케도니아 병사 1만 명을 아시아 여인과 결혼시켰다. 민족 간 경계를 허무는 세계시민주의cosmopolitanism가 알렉산드로스 통치 이데올로기가 되었다.

플루타르코스는 알렉산드로스에게 위대한 '철학왕philosopher-king'이라는 찬사를 보냈다.

한두 사람이 플라톤의 법을 공부했겠지만, 알렉산드로스의 법은 수많은 사람들이 사용해왔고 지금도 사용한다. 많은 민족의 거칠고 야만적 관습을 변화시켜 질서와 통치를 전해준 알렉산드로스는 으뜸가는 철학자로 인정되어야 한다. _플루타르코스, 《플루타르코스 전집The Complete Works of Plutarch》

마케도니아인의 눈에 알렉산드로스는 다른 사람으로 변해갔다. 알렉산드로스는 부하들에게 페르시아 신하들처럼 무릎을 꿇고 엎드려 절하라고 요구했다. 프로스키네시스proskynesis라 불리는 이 의식은 군주에게 절대복종한다는 표시였다. 부하들은 이러한 의식을 야만적 풍습이라고 생각했다. 그들은 등 뒤에서 알렉산드로스를 비웃었다. 알렉산드로스는 불같이 화를 냈다. 불만을 제기한 측근들은 반역 음모로 몰려 죽임을 당했다. 문화와 관습 차이는 넘기 힘든 장벽이었다.

알렉산드로스와 부하 간 갈등은 되돌리기 어려울 만큼 악화되었다.

알렉산드로스가 페르시아 청년 3만 명을 선발해 그리스식으로 훈련시키고 나이 든 마케도니아 병사들을 귀국시키자 부하들이 폭동을 일으켰다. 폭동은 화해로 마무리되었지만, 알렉산드로스는 자주 분노를 터뜨렸고 몸을 가누지 못할 정도로 폭음을 했다. 술에 취해 살던 알렉산드로스는 원인 모를 열병으로 쓰러져 기원전 323년 바빌론에서 최후를 맞았다. 33년 불꽃 같은 삶이었다.

페르세폴리스를
불태우다

　　　　　알렉산드로스는 격정적이고 변덕스러운 복잡한 성격의 인물이었다. 가슴 속에 이성과 미신, 문명과 야만, 관대함과 잔인함, 자애로움과 분노가 공존했다. 그는 도시를 건설하기도 하고, 무자비하게 파괴하기도 했다.

페르시아 문명의 정수라 할 수 있는 페르세폴리스는 알렉산드로스에 의해 잿더미가 되었다. 페르세폴리스는 기원전 518년 다리우스 1세가 건설을 시작해 60년에 걸쳐 완성한 왕궁 도시다. 중앙의 아파다나Apadana 왕궁은 가로세로 60미터, 높이 24미터의 웅장한 건물이었다. 만국의 사신을 맞았다는 알현실Throne Hall은 가로세로 70미터, 높이 19미터로 파르테논 신전의 4배 규모였다. 아파다나 왕궁은 허물어져 72개 기둥 가운데 13개만 남았고, 외국 사신의 부조가 조각되어 있는 알현실은 문 몇 개와 기둥 밑동만 남았다.

로마 역사가 아리아노스Arrianos는 알렉산드로스가 측근의 만류에도 불구하고 도시를 불태웠다고 전했다.

알렉산드로스는 페르시아인이 그리스를 침공했을 때 아테네를 철저하게 파괴하고 사원을 불태운 데 대한 보복으로 복수를 원한다고 말했다. 그는 또 페르시아인이 그리스인에게 행한 모든 악행에 대해 벌주기를 원했다.
_아리아노스,《알렉산드로스 대왕의 출정기The Anabasis of Alexander》

술에 취해 방화했다는 이야기도 전해진다. 아테네 출신 창부 타이스Thais

가 페르시아 궁궐을 불태워 아테네 원수를 갚으면 얼마나 통쾌하겠느냐고 부추기자, 방화를 했다는 것이다.

> 많은 횃불이 준비되고 여성 악사들이 연회에 초대되었다. 노래와 플루트, 파이프 소리에 따라 타이스가 의식을 행하는 가운데 왕이 사람들을 횃불 잔치로 이끌었다. 왕이 궁전에 불타는 횃불을 던지고 이어서 타이스, 그리고 다른 사람들이 횃불을 따라 던졌다. 왕궁 전체가 순식간에 화염에 휩싸였다. _디오도로스 시켈로스Diodorus Sikelos, 《역사총서Library of History》

알렉산드로스는 훗날 페르세폴리스 파괴를 후회한 것으로 전해진다. 그는 군인, 종교인, 민간인을 가리지 않고 살해했다. 조로아스터교 성직자들은 알렉산드로스가 경전 아베스타Avesta를 불태우고 신관 마기Magi들을 살해했다고 비난했다. 페니키아 티레에서는 저항하는 주민 6,000명을 몰살하고 2,000명을 십자가에 못 박았다. 프랭크 홀트에 따르면, 중앙아시아 소그드 부족장이 게릴라전을 벌이며 저항하자, 마을 일대에 불을 지르고 주민 10만 명 이상을 학살했다.

정복왕 알렉산드로스는 대왕이라는 존칭과 함께 문명 파괴자, 학살자, 전쟁광이라는 불명예를 얻게 되었다.

알렉산드로스가 갑자기 세상을 떠나자 제국은 혼란에 빠졌다. 그에게는 후계자가 없었다. 박트리아 공주 록사나가 임신 중인 아기는 아직 태어나지 않았다. 알렉산드로스는 숨을 거두기 전 부하 장군이 누구에게 왕국을 맡기겠느냐고 묻자, "가장 강한 자에게"라고 대답했다.

알렉산드로스의 죽음과 함께 그리스 고전기는 막을 내린다.

문명의 융합,
헬레니즘 시대

대제국을 다스릴 가장 강한 자는 누구인가?

알렉산드로스 사후 후계자를 둘러싼 힘의 정치power politics 시대가 40년 동안 계속되었다. 권력투쟁 과정에서 록사나가 낳은 아들 알렉산드로스 4세와 알렉산드로스의 어머니 올림피아스가 죽임을 당했다. 알렉산드로스 제국은 결국 3개 왕국으로 분할되었다.

마케도니아는 안티고노스Antigonus, 아시아는 셀레우코스Seleucus, 이집트는 프톨레마이오스Ptolemaios가 차지했다.

지중해 번영과
고대 자본주의

나일강에서 인더스강까지 그리스인에게 새로운 세계가 열렸다. 그리스인들은 기회를 찾아 아시아와 이집트로 달려갔다.

농민, 군인, 상인, 장인, 금융인, 건축가, 철학자, 교사 들이 페르시아 땅으로 이주했다. 후계자 왕들은 그리스인을 적극적으로 받아들였다. 그리스인을 관료와 용병으로 기용하고 땅과 부를 제공했다. 일상 대화에 쓰이는 그리스어 코이네Koine가 공용어로 사용되었고, 그리스인과 현지인이 섞이면서 새로운 문명 헬레니즘Hellenism이 등장했다.

헬레니즘 시대 왕들은 경쟁적으로 새로운 도시를 건설하고 도시를 화려하게 치장했다.

이집트를 장악한 프톨레마이오스는 알렉산드리아를 지중해 최대 도시로 성장시켰다. 그리스인, 이집트인, 유태인이 집단적으로 이주하고 상인들이 모여들어 인구가 50만 명을 넘었다. 알렉산드리아 파로스섬에 세운 높이 100미터의 거대한 등대는 1300년대 지진으로 무너질 때까지 7대 불가사의의 하나로 꼽혔다. 프톨레마이오스는 알렉산드리아를 헬레니즘 세계 문화중심으로 만들기 위해 연구 기관 무세이온Museion과 도서관을 세웠다. 그리스에서 초청된 학자들은 이곳에서 천문학, 수학, 문학, 의학을 연구했다. 70만 권의 파피루스 두루마리를 소장한 알렉산드리아 도서관은 당시 세계 최대 규모였다. 알렉산드리아 도서관은 기원전 48년 카이사르 원정 때 한차례 불에 탔고, 272년 아우렐리아누스 황제 때 팔미라군과 교전 중 모두 파괴되었다.

셀레우코스 왕조는 현재의 바그다드 남쪽 티그리스 강변에 수도 셀레우키아Seleucia를 건설했다. 셀레우키아는 서기 1세기경 인구 60만 명의 대도시였다고 로마 지리학자 플리니우스Plinius the Elder는 전했다. 셀레우코스 아들 안티오코스 1세Antiochos I는 수도를 시리아 안티오크로 옮겼다. 안티오크도 인구 20만 명의 대도시가 되었다.

헬레니즘 시대에는 로도스Rodos섬이 에게해 상업 중심지 역할을 했다. 이집트와 동맹을 맺은 로도스는 이집트와 그리스, 아시아를 잇는 중계 무역기지로 번영을 누렸다. 소아시아 해안을 장악한 독립국가 페르가몬 Pergamon은 아름다운 신전, 극장, 도서관을 건축하고 문화와 예술을 육성해 제2의 아테네로 불렸다.

알렉산드로스가 남긴 엄청난 규모의 보물은 헬레니즘 경제에 불을 붙였다. 페르시아 궁전에 쌓여 있던 보물이 금화와 은화가 되어 시장에 풀리면서 도시마다 대금업자와 은행이 모여들었다. 투기를 하는 모험 자본가도 등장했다. 곡물, 올리브유, 포도주 등의 농산물과 금속, 도자기, 직물 등의 수공업 제품이 대량으로 생산되고 거래되었다.《알렉산더 대왕의 보물》을 쓴 프랭크 홀트는 "알렉산더 군대는 근동을 수년간 지배했지만, 그의 돈은 수세기 동안 유라시아를 지배했을 것"이라고 말했다.

헬레니즘 시대 경제활동이 활발했다는 증거는 난파선 수에서 확인할 수 있다. 영국 고고학자 앤드류 윌슨Andrew Wilson에 따르면, 기원전 4~3세기 60척 미만이던 지중해 난파선 수가 기원전 2세기에 150척이 넘고, 기원전 1세기와 서기 1세기에는 각각 200척 이상으로 절정을 이룬다.

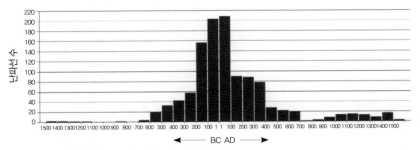

* 출처: 앤드류 윌슨, 〈지중해 해양 고고학과 고대 무역Maritime Archaeology and Ancient Trade in the Mediterranean〉

러시아 출신 역사학자 미하일 로스토프체프Michael Rostovtzeff는 헬레니즘 시대 중산층 부르주아를 중심으로 고대 자본주의ancient capitalism가 출현했다고 주장했다.

이 자본주의는 합리적으로 조직된 농업과 산업에 바탕을 두고, 생산자와 지역 시장을 만족시키려는 것이 아니라 무한한 시장을 겨냥해 특화된 상품을 대량생산하는 경향을 가진다. _미하일 로스토프체프,《헬레니즘 세계와 경제 발전The Hellenistic World and Its Economic Development》

로스토프체프는 헬레니즘 시대를 지나치게 근대적으로 보았다는 비판을 받지만, 고대 경제사의 지평을 넓혔다는 평가를 받는다.

옛 페르시아와 이집트가 번영을 누린 반면, 그리스의 도시국가는 쇠퇴했다. 도시국가들은 마케도니아 군대의 지배하에 있었다. 정치와 군사 기능이 없는 폴리스는 영혼이 없는 일개 도시에 불과했다.

폴리스에선 공동화空洞化 현상이 일어났다. 부자들은 세상일을 등지고 일신의 안락함을 추구했고, 가난한 사람들은 토지 재분배를 요구했다.

그들은 폐허를 놓고 싸웠다. 남은 토지는 방치되었다. 버려진 도시는 풀과 나무가 무성한 마을이 되었다. 광장에 풀이 자라고 가축이 풀을 뜯어 먹으러 돌아다녔다. 옛 그리스는 죽음의 시점에 있었다. _구스타프 글로츠Gustav Glotz,《고대 그리스 경제사Ancient Greece at Work》

폴리스가 분열되고 내전을 벌이는 사이 젊은 힘으로 무장한 로마가 새로운 강자로 등장했다.

유레카!

알렉산드리아는 헬레니즘 시대의 과학 중심지였
다. 플라톤 아카데미에서 공부한 유클리드Euclid는 알렉산드리아에서 수
학·기하학 이론집《원론Elements》을 펴냈다. 3차원 기하학을 집대성한 유클
리드의《원론》은 19세기까지 서양에서 기하학 교과서로 사용되었다.

알렉산드리아 도서관 관장 에라스토스테네스Erastosthenes는 기하학 원리
를 이용해 지구 둘레를 계산했다. 그가 계산한 지구 둘레는 4만 6,000킬
로미터로 실제 둘레 4만 192킬로미터와 큰 차이를 보이지 않았다. 지구가
둥글다는 사실을 그리스 과학자들은 2천 년 전에 알고 있었다. 헤론Heron
은 쇠로 만든 둥근 구球에 열을 가하면 증기 힘으로 회전하는 엔진을 발명
했다.

시라쿠사에는 아르키메데스Archimedes가 있었다. 물리학의 창시자로 불
리는 아르키메데스는 원주율을 소수점 여섯 자리까지 계산해냈고, 부력浮
力 원리를 발견했다. 왕관의 금 순도를 알아내려고 골몰하다가 욕조의 물
이 넘치는 것을 보고 "유레카Eureka(발견했다)"를 외쳤다는 일화는 널리 알
려진 이야기다. 그는 물리학 원리를 기계에 적용해 물을 끌어올리는 원통
형 스크루와 기중기를 발명했다. 그는 시라쿠사 왕의 부탁을 받고 전투 무
기를 만들었다. 플루타르코스는 발사 무기에서 날아온 거대한 돌이 놀라
운 소리를 내며 로마 함선을 파괴했고, 어떤 배는 크레인 끝에서 내려진
손 같은 것에 잡혀 물속에 던져지기도 했다고 전했다. 그는 '불타는 거울
burning mirror'이라 불리는 반사경을 발명해 로마 함선을 불태웠다는 이야기

도 전했다.

아르키메데스는 자신이 발명한 기계에 관한 기록을 남기지 않았다. 그리스 철학자들은 철학과 과학을 높게 보고, 실용적 기술을 낮게 보았다. 과학과 기술을 별개로 보는 생각은 오랜 기간 서양 세계를 지배했다.

고귀한 단순함, 고요한 장대함

헬레니즘 시대에는 예술, 철학, 종교 등 여러 분야에서 새로운 사조가 출현했다. 고전기 조각이 이성적이고 단정하다면, 헬레니즘 시대 조각은 열정적이고 자연스럽고 역동적이다. 〈밀로의 비너스〉, 〈니케의 여신상〉, 〈라오콘 군상〉은 헬레니즘 시대 최고 걸작으로 꼽힌다. 18세기 독일 미술사가 요한 빙켈만Johann Winckelmann은 〈라오콘 군상〉을 보고 그리스 예술의 특징을 '고귀한 단순함과 고요한 장대함'이라고 표현했다.

헬레니즘 예술은 로마에 전승되고 동쪽의 중앙아시아와 인도에까지 광범위한 영향을 끼쳤다. 아프가니스탄 북쪽 아이하눔Ai-Khanoum에서 그리스 신전 유적이 발견되고, 카불 인근 하다Hadda에서는 부처를 호위하는 헤라클레스상이 발굴되어 고고학자들을 놀라게 했다.

헬레니즘 철학은 개인이 원자화된 세계주의 시대의 불안과 고뇌를 반영한다. 무소유와 무욕을 추구한 견유犬儒학파는 인위적인 것을 부정하고 자연으로 돌아갈 것을 주장했다. 에피쿠로스Epicouros는 고통에서 해방되어 개인의 자유와 행복을 추구하는 아타락시아Ataraxia(해탈)를 강조했다. 키프로스의 제논Zenon은 정념에 흔들리지 않는 아파테이아Apatheia(부동심)를 주장했다. 제논 철학은 이성적 사고와 금욕을 강조하는 스토아 철학으로 발전한다.

영국 철학자 이사야 벌린Isaiah Berlin은 아리스토텔레스 사후, 사회 도덕보다 개인의 삶을 강조하는 개인주의 철학이 지배적 학파가 되었다고 밝혔다.

헬레니즘 시대는 인간 욕망이 분출하고 과학과 개성적 문화가 만개한 번영의 시대였다. 하지만 그리스인들은 안정적 국가를 건설하는 데 실패했다.

마케도니아는 발칸반도 서쪽 에피루스, 남쪽 도시국가들과 전쟁을 벌이다 힘을 소진했다. 무적을 자랑하던 마케도니아 팔랑크스도 수명을 다했다. 기원전 168년 발칸반도 북쪽 산악 지대에서 마케도니아군 2만 5,000명이 로마군에 전멸되었다. 밀집형 팔랑크스는 움직임이 둔하고 산악 지형에서 맥을 추지 못했다. 로마군은 병력을 분산시켜 빠른 기동력으로 팔랑크스를 무너뜨렸다.

셀레우코스 왕국은 파르티아에 영토 대부분을 빼앗기고 로마에 패배한 뒤 기원전 63년 역사 무대에서 사라졌다. 프톨레마이오스 왕국은 클레오파트라 여왕의 죽음과 함께 기원전 30년 멸망했다.

철학, 수학, 기하학, 알파벳, 올림픽, 정치학, 민주주의 등 우리가 일상적으로 쓰는 많은 용어와 개념, 제도가 고대 그리스에서 왔다.

19세기 영국 시인 퍼시 셸리Percy B. Shalley는 "우리는 모두 그리스인이다. 우리의 법, 문학, 종교, 예술은 그리스에 뿌리를 두고 있다"고 노래했다. 문화비평가 존 시몬즈John A. Symonds는 "모든 문명국가는 지적 활동에서 헬라스의 식민지"라고 말했다.

《일리아스》와《오디세이》의 세계에서 출발한 그리스인들은 자치도시 폴리스를 만들고 바다와 대륙으로 뻗어 나갔다. 그들은 민주주의를 창안하고 과학과 철학, 그리고 우아한 예술을 창출했다.

화려한 문명 이면에는 약탈과 폭력, 전쟁의 그림자가 드리워져 있다. 식민지와 노예제도는 고대 그리스에서 전해진 유물이다.

지중해 동쪽에서 기원한 그리스 문명은 로마에 계승되어 서양 문명의 중심축을 이루게 된다.

제**2**장

서양 역사의 뿌리 2_ 로마 문명

이제껏 보지 못한
위대한 세계 제국의 탄생

로마,
늑대의 자손

스위스에서 심플롱Simplon 터널을 지나 이탈리아로 들어서면 알프스산맥 아래 절경이 펼쳐진다. 연두색 협곡에 실같이 가느다란 폭포들이 하얀 곡선을 그리고, 드문드문 작은 마을이 나타난다. 산길을 벗어나면 푸른 구릉과 호수, 강, 평야가 펼쳐진다.

로마 시대 대학자 플리니우스는 이탈리아만큼 아름답고 풍요로운 곳은 없다고 노래했다.

매혹적으로 평화로운 날씨, 비옥한 들판, 햇볕이 잘 드는 언덕, 위험스럽지 않은 덤불, 시원하고 그늘진 숲, 다양하고 무성한 초목이 있는 숲, 수많은 산에서 내려오는 바람, 알찬 곡식과 포도, 올리브나무… _플리니우스, 《자연사Natural History》

이탈리아에는 기원전 900년경부터 에트루리아인Etruscan이 살았다. 에트루리아인은 미스터리한 민족이다. 인도·유럽어족에 속하는 로마인과 달리 에트루리아인은 아시아 계통의 언어를 사용했다. 헤로도토스는 에트루리아인이 기원전 1000년경 소아시아 렘노스에서 이주했다고 전했다.

> 렘노스에 18년 동안 가뭄이 들어 기근이 계속되자 주민의 절반이 배를 타고 옴브리케인들의 나라로 이주해, 왕자 튀르레노스 이름을 따 튀르네니아인들이라고 불렀다. _헤로도토스, 《역사》

그리스인들은 이탈리아 서쪽 바다를 티레니아Tyrrhenia해라고 불렀고 토스카나Toscana라는 지명은 여기에서 왔다.

로마 남쪽 라티움 평야에는 라틴족이 거주했다. 시인 베르길리우스Vergilius는 트로이 영웅 아이네아스Aeneas가 라티움에 정착해 로마인 시조가 되었다고 전한다. 베르길리우스는 로마인이 세계를 지배할 운명을 타고났다고 찬양했다.

> 로마인이요, 너는 명심하라. (이것이 네 예술이 될 것이다.) 권위로 여러 민족을 다스리고, 평화를 관습화하고, 패배한 자들에게는 관대하고, 교만한 자들은 전쟁으로 분쇄하도록 하라. _베르길리우스, 《아이네이스Aeneis 6권》

늑대의 젖을
먹고 자라다

로마 전설에 따르면, 아이네아스 시대로부터 수백

년 후 테베레강에 바구니 하나가 떠내려온다. 바구니는 팔라티누스Palatinus 언덕에 닿았다. 바구니에 담겨 있던 쌍둥이는 늑대 젖을 먹고 자랐다. 로물루스Romulus와 레무스Remus 형제는 기원전 753년 테베르강 동쪽 7개 언덕에 로마를 세웠다.

카피톨리누스Capitolinus, 팔라티누스Palatinus, 아벤티누스Aventinus, 첼리우스Cælius, 퀴리날리스Quirinalis, 비미날리스Viminalis, 에스퀼리누스Esquilinus 지명은 오늘날까지 그대로 남아 있다.

늑대를 숭배한 로마인은 사나운 부족이었다. 로마군과 여러 차례 전투를 한 소아시아의 미트리다테스 4세Mithridates Ⅳ는 그들은 늑대의 자손임이 분명하다고 전한다.

로마인들은 건국자가 암늑대의 젖을 먹고 자랐다고 말한다. 그래서 종족 전체가 늑대의 마음을 가졌다. 피에 굶주리고 탐욕적이고 부를 쫓아다닌다. 《유스티누스의 역사The Histories of Justinus》

헤겔은 로마 기원에 관해 흥미로운 해설을 내놓았다.

약탈을 일삼는 목자들은 자기들에게 귀순하는 자를 모두 받아들였다. 로마 주변 세 지역 모두에서 불량배들이 새로운 도시로 모여들었다. 역사가에 의하면 강변 구릉에 있는 이 장소는 빼어난 요충지로서 범죄자의 은신처로는 안성맞춤이었다고 한다. _헤겔, 《역사철학강의》

로마 역사는 구약성경의 카인과 아벨 같은 형제 살해로 시작된다. 로물루스는 동생 레무스가 자기 영역을 뛰어넘자 동생을 살해했다.

"내 장벽을 뛰어넘는 자는 누구든 그렇게 죽음을 맞을 것이다."

로마인들은 아내를 얻기 위해 이웃 사비니Sabini 부족을 잔치에 초청했다. 흥이 무르익을 무렵 로마 남성들은 사비니 여성을 강제로 납치했다. 로마와 사비니족은 전쟁을 벌이다가 사비니 여성의 중재로 동맹을 맺게 된다. 전쟁과 동맹은 로마의 생존 전략이다.

로마는 라틴, 에트루리아, 사비니 3개 부족 연합으로 구성되었다. 로마를 건국한 로물루스의 죽음은 탄생만큼이나 불가사의하다.

어느 날 로물루스가 마르티우스 들판에서 군대를 사열하고 있는데, 엄청난 천둥을 동반한 폭풍우가 불어왔다. 그러자 구름이 그를 감쌌는데, 너무나 짙은 구름이어서 주위에 있는 모든 사람들이 그를 볼 수 없었다. ⋯ 사람들은 왕이 원로원 의원의 공격을 받아 처참하게 살해되었다고 은밀하게 주장했다. _티투스 리비우스Titus Livius, 《리비우스 로마사 1권 16》

로물루스의 죽음은 왕과 원로원의 팽팽한 권력 관계를 보여준다. 2대 왕 누마Numa, 3대 왕 툴루스Tullus Hostilius, 4대 왕 안쿠스Ancus Marcius는 귀족 추대로 왕위에 올랐다. 이들은 종교와 달력을 정비하고 라티움으로 세력을 넓혔다.

에트루리아계 6대 왕 세르비우스Servius Tullius는 로마에 성벽을 건설하고 인구 조사를 실시했다. 티투스 리비우스는 기원전 6세기 로마 인구를 8만 명이라고 기록했으나 현대 학자들은 3만 명 내외로 추정한다. 세르비우스는 군대를 100명 단위 켄투리아centuria로 나누고 켄투리아 회의comitia centuriata를 설치했다.

세르비우스를 살해하고 왕이 된 타르퀴니우스 수페르부스Tarquinius Superbus는 독단적으로 통치해 원로원과 대립했다.

귀족 부인 루크레티아가 섹스투스 왕자에게 능욕을 당하고 목숨을 끊자 귀족의 분노가 폭발했다. 귀족들은 반란을 일으켜 왕을 추방하고 기원전 509년 공화정을 세웠다.

공화정 초기의 시련

공화정 레스 푸블리카res publica는 공적publica인 일res 이란 뜻이다. 공화정은 왕 없이 시민이 다스리는 정치체제를 말한다. 로마 공화정 약자 SPQR은 원로원과 민중의 연합Senatus Populusque Romanus이라는 뜻이다. 민주주의는 다수결에 따르는 데 반해 공화정은 다수 의견과 함께 소수 의견을 존중한다. 소수는 원로원을 말한다.

로마 귀족들은 왕을 혐오했다.

첫 번째 집정관consul 루키우스 브루투스Lucius Brutus는 "앞으로 결코 왕을 허용하지 않을 것이며, 로마의 자유를 위협하는 자는 로마에서 살 수 없을 것"이라고 말했다. 카이사르를 암살한 마르쿠스 브루투스가 그의 후손이다.

공화국을 세운 지 100년 후 로마는 테베르강 건너편 에트루리아 베이 이Veii를 침공했다. 바다에서 용맹을 떨치던 에트루리아인들은 사치와 방종으로 힘이 약해져 있었다. 베이이 함락 직후 알프스 북쪽에서 유목 민족이 침공해왔다.

다섯 개의 거대한 종족이 여자들과 자녀들, 소 떼와 양 떼, 전차들, 마차들, 등짐을 진 짐승들을 거느리고 평야를 새까맣게 메우면서 끊임없이 밀려왔다. _프리츠 M. 하이켈하임Fritz Moritz Heichelheim, 《로마사》

로마인보다 훨씬 덩치가 큰 갈리아인들은 늑대 울음소리 같은 소리를 지르며 칼과 도끼를 휘둘렀다. 로마 병사들은 겁에 질려 달아났다.

로마인들은 무수한 형태의 공포에 휩싸였다. 여기저기에서 적이 승리감에 도취해 외치는 소리와 여자들의 비명, 아이들의 울음소리가 들렸고, 맹렬히 타오르는 불길과 엄청난 굉음을 내며 무너지는 저택이 보였다. _티투스 리비우스, 《리비우스 로마사 5권 42》

도시를 점령당한 로마인들은 갈리아인에게 황금을 주고 굴욕적 강화조약을 맺었다.

이탈리아를
통일하다

로마는 충격에 빠졌다. 무엇인가 달라져야 했다. 그들은 로마 언덕 주위에 길이 11킬로미터의 두꺼운 성벽을 쌓고, 팔랑크스 대형을 변형해 독립적으로 움직이는 별동대를 편성했다. 이 별동대가 한 줌handful이라는 뜻의 마니플리manipli다.

로마는 기원전 343년부터 캄파니아를 놓고 산악 부족 삼니움족Samnite과 전쟁을 벌였다. 1차전은 로마가 승리했으나 2차전에서 카우디움Caudium 골짜기에서 매복에 걸려 전 부대원이 항복했다. 로마 병사들은 옷을 벗고,

창으로 만든 '멍에의 문' 아래를 기어서 지나갔다. 로마는 또다시 패했다.

　로마는 팔랑크스를 해체하고 완전히 마니플리 전술로 전환했다. 마니플리 전술은 축구경기에서 포지션을 맡아 뛰는 것과 같은 원리다. 마니플리는 60~120명 중대 규모 부대다. 전투가 개시되면 늑대 가죽을 머리에 쓴 벨리테스Velites가 앞으로 나가 1미터 길이의 창javelin을 미사일처럼 날린다. 벨리테스가 뒤로 빠지면 3열로 된 본대가 앞으로 전진한다. 로마 군인의 주무기는 사각 방패와 2미터 길이의 창pilum, 단검 글라디우스gladius다.

　로마군은 마니플리 전술로 3차 삼니움 전쟁에서 승리했다. 다음 상대는 타렌툼Tarentum이었다. 타렌툼은 그리스계 마그나 그라이키아Magna Graecia의 중심 도시다. 타렌툼은 에피루스 왕 피로스Pyrrhus에게 구원을 요청했다. 피로스는 한니발Hannibal이 알렉산드로스 대왕 다음가는 명장이라 평가할 만큼 뛰어난 장수였다. 피로스는 코끼리 20마리를 몰고 나타나 로마에 대승을 거두었다. 피로스는 전투에서는 이겼지만 수많은 병사를 잃어 '피로스의 승리'라 불린다. 승산이 없다고 생각한 피로스는 부하를 데리고 에피루스로 돌아갔다.

　로마는 기원전 272년 타렌툼을 점령했다. 이로써 로마는 정복 전쟁을 시작한 지 70년 만에 이탈리아를 통일했다.

공격적
제국주의

　　　　　로마는 왜 제국주의 정책을 계속했는가? 19세기 독일 역사가 테오도르 몸젠Theodor Mommsen은 힘센 이웃에 대한 두려움 때문이라고 주장했다.

로마인들은 항상 정복 정책을 추구하지 않았고 공격당한 측이라고 주장했다. 그들은 사실 시칠리아 사태를 제외하고 직접적인 침략 없이 전에 없는 정치 교란으로 인해 큰 전쟁에 휘말렸고, 갑작스럽게 전쟁에 빠져들었다. _테오도르 몸젠,《로마사The History of Rome》

몸젠의 주장은 방어적 제국주의defensive imperialism로 불린다. 이 학설은 1979년 미국 역사학자 윌리엄 해리스William Harris에 의해 뒤집힌다. 해리스는 로마의 팽창을 '공격적 제국주의aggressive imperialism'라고 규정했다.

로마의 전쟁 행위 특징의 하나는 규칙성이다. 거의 매년 로마 군대가 출정해, 타인에게 대대적 폭력을 사용했다. 이러한 규칙성은 병적인 특성pathological character이다. _윌리엄 해리스,《전쟁과 제국주의War and Imperialism》

커트 라플라웁은 에세이《늑대로 태어났나?Born to be Wolves?》에서 절충적 입장을 보였다. 로마인이 처음부터 늑대는 아니었고, 1차 삼니움 전쟁 승리 이후 더 공격적이고 위험한 군사 모험을 벌였다고 평가했다.

공포의 군율,
데시메이션

　　　　　　　로마의 힘은 어디에서 나왔는가? 로마군은 무엇보다 숫자로 상대를 제압했다. 역사가 폴리비우스Polybius는 한니발 전쟁 직전 집정관이 동원할 수 있는 군단 병력이 4만 4,000명이라고 기록했다. 미국 역사학자 개리 포시스Gary Forsythe는 사료를 재검토해 로마가 최대로 동원할 수 있는 병력이 최대 80만 명에 이른다고 밝혔다.

　로마는 시민권을 개방해 점령지 주민을 동맹으로 포용했다. 에트루리아와 캄파니아 등 외곽 자치도시에는 투표권이 없는 라틴시민권civitas sines suffragio을 주고 새로 편입한 타렌툼과는 동맹socii을 맺었다. 사회society라는 말은 동맹에서 유래했다.

　로마군의 군기는 스파르타같이 엄격했다. 전투에 겁을 내는 병사에겐 채찍으로 때리는 체형을 가했고, 전투 중 도망가거나 명령에 불복종하면 참수형에 처했다. 가장 잔인한 군율은 병사 10명 중 1명을 처형하는 데시메이션Decimation이다. 기원전 471년 볼스키와의 전투에서 병사들이 무기와 깃발을 잃어버리자, 지휘관 아피우스 클라디우스Appius Cladius는 데시메이션을 명했다.

　　그는 군장을 잃어버린 병사, 깃발을 잃어버린 군기병, 모든 켄투리온, 초소를 지키지 못한 전에 상급을 받은 병사들을 먼저 매질하고 이어 목을 치라고 명령을 내렸다. 그 나머지 병사들은 10명 중 1명을 추첨으로 뽑아 처형했다. _티투스 리비우스,《리비우스 로마사 2권 59》

로마 병사는 적군보다 상관을 더 두려워했다.

로마의
전쟁 문화

　　　　　　로마 사회 규범은 모두 전쟁과 관련이 있다. 전통 사회 규범 모스 마이오룸Mos maiorum(조상의 관습)은 승리를 최고 가치로 여졌다.

로마의 사회와 정치 생활을 지배한 사람들은 태어날 때부터 명성을 얻기 위해 경쟁하고, 선조들의 업적을 모방하고 능가하라는 요구를 받았다. 이는 공화정의 군사적 팽창의 원동력이자 로마 세력 확장의 결정적 요인이었다. _데이비드 M. 귄David M. Gwynn, 《로마 공화정》

로마인의 덕德 비르투스virtus는 남자vir라는 말에서 나왔다. 비르투스는 남자다움, 용기, 책임감을 뜻한다.

하이켈하임 《로마사》에 따르면, 로마인의 4대 덕목은 헌신, 신의, 위엄, 절개다. 헌신pietas은 가족·사회·공동체에 대한 의무이고, 신의fides는 친구·이웃과의 약속을 소중하게 여기는 가치다. 동맹을 포용하는 로마 대외정책은 '신의'에서 나왔다. 위엄gravitas은 의연함을 잃지 않는 것이고, 절개constantia는 옳다고 생각하는 일을 끝까지 실천하는 의지다. 이러한 덕목을 실천하는 로마인은 존엄dignitas과 권위auctoritas를 갖게 된다. 대승을 거둔 개선장군은 로만 포룸Forum Romanum을 행진하는 영광gloria을 누린다.

초기 로마 사회는 '노블레스 오블리주noblesse oblige'를 실천했다. 귀족 킨키나투스Cincinnatus는 나라가 위급해지자 밭에서 일하다가 전쟁터로 달려가 전쟁을 지휘했다. 킨키나투스는 전쟁에 승리한 뒤 공직을 내놓고 자신의 밭으로 돌아갔다. 킨키나투스는 훌륭한 시민의 표상으로 존경받았다. 공화정 초기 부유층과 평민의 소득 격차는 그리 크지 않았고, 원로원 의원은 자주색 띠만 다를 뿐 일반인과 똑같은 토가toga를 입었다. 유력 가문 후원자patron는 평민 피보호자clientes를 보호하고 지원하는 책임을 맡았다.

12표법과 공화정

　　　　　　　　시간이 지나면서 귀족과 평민 간의 갈등이 커졌다. 전쟁에서 승리해도 평민 몫은 별로 없었고, 전쟁에서 돌아와 보면 농사는 엉망이 되어 있었다. 기원전 494년 병사들은 스트라이크를 일으켰다. 그들은 로마 북동쪽 성산聖山, Mons Sacer으로 몰려가 전투를 거부했다. 평민들은 권리를 보장받기 위해 200년 동안 신분 투쟁을 벌였다. 기원전 471년 평민만 참가할 수 있는 '트리부스 평민회Concilium Plebis Tributum'가 설치되어 이 기구에서 3명의 호민관護民官, tribunus plebis을 선출했다. 호민관은 평민 이익을 침해하는 법안에 대해 거부권veto을 행사했다. 기원전 451년 법치주의 시발점이 된 '12표법'이 제정되었다. 12표법 원본은 남아 있지 않고 일부 조항만 전해진다.

- 원고가 피고를 법정으로 소환하면, 피고는 법정에 나가야 한다.
- 귀족과 평민의 결혼은 허락하지 않는다.
- 현행범으로 붙잡힌 도둑은 도둑질을 당한 사람의 노예가 된다.

　　로마인들은 법을 공개적으로 가르쳤고 학교에서도 법을 교육했다. 기원전 367년에는 평민 출신도 집정관이 될 수 있게 법이 개정되고 기원전 287년에는 평민회의Comitia Tributa가 원로원 승인 없이 법을 만들 수 있게 되어 신분 투쟁이 마무리되었다.

　　마키아벨리는《로마사 논고》에서 "평민과 부자의 끊임없는 싸움이 로마가 자유를 유지한 원인"이라고 밝혔다. 갈등과 대립이 호민관 제도와 같은 법률·제도를 만들어 공공의 자유를 확대하는 데 도움이 되었다는 평가다.

그리스에서 전쟁 포로로 잡혀온 폴리비우스는 로마가 강하게 된 원인을 규명해보려고 《로마사The Histories》를 집필했다. 폴리비우스는 로마 공화정이 군주정, 귀족정, 민주정의 3가지 요소를 모두 갖고 있다고 분석했다. 집정관은 군주정, 원로원은 귀족정, 민회는 민주정 요소와 유사하다고 보았다. 폴리비우스의 정치사상은 몽테스키외Montesquie의 삼권분립 사상에 영향을 주었다.

미국 '건국의 아버지들Founding Fathers'은 로마 공화정을 모델로 삼았다. 집정관은 대통령에 해당하고, 원로원은 상원, 민회는 하원이 된다. 워싱턴 공공건물은 로마 건축물을 본떠 건축했다. 제퍼슨 기념관은 판테온Pantheon을 재현했고 의회 건물도 판테온 돔 양식을 채택했다. 의회를 가리키는 캐피톨Capitol도 카피톨리누스Capitolinus에서 나왔다.

실용적 지식
프루덴티아

로마인은 실용적 지식 프루덴티아Prudentia를 중요하게 생각했다. 프루덴티아는 그리스 철학의 지혜와 비슷한 덕목이다.

로마의 첫 번째 스승은 에트루리아인이었다. 에트루리아인은 로마인에게 아치arch와 궁륭vault, 그리스 알파벳, 검투 경기, 파스케스fasces 의식을 가르쳐 주었다. 파스케스는 나무 묶음에 양날 도끼를 끼운 장식물로 임페리움imperium, 지휘권을 상징한다. 파시스트fascist라는 단어는 파스케스에서 나왔다. 로마인은 기술을 응용하는 데 소질을 보여 공공건물, 상하수도, 도로 건설 분야에서 뛰어난 업적을 남겼다. 그들은 땅을 90센티미터 깊이로 판 뒤 여러 층의 자갈과 모래를 깔고 그 위에 넓적한 돌을 덮어 포장도로를 건설했다. 기원전 312년에 만들어진 아피아 가도Via Appia는 지금도 자동차가 다닐 수 있을 만큼 튼튼하게 건설되었다.

두 번째 스승은 그리스인이다. 로마인은 "아는 것의 대부분을 그리스인들로부터 배웠다"는 말이 나올 정도로 그리스로부터 많은 문화를 수입했다. 로마 12표법도 그리스법을 연구해 만들었다. 기원전 3세기 타렌툼에서 포로로 붙잡힌 그리스인 리비우스 안드로니쿠스Livius Andronicus는 로마인에게 그리스 문학을 가르치고《오디세이》를 라틴어로 번역했다.

원로원은 집단지성 역할을 했다. 동맹을 늘리고 분할하여 통치하는 외교 전략도 원로원 머리에서 나왔다. 영국 역사학자 에머턴 하이틀랜드Emerton Heitland는 "외교는 칼보다 확실한 승리를 안겨 주었다"고 평가했다.

1차 카르타고 전쟁

카르타고 전쟁은 기원전 289년 마르메르티니라 불리는 캄파니아 출신 용병의 반란에 의해 촉발되었다. 시라쿠사 참주에게 고용되었던 용병들은 일자리가 없어지자 메시나Messina를 점령하고 시라쿠사를 공격했다. 카르타고가 개입하자 용병들은 로마에 구원을 요청했다. 원로원은 한참 머뭇거리다 참전을 결정했다. 해상 강국 카르타고가 군사적 위협이 되었고, 시칠리아의 부가 탐이 났다.

기원전 264년 로마군 2개 군단이 바다를 건넜다. 로마군은 메시나와 시라쿠사를 점령한 뒤 카르타고 식민지 아그리젠툼Agrigentum을 침공했다. 카르타고는 해군력으로 대응했다. 로마는 해군이 없었다. 그러던 중 행운이 찾아왔다. 카르타고의 대형 전함 퀸퀘레미스Quinquereme 함선 한 척이 로마의 동맹 선박을 공격하다가 해안에 좌초되었다. 퀸퀘레미스는 수병

300명이 탑승하는 카르타고의 주력 전함이다. 로마군은 함선을 해체한 뒤 똑같은 함선 120척을 만들었다. 리버스 엔지니어링reverse engineering이라고 부르는 복제 기법이다.

바다에서 싸운 경험이 없는 로마군은 함선에 코르부스corvus(까마귀)를 장착했다. 코르부스는 상대 함선이 다가오면 승강대를 내려 병사들이 건너갈 수 있게 만든 장치다. 코르부스로 무장한 로마 함대는 카르타고 해군을 물리치고 시칠리아를 속주屬州, Province로 편입했다.

카르타고는 로마에 10년 동안 3,200탈렌트(1탈렌트=은 33킬로그램, 약 100톤)의 전쟁 배상금을 지불해야 했다.

한니발 전쟁

전쟁의 상처가 잊힐 무렵, 카르타고의 한 젊은이가 복수의 칼날을 갈고 있었다. 하밀카르Hamilcar 장군의 아들 한니발이다.

한니발은 에스파냐에서 군대를 모아 로마 정벌에 나섰다. 이 원정에 3만 8,000명의 보병, 9,000명의 기병, 말과 노새, 37마리의 전투용 코끼리를 동원했다. 기원전 218년 봄 에스파냐를 출발한 한니발은 갈리아의 론Rhone강을 지나 9월 알프스 산악 지대에 들어섰다. 알프스는 고산지대라 겨울이 다가오고 있었다. 겨울철에 대군을 이끌고 알프스를 넘는 것은 자살행위나 다름없었다. 한니발은 로마를 기습하려고 험한 알프스 산길을 택했다. 병사들은 코끼리, 말, 노새를 끌고 산악 부족과 전투를 벌이며 9일 동안 알프스산맥을 힘겹게 걸어 올라갔다. 고개 정상에 도착하니 하늘에서 눈발이 날렸다. 한니발이 통과한 곳은 프랑스와 이탈리아 사이 해발 3,000미터 고개로 추정된다.

영국 벨파스트 퀸스대 연구팀은 2016년 콜 드 라 트라베르셋Col de la Traversette 퇴적층에서 다량의 말과 노새 배설물을 발견했다. 이 퇴적층은 2,000년 이전에 쌓인 것으로 한니발 부대가 이 지역을 통과했음을 보여주는 증거라고 연구팀은 밝혔다.

정상에서 내려가는 길은 더 험했다. 병사와 말, 코끼리가 얼음이 언 벼랑길을 내려오다가 미끄러져 까마득한 계곡 아래로 떨어져 죽었다. 평평한 곳에 이르렀을 때 한니발은 깃발 앞으로 나가 병사들을 멈춰 세웠다.

한니발은 병사들에게 산기슭 아래 펼쳐진 이탈리아와 포강 주위의 평원을 바라보게 했다. 그러고는 병사들에게 말했다. "지금 우리는 이탈리아와 로마 성벽을 둘러싸고 있다. 나머지 구간은 평탄할 것이다. 한두 번의 전투만 치르면 이탈리아의 수도를 장악할 수 있을 것이다."_티투스 리비우스, 《리비우스 로마사 21권 35》

절벽 길을 내려오다 거대한 눈 폭풍을 만나 또다시 사상자가 발생했다. 15일간 행군을 끝낸 뒤 숫자를 세어보니 보병 2만 명, 기병 6,000명으로 병력이 절반으로 줄어들어 있었다. 코끼리는 추락하거나 동사하고 한 마리만 살아남았다.

한니발은 갈리아 부족과 합세해 로마군을 연달아 격파했다. 기원전 216년 8월 한니발은 이탈리아 남동쪽 칸나이Cannae에서 로마 주력군과 마주쳤다. 한니발 연합군은 5만 명, 로마군은 8만 6,000명이었다. 한니발군은 로마군 중심부를 공격하다가 조금씩 뒤로 후퇴했다. 외곽에서는 에스파냐, 갈리아, 누미디아(아프리카)에서 온 한니발 기병이 로마 기병과 맞붙었다. 로마 기병을 제압한 한니발 기병이 로마군 후방을 때렸다. 앞뒤로 포위된 로마군은 그대로 괴멸되었다.

미국 역사가 빅터 데이비스 핸슨은 "그때까지 5세기에 이르는 로마 역사에서 그렇게 많은 보병들과 선출된 지휘관들이 전혀 달아날 구멍도 없이 완벽하게 전장에서 덫에 빠져버린 경우는 없었다"고 밝혔다.

칸나이 전투에서 로마군 5~7만 명이 전사하고 1만 명이 포로로 잡혔다. 참전한 80명의 원로원 의원도 목숨을 잃었다. 한니발 측 전사자는 5,700명에 불과했다. 칸나이 전투는 세계 전사에서 가장 위대한 전공戰功의 하나로 평가된다.

한니발은 이탈리아 남쪽을 돌아 로마로 진군했다. 로마 시민들은 경악했다. 하지만 이는 로마군을 교란하려는 기만술이었다. 한니발이 가진 적은 병력으로 거대한 로마 성벽을 돌파하기는 불가능했다. 한니발은 이탈리아 동맹시socii가 로마에 등을 돌릴 것을 기대했으나 동맹시들은 한니발에 동조하지 않았다. 15년의 긴 원정에 한니발도 지쳐갔다.

로마는 한니발의 허를 찔렀다.

신예 장군 스키피오 아프리카누스Scipio Africanus는 기원전 207년 에스파냐를 공격해 한니발의 형 하스드루발Hasdrubal에게 대승을 거두었다. 3년 후 스키피오가 아프리카에 상륙하자, 한니발은 급히 카르타고로 돌아왔다. 한니발은 4만 병력을 이끌고 전투에 나섰으나 로마군에 패했다. 카르타고는 로마와 강화조약을 맺고 50년 동안 배상금 1만 탈렌트를 지불하기로 했다. 안티오크로 망명한 한니발은 로마군의 추격을 받다가 스스로 목숨을 끊었다.

로마가 입은 피해도 막심했다. 역사가 아피아누스Appianus는 "한니발 전쟁 16년 동안 한니발은 400개 도시를 파괴하고, 로마인 30만 명을 살해했다"고 밝혔다. 로마시 인구는 30만 명에서 15만 명 이하로 줄어들었다.

카르타고, 불타다

한니발 전쟁이 끝난 지 50년, 카르타고 들판에 푸른 곡식이 물결쳤다. 카르타고를 다녀온 보수파 지도자 카토Cato는 충격을 받았다. 카르타고인들은 약해지지 않았고, 인구와 물자도 넉넉했다. 카토는 카르타고를 내버려 두었다가는 큰 위험에 빠지게 될 것이라고 생각했다.

카토는 미리 준비해왔던 잘 익은 무화과를 땅에 떨어뜨렸다. 그리고 여러 의원들이 그것이 크고 아름답다고 감탄하자 카토는 "이 과일이 나는 땅이 로마에서 겨우 사흘밖에 안 되는 곳에 있습니다"라고 말했다. 그는 로마가 하루빨리 공격하도록 부추기기 위해 말끝마다 "또한 카르타고를 멸망시켜야 한다고 생각합니다"라는 말을 덧붙였다. _플루타르코스, 《플루타르코스 영웅전》

스키피오의 손자 아이밀리아누스Scipio Aemilianus는 기원전 149년 세 번째 카르타고 공격에 나섰다. 로마군은 3년간 공격 끝에 카르타고를 점령했다. 아이밀리아누스는 카르타고를 모두 불태우라고 명령했다. 17일 동안 도시가 불탔다. 카르타고인 15~25만 명이 사망하고 5만 명이 항복했다. 생존자들은 노예로 팔렸다. 로마군은 카르타고의 흙을 갈아엎고 소금을 뿌렸다.

이것이 진정한 로마 정신이다. 거기에서 볼 수 있는 로마의 원리란 냉혹하고 비정한 지배와 권력이고, 자기의 의사를 한결같이 상대에게 밀어붙여 인간적인 충실함 등은 추구하지 않고 특수한 이해에만 급급하는 이기심이다. _헤겔,《역사철학강의》

로마는 카르타고를 완전히 멸망시키고 지중해를 장악했다.

마케도니아 정복

카르타고를 제압한 로마는 마케도니아 정복을 개시했다. 로마는 4차례의 전쟁(기원전 214~148년)을 벌여 마케도니아를 합병했다. 아름다운 도시 코린토스는 불타고 파괴되었다. 로마 병사들은 보물과 예술 작품을 털어 로마로 가져가고, 여자와 아이들은 노예로 팔았다.

소아시아로 원정한 로마군 사령관 만리우스 불소Gnaeus Manlius Vulso는 탐욕스러운 약탈자로 악명을 떨쳤다. 만리우스는 원로원 승인 없이 소아시아 갈라티아Galatia를 침공하고 도시를 돌아다니며 금품을 갈취했다. 만리우스는 저항하는 2개 부족의 주민을 붙잡아 노예로 팔았다. 만리우스는 원정에서 돌아올 때 200개의 황금 왕관, 2,200파운드(1,000킬로그램)의 황금, 22만 파운드(10만 킬로그램)의 은괴, 호화 가구를 가져왔다.

역사가 리비우스는 만리우스의 아시아 원정이 도덕적 타락의 전환점이었다고 개탄했다.

욕망과 갈등의 공화정

전쟁이 끝난 뒤 하늘에서 황금비가 내렸다. 전쟁 배상금과 카르타고, 에스파냐, 마케도니아에서 강탈한 수억 달러 상당의 귀금속이 로마로 들어왔다. 새로 정복한 에스파냐, 마케도니아에서는 금과 은이 채굴되었다.

에스파냐(기원전 190년대)와 마케도니아(기원전 158년)에서의 대규모 귀금속 광산의 개발은 로마의 중요한 재원이 되었다. 기원전 150년대에 광산 사업 수입은 기원전 201년 카르타고에서 스키피오가 노획한 수입의 2배 이상이었다. 기원전 157년경 북이탈리아에서 새로 금광 개발을 시작했다. 많은 금이 이탈리아 시장으로 흘러들어와 귀금속 가격이 폭락했다.
_에드워드 와츠Edward J. Watts, 《공화정의 종말Mortal Republic》

로마는 부를 빨아들이는 블랙홀이었다. 영국 경제사학자 필립 케이Philip

Kay는 기원전 150~50년 이탈리아 1인당 실질소득이 72% 높아졌다고 추정했다.

이탈리아 1인당 실질소득

* 단위: 세스테르티우스

연도	기원전 150년	기원전 100년	기원전 50년
1인당 실질소득	193	279	331

* 세스테르티우스sestertius는 로마에서 쓰인 화폐 단위 가운데 하나다.
* 필립 케이는 1세스테르티우스를 1990년 달러화를 기준으로 1.5달러로 계산했다.
* 출처: 필립 케이,《로마의 경제혁명Rome's Economic Revolution》

필립 케이는 이 시기 로마의 연평균 성장률이 0.54%로 16~19세기 서유럽 성장률 0.14%보다 4배 가까이 높은 수준이라고 밝혔다. 로마는 별다른 생산 기반 없이 군사적 정복과 약탈로 성장했다. 이러한 성장 방식을 약탈 경제plunder economy라고 부른다.

슈퍼 웰띠의 등장

로마 사회에는 초부호超富豪, 슈퍼 웰띠Super-wealthy가 등장했다.

2세기 중반에 이르러, 슈퍼 웰띠 로마인들은 캄파니아의 해변을 따라 화려하게 장식된 고급 빌라를 짓고 지중해 동부에서 다양한 사치품들을 수입했다. _에드워드 와츠,《공화정의 종말》

로마의 권력과 부는 20개 미만 가문에 집중되었다. 스키피오 가문은 집정관 23명을 배출했다. 한니발 전쟁 영웅 스키피오 아프리카누스는 여유로운 생활을 즐겼고 부하들에게 많은 돈을 나눠 주었다. 그의 재산은 260탈렌트(455만 달러)에 달했다.

부유층의 과시적 소비는 로마 사회 가치관을 변화시켰다. 국가에 대한 헌신과 명예보다 물질을 중시하는 풍조가 확산되었다. 역사가 가이우스 살루스티우스Gaius Sallustius는 로마인의 타락을 개탄했다.

> 부자들의 영향으로 젊은이들 사이에 사치, 탐욕, 자만심이 팽배해졌다. 그들은 곧 탐욕스럽고 방탕해졌다. 그들은 자기가 가진 것을 과소평가하고, 남의 것을 탐냈으며, 겸손과 절제를 부정하고, 신성함과 불경함을 구분하지 않고, 모든 신중함과 자제심을 벗어던졌다. _가이우스 살루스티우스, 《카틸리나 음모와 유구르타 전쟁Conspiracy of Catiline and the Jurgurthine War》

군 지휘관은 전투에 나가 무모한 약탈 행위를 했고, 속주의 총독과 정무관은 속주에서 이권 사업에 몰두하며 착취에 열을 올렸다.

그리스 문화의 홍수

로마에는 그리스, 마케도니아, 시칠리아에서 약탈한 보물과 조각, 그림, 공예품이 줄을 이었다.

기원전 212년 시라쿠사를 정복한 마르쿠스 마르켈루스Marcus Marcellus는 "자신의 승리를 빛내고 로마를 장식하기 위해 아름다운 장식물들을 수없이 가져왔다"고 플루타르코스는 전했다. 시라쿠사에서 가져온 예술품은 삭막한 로마를 화려하게 장식했다. 그리스 예술품의 인기가 높아지자 그리스 조각가, 화가, 건축가 들이 로마로 대거 이주했다. 로마인은 그리스의 높은 문화와 지식수준에 압도되었다.

3차 카르타고 전쟁 영웅 스키피오 아이밀리아누스는 대표적 그리스 문화 애호가였다. 그는 폴리비우스, 스토아 철학자 파나이티우스Panaetius, 시인, 정치인 등과 정기적으로 모여 그리스 문화와 시, 스토아 철학을 이야기했다. 로마인들은 이 모임을 '스키피오 서클'이라 불렀다.

보수주의자 카토는 소크라테스가 시민들에게 법을 무시하도록 부추겼다고 비난하고, 그리스에서 온 철학자 2명을 추방했다. 그는 아들에게도 그리스 학문을 배우지 못하게 했다. 카토의 경고에도 불구하고 그리스 문화는 계속 유입되었다.

철학자 키케로Cicero는 "그리스로부터 예술과 지식이 조용한 냇물이 아니라 엄청난 홍수처럼 밀려 들어왔다"고 말했다. 시인 호라티우스Horatius는 "그리스가 야만적 정복자(로마)를 사로잡았다"고 풍자했다.

로마인들은 그리스 문화를 좋아했으나 실용성이 낮은 과학과 이론철학은 멀리했다. 로마인들은 그리스 과학과 철학 서적을 라틴어로 번역하는 것이 학문의 전부라고 생각했다.

노예 농장, 라티푼디움

로마 노예시장에 수많은 이민족이 노예로 끌려왔다. 기원전 177년 사르디니아인 5만 명, 기원전 167년 에피루스인 15만 명이 노예가 되었다.

원로원은 피로스 왕이 다스리던 에피루스를 파괴하라고 명령했다. 로마군은 주민들에게 "집에서 금·은 덩어리를 하나씩 가지고 나오라" 하고는 마을을 공격했다. 에피루스 70개 도시를 파괴하고 주민을 붙잡아 노예로 팔았다. 해적과 노예 상인들은 에스파냐, 갈리아, 아시아, 아프리카 주민들을 붙잡아 노예시장에 내다 팔았다.

지리학자 스트라본은 델로스섬에서 하루 1만 명의 노예가 거래되었다고 기록했다. 스트라본은 전쟁 이후 부유해진 로마인들이 많은 노예를 필요로 했고, 해적들은 '악마의 사업evil business'으로 돈벌이를 했다고 비난했다. 오스트리아 역사학자 발터 샤이델Walter Scheidel은 정복 전쟁 기간 동안 67~73만 명이 노예가 되었을 것이라고 추정했다.

노예 유입으로 로마의 인구구조가 달라졌다. 경제사학자 필립 케이는 기원전 200년 6%였던 로마의 노예 비중이 100년에는 14%, 50년에는 21%로 높아진 것으로 추정된다고 밝혔다.

농촌 노예들은 대농장에서 일하고 도시 노예들은 가정과 공장, 공공 토목공사장에서 일했다. 전쟁 포로들은 검투사가 되어 원형경기장에서 피를 흘렸다.

정복 전쟁 이후 대농장 라티푼디움latifundium이 출현했다. 라티푼디움에서는 노예 수백 명이 일했다. 라티푼디움 대부분은 공유지public land였다.

로마는 새로 정복한 땅의 3분의 1을 공유지로 갖고 있었는데 이 땅을 귀족들에게 임대해주었다. 몇 세대가 지나면서 귀족들은 공유지를 사유재산으로 만들었다. 원로원 의원급 부자는 1,000유게라jugera(250헥타르, 1유게라=0.25헥타르) 이상의 땅을 가졌고, 1,600유게라(400헥타르)가 넘는 땅을 가진 대지주도 있었다. 기원전 367년에 제정된 토지법Lex Licinia Sextia에는 500유게라(125헥타르) 이상의 공유지를 소유할 수 없다고 되어 있었으나 이 제한은 무시되었다.

독일 역사학자 발터 에데르Walter Eder는 로마 사회의 공적 영역publicus과 사적 영역privatus 구분이 매우 불분명했다고 지적했다.

부자와
가난한 자

대농장으로 인해 이탈리아 농민은 벼랑 끝으로 몰렸다. 시칠리아 대농장에서는 곡물이 싼값에 생산되었다. 미국 뉴욕대 고대사 연구소 자료에 따르면, 기원전 77년 시칠리아 현지 곡물 가격은 로마 시장가격의 36%에 불과했다. 포도와 올리브 농사도 대농장과 경쟁이 되지 않았다. 대농장 노예는 군대에 가지 않고, 농민은 5~7년씩 군대에 복무해야 했다.

농민들은 아무리 노력해도 가난에서 벗어나기 어려웠다. 농민들은 자의 반 타의 반으로 땅을 팔고 대도시로 떠났다. 로마시에는 터전을 잃은 가난한 농민들이 흘러들었다. 한니발 전쟁 때 15만 명 이하로 줄었던 로마시 인구는 기원전 86년경 46만 명으로 3배로 늘어났다.

가난한 사람들은 인술라이insulae라 부르는 3~4층짜리 임대 아파트에 살았다. 임대업자가 목재나 벽돌, 콘크리트로 허술하게 지은 인술라이는 붕괴 사고가 잦았고 위생 상태가 열악했다. 일자리도 많지 않았다. 공공 건축 공사장은 이미 노예들로 채워져 있었다. 직업이 없는 사람들은 무리를 지어 다니며 난폭한 행동을 일삼았다. 그들은 원형경기장에서 검투사 경기를 보거나 가끔씩 정부에서 나눠 주는 무료 곡물로 허기를 채웠다.

재산이 없는 사람은 평민plebs 아래 무산계급, 프롤레타리아트Proletariat로 분류되었다. 프롤레타리아트는 정치 불안이 발생하면 거리로 뛰쳐나왔다. 이들은 언제든 폭력화할 위험성을 안고 있었다.

정복 전쟁 이후 로마 사회 소득 불평등은 어느 정도였을까?

영국 역사학자 필립 케이는 공화정 100년 동안 엘리트 계층 소득은 5.6배 이상 늘어났으나 평민 소득은 1.8배 증가에 그쳤다고 밝혔다.

로마의 계층별 평균 소득

* 단위: 세스테르티우스

연도	기원전 150년	기원전 100년	기원전 50년	기원전 150~50년 소득 증가율
귀족, 기사 등 엘리트 계층	1,747	2,984	9,697	5.6배
평민	172	259	304	1.8배
소득 격차	10배	12배	32배	

* 출처: 필립 케이, 《로마의 경제혁명》

이 기간에 엘리트와 평민 간 소득 격차는 기원전 150년 10배에서 기원전 50년 32배로 커졌다. 경제성장 열매를 엘리트 계층이 독점했다고 할 수 있다. 부의 독점과 빈곤층 증가, 극심한 빈부 격차는 로마 사회에 폭풍우를 몰고 왔다.

혁명의 시대

젊은 귀족 티베리우스 그라쿠스Tiberius Gracchus는 어느 날 토스카나 지방을 지나다가 우연히 농촌의 현실을 목격하고 충격을 받았다.

티베리우스는 티레니아(토스카나)를 거쳐 누만티아(오늘날의 스페인 지방)로 가는 길에 농촌 주민은 사라지고 이방인 노예와 야만인이 밭을 갈고 가축을 기르는 것을 보았다. 티베리우스는 그때 처음 정치적 조치가 필요하다는 생각을 품었다. _플루타르코스,《플루타르코스 영웅전》

집정관을 지낸 아버지와 한니발 전쟁 영웅 스키피오의 딸 코르넬리아 사이에서 태어난 귀족 티베리우스는 처음으로 사회 현실에 눈을 떴다. 티베리우스는 귀족의 길을 포기하고 혁명가의 길에 들어섰다. 그는 광장으로 나가 귀족의 탐욕을 맹렬히 비판했다.

이 나라에는 들짐승도 자기 굴이 있어서 쉴 수도 있고 몸을 감출 수 있습니다. 그러나 싸움터에 나가 생명을 던지는 사람들은 바람과 햇빛 말고는 가진 것이 없습니다. 그들은 집도 없고 몸을 의지할 곳도 없어 처자를 데리고 이리저리 헤매고 있는 것입니다. 지휘관들은 조상들의 무덤과 제단을 지키기 위해 적과 싸워야 한다고 부하들에게 요구하지만, 그것은 모두 헛된 거짓말에 지나지 않습니다. _플루타르코스,《플루타르코스 영웅전》

티베리우스의 열변은 군중을 흥분과 분노로 들끓게 했다. 기원전 133년 호민관에 당선된 티베리우스는 토지개혁을 요구했다. 그는 귀족들이 임대한 공유지 가운데 법적 한도 500유게라(125헥타르)를 초과하는 땅을 몰수해 가난한 농민에게 분배하자고 주장했다. 티베리우스는 예전같이 농민들이 땅을 가져야 세금을 내고 로마군 병력 부족 문제를 해결할 수 있다고 호소했다. 평민들은 열렬한 호응을 보냈다.

평민 입장을 지지하는 귀족 정파를 포풀라레스Populares(민중파, 평민파)라 불렀다. 귀족과 대지주 들은 토지개혁이 시행되면 자신들 땅이 압류되지 않을까 불안했다. 지주들도 세력을 모았다. 원로원을 중심으로 한 귀족 정파를 훌륭한 사람들이라는 뜻의 옵티마테스Optimates(귀족파, 벌족파)라 불렀다.

로마 시내에는 티베리우스 암살 소문이 파다하게 퍼졌다. 민중파 지지자들은 철봉과 각목을 들고 티베리우스를 호위했다. 원로원 의원 스키피오 나시카Scipio Nasica가 광장에 나타났다. 나시카가 "티베리우스가 왕이 되려고 한다"고 소리치자, 폭도들이 티베리우스에게 달려들었다. 폭도들은 티베리우스와 300명의 지지자를 곤봉으로 가격해 쓰러뜨리고, 밤중에 시신을 테베레강에 내던졌다. 로마 시내에는 슬픔과 환호가 교차했다.

독일 역사학자 발터 에데르는 사적 집단이 시민에게 테러를 가한 것은 국가 존립에 관한 문제라고 비판했다.

> 원로원 의원 나시카는 위험에 처한 국가를 도와줘야 한다고 생각했겠지만, 위험하다고 판단할 자격을 가진 사람은 누구인가? 보호되어야 할 국가가 누구이고 무엇인지 답해야 한다. _발터 에데르, 《공화주의자와 원죄자Republicans and Sinners》

티베리우스가 암살된 지 10년째 되는 해, 동생 가이우스 그라쿠스Gaius Gracchus가 형의 뒤를 따라 호민관에 당선되었다. 가이우스는 빈민들에게 공급하는 곡물 가격을 동결하는 법안을 통과시켰다. 그는 카르타고를 비롯한 점령지 토지를 가난한 사람들에게 분배하고 이탈리아 동맹에도 로마 시민권을 주자고 주장했다.

귀족파는 반격에 나섰다. 가이우스 지지자의 항의 시위 중 집정관 하인이 살해되자 원로원은 최종결의senatus consultum ultimum를 통과시켰다. 진압을 위해 어떤 수단을 사용해도 좋다는 진압 명령이었다. 집정관 오피미우스는 병력을 동원해 아벤티누스 언덕에 모여 있던 민중파를 공격했다. 민중파 3,000명이 살해되었다. 가이우스는 테베레강 건너편 숲에서 목숨을 끊었다.

역사학자 김경현은 〈고대 지중해 세계〉에서 티베리우스 그라쿠스가 개혁 정책을 시작한 기원전 133년이 로마 공화정 역사상 최대의 분수령을 이루는 시점이었다고 평가했다. "그해가 오랜 혁명의 시발점이었고, 마지막 한 세기 동안 로마는 여러 가지 구조적 모순들의 폭발적인 분출을 경험했다."

귀족과 평민 사이의 증오와 불신은 폭력 사태로 번지고 로마 공화정은 파국을 향해 달려갔다.

노예 검투사의
자유 투쟁

이 시기에 노예 반란이 끊이지 않았다. 노예 섬으로 바뀐 시칠리아에서는 농장주들이 노예들을 잔인하게 구타하고 음식도 제대로 주지 않았다. 기원전 135년 시리아 출신 노예 에우누스Eunus가 폭동을 일으켜 반란군 숫자가 20만 명에 이르렀다. 기원전 104년 시리아에서도 노예 반란이 일어나 4년 동안 전투가 벌어졌다.

기원전 73년에 일어난 스파르타쿠스Spartacus 반란은 로마인을 공포에 떨게 했다. 트라키아 출신의 스파르타쿠스는 노예 검투사 70여 명과 함께 카푸아 검투사 학교를 탈출했다. 그는 카푸아 일대 농장을 약탈하고 노예들을 탈출시켰다. 반군 숫자는 인근 노예와 양치기 들이 합세해 수천 명으로 불어났다. 스파르타쿠스는 방어를 위해 베스비오스 화산으로 올라갔다. 로마군이 은신처를 포위하자, 스파르타쿠스는 밤중에 포도 넝쿨로 만든 로프를 타고 절벽을 내려와 로마군 진지를 급습했다. 잠자던 로마군은 지리멸렬해 달아났다. 원로원은 2,000명의 군대를 추가 투입했지만, 또다시 반군에 패했다. 스파르타쿠스가 연승을 거두자 반군 숫자가 7만 명으로 늘어났다.

스파르타쿠스는 부하들을 고향으로 돌려보내려고 북쪽 알프스로 향했다. 갈리아 출신 검투사 크릭수스Crixus는 동행을 거부하고 3만 명을 데리고 대열을 이탈했다. 스파르타쿠스는 방향을 바꿔 이탈리아 남쪽으로 향했다. 원로원은 크라수스를 총사령관으로 임명하고 대규모 진압 작전을 벌였다. 8개 군단, 4만 병력이 스파르타쿠스 추격에 나섰다. 폼페이우스 군대도 달려오고 있었다. 스파르타쿠스는 시칠리아로 탈출을 기도했으나 해적에 속아 탈출에 실패했다. 스파르타쿠스는 1만 2,300명의 부하들과 함께 로마군과 맞서 싸우다 최후를 맞았다. 크라수스는 생포된 노예 6,000명을 아피아 도로를 따라 십자가에 못 박았다. 노예 반란에 대한 섬뜩한 경고였다.

스파르타쿠스는 로마 시대 악당의 대명사로 통했지만 19세기 사회혁명가들에게 영감을 주었다. 마르크스는 1861년 엥겔스에게 보낸 편지에서 '스파르타쿠스는 위대한 장수이고 고상한 성격의 인물이었다. 고대 프롤레타리아트의 진정한 표본'이라고 찬사를 보냈다.

스파르타쿠스 이야기는 1960년 할리우드 영화로 제작되었다. 스탠리 큐브릭 감독이 연출하고 커크 더글러스가 주연한 영화 〈스파르타쿠스〉는 자유를 되찾기 위해 분투하는 노예 검투사를 영웅으로 묘사했다. 이 영화는 당시 흑인 인권 운동과 맞물려 6,000만 달러의 흥행 수입을 올렸고 아카데미상 5개 부문을 수상했다.

노예 상태의 반대말은 자유다. 서양 철학에서 소극적 자유negative liberty는 노예 상태로부터 해방이다. 미국 콜로라도대 역사학자 피터 헌트Peter Hunt는 "서양 사회는 정치적 자유의 기원을 자유를 억압하는 고대 노예사회에서 찾았다"고 밝혔다.

스파르타쿠스 반란 이후 노예 가혹 행위가 줄어들기는 했으나 크게 달라진 것은 없었다. 검투사 경기는 계속되었고 노예제도는 그대로 유지되었다.

동맹시에서도 반란이 터졌다. 삼니움과 마르시 등 8개 동맹시는 기원전 91년 로마 시민권 요구가 받아들여지지 않자 독립을 선언했다. 양측이 4년 동안 전쟁을 벌여 10만 명의 전사자를 냈다. 엄청난 대가를 치른 끝에 50만 명의 동맹시 주민이 새로 로마 시민권자가 되었다.

군벌 시대,
카이사르의 등장

정치 혼란 속에서 군벌warlord이 정치 전면에 등장했다.

가이우스 마리우스Gaius Marius는 군부에 자기 세력을 가진 최초의 군벌이었다. 기사 계급 출신의 마리우스는 17세에 군에 입대해 군인으로 두각을 나타냈다. 그는 알프스를 넘어온 게르만 킴브리Cimbri와 테우토네스Teutones 부족을 격퇴해 제3의 로마 창건자라는 영예를 얻었다. 7번 집정관에 오른 마리우스는 병력을 늘리기 위해 대대적 군사 개혁을 단행했다. 재산을 가진 시민adsidui만 들어올 수 있던 군대에 재산이 없는 무산계급도 지원병으로 입대할 수 있게 했다. 마리우스는 16년 이상 장기 복무하면 땅을 나눠 주겠다고 약속했지만, 아무리 집정관이라도 제대 병사들에게 땅을 분배하는 문제는 쉬운 일이 아니었다. 마리우스는 급진 개혁을 주장하는 민중파와 손을 잡았다. 하지만 민중파의 지나친 폭력 행위가 화를 불렀다. 민중파가 집정관 선거에서 상대 후보에게 테러를 가해 살해하자 원로원이 역공에 나섰다. 마리우스와 민중파는 날개가 꺾였다.

마리우스 실각 이후 귀족파 술라Lucius Cornelius Sulla가 새로운 실권자로 등장했다. 유구르타Jugurtha 전쟁과 동맹시 전쟁에서 이름을 날린 술라는 기원전 89년 소아시아 미트라다테스Mithradates 진압군 총사령관에 올랐다. 술라가 출전을 준비하는 사이 민중파가 폭동을 일으켜 총사령관을 교체하자, 술라는 놀라Nola(나폴리 외곽)에서 대기 중인 6개 군단을 이끌고 로마시로 진격했다. 로마 역사 초유의 군사 쿠데타였다. 마리우스파를 제압한 술라는 병력을 로마 시내에 배치하고 공포정치를 시행했다.

술라가 소아시아로 원정을 떠난 뒤 마리우스는 기원전 86년 군대를 동원해 로마를 탈환했다. 마리우스는 닷새 동안 피의 보복전을 벌였다. 소아시아 원정을 마친 술라는 기원전 82년 4만 명의 군단을 이끌고 두 번째 로마로 진격했다. 종신 독재관dictator을 선언한 술라는 무자비한 정치 보복을 시작했다. 반대편에서 섰던 삼니움군 6,000명을 한자리에 모이게 한 뒤 학살했고, '처벌 대상자 명단proscription'을 만들어 수천 명을 처형하고 재산을 몰수했다.

"명단에는 원로원 의원 40명, 기사equites 1,600명이 들어 있었다"고 아피아누스는 전했다. 죽은 사람 재산은 경매에 붙이거나 병사들에게 분배했다. 키케로는 술라를 악당 중의 악당이라고 비난했다.

로마 시민의 재산을 빼앗아 광장에서 창을 땅에 꽂아 놓은 채 경매에 붙여 팔았다. 로마에는 도시의 성벽들만 남아 있을 뿐인데 그 성벽들조차도 이제는 극도의 죄악들에 대한 두려움으로 벌벌 떨고 있으니, 우리는 정말 공화국을 완전히 상실했다. _키케로, 《의무론 2-27~29》

민중파와 귀족파 분쟁은 내전으로 확산되었고, 최종적으로 정권을 장악한 것은 군벌이었다. 이제 칼이 지배하는 무인武人 시대가 되었다.

3명의
군부 실권자

술라가 죽은 뒤 3명의 군부 실력자가 삼두 체제 triumvirate를 형성했다. 세 거두는 폼페이우스Gnaeus Pompeius Magnus, 크라수스 Marcus Licinius Crassus, 카이사르Gaius Julius Caesar다.

이 3명 가운데 폼페이우스 경력이 가장 화려했다. 폼페이우스는 소아시아, 시리아, 이집트를 정복해 세 번 개선하는 영광을 누렸다. 술라는 폼페이우스에게 '마그누스Magnus(위대하다)'라는 애칭을 붙여 주었다.

스파르타쿠스 반란을 진압한 크라수스는 탐욕을 대표하는 인물이다. 크라수스는 술라 집권기에 귀족 재산을 압류해 재산을 모으고, 불이 난 동네 주택을 헐값에 사들여 재산을 축적했다. 크라수스가 죽기 전 재산이 미국 달러화로 1억 2,400만 달러에 이르렀다.

카이사르는 운명적으로 마리우스와 얽혀 있었다. 카이사르의 고모 율리아Julia가 마리우스와 결혼해 카이사르는 마리우스의 처조카가 된다. 카이사르는 17세 때 민중파 집정관 킨나Cinna 딸 코르넬리아와 결혼했다. 독재자 술라가 카이사르와 코르넬리아의 이혼을 요구하자 카이사르는 남쪽으로 달아났다. 카이사르 친척들이 술라를 찾아가 "소년에 불과한데 왜 죽이려 하느냐?"라면서 사면을 호소했다. 술라는 사면을 허락해주면서 이렇게 중얼거렸다고 한다. "이 젊은이가 언젠가는 귀족 집단을 파괴할 것이다. 나는 카이사르에게서 많은 마리우스를 본다." 로마로 돌아온 카이사르는 재무관quaestor에 당선되어 에스파냐로 떠났다. 에스파냐에서 돈을 모은 카이사르는 검투사 공연, 연극, 퍼레이드를 개최해 대중의 인기를 얻었고 집정관에 당선되었다. 그는 외동딸 율리아를 폼페이우스와 결혼시켰다.

세 사람은 속셈이 달랐지만 삼두 체제를 통해 이권을 나눠 가졌다. 폼페이우스는 토지 법안을 통과시켜 제대 병사에게 토지를 나눠 주고 크라수스는 시리아를, 카이사르는 갈리아를 맡았다.

카이사르의 전쟁

카이사르가 맡은 지역은 이탈리아 북부 키살피나Cisalpina, 갈리아 남부 트랜스알피나Transalpina, 발칸반도 동쪽 일리리쿰Illyricum 등 3곳이었다. 트랜스알피나는 오늘날 프랑스 프로방스Province다.

당시 갈리아에서는 민족이동이 일어나고 있었다. 게르만 수에비Suebi족 12만 명이 라인강을 넘어 플랑드르에 정착했다. 제네바 호수 북쪽 알프스 산골에 살던 헬베티Helvetii족은 기원전 58년 갈리아 서쪽으로 이동을 시작했다. 헬베티족은 다시 돌아오지 않겠다며 고향 마을에 불을 지르고 길을 떠났다. 이주 인구가 37만 명에 달했다.

헬베티족은 로마 속주 프로방스를 지나가려다 로마군이 거부하자 북쪽으로 진로를 돌렸다. 헬베티족이 아이두이Aedui족 땅에 들어서자 아이두이가 로마에 구원을 요청했다. 로마군이 헬베티족 앞을 가로막았다. 협상이 오가다가 양측 사이에 충돌이 발생했다. 카이사르는 6개 군단과 보조 군단을 동원해 헬베티족을 무차별 공격했다. 헬베티족 가운데 9만 2,000명이 전사이고 나머지 27만여 명은 부녀자와 어린이였다. 헬베티족은 새로운 정착지에 가보지도 못하고 길에서 떼죽음을 당했다. 카이사르는《갈리아 전쟁기》에서 11만 명이 고향으로 돌아갔다고 밝혔다. 나머지 25만 명은 숨지거나 노예로 팔린 것으로 추정된다.

카이사르는 그해 겨울 오늘날 브장송Besançon 지역에 로마군 기지를 설치했다. 갈리아 전체를 정복하겠다는 사실상의 선전포고였다. 이듬해 여름 벨가이Belgae족이 30만 병력을 집결시켰다. 카이사르는 벨가이족을 제압하고 갈리아 대부분을 정복했다. 승전 소식에 로마인들은 환호성을 질렀다. 원로원은 카이사르 전공을 기려 15일간 축하 행사를 열었다.

기원전 55년 게르만의 텐크테리Tencteri와 우시페테스Usipetes족 43만 명이 라인강을 건넜다는 첩보가 들어왔다. 카이사르는 8개 군단을 이끌고 라인강으로 향했다. 게르만 대표가 나와 사흘간 휴전을 간청했다. 협상이 진행되는 중에 게르만 기병 800여 명이 로마 기병에 달려들어 74명을 살해했다. 다음 날 게르만 대표가 사과를 하러 오자 카이사르는 게르만이 또 자신을 속이려 한다며 협상 대표를 체포하고 공격을 명령했다. 로마군은 강변에 모여 있던 게르만을 무차별 살육했다. 게르만인 수십만 명이 몰살되었다.

게르만인은 뒤에서 나는 소음을 듣고서 자기 가족들이 살해당하고 있는 것을 보았다. 그들은 무기와 깃발을 버리고 도망쳤다. 그들이 뫼즈강과 라인강의 합류 지점에 이르렀을 때 이미 많은 동족이 죽어 있는 것을 보고 탈출을 포기했다. 그들은 강물에 몸을 던졌다. 두려움과 피도, 거센 강물에 휩쓸려 사라졌다. _카이사르, 《갈리아 전쟁기》

네덜란드 남부 케셀Kessel의 뫼즈Meuse 강변에서는 1970년대부터 고대 유물이 발견되기 시작했다. 유골과 로마 시대 헬멧, 창, 단검이 나왔다. 이 유적 발굴로 2천 년 전에 묻힌 비극적 사건의 진상이 드러났다. 유골은 주로 남자이고, 여자와 어린이의 유골도 상당수였다. 유골에서 창이나 칼에 찔린 흔적이 발견되었다. 2015년 암스테르담의 브라이어대학교 연구팀이 유물을 방사성 탄소연대측정 방식으로 분석한 결과 기원전 1세기 로마 공화정 시대 것임을 확인했다. 연구팀은 사망자가 15~20만 명에 이른다고 추정했다.

카이사르는 라인강을 갈리아 경계로 설정했다. 카이사르는 그해(기원전 55년) 8월 브리타니아Britannia 원정에 나섰다. 브리튼족 전사들이 해안의 하얀 절벽 위에서 창을 날려 접근을 막았다. 카이사르의 2개 군단은 동쪽 평평한 켄트Kent 해안에 상륙했다. 로마군은 브리튼족과 몇 차례 전투를 벌였으나 별다른 전과를 올리지 못했다. 다음 해 두 번째 원정에는 5개 군단이 출동했다. 로마군은 템스강 북쪽까지 진출해 조공을 바치겠다는 약속을 받아 내고 철수했다. 카이사르 원정 이후 브리튼섬은 역사시대에 들어서게 된다.

대륙 갈리아에서는 소요 사태가 계속되었다. 기원전 52년 갈리아인들이 베르킹게토릭스Vercingetorix의 지휘 아래 독립 투쟁을 벌였다. 자유와 독립을 쟁취하려는 갈리아족 최후의 결전이었다. 베르킹게토릭스는 카이사르 군대와 게릴라전을 벌이다 갈리아 중부 알레시아Alesia 성으로 후퇴했다. 성안의 갈리아인 숫자는 8만 명에 달했다. 카이사르는 10개 군단, 약 6만 병력으로 성을 포위했다. 한 달 이상 포위가 계속되자 베르킹게토릭스는 카이사르에게 무릎을 꿇었다. 이로써 8년간의 갈리아 전쟁은 막을 내렸다.

오늘날 프랑스, 벨기에를 포함하는 갈리아는 후일 유럽 역사에서 주도적 역할을 하게 되지만, 당시 갈리아인에게 카이사르의 전쟁은 지옥이었다. 아피아누스는 '400만 명의 갈리아인 가운데 100만 명은 전쟁으로 죽고, 100만 명은 노예가 되었다'고 기록했다.

카이사르가 갈리아 정복에 나선 목적은 무엇일까? 카이사르는《갈리아 전쟁기》에서 로마 안전을 지키기 위한 예방적 조치였다고 해명했다. 이른바 '예방 전쟁preventive war'이다.

> 게르만이 어느 정도 라인강을 넘는 것이 익숙해지면, 많은 게르만인이 갈리아로 들어오게 될 것이다. 카이사르는 이것이 로마인에게 위험하다고 생각했다. 게르만인의 거칠고 야만적인 성격으로 판단할 때 자제력을 잃고 갈리아를 점령한 뒤 프로방스(로마 속주)를 침입하고 이탈리아로 진격할 것이다. _카이사르, 《갈리아 전쟁기 1-33》

예방 전쟁은 정당한 전쟁Just war으로 인정받지 못한다. 카이사르가 휴전 중에 협상 대표를 체포한 사건도 비난 대상이 되었다.

카이사르가 갈리아 전쟁을 시작한 진짜 목적은 권력 장악에 있다는 것이 일반적 해석이다. 로마 사회에서 권력을 가지려면 전공과 명성, 재력이 필요했다. 카이사르 휘하에 있던 살루스티우스는 "카이사르가 자신의 재능을 빛낼 수 있는 큰 권력과 군 지휘, 그리고 새로운 전쟁을 갈망했다"고 전했다.

카이사르는 갈리아 전쟁 체험을 3인칭 형식으로 서술한《갈리아 전쟁기》를 썼다.《갈리아 전쟁기》는 역사자료나 문학적으로는 높은 평가를 받지만, 학자들은 이 전기가 전쟁 성과를 과시하기 위한 정치 선전, 프로파간다propaganda라고 말한다.

프로방스 지방 총독이던 카이사르는 일약 갈리아 지배자로 올라섰다. 카이사르는 최고 권력에 다가서고 있었다. 그가 넘어야 할 마지막 관문은 원로원 귀족이었다. 대大카토의 3대손 소小카토Cato Minor는 카이사르의 야심을 꿰뚫어 보고 있었다.

> 지금 로마가 두려워해야 할 것은 브리타니아나 갈리아인이 아니라 바로 카이사르라는 것을 조금만 생각해보면 알게 될 것입니다. _플루타르코스, 《플루타르코스 영웅전》

카이사르는 로마 제1의 위험인물이 되었다. 카이사르가 갈리아에 있는 동안 로마 정세는 급변했다. 폼페이우스와 결혼한 카이사르의 딸 율리아가 아이를 낳다가 죽고, 크라수스는 파르티아 전쟁에서 포로로 붙잡혀 죽었다. 로마에 남아 있던 폼페이우스는 귀족파로 기울었다.

원로원은 카이사르에게 갈리아 전쟁이 끝났으니 군대를 해체하라고 요구했다. 카이사르는 군대 해산이 자신을 제거하려는 음모라고 생각했다.

> 이것이 그들의 의도다. 군대가 내 곁에 없다면 위대한 업적을 이루고도 나는 탄핵되고 말 것이다. _수에토니우스Suetonius, 《열두 명의 카이사르The Twelve Caesars》

기원전 50년 12월 원로원은 카이사르 군대와 폼페이우스 군대를 동시에 해체하는 결의안을 통과시켰다. 카이사르는 원로원에 최후통첩을 보냈다.

"집정관 선거 때까지 군대를 유지한다는 요구가 받아들여지지 않으면 명예를 지키기 위해 모든 수단을 동원하겠다."

원로원은 카이사르를 '로마의 적'으로 선포했다.

카이사르,
루비콘강을 건너다

"주사위는 던져졌다."

카이사르는 기원전 49년 1월 10일 루비콘Rubicon강을 건넜다. 루비콘강은 이탈리아 북동쪽에서 아드리아해로 흐르는 작은 강으로 속주 키살피나Cisalpina(알프스 갈리아)와 로마를 가르는 경계다.

카이사르는 빠른 속도로 로마로 진격했다. 로마에서는 대혼란이 일어났다. 거리에 군중이 몰려나오고, 귀족들은 공포에 떨며 피난을 떠났다. 폼페이우스와 원로원 의원들도 이탈리아 남쪽으로 피신했다. 카이사르는 로마를 장악하고 독재관에 취임했다.

카이사르는 그리스 파르살루스Pharsalus에서 폼페이우스 군대를 격파했다. 이집트로 달아난 폼페이우스는 그곳에서 암살당했고, 강력한 비판자 카토는 아프리카에서 자살했다. 카이사르는 이집트에서 클레오파트라를 만나 사랑에 빠졌다.

이집트에 머물다가 로마로 돌아온 카이사르는 기원전 46년 4월 화려한 개선식을 열었다. 갈리아, 이집트, 그리스, 누미디아에서 거둔 4번의 승리를 자축했다. 카이사르가 4마리 말이 끄는 황금 전차를 타고 행진하는 동안 병사들은 노래를 불렀다.

"왕이 될 것이다. 바르게 행동하면. 그렇지 않으면 안 되리."

전리품으로 획득한 6만 5,000탈렌트(9억 1,000만 달러) 상당의 보물과 황금 왕관을 실은 수레가 뒤를 따랐다.

카이사르는 권력을 한 손에 쥐었다. 선거로 뽑던 행정관을 카이사르가 직접 임명하고 이탈리아 카푸아와 소아시아, 아프리카, 흑해에 식민시를 건설해 1만 5,000명의 퇴역병과 가난한 도시민을 이주시켰다. 달력 개편은 카이사르의 중요한 업적으로 꼽힌다. 1년 365.25일을 표준으로 정해 오늘날과 같은 태양력을 도입했다.

카이사르는 기원전 44년 종신 독재관을 선언했다. 카이사르는 왕의 예복을 입었고, 집정권이 앉던 작은 의자도 황금 의자로 바꿨다. 프랑스 역사학자 레옹 오모Leon Homo는 "카이사르가 알렉산드로스의 절대적 세계 왕정absolute world-monarchy을 정치적 이상으로 생각했다"고 해석했다.

카이사르에게 임페라토Imperator라는 존칭이 부여되었다. 군 지휘권을 가리키는 임페라토는 로마 황제 칭호가 되었고 '카이사르'는 황제 직위와 동의어가 되었다. 차르Czar, Tsar와 카이저Kaiser는 그 변형이다.

기원전 44년 3월 15일

카이사르는 기원전 44년 3월 15일 평소보다 늦게 원로원에 출석했다. 아내(칼푸르니아Calpurnia)가 밤새 악몽을 꿨다며 원로원에 가지 말라고 말려 참석하지 않기로 했다가 마음을 바꿨다. 군대 시절 부관이고 아들로 입양한 데키무스Decimus Junius Brutus가 찾아와 "출석하는 것이 좋겠다"고 권유해 마지못해 따라나섰다.

카이사르는 오전 10시 35분쯤 원로원 회의실에 들어가 황금 의자에 앉았다. 원로원 의원 킴버Cimber가 앞으로 나와 개인 문제를 가지고 청원을 했다. 카이사르가 곤란하다고 거절하자 킴버는 카이사르 옷자락을 잡아당기며 애원했다. "이건 폭력인데…" 카이사르가 얼굴을 찌푸렸다. 이때 원로원 의원들이 우르르 달려들어 카이사르를 단검으로 난자했다. 혼란 와중에 낯익은 얼굴이 카이사르 눈에 들어왔다. 아들처럼 생각한 마르쿠스 브루투스Marcus Junius Brutus였다. "나의 아들, 너마저…" 카이사르는 말을 잇지 못하고 주저앉았다. 원로원 바닥은 피로 물들었다. 23군데에 상처를 입은 카이사르는 곧 숨을 거두었다. 그의 나이 56세였다.

카이사르 암살에는 원로원 의원 60여 명이 가담했다. 이들 가운데 브루투스의 매제 카시우스Gaius Cassius Longinus도 있었고, 아침에 카이사르를 찾아온 양자 데키무스도 있었다. 암살자들은 자신들이 독재를 무너뜨린 해방자라며 호기롭게 피 묻은 단검을 흔들어 보였다.

닷새 후 광장에서 카이사르 장례식이 열렸다. 많은 시민들과 제대 장병들이 참석해 조의를 표했다. 제1 상속자로 종손從孫 옥타비우스Gaius Octavius를 지명한다는 유언장이 공개되었다. 암살에 가담한 데키무스 이름도 2급 상속자 명단에 들어 있었다. 모든 로마 시민 앞으로 거액의 재산을 기부하고 개인 정원을 공원으로 남긴다는 카이사르 유지가 공개되었다. '모든 시민'이라는 말에 군중들은 술렁거렸다. 카이사르의 심복이었고 탁월한 정치 감각을 가진 집정관 안토니우스Marcus Antonius가 단상에 올랐다. 안토니우스는 카이사르가 마지막에 입었던 피 묻은 망토를 들어 보였다. 검붉은 색으로 얼룩지고 여러 군데 구멍이 나 있었다. "인간적이었던 영웅이 원로원 건물 안에서 방어도 못 하고 무자비하게 살해되었습니다." 안토니우스는 울먹였다. 군중의 슬픔과 분노가 폭발했다. 흥분한 군중들은 횃불을 치켜들고 원로원으로 몰려갔다. 군중들은 카이사르가 암살된 원로원 회의장을 불태웠다. 일부 군중은 브루투스와 카시우스 집으로 향했다. 두 사람은 동방으로 달아나고, 암살자들은 로마를 탈출했다.

카이사르는 위대한 영웅이었나? 권력욕에 불타는 독재자였나?

카이사르에 대한 역사적 평가는 다양하다. 역사가 몸젠은 비교적 긍정적 평가를 내렸다. "로마 공화정이 외부의 폭력이 아니라 정치와 도덕, 종교, 문학의 내적 부패를 통해 파멸했고, 그 결과 카이사르의 새로운 군주제가 들어설 자리를 내주었다." 헤겔은 카이사르가 빈껍데기만 남은 공화정을 해체하고 새로운 돌파구를 열었다고 평가했다. 마키아벨리는 공화정을 무너뜨린 카이사르에 대해 부정적 평가를 내렸다.

어느 누구든 카이사르가 특히 역사가들에 의해 찬양을 받는 것을 보고 카이사르의 영광에 현혹되어서는 안 될 것이다. 왜냐하면 그를 칭송하는 자들은 그의 재력에 매수되었거나 로마제국이 오래 지속된 것에 압도되었기 때문이다. _마키아벨리, 《로마사 논고 1권 10장》

카이사르의 행위를 찬양하기 어렵지만, 공화정 붕괴를 카이사르 한 사람의 책임으로 돌리기도 어렵다. 로마 공화정은 자체모순으로 해체되어가고 있었다. 로마 공화정은 근대 공화정같이 사회 갈등을 조정하고 질서를 유지할 수 있는 합의 기구와 체계적 법률, 관료 제도, 경찰력을 갖고 있지 않았다.

마지막 공화주의자

키케로

키케로는 공화정을 지키려고 노력한 마지막 공화주의자로 불린다. 아테네와 로도스에서 그리스 철학과 수사학을 공부한 키케로는 로마 시대 최고의 학자였고 변호사, 웅변가였다.

집정관에 당선된 키케로는 대중 선동가 카틸리나Lucius Sergius Catilina의 음모를 고발해 조국을 구한 공로로 국부國父, Pater Patriae 칭호를 받았다. 그는 진정한 법은 자연과 조화를 이루는 인간의 올바른 이성에서 나온다는 '자연법' 사상을 제창했다. 공화정에 관한 그의 해석은 오늘날에도 자주 인용된다.

> 공화정은 모든 인민의 일이다. 단순히 모든 사람의 집합이 아니라 정의正義와 공동의 이익으로 결속된 모임이다. _키케로,《공화정과 법률에 대하여 The Republic and the Laws》

키케로가 말하는 정의는 무엇일까?

부유한 기사 계급 집안에서 태어난 키케로는 원로원 우위를 주장한 보수주의자였다. 그는 원로원이 정무직을 지내고 인민의 승인을 거친 사람들로 구성되기 때문에 상당히 민주적이라고 주장했다. 그는 민중파의 토지개혁에 반대했다.

> 민중파가 되기를 원하고, 그 이유 때문에 토지 선점자들을 그들의 거처에서 내쫓기 위해 농지법을 통과시키고자 하거나, 채무자들에게 부채를 말

소시켜 줘야 한다고 생각하는 자들은 공화국의 주춧돌을 흔들고 있는 것이다. _키케로, 《의무론 2권 78》

키케로는 국가 공유지를 귀족들이 불법 점유하고 있는 사실에 입을 다물었다. 그는 카이사르에 반대했고, 새로운 독재자 안토니우스를 '국가의 적'으로 선포하려다가 안토니우스가 보낸 자객에게 죽임을 당했다.

키케로는 공화정 부활과 플라톤의 '철인哲人국가'를 꿈꾸었으나 귀족주의의 한계를 벗어나지 못했다.

카이사르의 후계자

카이사르가 암살될 때 양자 옥타비우스는 18세 소년이었다. 아폴로니아Apollonia(오늘날 알바니아)에서 군사 수업을 받던 옥타비우스는 배를 타고 황급히 이탈리아로 돌아왔다. 그는 자신의 이름을 옥타비우스에서 옥타비아누스Gaius Julius Caesar Octavianus로 바꿨다.

옥타비아누스는 안토니우스를 만나 유산을 돌려줄 것을 요구했지만, 안토니우스는 그를 어린아이로 취급했다. 옥타비아누스는 힘이 필요했다. 내성적이었지만 가슴속에 큰 야망을 가진 옥타비아누스는 카이사르가 모아 놓은 동방 전쟁 기금과 아시아 속주 세금을 빼돌려 자금을 마련했다. 옥타비아누스는 카이사르 군단에 복무했던 퇴역병과 지원병을 모아 군대를 조직했다. 로마 시민 25만 명에게는 카이사르의 유언에 따라 한 사람당 300세스테르티우스를 분배했다. 이 금액은 평민의 1년 소득에 해당한다.

옥타비아누스는 한때 반목하던 안토니우스와 힘을 합쳐 그리스에서 브루투스와 카시우스 군대를 물리쳤다. 옥타비아누스는 로마에서 서방 통치를 맡고, 안토니우스는 이집트에서 동방을 다스렸다. 안토니우스는 로마 황제를 꿈꾸었으나 31년 그리스 서해안 악티움Actium 해전에서 옥타비아누스에게 패해 클레오파트라와 함께 최후를 맞았다.

로마의 평화,
사막의 평화

옥타비아누스는 지중해에서 유일한 통치자가 되었다. 지브롤터 해협에서 이집트까지 334만 제곱킬로미터에 이르는 영토와 4,000만 인구를 하나의 제국으로 통일했다. 옥타비아누스는 기원전 27년 1월, 7번째 집정관 임기를 시작했으나 보름 후에 전격 사퇴를 발표했다. 원로원 의원들은 화들짝 놀라 그에게 최고 존엄을 뜻하는 아우구스투스Augustus 칭호와 '제1 시민' 프린켑스Princeps 칭호를 수여했다. 제1 시민 이름으로 제국을 다스린 로마 황제 체제는 프린키파투스Principate(원수정元帥政)로 불린다.

아우구스투스는 호민관과 대제사장Pontifex Maximus을 겸했다. 로마인들은 아우구스투스를 신의 반열에 올려놓았다. 아우구스투스의 얼굴을 새긴 금화와 은화를 발행하고, 이탈리아와 속주에 수많은 흉상과 기념물을 세웠다.

아우구스투스는 원로원과 민회 기능을 무력화시켰다. 제국 출범 전 아우구스투스가 공화정 회복 이야기를 꺼내자, 측근 마이케나스Gaius Maecenas

가 강력하게 말렸다. 마이케나스는 "원로원과 민중에게 권력을 넘겨주는 것은 어린아이나 미친 사람에게 칼을 쥐여주는 것과 같습니다"라고 말했다. 아우구스투스는 내전 기간 1,000명으로 늘어난 원로원 의원을 600명으로 줄이고, 원로원 의원에 자기 사람을 심었다. 아우구스투스는 군 병력도 60개 군단에서 28개 군단으로 대폭 줄였다. 시민군 제도를 없애고 장기 복무하는 직업군인으로 전환했다. 황제 경호를 위해 황제 근위대 Praetorian Guard를 창설했다. 군단급 4,500명의 근위대가 로마시 외곽에 주둔했다. 황제 근위대는 후일 로마 정치를 뒤흔드는 화근이 된다.

빵과 서커스

로마의 빈민은 골치 아픈 문제였다. 정치 불만이 커지면 빈민들은 거리로 몰려나왔다. 23년 테베르강 홍수로 전염병이 돌고 식량난이 오자 폭동이 일어났다. 군중들은 원로원을 둘러싸고 아우구스투스를 독재관으로 임명하라고 요구했다. 아우구스투스는 군중의 요구를 거부하고 사재를 털어 식량난을 해결했다.

아우구스투스는 로마 최고 부자였다. 그는 이집트를 개인적으로 소유했고 속주 세금, 광산 수입, 특산품 전매 이익이 황제금고Fiscus로 들어왔다.

미국 경제 월간지 〈머니Money〉는 2015년 아우구스투스를 역사상 제2위 부호로 선정했다. 이 잡지는 아우구스투스가 로마 부의 5분의 1을 보유해 재산 규모가 달러화로 4조 6,000억 달러에 이르렀다고 평가했다.

아우구스투스는 시민들에게 곡물을 수입하고 배급하는 관청Cura Annonae을 설립했다. 가난한 주민 20만 명에게 보조금과 무료 곡물을 지급했다. 시민들에게 오락거리로 키루쿠스 막시무스Cirucus Maximus 전차 경주와 검투 경기를 관람하도록 했다. 시인 유베날리스Juvenalis는 '빵과 서커스'라고 풍자했다. 아우구스투스는 빵과 서커스를 주었을 뿐 사회 불평등을 해소할 근본적 치유책은 내놓지 못했다.

아우구스투스는 로마의 위엄과 힘을 보여주려고 대규모 공공사업을 벌였다. 로마에 82개 신전과 도서관, 극장, 수도교, 도로를 건설했다.

도시는 제국의 웅장함에 걸맞지 않았고, 테베레강 범람과 화재에 취약했다. 아우구스투스 치하에서 이 도시는 크게 개선되어 그는 "벽돌로 지은 도시를 대리석으로 바꿨다"고 자랑했다. _수에토니우스,《열두 명의 카이사르》

아우구스투스는 라인강을 넘어 동쪽 게르만 땅으로 세력을 넓히려다 서기 9년 게르만 군대에 대패했다. 베루스Publius Quinctilius Varus가 지휘하는 3개 군단이 전멸했다. 아우구스투스는 패전 소식을 듣고 "베루스, 베루스, 나의 군단을 돌려다오"라고 소리치며 애통해했다.

아우구스투스는 숨을 거둘 때 양자 티베리우스Tiberius에게 "제국을 현재의 국경선 내에서 유지하라"는 유언을 남겼다. 로마 국경은 이때부터 라인강과 다뉴브강으로 확정되었다. 41년간 황제로 재위한 아우구스투스는 77세의 나이로 세상을 떠났다.

황제의 잇단 암살

권력은 승계되었지만 카리스마와 덕성은 승계되지 않았는지, 율리우스 클라우디우스 가문 황제들은 광기와 폭정으로 악명을 떨쳤다.

티베리우스는 안정적으로 제국을 이끌었으나 칼리굴라Caligula는 방탕한 폭군이었다. 어릴 때 병영에서 자라 작은 장화, 칼리굴라라 불린 가이우스Gaius Julius Caesar는 열병을 앓은 뒤 이상 행동을 보이기 시작했다. 칼리굴라는 이집트 파라오 같은 신정神政 군주제를 도입하려 하고 방종과 사치로 황실 재산을 탕진했다. 그는 부유층 재산을 탈취하고 세금을 인상하는 등 폭정을 펴다가 근위대장 카이레아Chaerea에게 살해되었다. 근위대는 암살 당시 커튼 뒤에 숨어 있던 칼리굴라 숙부 클라우디우스Claudius를 근위대 캠프로 데려가 황제로 추대했다. 클라우디우스는 병사들에게 1만 5,000세스테르티우스를 지급한다고 약속했다. 군대에 뇌물을 준 첫 번째 황제다.

광기와 난폭성을 가진 네로Nero는 어머니와 아내, 형제를 살해하고 정치보다 시, 노래, 연극, 운동에 몰두했다. 그의 재위 시기에 로마시 3분의 2가 불타는 대화재가 일어나고 기독교 박해가 시작되었다. 황실 근위대와 속주 총독들이 반란을 일으켰다. 네로는 로마를 탈출해 해방 노예 파온Phaon 별장으로 피신했다.

마침내 기병들의 말발굽 소리가 들려 왔다. 네로를 산 채로 체포해 오라는 명령을 받은 분견대였다. 그 소리를 들으면서 네로는 떨리는 목소리로 《일리아스》의 한 구절을 중얼거렸다. "발 빠른 말들의 발굽 소리가 내 귀에 울려 퍼지는구나." 그러고는 칼을 목에 대고 찔렀다. _타키투스Cornelius Tacitus, 《연대기》

네로 황제를 끝으로 율리우스 클라우디우스 가문은 대가 끊어졌다.

중국에서는 황제가 살해되고 황제의 성姓이 바뀌는 것을 역성易姓혁명이라 한다. 보통 역성혁명은 엄청난 피바람을 일으킨다. 이것과 비교하면 로마 황제 교체는 단기적 파장에 그쳤다. 로마제국에는 공화정 전통이 남아 있었다.

황제가 지나치게 군주적이거나 공화국 전통에 따라 행동하지 않는 것처럼 보일 때, 그들은 근본과 생활 속에서 모두 공격을 받았다. 노골적으로 공화정의 도덕과 행동을 비난했던 황제들은 칼리굴라, 네로, 도미티아누스 (81~96년)처럼 암살당하곤 했다. _샘 윌킨슨Sam Wilkinson, 《초기 로마제국의 공화주의Republicanism During the Early Roman Empire》

황제 교체가 내전으로 번지지 않았다 해도 근위대가 황제를 암살하고 새로운 황제를 옹립한 사건은 군의 위험성을 보여준다. 로마제국 초기 12명의 황제 가운데 절반인 6명이 암살되거나 스스로 목숨을 끊었고, 평균 재위 기간은 7년으로 세계 다른 왕조 국가의 절반 수준이다.

번영의 시대,
팍스로마나

아우구스투스에서 시작해 200년간을 로마의 평화Pax Romana, 또는 아우구스투스의 평화Pax Augusti라고 부른다.

트라야누스Trajanus 황제는 다뉴브강 북쪽 다키아Dacia와 메소포타미아 원정에 나서 로마 영토를 최대로 늘렸다. 하드리아누스Hadrianus는 브리타니아 중북부에 장벽을 건설하고 방어에 주력했다. 에드워드 기번Edward Gibbon은 네르바Nerva, 트라야누스, 하드리아누스, 안토니누스Antoninus, 아우렐리우스Aurelius의 오현제五賢帝 시대를 로마제국 최전성기로 꼽았다.

인류의 상태가 가장 행복하고 번영한 세계사의 시기를 묻는다면 그는 주저 없이 도미티아인의 죽음에서 코모도스의 즉위까지 이어지는 시기를 말할 것이다. 즉, 광대한 로마제국은 미덕과 지혜의 지도 아래 절대 권력에 의해 지배되었다. _에드워드 기번, 《로마제국 쇠망사》

평화의 시대라고 하지만 국경 지대에서는 반란과 전쟁이 계속되었다. 역사가 타키투스는 칼레도니아Caledonia 부족장 입을 빌어 로마의 평화를 통렬히 비판했다.

세계의 약탈자들은 파괴로 땅을 황폐화시킨 후 탐욕으로 바다를 샅샅이 뒤지고 있다. 적이 부자이면 욕망에 의해, 가난하면 야망으로, 동양과 서양 어디든 만족하지 않고 부자나 가난한 사람이나 똑같은 탐욕을 가진 유일한 민족이다. 거짓된 핑계로 약탈, 학살, 전복하고 그곳을 제국이라고 부른다. 사막을 만들고, 그것을 평화라고 부른다. _타키투스, 《아그리콜라 전기The Germany and the Agricola of Tacitus》

군사력으로 반란과 전쟁을 억누르는 동안 지중해는 로마의 호수가 되었다. 무역망은 브리타니아, 스칸디나비아, 아라비아, 인도, 중국까지 연결되었다. 이집트는 로마 식량 창고 역할을 했다. 비옥한 나일강 삼각주에서는 밀 씨앗을 심으면 13배 수확을 올렸다.

로마시와 이탈리아는 거대한 소비 시장이었다. 갈리아를 통해 철제품과 가죽, 치즈, 호박amber이, 브리타니아에서 주석과 양털이, 에스파냐에서 금속 제품과 올리브 기름이 수입되었다. 시리아에서는 직물과 염료, 목재가, 아라비아에서 향과 향료가, 이집트에서 직물과 파피루스, 상아가 들어왔다. 인도에서는 선박과 대상隊商을 통해 중국산 비단과 인도산 향료가 알렉산드리아로 들어왔다.

로마는 제조업이 발달하지 않아 동방에 팔 물건이 많지 않았다. 금, 은, 주석, 납, 유리가 주요 수출품이었다. 로마 유리는 실크로드를 통해 중국과 신라, 일본에 전래되었다.

위대한
도시 문명

'로마의 평화 시대'에 인구가 급증했다. 영국 경제 학자 앵거스 매디슨Angus Maddison에 따르면, 서기 164년 로마제국 인구는 6,120만 명으로 아우구스투스 시대 4,550만 명에 비해 1,500만 명 이상 늘어났다. 로마시 인구는 75~100만 명에 달했다.

서기 14년 로마제국 1인당 가처분소득은 570달러, 이탈리아 지역 1인당 소득은 857달러로 1600년 서유럽 수준에 가까웠다. 경제성장으로 웅장하고 화려한 건축물이 로마를 장식했다.

칼리굴라는 이집트 오벨리스크를 대형 화물선에 실어 로마로 가져왔다. 이 오벨리스크는 오늘날 바티칸 광장 한가운데 서 있다. 네로는 대화재로 폐허가 된 주택을 헐고 황금 궁전Domus Aurea을 지었다. 시민 원성을 불러일으킨 황금 궁전은 80개 방이 있고, 궁전 주변에 포도밭과 초원, 숲, 인공 호수가 조성되었다. 오늘날 네로 궁전은 대부분 파괴되고 돔 일부와 지하 유적만 남아 있다.

콜로세움Colosseum은 72년 베스파시아누스Vespasianus 황제 때 건축을 시작해 80년 티투스Titus 때 완성했다. 수백 개의 석회암 아치를 연결해 지은 거대한 원형 경기장 콜로세움은 5만 명의 관객을 수용했다. 콜로세움 맨 아래층으로 내려가면 격자형 지하 구조물을 볼 수 있다. 검투사 공연 준비와 맹수를 가두고 소품을 쌓아두던 곳이다. 검과 방패를 든 검투사는 지하 통로에서 지상으로 깜짝 등장해 맹수들과 혈투를 벌였다.

높이 38미터 트라야누스 원주는 다키아 전쟁 승리를 기념하기 위해 세워졌다. 흰색 대리석 기둥에 나선형으로 조각된 부조에는 트라야누스의 전투 장면이 파노라마처럼 펼쳐진다.

판테온은 로마 최고 건축물의 하나로 꼽힌다. 그리스 건축양식의 주랑柱廊 현관을 걸어 들어가면 공처럼 둥근 홀이 나온다. 원형 홀 가운데 서면 우주 중심에 서 있는 듯한 착각에 빠지게 된다. 바닥에서 돔 중앙까지 높이는 43.3미터, 원형 홀 지름과 일치한다. 돔 중앙에는 지름 9.1미터의 구멍이 나 있어 외부 빛을 빨아들인다. 역사가 카시오스 디오Cassius Dio는 판테온의 유래를 이렇게 설명한다.

아마도 이 이름을 가지고 있는 이유는, 그것을 장식한 조각상들 중에 마르스와 비너스를 포함한 많은 신들이 있었기 때문일 것이다. 하지만 그 이름의 유래에 대한 나의 의견은, 그 돔 지붕 때문이다. 그것은 실제로 하늘을 닮았다. _카시오스 디오,《로마사Dio's Roman History》

미트라스 신앙Mithraism을 가진 하드리아누스 황제가 태양을 숭배해 돔 중앙으로부터 햇빛이 확산되게 설계했다는 이야기도 전해진다.

육중한 외관을 가진 산탄젤로Santangelo 성은 하드리아누스 황제의 무덤이었다. 중세 때에는 바티칸과 연결되어 교황 피난처로 사용되었다.

로마의 위대성은 도시 문명 건설에 있다고 할 수 있다. 로마는 갈리아에 1,200개, 에스파냐에 360개, 아프리카에 300개, 아시아에 500개의 도시를 건설했다. 도시와 도시 사이를 포장도로로 연결해 도로 길이가 8만 킬로미터에 이르렀다. 바둑판처럼 생긴 계획도시에는 신전과 원형경기장, 극장이 들어서고 상하수도와 공중목욕탕이 건설되었다. 파이프로 냉수, 온수를 공급하는 상수도 시설은 도시민들에게 편리함과 안락함을 제공했다.

로마 최고의 발명품은 콘크리트다. 로마인들은 나폴리 근교 포주올리Pozzuoli 지역 화산재와 석회, 화산암을 섞어 콘크리트를 만들었다. 이 콘크리트는 바닷물에 닿으면 알루미늄 결정이 형성되면서 더 단단해진다는 사실이 2017년 미국 유타대 머리 잭슨Marie Jackson 연구팀에 의해 밝혀졌다. 서로마 멸망과 함께 사라진 콘크리트 제조 비법은 완전히 복원되지 않았으나 1824년 영국인 조지프 애스프딘Joseph Aspdin이 현재 일반적으로 사용하는 포틀랜드 시멘트를 발명했다.

페르가몬 출신 갈레노스Galenos는 해부학을 연구해 동맥과 정맥의 존재를 알아내고 순환계와 호흡계, 신경계의 체계를 세웠다. 갈레노스 의학은 16세기까지 서양 의학의 주류를 차지했다.

알렉산드리아 천문학자 클라우디오스 프톨레마이오스Claudios Ptolemaeus는 태양이 지구 주위를 돈다는 천동설天動說을 주장해 코페르니쿠스가 등장할 때까지 서양 천문학을 지배했다.

위기의 3세기

　　　　　　오현제 마지막 황제 아우렐리우스는 16세의 친아들 코모도스Commodus에게 제위를 물려주었다. 기번은 무도한 아들에게 황제 자리를 물려준 것은 아우렐리우스의 치명적 실수였다고 비판했다.

　코모도스는 아버지가 사망한 뒤 원로원 의원을 닥치는 대로 잡아 숙청했다. 그가 궁중에서 미녀들과 쾌락을 즐기는 동안 측근들은 매관매직을 일삼았다. 코모도스는 콜로세움에서 검투사로 직접 출연해 타조, 표범, 사자와 싸움을 벌였다. 폭정이 계속되자, 근위대장은 코모도스를 목 졸라 죽였다.

　로마의 태양이 기울기 시작했다. 193년에는 5명의 장군이 황제를 참칭僭稱했다. 마지막으로 셉티미우스 세베루스Septimius Severus(재위 193~211년)가 정권을 잡고 무력으로 혼란을 잠재웠다. 세베루스는 군대만 있으면 황제를 할 수 있다고 공언했다. 죽을 때 그는 아들들에게 이렇게 유언했다. "서로 화목하게 지내라. 군인을 잘살게 해야 한다. 나머지는 무시해라."

　기번은 법과 제도를 무시한 세베루스가 로마제국을 쇠퇴하게 한 주범이라고 비난했다. 세베루스 이후 황제의 아들과 군인 들은 황제 자리를 놓고 전쟁을 벌였다. 235~284년 50년 동안 26명의 황제가 나왔다. 이 시대를 병영 황제the Barracks Emperors 시대, 군사 무정부 상태Military Anarchy, 위기의 3세기Crisis of the Third Century라 부른다.

　군인들이 내전을 벌이는 사이 로마제국은 급속히 추락했다. 모든 것이 나빠졌다. 250~271년 사이 천연두 비슷한 정체불명의 전염병이 돌아 로마시에서 하루 5,000명이 사망했다. 데키우스Decius 황제는 251년 게르만 고트Goth족과 전투 중 전사했고, 발레리아누스Valerianus 황제는 260년 페르시아 전쟁에서 포로로 잡혔다.

로마제국의 경제 침체는 지중해에서 4,600킬로미터 떨어진 그린란드 빙하에 뚜렷한 흔적을 남겼다. 2018년 유럽 과학자들이 그린란드 빙하 납 오염도를 분석한 결과 서기 1~2세기에 오염도가 최고점에 올랐다가 이후 급격히 떨어진 것으로 나타났다.

서기 200년 4,620만 명까지 늘어났던 로마제국 인구는 300년 4,060만 명으로 감소해 서기 1년 수준으로 후퇴했다. 인구 감소 추세는 서로마제국 멸망 때까지 계속된다.

1인당 소득도 줄어들었다. 세계은행 이코노미스트 브랑코 밀라노비치 Branko Milanovic의 추정에 따르면, 150~300년 사이 로마의 1인당 소득은 27% 감소했다.

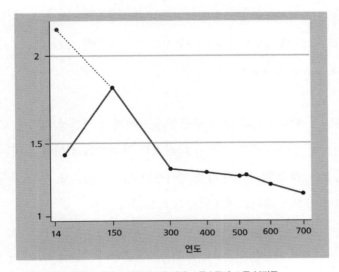

* 출처: 브랑코 밀라노비치, 〈유럽 지중해 지역 소득수준과 소득 불평등Income Level and Income Inequality in the Euro-Mediterranean Region〉

로마 소득수준은 150년 산봉우리처럼 치솟았다가 추락한다. 밀라노비치는 기후변화에도 원인이 있지만, 로마 경제가 '맬서스의 덫Malthusian Trap'에 빠졌다고 진단했다. 로마의 평화 시대에 인구가 급속히 늘어나 식량 위기가 닥쳤다는 분석이다.

쇠퇴의 근본 원인으로 거론되는 것이 노예경제다. 발터 샤이델은 로마 시대 노예 인구를 전체 인구의 10%인 600만 명으로 추산했다. 프리드리히 엥겔스Friedrich Engels는 노예제도가 로마제국에 심각한 해악을 끼쳤다고 주장했다.

> 노예는 더 이상 효용성이 없었다. 이 때문에 사라졌다. 그러나 죽으면서 그것은 독이 든 독침poisoned sting, 즉 자유민의 생산적 노동에 대한 낙인을 남겼다. 이곳은 로마 세계가 빠져나갈 길이 없는 막다른 골목이었다. 노예제도는 경제적으로 불가능했고, 자유민의 노동은 도덕적으로 천시되었다. _프리드리히 엥겔스,《가족, 사유재산, 국가의 기원The Origin of the Family, Private Property and the State》

생산을 노예에 맡기다 보니 생산성이 떨어지고 생산성 하락은 로마 경제를 서서히 침몰시켰다. 경제가 나빠져도 부유층의 사치품 소비는 줄어들지 않았다. 영국 역사작가 라울 맥라우그린Raoul McLaughlin은 귀금속 산출량의 절반 이상이 해외로 빠져나갔다고 밝혔다.

로마 경제에서 귀중한 귀금속들이 꾸준히 유출되어 시간이 흐르면서 제국 통화가 붕괴되기 시작했다. 로마 정권은 제국에 대한 비용을 로마제국이 부를 축적하고 있을 때는 감당할 수 있었으나 광산 생산이 감소함에 따라 지불할 새로운 방법을 찾아야 했고, 그렇지 않으면 서방세계the western world에 대한 지배권을 상실해야 했다. _라올 맥라우그린, 《로마제국과 인도양 The Roman Empire and the Indian Ocean》

로마 황제들은 귀금속이 모자라자 은화 순도를 터무니없는 수준으로 낮췄다. 아우렐리우스 시대 때 75%였던 은 함유량이 세베루스 시대에 50%, 카라칼라Caracalla 시대에 20%, 클라우디우스 2세 시대에는 0.02%로 떨어졌다. 은화가 아니라 동전이었다. 순도 높은 은화는 자취를 감추고 가짜 은화만 유통되었다.

악화惡貨가 양화良貨를 구축한다는 그래샴Grasham의 법칙이 현실화되었다. 화폐가치가 폭락하자 살인적 물가 상승이 일어났다. 2세기에 7~8드라크마drachma에 팔리던 이집트 밀 가격이 3세기 말 12만 드라크마로 올랐다. 1만 5,000배 폭등이었다.

3세기 위기는 도미노처럼 정치, 경제, 사회를 연쇄적으로 무너뜨렸다. 기번은 "로마제국이 왜 파괴되었는지 묻기보다 우리는 왜 이렇게 오래 지속되었는지 놀라게 된다"고 평했다.

강압적
물가통제

로마를 회생시킬 최후 수단은 철권통치였다. 기병대장 출신으로 황제가 된 디오클레티아누스Diocletianus는 이집트 파라오같이 로마제국을 다스렸다. 디오클레티아누스는 왕관을 쓰고 황금과 진주로 장식된 비단옷을 입고 궁전 깊은 곳에서 명령을 내렸다. 그의 첫 번째 개혁 조치는 세금 인상이었다. 세금을 화폐 대신 현물로 받았다. 이 재원으로 군 병력을 50만 명에서 60만 명으로 늘리고 관료제를 강화했다. 제국을 분할해 4명의 황제가 다스리도록 했다.

디오클레티아누스는 301년 물가 칙령Edict of Price을 발표했다. 곡물, 달걀, 쇠고기, 의류 등 1,000여 개 상품의 최고 가격을 정해 놓고 최고 가격을 어기면 사형에 처한다고 공표했다. 물가 칙령은 살인을 불러왔다.

> 법령을 위반하면 사형에 처한다는 칙령에도 불구하고 법령은 지켜지지 않았다. 물건을 사려는 사람들이 물건 가격이 법적 한도를 위반한 것을 발견하고 폭도로 변해 상점을 부수고 상인을 살해했다. 나중에 보니 하찮은 물건이었다. _롤랜드 켄트Roland Kent, 〈디오클레티아누스의 최고 가격 담합 칙령The Edict of Diocletian Fixing Maximum Prices〉

디오클레티아누스는 로마제국 해체를 억지로 틀어막아 제국 수명을 200년 연장시켰다는 평가를 받는다. 그는 20년을 통치한 뒤 크로아티아 스플리트Split에서 여생을 마쳤다. 로마제국의 형체는 유지되었으나 안으로 무너져 내리고 있었다.

밝게 빛나는
'십자가'

312년 10월 서방부제 콘스탄티누스Constantinus는 서방황제 막센티우스Maxentius와 결전을 앞두고 하늘에서 밝게 빛나는 십자가 환영vision을 보았다. 십자가 영상은 그날 밤 꿈에도 나타났다. 콘스탄티누스는 다음 날 그리스도Christ를 상징하는 그리스 알파벳 카이x와 로p를 합해 '☧' 자가 새겨진 군기軍旗를 만들었다. '☧' 자가 새겨진 군기와 방패를 든 콘스탄티누스 군대는 로마 밀비우스Milvius 다리에서 막센티우스를 물리쳤다.

황제에 오른 콘스탄티누스는 313년 2월 모든 종교의 자유를 허용하는 '밀라노 칙령'을 발표했다. 밀라노 칙령으로 어두운 지하 동굴에 갇혀 있던 기독교가 환한 세상으로 나왔다. 콘스탄티누스는 알지 못했겠지만 기독교 공인은 유럽 역사를 바꾼 대전환점이었다.

기독교 가치관은 개인의 신앙생활뿐 아니라 정치, 사회, 문화, 군사 분야에까지 광범위한 영향을 미쳤다. 종교 자유가 허용된 이후 기독교 신자가 폭발적으로 늘어났다. 미국 사회학자 로드니 스타크Rodney Stark에 따르면, 313년 인구의 10%에 불과했던 기독교 신자가 350년 56%로 늘어난 것으로 추정된다. 40년 사이 인구 절반 이상이 기독교 신자가 되었다. 황제가 지원하는 종교라는 이유도 있겠지만 기독교 박애 사상과 엄격한 도덕관, 내세 사상, 구원론이 교세 확산의 주요 원인으로 분석된다.

기독교는 콘스탄티누스 시대부터 국가 종교의 성격을 띠었다. 교회 안에서 교리 논쟁이 벌어지자 콘스탄티누스는 325년 니케아 공의회를 소집해 종교 논쟁에 직접 개입했다. 콘스탄티누스는 아타나시우스Athanasius를 정통으로 인정하고, 신학자 아리우스Arius를 이단으로 규정해 교회에서 추방했다.

테오도시우스Theodosius 황제는 380년 기독교를 국교로 정했다. 이로써 로마제국은 완전한 기독교 제국이 되었다.

유일신 종교 기독교는 다신교인 그리스·로마 종교를 이교paganism로 배척했다. 로마 전역에서 대대적인 이교도 박해와 파괴 운동이 일어났다. 364년 플라비우스 요비아누스Flavius Jovianus 황제는 안티오크 도서관을 불태웠다. 팔미라의 아테나 신전은 폭도들에 의해 파괴되었다. 콘스탄티노플 대주교 크리소스톰Chrysostom은 에페소스의 유명한 아르테미스 신전을 파괴하라고 명령했다. 415년 알렉산드리아에서는 키릴로스Kyrillos 총대주교의 지시를 받은 폭도 500여 명이 세라피스 사원과 도서관을 습격해 불태웠다. 폭도들은 수학자 히파티아Hypatia를 납치해 살해했다. 히파티아 시신은 훼손되어 그녀의 책과 함께 불태워졌다. 기독교인들은 그리스·로마의 학문을 부정하고 수학, 천문학, 물리학 등 과학적 지식을 파괴했다.

영국 저널리스트 캐더린 닉시Catherine Nixey는《다크닝 에이지The Darkening Age》에서 광신적 기독교인들이 예술품을 훼손하고, 도서관과 책을 불태워 거의 모든 고전 지식들이 사라졌다고 밝혔다. 닉시는 배타적 유일신 종교와 그 무기들이 끔찍한 목적으로 이용되었고, 지금도 이용되고 있다고 비판했다. 책 제목 '다크닝 에이지'는 중세 암흑시대가 시작되기 전 이미 로마제국 말기에 어둠이 시작되었음을 암시한다.

게르만 대이동과
로마의 최후

검은 그림자는 북쪽에서도 몰려왔다. 로마제국은 게르만에게 신세계였다. 미국 역사학자 피터 히더Peter Heather는 "국경에서 멀리 떨어진 곳에 살던 가난한 무장 집단이 부를 차지하기 위해 국경 지대로 밀고 내려왔다"고 밝혔다.

로마군은 게르만과 전쟁을 하면서도 게르만 병사에 의존했다. 인구가 줄어들고 젊은이들이 군대 지원을 기피해 로마인 신병을 충원하기 어려웠다. 로마의 실질적 힘이 게르만에게 넘어갔다.

이 시기에 동쪽에서 훈Hun족이 출현했다. 말을 타고 활을 쏘는 훈족은 아시아에서 이동해온 흉노의 후예로 전해진다. 역사가 암미아누스 마르켈리누스Ammianus Marcellinus는 훈족을 야만인 중의 야만인으로 묘사했다.

> 훈족은 야만성에서 다른 종족을 능가한다. 그들은 아기가 태어나자마자 뺨에 인두로 깊은 상처를 내 머리털이 자라지 못하도록 한다. 그들은 몸집이 크고 짧은 다리를 가지고 있어 두 발 달린 짐승을 연상시킨다. 그들은 분명히 사람의 모습을 하고 있지만, 야만적이고 거칠다. 그들은 익히거나 잘 양념한 음식을 먹지 않고 들에서 나는 식물 뿌리나 반쯤 익힌 동물 고기를 먹는다. _암미아누스 마르켈리누스,《로마사The Roman History》

훈족이 게르만을 압박하자 '도미노'식 민족이동이 시작되었다. 376년 10만 명이 넘는 서고트족이 다뉴브강 북쪽 강변으로 몰려들었다. 그들은 강변에 모여 강을 건널 수 있게 허락해달라고 애원했다. 동방황제 발렌스Valens는 무기를 버리는 조건으로 서고트족 정착을 허용했다. 서고트족은 배와 뗏목, 나무를 깎아 만든 카누를 타고 필사적으로 다뉴브강을 건넜다. 국경 개방은 중대한 패착이었다.

고트족은 로마 관리가 토지 제공을 늦추고 차별 대우를 하자 반란을 일으켰다. 발렌스 황제는 378년 발칸반도 북쪽 아드리아노플Adrianople에서 서고트족과 마주쳤다. 1만 명의 서고트 보병은 원형 바리케이드를 치고 모여 있었고, 기병 수천 명은 주변에 흩어져 말을 먹이고 있었다. 전투가 벌어지자 서고트족 기병이 외곽에서 로마군을 덮쳤다. 로마군 3분의 2가 전사하고, 황제도 목숨을 잃었다. 역사가 아널드 토인비Arnold Toynbee는 아드리아노플 전투를 로마 패망 시점으로 해석한다.

알라리크Alaric가 이끄는 서고트족은 발칸반도를 휩쓸고 다녔다. 로마의 마지막 희망은 반달족 피가 섞인 혼혈 장군 스틸리코Stilicho였다. 스틸리코는 알라리크와의 전투에서 두 차례 승리했으나 생포에는 실패했다. 15세의 어린 황제 호노리우스Honorius는 스틸리코를 반란죄로 처형했다. 로마는 무방비 상태가 되었고, 410년 8월 24일 '영원한 도시' 로마가 함락되었다. 서고트족은 사흘 동안 로마를 약탈했다. 이들은 황궁과 황제 묘, 건물을 뒤져 보물을 약탈하고 곳곳에 불을 질렀다. 신학자 히에로니무스Hieronymus는 눈물로 다음과 같은 편지를 썼다.

'입이 붙어 말이 안 나오고 글을 쓰려니 슬픔에 목이 멘다. 전 세계를 정복한 도시가 정복되었다. 극심한 굶주림을 겪다가 칼에 쓰러지니 잡아갈 시민도 남아 있지 않았다.'

게르만은 사방에서 국경을 넘어 들어왔다. 406년 겨울 반달족·수에비족·알레마니족이 얼어붙은 라인강을 건너 갈리아와 에스파냐로 이동했다. 반달족은 지브롤터 해협을 건너 북아프리카에 상륙했다. 에스파냐는 서고트족, 갈리아는 브르고뉴(브르군트)족과 프랑크족이 점령했다. 앵글족과 색슨족, 유트족은 브리타니아를 침공했다. 로마제국에 들어온 게르만 인구는 75만 명 정도로 추정된다.

435년 게르만 이동을 촉발한 훈족이 마침내 로마 땅에 다다랐다. '신의 채찍the Scourge of God'이라 불리는 훈족 우두머리 아틸라Attila는 도시 약탈자였다. 아틸라는 동로마 도시를 파괴하고 거액의 조공을 받아갔으나 갈리아 전투에서 패해 세력이 약해졌다. 아틸라는 새로 맞은 부인과 결혼한 첫날밤 갑자기 사망했다.

아틸라 공포가 사라지자 이번에는 아프리카에서 반달족이 몰려왔다. 반달족은 2주일 동안 로마를 약탈해 귀금속은 물론이고 쇠붙이까지 남김없이 털어갔다. 반달족이 지나간 자리는 황폐화되어 반달리즘Vandalism이라는 말이 생겨났다.

서로마가 유린되는 동안 동로마는 상대적으로 피해가 덜했다. 콘스탄티노플은 난공불락 요새였고 소아시아, 시리아, 이집트가 바다 건너에 있어 공격을 받지 않았다.

476년 게르만 용병대장 오도아케르Odoacer가 서로마 마지막 황제 로물루스 아우구스툴루스Romulus Augustulus를 강제 퇴위시키고 이탈리아 왕에 올랐다. 로마 건국으로부터 1,200년, 로마제국을 창건한 지 503년 만에 서로마제국이 멸망했다.

서로마제국은
왜 멸망했는가?

서로마제국 멸망 원인에 관한 이론만 해도 200여 가지에 이른다. 로마제국의 멸망에 관해 가장 널리 알려진 책은 1776년에 나온 에드워드 기번의 《로마제국 쇠망사》다. 기번은 "카피톨리누스 언덕 폐허에 앉아 주피터 신전에서 프란시스코 수사가 부르는 저녁 기도 소리를 듣고 있을 때 로마 쇠망사를 집필해야겠다는 생각이 떠올랐다"고 술회했다.

계몽주의 시대를 살았던 기번은 합리주의 관점에서 로마제국 붕괴 원인을 탐구했다. 그는 지나친 팽창이 붕괴 원인이라고 진단했다.

로마가 쇠망한 것도 무절제한 팽창이 가져온 자연스럽고 필연적인 결과였다. 번영은 쇠망의 원리를 성숙시켰고, 정복의 확대에 의해서 파괴의 원인이 증가했으며 그리고 시간이 지나 또는 우연히 인위적 기둥들이 허물어지게 되자 그 방대한 구조물은 자체 무게에 짓눌려 무너졌다. _에드워드

기번,《로마제국 쇠망사》

기번은 기독교가 로마를 약화시킨 원인의 하나라고 지적했다.

"종교의 지상 목적은 내세의 행복에 있기 때문에 기독교의 도입 또는 그 작용이 로마제국의 쇠망에 영향을 주었으리라는 것은 충분히 상상할 수 있다. 성직자들은 인내와 소극적 태도를 효과적으로 설교했다. 사회의 적극적 덕성은 타기해야 할 대상으로 권장되었으며, 이렇게 되자 얼마 남지 않은 군인 정신도 그나마 수도원에 파묻히게 되었다."

기번의 주장에 대해 기독교계는 "기독교에 대한 무모하고 부정직한 공격"이라고 반격했다. 오히려 기독교는 로마인의 도덕성을 깨우쳐 제국 유지에 도움이 되었다고 주장했다.

여러 논란에도 불구하고 문명 붕괴 드라마를 유려한 문장에 담은《로마제국 쇠망사》는 로마사 분야 최고 고전으로 평가된다.

경제 파탄

많은 학자들은 경제 파탄을 로마제국의 붕괴 원인으로 지목한다. 미국 인류학자 조지프 테인터Joseph Tainter는 로마의 붕괴 원인을 복잡계 이론complex system으로 분석했다. 이 분석에 따르면, 1~2세기에는 제국이 제공하는 수익이 비용보다 높았으나 3~5세기에는 수익이 감소하고 비용이 급격히 높아졌다.

과도한 비용 부담은 가난한 농민의 삶을 고갈시켰다. 농민은 제국 멸망에 냉담했고 게르만 편에 가담한 사람도 있었다.

가난한 사람들은 도둑맞고, 과부들은 신음하고, 고아들은 짓밟혀버려서, 교육을 받은 많은 선량한 사람들조차 로마의 재판하에서 죽음을 당하느니 적에게 피난처를 찾는다. 그들은 로마인 사이에서 발견되는 야만적인 무자비함을 견딜 수 없기 때문에 야만인들 사이에서 로마의 자비를 구한다.
_살비아누스Salvianus, 《신정론On The Government Of God》

테인터는 로마제국의 붕괴는 게르만 때문이 아니라 제국을 떠받드는 농민에게 과도한 부담이 가해졌기 때문이라고 결론 내렸다.

너무 큰 정부

경제를 망친 것은 정치였다. 3세기 내전과 군인 황제들의 폭정은 극심한 혼란을 가져왔다. 군사비를 마련하기 위해 화폐 가치를 떨어뜨린 것은 최악의 경제 문란 행위였다.

레이건 행정부와 부시 행정부에서 일한 역사학자 브루스 바트렛Bruce Bartlett은 지나치게 큰 정부가 로마제국의 붕괴 원인이라고 주장했다.

디오클레티아누스 황제 이후 50년 만에 로마의 세금 부담은 2배로 높아졌다. 소규모 농민은 생산물로 살아가기가 불가능했다. 이것이 경제의 마지막 붕괴를 가져왔다. _브루스 바트렛, 〈과대한 정부가 어떻게 고대 로마를 죽였는가How Excessive Government Killed Ancient Rome〉

로마 말기 정치와 경제가 무너지면서 군사력, 사회 응집력이 연쇄적으로 붕괴했다. 로마제국 붕괴는 한 가지 원인으로 설명하기 어려운 총체적 붕괴라고 할 수 있다.

지식과
과학기술의 정체

지식과 과학기술의 정체는 눈에 보이지 않았지만, 서서히 제국의 기둥을 갉아먹었다. 이탈리아 역사학자 알도 쉬아본Aldo Schiavone은 로마 문명의 쇠퇴 원인을 노예경제에서 찾았다. 엘리트 귀족층은 생산 활동을 노예에 맡겨놓고 생산과 노동에 참여하지 않았다. 헬레니즘 시대부터 내려온 과학 지식은 생산에 적용되지 않았다. 쉬아본은 과학 지식과 생산 활동 사이 통로는 막히고, 깊은 심연이 파였다고 말했다.

하이켈하임도 같은 견해를 보였다. 그는 과학기술이 극히 저조한 수준에 머물러 경제성장이 불가능했다고 밝혔다. 사람과 가축의 노동생산성을 향상시킬 수 있는 기계류나 동력 장치가 없었고, 귀족들은 토지와 재정, 사업에만 관심을 쏟았다. 농업 생산은 노예와 관리인이 알아서 하도록 방치했다는 지적이다.

로마군 야만화

미국 워싱턴대 교수 아서 페릴Arther Ferrill은 로마제국의 붕괴 원인은 도덕적 타락이나 경제문제보다 군사력 약화에 있다고 주장했다.

페릴은《로마제국 붕괴, 군사적 설명The Fall of the Roman Empire, Military Explanation》에서 로마가 내부 요인에 의해 무너지지 않았다는 것은 동로마가 천 년을 더 유지했다는 사실로 증명된다고 말했다.

페릴은 무엇보다 로마군 야만화barbarization가 치명적 문제였다고 지적했다. 게르만 병사들이 로마식의 힘든 훈련을 거부하고 전쟁에 승리한 뒤 보상을 요구했고, 이로 인해 로마군 군기가 문란해졌다는 것이다.

로마는
살해되었다

프랑스 역사학자 앙드레 피가니올André Piganiol은 로마제국은 내부 문제 때문이 아니라 게르만에 의해 타살되었다고 주장했다.

> "바바리안들이 제국에 도착했을 때 모든 것이 죽어 있었다. 이미 지쳐 쓰러진 몸이었고, 피를 흘리고 누워 있는 시체였다"고 이야기하거나, "서로마제국은 난폭한 충격으로 파괴된 것이 아니라 잠들었다"고 주장하는 것은 너무 안이하다. 로마 문명은 자연사한 것이 아니라 살해되었다. _앙드레 피가니올, 〈로마제국 멸망 원인The Causes of the Fall of the Roman Empire〉

영국 옥스퍼드대 역사학자 브라이언 워드-퍼킨스Bryan Ward-Perkins도 로마제국이 급격하고 폭력적으로 붕괴한 것은 대량 이주가 아니라 침공이었음을 보여주는 증거라고 주장했다.

로마가 외부의 힘에 의해 무너졌다는 주장에 대해 반론도 만만치 않다. 프랑스 역사학자 자크 르고프Jacques Le Goff는 로마 문명 자살설을 주장했다. 르고프는 "야만족이 도착하기 전에 야만인들과 반란자들 사이에 공모가 있었고, 로마의 많은 민중들이 이미 야만화했다"고 말했다.

영국 요크대 가이 할샐Guy Halsall은 황제와 장군들 사이에 주도권 경쟁을 벌이다 우발적으로 자살했다고 주장했다.

앙드레 피가니올은 "로마 문명은 자연사하지 않았다. 그것은 암살되었다"는 유명한 말을 했다. 어느 것도 옳지 않은 것 같다. 로마제국은 살해되거나 자연사하지 않았다. 로마제국은 우발적으로 자살했다. _가이 할샐, 《게르만 이주와 서로마제국Barbarian Migrations and the Roman West》

착취 경제

아널드 토인비는 문명사 관점에서 로마의 멸망을 바라보았다. 토인비는 《역사의 연구A Study of History》에서 로마 멸망 원인이 착취 경제raubwirtschaft 때문이라고 분석했다. 착취 경제는 약탈 경제plunder economy와 비슷한 말이다. 착취 경제는 새로운 것을 생산하기보다 약탈한 전리품과 정복한 토지에서 나오는 수익으로 생존한다. 정복이 끝나 수익이 들어오지 않으면 세금을 강제로 징수해 농민을 착취하는 패턴을 보인다.

토인비는 로마가 한니발 전쟁 이후 200년 동안 내란을 겪으면서 사회 내부가 붕괴되어 쇠퇴기에 들어갔다고 진단했다. 아우구스투스가 '고난의 시기'를 수습하고 "세계국가Universal State를 건설해 '노년의 회춘'같이 파멸을 잠시 지연시켰으나 영구히 막을 수는 없었다"고 말했다.

로마제국은 수립되기 전 이미 멸망이 선고되어 있었고, 378년 아드리아노폴 전투에서 고트족에게 패하면서 완전 해체되었다고 설명했다. 역사 순환론에 비판이 없는 것은 아니지만 토인비의 역사관은 거장의 혜안을 보여준다.

그리스의 영광이여! 로마의 웅장함이여! _에드거 앨런 포_{Edgar Allan Poe}, 《헬렌에게_{To Helen}》

고대 로마는 서양 역사에서 찬란한 시대로 기억된다. 로마는 지중해를 중심으로 유럽, 아시아, 아프리카를 지배했고, 고도의 도시 문명과 법, 정치체제, 문학, 생활양식을 발전시켰다.

그리스가 '점點'을 찍었다면 로마는 '면面'으로 넓혔다. 하지만 로마는 약탈 경제로 부를 쌓아 성장 한계에 부닥쳤고, 과도한 소비와 노예경제는 생산 기반을 서서히 허물어뜨렸다. 경제가 침체하고 군사력이 약화되면서 로마는 쇠망의 길로 접어들었다.

로마제국은 멸망했지만 사라지지 않았다. 중세 기독교는 로마 교회였고, 르네상스 시대 로마 문명을 재발견함으로써 근대가 탄생했다. 많은 이들이 로마사에 관심을 갖는 것은 서양 문명이 로마 문명의 연장선에 있기 때문이다.

제 **3** 장

동양 역사의 큰 줄기 _ 중국 문명

중화주의가 시작된 황하는
푸른 바다를 만났을까

황하와 싸우며 건설한
중국 최초의 국가

그대는 아는가?

천하의 황하가 몇십 구비를 돌아 흘러가는지를?

돌고 도는 그 구비마다 몇십 척의 배가 있는지를?

수십 척의 그 배들 위에는 또 얼마만큼의 삿대가 드리워져 있는지를?

돌고 도는 그 구비마다 몇십 명의 사공이 노 저어 가는지를?

_리쓰밍李思命, 〈천하황하구십구도만天下黃河九十九道灣〉

1988년 6월 중국 CCTV에서 방영된 다큐멘터리 〈하상河殤, River Elegy〉의 도입부는 황하 물길을 따라 노를 젓는 뱃사공의 구슬픈 노랫소리로 시작한다. 하상은 '황하의 죽음'을 뜻한다.

내레이터는 중국 문명이 누런 황하와 만리장성 안에 머물러 쇠퇴와 고난의 역사를 맞게 되었으니, 서양의 해양 문화를 받아들여 중국 문화를 새롭게 해야 한다는 메시지를 전한다.

우리들은 바로 혼탁함에서 투명함으로 달려가고 있다. 우리들은 이미 폐
쇄로부터 개방으로 달려간다. 황하는 황토고원을 빠져나오도록 운명지어
졌다. 황하는 마침내 짙푸른 대해로 흘러 들어간다. 황하의 고통과 황하의
희망은 황하의 위대함을 만들어 내고 있다. _수샤오캉蘇曉康·왕루샹王魯湘,
〈하상〉

다큐멘터리 〈하상〉은 중국 전통문화를 통렬하게 비판하고 서양 문명의
전면 수용을 촉구하는 급진적 내용을 담고 있다. 다큐멘터리 제작에는 당
시 중국 사회과학원 소속 진보적 철학자 진관타오金觀濤가 고문으로 참여
했다. 공산당 총서기 자오쯔양趙紫陽은 주변의 반대를 물리치고 방영을 허
가했다.

〈하상〉은 중국 사회에 폭풍을 몰고 왔다. 진보적 청년들은 열광했고, 당
보수파는 격노했다. 다큐멘터리가 방영된 이듬해 톈안먼 사태가 일어났
다. 자오쯔양은 실각했고, 철학자 진관타오와 참여 작가들은 해외로 망명
했다.

중국인들은 중화민족이라는 자부심이 강하다. 그들은 중원이 세계의 중
심이라고 생각했다. 중화中華, 중국中國, 천하天下, 천조天朝, 화이華夷라는 말
은 모두 중화주의에서 나왔다. '중국몽中國夢'은 중화민족주의의 극적 표현
이다. 〈하상〉이 중화주의의 재편을 주장했다면, '중국몽'은 중화주의의 부
활을 외치고 있다.

중국 문명은 어떻게 탄생했고 어떤 역사적 과정을 거쳐 발전해왔는가?

중국 문명은 어떤 강점과 약점을 가졌는가?

중국 역사 공부는 오늘의 중국을 이해하기 위한 첫걸음이다.

신비롭고 놀라운
중국 초기 문명

티베트고원에서 발원한 황하는 붉은 황토고원을 지나면서 황토를 침식해 누런 흙탕물로 변한다. 우禹임금이 도끼로 산을 깨서 강의 흐름을 3개로 만들었다는 삼문협三門峽을 벗어나면 중원中原이 펼쳐진다. 뤄양洛陽에서 정저우鄭州, 카이펑開封에 이르는 중원은 사방을 둘러봐도 산 하나 보이지 않는 대평원이다.

비옥한 대지에 문명이 뿌리를 내리고 꽃을 피웠다. 황하는 인간에게 생명수와 농사의 풍요를 건네주었지만, 해마다 둑을 무너뜨리고 물길을 바꿔 슬픔과 절망을 안겨 주기도 했다. 인간은 포악한 황하와 싸우면서 도시를 만들고 국가를 건설했다.

사마천은 《사기》에 삼황오제三皇五帝와 하夏나라 역사를 썼지만, 삼황오제와 하 왕조 실체는 확인되지 않는다. 학자들은 1950년대 뤄양 동쪽 옌스偃師시 얼리터우二里頭에서 발견한 도시 유적을 하나라 유적으로 추정한다.

중국 최초의 국가로 인정되는 왕조는 상商나라다. 상나라는 마지막 도읍이 은殷이었기 때문에 은殷나라 또는 은상殷商으로 불린다. 은나라 유적이 발견된 은허殷墟는 정저우에서 북쪽으로 160킬로미터 거리에 있는 안양安陽시 소둔촌小屯村에 있다. 은허는 사방이 평평한 벌판이고 주위로 작은 냇물 환하洹河가 흐른다. 냇물 좌우로 왕궁과 무덤, 종묘, 성벽 터가 흩어져 있다. 전설로 전해지던 상나라 왕조의 실체가 밝혀진 것은 20세기 초다.

은허 발견은 1899년 한약재 용골龍骨에서 시작된다. 국자감 좨주祭酒 왕의영王懿荣은 학질에 걸려 베이징 약방에서 사 온 용골을 복용했다. 왕의영은 어느 날 용골 조각을 살펴보다가 이상한 글자가 새겨진 것을 발견했다. 왕의영은 당대 최고의 금석학자金石學者였다. 그는 1,500점의 용골을 수집해 용골 표면에 새겨진 글자가 한자의 원형 갑골문이라는 사실을 밝혀냈다. 그때까지 용골 출처는 알 수 없었다. 비밀을 아는 사람은 몇몇 약재상 뿐이었다.

금석학자 나진옥羅振玉이 용골이 안양 소둔촌에서 나온 사실을 확인한 것은 1910년경이다. 문명을 판정하는 지표에는 도시, 국가, 문자, 종교, 신분제도가 있다. 이 가운데 가장 핵심적인 지표가 문자다. 은허에서 갑골문과 청동 유물이 대량 발굴됨으로써 베일에 가려져 있던 신비롭고 놀라운 중국 초기 문명의 비밀이 밝혀지게 되었다.

상나라는 기원전 1600년경 탕왕湯王이 건국했다. 《사기》는 탕왕이 하夏나라 걸왕桀王을 멸하고 박亳 땅에 도읍을 정했다고 기록했다. 박亳은 정저우 동쪽에 있는 오늘날 상추商丘라는 것이 학자들의 공통된 의견이다.

상나라는 정주, 언사, 곡부 등으로 옮겨 다녔고, 기원전 1324년 반경盤庚이 마지막으로 은殷에 도읍을 정했다. 상나라는 여러 부족들이 연합한 성읍城邑 국가, 읍제邑制 국가였다. 왕이 대읍大邑을 중심으로 여러 제후諸侯의 성읍을 통치했다. 느슨한 연합국이라고 하지만 상나라는 왕이 신성한 권위를 갖는 신정神政 국가였다.

화려한 청동 제기와 갑골문, 순장은 종교의식과 관련이 있다.

청동 무기와
전차를 가진 상나라

　　　　　　　상나라는 청동기 원료를 광범위한 지역에서 조달
했다. 중원에서 멀리 떨어진 양쯔강 남쪽 장시성江西省 쉬창, 산시성陝西省
난톈에서 상나라 시대 동광산이 발견되었다. 채굴한 동 원석은 도시지역
으로 운반해 도시 외곽에서 청동기로 주조했다. 정저우성 외곽 여러 곳에
서 청동 공방 터가 발견된다.

　　무기와 제사 용품, 공예품, 농사 도구를 만드는 청동은 곧 권력이었다.
관중이 지은《관자管子》에 보면 광물을 통제하는 지침이 나온다.

　　만약 산이 자원을 드러내 보이면, 엄격히 산을 봉하고 함부로 접근하지 못
　　하게 하십시오. 명령을 어기는 사람이 있으면, 왼발을 들일 적에 왼발을
　　자르고 오른발을 들일 적에 오른발을 자르십시오. 그러하면 또다시 범하
　　는 일이 없을 것입니다. 이것이 천연자원과 지하자원을 다스리는 방법입
　　니다. _관중,《관자》,〈지수地數〉

　　은허에서는 거대한 청동 솥과 술잔, 항아리, 주전자, 칼, 도끼, 거울, 공구
등 4,000여 점의 청동기가 출토되었다. 대표적 청동기는 사모무정司母戊鼎
(별칭 후모무정后母戊鼎)이다. 사모무정은 높이 133센티미터, 너비 110센티
미터, 폭 79센티미터, 무게 833킬로그램으로 세계에서 가장 큰 청동 유물
이다. 직사각형 몸체에 4발이 달린 청동 솥 표면은 반용盤龍(옆으로 선 용)과
도철饕餮(탐욕적 괴물) 문양으로 장식되어 있고 솥 내부에는 사모무司母戊라
는 명문이 새겨져 있다. 사모무는 어머니 무戊에게 제사를 드린다는 뜻으

로 상나라 왕 조경祖庚(또는 조갑祖甲)이 어머니를 위해 솥을 주조한 것으로 추정된다.

청동기를 제작하려면 먼저 동광석을 채굴해 운반하고 1,000도까지 온도를 높여 구리를 뽑아낸 다음 주석과 합금한다. 솥 모형을 만들어 무늬를 새기고, 거푸집을 만들어 청동기를 주조한다.

많은 노동력과 자원, 높은 수준의 공예, 금속 기술, 분업 체제가 필요했을 것이다. 대형 청동기 제작은 상나라가 강력한 왕권과 조직력, 기술력을 갖추고 있었음을 보여준다.

은허 차마갱車馬坑에서는 말이 끄는 수레 여섯 량이 한꺼번에 발굴되었다. 은허에서 발굴된 차마갱은 41곳에 이른다. 두 바퀴가 달린 마차는 전투용 전차나 왕의 의전, 사냥용으로 사용되었다.

중국의 전차 도입은 페르시아, 이집트, 유럽에 비해 늦은 편이다. 영국 역사학자 이언 모리스Ian Morris는 상나라 전차 기술이 중앙아시아에서 전해졌을 것이라고 추정한다.

상나라의 전차(기원전 1200년)들은 그보다 500년 전 서양 핵심부에서 등장한 것과 매우 비슷해서 대부분의 고고학자는 양쪽(서양과 동양)이 기원전 2000년경 카자흐스탄에서 발명된 전차와 기원을 공유하는 게 틀림없다는 데 동의한다. _이언 모리스,《왜 서양이 지배하는가》

상나라가 북쪽의 귀방鬼方, Gui(유목 민족), 서쪽의 강족羌族과 전쟁을 하거나 접촉하면서 그들로부터 전차 제작 기술을 배웠을 것으로 추정된다. 말이 끄는 전차는 강력한 왕권과 군사력을 보여준다.

청동 무기와 전차를 가진 상나라는 이웃 부족을 정복했고 전쟁 포로를 노예로 부렸다. 전쟁 포로와 노예 들은 힘든 노동에 동원되었고 제사와 장례에 희생 제물이 되었다.

주술 의식에서 탄생한
갑골문

상나라는 신이 지배하는 사회였다. 상나라 사람들은 자연현상과 인간세계의 일을 신이 주관한다고 생각했다. 날씨와 농사, 전쟁, 길흉화복을 모두 신과 연결했다.

갑골문 학자들은 상商 자가 신을 모시는 큰 건물을 나타낸다고 해석한다. 상나라 최고신은 상제上帝다. 베이징대학교가 펴낸《중화문명사》에 따르면, 제帝는 바람을 불게 하고 비를 내리게 하는 우주의 지배자이면서 인간세계의 화와 복을 책임지는 존재였다.

상나라 사람들은 죽은 사람의 혼령이 있다고 믿었다. 그래서 제사를 중요하게 생각했다. 그들은 왕이 상제와 소통하는 특별한 존재라 여겼다. 왕은 상제에 대한 제사를 독점하면서 현실 세계에서 독점적 권력을 행사했다.

갑골문은 주술 의식에서 탄생했다. 상나라 사람들은 동물의 어깨뼈나 거북이 껍질을 태워 갑골이 갈라지는 모습을 보고 길흉을 점쳤다. 갑골에 점괘를 적은 복사卜辭가 갑골문자다. 1899년 이후 은허에서 수집한 갑골은 15만 편片에 달한다. 학자들은 갑골에서 1,700자 내외의 한자를 해독했다.

갑골문은 세계사에서 가장 오래된 문자의 하나이고 고대 언어와 문화, 생활, 역사를 밝혀줄 고고학의 보고라 할 수 있다.

청동기에 새긴
야만성

상나라는 도시와 국가, 문자, 종교, 신분제도, 분업 체제를 갖춰 고도로 발달한 문명 단계에 이르렀다. 정교한 청동기와 문자 발명이 밝은 면이라면 순장殉葬과 노예제도, 가혹한 형벌은 어두운 면이다.

은허 안을 걸어가다 보면 길목마다 유리를 덮어놓은 유골과 순장 구덩이를 볼 수 있다. 한두 구가 매장된 곳도 있고 여러 구가 한꺼번에 매장된 묘혈墓穴도 있다. 한 왕릉에서는 164구의 유골이 발굴되었다. 순장된 사람은 주로 포로와 노예, 범죄자다. 상당수의 유골은 두개골이 깨지고 목과 팔다리가 잘려 있다. 은허에서 발굴된 인간 유골은 1만 3,000여 구에 이른다.

상나라의 제사나 왕족의 장례는 유혈이 낭자한 참혹한 살육 현장이었을 것이다. 전쟁 포로와 노예는 말·소·개 같은 짐승과 한 구덩이에 매장되었다. 차마갱車馬坑에서 발굴된 마차 뒷자리에는 마부 유골이 반듯이 누워 있다.

사마천은 "은나라는 공경〔敬〕을 숭상했으나, 백성을 귀신〔鬼〕에 혹하도록 만든 것이 폐단"이라고 평했다.

살아 있는 사람을 살해해 제물로 바치고 순장시키는 야만적 종교와 폭력성은 마침내 상나라의 멸망을 가져오게 된다.

상나라 종교의 야만성은 어디에서 왔는가?

괴물 형상의 청동 예기에서 그 단초를 찾을 수 있다. 많은 청동 예기에는 괴물 모습의 도철饕餮 문양이 새겨져 있다. 《춘추좌전春秋左傳》에 따르면, 도철은 혼돈混敦, 궁기窮奇, 도올檮杌과 함께 사흉四凶의 하나로 순임금에게 추방된 괴물이다.

> 도철은 욕심 사납게 재물을 탐했고, 남의 것을 빼앗아 자신을 살찌웠다.
> 순임금은 사흉을 사방의 변방 사예四裔로 추방해 숲속의 요괴 이매魑魅(숲
> 속에 살며 사람을 해치는 신령)의 해를 막게 했다. _《춘추좌전》

일본 교토의 센오쿠泉屋 박고관博古館이 소장하고 있는 '호식인유虎食人卣'
는 호랑이가 사람을 잡아먹는 가장 흉칙한 형상의 도철 제기다. 호랑이는
사람을 잡아먹으려고 입을 크게 벌리고, 사람은 호랑이 몸통에 매달려 머
리를 입에 넣고 있다.

상나라 사람들이 왜 이렇게 무서운 형상의 도철 제기를 만들었는지에
대해 여러 해석이 나온다.《여씨춘추呂氏春秋》는 도철에 대해 이렇게 설명
한다.

> 이 그림에는 머리만 있고 몸은 없는데, 이는 사람을 잡아 아직 삼키지 않
> 았음에도 살육이 자신의 몸에 미쳐 있다는 것으로 대가를 꼭 받게 된다는
> 것을 말하기 위함이다. _《여씨춘추》

중국 시난대 교수 주샤오리朱曉麗는 청동 제기에 도철은 용과 함께 등장
하는데, 이는 피지배자들에게 공포심을 갖게 하는 상징이라고 해석했다.

도철은 나쁜 짓을 한 사람만 잡아먹는 일관성을 가지고 있다. 노예사회
를 다스리기 위한 일종의 통제장치다. 당시의 미학적 기준은 사나움으로

공포감을 갖게 하는 경향이 있다. _주샤오리, 〈중국 용의 진화와 발전The Evolvement and Development of Chinese Dragon〉

중국 고고학 권위자 장꽝즈張光直는 도철이 인간과 신을 연결하는 무당, 매개자 역할을 했을 것이라고 보았다.

서양에서도 중국 고대 청동기에 대한 연구가 활발하다. 리스본대 예술학 연구센터의 루이 로페즈Rui Oliviera Lopes는 "도철은 가뭄, 홍수, 화재, 전염병 같은 자연현상과 인간의 삶을 지배하는 우주의 파괴적 힘을 상징한다"고 해석했다. 그는 신의 분노를 달래기 위해 희생 제물을 바치는 것이라고 설명했다. 도철에 대한 해석은 다르지만, 사람을 잡아먹는 호랑이 형상이 인간 제물을 상징한다는 데 의견을 같이한다.

순장 폐습은 주나라 때 거의 사라지고 진시황 시대에는 토용이 순장을 대신하게 된다.

주지육림과
잔혹한 형벌

상나라 제사 의식은 술과 관련이 있다. 작爵, 고觚, 유卣, 준尊, 뇌罍 같은 다양한 술그릇은 제사를 지낼 때 술을 많이 사용한 증거라 할 수 있다. 술에 취해 이성이 마비된 상태에서 인간 희생과 순장 의식을 치르지 않았을까.

술을 마시고 쾌락을 즐기는 '주지육림酒池肉林'은 상나라의 멸망을 불러왔다. 《서경書經》〈주고酒誥〉에 따르면, 주周문왕文王은 상나라의 지나친 술탐닉을 경계해 제사 때 외에는 술을 마시지 말라는 유훈을 남겼다. 주공은

"크고 작은 나라들이 망하게 되는 것은 술이 죄가 아닌 일이 없다"며 관리와 백성은 술을 삼가라고 당부했다.

사람을 제물로 바친 상나라는 형벌도 잔혹했다. 오형五刑은 사람의 신체를 훼손하는 형벌이다. 오형에는 이마에 먹물을 새기는 묵형墨刑, 코를 자르는 비형劓刑, 발꿈치를 자르는 월형刖刑, 생식기를 자르는 궁형宮刑, 목을 자르는 대벽大辟이 있다. 상나라 때 만든 오형은 한나라 초기까지 천 년 동안 유지되었다.

상나라 마지막 왕 주왕紂王에 이르면 폭정은 극에 달한다. 주왕은 안양 남쪽 조가朝歌에 별궁을 짓고 애첩 달기妲己와 주지육림을 벌였다. 백성을 수탈해 궁궐의 녹대鹿臺는 돈으로 채우고 거교鉅橋의 창고는 곡물로 채웠다. 제후들이 반발하자 주왕은 포락형炮烙刑을 만들었다. 포락형은 구리로 만든 원통 아래 숯불을 피우고 그 위를 걷게 하는 형벌이다. 주왕의 무자비한 폭정에 제후와 백성의 불만이 폭발했다.

목야대전

기원전 1046년 주周무왕武王(본명 희발姬發)은 800명의 제후를 모아 군대를 일으켰다. 주周는 중원 서쪽 기산岐山(오늘날 산시성 바오지寶鷄)에서 농사를 짓던 변방 세력이었다.

무왕 곁에는 강태공姜太公으로 알려진 군사君師 강상姜尙과 아우 주공周公(단旦)이 있었다. 무왕은 4만 5,000명의 군사를 이끌고 주왕의 별궁이 있는 조가 부근 목야牧野에 집결했다. 주왕은 70만 대군을 동원했다. 후대 사가들은 70만 명은 과장된 숫자이고 17만 명 정도였을 것으로 추정한다. 상나라 군대가 17만 명이라고 해도 무왕은 수적으로 불리했다. 무왕은 전투에 나서기 전 혁명의 정당성을 알리는 '태서泰誓'를 발표했다.

옛말에 이르기를 암탉은 새벽에 울지 않으니 암탉이 새벽에 울면 집이 망
한다 했소. 지금 주紂는 자기 부인의 말만 듣고, 스스로 선조에게 드리는
제사를 그만두고 나라를 어지럽혔소. 지금 나는 하늘의 징벌을 그대들과
함께 집행할 것이오. _사마천,《사기》,〈주무왕 본기〉

무왕은 전차 200량을 앞세우고 상나라 군대를 공격했다. 그때 기적 같
은 일이 일어났다. 대열 앞에 있던 상나라 병사들이 뒤로 돌아 아군을 공
격했다. 노예로 끌려온 병사들이 반란을 일으킨 것이다.

앞의 병사들이 창을 거꾸로 들고 아군을 공격해 피가 흘러 절구공이가 뜰
정도였다. _《상서尚書》,〈무성武成〉

상나라 군대는 일시에 무너졌다. 녹대로 올라간 주왕은 보옥으로 장식
된 옷을 뒤집어쓰고 불 속으로 뛰어들었다. 무왕은 주왕 시신에 화살 세
발을 쏘고 목을 베었다.

하늘을 섬긴
주나라

무왕은 호경鎬京(시안西安)에 도읍을 정하고 천자에 올랐다. 주나라는 하늘(天)을 받들었다. 상나라가 조상신 제帝를 숭배했다면 주나라는 보편적 하늘을 섬겼다. 주나라는 덕을 가진 통치자가 하늘의 명을 받는다는 천명사상天命思想을 주창했다. 혁명革命은 천명이 바뀐다는 뜻이다. 주나라 천天사상은 혁명 이전 무왕의 부친 문왕文王 때 정립되었다.

문왕이 위수渭水로 사냥을 나갔다가 낚시를 하고 있던 강태공姜太公을 만났다. 두 사람은 천하를 주제로 이야기를 나눴다.

문왕이 물었다.

"어떻게 해야 천하의 사람들이 귀의하겠습니까?"

태공망太公望이 대답했다.

"천하는 한 사람의 천하가 아니요, 천하 사람들의 천하입니다. 천하의 이로움을 함께하는 군주는 천하를 얻고, 천하의 이로움을 독차지하는 군주는 천하를 잃습니다."

하늘의 뜻으로 세상을 다스린다는 천자 사상은 왕조 정통성의 근거가
되었고, 민중을 하나로 묶는 구심력이 되었다. 하늘의 뜻은 군주의 덕德에
달려 있다. 덕德은 얻을 득得과 통한다. 덕은 도덕적 정당성이고, 정당성을
통해 사람을 끌어들이고 복종하게 하는 힘이다.

천하일가

주나라는 문文과 예禮를 통치 수단으로 삼았다. 덕
치 사상은 상나라가 미신과 폭력, 잔인한 형벌 때문에 멸망한 데 대한 반
성에서 나왔다. 주나라는 상나라의 문자, 예악, 오형五刑, 청동기술 등 제도
와 문화를 계승했지만, 순장 같은 폐습은 없앴다. 또 재판을 할 때 고의인
지 과실인지를 가려 신중하게 판단하도록 했다.

주나라 정치제도를 집약한《주례周禮》는 국가조직을 천天, 지地, 춘春, 하
夏, 추秋, 동冬의 여섯으로 나눠 관직의 직무를 자세히 기술했다. 역대 왕조
는《주례》를 제도의 표준으로 삼았다. 조선 시대 관직 이吏, 호戶, 예禮, 병兵,
형刑, 공工도《주례》를 따랐다.

주나라는 천하가 한집안이라는 천하일가天下一家를 지향했다. 태공망이
주장한 공천하公天下 대신, 주는 가천하家天下를 선택했다. 가천하는 희姬씨
일가가 지배하는 천하다.

무왕은 동생 주공을 노魯나라 제후에, 개국공신 태공망을 제齊나라 제후
에 봉했다. 상나라 유민遺民을 안정시키기 위해 상나라 후손 무경武庚을 은
殷 땅에 봉하고 관숙管叔, 채숙蔡叔, 곽숙霍叔 3형제를 이웃 나라에 보내 무경
을 감시하도록 했다.《순자》〈유효儒效〉는 71명의 제후 가운데 희씨 성이

53명이라고 기록했다.

상나라가 부족 연합인 데 비해 주나라는 희씨 일가와 개국공신의 연합체였다. 신분 계급은 천자(王)를 정점으로 제후(공公), 경卿, 대부大夫, 사士 순서로 내려가고 최하층에 백성(民)이 있었다.

지배층에 속하는 사람을 인人이라 하고 피지배층을 민民이라 했다. 신분 계급은 가족 관계에 의해 결정되었다. 적장자嫡長子는 대종大宗으로 아버지 신분을 그대로 이어받지만, 차서자次庶子는 소종小宗으로 신분이 한 단계씩 낮아졌다.

국가國家의 탄생

주나라는 권력과 땅을 나눠 주는 봉건제를 택했다. 봉토를 받은 제후는 지역으로 내려가 나라(國)를 세웠다. 국國은 성벽으로 둘러싸인 도시다. 제후는 봉토를 분할해 대부大夫에게 채읍采邑(식읍食邑)을 내렸다. 대부는 채읍을 기반으로 가문(家)을 세웠다. 국과 가를 합한 체제가 국가다.

건국 3년 만에 무왕이 사망하자 형제 사이에 내분이 일어났다. 어린 성왕成王의 섭정을 맡은 주공周公에 대해 관숙, 채숙, 곽숙 형제가 불만을 품었다. 그들은 상나라 후손 무경과 은殷 지역 유민과 합세해 반란을 일으켰다. 주공은 3년 만에 겨우 난을 진압했다. 반란에 가담한 상나라 유민들은 뿔뿔이 흩어져 상인商人의 길로 나서게 되었다. 한곳에서 장사하는 사람을 가賈라 하고, 떠돌아다니는 상인을 상商이라 한다.

성왕이 장성하자 주공은 7년간의 섭정에서 물러나 동쪽 낙읍洛邑(오늘날의 뤄양洛陽)에 부도副都를 세우는 일에 진력했다. 주공의 노력으로 주나라는 안정을 찾아갔다.

공자는 덕치와 종법 질서를 실천한 주공을 이상적 성인聖人으로 받들었다.

천하일가의 와해

주나라 봉건제는 시간이 흐르면서 균열이 생겼다. 천자와 제후의 혈연관계는 2~3대로 내려가면서 약해지고, 4~5대에는 혈연관계가 작동하지 않았다. 주나라 봉건제도는 유럽 봉건제와 비슷한 구조가 되었다. 천자의 권력은 약해지고 재정도 기울었다.

여왕厲王은 재정을 늘리려는 욕심에 산과 하천, 호수의 출입을 막고 백성들에게 강제로 사용료를 징수했다. 여왕은 3년 만에 반란으로 추방되었다.

왕이 없는 시기를 공화共和라고 한다. 공화는 한자 문화권에서 서양 공화정 리퍼블릭republic을 번역하는 단어로 쓰이게 되었다. 로마 공화정은 450년간 유지되었으나 중국 공화정은 14년 만에 끝이 났다.

주나라 12대 유왕幽王은 웃음이 없는 미인 포사褒姒에 넋을 잃었다. 유왕은 포사를 웃게 하려고 거짓으로 봉화를 올렸다. 거짓 봉화 때문에 헛걸음을 한 제후들은 봉화가 올라도 출동하지 않았다. 유왕은 서이西夷와 견융犬戎의 침공으로 죽임을 당했다.

춘추전국시대

호경鎬京을 빼앗긴 주나라는 기원전 770년 동쪽 낙읍으로 천도했다. 호경 시대를 서주西周라 하고 낙읍 시대를 동주東周라 한다. 동주는 명색만 천자의 나라였지 힘없는 소국이었다. 직할 영토 왕기

王畿는 낙읍을 중심으로 반경 600리에 불과했다.

동주 시대를 춘추전국시대(기원전 770~221년)라 한다. 춘추春秋시대(기원전 770~403년)는 공자가 《춘추春秋》에 기록한 시대, 전국戰國시대(기원전 403~221년)는 그 이후 진시황 통일 때까지를 말한다.

춘추전국시대는 제후들이 패권을 다투는 시기였다. 큰 나라는 패권을 위해 싸웠고 작은 나라는 생존을 위해 싸웠다.

춘추전국시대는 전쟁이 잦았으나 다양한 사상이 꽃을 피우고 경제와 문화가 발전한 진보의 시대였다. 춘추전국시대를 대표하는 사상가 관중管仲, 공자孔子, 상앙商鞅 세 인물의 일생과 사상을 통해 당시 사회상을 살펴보기로 한다.

관중,
창고가 차야 예의를 안다

관중管仲(기원전 723~645년)은 포숙鮑叔과의 우정을 일컫는 관포지교管鮑
之交로 잘 알려진 인물이다.

관중은 안휘성 영상潁上 출신으로 어린 시절 포숙과 장사를 하며 어렵게
자랐다. 관중은 노魯나라에 망명해 있던 제齊나라 공자 규糾를 따랐다. 포숙
은 거莒나라(현 산동성 자오저우胶州시)에 망명한 규糾의 동생 소백小白에게 가
있었다. 제나라 양공襄公이 폭정을 휘두르다 암살되자 동생 규와 소백은 권
력 쟁탈전에 뛰어들었다. 두 사람은 제나라 도읍 임치臨淄를 먼저 차지하려
고 속도전을 벌였다. 관중은 소백을 저지하기 위해 거나라에서 제나라로
들어오는 길목을 막고 수레에 탄 소백을 향해 화살을 날렸다. 화살 한 발
이 소백의 몸에 명중했다. 소백의 수레는 장막을 내리고 급히 달아났다. 공
자 규는 소백이 죽은 줄 알고 느릿느릿 제나라에 들어갔다. 그런데 소백이
먼저 임치를 점령하고 있었다. 소백은 관중의 화살이 혁대 쇠고리에 맞는

바람에 생명을 건졌다. 관중은 이제 죽은 목숨이나 마찬가지였다. 이때 포숙이 관중을 변호하고 나섰다.

"군주가 장차 제나라만 다스리시고자 하면 고혜高傒와 저 포숙아鮑叔牙로도 충분할 것입니다. 그러나 군주가 이제 패왕이 되고자 하면 관이오管夷吾가 없어서는 안 됩니다. 관이오가 보필하는 나라는 장차 그 위세가 커지게 될 것입니다. 그를 놓쳐서는 안 되는 이유입니다."

제환공齊桓公이 된 소백小白은 포숙의 뜻을 받아들여 관중을 재상에 임명했다. 훗날 관중은 포숙에 대해 이같이 술회했다.

"내가 빈궁할 때 포숙아와 장사를 한 적이 있다. 이익을 나눌 때마다 내가 더 많이 차지하곤 했다. 그러나 그는 나를 욕심스럽다고 하지 않았다. 내가 가난한 것을 알고 있었기 때문이다. 나는 세 번 출전해 세 번 모두 달아난 적이 있다. 그러나 그는 나를 비겁하다고 여기지 않았다. 나에게 노모가 있다는 것을 알았기 때문이다. 공자 규가 보위를 놓고 다투다가 패사했을 때 소홀召忽은 자진했으나 나는 붙잡혀 굴욕을 당하는 쪽을 택했다. 그러나 그는 나를 후안무치하다고 여기지 않았다. 내가 사적인 의리는 부끄러워하지 않으나 천하에 공명을 떨치지 못하는 것은 부끄러워한다는 사실을 알았기 때문이다. 나를 낳아준 것은 부모이고, 나를 알아준 것은 포숙이다."

사람들은 포숙의 사람을 알아보는 안목, 지인知人을 칭송했다.

관중의
네 가지 원칙

관중은 환공을 도와 부국강병책을 폈다. 관중은

먼저 백성을 부유하게 해야 한다고 말했다. "창고가 차야 백성들이 예절을 알고, 입고 먹는 것이 넉넉해야 영욕을 안다."

관중은 백성이 부유해지면 예禮, 의義, 염廉, 치恥를 안다고 했다. 예禮는 절도를 넘지 않는 것(不踰節)이고, 의義는 스스로 나아가지 않는 것(不自進), 염廉은 악을 감추지 않는 것(不蔽惡), 치恥는 굽은 것을 좇지 않는 것(不從枉)이다.

예의염치, 네 가지 근본(四維)이 지켜지면 나라가 바로 선다는 것이 관중의 정치철학이다. 맹자가 항산恒産이면 항심恒心이라고 설파하기 400년 전의 일이다.

유가와 법가는 도덕과 법을 강조했으나 관중은 백성의 삶을 이야기했다. 관중의 정치철학은 백성을 자유롭게 풀어주는 것이다.

> 백성에게 주는 것이 도리어 받는 것임을 아는 것이 정치의 보배다. _관중,
> 《관자》, 〈목민牧民〉
> 민심을 얻는 방법은 (백성을) 이롭게 해주는 것보다 좋은 것이 없다. _관중,
> 《관자》, 〈오보五輔〉

관중은 군주가 따라야 할 네 가지 원칙, 사순四順을 제시했다. 순順은 물이 위에서 아래로 흐르는 것, 다시 말해 백성이 원하는 것을 충족시키는 것을 말한다.

1. 백성은 근심과 걱정을 싫어하므로 통치자는 그들을 편안하고 즐겁게 해줘야 한다.

2. 백성은 가난하고 천한 것을 싫어하므로 통치자는 그들을 부유하고 귀
   하게 해줘야 한다.
3. 백성은 위험에 빠지는 것을 싫어하므로 통치자는 그들을 안전하게 만
   들어 줘야 한다.
4. 백성은 후사가 끊기는 것을 싫어하므로 통치자는 그들이 잘살도록 해
   줘야 한다.
   _관중, 《관자》, 〈목민〉

**이익을 따라가는 호리지성好利之性은 인간의 본성이기 때문에 통치자는
백성의 마음을 헤아려 통치해야 한다는 지적이다.**

> 백성은 이로움이 있으면 오고, 해로움이 있으면 떠난다. 백성이 이익을 좇
> 음은 물이 낮은 곳으로 흐를 때 동서남북을 가리지 않는 것과 같다. 그러
> 므로 백성을 불러오려는 사람은 먼저 이로움을 일으키면 부르지 않아도
> 백성이 스스로 찾아온다. _관중, 《관자》, 〈형세해形勢解〉

최초의
국민경제학자

관중 사상은 인간 본성에 대한 깊은 통찰에서 나
왔다. 그의 사상은 '이기심이 경제활동의 원동력'이라고 보는 애덤 스미스
의 경제 철학, '인간은 쾌락을 좋아하고 고통을 싫어한다'는 벤담의 공리주
의 철학과 통한다.

관중은 시장과 상업을 중요하게 생각했다.

시장은 천하의 재물이 구비된 곳이요, 만인이 교역하여 이로움을 얻는 곳이다. 행정은 이러한 일을 하는 방법이다. _관중,《관자》,〈문問〉

상업 진흥책으로 상품에 매기는 세금을 낮추고 주옥珠玉, 황금, 청동 도포刀布 화폐(칼 모양의 화폐)를 만들어 유통시켰다. 관중은 수요 공급의 원리를 정확히 알고 있었다.

물건이 많으면 값이 싸지고 적으면 비싸진다. _관중,《관자》,〈국축國蓄〉

관중은 시장 원리를 존중하면서도 주요 물품에 대해 국가가 적극 개입하는 정책을 폈다. 경중법輕重法은 국가가 개입해 시장 균형을 맞추는 제도다. 풍년이 들어 곡물값이 떨어지면 국가가 비싼 값에 사들이고, 흉년이 들어 곡물값이 오르면 싼값에 곡물을 풀어 가격을 안정시켰다.

재정 확보를 위해 소금과 철의 전매제도도 도입했다. 소금과 철 사업은 부유한 상인이나 세력가 들이 장악하고 있었는데, 국가가 전매를 하면 부의 집중을 다소 억제할 수 있다고 보았다. 한무제 때 상홍양桑弘羊은 관중의 정책을 계승해 소금과 철 전매, 균수법, 평준법을 시행했다.

청나라 말 학자 량치차오梁啓超는 관중을 역사상 최초의 '국민경제학자', 현대 용어로 표현하면 케인스 같은 거시경제학자라고 극찬했다.

지금으로부터 100여 년 전 영국인 애덤 스미스를 비롯해 전 세계에서 경제의 중요성을 인식하기 시작했다. 애덤 스미스는 국가 아닌 개인을 기초로 경제학을 연구했다. 그의 학설은 개인과 국가에 유익한 것도 있었으나 폐단 역시 적지 않았다. 따라서 전체 국가 경제를 발전시키는 국민경제학이 매우 귀중하다. 최근 20~30년 사이에 그러한 의의가 전 세계에 널리 퍼지기 시작했다. 중국에는 2천 년 전에 선구자가 있었으니 그가 바로 관자다. _량치차오,《관자전管子傳》

관중이 재상을 맡은 지 몇 년 만에 제나라에는 놀라운 변화가 일어났다.

세금은 100종에 1종만 걷고, 고아와 어린아이에게는 형벌을 시행하지 않고, 고기를 잡는 것은 때를 정해 허용하고, 관문은 심사만 할 뿐 관세를 물리지 않고, 시장은 등록만 할 뿐 세금을 걷지 않고, 인근의 나라에는 진실과 신의를 보여주고, 멀리 있는 나라에는 예의를 보여주라 했다. 이를 실행한 지 몇 년이 흐른 뒤, 제나라로 귀부하려는 백성이 마치 밀려드는 파도와 같았다. _관중,《관자》,〈패형霸形〉

국가의 부가 늘어나면서 군사력이 강해졌다. 제환공은 재위 7년 만에 막강한 군사력으로 춘추시대 첫 번째 패자가 되어 제후의 회맹會盟을 주관했다. 북방 민족 산융山戎이 연燕나라를 침입하자 제환공은 패왕의 신분으로 출병해 중원을 방어했다.

관중의
'삼귀지가'

40년 동안 재상을 지낸 관중은 개인적으로 많은 부를 쌓았다.《한비자韓非子》에 이런 구절이 나온다.

관중은 제나라의 재상이 되었을 때 환공에게 말했다.

"신의 벼슬자리는 높아졌지만 저는 가난합니다."

환공이 말했다.

"그대에게 삼귀지가三歸之家를 내리겠소."

관중이 말했다.

"신은 부자가 되었지만 저의 지위는 낮습니다."

환공은 관중을 고씨高氏와 국씨國氏보다 위의 자리에 임명했다.

_《한비자》, 〈외저설外儲說〉

삼귀三歸는 '3채의 집', '3명의 부인', '3곳의 식읍', '상세商稅의 3할' 등 여러 의미로 해석된다. 이 가운데 3곳의 식읍, 상세의 3할이라는 해석이 일반적이다.

사마천은 관중의 사치를 언급했지만 백성을 부유하게 한 공적에 무게를 두었다.

제나라 백성은 관중을 사치스럽다고 여기지 않았다. 관중 사후에도 제나라는 그의 정책을 이어갔다. 늘 여타 제후국보다 강성했던 이유다. _사마천, 《사기》, 〈관안열전〉

공자는 관중을 공적인 면에서는 긍정적으로 평가했다.

환공이 제후들을 규합할 때 무력을 사용하지 않은 것은 관중의 힘이었으니 누가 그의 어젊만 하겠는가? 관중이 제나라 환공을 도와서 제후의 패자가 되어 한 번 천하를 바로 하여 백성들이 오늘에 이르기까지 그 은혜를 받고 있다. 관중이 없었더라면 우리는 지금 머리를 풀어헤치고 옷깃을 왼쪽으로 넘기게 되었을 것이다. 《논어》, 〈헌문〉

공자는 관중 개인의 사치에 대해서는 매섭게 비판했다.

공자가 말했다.
"관중은 그릇이 작구나."
어떤 사람이 말했다.
"관중은 검소했습니까?"
공자가 말했다.
"관 씨는 삼귀三歸를 두고 있었고, (가신들이) 관직의 일을 겸직하지 않았으니 어찌 검소하다고 하겠는가?"
"그럼 관중은 예를 알았습니까?"
공자가 말했다.
"나라의 임금이라야 병풍으로 문을 가릴 수 있는데 관 씨 또한 병풍으로 문을 가렸고, 나라의 임금이라야 두 나라의 임금이 우호를 맺을 때 술잔을 올려놓는 반점反坫을 둘 수 있는데 관 씨 또한 반점을 설치했으니 관 씨가 예를 안다면 누가 예를 모르겠는가?"
_《논어》, 〈팔일〉

그릇이 작고 예를 모른다고 한 공자의 평가는 관중에 대해 부정적 인상을 남겼다. 왕도주의를 주장한 맹자는 관중을 패도주의자라고 비난했다.

맹자는 사람들이 자신과 관중을 비교하는 것조차 싫어했다.

(내 제자) 증서曾西가 관중과 비교되는 걸 거부하는데 어찌 나와 비교하기
를 원하는가? _《맹자》, 〈공손추〉

유학자들은 공맹의 가르침을 따라 도덕적 관점에서 관중을 비판했
다. 관중은 공자와 맹자의 벽을 넘기 어려웠다. 사마천이 살았던 전한前
漢 시대에는 집집마다《관자》책이 있을 정도였으나 후한後漢(동한東漢, 서기
25~227년) 이후 거의 사라졌다.

재조명되는
관중의 실용주의
　　　　　　　　　　　　관중을 알아주는 이는 몇몇 정치가와 군주뿐이었
다. 제갈량은 초야에 묻혀 공부할 때 항상 자신을 관중과 비교했고, 조조와
당태종은 관중 같은 인재를 찾으려 했다.
　백성을 먼저 부유하게 해야 한다는 관중의 부민富民 사상은 2천 년을 잠
자고 있었다. 중국에서 관중을 다시 발견한 것은 아편전쟁 이후다. 조선에
서는 실학자들에 의해 관중 사상이 재조명되었다. 정약용이 쓴《목민심서
牧民心書》는《관자》〈목민〉에서 책 이름을 따왔다. 일본에서는 1800년대 관
중 연구가 붐을 이뤄 메이지 유신을 뒷받침했다는 평가가 나온다.
　베이징대는 동양경제학을 재정립하는 프로젝트의 하나로 2010년 관
중 사상을 체계적으로 분석한《국부책國富策》을 내놓았다. 저자 자이위중翟
玉忠은 현재 세계가 겪고 있는 경제문제에 대한 해답을《관자》에서 찾을 수

있다고 주장했다.

중국 경제학계는 완전한 서구화를 추구하는 사고방식을 버려야 한다. 출구는 있다. 바로 고유의 경국제민經國濟民 사상을 계승·발전시키는 것이다. 중국 경제사상의 요지는 '정치와 경제를 분리시키지 않고 윤리·도덕을 우선시하는 것'이 아닌가 싶다. 이런 성향은 서구의 고전 정치경제학과 다른 것 같으나 사실은 거의 비슷하다. _자이위중,《국부책》

중국 역사상 최고 정치가로 일컬어지는 관중의 실용주의 경제사상은 현대 중국에서 높은 평가를 받는다. 2005년 중국 최대 인터넷 신문 〈인민망 人民网〉에 한 시민은 이런 글을 올렸다.

'공자 사상을 중시하고 관중 사상을 경시한 착오가 중국 2천 년 역사 최대의 비극이다.'

중국의 이데올로기,
공자

취푸曲阜에 있는 공묘孔廟 대성전大成殿은 자금성 궁전을 방불케 한다. 대성전은 자금성 태화전太和殿에 이어 중국에서 두 번째로 큰 역사 건축물이다. 지붕은 황제를 상징하는 황금색 유리 기와로 덮여 있고 용 조각이 10개 돌기둥을 휘감고 있다. 대성전 안에는 황제들이 쓴 휘호가 걸려 있다.

청나라 강희제康熙帝는 '만세사표萬歲師表(만세 동안 스승의 표본으로 삼는다)'라고 썼고, 광서제光緒帝는 '사문재자斯文在玆(모든 문물이 공자 안에 있다)'라는 글을 올렸다.

전통적으로 황제 무덤은 릉陵, 황제 스승의 무덤은 림林으로 불렸다. 림으로 불리는 곳은 공자의 공림孔林, 관우의 관림關林 두 곳뿐이다.

공자는 사후 지극히 높은 성인으로 존경받지만 생전에는 많은 시련과 실패를 겪었다.

천하의 도가
무너졌다

공자 나이 33세 때인 기원전 518년 늦여름, 노나라 대부大夫 계평자季平子는 자기 집 뜰에서 팔일무八佾舞를 추게 했다. 팔일무는 천자의 의식으로 전후좌우로 8명씩 모두 64명이 추는 춤이다.

《주례》에 따르면, 천자는 팔일무, 제후는 육일무, 대부大夫는 사일무, 사士는 이일무로 되어 있다. 계평자의 신분은 대부였다. 계평자는 사일무를 추게 해야 했지만 보란 듯이 천자의 예를 행했다. 공자는 분노했다.

자기 뜰에서 '팔일무'를 추게 하다니! 이런 일도 저지르는데, 감히 무슨 일이든 못 하겠는가? _《논어》, 〈팔일〉

천자의 예를 범하는 것을 참월僭越 또는 참람僭濫이라 한다. 왕권 침해는 중형을 받을 죄이지만 천자의 권위는 무너진 지 오래였다. 힘 있는 제후는 패자라는 이름으로 사실상 천자의 권력을 행사하고 노나라 대부들은 쿠데타를 일으켜 왕을 쫓아냈다.

춘추시대 370년 동안 신하가 왕을 시해弑害하는 하극상이 36회 일어났다. 공자는 천하의 도道가 무너졌다고 개탄했다.

천하에 도가 있으면 예악禮樂과 정벌征伐이 천자로부터 나오고, 천하에 도가 없으면 예악과 정벌이 제후로부터 나오게 된다. _《논어》, 〈계씨〉

왕과 제후가 뒤집히고, 군자와 소인의 질서도 무너졌다.

세상의 질서가 어지러워졌을 때 군자는 자신의 공적을 뽐내어 소인을 억압하고, 소인은 실제적인 기량을 가지고 군자에 대항했다. 그러므로 상하 모두에 의해 예가 지켜지지 않고 어지러움과 학정이 동시에 생겨났다.

_《춘추좌전》

공자는 신분 질서 붕괴를 '난亂'으로 생각했다. 요순시대를 대동大同이라고 보고 하·상·주 시대를 소강小康, 춘추시대를 난세亂世로 보았다.

주周나라를
따르겠노라

공자의 역사관은 시간이 갈수록 역사가 퇴보한다는 퇴영적退嬰的 역사관이다. 공자는 요순시대는 아니어도 소강 시대로는 가야 한다고 생각했다. 공자는 주나라 초기 문왕과 무왕, 주공이 다스리던 과거로 돌아가기를 소망했다.

세상이 잘 다스려졌을 때 군자들은 능력을 숭상하며 아랫사람에게 양보하고 소인들은 농사일에 힘쓰며 윗사람을 섬겼다. 이 때문에 상하 모두가 예를 잘 지켜서 악한 일을 하는 사람은 경멸을 받고 멀리 쫓겨났다. _《춘추좌전》

마음속에 잠재된 열망은 꿈으로 나타난다. 공자는 꿈속에서 주공을 만나곤 했다.

참으로 매우 내가 늙었구나. 오래도록 주공을 꿈에서 보지 못했구나. _《논어》,〈술이〉

공자는 주周나라의 예를 배우기 위해 제자 남궁경숙南宮敬叔과 함께 낙읍洛邑(낙양)을 찾았다. 공자는 그곳에서 노자老子를 만났다고 《사기》는 전한다.

공자가 예에 관해 묻자, 노자는 "그대가 말하는 성현은 육신과 뼈가 모두 이미 썩어버렸고 단지 그의 말만 남아 있을 뿐이오. 그대의 교만과 탐욕, 위선적 표정과 과도한 야심을 버리도록 하시오"라고 말했다고 전해진다. 공자는 노자를 만난 뒤 제자들에게 "노자는 구름과 바람을 타고 하늘로 올라가는 용과 같은 존재"라고 평했다. 《사기》〈공자세가〉는 '주나라에 갔다가 노나라로 돌아오니 제자가 더 많아졌다'고 전한다. 유위有爲 사상을 갖고 있던 공자가 무위無爲를 주장하는 노자에게서 어떤 사상적 영향을 받았는지 더 이상의 언급은 찾아보기 어렵다.

낙읍은 공자가 흠모하던 주공의 족적이 남아 있는 곳이다. 주공은 낙읍에 주왕성周王城을 세운 뒤 "이곳이 천하의 중심"이라고 선언했다. 주나라 천자의 수레는 6마리 말이 끌었다. 2002년 주왕성 지하 갱에서 발굴된 천자의 수레 '천자가육天子駕六'은 주나라의 옛 영화를 증언한다.

공자는 낙읍을 돌아보며 주나라를 섬기겠다고 외쳤다.

주나라는 이대二代(하夏·은殷)를 귀감으로 삼았으니, 찬란하도다. 그 문화여! 나는 주나라를 따르겠노라. _《논어》,〈팔일〉

주나라를 따른다는 것은 무엇을 말하는 것일까? 옛 질서를 회복하겠다는 말이다. 주나라 정치 질서는 원래 피라미드 같은 삼각형이었다. 춘추시대에는 꼭짓점이 내려앉아 사다리꼴이 되었다. 천자를 높여 삼각형 구조를 회복시켜야 한다는 것이 공자의 생각이다.

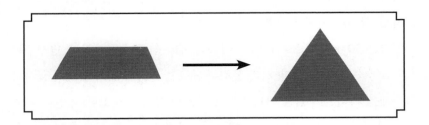

공자는 주례周禮 회복을 필생의 목표로 삼았다. 하지만 공자는 주공과 달리 예를 바로잡을 지위와 권력이 없었다. 그의 방법은 오로지 교화敎化였다.

예가 아니면 보지 말라(非禮勿視), 예가 아니면 듣지 말라(非禮勿聽), 예가 아니면 말하지 말라(非禮勿言), 예가 아니면 움직이지 말라(非禮勿動).
_《논어》, 〈안연顔淵〉

예禮

그렇다면 예는 무엇일까? 예는 누구나 지켜야 하는 사회규범이고 상하 신분을 구분하는 일이다. 예禮는 제단 모양의 시示와 제기 모양의 풍豊을 합성한 글자다. 신·하늘·조상에 대한 제사를 의미하던 예가 예절, 사회규범으로 발전했다.

공자는 제사를 중시한 은殷나라 대부의 후손으로 알려진다. 아버지 숙양흘叔梁紇은 무사 출신으로 70세에 공자를 낳았다. 공자는 어려서 늘 제기를 펴놓고 놀았다. 그는 곡식 출납을 관리하고, 가축 키우는 일을 하면서 예악禮樂을 공부했다. 젊은 공자를 눈여겨봐 온 노나라 대부 맹희자는 "공구孔丘는 성인의 후손으로 나이는 어리지만 예에 통달했으니 그를 스승으로 모시라"고 두 아들에게 유언했다.

공자는 30세 무렵 노나라에서 이름난 예악 전문가가 되었다. 당시에는 예악을 하는 사람을 유자儒者라 불렀다. 유儒는 人, 雨, 而가 합해진 글자로 기우제를 지내는 사람을 가리킨다고 갑골문 학자들은 말한다. 한나라 때 나온 자전字典《설문해자設文解字》에는 유儒가 술사術士, 즉 장례사로 나온다. 고대에는 장례가 중요한 예식이었기 때문에 장례에서 유가儒家의 예악이 진화했을 것이라고 학자들은 추정한다.

《주례》는 유儒의 역할을 이도득민以道得民, '도로써 백성을 얻는다'라고 정의했다. 후한 시대 유학자 정현鄭玄은 이를 '육예六藝로 백성을 가르친다'로 풀이했다. 유儒는 예악, 육예를 담당하는 사람이라고 정의할 수 있다.

어릴 때부터 예를 공부한 공자는 예의 모범이 되었다.

공문公門(제후의 궁)에 들어가실 때는 몸을 굽혀서 용납되지 못하는 것처럼 하셨다. 서 계실 때는 문 가운데 서지 않고, 드나들 때에는 문지방을 밟지 않으셨다. 임금이 계신 자리를 지나실 때에는 얼굴빛이 변하시고, 발걸음을 조심스럽게 하시고, 말씀은 충분하지 못한 것처럼 하셨다. 옷자락을 잡고 마루에 오르실 때에는 몸을 굽히시고, 기운을 감추시어 숨을 쉬지 않는 것처럼 하셨다. 《논어》, 〈향당鄕黨〉

공자의 정치사상,
'법法보다 예禮'

　　공자의 정치사상은 덕치德治다. 너그러움과 덕으로 백성을 다스리는 정치다. 공자는 법을 멀리했다. 고대의 법은 형벌이다. 상나라 때의 잔인한 오형五刑이 주나라와 춘추시대에 그대로 전승되었다. 공자는 형벌로는 백성을 교화敎化시킬 수 없다고 보았다.

정치를 통해 인도하고 형벌을 통해 질서를 잡으면 백성들이 형벌을 면하지만 부끄러운 것을 모른다. 그러나 덕을 통해 인도하고 예를 통해 질서를 잡으면 부끄러움도 알고 옳게 행동한다. _《논어》, 〈위정〉

공자는 형벌에 반대했지만 불효하고 예를 어기는 사람에게는 형벌을 가해야 한다고 말했다.

오형五刑에 속하는 죄가 삼천여 가지나 되지만, 그 죄가 불효不孝보다 더 큰 것은 없다. 임금을 협박하는 자는 윗사람을 업신여기는 것이고, 성인을 비난하는 자는 법을 무시하는 것이며, 효도孝道를 부정하는 자는 어버이를 업신여기는 것이니, 이것이 바로 큰 혼란의 길인 것이다. _《효경孝經》, 〈오형장五刑章〉

공자가 존경하던 인물 가운데 정鄭나라 재상 자산子産이 있다. 자산은 법치를 시행했다. 자산은 예치로는 한계가 있다고 보았다. 《예기禮記》에 '형벌은 대부 이상으로 올라가지 않는다'라고 되어 있다. 이 전례典例에 따르면, 귀족이 횡포를 부리고 불법행위를 저질러도 막을 방법이 없었다. 자산은 신분에 관계없이 누구에게나 똑같이 법을 적용하고 누구나 법을 알 수 있게 했다. 그는 법조문을 새긴 청동 정鼎을 여러 곳에 배포했다.

자산이 재상이 된 지 1년 만에 아이들이 버릇없이 까부는 일이 없어졌고, 2년이 지나자 시장에서 물건값을 속이는 일이 없어졌다. 3년이 지나자 밤에 문을 잠그지 않아도 되었고, 4년이 지나자 농기구를 그대로 놓아둔 채 집에 돌아와도 아무 일이 없었다. 5년이 지나자 군대를 동원할 일이 없어졌고, 상복 입는 기간을 정하거나 명령하지 않아도 다들 알아서 예를 갖췄다. _사마천, 《사기》, 〈순리열전循吏列傳〉

진晉나라도 형정刑鼎을 만들어 배포했다. 공자는 혀를 찼다.

진晉나라가 망할 모양이다! 옛 법도를 버리다니. … 백성들이 솥 위에 새겨진 법률 조문을 살펴보고 형벌의 경중을 알 수 있을 것이니 어찌 귀족을 존중하겠는가. … 귀천의 구별과 서열이 없어졌으니 나라는 또 어떻게 다스릴 것인가. _《춘추좌전》

공자는 법치가 시행되면 신분 구별이 없어질 것을 걱정했다. 베이징대학교가 펴낸 《중화문명사》는 '예禮의 정신은 별別이고 법法의 정신은 동同'이라고 풀이했다. 예는 신분과 귀천을 구별하고, 법은 구별하지 않는다는 의미다. 공자의 머릿속에 법치는 없었다.

그렇다면 어떻게 예를 바로잡을 것인가?

공자는 새로운 해법을 제시했다.

제자 자로子路가 "정치를 바로잡으려면 무엇부터 해야 합니까?"라고 물었다. 공자는 "반드시 명분을 바로잡아야 한다"라고 말했다. _《논어》, 〈자로〉

명분은 이름에 따르는 역할, 직분, 분수다. 양두구육羊頭狗肉은 이름과 내용이 맞지 않는 대표적 예라 할 수 있다. 양 머리를 내걸었으면 양고기를 팔아야 한다. 이름과 내용이 같아야 한다는 것이 공자의 정명론正名論이다.

제나라 경공景公이 공자에게 정치에 대해서 물었다. 공자가 말했다. "임금은 임금다워야 하고 신하는 신하다워야 합니다(君君臣臣). 아버지는 아버지다워야 하고 아들은 아들다워야 합니다(父父子子)." _《논어》, 〈안연〉

임금이 임금다워야 한다는 말은 임금이라는 이름을 가졌으면 임금의 역할과 책임을 다해야 한다는 뜻이다. 정명 사상은 각 신분에 윤리·도덕적 책임을 지워 정치를 바르게 하겠다는 공자의 이상을 담고 있다.

윤리의 윤倫자는 울타리 모양의 侖(륜)에서 나왔다고 중국 고전 저술가 이중텐易中天은 설명한다. 윤倫은 울타리 안에 가두는 일이다. 야생마는 들판을 거침없이 달리지만 울타리를 치면 제멋대로 돌아다니지 못한다. 사람에게 울타리를 둘러 윤리적으로 살도록 하자는 것이 정명 사상이다. 윤리적 틀은 인간의 자유와 욕망을 억제한다. 유교적 인간은 울타리 안에 갇힌 인간이다. 정명 사상은 옷에 몸을 맞추는 것과 같다. 몸을 줄이든 늘리든 억지로 옷에 몸을 맞춰야 한다.

공자는 현실이 아니라 이상을 찾는 사람이었다. 제나라 경공이 공자에게 니계尼谿 땅을 채읍으로 내리려 하자, 재상 안영晏嬰이 반대했다.

무릇 유학자는 말재간이 있고 융통성을 잘 부려 법으로 규제할 수 없습니다. 거만하고 제멋대로 하는 까닭에 아랫사람으로 두기 어렵습니다. 또 상례喪禮를 중시해 슬픔을 다한다며 파산까지 아랑곳하지 않고 큰 장례를 치르는 까닭에 풍속으로 삼기 어렵습니다. 도처에 유세를 다니며 관직이나 후한 녹을 바라는 까닭에 나라의 정사를 맡길 수도 없습니다. _사마천,《사기》,〈공자세가〉

공자는 발걸음을 돌려야 했다. 공자는 52세 때 노나라 법무를 담당하는 대사구大司寇가 되었다. 마침내 뜻을 펼칠 기회를 잡았다. 공자는 무단으로 성을 쌓은 세도정치가 계손季孫과 숙손叔孫, 맹손孟孫 씨를 공격해 두 개 성城을 허물어뜨리고 정사를 문란하게 한 대부 소정묘少正卯를 주살했다고《사기》는 기록했다. 순자荀子는 "소정묘가 소인小人의 걸웅傑雄이라 공자가 단죄했다"고 전했다.

공자가 말하기를… 사람에게 악惡이 다섯 가지 있는데, 첫째는 마음이 활달하면서도 음험하고, 둘째는 행위가 편벽되면서도 단단히 굳어지고, 셋째는 말이 거짓투성이면서도 달변이고, 넷째는 추악한 일을 잘 기억하면서도 박식한 척하고, 다섯째는 나쁜 짓을 쉽게 하면서도 재미있어 하는 것이다. 사람에게 이 중에 한 가지라도 있으면 주살을 면치 못하는데, 소정묘는 이를 모두 겸해 가지고 있다. _《순자》,〈유좌宥坐〉

논어는 이 사건을 언급하지 않았다. 유학자들은 소정묘 사건이 허위라고 주장했다. 어진 정치를 강조해온 공자가 소정묘를 처단했을 리 없다는 것이다. 주희朱熹까지 나서 날조된 기록이라고 주장했다. 사마천은 소정묘 사건 이후 노나라 풍속이 달라졌다고 기술했다.

> 공자가 정사를 맡은 지 석 달이 지나자 양과 돼지를 파는 사람들이 값을 속이지 않았다. 남녀가 길을 갈 때 따로 걸었다. 길에 떨어진 물건을 주워 가는 사람도 없어졌다. _사마천,《사기》,〈공자세가〉

노나라가 잘 다스려지자 제나라는 노나라에 미녀 80명과 120필의 말을 보냈다. 노나라 임금 정공定公은 승마와 미녀에 빠져 사흘 동안 조회에 나오지 않았다. 제사를 지내고 며칠이 지나도록 공자에게 제사 고기를 보내오지 않았다.

공자는 예의가 아니라고 생각했다. 그래서 공자는 노나라를 떠나기로 했다. '인번거노因膰去魯(제사 고기를 보내오지 않아 노나라를 떠나다)'라는 고사성어는 여기서 나왔다.

14년간의
주유천하

공자는 56세 때부터 천하를 주유했다. 제자들을 데리고 이 나라 저 나라 돌아다니며 자신을 받아줄 곳을 찾았다. 군주들을 만나 예禮와 인仁을 설파했다. 예가 외형적 규범이라면 인은 내면의 사랑과 공감이다.

위衛나라 영공靈公이 군사전략에 대해 묻자 공자는 "예에 대해서는 알아도 군사 문제에 대해서는 배운 적이 없다"고 답했다. 공자는 다음 날 말없이 위나라를 떠났다. 힘으로 패권을 다투는 상황에서 그를 받아줄 군주는 없었다. 천하는 넓고 길은 멀었다. 길을 가는 도중에 다른 사람으로 오인되어 돌팔매를 맞고 행색이 초췌해 '상갓집 개'라는 조롱을 받기도 했다.

진陳나라와 채蔡나라 국경을 지날 때 전쟁 틈바구니에 끼어 벌판에서 일주일을 굶었다. 공자는 걸어갈 힘도 없어 그 자리에 주저앉았다. 공자는 하늘을 원망했다.

《시경詩經》에 이르기를 '코뿔소도 아니고 호랑이도 아닌 것이 광야에서 헤매고 있다'고 했다. 나의 도에 무슨 잘못이라도 있단 말이냐? 우리가 왜 여기서 곤란을 당해야 한다는 말이냐? _사마천,《사기》,〈공자세가〉

제자들은 스승의 도가 너무 높아 세상이 받아주지 않는다고 한탄했다. 그렇게 14년 세월이 흘렀다. 주유천하周遊天下를 끝내고 고향에 돌아왔을 때 공자 나이 69세였다. 현실은 공자를 외면했다.

일부에서는 공자의 주유천하를 돈키호테의 모험과 비교한다. 미국의 중국문명학자 헐리 크릴Herrlee Creel은 이렇게 반박한다.

풍차를 향해 돌진하는 돈키호테의 모험과 공자의 주유천하는 거의 이룬 게 없다는 점에서 표면적으로 비슷하게 생각하기 쉬울 것이다. 그러나 돈키호테는 과거의 메아리echo였고, 공자는 미래의 예언자prophet였다. _헐리 크릴,《공자, 인간과 신화Confucius: The Man and the Myth》

14년의 고난은 공자와 제자들을 더욱 단단하게 결속시켰다. 노나라 석문石門에서 있었던 일이다.

자로子路가 석문에서 유숙했는데 새벽에 문을 열어 주는 사람이 물었다. "어디에서 오시오?" 자로가 대답했다. "공孔씨 댁에서 오는 길이오." 그가 말했다. "안 된다는 것을 알면서 하려고 하는 사람 말이오?" _《논어》,〈헌문憲問〉

안 되는 줄 알면서도 끈질기게 매달리는 완고한 집념, 고집스러운 이상주의가 2,500년을 이어온 유교의 끈질긴 생명력의 원천이었는지도 모른다.

공자학당

공자는 정치 꿈을 접고 고향 곡부에서 학당을 열었다. 고향 집 살구나무 아래 교단을 설치하고 제자들을 가르쳤다.

오늘날 공묘 대성전 바로 앞에 후대에 지은 정자 행단杏壇이 서 있고 3월 하순이면 정자 주위로 연분홍 살구꽃이 눈부시게 피어난다. 공자 생전에 행단에서는 글 읽는 소리가 끊이지 않았다.

배우고 때때로 익히면 기쁘지 아니한가(學而時習之 不亦悅乎). 먼 곳에서 벗이 찾아오면 즐겁지 아니한가(有朋自遠方來 不亦樂乎). _《논어》,〈학이學而〉

공자는 배우고 익히는 기쁨을 벗과 어울리는 즐거움에 비유했다. 공부의 즐거움을 노래한 이 구절은 많은 사람이 애송하는 명문장이다.

공자는 배우기를 좋아했다. 동아시아인들이 학문을 숭상하고 높은 향학열을 보이는 것은 공자의 영향이라고 사람들은 이야기한다. 공자는 교육을 통해 인격을 갖춘 군자를 키우고자 했다. 그는 신분 차별 없이 누구에게나 학당 문을 열었다.

한 묶음 이상의 마른고기를 가지고 와서 예를 행한 사람들에게 내 일찍이 가르치지 않은 적이 없다. _《논어》, 〈술이〉

그는 제자들에게 시詩, 서書, 예禮, 악樂을 가르쳤다. 제자들의 숫자가 3천 명에 달했고 육예六藝(예禮, 악樂, 사射, 어禦, 서書, 수數)에 능한 자도 72명이나 되었다고 《사기》는 전한다.

《중국철학사》를 지은 평유란馮友蘭은 공자가 중국 최초로 학술을 민중화했고 선비(士)라는 계급을 창설하거나 발전시켰다고 평가했다. 선비는 공부하다가 벼슬길에 나가고 벼슬이 끝나면 공부를 하는 사람이었다.

유가儒家 집단은 관직과 교육이라는 두 개의 길을 통해 유학을 확산시켰다.

춘추의 의義

공자는 70세에 《춘추》를 지었다. 《춘추》를 집필하고 있을 때 노나라 서쪽에서 기린이 잡혔다. 공자는 기린을 보고 눈물을 흘렸다. 태평성대에 나타난다는 기린이 난세에 나왔다가 사람에게 잡힌 것은 길조가 아니라고 생각했다.

"도를 행하고자 하는 나의 희망도 이제는 다 끝났구나!"

공자는 죽음이 가까이 왔음을 예감하고 《춘추》에 마지막 힘을 쏟았다. 《춘추》는 노나라 250년 역사를 공자의 시각으로 재구성한 역사 비평서다. 제후의 잘잘못을 가리는 일은 천자의 책무이지만 공자는 대담하게 붓을 들었다.

> 나를 알아주는 자도 오직 춘추요, 나를 벌하는 자도 오직 춘추로다. _《맹자》, 〈등문공 하〉

공자는 《춘추》로 모든 것을 평가받겠다고 말했다. 그는 올바른 이름이라는 대의명분大義名分에 따라 역사를 기록했다. 예를 존중하는 사람은 부드러운 인仁으로 감싸고 예를 어기는 사람은 날카로운 의義로 단죄했다.

> 《춘추》는 위로 삼왕三王(고대의 세 임금, 우왕禹王, 탕왕湯王, 문왕文王 또는 무왕武王)의 도를 밝히고 아래로는 사람들이 하는 일의 규범을 정했다. 혐의를 분별하여 시비를 밝혔으며 의심스러워 결정치 못한 것을 딱 잘라 결정했다. 악한 사람을 미워하고 선한 사람을 좋아했으며, 현명한 사람을 존중하고 못난 사람을 천시했다. _사마천, 《사기》, 〈태사공 자서〉

《춘추》는 왕을 참칭한 오왕과 초왕은 자子라고 낮춰 불렀다. 제후가 죽어 장례를 치르면 장葬이라 쓰고, 역신에게 시해되면 죽었다는 의미로 훙薨이라 기록했다. 중국 제나라의 공양고公羊高가 쓴 《춘추공양전春秋公羊傳》은 임금과 부모를 죽인 자는 반드시 응징해야 하는 것이 춘추 정신이라고 풀이했다.

임금이 시해당했는데, 역적을 죽이지 않으면 신하가 아니다. 아버지를 위해 복수하지 않으면 자식이 아니다. 장례는 살아 있는 사람들이 맡아 할일이다. 《춘추》는 임금이 시해당했는데 역적을 토벌하지 않으면 장례 치른 일을 기록하지 않는다. 이미 군신과 부자라는 관계가 사라졌다고 생각하기 때문이다. _공양고, 《춘추공양전》

맹자는 "공자가 《춘추》를 완성하니 난신적자亂臣賊子(임금을 시해한 신하, 부모를 해한 자식)가 두려워했다"고 말했다.

공자는 《춘추》를 완성한 뒤 기원전 479년, 72세에 세상을 떠났다. 그는 떠나기 전 마지막 노래를 불렀다.

태산이 무너지려는가!
기둥이 부러지려는가!
철인이 죽으려 하는가!
_사마천, 《사기》, 〈공자세가〉

《춘추》는 중국 역사에 지대한 영향을 끼쳤다. 한무제 이후 수백 년 동안 《춘추》는 유무죄를 판단하는 법전으로 활용되었다. 관우는 춘추 주석서 《춘추좌전》을 항상 지니고 다녔다. 끝까지 주군에 대한 의리를 지킨 관우를 중국인은 무성武聖으로 받들고 상인들은 재물의 신으로 모셨다.

춘추대의는 유교 사회를 떠받쳐 온 튼튼한 기둥이다. 부정·불의와 타협하지 않는 정신은 지조 높은 선비 문화를 낳았고, 나라가 위기에 처했을 때 수많은 충신, 열사, 의병이 나왔다.

하지만《춘추》가 긍정적 영향만 준 것은 아니다. 주군에 대한 무조건적 의리와 충성은 논란의 대상이 된다. 백이·숙제가 그 대표적 인물이다. 백이·숙제는 은殷이 망하자, 수양산首陽山에 들어가 굶어 죽었다.

무왕이 은나라를 평정하자 천하의 제후들은 주나라를 종주로 세웠다. 그러나 백이와 숙제는 주나라 백성이 되는 것을 치욕으로 여겼다. 지조를 지켜 주나라의 양식을 먹으려 하지 않고, 수양산으로 들어가 고사리를 뜯어 먹으며 배를 채웠다. 마침내 이들은 수양산에서 굶어 죽고 말았다. _사마천,《사기》,〈백이열전〉

공자는 백이·숙제를 인仁하다고 평했다.

(제자가) 들어가서 여쭙기를 "백이와 숙제는 어떤 사람입니까?"라고 하자, 공자께서 말씀하셨다. "옛날의 현인이다." 그러자 다시 묻기를 "원망했습니까?" 하자, 말씀하셨다. "인을 구하여 인을 얻었으니 어찌 원망하였겠느냐?"_《논어》,〈술이〉

주왕紂王을 폭군이라고 비난한 맹자는 주왕을 섬긴 백이에 대해 애매한 태도를 취했다. "백이는 성인聖人 가운데 청淸한 자요"라고 말하는가 하면 다른 곳에서는 "마음이 비좁다"고 부정적으로 평가했다. 폭군을 옹호한 백이·숙제를 칭찬만 할 수는 없었을 것이다.

사마천은 《사기》 〈열전〉 첫 편에 〈백이열전〉을 실어 존경을 표했다. 그는 《논어》 구절을 인용해 최고의 찬사를 보냈다.

추운 계절이 된 연후에야 소나무와 잣나무는 시들지 않고 푸르게 남아 있는 것을 안다. _《논어》, 〈자한子罕〉

선비의 높은 절개를 칭송한 이 구절은 추사 김정희의 〈세한도歲寒圖〉에도 등장한다.

사마천은 그러나 백이·숙제가 세상을 원망하지 않았다는 공자의 평가에 의문을 제기했다. 그들이 남긴 채미가採薇歌에는 원망의 뜻이 담겨 있기 때문이다.

저 서산에 올라, 고사리를 뜯었도다. 폭력으로 폭력을 대신하고도 그 잘못을 알지 못하네. 신농神農(농사의 신)과 우하虞夏(요순과 하 왕조) 모두 사라졌으니, 나는 어디로 간단 말인가? 아, 아, 떠나가자. 운명이 다한 것을! _사마천, 《사기》, 〈백이열전〉

채미가에는 주군 주왕紂王에 대한 실망과 주周나라의 왕권 찬탈에 대한 분노가 뒤섞여 있다. 마음 둘 곳 없는 세상에서 "어디로 간단 말인가"라는 한탄은 백이·숙제의 깊은 절망과 좌절감을 표현한다.

사마천은 백이·숙제의 속마음과 공자의 평가 사이에서 갈등했다. 그는 혼란스러운 마음에 이렇게 탄식했다. "세상을 원망한 것인가, 원망하지 않은 것인가." 사마천은 혼란스러워했지만, 공자의 칭송을 받은 백이·숙제는 오래도록 충절의 표상이 되었다.

천 년이 넘어 백이·숙제에 대한 다른 평가가 나왔다. 북송의 재상이자 문장가 왕안석王安石(1021~1086년)은 백이·숙제를 꾸짖었다.

무왕이 천하에 앞장서서 대의를 이끌자, 태공(강태공)이 보좌하여 이를 이루었는데, 혼자서 이를 그르다고 하였다면 어찌 백이伯夷라 할 수 있겠는가. 천하의 도道는 두 가지뿐이니, 바로 인仁과 불인不仁이다. 주紂가 군주 노릇을 하는 것은 불인이고, 무왕이 군주 노릇을 하는 것은 인이니… 그렇다면 백이는 무엇을 어떻게 하려 했다는 것인가? _왕안석,《임천집臨川集》

중국 근대작가 루쉰魯迅은 단편소설 〈고사리를 캔 이야기〉에서 백이와 숙제를 양로원에서 구운 떡을 받아먹으며 사는 무기력한 노인으로 그렸다. 루쉰은 두 형제가 수양산에 들어가 실제로는 먹을 것을 탐하다가 죽었다고 조롱했다. 주군에 대해 무조건 충절을 강조하는 유교에 대한 신랄한 풍자다. 옳고 그름을 따지지 않고 개인적 의리를 중시하는 중국인에 대한 따가운 비판이기도 하다.

유교의 의義와 서양의 정의正義, justice는 차이가 있다. 고려대 철학과 교수 이승환은 "동양의 의는 사람과 사람 사이의 관계 윤리인 데 반해, 서양의 정의는 원자화된 개인들 사이의 도덕규범"이라고 설명했다. 그는 유교의 의義는 친구·동지·동료 사이의 사적 의리義理로 변질될 가능성이 있다고 지적했다.

의리 개념은 친밀한 사적 집단 안에서의 관계 유지나 화합 도모를 일차적 목적으로 삼는다. 의리 개념은 이렇게 소규모 집단 안에서 요구되는 사적인 덕목이기 때문에 공적 영역에서 요구되는 보편적 도덕의 요구, 즉 정의와 서로 상충할 수 있다. _이승환, 《유가 사상의 철학적 재조명》

혈연, 지연, 학연은 유교 폐단의 하나로 지적되지만 유교 문화권에 깊이 뿌리내려 정신세계의 한 부분을 차지하고 있다.

공자의 경제관,
리利보다 의義

공자 사상은 유교 문화권의 경제활동에 큰 영향을 미쳤다. 공자는 물질적 문제와 경제에 관해 어떤 생각을 가졌을까?

공자가 위衛나라에 가는데 그의 제자 염유冉有가 수레를 몰았다. 공자가 이렇게 말했다. "백성들이 매우 많구나." 염유가 말했다. "이미 백성들이 많다면 또 무엇을 더 해야 합니까?" 공자가 말했다. "부유하게 해줘야 한다." 염유가 말했다. "이미 부유해졌으면 또 무엇을 더해야 합니까?" 공자가 말했다 "가르쳐야 한다." _《논어》, 〈자로〉

경제를 발전시켜 백성을 모이게 하고 부를 창출해 교육에 투자하는 것은 바람직한 경제모델이라 할 수 있다. 공자는 백성의 이익(利)을 긍정적으로 생각했다.

백성들이 이롭게 여기는 것을 이롭게 해준다면 이것이 은혜로우면서도 낭

비하지 않는 것이다. 《논어》, 〈요왈堯曰〉

이利는 벼〔禾〕를 베는〔刀〕 것을 형상화한 글자다. 농부는 봄에 씨를 뿌려 가을에 추수한다. 그 수확을 가지고 농부는 가계를 꾸리고 다음 해 뿌릴 씨앗을 마련한다. 기업이 투자를 하고 노동력을 투입해, 상품을 생산하고 그것을 팔아 이윤을 남기는 경제원리가 이利에 담겨 있다. 공자는 자신도 부유함을 싫어하지 않는다고 말했다.

부유함을 구할 수 있다면 비록 채찍을 잡는 마부의 일일지라도 나는 할 것이다. 만약 구할 수 없다면 내가 좋아하는 것을 따르겠다. 《논어》, 〈술이〉

공자는 부귀에는 의로움〔義〕이 전제되어야 한다고 말했다.

부유함과 귀함은 사람이 원하는 것이지만 올바른 방법으로 얻은 것이 아니라면 처하지 않으며, 가난함과 천함은 사람들이 싫어하는 것이지만 올바른 방법으로 벗어나지 않는다면 떠나지 않는다. 《논어》, 〈이인〉

의義는 마땅함 의宜와 통한다. 정당한 방법으로 부를 취해야 한다는 원칙은 어느 시대에나 필요한 경제 윤리다.
공자는 경제의 큰 틀에서는 생산보다 분배를 우선했다.

내가 듣건대 나라와 집을 이끌어가는 사람은 적은 것을 걱정하지 말고 고르지 못함을 걱정해야 하며, 가난한 것을 걱정하지 말고 편안하지 못함을

걱정해야 한다고 했다. 《논어》, 〈계씨〉

공자는 고른 분배를 의로움〔義〕으로 보았다. 공자는 목숨을 바쳐서라도 의로움을 지켜야 한다고 강조했다.

이익을 보면 의로움을 생각하고 위태로운 것을 보면 목숨을 바쳐라(見利 思義, 見危授命). 《논어》, 〈헌문〉

공자는 의롭게 얻은 부가 아니라면 차라리 가난을 택하겠다고 말했다.

거친 밥을 먹고 물을 마시고 팔을 굽혀 베개를 삼을지라도 즐거움은 또한 그 속에 있으니, 옳지 못한 부귀는 나에게 있어서 뜬구름과 같은 것이다. _ 《논어》, 〈술이〉

세상을 등지고 안빈낙도安貧樂道하는 삶을 긍정적으로 그렸다. 의義를 강 조하는 것이 지나쳐 은둔자의 삶을 미화했다. 불의와 타협하지 않겠다는 단호한 의지 표현이지만 현실을 외면하는 냉소주의를 담고 있다. 공자는 의義와 이利를 군자와 소인에 대입했다.

군자는 의義에 밝고, 소인은 이利에 밝다. 《논어》, 〈이인〉

공자는 군자를 공적 의로움을 찾는 사람으로, 소인을 사적 이익을 구하 는 사람으로 보았다.

제자 번지樊遲가 농사일을 배우고자 청하자 공자가 말했다. "나는 늙은 농부만 못 하다." 채소 가꾸는 방법을 배우고 싶다고 청하자 "나는 채소 가꾸는 늙은 농군보다 못 하다"고 말했다. 번지가 나가자 공자가 말했다. "번지는 소인小人이구나." 《논어》, 〈자로〉

공자는 생업에 종사하는 사람들을 이利에 밝은 소인이라고 비난했다. 소인은 농사를 짓고, 대장간에서 망치를 두드리고, 장사를 하는 사람들, 즉 농農, 공工, 상商이다. 공자는 도덕을 공부하는 선비〔士〕는 높이고 땀 흘려 일하는 생산 계층은 낮게 보았다. 공자의 경제관은 생산 활동과 상업을 천시하는 풍조를 낳았다.

이利는 의義가 아니라는 의리대립관義利對立觀을 낳았으며 곡식 심는 법을 배우면 곧 소인이라는 것과 소인은 단지 이利만 안다는 식의 사고방식은 후세에 매우 부정적인 영향을 주었다. _왕샤오시王小錫, 《중국의 전통적 경제 윤리》

서양 경제학은 욕망의 긍정에서 출발한다. 애덤 스미스는 수많은 개인이 합리적으로 자신의 욕망을 추구하는 가운데 질서가 만들어지고 경제 발전이 이뤄진다고 생각했다. 공자는 욕망을 억제해야 할 대상으로 보았다. 공자는 군자가 되려면 이利를 구하지 말고 도道를 구해야 한다고 말했다.

군자는 도道를 도모하되 먹을 것〔食〕을 도모하지는 않는다. 밭을 갈아도 굶주림〔餒〕은 그 가운데 있고, 학문을 함에 녹祿이 그 안에 있는 것이니, 군자는 도를 걱정하되 가난함을 걱정하지 않는다. 《논어》, 〈위령공〉

농사꾼은 식량을 생산하지만 반드시 먹을 것을 얻지 못하고, 군자는 가난해도 도道를 추구하다 보면 녹祿이라는 큰 보상을 얻을 수 있다는 뜻으로 해석된다.

공자는 관직을 얻으려고 14년을 주유천하했다. 공자는 "만일 나를 써 주는 이가 있다면 내가 동주東周를 만들겠다"고 말했다.

과거시험에 수많은 유생儒生들이 응시한 것은 권력과 명예, 녹祿을 얻으려는 현세적 동기가 작용했다고 할 수 있다. 중국 전통 사회에서 권력을 장악하고 대토지를 소유한 것은 유교 관료층이다. 군자라는 단어에는 권력과 부에 대한 욕망이 숨어 있다. 유학은 물밑에서 욕망을 추구하면서도 욕망을 억제하라고 가르쳤다.

의義를 중시하는 유학의 경제관은 부정부패를 억제하는 긍정적 효과를 가져온 것이 사실이다. 하지만 이利와 생산 활동을 낮게 보는 고답적 경제관은 사농공상의 폐해를 낳고 민간의 자유로운 경제활동을 저해한 것 또한 부인하기 어렵다.

인仁을 가르친
4대 성인

공자는 평생 주나라의 옛 질서를 회복하고자 했다. '효孝'를 중시하는 가족주의와 낡은 신분 계급을 옹호하는 그의 가치관은 보수적이라는 비판을 받는다. 의義와 도덕을 우선하는 경제관은 순기능도 있었지만 역기능도 적지 않았다.

공자가 이 같은 현실적 한계에도 불구하고 위대한 성인으로 추앙받는 것은 인간의 도덕심을 깨우치려고 노력했기 때문이다. 공자의 핵심 사상은 인仁이다. 인仁은 인간에 대한 사랑이고, 자신처럼 남을 아끼는 마음이다. 인간성이 무너진 시대에 공자는 인간의 사랑과 도덕을 일깨웠다. 폭력과 전쟁이 난무하는 세상에 너그러운 덕치와 비폭력적 왕도정치를 역설했다.

공자는 "네가 하고 싶지 않은 일을 남에게 시키지 말라(己所不欲 勿施於人)"고 말했다. 공자의 이 같은 철학은 서양에서는 황금률Golden Rule이라 불린다. "남에게 대접을 받고자 하는 대로 남을 대접하라"는 기독교 윤리와 통한다.

독일 철학자 칼 야스퍼스Karl Jaspers는 공자를 소크라테스, 붓다, 예수와 함께 4대 성인으로 꼽았다. 그는 공자가 인간과 사회를 조화시키려 노력했다고 평가했다.

공자는 근원적 종교적 체험이나 계시를 받지 않았고, 내면의 재탄생을 성취하지 않았고 신비적이지도 않았다. 그는 합리주의자도 아니었다. 그러나 그는 공동체를 통합하는 아이디어에 의해 인도되었다. 인간은 그것을 통해 인간답게 되었다. 그의 열정은 이 세계의 아름다움, 질서, 성실함, 행복을 위한 것이다. _칼 야스퍼스, 《소크라테스, 붓다, 공자, 예수Socrates, Buddha, Confucius, Jesus》

공자는 자기 수양을 통해 욕망을 극복하는 '극기克己'를 가르쳤고, 학문과 지식의 중요성을 전파했다. 그는 《춘추》를 써서 의義의 판단 기준을 제시하고 실천을 강조했다. 작은 물줄기에서 시작한 공자 사상은 대하大河를 이루었다. 하지만 유학 사상의 모순과 문제점도 함께 흘러 들어갔다.

공자 사상은 중국 역사를 지배하고, 아시아적 가치Asian values를 형성해 아시아 문화·경제에 광범위한 영향을 끼쳤다.

공자에 버금가는 아성, 맹자

맹자孟子(기원전 372~289년)는 공자 사후 100년 뒤에 탄생했다. 맹자는 혼란한 전국戰國시대에 살았다.

전국시대 제후들은 왕이라고 참칭하고 무력으로 영토를 침범했다. 사상적으로는 수많은 학파가 다양한 사상을 주장했다. 맹자는 "양주楊朱와 묵적墨翟(묵자墨子)의 이론이 세상에 가득 찼다"고 개탄했다. 양주는 "내 털 하나를 뽑아 천하를 이롭게 할 수 있다 해도 그렇게 하지 않겠다"며 극단적 이기심을 주장했다. 묵자는 세상 사람 모두를 사랑하라는 겸애兼愛를 주장했다. 맹자는 묵자에 대해 "모든 사람을 똑같이 사랑하면 아비도 없고 임금도 없으니 이는 새나 짐승이나 다름없다"고 비난했다.

맹자는 양주와 묵자에 맞서 공격적으로 자신의 사상을 역설했다. 그는 인간 본성이 선하다는 성선설性善說을 주장했다.

갑자기 어린아이가 우물에 빠지려는 것을 보면 걱정하고 측은한 마음을 갖는다. 그것은 그 아이의 부모와 사귀려는 까닭도 아니고 마을 사람들과 벗들에게 칭송을 듣기를 바라서도 아니다. _《맹자》, 〈공손추公孫丑〉

맹자는 모든 인간 본성에 차마 참지 못하는 마음(不忍人之心), 착한 심성이 있다고 보았다. 맹자는 인간의 마음이 성장하면서 혼탁해졌는데, 본래의 선한 마음을 되찾기 위해 학문과 수양을 쌓아야 한다고 주장했다.

맹자는 이름난 유세가였다. 그는 여러 나라를 다니며 패도覇道를 버리고 왕도정치王道政治를 펼 것을 설득했다. 맹자가 양혜왕梁惠王을 만나서 한 말은 오늘날에도 자주 회자된다.

"수叟(노인장)! 천 리 길도 마다하지 않고 오셨는데 우리나라에 어떤 이익이 있겠습니까?" 양혜왕이 물었다. 맹자가 말했다. "왕이시여, 하필 이익에 대하여 말씀하십니까? 오직 인仁, 의義가 있을 뿐입니다."_《맹자》, 〈양혜왕 상〉

"하필 이익을 말하느냐", '하필왈리何必曰利'는 욕망과 이기심을 버리라는 말이다. 맹자는 임금이 이익을 따르면 온 나라가 이익을 따르고, 그렇게 되면 나라가 위험해진다고 경고했다. 맹자는 성선설을 주장했지만, 인간 본성에 이기적 욕망이 있다는 점은 인정했다.

입이 좋은 맛에 끌리고 눈이 좋은 색에 끌리고 귀가 좋은 소리에 끌리고 코가 좋은 냄새에 끌리고 사지가 편안한 것을 좋아하는 것은 본성本性이다. _《맹자》, 〈진심盡心〉

맹자는 물질적 욕망이 충족되어야 바른 마음을 가질 수 있다고 보았다.

일반 백성들은 항산恒産이 없으면 항심恒心을 가질 수 없다. 항심을 가질 수 없다면 방종하고 편견을 가지며 악한 마음을 가지고 사치한 것을 이미 어쩔 수가 없게 된다. _《맹자》, 〈양혜왕 상〉

맹자 철학은 '창고가 가득 차야 예절을 알고 먹고 입는 것이 넉넉해야 영욕을 안다'는 관중 철학과 같은 취지다. 관중과 다른 점은 맹자는 항산이면 항심을 갖는 것을 소인小人의 단계로 보았다.

그렇다면 대인大人의 단계는 무엇일까? 항산이 없어도 항심을 갖는 높은 수준의 도덕적 세계다. 수양을 쌓은 선비는 욕망이 충족되지 않아도 인의 예지를 갖는다고 맹자는 말했다. 맹자는 현실 세계에 사는 양혜왕에게 자신의 도덕관을 적용하려 했다.

맹자 사상은 지나치게 이상적이라는 비판을 받는다. 정치가 윤리와 도덕을 외면해서도 안 되지만 현실을 떠난 정치도 존재할 수 없다. 사마천은 이렇게 평했다.

천하는 바야흐로 합종과 연횡에 힘쓰며 남을 쳐 정벌하는 것을 현명하다고 여길 때 맹가孟軻는 요순과 3대의 덕정을 논한 것이다. 그가 가는 곳마다 받아들여지지 않은 이유다. _사마천, 《사기》, 〈맹자순경열전〉

맹자는 신분 차별적 보수주의자라는 비판도 받는다. 맹자는 사회계층을 노심자勞心者와 노력자勞力者로 나눴다.

마음을 수고롭게 하는 사람(勞心者)은 남을 다스리고, 몸을 수고롭게 하는 사람(努力者)은 남의 다스림을 받는다. 남에게 다스림을 받는 사람은 남을 먹여주고, 남을 다스리는 사람은 남한테서 먹는 것이 온 천하에 통용되는 원칙이다. _《맹자》,〈등문공滕文公〉

공부를 많이 하고 수양을 쌓은 사람이 지배층이 되어야 한다는 말이다. 유학자들은 노심자, 노력자 구분이 사회 분업을 이야기한 것이라고 주장하지만 전통 사회에서 신분 차별을 강화하는 이데올로기로 작용했다.

맹자 사상 중에서 가장 높은 평가를 받는 사상은 민본사상民本思想이다. 맹자는 민民이 정치의 근본이라고 보았다.

민民이 귀하고, 사직社稷은 그 다음이며, 임금[君]은 가벼운 존재다. 이 때문에 민에게 신임을 얻으면 천자가 된다. _《맹자》,〈진심盡心 하〉

민을 귀하게 여기는 민본사상은 국민이 주권자인 현대 민주주의와 차이가 있지만 시대를 앞서가는 진보적 생각이었다. 맹자는 여기에 더해 폭군은 교체되어야 한다는 혁명론을 제시했다.

제선왕齊宣王이 물었다. "신하가 임금을 시해하는 것이 옳습니까?" 맹자가 대답했다. "인仁을 해치는 자를 적賊이라 하고, 의義를 해치는 자를 잔殘이라 합니다. 잔적한 사람을 일개 무도無道한 사나이[一夫]라고 합니다. 한낱 사나이에 불과한 주紂(상나라 마지막 왕)를 죽였다는 말은 들었어도, 임금을 시해했다는 말은 듣지 못했습니다." _《맹자》,〈양혜왕 하〉

폭군은 왕이라 부를 필요도 없고 전복시켜야 마땅하다는 주장이다. 맹자는 혁명론에서 천명天命을 강조했다. 민심을 얻으면 혁명이고 그렇지 못하면 왕위를 빼앗는 찬탈篡奪이다.

폭정을 견제하려고 한 맹자 사상은 후대에 수난을 받았다. 명明 황제 주원장은 어느 날 《맹자》를 읽다가 대로했다. 다음 대목이 주원장의 심기를 건드렸다.

> 임금이 신하를 손과 발처럼 보면 신하는 군주를 배와 심장처럼 중시합니다. 군주가 신하를 개나 말로 보면 신하는 군주를 평범한 나라 사람처럼 봅니다. 군주가 신하를 흙이나 먼지처럼 보면 신하는 군주를 도적이나 원수처럼 봅니다. _《맹자》,〈이루장구離婁章句 하〉

주원장은 《맹자》를 당장 금서로 지정하라고 불호령을 내렸다. 전당錢唐이라는 선비가 "나는 맹자를 위하여 죽겠노라. 죽어도 영광이다"라며 목숨을 걸고 금서 지정에 반대했다. 《맹자》는 금서를 면했지만 100여 조만 남기고 85조가 삭제되는 필화를 겪었다. 일본 막부는 혁명 이론을 담고 있다는 이유로 《맹자》를 금서로 지정했다.

맹자는 지나치게 이상적이라는 비판도 받지만 공자 사상을 이론적으로 심화하고 민본사상과 혁명론을 주장해 사상사에 큰 발자취를 남겼다. 맹자는 공자의 도통을 이은 후계자, 공자에 버금가는 아성亞聖으로 불린다.

성악설을 주장한
순자

순자荀子(기원전 298~238년)는 맹자와 반대로 성악설性惡說을 주장했다. 순자는 인간은 태어나면서부터 욕망을 갖고 있고 이 때문에 악으로 기운다고 보았다.

> 인간은 태어날 때부터 욕구를 가지고 있다. 그리고 욕구가 커지면 커질수록 재화는 점점 더 적어지며 희소한 재화는 필연적으로 사회적 갈등을 야기한다. _《순자》, 〈부국富國〉

순자의 주장은 경제학의 '희소성 원리'와 유사하다. 희소성 원리는 '사람의 욕망은 무한한 반면 이를 충족시켜 줄 자원은 한정되어 있어 불균형이 발생한다'는 이론이다. 순자는 사회 갈등을 해소하려면 예禮와 법法으로 다스려야 한다고 주장했다. 왕도를 중심에 놓고 패도를 보완책으로 제시했다. 순자는 맹자 이상으로 백성의 중요성을 강조했다.

> 임금은 배요 백성은 물이다. 물은 배를 띄우기도 하지만 배를 뒤집어엎기도 한다. _《순자》, 〈왕제王制〉

순자 사상은 성악설을 주장한다는 면에서 법가와 공통점이 있다. 순자의 제자 한비자와 이사李斯가 법가로 전향한 것은 우연이 아니다. 순자는 한나라 때 정통 유학자로 인정받았으나 당나라 유학자 한유韓愈가 도통에서 제외하면서 천 년 이상 이단으로 몰렸다. 청나라 말에 가서야 순자를 재평가하는 움직임이 일어났다.

중국 철학자 펑유란은 공자를 소크라테스, 맹자를 플라톤, 순자를 아리스토텔레스에 비유했다.

맹자의 기상氣象은 플라톤같이 이상적이고 높고 맑으며, 순자의 기상은 아리스토텔레스같이 현실적이고 깊고 넓다. _펑유란,《중국 철학사》

공자는 많은 제자를 길러냈지만 유가儒家는 제자백가 가운데 한 유파에 불과했다. 진시황 때에는 사멸 위기에 몰렸다. 유학이 주류 자리에 오른 것은 공자 사후 300여 년이 지나서였다.

상앙,
법으로 다스리다

기원전 361년, 위衛나라 공자 위앙衛鞅이 진秦나라 국경을 넘었다.

위나라 귀족 출신 위앙은 젊은 시절 이회李悝, 오기吳起의 법가를 공부했다. 위앙은 위나라 재상 공숙좌公叔座 밑에서 일했다. 공숙좌는 위혜왕魏惠王에게 위앙을 재상으로 추천하면서 "재능이 있는 사람이니 쓰지 않으려거든 죽여야 합니다"라고 말했다. 위혜왕은 위앙을 쓰지 않았다. 생명의 위협을 느낀 위앙은 진효공秦孝公의 구현령求賢令을 보고 진나라로 달아났다. 그는 효공을 만나 처음에 도덕적 왕도정치를 이야기하다가 네 번째 만남에서 패도정치를 꺼냈다. 효공은 이야기에 빠져 시간 가는 줄 몰랐다. 여러 날 동안 이야기를 해도 효공은 싫증을 내지 않았다.

위앙은 진나라 정치 질서를 뜯어고치는 변법變法을 제안했다. 귀족제를 해체하는 혁명적 방안이었다. 귀족들은 일제히 반발했다. "백 배의 이익이 없으면 법과 제도를 고쳐서는 안 된다"고 저항했다. 위앙은 법 시행을 뒤로 미뤘다.

위앙은 남문 저잣거리에 3장丈 높이의 나무 말뚝을 세우고 사람들을 모이게 했다. 그는 말뚝을 북문으로 옮기는 사람에게 10금(兩)을 준다고 공표했다. 아무도 나서지 않자 상금을 50금으로 올렸다. 한 사람이 나서 말뚝을 옮기자 위앙은 약속대로 상금을 주었다. 나무를 옮기는 일로 믿음을 얻었다 해서 이목지신移木之信, 사목입신徙木立信이라 한다.

위앙은 변법 시행에 들어갔다. 변법의 핵심은 농사를 지으며 싸우는 농전農戰이다. 그는 느슨한 농촌 사회를 군대 조직처럼 바꿨다. 마을을 5호, 10호 단위로 묶어 서로 감시하고 고발하게 했다. 한 사람이라도 죄를 지으면 연대책임을 물었다. 죄인을 숨겨주는 자는 허리를 자르는 요참형腰斬刑에 처했다.

식량 증산을 위해 농업에 주력하고 상업을 억제했다. 대가족도 해체했다. 한 집에 성인이 2명 있으면 세금을 배로 올렸다. 사회를 전체주의로 개조했다. 관직 인사에 신상필벌信賞必罰 원칙을 적용했다. 전쟁에서 공을 세운 사람은 평민이라도 작위爵位를 내렸고, 공이 없으면 군주 친척이라도 작위를 박탈했다.

변법은 신분과 계급제도를 능력 위주로 바꾸는 작업이었다.

무릇 군주가 백성을 격려하는 수단은 관작官爵이고, 나라가 흥성해지는 길은 농사를 지으며 싸우는 농전이다. 나라가 1년 동안 농전 한 가지만 전념하면 10년 동안 강성하고 10년 동안 농전 한 가지만 전념하면 100년 동안 강성하다. _상앙, 《상군서》, 〈농전〉

위수가
붉게 물들다

법을 어기면 가혹한 처벌을 내렸다. 상賞 하나에 벌罰이 아홉이었다. 어느 날 한꺼번에 700명을 처형했다.

위수渭水가 온통 붉게 물들고 호곡 소리가 천지를 진동하며 원망과 원한이 산처럼 높아졌다. _《구당서舊唐書》

여러 대의 마차로 사지를 찢어 죽이는 거열형車裂刑도 위앙이 만들었다. 귀족도 예외가 없었다. 태자가 도읍을 옮기는 정책에 반대하자, 태자 스승 공자 건虔의 코를 베고 공손 가賈의 얼굴에 문신을 하는 묵형墨刑을 가했다. 3년이 지나자 백성들은 법을 따르기 시작했다.

형벌은 국력을 낳고, 국력은 강대함을 낳고, 강대함은 위세를 낳고, 위세 는 은혜를 낳는다. _상앙, 《상군서》, 〈거강去疆〉

진나라 힘이 강해지자, 위앙은 무력으로 땅을 빼앗는 패도를 지향했다. 진秦은 위魏를 공격해 안읍安邑(산서성 샤현夏縣)을 점령했다. 변방 소국이던 진나라는 전국시대 패자로 등장했다. 진나라에 패한 위혜왕魏惠王은 대량大梁(카이펑開封)으로 쫓겨 갔다. 위魏는 국호를 양梁으로 바꿨다. 위혜왕은 "일찍이 공숙좌의 말을 듣지 않은 것이 한스럽다"고 후회했다.《맹자》에 나오는 양혜왕이 바로 위혜왕이다.

위앙은 재상 격인 대량조大良造에 오르고 상商(낙양 남쪽)의 열다섯 봉읍을 받았다. 위앙은 이때부터 상앙商鞅으로 불리게 된다.

상앙의 탄식

상앙은 진을 강대국에 올려놓았지만 많은 이들의
원한을 샀다. 재야 선비 조량趙良은 상앙을 만나 간곡히 충고했다.

> 가혹한 형벌로 백성을 상하게 한 것은 원한을 사고 재앙을 쌓는 일입니다.
> 옛말에 이르기를, 인심을 얻는 자는 일어서고, 인심을 잃는 자는 무너진다
> 고 했습니다. 그대는 지금 마치 아침 이슬처럼 위태롭습니다. _사마천,《사
> 기》,〈상군열전〉

조량은 상앙에게 상商 땅을 국가에 돌려주고 은퇴하라고 권했다. 상앙은
듣지 않았다. 다섯 달 뒤, 진효공이 죽고 태자가 혜문공惠文公으로 즉위했
다. 상앙에게 체포령이 떨어졌다. 상앙은 달아나다가 늦은 밤 어느 객사에
숨어들었다. 객사에 묵으려면 여행증이 필요했다. 그는 탄식했다. "아! 법
을 만든 폐해가 여기까지 이르렀구나." 반역죄로 붙잡힌 상앙은 그가 만든
거열형으로 비참한 최후를 맞았다.

사마천은 이렇게 평했다. "상앙은 천성이 각박한 사람으로 신의가 없고,
덕이 부족했다."

상앙은 무자비하게 법을 휘두르다 싸늘한 이슬로 사라졌다. 상앙은 법
을 맹신했다. 백성을 형벌로 다스리면 모두가 따라올 것이라 생각했다. 세
상은 법만으로 다스릴 수 없음을 깨닫지 못했다.

유학자들은 상앙이 잔인한 형벌로 풍속을 해치고 예의와 윤리를 훼손했

다고 비난했다. 송나라 때 학자 소식蘇軾은 "한나라 이래 학자들이 상앙과 상홍양(한무제 때 대사농)에 관해 이야기하는 것조차 수치로 여긴다"고 말했다.

오늘날 상앙에 대한 평가는 극과 극으로 갈린다.

긍정적으로 평가하는 학자들은 그가 주창한 법치주의와 효율적 관료제가 근대국가 형성에 기여했다고 말한다. 량치차오는 상앙을 관중, 제갈량, 이덕유, 왕안석, 장거정과 함께 중국 6대 정치가로 꼽았다. 부정적으로 평가하는 학자들은 상앙을 동양적 전제주의oriental despotism와 전체주의totalitarianism를 만든 인물로 평가한다.

상앙의 죽음으로 법가 시대가 끝난 듯했지만 법가는 살아남았다. 진시황의 천하통일은 상앙이 마련한 부국강병 토대 위에서 실현되었다.

진시황,
위대한 폭군

진시황秦始皇 무덤은 시안西安 시내에서 동쪽으로 1시간 거리의 리산驪山에 있다. 황릉 정문 입구에 면류관을 쓰고 있는 진시황 대형 석상이 서 있다. 석상을 지나 몇 분 걸어 들어가면 병마용兵馬俑 1호 갱이 나온다. 아치형 지붕으로 덮인 병마용 박물관에 들어서는 순간 눈앞에 펼쳐진 장관에 관람객은 탄성을 지른다.

길이 230미터, 너비 62미터로 축구장 두 배 넓이 정도 되는 갱 안에 황제를 호위하는 6,000여 점의 토용 군단이 빽빽이 도열해 있다. 갑옷으로 무장한 병사의 얼굴은 사선으로 쏟아지는 햇살을 받아 살아 움직이는 듯하다.

지금까지 발굴된 4개 병마용갱은 진시황릉의 일부에 불과하다. 전체 능원의 크기는 56제곱킬로미터로 여의도 면적의 19배다. 병마용갱에서 1.5킬로미터 떨어진 황릉은 미발굴 상태다. 76미터 높이의 피라미드형 봉

분 아래 진시황의 지하 궁전이 위치한다.《사기》는 진시황릉 건설 과정을
세밀히 기록했다.

시황제가 처음 즉위했을 때에 여산을 공사했고, 천하를 통일하자 전국의
죄수 70여만 명에게 구덩이를 깊게 파게 하고 구리를 부어 외곽을 만들었
다. 모형으로 된 궁관宮觀과 백관百官, 기기奇器, 진괴珍怪를 가득 매장했다.
수은으로 백천百川과 강하江河, 대해大海를 만들고 기계로 수은을 주입했
다. _사마천,《사기》,〈진시황 본기〉

진시황은 무소불위의 권력으로 중국 제국을 건설했다. 만리장성과 도
로, 운하를 건설하고 문자와 도량형을 통일했다. 진시황은 백성을 탄압하
고 미신에 빠진 폭군으로 불리지만 1974년 지하 병마용갱이 위용을 드러
내면서 재평가 작업이 이뤄지고 있다. 막강한 자원 동원 능력과 조직력, 높
은 기술 수준은 경이로움을 자아내게 한다.

천하통일의 기반,
정국거

진시황 선조는 지금의 간쑤성甘肅省 리현禮縣에서
말을 키우던 부족이었다. 성은 영嬴씨였다. 기원전 9세기 진장공秦莊公은
서융과의 전투에서 전공을 세워 천수天水 일대를 봉토로 받았다. 진나라는
기원전 762년 옹雍(바오즈)에 도읍을 정했고 상앙 시대에 함양咸陽(시안 서
쪽)으로 천도했다.
진이 위치한 관중關中은 동쪽으로 함곡관函谷關, 서쪽으로 산관散關, 남쪽

으로 무관武關, 북쪽으로는 소관蕭關에 막혀 있다. 그 중간에 관중 평야가 펼쳐진다. 관중 지역은 다른 나라를 공격하기는 쉬워도 다른 나라가 공격하기는 어려운 금성천리金城千里라 불리는 천혜의 요새다. 여러 왕조가 관중에 도읍을 정한 이유다.

진은 기원전 4세기 장강 상류의 파촉巴蜀을 정복했다. 파촉은 산이 험하지만 안으로 너른 평야를 갖고 있다. 촉군 태수 이빙李冰은 잦은 홍수 피해를 막기 위해 강에 둑을 쌓고 새로운 수로 도강언都江堰을 건설했다. 8년간의 공사 끝에 수로를 완성하자 1만 경頃(4만 6,000헥타르)의 땅이 옥토로 바뀌었다. 성도 평원은 하늘의 곳간 천부지국天府之國으로 불렸다.

진나라가 강성해지자, 이웃 한韓나라는 토목 기술자 정국鄭國을 간첩으로 보냈다. 대규모 토목 사업을 벌여 진나라 국력을 약화시키겠다는 계략이었다. 정국은 기원전 246년 황하의 지류 경수涇水에서 동쪽 낙수洛水까지 25킬로미터의 수로 공사를 시작했다. 공사 도중 한나라의 음모가 발각되었다.

정국은 진나라에 반드시 이익이 있을 것이라고 진왕(진시황)을 설득해 10년 만에 수로를 완공했다. 정국거 완공으로 4만 경(18만 4,000헥타르)의 농경지가 새로 생겨나고 한 해 11만 톤의 곡식이 증산되었다.

고대 중국의 농업 생산성은 이집트와 함께 세계 최고 수준이었다.

로마 시기 콜루멜라Columella의 《농업론》(서기 70년)을 보면, 당시 유럽 농업의 수확량은 일반적으로 파종량播種量(씨앗을 뿌린 양)의 4.5배였는데, 같은 시기 《운몽진간雲夢秦簡》(기원전 217년)에 따르면, 중국 농업의 수확량은 파종량의 10배나 되었다. _허야오민夏燿敏,《중국 경제사》

풍부한 식량 자원을 가진 진나라는 국력에서 다른 나라를 압도했다.

관중 땅은 천하의 3분의 1을 차지하고 인구는 10분 3에 불과하지만, 이들의 부는 천하의 10분의 6을 차지한다. _사마천, 《사기》, 〈화식열전〉

사마천은 정국거가 천하통일의 기반이 되었다고 평가했다.

관중의 1천 리 평야가 비옥한 농토로 변해서 흉년이 없게 되었다. 진나라는 이로 말미암아 부강해졌고, 마침내 제후국들을 병탄하게 되었다. _사마천, 《사기》, 〈하거서河渠書〉

법가,
절대군주의 제왕학

진나라는 법가의 나라였다. 상앙은 사라졌지만 법가 정책은 계속 이어졌다.

소양왕昭襄王(기원전 305~251년) 때 순자가 진나라를 방문했다. 재상 범저范雎는 순자에게 진나라를 돌아본 느낌을 물었다. 순자는 다음과 같이 대답했다.

국경에 들어와서 그 풍속을 보니 백성은 순박하고 음악은 음란하지 않습니다. 옷차림은 소박하며 관리들을 매우 두려워하고 복종하는 것이 옛날의 백성과 같습니다. 고을의 관청에 들러보니 관리들이 모두 숙연하여 공손, 검소, 돈독, 공경, 충성, 신의가 있어 빈틈없는 것이 옛날의 관리들 같

있습니다. 4대를 승리로 이끈 것은 행幸이 아니라 수數입니다. _《순자荀子》, 〈강국彊國〉

진나라 백성과 관리를 높이 평가했지만 말 속에 가시가 있다. 백성이 매우 두려워하고(畏) 복종하고(順), 관리들이 숙연肅然하다는 말은 강압적 사회 분위기를 완곡하게 표현한 것으로 해석된다. 순자는 진나라의 단점은 유학자가 없는 것이라고 평했다. "진나라가 왕도정치든 패도정치든 어느 하나는 해야 하는데, 하나도 못 하면 망할 수 있다." 순자는 법가 정치의 어두운 미래를 꿰뚫고 있었던 듯하다.

법가는 절대군주를 위한 제왕학帝王學이다. 법가에는 법法, 세勢, 술術 세 분야가 있다. 법法은 상앙, 세勢는 초楚나라 출신 신도愼到, 술術은 한韓나라 신불해申不害가 대표적 이론가로 꼽힌다. 한비자는 법, 세, 술 세 이론을 집대성해 법가를 완성했다.

세勢는 권세權勢다. 권세는 위세로 압도해 공포심을 느끼게 하는 통치 방법이다. 신도는 권세를 용과 구름에 비유했다.

날아가는 뱀이 안개 속을 노닐고, 날아가는 용이 구름을 타는데, 만약 구름과 안개가 걷힌다면 이들은 지렁이와 다를 바가 없게 된다. 이것은 이들이 의지할 바를 상실했기 때문이다. _신도, 《신자愼子》

한비자는 군주가 상賞과 벌罰을 줄 수 있는 힘을 갖고 있으면, 신하가 두려워한다고 말한다. 권세는 마키아벨리의 《군주론》에서는 사자의 힘에 해당한다.

術術은 여우 같은 교활함으로 신하를 다스리는 통치술이다. 한비자는 군주는 의중을 숨기고 신하를 믿지 말아야 한다고 말한다.

군주는 바라는 것을 밖으로 나타내지 말아야 한다. 군주가 바라는 것을 밖으로 드러내면 신하는 거기에 맞춰 잘 보이려고 꾸민다. _《한비자》, 〈주도 主道〉

군주가 권력을 독점하려면 신하를 은밀히 감시하고 말을 듣지 않으면 제거하라고 한비자는 충고한다.

법法은 형벌이다. 진나라 형벌은 공포심을 줘 백성을 길들이는 수단이고 공인된 폭력이었다. 상앙은 법의 힘으로 진나라를 단기간에 강대국으로 올려놓았다. 한비자는 〈오두五蠹〉에서 나라를 튼튼히 하려면 다섯 좀 벌레를 법으로 다스려야 한다고 주장했다. 다섯 좀 벌레는 덕치를 주장하는 유가儒家와 외교를 주장하는 유세객遊說客, 사사로이 힘을 쓰는 유협遊俠, 권세를 자랑하는 권문귀족權門貴族, 농민의 이익을 빼앗는 상공인商工人이다. 통치에 방해가 되는 세력은 모두 제거하라는 것이 한비자의 권고다.

진왕 정政(진시황)은 《한비자》의 〈오두五蠹〉, 〈고분孤憤〉을 읽고 한비자를 만나고 싶어 했다. "아, 과인이 이 사람을 만나 사귈 수 있다면 죽어도 여한이 없을 것이다." _사마천, 《사기》, 〈한자열전〉

진왕은 진나라에 사신으로 온 한비자를 만났으나, 한비자는 이사李斯의 모함으로 옥중에서 목숨을 잃었다.

법가는 현실 세계를 반영한 실용적 정치사상이지만 도덕성을 거부하고 폭력에 의존해 백성들에게 혐오의 대상이 되었다.

춘추전국시대,
부富를 쌓다

춘추전국시대에는 철기 도입으로 농업 생산이 늘어나고 상업이 발달해 전국에 상업 도시가 생겨났다.

《사기》〈화식열전〉은 '제齊나라 도陶(산동 정도현)는 천하의 중심에 위치한 까닭에 사방의 제후국과 긴밀히 통해 있고, 재화가 활발히 교역되었다'고 전한다. 제나라 도읍 임치臨淄는 춘추전국시대 최대 도시로 인구 20만 명에 달했다.

거리는 번화하기 그지없어 수레가 서로 부딪치고, 길 가는 사람들의 어깨가 서로 닿아 걸을 수 없고, 옷깃이 이어져 휘장을 이루고, 소매가 나란히 합쳐져 장막이 되고, 땀이 흐르면 마치 비 오듯 합니다. _유향劉向, 《전국책戰國策》

전국을 오가며 장사를 하는 대상인 중에 여불위呂不韋라는 인물이 있었다. 여불위는 조趙나라 한단邯鄲에 왔다가 인질로 잡혀 있던 진秦나라 왕손 이인異人(자초子楚)을 만났다. 그는 이인을 보고 쾌재를 불렀다. "이는 기화奇貨다. 거居할 만하다."

여불위는 1,000금(2만 냥兩)을 들여 절반은 이인에게 주고, 절반은 귀한 물건을 사서 진의 왕후가 될 화양華陽 부인에게 선물했다. 애첩 조희趙姬도

이인에게 바쳤다. 이인이 왕(장양왕莊襄王)에 즉위한 뒤, 여불위는 상국相國이 되었다. 장양왕이 3년 만에 사망하자, 13세 아들 정政이 왕위를 계승했다. 여불위는 섭정을 맡아 10년간 진나라를 다스렸다. 전쟁 계획과 정국거 건설이 모두 그의 손을 거쳤다.

여불위는 3,000명의 학자를 모아 《여씨춘추》를 펴냈다. 유가, 법가, 도가, 묵가 등 백가百家를 종합한 《여씨춘추》는 통일 이후를 대비한 청사진이라 할 수 있다. 상인 출신 여불위는 실용주의자였다. 《여씨춘추》는 상업이 국가를 부유하게 한다고 말한다.

이달(음력 8월 중추仲秋)에는 관문과 저자를 잘 다스려서 상인과 행상 들이 찾아오게 하고 재화가 들어오게 함으로써 백성들의 생업을 편리하게 한다. 사방의 사람들이 몰려들고 먼 곳의 사람들까지도 모두 찾아오므로 재화가 바닥나지 않는다. 그래서 임금이 지출에 부족함이 없게 되므로 모든 나라의 사업이 성공적으로 이뤄진다. _《여씨춘추》, 〈중추仲秋〉

상업의 유익함을 묘사한 이 글은 《관자》를 연상하게 한다. 《여씨춘추》는 백성의 노역도 신중히 하라고 권했다.

백성들의 노역을 동원할 때에는 하늘의 도리를 거스르는 일이 없도록 하여 반드시 행사를 그 시기에 따라 하게 하고, 그 시기에 해야 할 일들을 어기지 않고 진행시켜야 한다. _《여씨춘추》, 〈중추〉

천하를 경영하려던 여불위의 꿈은 오래지 않아 물거품이 되었다. 진왕정은 성인이 되자 여불위를 촉蜀으로 유배 보내 그곳에서 죽게 했다.

진시황은 상공업을 억제했으나 여러 사람의 귀감이 되는 부자는 우대했다.

오지鳥氏 지방의 나倮라는 사람은 목축으로 치부했다. 가축을 셀 때 마리 단위로 세는 것이 아니라 가축이 있는 골짜기를 세야만 했다. 진시황은 이런 나 씨를 군君의 작위를 받은 자들과 동등하게 대우했다. 파巴 지역에 청淸이라는 과부가 있었다. 조상이 단사丹砂를 캐는 광산을 발견하여 몇 대에 걸쳐 이익을 독점해왔고 이로써 헤아릴 수 없을 정도로 많은 가산을 소유하게 되었다. 청은 과부의 몸으로 가업을 잘 지키고, 재물을 이용하여 자신을 지키며 타인에게 업신여김을 당하지 않았다. 진시황은 그녀를 정조가 굳센 부인이라 하여 손님으로 대우했고, 또 그녀를 위해 '여회청대女懷淸臺'까지 지어 주었다. _사마천, 《사기》, 〈화식열전〉

사마천은 나 씨가 일개 목자였고 청은 외딴 시골 과부에 불과했으나, 재력 때문에 군왕과 예를 나눴다며 재물의 힘에 감탄했다.

진시황의 제국 건설은 관개 사업으로 얻은 비옥한 농지와 춘추전국시대 부가 바탕이 되었다.

비정한
전쟁 기계

진나라는 진왕 정이 즉위할 무렵 중국 대륙의 절반을 장악했다. 진나라는 기병이 강했다.

진나라는 병마가 훌륭하고 기병이 많습니다. 앞발을 쳐들고 뒷발로 땅을 차면 단번에 3길 높이로 뛰어오르며 내닫는 말이 셀 수 없을 정도입니다. 산동의 전사는 갑옷을 입고 투구를 쓰고 싸우지만, 진나라 군사는 갑옷을 벗어 던지고 맨발에 어깨를 드러낸 채 적진으로 뛰어듭니다. _사마천, 《사기》, 〈장의張儀열전〉

병마용갱에 도열한 병사와 말, 전차, 무기는 진나라 군대의 위용을 보여준다. 순자는 초楚나라 효성왕孝成王에게 진나라 군대를 이렇게 소개했다.

진秦나라 사람들은 백성을 기르는 곳이 험고한 지역이고 백성을 부리는 것이 혹독합니다. 전공戰功에 대한 보상을 가지고 서로를 분발하게 하여 다섯 갑사甲士의 수급首級을 베면 다섯 집을 부릴 수 있게 하니, 공이 있으면 상을 줘 서로 분발하게 합니다. 이것이 군대를 강하게 하고 오래도록 유지시키는 방도입니다. 《순자》, 〈의병儀兵〉

진나라 군대는 강하나 지나치게 잔혹한 것이 문제였다. 진나라 장수 가운데서도 첫손에 꼽히는 인물이 백기白起다. 그는 뛰어난 용병술로 백전백승을 거두었다. 백기는 기원전 293년 낙읍 남쪽 이궐伊闕에서 한韓·위魏 연합군을 물리치고 24만 명을 참수했다. 기원전 260년, 오늘날 산시山西성 진청晉城 북쪽에서 전국시대 최대 전투로 불리는 장평長平대전이 벌어졌다. 백기는 조趙나라 군대 40만 명을 포위하고 후방 보급로를 끊었다. 46일간 포위된 조나라 병사들은 굶주림에 지쳐 항복했다. 대승을 거둔 백기는 한참을 숙고한 뒤 이렇게 말했다.

전에 상당上黨(산시성 창즈長治)을 함락시켰을 때 그곳의 백성들이 모두 진나라 백성이 되는 것을 원치 않아 조나라로 돌아갔다. 조나라 병사는 반복을 잘한다. 모두 죽이지 않으면 뒤에 난을 일으킬 것이다. _사마천, 《사기》, 〈백기열전〉

백기는 조나라 병사들에게 구덩이를 파게 한 뒤 생매장했다. 40만 명은 과장된 숫자이겠지만, 이것은 전쟁이 아니라 집단 학살이었다. 전쟁이 끝난 뒤 대신들과 힘겨루기를 벌이던 백기는 왕으로부터 자진 명령을 받았다. 백기는 탄식했다.

"내가 하늘에 무슨 죄가 있어서 이런 지경에 이르렀는가?"

그리고 말을 이었다.

"나는 실로 죽어 마땅하다. 장평 싸움에서 투항한 조나라 병사 수십만 명을 속여 갱살했다. 이것만으로도 죽어 마땅하다."

수십만 명을 생매장했으니 원망이 얼마나 컸을 것인가? 진나라 군대는 비정한 전쟁 기계였다. 통일 후 진나라 군대는 진시황의 명을 실천하는 폭력 도구가 된다.

중국 과학 창시자,
묵자

전국시대에는 수로와 성, 요새를 쌓는 토목 기술이 발전했다. 성을 공격하는 공성 병기와 쇠뇌 등의 새로운 무기도 등장했다. 기계와 토목 기술은 묵가墨家와 관련이 있다.

《전국책戰國策》과 《묵자墨子》에는 묵자와 노반魯班의 전투 이야기가 나온다. 전설의 목공 노반은 초楚나라를 위해 공격용 사다리 운제雲梯를 발명했다. 초나라는 운제를 이용해 송宋나라를 공격하려 했다. 침략 전쟁에 반대하는 묵자는 노반을 찾아가 공격을 만류했다. 두 사람은 초楚왕 앞에서 혁대와 대나무 조각을 가지고 모의 전투를 벌였다. 노반의 아홉 차례 공격을 묵자는 모두 막아냈다. 묵자의 신공을 본 초왕은 송나라를 공격하지 않겠다고 약속했다.

묵자는 사상가이고 토목 건축가, 과학자였다. 묵자를 따르는 묵가는 신호용 연과 도르래, 땅굴 파는 소리를 듣는 청음기聽音機를 개발했다. 묵가의 경전《묵자》에는 논리학과 수학, 기하학, 물리학 이론이 망라되어 있다.

현대 중국에서는 묵자를 중국 과학의 창시자로 받든다. 중국은 2016년 자국이 개발한 세계 최초의 양자 통신 실험 위성을 묵자墨子, Micius라고 명명했다.

묵가는 전국시대 진나라에서 집단생활을 하며 큰 세력을 가졌으나 진시황 통일 이후 탄압을 받고 흩어졌다.

천하를
통일하다

진나라는 왕이 관료 조직을 통해 백성을 다스렸다. 상하 명령 계통이 분명한 관료 조직은 일 처리가 신속하고 효율성이 높은 장점이 있다. 진나라는 신분보다 능력 위주로 관리를 뽑았다. 평민이라도 능력이 있으면 높은 관직에 오를 수 있었다. 진나라가 강해진 이유의 하나다.

법가 이념과 강한 경제력, 군사력, 기술, 관료제로 무장한 진나라는 기원전 230년 천하통일을 위해 전쟁에 나선다. 진나라는 조趙를 치고 한韓과 위魏, 남쪽의 초楚와 북쪽의 연燕, 동쪽의 제齊까지 여섯 나라를 단숨에 무너뜨렸다. 전쟁을 시작한 지 9년 만이었다.

연燕나라 태자 단丹의 진왕 암살 음모가 마지막 저항이었다. 태자 단은 자객 형가荊軻를 만나 진왕 암살을 부탁했다.

> 오늘 진나라는 탐욕스러운 마음으로 만족할 줄 모르고 있습니다. 천하의 모든 땅을 영토로 하고 천하의 모든 사람들을 신하로 삼기 전까지는 결코 그만두지 않을 것입니다. _사마천,《사기》,〈자객열전〉

밀명을 받은 형가는 진왕에게 접근했다. 형가는 단도를 꺼내 진왕을 찔렀으나 진왕이 기둥 뒤로 피하는 바람에 암살에 실패했다. 호위병에게 붙잡힌 형가의 몸은 산산이 부서졌다.

550년의 춘추전국시대는 한 줄기 바람처럼 사라졌다. 기원전 221년 진시황은 마침내 악을 토벌했다고 선언했다.

> 과인이 보잘것없는 몸으로 군사를 일으켜 포악한 혼란을 토벌하니 종묘의 혼령이 돌보심이요. 6국의 왕들이 엎드려 죄를 인정하니 천하가 크게 안정되었다. _사마천,《사기》,〈진시황 본기〉

춘추전국시대엔 전쟁이 끊이지 않았으나 다양한 사상과 문화가 만발했다. 중국 역사에서 이처럼 다양하고 창의성이 넘치는 시대는 다시 오지 않았다. 소국보다 대국, 다양성보다 통일을 지향한 중국 고대사는 중국 문화에 중앙집권적이고 권위적 특성을 각인시키게 된다.

황제,
무소불위의 권력

천하를 평정한 진왕은 역사에 길이 남을 최고의 칭호를 원했다.

태곳적에는 천황天皇, 지황地皇, 태황泰皇의 삼황三皇이 있었고 황제黃帝, 전욱顓頊, 제곡帝嚳, 제요帝堯, 제순帝舜의 오제五帝가 있었다. 진왕은 삼황오제三皇五帝 가운데 두 글자를 골라 황제皇帝로 정했다. 그는 자신을 첫 번째 황제 시황제始皇帝라 칭했다.

진시황은 나라 사이의 경계를 허물고 천하를 36개 군으로 나눠 직접 관료를 내려보냈다. 유학자들은 주나라 같은 봉건제를 주장했으나 진시황은 황제 아래 제후국을 두면 또다시 천하가 분열할 것이라 생각했다. 그는 이사李斯의 건의에 따라 군현제郡縣制를 택했다. 군현제에서는 황제 명령 한마디로 천하를 움직일 수 있다. 진시황의 만리장성, 한무제의 흉노 정벌, 수양제의 대운하 건설은 황제에게 무소불위의 권력이 있었기 때문이다.

진시황은 제후와 사대부 등 여러 신분 계급을 해체하고 황제와 관료, 검수黔首 3단계로 단순화했다. 검수는 관모를 쓰지 않은 검은 머리 백성을 가리킨다.

진시황은 지방 토호 세력을 제거하기 위해 호족과 부호 12만 호를 함양으로 강제 이주시키고 법과 문자, 도량형, 화폐, 바퀴 폭을 통일했다. 북쪽에 만리장성을 건설하고 함양을 중심으로 오늘날의 고속도로 같은 9개의 치도馳道를 닦았다. 신속한 병력 이동을 위해 함양에서 만리장성까지

720킬로미터의 직도直道를 닦았다. 남방 정복과 수운水運을 위해 광서廣西 산맥을 가로지르는 33킬로미터의 영거靈渠 운하도 건설했다.

진시황은 대역사大役事를 통해 거대한 중국 문명을 일으켰다. 미국 역사 학자 프랜시스 후쿠야마Francis Fukuyama는 진시황이 역사상 최초의 근대적 국가를 건설했다고 평가했다.

중국은 국가 제도를 개발한 최초의 나라였다. 사실 우리가 지금 근대국가 의 것이라고 이해하는 많은 요소들이 이미 기원전 3세기부터 있었다. 유 럽에서 등장하기 무려 1,800년 전에. _프랜시스 후쿠야마, 《정치 질서의 기원》

후쿠야마는 힘으로 중국 사회를 뜯어고치려 했던 진시황을 정력적 과대 망상가megalomaniac라고 평가했다.

진시황이 법과 관료제를 확립했지만, 근대적 법치는 아니었다. 법치는 모든 사람이 법 앞에 평등하다는 의미이지만 황제는 법 위에 있었다. 전제 군주에게는 견제 장치가 없다. 견제 장치 없는 권력은 위험한 법이다.

진시황은 유학자들이 불만이 제기하자 책을 압수해 불태웠다.

승상 이사가 말했다. "시詩, 서書, 제자백가의 글들은 지방관에게 보내 모 두 태우게 하십시오. 또 두 사람 이상이 모여 감히 시와 서를 이야기하면 저잣거리에서 처형해 백성들에게 본보기를 보이고, 옛날을 가지고 지금을 비판하는 자는 일족을 모두 주살시키십시오." 시황제가 영을 내렸다. "가 하다." _사마천, 《사기》, 〈진시황 본기〉

분서焚書는 민심을 떠나게 한 결정적 실책이었다. 진시황의 광증은 날로 심해졌다. 아방궁을 짓고 태산에서 봉선 의식을 올리고 방사方士에게 불노불사약不老不死藥을 구해 오라고 명했다. 방사 서불徐市은 불사약을 구해 오겠다며 어린 남녀 3,000명을 데리고 동쪽 바다로 떠난 뒤 돌아오지 않았다. 다른 방사들도 달아났다. 진시황은 대로했다. 방사와 유생 460여 명을 붙잡아 생매장했다. 이를 갱유坑儒라고 한다.

맏아들 부소扶蘇가 간언했다. "공자를 본받고 있는 유생들을 엄한 벌로 처벌하니 천하가 불안해질까 두렵습니다." 진시황은 부소를 북쪽 변경으로 쫓아버렸다.

하늘에서
유성이 떨어지다

진시황이 동군東郡(현재 산둥성山東省)을 지날 때 하늘에서 유성流星이 떨어졌다. 운석에 누군가 '시황제가 죽고 땅이 나뉜다'고 새겼다. 진시황은 인근 주민들을 몰살하고 돌을 불태웠다. 다음 해인 기원전 210년 7월 진시황은 순행 중 사구沙丘(현재 허베이성河北省)에서 죽었다. 그의 나이 50세였다.

진시황이 죽은 지 4년 만에 진은 멸망한다. 한나라 유학자 가산賈山은 진시황의 독단이 파멸을 자초했다고 비판했다.

진황제가 멸망하면서도 이를 몰랐던 것은 무엇 때문이겠습니까? 천하에 그것을 말하는 사람이 없었기 때문입니다. 아무도 말하는 사람이 없었던 까닭은 무엇이겠습니까? 진에 양로養老하는 의리도 없었고 보필할 신하도 없었으며 간언을 할 사인士人도 없었기에, 제멋대로 사람을 죽였으며 비판하는 사람을 물리치고 직간하는 사람을 죽였기에 비위를 맞추면서 환심만 사려 했습니다. _《한서漢書》, 〈가산전賈山傳〉

진시황이 사라진 뒤 2대 황제 호해胡亥(진시황의 막내아들)가 등장했다. 호해는 무능했고 사치와 향락을 즐겼다. 혼란은 더욱 심해졌다.

혼용무도昏庸無道는 환관 조고趙高에게 속아 나라를 망친 호해를 이르는 말이다. 나라를 망하게 하는 암군暗君에는 탐욕으로 정사를 망치는 폭군暴君, 어리석은 혼군昏君, 무능한 용군庸君이 있다. 암군의 존재는 황제 체제의 어두운 면이다.

진나라 통치 기간 동안 제국 전체가 강제 노동 수용소였다. 만리장성, 치도, 영거, 황제릉, 아방궁을 짓느라 200만 명이 강제 동원되었다. 인구 2,000만 명 가운데 10분의 1에 이른다. 백성들이 노역에 동원되면서 농사가 피폐해지고 옷감을 짤 일손이 모자라 옷은 남루해졌다.

가혹한 형벌은 백성을 궁지로 내몰았다. 만리장성을 무너뜨렸다는 맹강녀孟姜女 전설에는 국가 폭력에 대한 백성들의 원한과 분노가 서려 있다. 전설에 따르면, 동관潼關에 사는 맹강녀는 혼인 사흘 만에 남편이 만리장성 인부로 끌려가자 겨울 솜옷을 들고 남편을 찾아 나섰다. 먼 길을 걸어 만리장성 산해관山海關에 도착했건만 남편은 죽어 성벽 아래 묻혔다는 이야기밖에 들을 수 없었다. 맹강녀가 성벽 아래서 밤낮을 통곡하니 만리장성 성벽이 무너져 내렸다고 전해진다.

《동주열국지東周列國志》를 쓴 풍몽룡馮夢龍(1572~1646년)은 이 전설은 춘추시대 제齊나라 장수 기량杞梁의 아내 이야기가 와전된 것이라고 밝혔다.

여인의 통곡 소리에 만리장성이 무너질 리 없겠지만 토목공사에 동원되어 비참하게 죽어간 백성의 한을 맹강녀 전설은 대변하고 있다.

진시황이 죽자 땅이 갈라지고 대폭발이 일어났다. 제국에 반기를 든 이들은 더 이상 잃을 것 없는 민초들이었다. 반란은 빈민 출신 진승陳勝과 오광吳廣에 의해 시작되었다.

> 진섭陳涉(진승)은 깨진 옹기로 창문을 만들고 새끼줄을 엮어 문으로 삼는 빈민 출신이다. 노비처럼 미천한 백성으로 살다가 수자리에 징발된 무리였다. 재능도 일반인에 미치지 못했다. _사마천, 《사기》, 〈진시황 본기〉

진승과 오광은 900명의 빈민들을 인솔해 노역장으로 가다가 대택향大澤鄉(안후이성安徽省 북쪽) 부근에서 큰비를 만났다. 약속한 날짜에 도착하지 못하면 목이 달아날 판이었다. "지금 도망가도 죽고, 봉기해도 죽을 것이니 이왕 죽는 바에는 난을 일으키다 죽는 편이 낫다." 두 사람이 난을 일으키니 사방에서 사람들이 구름처럼 몰려들었다.

패현沛縣에 살던 유방은 인부들을 데리고 함양에 갔다가 난을 만났다. 인부 일부가 도망가자, 유방은 남은 인부들을 모두 집으로 돌려보내고 망탕산芒碭山으로 들어가 산적이 되었다. 초楚나라 장군 후손인 항우는 난이 일어나자 회계會稽(지금의 쑤저우蘇州)에서 거병했다.

바람이 불면 조용히 눕던 풀들이 거세게 일어나 폭풍을 일으켰다.

전제정치의 뿌리

서양학자들은 아시아의 전통적 지배를 전제군주제專制君主制, despotism라 부른다. 전제군주제는 참주정僭主政, tyranny, 절대왕정absolute monarchy과 다른 의미다. 참주는 그리스 도시국가에서 무력으로 정권을 잡은 정통성 없는 군주를 지칭하고, 절대왕정은 16~17세기 유럽의 독재적 군주제를 말한다.

전제군주제는 아리스토텔레스의 《정치학》에 처음 등장한다. 전제despot 라는 말은 노예 주인을 뜻하는 그리스어 데스포테스despotes에서 나왔다. 아리스토텔레스는 "아시아인들은 에우로페인들보다 더 노예근성이 강해서 불평 없이 전제정치專制政治, despotiké arché를 더 잘 참고 견딘다"고 주장했다.

헤겔, 마르크스의
중국관

비단과 도자기를 생산하는 큰 나라 중국은 중세

276

유럽인에게 선망과 동경의 대상이었다. 13세기 중국을 다녀온 마르코 폴로Marco Polo(1254~1295년)는 중국은 세상에서 가장 부유하고 아름다운 나라라고 소개했다. 유럽의 상인, 여행가, 선교사 들은 중국을 '공자의 나라', 덕과 명예, 공포로 다스리는 도덕 국가라고 전했다. 볼테르Voltaire와 케네François Quesnay는 중국 황제 제도를 '자비로운 전제군주제', 라이프니츠Leibniz는 '계몽 전제군주제'라 높이 평가했다.

같은 시기에 몽테스키외는 중국의 정치제도가 미개한 폭정이라고 비판했다. 몽테스키외는《법의 정신》에서 '중국은 전제 국가이고, 국가 원칙은 공포'라고 주장했다. 몽테스키외의 혹평은 유럽인의 중국관에 큰 영향을 주었다.

헤겔과 마르크스, 비트포겔은 동양적 전제주의가 정체停滯, stagnation를 가져왔다고 주장했다.

헤겔은 동양은 자유주의 정신이 결여된 역사의 어린아이 단계라고 깎아내렸다.

> 동양은 과거부터 현재에 이르기까지 한 사람이 자유인 것을 인식하는데 지나지 않고, 그리스와 로마 세계는 특정인들이 자유라고 인식하며, 게르만 세계는 만인이 자유임을 인식한다. (동양은) 역사의 유년기다. 공동체의 형태로 이성이 두루 미치는 호화찬란한 동양 왕국을 이루고 있기는 하지만, 개개인은 단순한 부속품에 불과하다. _헤겔,《역사철학강의》

마르크스는 아시아 역사를 물질적 측면에서 분석했다. 아시아 국가는 대규모 관개시설을 건설하는 과정에서 중앙집권적 성격을 갖게 되었고

'막비왕토莫非王土(왕의 땅이 아닌 곳이 없다)' 사상으로 사유재산이 존재하지 않았다고 주장했다. 사유재산이 존재하지 않아 사회는 원시적 공동체 수준에 머물렀고 정체 원인이 되었다는 것이다. 마르크스는 아시아의 사회 유형을 후진적 아시아적 생산양식Asiatic Mode of Production이라고 규정했다.

독일 출신 미국 역사학자 비트포겔은 관개시설이 중국 전제정치 원인이 되었다고 주장했다.

> 대규모 수리 시설은 개인이나 지방단체의 기술만으로는 불가능하다. 그러므로 기존의 국가나 일단의 상이한 집단에 의해 수리 관리 업무가 사회적으로 행해진다. 수리 관리 업무를 담당하는 일단의 집단들은 공동의 일을 통해 결속되고, 독자적인 모습을 갖추어 경제적·정치적 권력을 획득하여 결국 국가의 형태로 나타나게 된다. _카를 비트포겔,《동양사회론The Theory of Oriental Society》

비트포겔은 공자 시대에 이미 많은 수리 시설이 완성되었고, 국가 주도로 정국거와 대운하 같은 대규모 관개시설을 건설한 사실을 근거로 들었다.

아시아 정체론은 동서양 학자 사이에 뜨거운 논란을 불러왔다. 아시아 학자들은 '동양적 전제주의'나 '아시아 정체성'은 동양을 지배하고 식민 통치하기 위한 오리엔탈리즘이라고 비판했다.

중국에 사유재산제도가 없었다는 마르크스 주장에 대해 중국사 연구자들은 고대부터 토지 소유권이 있었고 관료와 대상인, 부호가 대규모 토지를 소유했다고 반박했다. 주나라 때에는 토지를 우물 정井 자 모양으로 나눠 가운데 땅은 공동경작하고 나머지 땅은 개인이 경작하는 정전제井田制가 시행되었다. 상앙商鞅 시대에는 정전제가 폐지되어 부호들이 수백, 수천의 토지를 소유했다는 기록이 나온다. 사유재산제가 존재했으나 국가권력이 민간의 힘을 압도해 재산권 보호가 미흡했던 것은 사실이다.

왕조가 바뀔 때마다 토지 몰수, 재분배가 일어났고 관료들의 자의적인 재산 강탈이 자주 나타났다. 더글러스 노스는 국가기관의 자의적인 간섭과 통제가 중국 경제 발전의 저해 요인이었다고 지적했다.

중국은 중앙집권 국가여서 재산권에 대한 결정이 중앙으로부터 내려왔다. 황제의 변덕에 의해 결정이 바뀔 수 있었고 바뀌었다. 중국사에는 자의적인 정책 변경으로 기회에 근본적인 영향을 미친 사례가 허다하다. _더글러스 노스, 〈서양의 패러독스The Paradox of the West〉

비트포겔의 '수력사회론Hydraulic Society'은 학자들의 집중 공격을 받았다. 중국 과학사 권위자 조지프 니덤은 수력사회론은 일부 타당성이 있지만 많은 예외가 있어 일반화하기 어렵다고 지적했다. 니덤은 전제군주는 중국 황제에 적합한 단어가 아니며, 역사적으로 황제가 유교 관료에 의해 견제받은 사례가 많았다고 주장했다.

서울대 철학과 교수 송영배는 한나라 때, 93.8%의 인구가 밀 농사를 짓는 북부 지역에 살았고 대규모 관개시설이 필요한 남부 벼농사 지역 인구는 6.2%에 불과했다고 밝혔다. 송영배는 비트포겔의 가설은 여러 이론을 섞어놓은 '아주 희귀한 잡탕물'이라고 비판했다.

미국의 역사학자 레이 황Ray Huang은 치수 사업과 중앙집권적 국가 탄생이 뗄 수 없는 관계라고 밝혀 비트포겔의 주장에 동의를 표했다. 레이 황은 예로부터 황하의 치수는 중요한 일이었고, 춘추시대 군주들이 모여 맹약할 때 "구부러진 제방을 쌓지 말자, 샘을 막지 말자, 골짜기를 막지 말자"는 논의가 있었다고 밝혔다. '하천이 막힌 것을 터뜨려 통하게 했다'는 진시황 비문의 문구는 통일의 당위성을 설명하는 것이라고 주장했다.

갑골문, 법가, 대일통

전제군주제의 뿌리는 상商나라 갑골문에서도 찾을 수 있다. 상나라는 노예 국가였다. 전쟁 포로를 노예로 부렸고, 군병력으로 쓰거나 인간 제물로 바쳤다.

갑골문의 '임금 군君'은 지팡이를 든 손〔尹〕과 입〔口〕이 합해진 글자다. 명령을 내리는 사람, 추장酋長이라는 뜻이다. 신하 신臣은 무릎 꿇고 눈을 크게 뜬 노예이고, 백성 민民은 눈을 찌르는 형상으로 한쪽 눈이 먼 노예라는 것이 한문학자의 해석이다. 신臣과 민民이 모두 노예에서 나왔다.

법가法家는 군신 관계를 이론적으로 체계화했다. 상앙은 진나라에 법가를 도입했고, 진시황은 법가를 바탕으로 전제주의를 시행했다. 중국계 미국 역사학자 정위안 푸傅正源, Zhengyuan Fu는 법가를 노예 이론이라고 비판했다.

자기 손으로 등용한 관료와 절대적 통제력을 가진 군주는 신하와 권력을 나눌 필요가 없었기에 신하를 함부로 면직하고 처벌했다. 관료 정치는 군주의 도구였고 관리는 군주의 자의에 따라 처분되는 비굴한 노예에 지나지 않았다. _정위안 푸,《법가 절대 권력의 기술》

중국 법은 형벌에서 출발했다. 상나라에서 시작된 오형五刑은 주周나라, 춘추전국시대를 거쳐 진秦나라에 계승되었다. 진시황 때는 형벌이 더 엄해졌다. 오형에 해당하는 죄명이 황제 비방죄 등 200종류나 되었고, 사형 방법이 참수斬首와 생매장 등 12가지에 달했다고 난카이대 교수 장펀톈張分田이 밝혔다.

한나라 때 법가와 유가의 논쟁을 정리한《염철론鹽鐵論》에는 '진나라 때 잘린 코가 삼태기에 가득하고 잘린 발이 수레에 가득 찼다'는 문장이 나온다.

진나라 멸망 후 법가 세력이 약화되었지만 황제와 법가는 뗄 수 없는 관계였다. 한고조 유방은 천하통일을 이룬 뒤 권력에 위협이 될 만한 공신을 차례로 제거했다. 한무제는 유학을 받아들였으나 안으로 법가 정책을 취했다. 삼국시대 조조와 제갈량은 법가의 권모술수로 작전을 폈다. 수양제와 당태종 이세민, 명태조 주원장, 영락제, 청나라 강희제, 옹정제가 법가를 활용한 황제로 평가된다.

전제군주제 기원을 어느 하나로 특정하기 어렵다. 황하 치수와 상나라 노예제도, 법가, 진시황의 황제 지배 등 여러 요인이 복합적으로 작용한 결과라 할 수 있다.

진시황이 만든 황제 지배 체제는 2,129년간 지속되었고 공식 황제는 210명이었다. 학자들은 황제 지배가 오래 지속된 원인을 '천자 사상'에서 찾는다. 중국인들은 전통적으로 하늘의 아들 천자가 땅을 다스린다고 생각했다. 천자가 있어야 천하가 태평하다고 믿었다.

공자는《춘추》를 지을 때, 천자 역법曆法을 기준으로 월月을 기록했다. 여러 제후국이 서로 다른 역법을 쓰고 있었기 때문에 하나로 통일하려는 의

도였다. 《춘추공양전》을 지은 공양고는 공자의 생각을 '대일통大一統 사상'
으로 발전시켰다.

> 왜 왕정월王正月이라 했는가? 주나라가 천하를 하나로 만들었음(대일통)을
> 강조한 것이다. _공양고, 《춘추공양전》

전국시대 전쟁의 참상을 목격한 맹자도 천하가 하나 되기를 원했다.

> 양양왕梁襄王은 맹자를 만나자 "천하는 어떻게 해야 평정됩니까?"라고 물
> 었다. 맹자는 "하나로 통일되면 평정될 것입니다"라고 답했다. 《맹자》,
> 〈양혜왕 상〉

천하가 하나로 평정되면 치세治世이고, 천하가 갈라지면 난세亂世다. 진
시황의 천하통일은 대일통의 첫 번째 완성이라 할 수 있다. 진시황은 통일
을 이루었으나 폭력 통치로 한계를 드러냈다.
　한漢 왕조는 크게 방향을 선회한다.

중국 표준을 세운
한나라

항우와 유방의 천하쟁패는 《초한지楚漢志》로 잘 알려져 있다. 유방은 건달이나 다름없는 지방 하급관리 출신이고, 항우는 '역발산力拔山 기개세氣蓋世(힘은 산을 뽑고 기상은 세상을 뒤덮는다)'의 천하장사 무인이었다. 유방이 항우를 꺾고 천하를 얻은 비결은 세 줄의 짧은 문장(약법삼장約法三章)이었다.

사람을 죽인 자는 사형에 처한다.
사람을 다치게 한 자는 그에 준하는 형을 가한다.
남의 물건을 훔친 자는 그 죄의 경중에 따라 판단한다.
_사마천, 《사기》, 〈진시황 본기〉

천하를 말 위에서
다스릴 수 없다

기원전 206년, 항우보다 먼저 함양에 들어간 유방은 백성들에게 진나라의 법을 모두 폐지하고 세 가지 법만 시행한다고 공포했다. 진나라의 무거운 법에 짓눌렸던 백성들은 환호했다. 유방은 항우에게 힘에는 밀렸지만 민심을 얻었다. 4년 후 유방은 해하垓下에서 항우 군대를 대파했다.

제후와 장군 들은 유방에게 황제에 오르기를 청했다. 그때 유방의 머릿속에 진시황을 처음 본 순간이 떠올랐을지 모른다.

유방이 일찍이 함양에 부역을 한 적이 있다. 한번은 진시황의 행차를 구경하게 되었다. 이를 보고는 길게 탄식했다. "아, 대장부라면 응당 이래야 할 것이다!"_사마천, 《사기》, 〈한고조 본기〉

유방은 황제 자리를 마다하지 않았다. 세 번 사양의 예를 갖춘 뒤 황제에 올랐다. 유학자 육가陸賈는 유방을 만날 때마다 《시경》과 《서경》을 읊조렸다.

하루는 유방이 화를 내며 육가를 꾸짖었다. "나는 말 위에서 천하를 얻었다. 《시경》, 《서경》 따위를 어디에 쓰겠는가?" 육가가 반박했다. "천하를 말 위에서 얻을 수 있지만 말 위에서 다스릴 수는 없습니다."_사마천, 《사기》, 〈역생육가열전〉

육가의 진언은 진시황 같은 폭력 통치를 경계하라는 말이다. 한나라는 진나라 제도를 거의 그대로 받아들였지만 법을 너그럽게 적용했다.

한고조 유방은 배를 삼킬 만한 큰 고기도 빠져나갈 정도로 법망을 느슨하게 만들었다. 백성을 다스리는 것이 너그러워져 간악한 데로 빠지지 않고 백성 또한 편안해한 이유다. 이로써 보면 근본은 도덕에 있는 것이지 혹법酷法에 있는 것이 아니다. _사마천,《사기》,〈혹리전酷吏傳〉

유방은 군현제와 봉건제를 절충한 군국제郡國制를 실시했다. 유劉씨 성을 가진 친족과 공신들에게 봉토를 나눠 주었다. 황제를 위협할 수 있는 신하는 제거했다. 일등 공신 한신韓信은 토사구팽兎死狗烹을 당했다.

유방은 백성을 쉬게 하는 여민휴식與民休息 정책을 취했다. 이 정책은 황로黃老 사상에 바탕을 두고 있다. 황로는 전설적 제왕 황제黃帝와 노자老子의 첫 글자에서 나왔다. 노자 사상과 법가 사상이 결합해 황로 사상이 탄생했다.

노자 사상은 무위자연無爲自然, 서양 개념으로는 자유방임laissez-faire이다. 노자 사상은 '이웃 나라에서 개 짖고 닭 우는 소리가 들려도 서로 오가지 않는' 작은 나라를 이상으로 한다. 그렇다면 큰 나라는 어떻게 다스릴까?

노자가 말했다. "큰 나라를 다스릴 때는 작은 생선 굽듯이 하라." _《도덕경》

황로 사상은 노자 사상에 형벌을 추가했다.

황제黃帝가 말하기를 바로 하는 것은 형刑과 덕德으로 한다. 봄·여름은 덕, 가을·겨울은 형이 된다. 덕을 앞세우고 형을 뒤로 함으로써 백성을 잘 다스린다. _《황제사경黃帝四經》,〈십육경〉

먼저 덕을 베풀고 형벌은 나중에 하라는 온건한 통치 사상이다.

무위無爲가
가져온 풍요

여민휴식 정책은 5대 한문제漢文帝에 이르러 결실을 맺는다. 한고조 유방의 넷째 아들 문제는 본명이 유항劉恒으로 북쪽 대代나라 왕으로 나가 있다가 황제가 되었다. 그는 겸손하고 근검절약했다. 궁궐도 늘리지 않았다. 궁궐 밖에 지붕 없는 누대樓臺를 지으려다 황금 100근이 든다고 하자 그만두라고 했다. 늘 수수한 옷을 입었고 부인에겐 땅에 끌릴 정도의 긴 옷은 금했다. 휘장에는 수를 놓지 못하게 했다.

문제는 신체를 훼손하는 육형肉刑을 없애고 장형杖刑(엉덩이를 때리는 형)으로 대체했다. 육형은 천 년 동안 지속되었던 폐습이었다. 문제는 "백성들이 잘못을 저지르면 교화도 베풀지 않고 형벌부터 가하고 있다"고 신하들을 나무랐다.

경제정책 면에서는 자유방임 정책을 폈다. 농지에 매기는 세금, 전조田租를 반으로 줄였다. 국가 산림과 연못을 개방하고, 개인의 광산 채굴을 허용했다.

황제가 백성과 더불어 휴식을 취하니 백성은 고통의 그늘에서 벗어날 수 있었다. 문제는 죽음에 이르러 다음과 같은 유조遺詔를 남겼다.

짐이 듣건데 천하 만물 가운데 태어나 죽지 않는 것은 없다고 한다. 죽음은 천지의 자연스러운 규율이다. 짐의 죽음이라 해서 어찌 유난히 슬퍼할 일이 있겠는가. 장례를 후히 치르느라 생업을 무너뜨리고, 복상服喪을 중요히 여겨 산 사람을 상하게 만든다. 천하의 관민은 이 조령을 받은 후 3일만 상례를 치르고 모두 상복을 벗도록 하라. _사마천,《사기》,〈효문본기〉

문제는 살아 있을 때에도 겸양했고 죽으면서도 덕을 베풀었다. 문제는 중국 최고 성군의 한 명으로 꼽힌다. 사마천은 문제에게 극진한 헌사를 올렸다.

공자는 이르기를, "반드시 한 세대가 지난 뒤 인정仁政이 이뤄지고 백 년이 경과해야 폭정을 제거하고 형륙刑戮을 폐기할 수 있다"고 했다. 이는 실로 옳은 말이다. 한나라가 흥기 후 효문황제(문제)에 이르기까지 40여 년이 지나자 그 덕이 지극히 성해졌다. 한문제가 보여준 겸양의 정치는 아직 완성되지 않았다. 아, 이 어찌 어진 정사가 아니겠는가! _사마천,《사기》,〈효문본기〉

문제에 이어 아들 경제景帝가 황제에 즉위했다. 경제의 고민은 번국藩國(제후국)의 세력 확장이었다. 오吳나라 유비劉濞의 동향이 심상치 않았다.

오나라 유비가 천하의 망명자들을 불러 모아 몰래 돈을 주조하고 바닷물을 끓여 소금을 만들었다. 백성들로부터 세금을 걷지 않아도 나라의 재정이 풍부했다. _사마천,《사기》,〈오왕비열전〉

제후의 힘이 커지면 황제 권위는 흔들린다. 오왕은 황제가 불러도 오지 않았다. 황제와 번국 사이 긴장이 높아졌다. 경제 곁에는 법가를 공부한 조조晁錯가 있었다. 조조는 어사대부가 된 뒤 번국의 땅을 줄이는 삭번책削藩策을 내놓았다. 강간약지强幹弱枝, 줄기를 강하게 하고 가지를 약하게 하는 정책이다.

> 그들은 땅을 줄여도 반란을 일으킬 것이고, 줄이지 않아도 반란을 일으킬 것입니다. 땅을 삭감하면 반란은 빨리 일어나지만 화가 적을 것이요, 땅을 삭감하지 않으면 반란은 더디게 일어나지만 화가 클 것입니다. _《한서》, 〈원앙조조전〉

경제는 삭번령削藩令을 내렸다. 오吳와 초楚를 비롯한 7개 나라 왕들은 '조조 타도'를 명분으로 난을 일으켰다. 황제는 조조를 희생양으로 처형했다. 반란은 3개월 만에 진압되고 7명의 왕은 모두 죽임을 당했다. 한나라 초기 봉건제는 대부분 와해되었다.

무게 중심이 다시 황제로 이동했다. 내란을 겪기는 했지만 경제는 무위無爲 정책을 이어갔다. 인구가 늘고 식량이 풍족해졌다. 한나라 초에는 황제가 타고 다닐 말도 변변치 않았으나 경제 시대에는 서민들이 말이나 노새를 타고 다닐 정도였다.

문제文帝와 경제景帝 40년간의 태평성대를 문경지치文景之治라 한다.

한나라가 일어서고 70여 년의 세월이 흘렀을 때 국가는 태평무사하고 수해나 한발의 재해를 만나지도 않았으며, 백성은 모두 자급자족할 수 있었다. 각 군현의 곡식 창고는 가득 들어차고 정부 창고에는 남은 재화가 가득했다. 경사에 보관된 돈은 억만 전이나 되었는데, 돈을 묶는 줄이 삭아 셀 수조차 없었고, 태창太倉의 곡식은 넘쳐나 노천에 모아 두었는데 그만 썩어 먹지 못할 지경에 이르렀다. _사마천, 《사기》, 〈평준서〉

국가 유교의 등장

기원전 141년 경제의 열한 번째 아들 유철劉徹이 15세에 황제에 올랐다. 그가 한무제漢武帝다. 유철은 어릴 적부터 씩씩한 기상을 보여 황태자로 낙점되었다.

무제는 황제가 된 뒤 자신의 정치를 펼치고 싶었다. 그는 군주의 권위를 높이는 유학을 좋아했다. 황실 실권을 쥔 두태후竇太后는 황로학을 좋아했다. 두태후는 보통 여인이 아니었다.

경제景帝 때의 일이다.

두태후는 원고생轅固生이라는 유생을 불러 《도덕경》 문장에 관해 물었다. 원고생은 "이는 무식한 노비들의 말에 지나지 않습니다" 하고 답했다. 두태후는 대로大怒했다. "《도덕경》이 어찌 유가儒家와 법가法家의 급박한 율령에 비할 수 있겠느냐." 그러고는 원고생을 돼지우리에 집어넣고 돼지를 찔러 죽이라고 했다. 경제는 원고생에게 날카로운 칼을 던져 줘 돼지를 찌르게 했다. _사마천, 《사기》, 〈유림열전〉

무제는 두태후 뜻을 어기고, 유학자 조관趙綰과 왕장王臧을 고위직에 등용했다. 조관은 무제에게 앞으로 조정 일을 두태후에게 보고하지 말라고 진언했다. 두태후는 폭발했다. 두태후는 조관과 왕장의 비리를 조사해 두 사람을 자진케 했다. 무제는 때를 기다려야 했다.

즉위 7년 되던 해 두태후가 세상을 뜨자 무제는 자기 정치를 시작했다. 무제는 제국의 통치 이념을 황로학에서 유학으로 바꿨다.

> 두태후 사후 무안후 전분은 승상이 되어 황로학과 형명학 등 여타 제자백 가의 학설을 배척하고, 유자 수백 명을 초청했다. 공손홍은 《춘추》에 능통 한 덕분에 평민에서 삼공의 자리에 오르고 평진후에 봉해졌다. 천하의 학 자들이 일제히 유학에 쏠리며 바람처럼 일어난 이유다. _사마천, 《사기》, 〈유림열전〉

황제를 뒤에서 움직인 인물은 동중서董仲舒였다. 《춘추》를 연마한 동중 서는 경제 때 박사가 되었고 3년 동안 자기 집 정원을 내다보지 않을 정도 로 학문에 열중했다. 동중서는 무제에게 천하를 다스릴 천인삼책天人三策을 올렸다. 그는 천하를 대일통大一統 사상으로 통치할 것을 건의했다. 황제에 게 권력을 집중시키는 중앙집권책이다. 동중서는 더 나아가 독존유술獨尊 儒術, 유학만 존중할 것을 주장했다. 황제 권력과 유학을 결합하자는 제안 이다.

> 유교의 국교화라는 것은 유교가 보호와 특전을 약속받은 대신, 정치권력 에 필요한 이론의 제공을 담당하는 상호 이익과 공존 관계를 확인하는 것 이다. _히하라 도시쿠니, 《국가와 백성 사이의 漢》

무제는 동중서의 건의를 받아들여 《시경》·《서경》·《주역周易》·《예기》·《춘추》 다섯 가지 경전을 연구하는 오경박사五經博士를 설치했다. 관료 양성 기관 태학太學도 설립했다. 유학계에서는 오경박사를 설치한 기원전 136년을 관학화 원년으로 본다. 진시황 때 극심한 탄압을 받았던 유학은 공자 사후 330년 만에 제국의 학문으로 공인되었다.

황제의 신임을 받는 동중서는 거칠 것이 없었다. 동중서는 파출백가罷黜百家, 다른 학문의 퇴출을 주장했다.

《춘추》의 대일통이란, 천지의 근본이며 고금에 통하는 정의입니다. 지금 사부마다 도道가 달라 사람마다 이론이 틀리며 백가의 처방이 다르고 주장도 같지 않기 때문에 위에서 하나로 통일된 뜻이 없어 법제가 자꾸 바뀌기에 아래에서는 지킬 바를 알지 못합니다. 신의 어리석은 생각이지만 육예六藝 과목과 공자의 학술 이외의 것은 모두 그 도道를 단절시켜 같이 나아가지 못하게 해야 합니다. _《한서》,〈동중서전〉

동중서는 전통 유학에 음양오행설陰陽五行說을 합해 새로운 사상 체계 천인감응설天人感應說을 만들어 냈다. 천인감응설은 제왕이 정치를 잘하면 하늘에서 복을 내리고 정치를 잘못하면 하늘에서 재이災異(재난과 이변)를 내린다는 이론이다.

종류가 서로 응하여 일어나는 것은 말이 울면 말이 응하고, 소가 울면 소가 응하는 것과 같다. 제왕이 장차 흥하려면 아름다운 상서祥瑞가 또한 먼저 보이고, 장차 망하려면 요얼妖孽(요괴)이 또한 먼저 보인다. _동중서,

《춘추번로春秋繁露》

미신적 요소가 강한 천인감응설은 황제의 권위를 신성시하려는 목적도 있지만 권력 남용을 재이災異로 경고하려는 의도도 있었다. 동중서가 강도江都의 중대부로 있을 때 요동의 한고조漢高祖 사당과 장릉長陵(한고조 능원) 고원高圓 건물에서 불이 났다. 그는 이 화재 사건을 재이라고 생각해 상소문 초안을 써 놓았다.

고조 황제의 사당과 고원의 화재는 평범하지 않은 일로, 하늘이 황제 폐하께 그 뜻을 전한 것이옵니다. 한 왕조가 진나라의 폭정을 답습해 나라가 아직 어진 정치로 다스려지지 못했음에도, 황족과 친족, 근신 들에게서 사치스럽고 방탕하며 음란하고 방자한 잔혹한 행위들이 나타나고 있지 않습니까? 《한서》, 〈동중서전〉

동중서를 시기하던 주보언主父偃은 이 글을 빼돌려 황제에게 고자질했다. 동중서는 이 사건으로 목숨을 잃을 뻔했다. 그는 재이를 다시 입에 올리지 않았다. 후한後漢의 자연주의 사상가 왕충王充은 천인감응설이 허망한 이론이라고 비난했다.

인간은 행동으로 하늘을 감동시킬 수 없고, 하늘 또한 행동을 따라 인간에게 응하지 않는다. _왕충, 《논형論衡》, 〈명우明雩〉

삼강오륜三綱五倫도 동중서가 만든 강령이다. 공자와 맹자 시기에 없던 이론이다. 동중서는 임금과 신하, 아버지와 아들, 남편과 아내 관계를 음양 관계로 보았다. 양은 높고 음은 낮다.

군위신강君爲臣綱은 임금을 높이고 신하를 낮추고, 부위자강父爲子綱은 부모를 높이고 자식을 낮추고, 부위부강夫爲婦綱은 남편을 높이고 아내는 낮추는 것을 말한다. 한자 '강綱'을 풀이하면 뜻이 더 분명해진다. 기강紀綱을 잡는다고 할 때, 기紀는 그물 손잡이고, 강綱은 그물코를 꿰는 굵은 줄을 말한다. 기강을 잡는다는 것은 그물을 끌어당긴다는 뜻이다. 군위신강은 임금이 신하를, 부위자강은 부모가 자식을, 부위부강은 남편이 아내를 제어한다는 의미다.

공자는 정명론에서 임금과 신하 모두에게 윤리적 의무를 부여했으나 동중서는 아랫사람에게만 의무를 지웠다. 유학에 미신적 요소가 더해지고 가부장 성격이 강해졌다. 유학계에서는 공맹의 유학을 원시유학原始儒學으로 부르고, 동중서 이후의 유학을 동학董學 또는 경전을 해석하는 학문이라는 뜻의 경학經學이라 부른다.

동중서는 재판을 할 때에도 유교 경전을 끌어들였다. 그는 《춘추》를 기준으로 죄인을 판결하는 춘추결옥春秋決獄을 주장했다. 범행 동기가 유교의 의義에 합당하면 가벼운 처벌을 내리고, 범행 동기가 불순하면 중형을 내렸다. 법에 일정한 기준이 없었다.

관리들은 사상이 불순하다는 이유로 무고한 사람을 죽였고, 동기가 선하다는 핑계로 범죄자를 보호하기도 했다. 이는 사법의 혼란을 초래했다. 또 유교 경전을 법률보다 더 중시하는 '춘추결옥'은 국가의 법률 권위를 무너뜨렸고 이로써 법치가 아닌 사람에 의해 나라가 다스려지는 인치의 경향

을 보였다. _장라이용蔣來用,《거침없이 빠져드는 역사 이야기: 법학편》

유가와 법가의
결합

무제는 악명 높은 혹리酷吏(잔혹한 관리)를 기용해 무자비하게 반대파를 제거했다.《사기》에 나오는 혹리 12명 가운데 10명 이 무제 때 인물이다. 대표적 혹리가 장탕張湯이다. 장탕은 황제의 뜻을 헤 아려 황제에게 위협이 되는 인사를 혹독하게 처벌했다.

회남왕이 모반을 꾀한 후 회남왕 유안劉安이 자결하자 왕후와 태자 등을 사형에 처했고, 제후와 봉록 2천 섬의 관료, 부호와 세도가 수천 명을 죽 였다. _《한서》. 〈장탕전〉

장탕은 유학을 존중하는 무제를 의식해《상서》와《춘추》를 인용해 판결 했다. 그는 복비법腹誹法이라 불리는 해괴한 법도 만들었다. 복비법은 배 속 에 불만을 갖고 있어도 처벌하는 법이다. 장탕은 대사농大司農 안이顏異를 심문할 때 안이가 입을 실룩거렸다는 이유로 사형에 처했다. 그는 연좌법 과 멸문법滅門法을 부활시키고 갖가지 법을 새로 만들어 사형에 처할 죄가 1만 2,000개에 이르렀다. 수많은 관리를 죽음으로 내몬 장탕은 자신도 모 함에 걸려들어 자결로 생을 마감했다.

무제는 겉으로 유학을 표방했지만 안으로는 법가 정책을 취했다. 그는 봉건 제후를 제거하고 진시황같이 전국을 직접 통치했다. 법가를 중심으 로 다양한 학파를 관료로 등용했다. 유학, 황로학, 병가, 잡가, 상인, 방사 출신도 있었다.

유학과 법가를 결합한 통치 방침을 외유내법外儒內法 또는 이유식법以儒飾
法이라 한다. 무제는 유학과 법가 양대 이념과 선대로부터 물려받은 경제
력을 가지고 원대한 프로젝트를 시작한다.

흉노 정벌이다.

흉노의 땅

만리장성 밖 북서쪽 사막은 풀 한 포기 나지 않는
춥고 황량한 곳이다. 고비Gobi(중국어 戈壁)는 몽골어로 '풀이 자라지 않는
땅'이란 뜻이다. 고비사막에서 파미르고원까지 광활한 사막지대가 이어
진다. 타클라마칸사막Taklamakan Desert은 한여름 기온이 40도까지 올라가
는 불가마 지대다. 고비사막 북쪽으로 올라가면 몽골 초원이 펼쳐진다. 연
간 강수량이 270밀리미터로 건조한 몽골고원은 1년에 일곱 달이 영하의
기온이다. 한겨울에는 혹독한 추위가 몰려와 영하 30도 이하로 내려간다.
말, 소, 양을 기르는 유목민은 가축을 따라 몽골고원을 옮겨 다니며 살았
다. 상나라와 주나라 때 유목민은 수시로 변경을 넘어와 농작물과 가축을
약탈했다.

중국인들은 북방 민족을 호胡라 불렀고 토방土方, 귀방鬼方, 산융山戎, 험윤
獫狁, 훈육葷粥 같은 험악한 이름을 붙였다. 흉노匈奴라는 이름은 전국시대에
처음 등장한다. 기원전 318년 흉노는 조趙, 위魏, 한韓, 제齊, 연燕과 연합해
진秦을 공격했다. 흉노는 말을 잘 타는 기마 유목 민족이다. 흉노는 빠른 말
을 타고 달려와 마을을 약탈하고 바람같이 사라졌다.

흉노의 기원에 관해서는 여러 설이 전해진다. 사마천은 '흉노의 선조가

하夏나라 하후씨夏后氏의 후손'이라고 기록했다. 당나라 때 나온《진서晉書》
는 '흉노 일파 갈족羯族은 눈이 깊고(深目), 코가 높고(高鼻), 수염이 많다(多
鬚)'라고 묘사했다.

1920년대 흉노 유적을 발굴한 러시아 탐험가 표트르 코즐로프Pyotr
Kozlov는 흉노가 고대에 흑해 연안에 살던 유목 민족 스키타이Scythian로 추
정된다고 밝혔다. 2003년 프랑스 연구팀은 몽골의 흉노 고분 유골을 채취
해 DNA를 분석했다. 분석 결과 아시아계 DNA가 89%, 유럽계가 11%로
나타났다. DNA 조사 결과로 볼 때 흉노는 단일민족이 아니라 몽골, 오스
만튀르크, 아리안 연합 부족으로 추정된다.

흉노 우두머리는 선우單于라 불렸다. 진시황이 천하를 통일할 무렵 두만
頭曼 선우는 몽골 초원의 여러 부족을 통합했다. 흉노는 황하를 넘어 하투
河套를 점령했다. 하투는 황하가 모자처럼 둥글게 올라간 지역으로 물과 목
초지가 풍부해 유목하기에 좋은 땅이었다. 몽골어로는 오르도스Ordos, 칸
이 사는 게르ger라는 뜻이다.

진시황은 천하를 통일한 뒤 흉노를 내몰고 만리장성을 쌓았다. 그 무렵
두만의 아들 묵돌冒頓은 소리 나는 화살촉 명적鳴鏑으로 아버지 두만을 살
해하고 선우에 올랐다. 묵돌은 동쪽 동호東胡를 복속시키고 돈황燉煌에서
월지月氏를 몰아내고 하투를 다시 점령했다. 흉노 영역은 하투에서 북쪽으
로 바이칼호, 동서로 흥안령興安嶺에서 천산산맥天山山脈에 이르렀다. 흉노
인구는 150~200만 명에 이른 것으로 추정된다.

묵돌은 대담하게 장안長安에서 멀지 않은 진양晉陽(산시성 타이위안太原)을
침공했다. 한고조 유방은 기원전 202년 겨울 직접 32만 대군을 이끌고 정
벌에 나섰다. 선두에서 대군을 지휘하던 유방은 미리 매복하고 있던 흉노

의 기습 공격을 받았다. 유방은 황급히 인근 산으로 피신했다. 산 아래를 내려다보니 온통 흉노군이었다. 유방이 피신한 곳은 평성平城(산시성 타퉁大同)의 백등산白登山이다. 묵돌은 30만 대군으로 한고조를 포위했다. 일주일 동안 포위되었던 유방은 묵돌 부인 연지閼氏에게 보석과 선물을 보내 겨우 목숨을 건졌다. 이를 평성의 치恥라 한다.

한나라는 흉노와 형제의 예로 화친을 맺고 흉노에 황실 공주와 비단, 솜, 쌀을 보냈다. 한나라 황제들은 굴욕을 당하면서도 흉노와의 충돌을 피했다. 하지만 무제는 정면 대결을 택했다. 그는 증조할아버지 한고조 원수를 갚고 한나라의 위신을 세우겠다고 다짐했다.

흉노 정벌

그 무렵 흉노가 천산산맥까지 월지를 뒤쫓아 가서 월지 왕을 죽이고 두개골로 술잔을 만들었다는 첩보가 들어왔다. 무제는 월지와 합세해 흉노를 협공할 계획을 세웠다. 무제는 25세의 젊은 관리 장건張騫을 월지에 사신으로 보냈다. 기원전 139년 장건은 부하 감보甘父와 백여 명을 데리고 장안을 출발했다. 서역으로 통하는 하서회랑河西回廊(황하 서쪽 좁고 긴 평지)을 지날 무렵 장건은 흉노에 붙잡혔다. 몇 년이 지나도 장건으로부터 아무 소식이 없었다. 무제는 기원전 133년 흉노에 대한 단독 공격을 개시한다.

초기에 젊은 장수 위청衛靑이 단연 두각을 나타냈다. 위청은 후궁 위자부衛子夫의 남동생으로 어린 시절 종살이와 마부를 하다가 거기車騎장군에 발탁되었다. 기원전 129년 전투에서 위청은 황하 북쪽의 흉노 용성龍城을 점령하고 700명을 포로로 잡았다. 기원전 127년 위청은 하투 북쪽 음산산맥陰山山脈과 서쪽 하란산賀蘭山을 공격해 흉노 백양왕白羊王과 누번왕樓煩王을 내쫓고 하투를 되찾았다. 흉노 수천 명을 참수하거나 생포하고 가축 100만 마리를 얻었다. 무제는 이곳에 삭방군朔方郡을 설치하고 10만 명을 이주시켰다. 위청은 장평후長平候 작위를 받았다.

무제에게는 또 한 명의 장수 곽거병霍去病이 있었다. 곽거병은 위자부 언니 위소아衛少兒의 아들이다. 무제의 시중으로 있던 곽거병은 몇 차례 전공을 세운 뒤 19세에 일약 표기장군驃騎將軍에 발탁되었다. 대장군 위청의 바로 아래 자리다. 기원전 121년 봄 곽거병은 기병 1만 명을 이끌고 만리장성을 넘었다. 고비사막을 뚫고 거연택居延澤(내몽고 아라산맹)을 공격해 휴도왕休屠王의 금인金人(하늘에 제사 지낼 때 쓰는 상징물)을 빼앗았다. 곽거병은 남쪽 기련산맥祁連山脈에서 선우의 알지閼氏와 왕족 63명을 생포했다. 항복한 흉노군이 3만 명에 달했다.

하서회랑河西回廊의 무위武威와 주천酒泉이 한나라 손에 들어왔다. 기련산祁連山에는 너른 초원이 있고 언지산焉支山에서는 연지燕脂 원료로 쓰이는 붉은 꽃이 났다. 터전을 빼앗긴 흉노인들 사이에는 이런 노래가 유행했다.

"기련산을 잃었으니 가축을 먹일 수 없고, 언지산을 잃었으니 여인의 얼굴을 물들일 수 없구나."

무제는 곽거병에게 승전 축하 술을 내렸다. 술은 적고 군사는 많았다. 곽거병은 샘에 술을 풀어 모두가 마시게 했다. 주천酒泉 지명은 여기서 유래했다.

곽거병에게 패한 흉노 혼야왕渾邪王은 동료 휴도왕休屠王을 죽이고 한나라에 투항했다. 함께 투항한 흉노인이 10만 명에 달했다. 10년 넘게 흉노와 격전을 벌이던 무제는 전쟁을 끝낼 승부수를 던진다.

막북지전

무제는 위청, 곽거병 두 장군에게 흉노 본영 선우
정單于庭을 공격하라고 명령했다. 선우정은 만리장성에서 북쪽으로 800킬
로미터 떨어진 곳에 있었다. 위청은 고비사막을 이동하다가 선우 이치사伊
稚斜의 흉노 주력군과 마주쳤다. 전투를 벌이던 중 흉노군 쪽으로 거센 모
래폭풍이 불었다. 모래폭풍 속에서 이치사는 포위를 뚫고 북쪽으로 달아
났다. 위청은 선우 생포에 실패하고 흉노군 1만 9,000명의 목을 베거나
포로로 잡았다.

곽거병은 흉노 본영 동쪽을 공격해 7만 명을 포로로 잡았다. 곽거병은
랑거서산狼居胥山(헨티산Khenti, 울란바토르 동쪽)에 올라가 하늘에 제를 올렸
다. 곽거병은 더 북쪽으로 진군해 바이칼호를 바라보았다. 막북지전漠北之
戰으로 불리는 이 전투로 한나라는 흉노 전쟁에서 승기를 잡았다. 2년 후
곽거병은 갑자기 병으로 쓰러져 23세에 요절한다.

흉노는 몽골 초원 오르콘Orkhon강 일대를 옮겨 다니며 선우정을 설치했
다. 몽골 수도 울란바토르에서 북쪽으로 100킬로미터 떨어진 노인울라
Noin-Ula(몽골어 Noyon Uul)에 흉노 귀족 고분군이 있다. 고분군은 총 212기
의 고분으로 이뤄져 있다. 러시아 탐험대는 1924년 고분 탐사에서 흉노
옷과 카펫, 청동 그릇, 동물 문양의 황금 장식을 발굴했다. 유물 중에는 페
르시아와 그리스에서 온 물품도 있었다.

무제의 강공책과 극심한 폭설로 흉노의 힘은 약화되었다. 기원전 56년
흉노는 서흉노와 동흉노로 분열되고 서흉노는 서쪽으로 이동했다. 서양학
자들은 로마제국을 침공한 훈족이 서흉노라고 추측한다.

아랄 지역까지 들어온 흉노의 자취는 사라져버렸고, 이 서흉노에 대한 기록은 없다. 왜냐하면 그들은 중국이 동부 지역에 있는 흉노에 대해서 기록한 것처럼 그들에 대한 작은 정보라도 남길 수 있는 거대한 문명 세계와 접촉을 하지 않았기 때문이다. 4세기 말(370~375년) 그 후예들이 불가강과 돈강을 건너서 유럽을 공격할 때에야 비로소 우리는 이들 흉노가 발라미르(훈족 왕), 아틸라와 함께 고전 역사의 무대에 등장하는 모습을 보게 될 것이다. _르네 그루세René Grousset, 《유라시아 유목제국사》

유목 민족은 중국 역사의 '아웃사이더'가 아니다. 유목 민족은 때로는 한족과 전쟁을 벌이고, 때로는 융합하며 중국 역사를 만들었다. 한나라 멸망 이후 유목 민족은 중국 내륙으로 진출해 한족과 번갈아 왕조를 세우게 된다. 수隋와 당唐은 유목 민족 후손이 세웠고, 송宋은 한족, 원元은 몽골족, 명明은 한족, 청淸은 여진족이 창건했다. 현재 중국 영토는 과거 유목민의 땅을 포함하고 있다.

장건,
실크로드를 열다

한나라는 흉노와의 전쟁으로 서역에 들어섰다. 장건은 월지로 떠난 지 13년 만에 장안으로 돌아왔다. 떠날 때는 100명이었으나 돌아올 때는 장건과 부하 감보 두 사람뿐이었다. 장건은 무제에게 예를 올리고 고단했던 지난 여정旅程을 보고했다.

흉노에게 붙잡힌 장건은 몽골의 흉노 본영으로 끌려갔다. 그곳에서 아내를 얻고 10여 년을 살았다. 어느 날 감시가 소홀한 틈을 타 장건은 말을 잡아타고 무작정 서쪽으로 달렸다. 사막을 지나 파미르고원을 넘어 수십 일 만에 도착한 곳이 대원국大宛國이었다. 대원국은 현재 우즈베키스탄의 페르가나Fergana 지역으로 하루 천 리를 간다는 한혈마汗血馬를 기르고 있었다. 장건이 월지를 찾아온 한나라 사신이라고 말하자, 대원국은 그를 강거康居로 보냈다. 강거는 지금의 카자흐스탄 지역이다. 장건은 강거를 거쳐 월지 땅에 도착했다. 월지는 얼마 전 대하大夏를 정복하고 그곳에 살고 있었다. 대하는 토하라Tokhara의 한자 음역으로 지금의 아프가니스탄 북부다. 대하 중심지 발흐Balkh는 그리스어로 박트리아Bactria다. 박트리아는 알렉산드로스 대왕 원정군 후예가 세운 나라로 사카Saka(색족塞族)에게 정복되었다가 다시 월지에게 점령되었다. 장건은 월지 왕에게 함께 흉노를 공격하자고 제의했다. 비옥한 땅에 정착한 월지는 흉노를 공격할 마음이 없었다. 장건은 어쩔 수 없이 장안으로 돌아왔다.

진기한 서역 이야기에 무제는 흠뻑 빠져들었다. 장건을 매일 궁으로 불러 서역에 관해 물었다. 장건은 대하 남쪽에 신독身毒(인도)이 있고 서쪽에는 안식安息(이란), 조지條枝(이라크), 엄채奄蔡(카스피해 북쪽 알란), 여헌黎軒(알렉산드리아 또는 로마설)이 있고 멀리 서해西海(지중해)가 있다고 말했다. 안식에는 포도주가 나고, 조지에는 항아리만 한 알을 낳는 큰 새가 있고, 신독에는 코끼리, 대원에는 한혈마, 천산산맥에는 유목 민족 오손烏孫이 있다고 말했다.

한무제는 장건의 이야기를 듣고 내심 이같이 생각했다고 《사기》는 전한다.

대원과 대하, 안식 등은 모두 대국이다. 그 북쪽에 있는 대월지와 강거 등은 군사가 강하다고 하나 물건을 보내주고 이익을 미끼로 회유하면 능히 입조시킬 수 있다. 인의를 베풀어 이들을 예속시키면 1만 리에 걸쳐 영토를 넓힐 수 있고, 아홉 번에 걸친 중역重譯으로 의사소통이 가능한 매우 다양한 풍속의 사람을 만날 수 있을 것이다. 천자의 위엄과 은덕이 세상에 두루 퍼질 수 있는 절호의 기회다. _사마천,《사기》,〈대원열전〉

실크로드는 이렇게 탄생했다. 무제는 세계와 미래를 내다보았다. 그는 무역을 통해 세계와 소통하기를 바랐다.

장건이 방문한 박트리아는 그리스, 스키타이, 아프가니스탄, 인도 문명이 만나는 교차로였다. 박트리아 동쪽에는 알렉산드로스 대왕 후예가 세운 아이하눔Ai-Khanoum이 있다. 그리스 양식 대리석 신전이 서 있던 아이하눔은 기원전 145년경 월지에 의해 파괴된 것으로 추정된다.

발흐 서쪽 '황금의 언덕' 틸리아 테페Tillya Tepe 고분에서는 1978년 화려한 금관이 발굴되었다. 기원전 1세기~서기 1세기에 제작된 이 금관은 나뭇가지 모양의 세움장식[飾] 위에 황금 꽃과 나뭇잎, 수많은 둥근 영락瓔珞으로 장식되어 있다. 틸리아 테페 금관은 4~6세기에 제작된 나뭇가지, 사슴뿔 형상의 신라 금관과 매우 유사해 세계 고고학계의 비상한 관심을 모았다.

두 금관의 유사성은 중앙아시아와 한반도 사이 문화 교류 가능성을 보여준다.

그리스 문명은 인도 문명과 융합해 간다라Gandhara 양식을 낳았다. 간다라 미술은 불교와 함께 실크로드를 타고 중국과 한반도로 전해진다.

실크로드를 통해 로마에 전해진 중국산 비단은 로마에서 선풍적 인기를 모았다. 옷감에서 광택이 나고 무게감이 없이 하늘하늘한 비단은 로마 황제와 귀족, 귀족 부인의 욕망을 자극했다. 로마에서 중국산 비단은 같은 무게의 황금보다 비싸게 거래되었다. 중국은 비단이라는 뜻의 세리카Serica 또는 세레스Seres로 알려지게 되었다.

실크로드 학자 정수일은 스키타이가 초원로를 개척한 기원전 7~8세기부터 18세기까지 실크로드 역사가 2,500년에 이른다고 밝혔다. 그는 세계 문명사에 기여한 실크로드의 역할을 세 가지로 요약했다.

첫째 실크로드는 문명 교류의 가교 역할을 했다. 둘째로 실크로드는 세계사 전개의 중추적 역할을 했다. 다리우스 1세, 알렉산드로스 대왕, 한무제, 당태종, 이슬람 할리파(칼리프), 칭기즈칸, 티무르 등 수많은 세계적 영웅호걸들이 이 길을 주름잡고 다니며 역사의 지휘봉을 휘둘렀다. 셋째로 실크로드는 세계 주요 문명의 산파역을 담당했다. 고대 오리엔트 문명을 비롯한 황하, 인더스, 그리스·로마, 유목 민족, 불교, 페르시아, 이슬람 문명 등 주요한 문명은 이 길을 타고 개화하고 결실을 맺었다. _정수일,《실크로드학》

장건의 여행은 서역착공西域鑿空으로 불린다. 장건은 서역에 구멍을 뚫음으로써 동서양 문명 교류의 물꼬를 텄다.

흙먼지 이는
양관고성

둔황燉煌 시내에서 자동차를 타고 서남쪽으로 한 시간가량 사막을 달리면 실크로드 남쪽 관문 양관陽關을 만난다. 사막 한가운데 작은 성곽도시 양관陽關은 예전에 실크로드를 오가는 상인과 여행자의 출입국, 세금을 관리하던 곳이다. 양관을 지나면 타클라마칸사막 남쪽 서역남로西域南路다. 북쪽에 있는 옥문관玉門關은 천산남로天山南路, 북로北路로 통하는 문이다.

현재의 양관고성陽關古城은 2014년 새로 복원되었다. 양관 성곽 안으로 들어가면 안마당에 한나라 사신使臣 부절符節을 휘날리며 달려가는 장건 기마상이 서 있다. 양관 뒤 언덕에는 붉은 진흙으로 쌓은 옛 봉화대가 남아 있다. 주변 황무지에서는 회오리바람이 뽀얀 흙먼지를 공중으로 날려보낸다.

"서쪽으로 양관을 나서면 친구도 없으리." 당나라 시인 왕유王維는 양관을 나서면 친구가 없을 것이라고 아쉬워했지만 이 사막길을 통해 2천 년 넘게 동서 교류가 이뤄졌다.

서역에서 돌아온 지 7년 만에 장건은 2차 서역 길에 나선다. 흉노 협공을 위해 오손烏孫과 동맹을 맺으려는 목적에서였다. 오손은 지금의 키르기스스탄 이시쿨Issyk-Kul호 일대에 살던 유목민이다. 장건의 동맹 요청에 오손 왕 곤막昆莫은 자신은 늙고 부족은 분열되어 도울 형편이 안 된다며 거절했다. 장건은 뜻을 이루지 못하고 오손 사자使者 수십 명을 데리고 장안으로 돌아왔다. 오손인은 이란계 종족으로 추정된다. 당나라 때 간행된 《통전通典》에는 '오손인은 눈이 파랗고 붉은 수염과 구레나룻을 가졌다'고 묘사되어 있다.

장건은 돌아올 때 수십 필의 오손 말을 가져왔다. 중국 본토의 작은 말보다 훨씬 크고 날쌨다. 무제는 이 말을 천마天馬라 불렀다. 이 시기에 오손에서 말 사료 목숙苜蓿(알팔파)과 포도葡萄, 석류石榴, 호마胡麻(참깨), 호두胡豆(잠두), 호도胡桃, 호산葫蒜(마늘), 호과胡瓜(오이)가 중국으로 들어왔다.

한나라 조정은 황실 처녀를 뽑아 오손 왕과 결혼시켰다. 오손으로 시집 간 세군공주細君公主는 2년 만에 곤막이 죽자 후계자의 아내가 되었고, 고향을 그리다 29세에 그곳에서 죽었다.

한혈마

오손 말을 얻은 뒤 한동안 기뻐하던 무제는 진짜 천마, 한혈마汗血馬를 갖고 싶었다. 장건은 "대원의 말은 피 같은 땀(汗血)을 흘리고 그 말의 조상은 하늘에서 내려온 천마의 새끼"라고 말했다. 무제는 좋은 군마를 키워야 흉노 기마 부대를 제압할 수 있다고 생각했다.

무제는 대원왕에게 사신을 보내 1,000금金과 동으로 만든 말을 선물하고 한혈마를 구해 오도록 했다. 대원왕은 멀리 있는 한나라보다 가까이에 있는 흉노를 두려워했다. 대원왕은 대원의 말은 보마寶馬라며 한나라 요구를 거절했다. 한나라 사신들은 돌아오는 길에 몰살되었다.

무제는 대로했다. 무제는 장수 이광리李廣利에게 대원국의 이사성貳師城을 치라고 명했다. 기원전 104년 이광리는 기병 6천과 악소년惡少年 수만 명을 데리고 대원국을 향해 떠났다. 대원국은 장안에서 1만 2,000리, 미터법으로 4,860킬로미터 떨어진 곳이다. 이광리는 열풍이 몰아치는 사막과 염수鹽水를 지났다. 소국들은 성문을 걸어 잠그고 식량을 주지 않았다. 이광리가 욱성郁成(에일라탄Eilatan, 우즈베키스탄 안디잔Andizhan 부근)에 이르렀을 때 수천 군사밖에 남지 않았다. 이광리는 식량을 얻으려고 욱성을 공격했으나 실패했다. 그는 이사성에 가보지도 못하고 되돌아와야 했다. 돈황에 돌아왔을 때 남은 군사는 10분의 1에 불과했다.

분노한 무제는 2차 원정대를 보내라고 명했다. 이대로 포기하면 소국들의 웃음거리가 될 게 분명했다. 두 번째 원정에 엄청난 인력과 물량을 투입했다. 병사 6만 명, 소 10만 마리, 말 3만 마리, 나귀·노새·낙타 수만 마리를 동원했다. 이광리는 기원전 102년 2차 원정을 떠났다. 이광리는 이사성貳師城을 포위하고 물길을 끊었다. 대원국은 40여 일 만에 항복했다. 이사성은 오늘날 우즈베키스탄 나망간주 악시켄트Aksikent로 추정된다. 기원전 3세기 악시켄트 인구는 40만 명에 달했다고 한다. 이사성은 코손소이Kosonsoy, Kasansay 왕궁이 있어 귀산성貴山城으로도 불렸다.

대원을 정벌한 이광리는 한혈마 수십 마리와 중등급 말 3천 마리를 골라 귀로에 올랐다. 대원 정벌 소식이 전해지자 작은 나라들이 복종해왔다. 이광리는 2차 원정에서 목표를 이루었으나 병력의 80% 이상을 잃었다. 무제는 한혈마를 보고 기쁨에 겨워 〈천마가天馬歌〉를 지었다.

천마가 왔도다. 서쪽 끝에서 만 리를 지나 덕이 있는 이에게 돌아왔도다. 영험한 위력을 받들어 외국을 항복시키고 사막을 넘으니 사방 오랑캐가 복종하누나. _사마천, 《사기》, 〈악서樂書〉

무제는 한혈마를 얻은 뒤 한혈마를 천마라 하고 오손 말을 서극마西極馬라 낮춰 불렀다.

염철 전매

무제는 흉노 전쟁과 대원 원정으로 막대한 인력과 재원을 탕진했다. 흉노 전쟁으로 영토를 넓혀 농민 100만 명에게 새로운 토지를 주었으나 당장 재정에 보탬이 되는 것은 아니었다. 오랜 전쟁으로 재정은 고갈되었다.

> 기원전 133년, 그는 30만 명의 군대를 멀리 흉노족의 영토로 원정 보냈다. 그 뒤를 이어 기원전 124년, 123년, 119년에 각각 파견된 원정군은 10만 명이 넘을 때가 많았다. 이러한 원정은 긴 보급선이 필요하고 상당수의 장정과 말을 잃게 되는 등 지출이 막대했다. _패트리샤 버클리 에브리Patricia Buckley Ebrey, 《사진과 그림으로 보는 케임브리지 중국사》

무제는 전쟁 비용을 마련하기 위해 소금과 철 전매제도를 실시했다. 예전부터 염업과 야철업은 대부호의 사업이었다. 노동자와 노예가 1천 명에 이르는 큰 규모의 염철업자도 있었다. 무제는 제齊 땅의 제염업자와 남양南陽의 야철업자를 관료로 임명해 국가가 직접 소금과 철을 생산하게 했다. 소금과 철 전매로 들어오는 수입은 엄청났다. 일본 역사학자 야마다 카즈요시山田勝芳에 따르면, 소금과 철 전매 수입이 한나라 재정수입의 54%를 차지했다. 전비가 모자라자 술까지 전매했다.

무제는 국가가 물자 운송을 담당하는 균수법均輸法과 물가를 관리하는 평준법平準法을 시행했다. 이 정책을 기획한 인물은 낙양의 상인 집안 출신 상홍양이다. 상홍양은 암산에 천재적 재능을 보여 13세에 시중에 발탁되었다. 그는 관중의 경제학《관자》에 정통했다. 물건값이 싸면 사들이고 값이 오르면 내다 팔아 이익을 남겼다. 상홍양은 관리들이 조정에 양식을 바치면 승진시키고, 죄인들이 양식을 내면 속죄해주었다.

국가의 직접적 상업 활동은 상인의 이익과 충돌했다. 어사대부 복식卜式

은 무제 앞에서 대놓고 상홍양을 비난했다.

작은 가뭄이 있어, 천자는 관리들로 하여금 기우제를 지내게 했다. 복식이 진언하여 말했다. "조정은 마땅히 조세로써 입는 것과 먹는 것을 충당할 뿐입니다. 지금 상홍양은 관리를 저잣거리의 줄지은 상점에 앉게 하여 이윤을 취하고 있습니다. 상홍양을 삶아 죽이면 하늘은 곧바로 비를 내릴 것입니다." _사마천,《사기》,〈평준서〉

유학자들은 상홍양을 언리소인言利小人(이익을 입에 올리는 소인배), 취렴지신聚斂之臣(재물을 모으는 신하)이라고 비난했다. 북송 시대 유학자 소식은 사마천까지 공격했다.

한나라 이래로 배우는 사람은 상앙과 상홍양 두 사람에 대해 말하기를 부끄러워했다. 사마천의 큰 죄 두 가지는 《사기》에 상앙과 상홍양의 공을 높이 평가한 것이다. _소식,《동파지림東坡志林》

유가와 법가를 모두 중시한 무제는 신분이나 학벌을 가리지 않고 과감하게 인재를 발탁했다. 조정에는 유능한 인재가 넘쳐났다. 공손홍, 동중서, 복식, 동방삭, 위청, 곽거병, 장건, 상홍양 등이 그들이다.

하지만 법가는 형刑이 덕德을 앞선다. 무제는 무자비하게 권력을 휘둘러 13명의 승상 가운데 5명이 비명횡사했다. 두영, 공손하, 유굴리는 목이 잘려 죽었다. 이릉과 사마천도 칼날을 피하지 못했다.

이릉은 막북지전에 참전한 이광李廣 장군의 장손이다. 이릉은 인품이 온

후해 동료와 부하 들의 존경을 받았다. 그는 궁병弓兵 5천 명과 함께 준계산浚稽山(알타이산맥)으로 이동하다가 흉노 주력부대 3만 명에 포위되었다. 이릉은 8일 동안 화살이 떨어질 때까지 싸우다 포로로 잡혔다. 무제는 이릉이 흉노에 투항했다는 잘못된 보고를 받고 이릉 어머니와 처자식을 처형했다. 이릉은 흉노에 투항한 뒤 다시 돌아오지 않았다.

사마천은 무제 앞에서 이릉을 변호하다가 궁형을 당했다. 그는 육신이 잘려나가는 치욕을 이겨내고 불후의 명작《사기》를 저술했다.

"이것이 내 죄인가, 이것이 내 죄인가? 몸이 망가져 쓸모없게 되었구나." 물러 나와 깊이 생각한 끝에 이같이 말했다. 옛날 주문왕은 유리羑里에 갇혔기에 역경을 풀이했고, 공자는 진陳과 채蔡 사이에서 곤경을 겪었기에 《춘추》를 지었고 굴원屈原은 추방되었기에 《이소離騷》를 지었고 좌구명左丘明은 시력을 잃었기에 《국어》를 편찬했고… 《시경》 300편도 대략 성현이 발분해 지은 것이다. 모두 원래 마음속에 울분이 맺혀 있었다. 이를 표출할 길이 없었기에 지난 일을 기술하며, 다가올 일을 생각한 것이다. _사마천, 《사기》, 〈태사공 자서〉

한무제는 많은 인재를 발굴했으나 많은 인재를 버렸다. 황제 앞에 개인은 한낱 미미한 존재였다. 사마천이 말하듯 주상에게 개인은 '아홉 마리 소 가운데 털 한 오라기(九牛一毛)'일 뿐이었다.

백성의 아픔

무제 말년은 사치와 미신으로 얼룩졌다. 무제는

기원전 120년 거대한 곤명지昆明池를 건설해 수전水戰 연습을 시키고, 다음 해 감천궁甘泉宮을 짓고, 15년 뒤에는 문이 1천 개나 되는 건장궁建章宮을 지었다. 무제는 노년에 접어들면서 자주 병을 앓았고 누가 자신을 해칠지 모른다는 불안증에 시달렸다.

총명이 흐려진 무제 앞에 기이한 복장을 한 강충江充이 나타났다. 그는 황족과 고관 들의 사치를 고발해 무제의 신임을 얻었다. 그는 태자 유거劉據의 집 수레가 황제만 이용할 수 있는 치도馳道를 지나간 것을 무제에게 보고했다. 무제는 강충에게 "신하라면 당연히 그래야 한다"고 칭찬했다. 강충은 황제의 병이 깊어진 것은 누군가의 저주 때문이라며 무고巫蠱(인형으로 저주하는 행위)를 조사했다. 강충은 태자궁 마당에서 오동나무 인형을 파헤치고는 황제에게 고하겠다고 협박했다. 죄를 뒤집어쓴 태자는 강충을 붙잡아 살해했다. 강충의 부하는 "태자가 반란을 일으켰다"고 무제에게 거짓으로 보고해 군을 출동시켰다. 태자도 황제 조서를 위조해 군사를 움직였다. 닷새 동안 아버지와 아들 군대가 충돌해 수만 명의 사상자가 발생했다. 태자 생모 위황후는 스스로 목숨을 끊었고, 태자 유거도 자살로 생을 마감했다. '무고巫蠱의 화禍'로 무제는 태자와 황후를 한꺼번에 잃었다.

무제가 전쟁과 사치, 미신에 빠져 있는 동안 백성들은 세금과 병역, 요역으로 큰 고초를 겪었다. 한나라 때 민간에 불리던 〈십오종군정十五從軍征〉은 전쟁 중에 가족을 잃은 한 노인의 비애를 그리고 있다.

열다섯에 군대에 징집되어 팔십이 되어서야 돌아왔네. 마을 사람 만나 "집에 누가 있나요?"라고 물었네. "멀리 보이는 곳이 당신 집이오"라는데 우거진 송백 사이로 무덤이 옹기종기, 개구멍으로 토끼가 드나들고, 대들보

위로 꿩이 날아다니네. 마당 가운데에는 곡식이 자라고 우물 위에는 아욱
이 돋아나네. 낟알 빻아 밥을 짓고 아욱 뜯어 국을 끓인다. 밥이며 국이며
금방 익었건만 누구와 함께 같이 먹나? _⟨십오종군정⟩

곡식 창고는 텅 비고 수백만 농민이 고향을 떠나 유랑했다. 곳곳에서 농
민 봉기가 일어났다. 무제에게 남은 것이라곤 병든 육신과 후회뿐이었다.
무제는 서역 윤대輪臺에 둔전을 설치하자는 상홍양의 건의를 물리치고, 자
신의 죄를 꾸짖는 죄기조罪己詔를 발표했다.

윤대에 백성을 보내 황무지를 개간하고 군대 초소를 세우는 것은 백성을
힘들게 하고 국가 재정에 손해를 가져오는 일이다. 천하의 백성을 걱정하
고 근심하게 하는 건의는 좋은 것이 아니다. 짐은 이것을 받아들일 수 없
다. 지금 가장 중요한 임무는 관리들의 가혹한 폭정을 금하고 제멋대로 세
금을 올리지 못하도록 하며, 백성들이 근본인 농사에 힘쓰도록 고무하는
것이다. _《한서》, ⟨윤대조輪臺詔⟩

늦게나마 무제는 자신의 잘못을 인정했다. '윤대조'는 '중국 역사상 황제
가 한 최초의 자아비판'이다. 중국 역사학자 왕리췬王立群은 《한무제 강의》
에서 황제가 "자신의 죄를 비판하고, 자신의 과실을 세상에 알린다는 것은
큰 지혜이고 용기"라고 평했다.
무제는 기원전 87년 69세를 일기로 세상을 떠났다. 무제는 15세에 즉
위해 54년간 한나라를 통치했다. 그의 통치 시기에 한나라는 최고 전성기
를 맞았다. 무제는 진시황과 함께 위대한 황제 진황한무秦皇漢武로 불린다.

무제의 공적은 웅재대략雄材大略, 독존유술獨尊儒術로 요약된다. 그는 흉노 정벌과 서역 개척으로 역사를 바꾸고, 유학을 공인해 중국의 정신·물질문화에 지대한 영향을 끼쳤다. 궁병독무窮兵黷武, 무고지화巫蠱之禍는 과오로 기록된다. 무력을 남용해 백성에 고통을 주었고, 미신에 빠져 황태자와 황후를 죽이는 참극을 빚었다.

한무제는 장안 북서쪽 무릉茂陵에 묻혔다. 무릉은 위수渭水 북쪽 황토 벌판에 산처럼 솟아 있다. 피라미드 형태의 무릉은 높이 46.5미터로 한나라 황제릉 가운데 가장 크다. 무릉은 자연 동산처럼 나무와 풀로 덮여 있다. 무제는 즉위 이듬해부터 53년 동안 매년 부세賦稅(인두세와 요역) 3분의 1을 투입해 무릉을 건설했다. 그는 죽어서도 권력을 과시하고자 했다.

무제 사후 실권자 곽광霍光이 무덤 안에 옥과 재물, 소, 말, 호랑이, 표범, 새, 물고기 등 190종류의 산 짐승을 묻었다고 전해진다. 무릉은 적미군赤眉軍(서기 25년)과 동탁董卓(서기 190년)에 의해 파헤쳐지는 수난을 당했다.

무릉 옆에는 위청, 곽거병, 김일제 세 장수의 무덤이 있다. 기련산祁連山에서 큰 공을 세운 곽거병의 묘는 기련산을 본 따 조성했다. 돌과 흙을 쌓아 만든 곽거병 묘에는 소나무와 잣나무가 울창하고, 묘 꼭대기에는 날렵한 정자가 서 있다. 묘 입구를 지키는 마답흉노상馬踏匈奴像은 흉노 전쟁 승리를 기념하는 상징물이다. 화강암 천마가 수염이 덥수룩한 흉노를 밟고 있고, 바닥에 깔린 흉노는 빠져나오려고 발버둥을 친다. 위청 묘는 곽거병 묘보다 크지만 장식이 없이 소박하다. 동쪽 끝에는 흉노 출신 김일제의 묘가 있다. 흉노 왕자 김일제는 14세 때 포로로 잡혀 마구간 노비로 일하다 무제에 발탁되어 김金씨 성을 하사받았다. 그는 무제의 암살을 막은 공로로 거기장군車騎將軍에 임명되고 투후秺侯 작위를 받았다.

국내에서는 경주 김씨가 김일제 후손이라는 주장이 꾸준히 제기된다. 신라 문무왕릉文武王陵 비문에 김일제의 작위 '투후'라는 글자가 등장하고, 시안에서 발견된 신라 출신 김씨 부인 묘비에 '신라 김씨 조상은 김일제'라고 명기되어 있는 것으로 확인되었다. 신라 왕족의 김일제 후손설은 사료 부족으로 아직까지 역사의 미스터리로 남아 있다.

관료와 유학자의
'염철 논쟁'

무제가 사라진 후 한나라 조정에 거센 후폭풍이 밀려왔다. 무제 시대 때 제정한 소금·철 전매제도의 존폐 문제는 뜨거운 쟁점이 되었다.

어린 황제 소제昭帝의 섭정을 맡은 곽광은 기원전 81년 고위 관료와 유학자 들을 불러모아 토론회를 열었다. 관료 대표로 승상 전천추와 어사대부 상홍양, 유학자 대표로 전국에서 선발된 60여 명의 현량과 문학이 참석했다. 관료와 유학자 들은 다섯 달 동안 치열한 공방을 벌였다.

① 염철 전매 필요성에 관해

관료는 국방비를 마련하기 위해 염철 전매가 반드시 필요하다고 주장했다. "흉노는 등을 돌려 모반하기 일쑤고 신하로서의 소임은 다하지 않은 채 여러 차례 변방 지역을 침략하고 있다. 방비를 소홀히 하면 침략이 그치지 않을 것이다." 유학자는 정치를 잘하면 국방 비용이 들지 않는다고 주장했다. "조정에서 정치에 밝으면 싸우지 않고 적군을 물러나게 할 수 있다. 왕이 된 자가 어진 정치를 시행해 천하의 적을 두지 않는데 무슨 비용이 필요하겠는가?"

② 철 품질에 관해

유학자는 "국가 제철소에서 나오는 철은 품질이 낮고 다양하지 않으며 가격이 비싸다"고 비판했다. 관료는 "민간에서 철을 만들면 품질이 고르지 못하고 가격이 공정하지 못하다"고 반박했다.

③ 상공업에 관해

관료는 농업뿐 아니라 상공업도 중요하다고 주장했다. "수공업이 발전하지 못하면 농기구가 부족하게 되고, 상업이 발전하지 못하면 물자 교류는 불가능하다. 또 농기구가 부족하면 식량 생산을 증대시킬 수 없고, 물자 교류가 이뤄지지 않으면 정부 재정이 곤란해진다." 유학자는 상공업 억제를 주장했다. "입고 먹는 것만 잘한다면 국가는 부유해지고, 백성은 평안할 것이다. 그렇게 되면 상인은 시장에서 쓸모없는 물건을 판매하지 않고 장인은 쓸모없는 기구를 생산하지 않는다."

④ 흉노 전쟁에 관해

관료는 흉노 전쟁은 필요하다고 주장했다. "흉노가 침략해 변방 주민들은 재앙을 겪고 있다. 불의를 토벌하는 것은 가을 서리가 낙엽을 떨어뜨리는 것과 같다." 유학자는 전쟁에 반대했다. "흉노 정벌로 인력을 탕진해 백성의 괴로움이 많다. 병기는 상서롭지 못한 흉기와 같은 것이므로 함부로 사용해서는 안 된다."

⑤ 흉노 전쟁 성과에 관해

관료는 "처음에는 수고로웠지만 결국 안정과 행복을 이루었다. 다양한 물품이 서역에서 들어왔다"고 강조했다. 유학자는 "흉노 점령지까지 군현을 설치해 백성들이 피로함을 느끼고, 장건은 서역과 교역해 쓸모없는 물건을 들여와 국고를 유출하고, 이광리는 대원을 공격해 재정을 낭비했다"
고 비난했다.

⑥ 형벌에 관해

유학자는 "말을 훔친 사람까지 사형을 시키고 있고 정령과 법률, 죄목이
너무 많다"고 비판했다. 관료는 "법률이 없으면 나라를 다스리지 못한다"
고 반박했다.

⑦ 국가 이념에 관해

유학에 관해 관료는 "유가의 실적이 무엇인가? 성인의 고상한 행위와
아름다운 언사로 도덕을 이야기하지만, 현재 활용할 수 있는 것은 아니다"
라고 공격했다. 유학자는 "최고의 도덕을 얻으려면 인의에 맞아야 한다"고
맞섰다. 법가에 관해 유학자는 법가가 권모술수로 사나운 풍속과 형벌만
만들었다고 공격했다. 관료는 유생들이 국가 경영도 모르면서 혀만 놀리
고 있다고 비판했다.

관료는 소금과 철에 대한 국가 관리를 주장했고 유학자는 국가 개입에
반대했다. 관료의 주장은 중상주의, 유학자의 주장은 애덤 스미스 이론과
유사하게 보인다. 하지만 유가 사상은 애덤 스미스 사상의 정반대에 가깝
다. 애덤 스미스는 경제 동인動因이 이기심이라고 보고 상공업 진흥을 주장
한 반면, 유학자는 이기심을 부정하고 상공업 억제를 주장했다. 유학자는
공자와 맹자만 높이고 다른 현인의 가르침에는 귀를 기울이지 않았다.

주나라 건국을 도운 태공망은 농업과 상공업이 모두 중요하다고 했다.

군주에게 세 가지 보물이 있으니 농업, 공업, 상업이다. 농인農人이 한곳에

서 오랫동안 농사를 지으면 곡식이 풍족하고, 공인工人이 한곳에서 오랫동
안 기물을 만들면 기물이 풍족하고, 상인商人이 한곳에서 오랫동안 장사하
면 재화가 풍족해진다. _태공망,《육도六韜》,〈문도文韜〉

관중은 상업을 장려해 제나라를 패자의 위치에 올려놓았다. 유학자들은
국가 개입과 상공업 진흥에 반대하며 자급자족하는 농업 국가를 주장했
다. 그들은 전쟁, 군대, 형벌이 필요 없는 이상적 왕도王道 국가를 꿈꾸었다.
염철 논쟁을 기록한 환관桓寬은 춘추 공양학을 공부한 유학자였다. 그는 유
학자의 입장에서 법가 관료를 비판했다.

"대부大夫(관료)는 잠시 고개를 떨어뜨렸다가 들고는 대답하지 못했다."
'대부는 마음속으로 실망과 자괴감을 느껴 손을 땅에 대고 아무 말도 하
지 못했다.'

일본 역사학자 니시지마 사다오西嶋定生는《중국고대사회 경제사》에서
유학자들은 대토지를 가진 호족豪族 이익을 대변했다고 해석했다.

염철 토론을 개최한 실권자 곽광은 유학자를 앞세워 관료 집단을 공격했
다. 토론이 끝난 뒤 술 전매만 폐지하고 철과 소금 전매를 유지했지만 법가
관료는 숙청 대상이 되었다. 어사대부 상홍양과 좌장군 상관걸上官桀은 기원
전 80년 모반죄로 몰려 죽임을 당한다. 법가法家·상가商家 이데올로기를 대
표하는 상홍양의 죽음으로 국정 주도권은 유교 관료에 넘어가게 된다.

관료, 지주가 지배하는
'유교적 사회'

어려서부터 유학을 좋아한 원제元帝(기원전 48~33년)

는 유학자들을 고위 관료로 임명했다. 고위 관료들은 점차 대토지 소유자로 등장하게 된다. 성제成帝(기원전 33~7년) 때 승상을 지낸 장우張禹는 황제로부터 많은 상금을 받았고 보유 토지가 400경(1,836헥타르)에 이르렀다. 애제哀帝는 총신 동현董賢에게 2,000경(9,180헥타르)의 땅을 나눠 주었다. 유학자들은 백성을 위한 정치를 주장했지만 현실은 유학자-관료의 대토지 소유로 귀결되었다.

사마천은 인간의 호리지성好利之性은 유학자라고 다를 바 없다고 지적했다.

현자가 조정에 들어가 국사를 도모하며 정사를 논하고, 선비가 믿음을 지켜 절개에 죽거나 바위 동굴 속에 은거하다가 세상에 명성을 드러낸 것은 결국 무엇을 위한 것인가? 모두 부귀로 귀착된다. 부를 추구하는 것은 인간의 기본적인 성정이다. 배우지 않고도 하나같이 추구할 수 있다. 관리가 문서와 법문을 가지고 교묘히 농간하고, 문서와 인장을 위조하고, 작두와 톱 등에 의해 몸이 잘리는 형벌도 피하지 않는 것은 무엇 때문인가? 뇌물에 마음을 빼앗겼기 때문이다. _사마천,《사기》,〈화식열전〉

근대 경제학이 이기심을 경제 발전의 동력으로 보았다면, 유교 관료는 이기심을 감추면서 자신들이 이익을 독점하는 사회를 만들었다. 대토지를 소유한 관료와 토착 세력, 상인, 지주 들은 호족豪族 세력을 형성했다. 유교 관료와 호족 세력의 힘은 황제 권력을 압도했다.

서울대 교수 송영배는 중국 전통 사회는 황제의 전제정치가 아니라 유교 관료와 지주가 지배하는 '유교적 사회'라고 진단했다.

왕조의 중요한 물질적 토대가 되었던 상당량의 국유지들이 대관료-지주들의 지배 아래서 언제나 약탈되기 손쉬운 목표가 되어 강력한 관료들의 수중으로 떨어졌다. 대관료-지주들은 이와 같이 자기들의 이익만을 추구함으로써 중앙정부의 기초를 파괴했다. _송영배,《중국사회사상사》

호족의 대토지 소유를 제한하려는 시도가 없지는 않았다. 기원전 7년 애제哀帝는 한 가구당 토지 소유 한도를 30경(138헥타르)으로 정하려다 관료와 호족의 힘에 밀려 좌절되었다. 황제 외척 왕망王莽은 사회를 개혁하겠다며 정권을 찬탈하고 서기 8년 신新나라를 창건했다. 그는 당시 사회 현실을 이렇게 비판했다.

호민들이 대토지를 점유하여 그것을 분할해서 소작을 주었다. 농지세는 명목적으로 30분의 1이었으나 실제로는 10분의 5였다. 부자父子와 부부夫婦가 1년 내내 농사를 지어도 그 소득으로는 살아갈 수 없다. 부잣집에서는 개와 말이 먹는 콩과 좁쌀도 남아돌고 교만하여 사악해진다. 가난한 자들은 술지게미와 쌀겨도 마다하지 않는다. 궁하니 악해진다. _《한서》, 〈왕망전〉

젊었을 때 유학을 공부하고 소박하게 생활해 현자賢者로 불리던 왕망은 황제에 오른 뒤 유학을 국교화했다. 이때부터 유학은 유교儒教로 불리게 된다. 그는 《주례》에 나오는 이상사회를 현실에서 실현하려고 했다. 모든 토지를 왕의 소유로 하는 왕전제王田制를 도입하고 노비 매매를 금지시켰다.
극단적 복고주의는 실현 불가능한 망상이었다. 기득권을 가진 호족의 반발과 녹림의 난, 적미의 난으로 왕망 정권은 14년 만에 붕괴한다.

호족이 지배한
후한

한나라는 서기 25년 광무제光武帝에 의해 재건되었다. 광무제는 낙양洛陽으로 수도를 옮겼다. 이를 후한後漢 또는 동한東漢이라고 한다.

광무제는 남양南陽(허난성河南省) 호족豪族 출신으로 어머니 번樊씨 일가는 300경(1,400헥타르)의 토지를 소유했다. 광무제는 호족의 지원을 받아 정권을 잡았다. 호족들은 대규모 장원莊園을 운영했다. 농사를 짓고 수공업 제품을 자체 생산하는 장원은 중세 유럽 장원과 비슷한 기능을 했다.

호족의 저택은 수백 개의 방을 가지고 있고 기름진 땅은 들에 가득하다. 노비가 수천, 이곳에 딸린 사람은 수만에 달한다. 배와 수레로 물건을 날라 사방으로 팔러 다닌다. 도성 안에는 버려진 집이 가득하다. _《후한서》, 〈중장통仲長統열전〉

황제 주변에서는 외척과 환관 들이 날뛰었다. 순제順帝 황후의 오빠 양기梁冀(?~159년)는 20년 동안 실권을 쥐고 3명의 황제를 갈아 치웠다. 양기로부터 몰수한 재산이 국가 1년 세금의 절반에 달했다. 양기가 사라지자 십상시十常侍(10명의 환관)가 권력을 잡았다. 외조外朝의 유교 관료들은 환관들과 치열한 권력투쟁을 벌였다. 혼란 와중에 어리석은 혼군昏君까지 등장했다. 후한 12대 영제靈帝(168년~189년)는 재정수입이 줄어들자 돈을 받고 관직을 팔았다.

레이 황은 후한의 멸망 원인을 황실 내부에서 찾으려 하지만 잘못된 정치제도에 문제가 있었다고 지적했다. 레이 황은 유교 관료들이 정치·사회 제도를 고치려 하지 않고 편협한 도덕성만 강조했다고 비판했다.

때로는 독서를 하는 것도 관리가 되고 재산을 모으는 지름길이 되었으며, 잘만 하면 몇 대에 걸쳐 공경 노릇을 하는 가문을 세울 수도 있었다. 많은 수의 사람들이 성현의 책만을 읽고 스스로 깨끗하고 높다고 자부하면서, 의義를 의지하고 삶을 가벼이 여기는 태도를 갖게 되었다. 이렇게 스스로를 좁은 윤리 관념의 지배 아래 밀어 넣고 개인적 도덕으로 사회질서를 대체하려고 했으니, 이러한 사회적 조건이 당화黨禍, 곧 당파 싸움으로 연결되는 불행의 뿌리를 구성했다. _레이 황,《허드슨 강변에서 중국사를 이야기하다》

지배층의 부패와 무능은 민란을 불러왔다. '푸른 하늘[蒼天]은 이미 죽었으니 누런 하늘[黃天]이 이제 일어나리라.' 누런 두건을 쓴 황건적이 전국에서 일어났다. 후한 정권은 결국 서기 220년 황건적 봉기와 군벌의 난으로 무너진다.

고대 최고의
실용기술

중국 전통 과학은 주역, 음양陰陽, 오행五行 사상을 바탕으로 한다. 조지프 니덤은 '음양', '오행(土, 金, 水, 木, 火)'은 과학 관념

발달에 도움이 되었지만 주역은 장애가 되었다며, 중국 고대 과학 사상을 원시 과학적 이론이라고 평가했다.

　수학, 기하학, 천문학은 고대 그리스에 버금가는 수준으로 발전했다. 논밭 측량과 상업 거래, 건축, 토목공사 필요성 때문이다. 기원전 1세기에 나온 것으로 추정되는 《주비산경周髀算經》은 하늘이 둥근 지붕처럼 생겼다고 보았고, 피타고라스 정리와 똑같은 기하학 이론을 소개하고 있다. 서기 3세기 수학자 유휘劉徽가 주석을 단 《구장산술九章算術》은 고대 수학을 집대성한 동양 수학 최고 고전으로 평가된다. 《구장산술》은 토지의 넓이〔方田〕, 방정식〔方程〕, 기하학〔句股〕 문제를 비롯해 246개 수학 문제와 해법을 제시하고 있다. 중국 고대 수학은 17세기 서양 수학이 도입되기 전까지 1,300년 넘게 동아시아 수학을 지배했다.

　실용 기술 면에서 고대 중국은 세계 최고 수준이었다. 고위 환관 채륜蔡倫은 서기 105년 종이를 발명했다. 채륜은 나무껍질, 베 조각, 어망 같은 식물 섬유로 종이를 만들었다. 채륜이 만든 종이는 그의 이름을 따 '채후지蔡候紙'라 불렸다. 값싸고 가벼운 종이 발명은 지식 확산에 크게 기여했다. 중국 종이 제조 기술은 8세기 이슬람 세계로 전해지고, 13세기 유럽에 전파되었다.

　천문학자 장형張衡은 지진계 지동의地動儀를 발명했다. 지동의는 지진이 발생한 방향으로 용의 입에서 구슬이 떨어지게 해 지진을 관측하는 기구다. 장형은 138년 낙양에 설치한 지동의로 400킬로미터 이상 떨어진 농서隴西에서 발생한 지진을 관측했다. 중국은 서양보다 1,700년 앞서 지진계를 발명했지만 과학 단계로 나아가지 못했다. 유교 관료들에게 지진 관측술은 용을 잡는 쓸데없는 기술, 도룡지술屠龍之術일 뿐이었다.

로마 공화정이 귀족의 토지 독점으로 무너졌듯이 한나라도 호족의 토지 소유 집중으로 붕괴되었다. 유교 관료들은 사회문제 해결책을 내놓지 못했고 호족과 결탁해 갈등을 심화시켰다.

정치가 문제를 해결하지 못하면 군벌이 등장한다. 후한이 멸망한 뒤 천하대란이 일어났다. 천하를 셋으로 나눈 위魏·촉蜀·오吳는 끝없이 전쟁을 벌였다. 삼국 전쟁은 엄청난 인명 피해를 가져온 파괴적 전쟁이었다. 푸단대학교가 펴낸《중국인구발전사》에 따르면, 후한 시대 5,000만 명이었던 중국 인구는 삼국시대 1,600만~2,000만 명으로 줄어든 것으로 추산되었다. 인구 3분의 2가 사라진 셈이다.

진晉이 잠시 대륙을 통일했으나 내란이 일어나고, 북방 다섯 민족 오호五胡(흉노匈奴, 선비鮮卑, 저氐, 갈羯, 강羌)가 중원을 침공한다. 중국 역사는 581년 수隋가 통일국가를 세우기까지 여러 소국이 난립하는 긴 분열기에 들어간다.

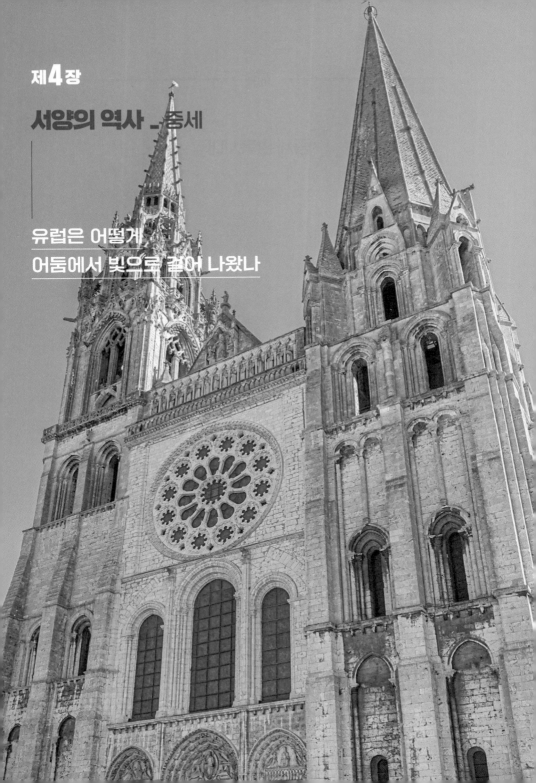

제**4**장

서양의 역사 _ 중세

유럽은 어떻게
어둠에서 빛으로 걸어 나왔나

중세 암흑시대

게르만이 유럽을 침공했을 때 갈리아 사람들이 마주한 것은 '폭력'이었다. 로마를 약탈한 서고트족 25만 명은 가는 곳마다 살인과 약탈을 저질렀다. 417년 서고트족이 프랑스 남부 오슈Auch를 덮쳤다. 주교 오랑Orens은 그날의 참상을 이렇게 기록했다.

> 복병들이 갖은 만행을 저지르고, 민중들의 폭력 또한 기승을 부렸다. 무력으로 정복되지 않은 것은 기근에 의해 정복되었다. 어머니는 자녀와 남편과 함께 비참하게 살해되었으며, 주인은 노예와 함께 노예 상태로 전락했다. _자크 르고프Jacques Le Goff,《서양 중세 문명》

게르만은 갈리아, 스페인, 이탈리아를 점령한 뒤 토지 3분의 1을 빼앗아 나눠 가졌다. 프리드리히 엥겔스는《가족, 사유재산, 국가의 기원》에서 토지의 3분 2를 빼앗아 공유지를 남겨 두고 개인에게 분배했다고 밝혔다.

문명에서
야만으로

갈리아는 암흑세계로 빠져들었다. 도로와 교량, 관개시설이 무너지고 상인 통행이 줄어들었다. 도시 주민들은 식량 공급이 끊어지자 농촌으로 이주했다. 사람들은 생존을 위해 자급자족해야 했다. 프랑스 역사학자 자크 르고프는 "중세 서양은 세포의 원자처럼 '사막들(산림, 들판, 황무지 등)'로 고립되어 있었다"고 묘사했다.

상업 붕괴는 식량 생산에 악영향을 미쳤다. 철이 귀해져 농민은 나무로 만든 쟁기와 괭이를 썼다. 씨를 뿌리면 씨앗의 1.5배 수확량밖에 나오지 않았다. 다음 해 농사를 지으려면 수확량의 절반 이상을 남겨 둬야 했다. 로마 시대에 4배 수확량이 나온 것과 비교하면 3분의 1 정도로 줄어들었다.

경제 붕괴는 인구 감소로 나타났다. 앵거스 매디슨의 추산에 따르면, 400년 2,290만 명이던 서유럽 인구는 600년 1,860만 명으로 430만 명이 감소했다. 인구의 20%가 줄어들었다.

지식 파괴는 심각한 수준이었다. 암흑기에 그리스·로마 고전 문헌의 90%가 사라진 것으로 추정된다. 학교가 문을 닫아 교육이 사라졌다. 투르 주교 그레고리Gregory Of Tours는《프랑크의 역사》첫머리에 지식 쇠퇴를 한탄했다.

갈리아 도시에서는 문학작품이 사실상 완전히 사라질 정도로 쇠퇴했다.

많은 사람들이 불평한다. 한 번이 아니라 몇 번이고 되풀이한다. "정말 형편없는 시기야!"라는 이야기를 듣는다. 만약 우리 국민 중에 오늘날 일어나고 있는 일에 대해 책을 쓸 수 있는 이가 하나도 없다면, 이 시대의 학문은 정말로 죽었다! _그레고리, 《프랑크의 역사》

문자 해독률에 관한 정확한 통계는 없지만 로마 시대 10% 수준에서 중세 초기 4~6%로 떨어졌을 것으로 추측된다. 영국 역사학자 워드-퍼킨스는 8세기 이탈리아 법원 증인 서류에서 몇 명이 자기 이름을 제대로 썼는지를 분석했다. 일반인 633명 서명을 조사한 결과 14%인 93명만이 자기 이름을 쓴 것으로 나타났다. 나머지는 점을 찍는 수준이었다. 법원 증인은 대체로 상위 계층에 속하는 사람들인데도 글을 아는 숫자가 적었다.

게르만이 가져온 법은 부족 전통을 그대로 옮겨놓은 원시적 법이었다. 프랑크족의 살릭법Salic law은 살인죄에 벌금을 물렸다.

다른 사람의 머리를 때려서 뇌가 드러나고, 뇌 아래에 있는 뼈 세 개가 튀어나오게 한 자에게는 30실링shilling의 벌금을 물린다. 자유 프랑크족을 죽이면 200솔리디, 로마인을 죽이면 100솔리디를 물린다. _브라이언 타이어니Brian Tierney·시드니 페인터Sidney Painter, 《서양 중세사》

유무죄를 가리기 위해 미신적이고 잔혹한 시죄법ordeal을 시행했다.

이 제도는 피고의 손을 끓는 물에 넣거나 불에 달군 쇠를 잡게 함으로써 피고의 무죄를 판단하는 방법이었다. 이때 불에 덴 손이 일정 시간 안에 치유되면 그는 무죄로 판명된다. 다른 방법으로는 피고를 줄로 묶어 물속에 던지는 방법이 있었다. 그러면 피고는 마치 도끼처럼 가라앉았다. _로베르 들로르Robert Delort,《서양 중세의 삶과 생활》

게르만에 정복된 옛 로마인은 게르만법을 따라야 했다. 유럽은 문명사회에서 야만 사회로 후퇴했다.

게르만은
누구인가?

게르만은 라인강 동쪽과 다뉴브강 북쪽에 살던 여러 민족을 말한다. 라인강 동쪽에는 작센, 수에비, 프랑크, 알레마니족이 살았고 다뉴브 북쪽에는 고트, 롬바르드, 반달족이 살았다. 6세기 고트족 출신 역사가 요르다네스Jordanes는 고트족이 스칸자Scandza(스웨덴)섬에서 살다가 우크라이나 지역으로 이주했다고 기록했다.

체구가 크고 호전적인 게르만은 농업과 목축을 겸했다. 카이사르는《갈리아 전쟁기》에서 게르만 사회가 원시적 공동체라고 기술했다. 게르만은 농사에 관심을 두지 않고 목축 생활을 하며 우유, 치즈, 육류를 주로 섭취한다는 것이 카이사르의 관찰기다. 그들은 일정한 토지를 소유하기보다 전쟁에 몰두해 이웃을 멀리 쫓아버리고, 경계를 넓은 황무지로 놓아두는 것을 용맹함의 표시로 여긴다고 카이사르는 기록했다.

역사가 타키투스는《게르마니아Germania》에서 게르만이 용맹하고 강한 연대 의식이 있다고 기록했다.

부하들이 보다 더 용감하게 싸우는 것은 주군principe의 치욕이 된다. 주군이 전사하도록 내버려 두고 자신만 살아서 전장에서 살아 돌아오는 것은 평생의 치욕이자 불명예다. 주군을 지키고 보호하며 자신의 용감한 행위를 주군의 명성 덕분으로 돌리는 것은 더할 나위 없이 충성스런 행위다. 주군은 승리를 위해 싸우고, 그의 부하들은 주군을 위해 싸운다. _타키투스,《게르마니아》

타키투스는 게르만을 명예를 존중하고 일부일처제를 지키는 고상한 야만인noble savage으로 그렸다. 타키투스의 게르만 평가는 나치 선전 도구로 악용되어《게르마니아》는 세상에서 가장 위험한 책으로 불렸다.

게르만은 씨족 중심 부족사회 전통이 강했다. 젊은 전사들은 주군과 코미타투스comitatus(주종 계약)를 맺고 충성을 맹세했다. 게르만 부족 전통은 봉건제로 진화하게 된다.

클로비스,
절대군주의 탄생

갈리아에서 두각을 나타낸 부족은 프랑크족이다. 라인강 중류에 살던 프랑크족은 서쪽으로 이동해 로마 장군 출신 시아그리우스Syagrius를 물리치고 갈리아 북부를 차지했다.

프랑크 왕 클로비스Clovis는 아틸라와 맞서 싸웠다는 전설적 부족장 메로베우스Meroveus의 손자다. 15세에 왕위를 승계한 클로비스는 5년 만에 갈리아 패자로 등장했다. 클로비스는 머리카락에 선조의 초자연적 능력이 깃들어 있다며 머리카락을 길게 길러 왕의 권위를 과시했다.

자유분방한 게르만 전사들은 엄격한 위계를 싫어했다. 게르만 전통과 왕권은 '수아송Soissons 항아리 사건'으로 정면 충돌한다. 프랑크 전사들이 수아송에서 약탈한 전리품을 분배할 때, 클로비스는 교회에서 가져온 항아리를 가리키며 이 항아리는 자신이 갖겠다고 말했다. 이때 한 전사가 일어나 "왕이라도 자기 몫 이상을 가져서는 안 되오"라고 소리치고는 도끼로 항아리를 부숴버렸다. 클로비스는 이 모욕을 잊지 않았다. 어느 날 군대를 사열하다가 클로비스는 항아리를 박살 낸 전사와 마주쳤다. 클로비스는 무기 상태가 불량하다며 전사의 도끼를 땅바닥에 내던졌다. 전사가 도끼를 집으려고 허리를 숙이는 순간 클로비스는 전사의 머리를 도끼로 내리쳤다. "이것이 네가 내 항아리에 한 짓이다." 전사들은 모두 얼어붙었다.

프랑스 철학자 미셸 푸코Michel Foucault는 이 사건을 절대군주 탄생 시점으로 해석한다.

클로비스는 시민적 문제를 해결하기 위해 군대의 사열식을, 즉 자기 권력의 절대적 성격을 현시하는 형식을 이용했습니다. 그러니까 절대군주는 권력의 군사적 형태와 규율이 시민법을 조직하기 시작한 순간에 탄생한 것입니다. _미셸 푸코,《사회를 보호해야 한다》

496년 알레마니Alamanni 연합군과의 전투는 또 하나의 전환점이었다. 클로비스는 알레마니와 살육전을 벌이다가 전멸 위기에 몰렸다. 클로비스는 하늘을 올려다보며 왕비 클로틸드Clotild가 믿는 신이 기적을 보여주면 신을 믿겠다고 기도했다. 프랑크 군대는 기적처럼 이 전투에서 승리했다. 투르 주교 그레고리는《프랑크족의 역사》에서 클로비스 기도 직후 알레마니족이 달아나기 시작했다고 기록했다.

전투에서 승리한 클로비스는 그해 크리스마스에 3,000명의 전사들과 함께 기독교 세례를 받았다. 프랑크족은 게르만에 널리 퍼진 아리우스파가 아닌 가톨릭으로 개종했다. 클로비스 개종은 종교적 믿음보다 정치적 동기가 작용했다는 해석이 많다. 프랑크족 인구는 15~20만 명 정도로, 갈리아 인구 600~700만 명의 2~3%에 불과했다. 클로비스가 다수인 현지인 지지를 얻으려고 정통 기독교로 개종했을 것이라는 해석이다.

프랑크 왕의 가톨릭 개종으로, 게르만과 가톨릭을 특징으로 하는 중세가 서서히 윤곽을 드러냈다.

하늘나라는
영원하다

교회는 폭력적 시대에 유일한 안식처였다. 옛 로마 행정조직은 무너지고 교회만 남았다. 교회는 로마 문화를 보존한 유일한 조직이었고 불안한 영혼을 달래줄 정신적 지주였다. 신학자 아우구스티누스Augustinus(354~430년)는 절망에 빠진 사람들에게 "로마는 죄로 멸망했지만 하늘나라는 영원하다"고 설교했다.

두 개의 도시는 두 개의 사랑으로 이뤄졌다. 지상의 도시는 자신을 사랑하고 신을 깎아내림으로써, 하늘의 도시는 자신을 깎아내리고 신을 사랑함으로써 이룩되었다. 지상의 도시는 그 자체에 영광이 있고 하늘의 도시는 주 안에 영광이 있다. _아우구스티누스, 《신국론》

교회 지도자들은 교회를 하늘나라와 동일시했다. 아우구스티누스 사상은 중세 교회의 강력한 이데올로기가 되었다. 행정조직이 무너진 상황에서 교회는 적극적으로 현실 정치에 참여했다.

훈족 아틸라와 반달족의 겐세릭이 로마를 침공했을 때 교황 레오 1세Leo I는 직접 협상에 나서 로마를 파괴하지 말아 달라고 호소했다. 반달족 약탈을 막지는 못했으나 살인과 파괴를 줄여 레오 1세는 로마 수호자로 시민들의 존경을 받았다. 레오 1세는 교황은 베드로의 후계자로 모든 교회에 수위권首位權을 가진다고 주장했다. 교황 칭호로 카이사르와 아우구스투스가 보유했던 로마 대제사장Pontifex Maximus 직위를 사용했다.

그레고리우스 1세Gregorius I(590~604년)는 가톨릭 전례를 개혁하고 잉글랜드, 아일랜드, 게르만 지역에 선교사를 파견해 교황제 기틀을 마련했다는 평가를 받는다. 그레고리우스는 로마 교황령 통치자로서 빈민 구제 활동을 벌이고, 롬바르드족과 휴전 협상을 맺었다.

레오 1세와 그레고리우스 1세의 세속 정치 참여는 후일 교황권에 영향을 미치게 된다.

주교는 옛 로마인의 지도자 역할을 했다. 교회는 교회 조직을 통해 게르만 지배층에 영향력을 행사했고 왕족과 귀족으로부터 재산을 기부받아 정치·경제적 힘을 확대했다. 클로비스 손자 힐페릭 1세Chilperic I(561~584년)는 교회의 힘이 왕보다 세다며 불만을 표시했다.

우리 금고는 비었다. 우리의 모든 부는 교회로 넘어갔다. 주교 혼자 다스린다. 우리의 힘은 사라지고 도시의 주교에게 이양되었다. _크리스티안 피스터Christian Pfister,《메로빙거 시대 갈리아Gaul Under the Merovingians》

정치 진출 길이 막힌 옛 귀족들은 성직자의 길을 선택했다. 갈리아 주교는 사제 출신보다 귀족 출신이 많았다.

귀족은 교회 주교직을 통해 민간 정부가 해체된 권력 공백을 메웠다. 4~5세기 동안 높은 귀족 출신이 주교를 맡는 현상은 이탈리아와 스페인보다 갈리아에서 훨씬 두드러졌다. _패트릭 J. 기어리Patrick J. Geary, 《프랑스, 독일 성립 이전Before France and Germany》

귀족 출신 주교는 빈민을 구제하고 분쟁을 조정하는 일과 죽은 성인의 유물을 숭배하는 의식으로 종교적 권위를 세웠다.

어둠에 갇힌
지식

암흑시대에 고전 지식은 지식인과 수도원을 통해 명맥을 이어갔다.

《철학의 위안》을 쓴 보에티우스Boethius는 로마의 마지막 철학자로 불린다. 보에티우스는 로마 귀족 출신으로 이탈리아를 점령한 동고트족 테오도리쿠스Theodoricus 왕 밑에서 재상을 지냈다. 그는 반역죄로 몰려 죽임을 당할 때까지 아리스토텔레스의 논리학 책 6권을 번역하고 키케로 논문에 주석을 달았다. 《아리스토텔레스의 아이들》을 쓴 리처드 루빈스타인Richard Rubenstein은 보에티우스 이후 "아리스토텔레스 저술은 서유럽에서 500년 동안 휴면기에 들어갔다"고 평했다.

보에티우스와 함께 일한 카시오도루스Cassiodorus는 기독교인이 배워야 할 자유 교양 과목을 3학trivium(문법, 논리학, 수사학)과 4과quadrivium(산수, 기하, 천문, 음악)로 분류했다. 그는 공직에서 은퇴한 뒤 이탈리아 남부에 수도원 비바리움Vivarium을 세웠다. 고전 문헌이 파손되지 않도록 도서관과 필사실을 만들어 책을 필사했다.

베네딕토Benedictus는 530년 이탈리아 몬테 카시노Monte Cassino에 엄격한 규율을 가진 수도원을 설립했다. 베네딕토 규칙서는 수도승에게 하루 7번 기도하고 정해진 시간에 육체노동을 하고 성경과 책을 읽도록 규정했다. 베네딕토 수도원도 필사실을 설치해 고전을 보존하고, 수도원 학교를 설립했다. 수도원 학교는 성직자 양성을 위한 학교로 문법과 수사학 등 고전 과목을 가르쳤다.

수도원은 지식의 마지막 보루였다. 수도원은 많은 서적을 보유하고 있었지만 일반인이 접근할 수 없는 외딴섬이었다. 움베르토 에코Umberto Eco가 쓴 소설《장미의 이름》은 중세 수도원에서 벌어지는 미스터리한 연쇄 살인 사건을 다루고 있다. 수도원에서는 수도승이 연쇄적으로 의문의 죽음을 맞는다. 죽음의 원인은 희극을 다룬 아리스토텔레스《시학Poetics》제2권 때문이었다. 눈먼 수도승 호르헤Jorge는 웃음이 세상에 전파되면 악마에 대한 공포가 사라져 종교와 사회질서를 파괴할 것이라며 책 표면에 치명적 독을 발라 놓았다. 진실을 털어놓은 호르헤는 독이 묻은 책장을 입으로 삼키며 불길로 사라진다.《장미의 이름》은 픽션이지만 자의적으로 지식을 통제하는 종교 권력의 도그마를 고발한다.

스페인 역사학자 조셉 폰타나Josep Fontana는 중세에 지식은 권력이었고, 지식을 가진 소수가 무지한 대중을 지배했다고 비판했다.

교회는 여전히 라틴어의 독점적 이용을 가용하는 데 성공해 문화적 주도권을 유지하고 성직자의 행정과 정책 참여를 불가피하게 만들었다. 또 교회는 이교적 문화의 전달 수단이었던 토착어들에 대항해 싸웠다. _조셉 폰타나, 《거울에 비친 유럽》

중세 암흑기는 서로마제국 멸망에서 서기 800년 혹은 1000년까지 지속되었다. 폭력에 의해 욕망이 거세되고 지식이 사라진 어둠 속에서, 사람들은 무지하고 가난하고 비참하게 삶을 이어갔다.

로마의 유산,
고대 후기

미국 역사학자 피터 브라운Peter Brown은 로마 문명이 사라진 게 아니라 지중해 동부에서 존속했다고 주장했다. 동로마제국이 천 년 가까이 건재했고, 로마 문명은 페르시아로 건너가 이슬람 문명에 계승되었다는 주장이다. 피터 브라운은 서기 200~700년, 로마제국 후반기에서 이슬람 등장 이전까지를 '고대 후기Late Antiquity'로 명명했다.

로마의 후예,
유스티니아누스

서유럽이 암흑기에 들어선 시기에 동로마제국은 활기차게 움직였다. 유스티니아누스 1세Justinianus I(재위 527~565년)는 이탈리아반도와 아프리카, 스페인 일부를 되찾아 동로마 판도를 전 지중해로 넓혔다. 콘스탄티노플은 인구 50만 명의 세계 최대 도시로 발전했다.

유스티니아누스 옆에는 황후 테오도라Theodora가 있었다. 테오도라는 천한 떠돌이 무희 출신이었지만 명석한 두뇌와 결단력으로 유스티니아누스와 제국을 공동통치했다.

532년에 일어난 니카 반란Nika riots은 정권 최대 위기였다. 콘스탄티노플 전차 경기장에서 응원전을 벌이던 관중들이 폭도로 돌변해 거리로 쏟아져 나왔다. 폭도들은 건물에 불을 지르고 황궁을 에워쌌다. 유스티니아누스는 겁에 질려 황궁을 빠져나가려 했다. 이때 테오도라가 황제 앞을 가로막았다.

> 황제가 되어 본 사람에게 도망하는 것은 견딜 수 없는 수치입니다. 나는 자줏빛 어의를 벗어 던지지 못하겠습니다. 나를 만나는 자가 나를 황후로 받들지 않는다면 차라리 죽는 것이 낫습니다. 저는 어의가 곧 훌륭한 수의라는 옛말을 따르겠습니다. _프로코피우스Procopius, 《비사祕史》

유스티니아누스는 생각을 바꿔 폭도를 강경 진압했다. 이날 민간인 3만 명이 숨진 것으로 전해진다.

유스티니아누스는 무너진 소피아 성당 자리에 지상 최대 성당을 짓도록 했다. 532년에 착공해 5년 만에 완공한 하기아 소피아Hagian Sophia는 오늘날까지 웅장한 자태를 뽐낸다. 긴 회랑을 통해 안으로 들어가면 기둥 하나 없는 거대한 공간이 방문객을 압도한다. 아치형 벽이 내부 공간을 감싸고 아치 위에 둥근 돔이 솟아 있다. 돔 높이는 55.6미터, 지름은 31미터에 이른다. 프로코피우스는 '황금 돔 지붕이 단단한 석재에 올려진 것이 아니라 천국에 매달린 듯하다'고 묘사했다. 돔 아래 40개 창문에서 쏟아지는 빛줄기는 서로 부딪히며 신비한 장관을 연출한다. 대성당을 완성한 뒤 유스티니아누스는 "솔로몬 왕이여, 내가 당신을 이겼노라!"고 탄성을 질렀다고 한다.

유스티니아누스는 로마 법령과 법 해석을 모아 《로마법 대전Corpus Juris Civilis》을 편찬했다. 로마법은 근대 서양법 근간이 되었고 나폴레옹 법전 등 전 세계 법률에 영향을 주었다. 독일 법학자 루돌프 폰 예링Rudolf von Jhering은 "로마가 군대와 교회, 법으로 세계를 세 번 지배했다"고 말했다.

동로마의 번영은 지중해에 몰아닥친 치명적 흑사병으로 막을 내린다. 유스티니아누스 사후, 동로마는 공용어를 그리스어로 바꾸고 발칸반도와 동방에 전념했다. 서유럽인들은 종교 교리와 언어가 다른 동로마제국을 비잔틴제국이라 낮춰 불렀다.

페르시아에서 꽃피운
로마 문화

유스티니아누스 시대 말기 전염병 창궐과 함께 이교에 대한 탄압이 심해졌다. 네스토리우스파 신학자들과 플라톤 아카데미 철학자들은 사상의 자유를 찾아 페르시아로 이주했다.

페르시아 왕 호스로Khusraw I는 문화 관용 정책을 폈다. 호스로는 오늘날 이라크 바스라 북쪽 준디샤푸르에 새로운 수도를 건설하고 유럽에서 망명한 학자들을 초청해 고전 문헌을 번역하도록 했다.

그리스 원전들을 그 지역의 언어인 고대 시리아어로 번역했다. 일반적으로 유용한 지식을 담고 있다고 여겨지는 책들이 선택적으로 번역되었는데, 주로 의술 관련 서적들이었지만 아리스토텔레스의 논리학, 수학, 천문학을 비롯한 과학 서적들도 있었다. _제임스 E. 매클렐란 3세·해럴드 도른,《과학과 기술로 본 세계사 강의》

동로마에서 이주한 건축가와 직조공, 금융인 들도 준디샤푸르에 집단 거주하며 로마 기술을 페르시아에 전했다. 페르시아는 그리스·로마 문명을 저장하는 거대한 저수지였다. 페르시아가 축적한 지식과 학문은 이슬람 세계에 전해지고, 이슬람 지식은 후일 유럽으로 순환하게 된다.

고대 후기 학설은 서유럽 중심에서 벗어나 보다 넓은 시각에서 역사를 바라보게 한다.

봉건제,
중세 질서가 형성되다

후계자를 둘러싸고 치열하게 권력투쟁을 벌이던 메로빙거 왕족은 640년 이후 존재감이 없어졌다. 메로빙거 왕들은 '아무것도 안 하는 왕do-nothing kings'으로 불렸다.

왕은 시골에서 볼 수 있는 멍에를 멘 황소들이 끄는 수레를 타고 소몰이꾼과 함께 외출했다. 왕은 궁정에도 가고 매년 개최되는 민회에도 갔다가 집으로 돌아왔다. 왕은 궁정 대신Mayor of the Palace의 재량에 따라 주는 불안정한 생활비 말고는, 왕이 가진 것이라고는 세입이 극히 적은 장원 한 개가 고작이었다. _아인하르트Einhard, 《샤를마뉴의 생애》

메로빙거 왕조 쇠퇴는 성적 타락에 원인이 있었다. 왕족의 무절제한 생활이 비극을 불러왔다.

메로빙거는 어린아이들의 왕조였다. 그들은 조숙한 타락에 의해 23세나 24세 또는 25세에 죽었다. 그들은 16세나 15세, 심지어 14세에 아버지가 되었고, 아기는 비참할 정도로 약했다. _크리스티안 피스터,《메로빙거 시대 갈리아》

720년 이슬람 군대가 피레네산맥을 넘어 프랑크 영토로 침입했다. 메로빙거 왕은 무기력했다. 용맹한 궁정 대신 샤를 마르텔Chalres Martel은 교회 재산을 빼앗아 기사들에게 나눠 주고 군대를 양성했다. 기사들에게 토지를 분배하고 군사력을 동원하는 계약관계는 후일 봉건제로 발전한다. 마르텔은 732년 투르Tours에서 중무장한 기병과 보병으로 이슬람 군대를 격파했다.

마르텔의 아들 페핀Pepin은 비정상적 상황을 이제 끝내야 한다고 생각했다. 페핀은 교황 자카리아스Zacharias에게 "실제 권력을 갖지 않은 사람이 왕위에 있는 것이 적절한가?"라고 물었다. 교황은 "법적 지위보다 실제 권력이 더 중요하다"고 답했다.

페핀은 메로빙거 왕조 마지막 왕 힐데리히를 폐하고 수도원에 감금했다. 페핀은 751년 대주교로부터 도유塗油를 받고 카롤링거 왕조를 열었다. 페핀이 교황 도움을 받아 왕이 됨으로써 프랑크 왕국과 교회의 밀월 관계는 깊어졌다.

샤를마뉴의
기독교 왕국

페핀의 아들 샤를마뉴Charlemagne(748~814년)는 무공이 뛰어난 강력한 군주였다. 샤를마뉴는 이탈리아로 원정해 롬바르드족을 제압하고 라인강을 넘어 영토를 확장했다. 샤를마뉴의 꿈은 기독교 왕국 건설이었다. 아우구스티누스의 《신국론》에 심취한 샤를마뉴는 엘베강 너머까지 영토를 넓혔고 가는 곳마다 기독교 개종을 강요했다.

샤를마뉴는 토착 종교를 믿는 작센족에게 집단으로 기독교 세례를 받게 했다. 작센족은 거세게 저항했다.

> 작센족은 천성적으로 사나운 기질을 소유하고 있었다. 악마를 숭배하고 있던 그들은 우리의 종교에 적대적이었다. 그들은 하느님의 법을 모독하거나 인간의 법을 어기는 것을 수치로 생각하지 않았다. _아인하르트, 《샤를마뉴의 생애》

샤를마뉴는 작센족 4,500명을 집단 처형했다.

서쪽의 이슬람 세력을 제압하려던 스페인 원정은 실패로 돌아갔다. 스페인 원정에서 돌아오다 후미 부대가 바스크족 공격을 받고 전멸했다. 중세 최고의 기사문학 《롤랑의 노래Chanson de Roland》는 패전의 비극에서 탄생했다.

영토 확장 못지않게 중요한 샤를마뉴의 업적은 학문과 문화 부흥이라 할 수 있다. 샤를마뉴는 아헨Aachen에 왕궁과 왕실 교회Palatine Chaple를 짓고, 아헨을 유럽의 문화중심으로 만들었다. 왕관 모양의 돔을 가진 로마네스크 양식 왕실 교회는 샤를마뉴의 강력한 왕권과 중세 건축 기술의 부활을 상징한다.

샤를마뉴는 잉글랜드의 알퀸Alcuin을 비롯해 이탈리아와 프랑크 왕국 학자들을 초청해 학문을 연구하도록 하고, 귀족 자제와 성직자를 교육시켰다. 이 시기에 카롤링거 소문자Carolingian minuscule가 발명되었다. 소문자는 읽고 쓰기에 편리해 라틴어 고전 서적 대부분이 소문자로 필사되었다.

배우기를 좋아한 샤를마뉴는 머리맡에 필기도구를 놓고 시간이 날 때마다 글씨 쓰기를 연습했다. 샤를마뉴는 선조들이 소홀히 한 학문을 부흥시키려 했고 사제들이 자유학liberal arts을 공부해 올바른 신앙을 전파하기를 소망했다.

800년 겨울 샤를마뉴는 로마에 머무르고 있었다. 샤를마뉴는 크리스마스를 맞아 성 바오로 성당 미사에 참석했다가 교황 레오 3세가 씌워주는 황제관을 머리에 썼다. 미사 참석자들은 일제히 함성을 외쳤다.

"카를로스 아우구스투스, 하나님의 뜻으로 즉위하셨도다!"

서로마제국 멸망 이후 324년 만에 서유럽 황제가 탄생했다. 샤를마뉴가 세운 신성로마제국Holy Roman Empire은 19세기 초까지 존속하게 된다.

샤를마뉴는 황제직을 마다하지 않았으나 교황이 황제관을 씌워준 데 대해 마땅치 않아 했다. 로마 교회는 교황이 황제를 탄생시켰다며 기쁨을 감추지 못했다. 샤를마뉴 대관식은 황제와 교황 사이에 묘한 갈등을 낳았다.

봉건제가
모습을 드러내다

샤를마뉴 제국은 여러 아들에게 분할 상속되었다. 870년에 이르러 오늘날과 유사한 프랑스, 독일, 이탈리아 국경선이 확정되었다. 왕국 안에서도 연쇄적으로 분할이 일어나 영토가 조각조각 갈라졌다.

무력이 절실하게 필요했던 귀족들은 기사 계급과 주종主從 계약을 맺었다. 주군lord은 봉신vessal에게 봉토fief를 내려주고, 봉신은 주군에게 신서信誓, homage와 충성忠誠, fealty을 약속했다. 주종 계약은 봉건제도feudalism로 발전했다. 봉건제는 피라미드 구조로 왕 아래 귀족과 성직자가 있고 그 아래 기사, 최하층에 농민이 위치한다.

프랑스 역사학자 마르크 블로크Marc Bloch는 폭력적 상황에서 친족이 적절한 보호를 제공하지 못했기 때문에 다른 연대를 구하게 되었다고 분석했다.

귀족 간 전투가 끊이지 않는 가운데 농민들은 생명을 보존하기 위해 영주領主, master 보호 아래 들어갔다.

농민의
고단한 삶

중세 경제의 기본단위는 장원이다. 장원은 영주가 거주하는 대저택을 중심으로 영주 직영지demesne, 농민 보유지, 숲·초지·연못 같은 공유지로 구성된다. 장원은 300~600헥타르 규모로 15~30가구 농민이 거주했다.

장원에는 하나 이상의 물레방아와 성당이 자리 잡곤 했다. 그 중심부 밖으로는 긴 지조 형태로 배열된 경지와 질 좋은 초지, 그리고 경작이 가능한 경우 항시 마련되는 포도밭, 마지막으로 경작되지 않은 황무지 대부분이 자리 잡고 있었다. _조르주 뒤비Georges Duby,《전사와 농민》

장원에서는 자급자족을 했다. 식량을 생산하고 옷감을 만들고 농사 기구를 제작했다. 농민은 나무로 기둥과 벽을 만들고 진흙을 바른 허름한 집에서 생활했다. 농민은 자유농민도 있었지만 대부분 농노農奴, serf 신분이었다. 남자는 1주일에 3일을 영주 직영지에서 강제 노역을 했다. 제분소, 포도 짜는 기계, 빵을 굽는 오븐을 이용할 때 수수료를 내야 했고, 장원재판소에서 영주 판결에 무조건 복종해야 했다.

애덤 스미스는 생산자가 강제 노동을 하는 구조로는 경제 발전이 어렵다고 비판했다. 마르크스는 생존에 필요한 노동을 제외하고, 영주를 위한 노동을 잉여노동surplus labor, 노동 착취로 보았다.

미국 경제학자 더글러스 노스는 장원은 경제 발전을 지체시켰으나 로마 시대 노예제보다는 발전된 제도라고 평가했다. 농노는 영주를 위해 일정 시간을 봉사하고 나면 나머지 시간을 자신을 위해 일을 할 수 있었다. 에드워드 번즈Edward Burns는《서양 문명의 역사》에서 봉건제가 서양 정치발전에 긍정적 역할을 했다고 주장했다. 번즈는 봉건제가 시대 변화에 따라 탄력적으로 운영되었고, 주민들이 정부 활동을 가까이에서 접해 높은 소속감과 충성심을 갖게 되었다고 말했다.

봉건제는 일반적으로 후진적underdeveloped 제도로 인식되지만 지방 분권, 자율성, 경쟁이라는 측면에서 긍정적인 면이 없지 않다.

바이킹 침략과
새로운 천 년

793년 6월 8일 낯선 배가 잉글랜드 북쪽 해안의 작은 섬 린디스파른 Lindisfarne에 접근했다. 배에서 내린 해적들은 수도원으로 들어가 수도승을 살해하고 보물과 유물을 약탈했다. 린디스파른은 잉글랜드에서 기독교 선교가 처음 시작된 곳이고 성인의 유물을 보관해 신성한 섬으로 불렸다.

기독교 성지가 파괴되었다는 소식에 잉글랜드인들은 충격을 받았다. 《앵글로·색슨 연대기The Anglo-Saxon Chronicle》의 기록이다.

이 해에 노섬브리아 땅에 무시무시한 전조가 나타나 많은 사람을 두려움에 떨게 했다. 거대한 섬광이 번쩍이고 회오리바람이 불더니 불타는 용이 창공으로 날아갔다. 엄청난 경고에 이어 대기근이 들었고 1월 15일, 6일 전에 흉악한 이교도들이 신성한 섬의 하나님 교회를 파괴하고 약탈과 학살을 저질렀다. _《앵글로·색슨 연대기》

연대기는 사건이 일어난 날짜를 1월이라고 했지만 여러 증거로 볼 때 6월 8일이 정설로 받아들여진다.

약탈자
바이킹

바이킹 공격은 120년 동안 지속되었다. 바이킹은 귀금속을 많이 가진 수도원과 교회를 집중 공격했고, 날렵한 배를 타고 강을 거슬러 올라가 내륙 도시를 공격했다. 바이킹은 두려움을 모르는 모험가였다. 그들은 북쪽 바다로 항해해 그린란드와 아이슬란드에 정착촌을 세웠다. 아이슬란드에서 태어난 레이프 에릭슨Leif Eriksson은 1000년경 북아메리카를 탐험하고 빈란드Vinland라 이름 붙였다.

서유럽을 공격한 바이킹은 주로 덴마크와 노르웨이 출신이고, 스웨덴 바이킹은 러시아로 진출했다. 이들은 노브고로드에서 드니프로강을 따라 내려가 키이우Kyiv에 국가를 세웠다. 러시아라는 말은 스웨덴 사람을 가리키는 루스Rus에서 나왔다. 바이킹은 러시아에서 나는 모피와 호박, 임산물을 콘스탄티노플 시장에 팔았고, 카스피해와 바그다드까지 진출했다.

9세기 후반 바이킹 공격은 더 대담해졌다. 885년 11월 700척의 바이킹 함대가 센강을 거슬러 올라와 파리를 공격했다. 배에 바이킹 3만 명이 타고 있었다. 바이킹은 1년 가까이 파리를 포위하고 인근 지역을 약탈했다. 비민왕 샤를 3세가 뒤늦게 나타나 포위를 푸는 조건으로 700리브르livres의 은을 주기로 약속했다.

바이킹 공격을 견디다 못한 프랑스 왕은 911년 바이킹 우두머리 롤로Rollo에게 센강 하구를 봉토로 내주었다. 이 땅이 노르망디Normandy다.

잉글랜드에서는 바이킹이 동부를 점령하고 데인겔드Danegeld라는 명목으로 가혹한 세금을 징수했다. 덴마크 고고학자 엘서 로스데일Else Roesdahl에 따르면, 991~1041년 사이에 바이킹이 징수한 데인겔드가 은 15만 파운드(68톤)에 달했다. 10~11세기 앵글로·색슨 은화가 잉글랜드보다 스칸디나비아에서 더 많이 발견될 정도로 바이킹은 많은 재물을 착취했다.

바이킹은 왜 갑자기 바다로 쏟아져나와 유럽을 침공했는가? 유력하게 거론되는 원인은 인구 팽창이다. 스칸디나비아는 겨울이 길고 피오르 지형이라 농경지가 많지 않다. 인구 팽창과 자원 부족이 공격성을 촉발했을 가능성이 있다.

《노르망디 공작 일대기Gesta Normannorum》의 작가 듀도Dudo of St. Quentin의 증언이다.

> 성인이 되면 젊은이는 아버지, 할아버지와 또는 형제들끼리 재산을 놓고 맹렬히 싸운다. 인구가 너무 많아 농토가 바닥나면 추첨으로 추방자를 결정하고, 추방된 젊은이는 외국으로 나가 전투를 통해 스스로 삶을 개척한다. _듀도, 《노르망디 공작 일대기》

바이킹 엘리트층의 일부다처제와 축첩제도를 원인으로 보는 시각도 있다. 스웨덴 웁살라대 고고학자 벤 래필드Ben Raffield는 축첩제로 인해 욕구 불만이 쌓인 젊은이들이 부와 지위를 찾아 모험에 나섰을 가능성이 있다고 밝혔다. 바이킹 사회의 내분과 모험을 영웅시하는 문화가 바이킹 공격을 촉발했다는 주장도 있다.

바이킹은 10세기 이후 약탈에서 무역으로 전환했다. 그들은 상업과 항해술에 능했다. 발트해, 북해, 대서양이 새로운 무역로가 되었다. 바이킹이 정착한 센강 하구는 무역으로 번영을 누렸다.

영국 및 북해와 긴밀히 접촉하고 있었던 루앙Rouan의 시장은 전리품을 처분하고 노예를 팔며, 특히 보트에 의해 센강을 따라 하류로 운반된 상품을 사는 데 유리한 위치에 있었다. 유럽에서 10세기 후반 이후 귀금속이 센강 하류 인근보다 풍부히 유통된 지역은 없었을 것이다. _조르주 뒤비,《전사와 농민》

바이킹,
끝없는 공격 에너지

바이킹의 힘은 정복왕 윌리엄William the Conqueror (1028~1087년)의 잉글랜드 정복으로 절정을 이룬다.

잉글랜드 왕족 에드워드Edward the Confessor는 젊은 시절 노르망디에서 망명 생활을 했다. 어린 노르망디 공작 윌리엄은 친척 에드워드와 가까이 지냈다. 윌리엄은 에드워드가 잉글랜드에 돌아가 왕이 되면 자신을 후계자로 지명하기로 약속했다고 입버릇처럼 말하곤 했다. 에드워드는 잉글랜드를 다스리다가 윌리엄이 아닌 잉글랜드 귀족 해럴드Harold에게 왕위를 물려주고 사망했다.

윌리엄은 자신에게 잉글랜드 왕위 계승권이 있다며 1066년 군대를 이끌고 도버 해협을 건넜다. 대형 함선 400척이 원정에 참여했다. 병력 규모는 7,000~8,000명으로 추산된다. 노르망디 군대는 잉글랜드 남쪽 헤이스팅스Hastings에서 해럴드 군대에 대승을 거두었다. 윌리엄은 런던으로 진격해 잉글랜드 왕관을 썼다. 윌리엄은 잉글랜드에서는 왕이고 프랑스에서는 노르망디 공작이었다.

윌리엄의 잉글랜드 정복기는 바이외 태피스트리Bayeux tapestry에 채색 자수로 묘사되어 있다. 길이 70미터 리넨linen에 양털실로 수놓은 태피스트리에는 에드워드 왕이 노르망디에 사신을 보내는 장면에서 시작해 헤이스팅스에서 창을 든 기사들이 말을 타고 전투를 벌이는 장면까지 정복 전 과정이 드라마처럼 펼쳐진다.

윌리엄은 집권한 뒤 지배층을 물갈이했다. 앵글로·색슨 귀족 봉토를 회수해 노르망디 전사들에게 나눠 주었다. 영국 교육 사이트 〈스파르타쿠스 에듀케이셔널Spartacus Educational〉에 따르면, 왕은 영토의 20%를 갖고 귀족 Baron은 55%, 교회는 25%를 소유했다.

잉글랜드 봉건제는 군주제와 봉건제를 절충한 형태로 프랑스보다 왕권을 강화했다. 헤이스팅스 전투는 잉글랜드 역사를 바꿨다. 프랑스 제도와 언어, 봉건제, 건축양식이 잉글랜드로 유입되어 앵글로·색슨 문화와 융합했다.

노르망디 공작 윌리엄의 잉글랜드 정복은 영국인 사이에 애국적 관점에서 비판의 대상이 되기도 한다. 《옥스퍼드 영국사》는 '노르만 정복은 분명히 대재난이었으나 새로운 시작, 혹은 의미 있는 전환점으로 여겨진다'고 기술했다.

바이킹의 욕망은 잉글랜드에 그치지 않았다. 노르망디의 젊은이들은 새로운 모험을 찾아 이탈리아로 떠났다. 1022년경부터 용병으로 이탈리아에 온 노르만은 이탈리아 영토를 차례로 정복했다.

오트빌Hauteville 가문의 윌리엄William Iron Arm 형제와 그 자손들은 이탈리아 남부와 시칠리아를 장악하고 시칠리아 왕국을 세웠다. 상속에서 밀려난 거인 전사 보에몽Bohemond은 십자군 전쟁에 참전해 안티오크를 점령하고 공국principality을 세웠다.

바이킹의 유럽 침공은 공격적·폭력적 에너지 유입이었다. 이 에너지는 끊임없이 팽창하는 속성을 가졌다.

미국 역사학자 찰스 해스킨스Charles Homer Haskins는 1066년 이후 100년 만에 노르만은 이탈리아의 절반, 프랑스의 3분의 2, 잉글랜드 전체를 차지했다고 밝혔다. 노르만은 유럽의 군사 역량을 강화하고 바다를 두려워하지 않는 해양 문화를 도입했다. 봉건 기사들은 바이킹이나 마자르족과 맞서 싸우면서 저항력을 키웠다.

새로운 천 년,
희망의 노래

바이킹과 마자르족, 사라센의 위협이 잦아들자 오랜만에 평화가 찾아왔다. 최후의 심판이 임박했다는 우울한 종말론은 서기 1000년을 무사히 넘기면서 낙관론으로 바뀌었다. 부르고뉴 수도사 라뒬퓌스 글라베르Rodulfus Glaber는 새로운 희망을 노래했다.

밀레니엄이 끝난 지 3년이 지나지 않아 전 세계적으로, 특히 이탈리아와 갈리아에서 사람들이 교회를 재건하기 시작했다. 마치 온 세상이 마음대로 흔들리며, 과거의 짐을 벗어 던지고 어디서나 하얀 교회로 망토를 두른 것 같았다. _라뒬퓌스 글라베르, 《연대기》, 리처드 랜즈Richard Landes, 〈라뒬퓌스 글라베르와 새천년의 새벽Rodolfus Glaber and the Dawn of the New Millenium〉

에서 재인용

11세기 유럽에는 농업혁명이 일어났다. 삼포제三圃制를 도입해 1년에 농지 절반을 휴경하던 것을 3분 1만 휴경하는 방식으로 바꿨다. 삼포제를 도입하면 이론적으로 농사지을 땅이 33% 늘어난다.

북유럽 농민들은 이탈리아에서 쓰는 가벼운 쟁기 대신 무거운 쟁기를 도입했다. 무거운 쟁기는 땅을 깊이 갈아 잡초와 배수 문제를 해결했다. 영주와 농민들은 농지 확장에 나서 숲을 개간하고 라인강과 엘베강의 강변 황무지를 농토로 바꿨다.

농업 생산성도 높아졌다. 영국 에섹스대 교수 줄스 프리티Jules Pretty에 따르면, 1283~1349년 사이 잉글랜드 윈체스터Winchester 장원의 씨앗 대비 수확량은 2.3~4.0으로 높아졌다. 카롤링거 시대 1.5~2.0 수준과 비교하면 2배 가까운 수준이다.

1000년을 지나면서 인구가 급격히 증가했다. 앵거스 매디슨에 따르면, 1000~1200년 서유럽 인구는 2,500만 명에서 4,000만 명으로 60% 이상 증가했다. 경제가 성장하고 있다는 증거였다.

십자군 전쟁,
종교와 폭력의 만남

바이킹과 마자르족의 침공이 사라지자 새로운 문제가 발생했다. 할 일이 없어진 영주와 기사 들은 자기들끼리 영토 전쟁이나 사적 다툼을 벌이고 농민과 상인을 약탈했다. 프랑스 앙주Anjou 백작 풀크 네라Fulk Nerra는 이 시대 폭력성을 대표한다.

풀크 네라는 검은 매라는 뜻이다. 난폭하고 잔혹한 악행으로 '검다Nerra'는 별명이 붙었다. 그는 브르타뉴, 블루아, 투렌과 영토 전쟁을 벌이고, 수도원을 불태우고, 첫째 부인의 부정을 의심해 웨딩드레스를 입힌 채 화형에 처했다. 그는 이웃 영토를 공격할 목적으로 랑주Langeauis, 몽바종Montbazon, 로슈Loches, 소뮈르Saumur 등 100여 곳에 성을 쌓았다. 풀크 네라가 돌로 쌓은 성은 중세 성의 원조가 된다.

신의 심판을 두려워한 풀크 네라는 예루살렘을 세 차례 순례했다. 죄악과 참회 사이를 방황하던 그는 마지막 순례에서 돌아오다 사망했다.

'신의 평화' 운동

봉건영주에 비해 프랑스 왕은 힘이 미약했다. 위그 카페Hugues Capet는 987년 카롤링거 왕조의 대가 끊기자 귀족들의 추대로 왕에 올랐다. 위그 카페는 어느 날 오르베뉴Auvergne 백작과 말다툼을 벌이다가 "누가 백작을 만들어 주었는가?"라고 쏘아붙였다. 백작은 "누가 왕을 만들어 주었는가?"라고 반문했다고 전해진다.

폭력 행위가 그치지 않자 교회가 나섰다. 프랑스 남부 주교들은 980년 주교 회의를 갖고 '신의 평화Peace of God' 운동을 벌이기로 했다. 사제들은 들판에 귀족과 기사, 농민을 모아 놓고, 성인 유물 앞에서 평화를 서약하라고 요구했다. 참석자들은 하늘을 향해 팔을 벌리고 "평화, 평화, 평화!"를 외쳤다. 신의 평화 운동은 '신의 휴전Truce of God' 운동으로 발전했다. 신의 휴전은 일주일에 며칠 동안 날짜를 정해 전투를 금하는 규율이다.

1054년 나르본Narbonne 주교 회의는 "기독교인이 다른 기독교인을 살해해서는 안 된다"고 결의했다. 미국 역사가 프랜시스 기스Frances Gies는 이 결의가 비기독교인과 전쟁을 해도 괜찮다는 중요한 의미를 가진다고 풀이했다. 기스는 이 결의를 '그리스도의 병사', '성전' 개념의 출발점으로 보았다.

그레고리우스 7세Grogorius Ⅶ는 오스만제국군이 비잔틴 영토를 침공했다는 이야기를 듣고 직접 군대를 이끌고 참전하겠다고 공언했다. 그레고리우스는 하인리히 4세Heinrich Ⅳ를 파문해 카노사 굴욕 사건을 일으킨 장본인이다.

그레고리우스는 교황이 황제 위에 있고 전쟁을 지휘할 수 있다고 생각했다. 종교와 폭력이 점점 가까워지고 있었다.

신의
뜻이다

1095년 3월 교황 우르바누스 2세Urbanus II(재위 1088~1099년)는 비잔틴 황제 알렉시오스Alexios로부터 편지를 받았다. 용병 수백 명을 보내 달라는 요청이었다.

교황의 답은 그해 11월 프랑스 클레르몽에서 나왔다. 우르바누스는 공식 회의를 마친 뒤 성문 밖 야외로 나가 군중을 향해 연설을 했다.

"예루살렘에서 좋지 않은 소식이 왔습니다. 이방인이 그리스도의 땅을 침략해 살육, 약탈, 방화, 납치를 저지르고 있습니다. 오! 용감한 기사들이여, 선조의 용기를 기억하십시오. 이곳은 바다와 산으로 막혀 있고 인구가 조밀합니다. 여기엔 부가 많지 않고 땅은 먹여 살리기 충분하지 않습니다. 이 때문에 여러분은 서로를 죽이고 전쟁을 하고 파괴하고 있습니다. 이제 미움과 언쟁, 내전을 그치고 예루살렘 성묘the Holy Sepulchre로 길을 떠나십시오. 사악한 자로부터 땅을 빼앗아 여러분 것으로 만드십시오. 그 땅은 젖과 꿀이 흐르는 땅입니다. 원정을 떠나시오! 그리하면 죄의 사면을 받을 것이고 하늘나라의 영광이 있을 것입니다." 교황이 말을 마치자 모든 사람이 감동해 한목소리로 함성을 외쳤다. "신의 뜻이다! 신의 뜻이다!" 교황은 함성을 듣고 눈을 들어 하늘을 보며 신에게 감사를 표했다. _랭의 로베르Robert the Monk, 《수도사 로베르의 1차 십자군 역사Robert the Monk's History of the First Crusade》

유럽인들은 교황의 십자군 호소에 열광적으로 호응했다. 많은 사람들이 전쟁에 나가겠다고 약속했다. 성지순례는 신성한 종교의식이었고, 십자군에 동참하면 죄를 사면해주겠다는 교황의 약속은 참여 열기를 높였다. 영주와 기사 들은 비용을 마련하느라 가산을 팔고 땅을 저당 잡혔다.

미국 중세사학자 토머스 매든Thomas Madden은 "신앙과 이상주의가 없었다면 십자군은 탄생할 수 없었을 것"이라고 말했다.

종교적 열정만으로 십자군 전쟁의 열기를 모두 설명하기는 어렵다. 에드워드 번즈는《서양 문명의 역사》에서 종교 외에 경제·정치적 동기가 작용했다고 보았다. 번즈는 십자군에 참가한 빈민 중 많은 사람들이 인구가 과밀한 지역 출신이고, 재산을 상속받지 못하는 차남 이하 귀족 자제에게는 동방 원정이 매혹적인 일이었을 것이라고 분석했다. "예루살렘은 젖과 꿀이 흐르는 땅이다. 이교도로부터 땅을 빼앗아 여러분이 가지라"는 교황 발언은 영토적 욕망을 암시한다. 번즈는 "교황 우르바누스는 대규모 병력을 외부로 방출시킴으로써 유럽의 대내적 평화를 이룰 수 있으리라 생각했다"고 말했다.

이베리아반도에서 시작된 레콩키스타Reconquista(국토회복운동)의 연장이라는 해석도 있다. 기독교인들은 8세기부터 무어인에 빼앗긴 스페인 땅을 되찾기 위해 전쟁을 벌였고, 십자군 전쟁은 이슬람에 대한 서구 세계의 반격이라는 주장이다.

광신적 전도사 피에르Pierre가 1096년 농민과 빈민 4만 명을 이끌고 십자군 원정에 나섰다. 식량과 무기도 없이 길을 떠난 '민중 십자군'은 소아시아에 진입하자마자 이슬람 군대에 궤멸당했다. 1차 십자군 본진에는 프랑스 귀족과 기사, 이탈리아의 노르만 전사가 참가했다. 병력 규모는 7,000~1만 명의 기사를 포함해 6만 명 정도로 추산된다. 에데사와 안티오크를 점령한 십자군은 1099년 예루살렘을 공략했다. 예루살렘 성에 진입한 십자군은 민간인을 무차별 학살했다.

솔로몬의 성전 꼭대기에 많은 사람들이 도망하여 올라갔다가 화살에 맞아 죽고, 그 위에서 곤두박질쳤다. 사원 안에서 1만 명이 참수되었다. 여러분이 거기 있었더라면 죽은 사람의 피로 발목까지 물들었을 것이다. 누구도 살 수 없었다. 여성과 아이들도 살려두지 않았다. _샤르트르의 풀처Fulcher of Chartres, 〈연대기The Chronicle of Flucher Chartres〉, 《제1차 십자군 전쟁The First Crusade》

십자군은 1198년 이슬람 세력을 통일한 살라딘Saladin에게 예루살렘을 빼앗겼다. 십자군은 성지를 탈환하지 못했으나 레반트Levant(지중해 동쪽 레바논, 요르단, 이스라엘, 시리아) 해안 지역을 200년간 지배했다.

십자군의 일탈

1202년 제4차 원정은 십자군 전쟁에 최대 오점을 남겼다. 교황 이노센트 3세Innocent III는 베네치아와 3만 3,500명의 십자군을 수송하는 계약을 체결했으나 베네치아에 도착한 병력은 1만 2,000명에 불과했다. 배와 식량을 준비한 베네치아는 재정 손실을 보게 되었다. 노회한 도제doge(총독) 엔리코 단돌로Enrico Dandolo는 크로아티아 자라Zara를 약탈해 돈을 갚으라고 제의했다. 자라는 기독교 도시였지만 병사들은 도시를 점령하고 재물을 탈취했다. 그다음 해엔 비잔틴 황제를 몰아내면 돈과 병력을 제공하겠다는 황제 조카 알렉시오스의 제의를 받고 콘스탄티노플을 공격했다. 십자군은 알렉시오스가 황제가 된 뒤 약속을 지키지 않자 2차 공격을 개시했다. 도시에 입성한 십자군은 사흘 동안 황궁과 하기아 소피아 성당, 교회, 수도원을 약탈하고 살인과 폭행을 저질렀다. 수천 점의 성물이 서유럽 교회로 보내졌다. 히포드롬에 있던 네 마리 청동 말 조각은 베네치아로 옮겨져 산마르코 성당을 장식했다.

비잔틴제국은 1261년 콘스탄티노플을 되찾았으나 이전의 국력을 회복하지 못했다. 영국 역사가 스티븐 런시먼Steven Runciman은 "4차 십자군보다 인간성humanity에 대한 더 큰 범죄는 없었다"고 말했다.

4차 십자군은 출발부터 문제를 안고 있었다. 교황이 전쟁을 지휘한다는 것 자체가 문제였고 진행 과정에서도 무능함을 드러냈다. 베네치아와 4차 십자군 병사들에게는 성지 탈환보다 눈앞의 현실이 중요했다.

십자군은 1291년 아크레Acre를 끝으로 레반트에서 모두 철수했다. 아랍 역사가 아부 피다Abu Fida는 아크레를 떠나는 프랑크족을 향해 이렇게 외쳤다.

"신이여 다시는 그들이 이 땅에 발을 붙이지 못하게 하시길!"

유럽,
깨어나다

십자군 전쟁은 역사에 어두운 그림자를 남겼지만 유럽인은 전쟁을 통해 자신을 발견했다. 유럽인은 모슬렘Moslem(이슬람교도)을 야만인이라고 생각했는데 현실은 반대였다.

동방에 도착한 최초의 십자군은 미개한 나라, 시대에 뒤떨어진 이교도가 아니라 고도로 발달한 문명과 매력적인 삶을 호화롭고 실용적으로 꾸려나가는 사람들을 마주하고 너무도 놀랐다. 오리엔트의 가두 시장 바자르에서는 신기한 물건들, 일상생활에 필요한 물건들, 서유럽에는 알려져 있지 않은 물건들을 얼마든지 살 수 있었다. 세련된 향수, 향기로운 비누, 목면과 비단, 기린 가죽으로 만든 승마 부츠 등. 십자군 원정팀은 집으로 돌아가는 귀향길에는 이 신기한 물건들, 특히 수많은 향료들을 주로 가져갔다.
_한스 와르크 바우어·베른트 할리어,《상거래의 역사》

십자군 전쟁은 유럽을 움직이게 했다. 제노바와 피사, 베네치아의 선박들이 레반트에 십자군 전사와 순례자, 보급 물자를 실어 날랐다. 우트르메르Outremer(바다 건너의 땅)라 불리던 레반트 라틴 왕국에는 최대 25만 명의 유럽인이 거주했다. 레반트에서는 바그다드와 이집트, 인도, 중국에서 온 물품들이 거래되고 기독교인과 모슬렘 사이 문화 교류가 일어났다.

마르세유에서 플랑드르로 가는 길목에 위치한 샹파뉴Champagne는 200년 가까이 정기시fair로 번영을 누렸다. 트루아Troyes, 프로뱅Provins, 라니쉬르마른Lagny-sur Marne 등 6개 도시가 돌아가며 연중 정기시를 열었다. 상인들은 천막을 설치하고 진귀한 동방 물품과 이탈리아, 북유럽 특산물을 거래했다.

플랑드르는 북유럽 교통의 요지였다. 스칸디나비아와 잉글랜드를 연결하는 해상 교통망과 프랑스, 독일 내륙으로 통하는 수로와 도로망이 플랑드르에서 교차했다. 겐트Ghent, 브뤼주Bruges, 이프르Ypres에서는 질 좋은 모직물을 생산했다. 모직물과 여러 곳에서 온 특산물이 플랑드르 시장에서 교환되었다.

1277년 제노바 선박이 지중해에서 브뤼주까지 정기 직항로를 열었다. 이탈리아인들은 동방의 후추와 향신료를 가져오고 북유럽 모직물을 가져갔다. 바다와 강, 운하로 둘러싸인 브뤼주는 상업 중심지로 성장해 북유럽 베네치아로 불렸다.

북해와 발트해에 면한 뤼베크Lübeck와 함부르크Hamburg는 독일, 스칸디나비아 도시들과 한자Hansa 경제권을 형성했다.

상업 도시,
부르구스

상업 부활은 도시 붐을 일으켰다. 주교와 백伯이 위치한 옛 로마 도시 키비타스Civitas는 상인과 수공업자 들이 모여들어 상업 도시로 성장했다. 상인들은 처음 성안에 거주하다가 장소가 협소해지자 성 밖에 목재 방벽을 세웠다. 이런 나무 방벽은 돌로 쌓은 성으로 교체되었다.

라틴어로 탑이라는 뜻의 부르구스burgus는 기사들이 주둔하던 작은 군사용 요새였다. 통행이 많은 지역에 자리 잡은 군사 요새가 상업 도시로 발전했다.

상인들은 부르구스 안에는 정착할 장소가 없었기 때문에 처음으로 부르구스 바같에 거주해야만 했다. 그들은 부르구스 곁에 바깥 부르구스, 즉 외곽 지구를 건설했다. _앙리 피렌Henri Pirenne, 《중세 유럽의 도시》

중세도시 대부분은 인구 5,000명 이하의 소도시였다. 대도시 파리 인구는 1300년을 기준으로 20만 명, 런던은 8만 명에 달했다. 이탈리아 밀라노는 15만 명, 베네치아와 피렌체가 11만 명, 제노바 6만 명, 브뤼주와 겐트와 쾰른이 4~5만 명 선이었다. 프랑스의 경우 인구 2만 명 이상의 도시가 툴루즈, 투르, 리옹을 비롯해 27개에 이르렀다.

도시 안에는 상인과 수공업자, 영주로부터 도망친 농노와 성직자, 귀족 등 다양한 계층이 모여 살았다. 상인과 수공업자는 길드guild를 만들어 회원의 공동 이익을 도모했다.《온라인 어원 사전Online Etymology Dictionary》에 따르면, 길드는 옛 게르만 부족의 종교 행사에 내는 기여contribution에서 유래한 단어로 겔트Geld(돈)와 비슷한 의미다.

길드는 도시 질서를 유지하고 생산, 수량, 판매 가격을 조정했다. 영주와 협상할 때는 시민 대표로 참여했다. 길드는 훗날 도시 자치 조직을 결성하는 주역이 된다.

자유를 위한 투쟁,
코뮌 운동

'도시의 공기는 자유를 만든다'라는 독일 속담은 도시의 자유를 뜻하는 말이다. 영지에서 탈출한 농민은 도시에서 1년하고 1일을 지내면 시민 자격을 얻었다. 시민들은 자치 조직 코뮌commune을 결성해 독자적으로 행정과 사법권을 행사했다. 시민들은 영주가 아니라 도시법에 따라 도시 법정에서 재판을 받았다.

자치도시는 긴 투쟁의 산물이었다. 시민들은 특허장charter을 사들이거나 왕과 영주의 지원으로 특허장을 받았다. 폭력 투쟁으로 자치도시를 세우는 경우도 있었다.

자치도시는 처음 이탈리아에서 출현했다. 베네치아는 727년 비잔틴 제국에서 독립해 공화정을 세웠고, 제노바는 958년 이탈리아 왕 베렝거Berenger로부터 특허장을 받았다. 제노바는 이슬람 함대와 해상 지배권을 놓고 전투를 벌이던 시기에 특허장을 받았다. 제노바 특허장에는 '귀족이나 왕국의 누구도 제노바 사람에게 신체적 상해를 입히거나 집과 농장 소유를 방해해서는 안 된다'고 명시했다. 일찍이 정치적으로 독립한 베네치아와 제노바는 해양 도시의 선두 주자로 올라섰다.

밀라노 시민들은 1045년 영주에 대항해 코뮌을 결성했다. 신성로마 제국이 지배권을 행사하려 하자 이탈리아 북부 도시들은 롬바르드 연맹Lombard League을 구성해 힘으로 대항했다. 롬바르드 연맹 군대는 1176년 바바로사 황제와의 전투에서 승리해 완전한 자치권을 획득했다.

프랑스 코뮌 운동은 피로 얼룩졌다. 랑Laon 시민들은 돈을 모아 특허장을 사들였으나 주교가 프랑스 왕 루이 6세Louis VI에게 뇌물을 주고 특허장을 무효화하자 1112년 폭동을 일으켰다.

고드리(주교)와 부주교인 고티에가 정오 성사를 마친 뒤에 사람들에게서 돈을 모으고 있을 때, "코뮌!"이라고 외치는 소리가 시내 전역을 통해 퍼져 나갔다. 동시에 칼, 양날 도끼, 활, 창 등을 가진 엄청난 군중이 주교관으로 들이닥쳤다. 그들은 노트르담 성당의 중앙 회랑으로 들어왔다. 몇몇 귀족은 이제 폭동이 시작되었음을 알아차리고 주교 주변으로 모였다. 그들이 모였을 때 성주 기마르가 첫 희생자가 되었다. _기베르 드 노장Guibert de Nogent, 《기베르 드 노장의 자서전》

주교 고드리가 살해되고 성당은 잿더미로 변했다. 폭동 이후 주동자는 처형되고 많은 시민들이 고통을 받았으나 투쟁은 멈추지 않았다. 랑 시민들은 1228년 국왕으로부터 다시 특허장을 받았다. 자유는 거저 얻어지지 않는다.

프랑스 왕은 봉건영주를 견제하고 중앙정부 수입원을 늘리려는 목적에서 특허장을 내주었다. 루이 6세는 보베, 누아용, 수아송, 랭스에 특허장을 주었고, 존엄왕 필리프Philip Augustus는 70여 개 도시에 특허장을 수여했다.

플랑드르에서는 폭력 사태가 있기는 했으나 영주와 시민이 협력해 자치도시를 세웠다. 1128~1191년 플랑드르를 다스린 디에릭Dierick과 필리프Philip 백작은 상공업과 예술을 진흥하고 개방적 도시 정책을 폈다. 이 시기에 겐트, 브뤼주, 이프르를 포함해 8개 도시가 특허장을 받았다. 플랑드르 사람들은 두 백작이 다스린 63년 동안 처음으로 행복한 시간을 경험했다고 말했다.

신성로마제국 황제는 독일 지역에 2,500개 정도의 황제 도시Imperial City를 세웠다. 이들 가운데 70~80개 도시가 특허장을 받아 자유 도시Free Imperial City가 되었다. 슈파이어Speyer가 1111년, 보름스Worms가 1114년, 마인츠Mainz가 1244년 특허장을 받았다.

12~14세기 유럽은 상업과 도시가 폭발적으로 늘어나는 상업혁명Commercial Revolution의 시대를 맞았다.

자치도시는 권력이 왕과 교회, 봉건영주로 분산된 봉건제 산물이라 할 수 있다. 강력한 중앙 권력이 없었기에 부르주아가 자치 조직을 결성할 수 있었다. 막스 베버는 서양 중세도시가 경제적으로는 상공업 도시, 정치적으로는 자치도시의 성격을 갖고 있어 자본주의와 민주주의 발전에 기여했다고 평가했다.

봉건영주의 벽을 통과한 상인들은 또 하나의 벽을 넘어야 했다. 그 벽은 더 강력한 기독교 이데올로기였다.

중세인의 욕망

'부자가 하나님의 나라에 들어가는 것보다 낙타가 바늘귀로 지나가는 것이 쉬우니라.'〈마태복음 19장 24절〉

'너희 소유를 팔아 구제하여 낡아지지 아니하는 배낭을 만들라.'〈누가복음 12장 33절〉

성경 교리만큼이나 교회는 상업 활동이나 영리 행위를 부정적 시각으로 바라보았다. 물질적 욕망과 탐욕avaritia을 죄악으로 생각했다.

중세의 벽을 깨뜨린 사람은 먼지투성이 유랑 상인이다.

맨 앞에는 색색으로 그려진 깃발을 든 기사가 앞장을 서고, 그 뒤로 군대의 대장이 서고, 그 뒤에는 활과 칼을 든 기수가 앞장을 서고, 맨 뒤에 상자·꾸러미·가방·보따리를 잔뜩 실은 말과 당나귀에 올라탄 상인대가 지나가는 형국이었다. 이들은 군인이 아니라 상인들이었으며, 12세기 영국인들이 '파이 가루들pie-powders(먼지 낀 발)'이라고 부르던 유랑 상인들이었다. _로버트 L. 하일브로너Robert L. Heilbroner·윌리엄 밀버그William Milberg,《자본주의 어디서 와서 어디로 가는가》

8~9세기 유랑 상인은 중세 상인의 모태가 되었다. 상업은 가난에서 벗어나 물질적 풍요를 누릴 수 있는 매력적인 기회였다. 앙리 피렌은《중세 유럽의 도시》에서 원거리 무역으로 부를 쌓은 고드릭Godric 이야기를 소개

했다.

고드릭은 11세기 말경에 링컨셔Lincolnshire의 가난한 농민의 집안에서 태어
났다. 그는 어린 시절부터 스스로 생계 문제를 해결해야만 했다. 그는 해
변에서 파도에 떠밀려 온 표류물을 줍는 자였다. 이후 그는 어떤 행운의
표류물로 인해서 행상인이 되어 등에 짐을 지고 도처를 편력했다. _앙리
피렌,《중세 유럽의 도시》

고드릭은 잉글랜드, 스코틀랜드, 덴마크, 플랑드르 해안을 따라 무역을
해서 거부가 된 뒤 재산을 가난한 사람들에게 나눠 주고 은자隱者, hermit가
되었다.

조르주 뒤비는 제노바 출신 안살도Ansaldo를 모험 상인의 대표적 사례
로 들었다. 안살도는 젊은 시절 아버지 통제에서 벗어나 상인의 길로 나섰
다. 그는 처음에 무일푼이었다. 대상인을 알게 되어 카탈루냐로 가는 상선
을 탄 안살도는 첫 항해에서 18리브르livre(1리브르=1파운드)를 벌었다. 그는
돈을 소비하지 않고 사업에 재투자해 재산을 불렸다. 2년 후 이집트, 팔레
스타인, 시리아로 가는 항해에 돈을 투자해 모두 142리브르를 소유했다.
1300년 잉글랜드 노동자 한 해 수입이 2파운드, 직조 장인이 5파운드 수
준이었던 것과 비교하면 그의 부를 짐작할 수 있다. 안살도의 부는 바다의
위험과 질병, 수고와 용기에 대한 보상이라고 조르주 뒤비는 설명했다.

부르주아는 사제, 기사, 농민 어느 계급에도 속하지 않는 새로운 집단이
었다. 그들은 제도에 순종하기보다 위험을 무릅쓰고 돈을 벌기 위해 상업
의 길로 뛰어들었다. 부르주아는 막스 베버의 표현대로 호모 에코노미쿠

스Homo economicus, 경제적 이익에 따라 움직이고 계산하는 능력을 가진 경제적 인간이었다.

돈의 경제

상업이 활발해지자 화폐 수요가 급증했다. 미국 경제사학자 로버트 앨런Robert Allen은 1158년~1319년 사이 잉글랜드 통화량이 91배 늘어난 것으로 추산했다. 유럽 여러 도시에서 단위가 다른 다양한 화폐를 만들었다. 잉글랜드는 은화 페니penny, 프랑스는 드니에denier, 베네치아는 그로소grosso를 발행했다.

중세 경제는 돈의 경제로 바뀌었다. 상품 대금, 토지 대금, 영주에게 지급하는 지대, 강제 노역도 화폐로 계산했다. 13세기 중반에 화폐 기준이 되는 황금 주화가 출현했다. 피렌체가 1252년 최초의 금화 플로린florin을 발행했고 베네치아가 1284년 두카트ducat를 발행했다. 플로린, 두카트는 순금 3.54그램의 주화다. 2020년 가치로 미화 200달러가 넘는다.

화폐 사용이 늘어나자 환전상과 대부업이 성행했다. 돈을 빌려주고 이자를 받는 행위는 교회가 금하는 탐욕죄였다. 신약 성경에는 이자 받는 행위를 합당치 않게 보는 구절이 나온다.

'너희는 원수를 사랑하고 선대善待하며 아무것도 바라지 말고 꾸어 주라.' 〈누가복음 3장 35절〉

12세기 교회법은 성경 가르침에 따라 '자본 이상으로 요구하는 것은 모두 고리대금'이라고 못 박았다.

고리대금업자가 교회에서 수모를 당하는 이야기는 유명한 일화로 전해진다.

한 설교자가 이렇게 말했다. "나는 여러분에게 여러분의 활동과 직업에 따라 해결책을 제시하고자 합니다. 대장장이 여러분 일어서십시오!" 그러자 그들이 일어났다. 그들의 죄를 사해준 다음에… 끝으로 그는 이렇게 소리쳤다. "고리대금업자들이여 일어서서 사죄를 받으십시오!" 고리대금업자들은 다른 직업군의 사람들보다 수가 더 많았지만 수치심으로 몸을 숨겼다. 여기저기에서 웃음과 야유가 터져 나오는 가운데 그들은 너무나 당혹해하며 뒤로 물러났다. _자크 르고프《중세와 화폐》

스콜라 철학자 토마스 아퀴나스Thomas Aquinas는《신학 대전》에서 아리스토텔레스 경제 이론에 따라 대부업이 죄악이라고 거듭 천명했다. 아리스토텔레스는 "화폐는 교역에 쓰라고 만들어진 것이지 이자를 낳으라고 만들어진 것이 아니다"라고 주장했다.

고리대금업자가 사면을 받는 방법은 카리타스caritas, 기부뿐이다. 그들은 세상을 떠날 때 지옥에 떨어질 것을 두려워해 교회에 많은 재산을 기부했다.

고리대금업에서
은행업으로

교회의 금지령에도 불구하고 고리대금업은 사라지지 않았다. 대표적 고리대금업자는 유대인이었다. 사회에서 배척당한 유대인은 게토ghetto에 집단 거주하며 고리대금업과 금세공업에 종사했다. 유대인 고리대금업자는 상인과 귀족의 중요한 돈줄이었다. 막대한 부와 유대교 신앙은 시기심과 적대감을 불러왔다.

잉글랜드는 1290년, 프랑스는 1306년 유대인 재산을 빼앗고 추방령을 내렸다. 유대인은 네덜란드, 독일, 폴란드로 유랑의 길을 떠났다.

13세기 말 이탈리아 롬바르드 지역에 돈을 빌려주는 전당포가 생겨났다. 이 전당포는 물건을 맡길 때 벌금을 물리거나 나중에 되찾아갈 때 비싸게 파는 방식으로 높은 이자를 받았다. 6세기에 이탈리아로 들어온 롬바르드인은 과거 아리우스파에 속해 가톨릭교회 규율을 철저히 따르지 않았다. 롬바르드인은 잉글랜드에서 유대인이 추방된 뒤 런던에 진출했다. 그들이 정착한 곳이 오늘날 런던 은행가 롬바르드 스트리트Lombard Street다. 롬바르드 방식 대부업체는 유럽 여러 지역으로 확산되어 고리대금업자는 일반적으로 롬바르드라고 불렸다.

프랑스에서는 남부 카오르Cahors 사람이 고리대금업으로 악명을 떨쳤다. 카오르 사람은 단테Dante Alighieri의 《신곡神曲》에 자연의 이치를 멸시하고 고리를 탐한 죄로 지옥에 떨어져 유황불을 맞는 것으로 나온다. 카오르 사람들도 이자를 받는 것을 죄악으로 여기지 않는 서고트족 후예였다.

세 그룹의 대부업자들은 플랑드르 브뤼주에 진출해 상인을 대상으로 환전을 하고 돈을 빌려주었다.

유대인, 그리고 후에 롬바르디아인과 카오르인은 본질적으로 전당업자로서 귀족들과 부르주아를 상대로 극도로 높은 이율(연리 30~40%)로 돈을 빌려주었다. 이들은 이윤에 대한 종교적 금기로 인해서 종종 박해를 받았지만, 그들의 대금 활동이 필요했기 때문에 빈번히 용인되었다. _재닛 아부―루고드Janet Abu-Lughod, 《유럽 패권 이전 13세기 세계체제》

이들은 길가에 긴 의자나 테이블을 놓고 거래를 했다. 뱅크bank는 의자 banco에서 유래했다. 이탈리아 대부업자는 직접 현금을 가지고 다니지 않아도 돈을 주고받을 수 있는 선진적 '환어음' 기법을 도입해 브뤼주 금융시장을 장악했다.

교회는 상업과 금융업을 금기시했지만 교회 안에도 금융 조직을 가지고 있었다. 바로 템플 기사단Knights Templars이다. 1119년 예루살렘에서 그리스도를 따르는 솔로몬 사원의 가난한 병사라는 이름으로 결성된 템플 기사단은 교황 직속 무장 기사단이다. 기사단은 예루살렘 순례자들이 여행 중에 현금을 도난당하지 않도록 송금을 대신해주었다. 이 송금 사업이 유럽 여러 곳에서 돈을 입출금하고, 송금하고, 환전할 수 있는 은행업으로 발전했다. 기사단은 수고 대가로 수수료를 받았다.

템플 기사단은 무역업으로 사업을 확대하고 왕족과 귀족의 기부를 받아 영국, 프랑스, 스페인 등지에 막대한 토지를 소유했다. 프랑스 왕 필리프 4세Phillip the Fair는 기사단의 부가 탐이 났고 그들이 가진 무력이 왕권에 잠재적 위협이라 생각했다. 필리프는 기사단에 대출을 요구했다가 거절당하자 1307년 기사단 영지를 급습했다. 기사단장 자크 드 몰레이Jacques de Molay를 비롯해 기사들을 체포해 고문하고 이단 혐의로 화형했다. 템플 기사단은 고리대금업을 했다는 명확한 판정을 받지 않았으나 재산을 몰수당하고 몰락했다. 유럽 최초의 은행 템플 기사단은 1312년 해체된다.

중세 금융업은 위험성이 높은 모험사업이었다. 권력자에 대한 대출은 더 위험했다. 잉글랜드 왕 에드워드 3세는 백년전쟁(1337~1453년) 초기 피렌체 은행에서 천문학적 금액의 돈을 빌렸다. 양모 독점 판매권을 담보로 내놓았고 왕관과 보석도 저당 잡혔다. 이자율은 30~40% 고율이었다.

전쟁이 오래 지속되자 잉글랜드 왕은 1345년 지급불능을 선언했다. 바르디Bardi 은행 빚이 5만 파운드, 페루치Peruzzi 은행 빚이 2만 파운드에 달했다. 두 은행이 파산하면서 피렌체에 금융공황이 일어났다.

신학자들 사이에 이자가 노동과 위험에 대한 정당한 대가라는 주장이 제기되기 시작했다. 1397년 메디치 은행이 피렌체에서 영업을 개시했다. 메디치 은행은 교황청 금고를 관리하며 급성장해 '신의 은행'이라 불렸다. 유럽 토지의 3분의 1을 보유한 가톨릭교회도 화폐경제의 주요 참여자였다. 농산물 판매, 상품 구입, 성당 건축이 화폐로 움직였다.

돈은 경제생활을 지배했다. 팽창하는 경제적 욕망은 기독교 울타리를 넘어 탈출하기 시작했다.

근대를 잉태한
인고의 시간

십자군 전쟁과 스페인 재정복 운동Reconquista은 유럽 사회에 지적 각성을 일으켰다. 폐쇄적 세계에 갇혀 살았던 유럽인은 이슬람, 비잔틴제국과의 접촉을 통해 새로운 세계를 발견했다.

기독교인들이 이슬람 지식을 처음 접한 곳은 스페인 톨레도Toledo다. 1085년 톨레도를 재정복한 스페인 사람들은 도서관에 소장된 아리스토텔레스, 프톨레마이오스, 유클리드, 아르키메데스의 책을 보고 놀라움을 감추지 못했다.

대주교 레이몽Raymond은 톨레도 성당에 학자들을 초청해 번역 사업을 시작했다. 1236년에 재정복한 코르도바Cordoba 도서관은 40만 권의 책을 소장하고 있었다. 바그다드 도서관 다음가는 이슬람 지식의 보고였다. 아리스토텔레스 철학에 주석을 붙인 아베로에스Averroes, Ibn Rushd, 이슬람 의학을 집대성한 아비센나Avicenna, Ibn Sina, 대수학代數學, algebra을 체계화한 알

콰리즈미al-Khwarizmi의 저작들이 라틴어로 번역되었다.

피사의 부유한 상인 아들로 태어난 레오나르도 피보나치Leonardo Fibonacci 는 20대에 북아프리카에서 인도·아라비아 수학을 배웠다. 아버지를 따라 지중해 여러 곳을 여행한 피보나치는 이슬람 상인들이 아라비아 숫자를 편리하게 사용하는 것을 보고 1202년《산술교본Liber Abaci》을 펴냈다. 숫자, 셈법, 환율 계산법을 다룬 피보나치 책은 수없이 필사되어 유럽 숫자 체계를 바꿨다.

스티븐 런시먼은 유럽의 정신·물질문명이 이슬람으로부터 많은 영향을 받았다고 밝혔다. 런시먼은 이슬람에서 유래한 영어 어휘를 제시했다.

alchemy(연금술), algebra(대수학), alcohol(알코올), cypher(사이퍼, 0), admiral(제독), traffic(교통), tariff(관세), calibre(구경口徑), cable(케이블), cheque(수표), risk(위험), magazine(잡지), guitar(기타), tambourine(탬버린), lute(류트), baroque(바로크), cotton(면화), sugar(설탕), syrup(시럽), orange(오렌지), lemon(레몬), spinach(시금치), saffron(샤프론), coffee(커피), muslin(모슬린 직물), damask(다마스크 직물)

대학의 출현

새로운 지식 유입과 도시 성장은 유럽인의 지적 열망에 불을 붙였다. 대학은 중세의 위대한 창작물이다. 1088년 로마법을 전문적으로 교육하는 볼로냐대학이 처음 문을 열었고, 파리대학(1150년), 옥스퍼드대학(1167년), 케임브리지대학(1209년), 살라망카대학(1218년), 파두아대학(1222년), 나폴리대학(1224년)이 뒤를 이었다. 1500년 이전까지 서유럽에 약 70개 대학이 생겨났다.

유니버시티university는 길드guild와 같은 의미의 라틴어 우니베르시타스universitas에서 나왔다. 교과 과정은 전통적 자유학liberal arts이 기본 과정이고 신학, 법학, 의학이 전문 과정에 속했다.

대학 성장 과정에서 아리스토텔레스 연구가 학문의 중심으로 부상했다. 학생들은 이성, 논리, 과학을 강조한 아리스토텔레스를 철학자 중의 철학자로 여겼다. 아리스토텔레스 과학 사상은 신앙을 강조하는 기독교 신학과 충돌할 잠재력을 갖고 있었다. 파리 주교는 1210년 대학에서 아리스토텔레스를 가르치는 것을 금지했다. 학생들은 동맹파업을 일으켰다.

사상 논쟁 소용돌이 속에서 대학자 토마스 아퀴나스는 신학과 과학의 조화를 모색했다. 아퀴나스는 신앙과 과학을 모두 진리로 인정하되 신앙이 과학에 우선한다고 판정했다. 아리스토텔레스는 추방 위기에서 벗어났다.

독립적으로 학문을 연구하는 대학은 사상가, 법률가, 과학자의 산실이었다. 옥스퍼드대 출신 오컴William of Ockham은 개별성을 우위에 두는 유명론唯名論, Nominalism을 주장했고, 옥스퍼드대와 파리대에서 공부한 로저 베이컨Roger Bacon은 실험의 중요성을 강조해 과학적 연구 방법을 개척했다.

찰스 해스킨스는 십자군 전쟁 이후 지적·문화 운동을 '12세기 르네상스'라고 정의했다.

서유럽에서는 십자군 운동이 일어났고, 도시와 초기 관료제적 국가가 태동했으며, 로마네스크 양식이 절정에 달했을 뿐 아니라 고딕 양식이 출현했다. 또 12세기에는 속어 문학이 나타나고, 라틴 고전 및 라틴어 시 그리고 로마법이 부활했다. 아랍의 과학 지식이 가미된 그리스의 과학과 철학이 다수 부활했을 뿐 아니라, 최초의 유럽 대학들이 형성되기도 했다. _찰스 해스킨스,《12세기 르네상스》

　　초등교육은 성당 학교가 주축을 이루었다. 성직자가 되려는 학생뿐 아니라 장래에 대학 진학이나 직업을 가지려는 학생들이 성당 학교에 입학했다. 프랑스 샤르트르, 오를레앙, 파리 노트르담 성당 학교가 우수한 교사진으로 명성이 높았다.

　　1253년 플랑드르에서는 학교 설립을 놓고 시민과 교회가 격렬한 다툼을 벌였다. 교회는 자녀를 미인가 학교에 보낸 시민과 시 당국자alderman를 파문했다. 공방 끝에 교회는 교사를 지명하는 조건으로 3개 학교를 인가했다. 학생들은 학교에서 무역에 필요한 상업적 글쓰기를 배웠다.

　　이탈리아에서는 코뮌이 세운 공립학교와 상업을 가르치는 셈 학교abacus schola가 문을 열었다. 시민들이 세운 학교가 늘어나면서 8세기 동안 계속된 교회의 교육 독점은 중단되었다.

물레방아와
고딕건축

　　　　　　중세의 기술은 중국이나 아랍에 비해 뒤떨어지는 수준이었다. 고대 중국 한나라 시대에 발명된 나침반이 12세기에 유럽에 전래되었고 종이 기술은 12~13세기에 도입되었다. 물레방아 기술은 발전 속도가 빨랐다. 12~14세기 물레방아 보급 확산과 함께 동력을 전환하는 톱니바퀴 기술이 발전했다.

1175년 프랑스 피카르디Picardy에서만 245개였던 것이 프랑스 전역에 보급되어 2만 개로 늘어났다. 식량 생산에도 요긴했지만 수력은 망치와 풀무의 동력으로 쓰이면서 산업적 용도에도 쓰였다. _콜린 존스Colin Jones, 《사진과 그림으로 보는 케임브리지 프랑스사》

풍차는 1185년 잉글랜드 요크셔에 처음 등장했다. 미국 역사학자 린 화이트Lynn White는 풍차가 유럽 전역으로 확산되어 13세기 이프르에 120대의 풍차가 설치되었다고 밝혔다.

고딕건축은 중세 최대 발명으로 꼽힌다. 로마네스크 양식이 무겁고 어두운 데 비해 고딕 양식은 천장을 높이고 창문을 넓혀 건축 혁신을 이루었다. 최초의 고딕건축물은 1144년에 완공한 프랑스 생드니Saint Denis 수도원 성당이다. 수도원장 쉬제Suger는 천상의 빛이 성당 안에 가득하기를 원했다. 지붕을 28미터 높이로 올리고 창문을 화려한 스테인드글라스로 장식했다.

르네상스 예술평론가 조르조 바사리Giorgio Vasari는 《위대한 예술가의 생애》에서 프랑스의 새로운 건축양식은 비례가 맞지 않는다며 게르만의 고딕 양식이라고 폄하했다. "미개한 민족이 가져온 건축양식을 오늘날 우리는 고딕이라 부른다." 바사리의 혹평에도 불구하고 고딕 양식은 중세 건축기술의 개가로 평가된다.

끝이 뾰족한 첨두아치Pointed Arch는 둥근 아치보다 천장을 높이 올릴 수 있고, 외벽에 날개처럼 덧댄 버팀도리flying buttress는 벽의 무게를 지지해 건물의 안정성을 높여 주었다. 고딕은 북유럽을 대표하는 건축양식이 되었다.

유럽 도시들은 더 높고 웅장한 성당을 지으려고 높이 경쟁을 벌였다. 보베 대성당은 1272년 성가대 천장을 48미터까지 높였다가 강풍에 일부 구조물이 붕괴되기도 했다.

1220년에 완공한 샤르트르 대성당은 고딕건축의 걸작으로 평가받는다. 샤르트르 대성당은 2개의 높은 첨탑과 아름다운 스테인드글라스로 '대성당의 여왕'이라는 명예를 얻었다. 172개 창을 장식한 스테인드글라스는 성경 속 인물과 성인의 일화를 영롱한 빛으로 표현한다. 영국 예술사가 케네스 클라크Kenneth Clark는 "샤르트르 대성당은 유럽 문명사에 첫 번째 대각성Great Awakening의 정수"라고 극찬했다.

11~13세기 중세 전성기High Middle Ages는 물질적 욕망과 지적 열망이 되살아난 시기로 평가된다. 중세는 짙은 어둠에서 벗어나 서서히 빛을 향해 걸어갔다.

자본주의의 맹아,
베네치아

이탈리아 북부 베네치아, 제노바, 밀라노, 피렌체는 이탈리아 경제의 중심이었다. 유럽의 무역과 금융을 주도했고 도시에는 경제적 욕망이 충만했다.

프랑스 문명사학자 페르낭 브로델Fernand Braudel은 1250~1510년 베네치아에서 유럽 최초의 자본주의가 출현했다고 주장했다. 베네치아는 유럽과 아시아를 연결하는 국제 상업 도시였다.

12세기 말부터 13세기 초까지 그리고 14세기에는 더 분명하게 베네치아의 경제는 시장, 상점, 창고, 센사Sensa 정기시, 조폐국, 도제 궁전, 국립 조

선소, 세관 등과 같은 모든 도구들을 구비하고 있었다. _페르낭 브로델,
《물질문명과 자본주의 Ⅲ-1》

베네치아인은 강인하고 계산 빠른 경제인이었다. 그들은 6세기 롬바르
드족이 침공해오자 바다 갯벌로 피난해 진흙과 모래땅에 말뚝을 박고 도
시를 건설했다. 베네치아는 아드리아해 소금 무역을 독점하고, 지중해 무
역을 장악해 해양도시국가로 성장했다.

1204년 제4차 십자군의 콘스탄티노플 점령은 베네치아 성장에 결정적
전환점이 되었다. 십자군과 함께 콘스탄티노플을 장악한 베네치아는 그
보상으로 비잔틴제국의 8분의 3을 차지했다. 중국과의 직접 교역을 추진
해 마르코 폴로가 실크로드를 따라 중국을 여행한 것도 이 무렵이다.

브로델은 베네치아가 1380년 제노바 해군을 제압하고 지중해 무역을
독점해 유럽 경제권의 중심 도시가 되었다고 평가했다. 독점monopoly은 브
로델 자본주의 이론의 핵심이다. 브로델은 자본주의가 물질생활, 시장경
제, 자본주의 3층으로 이뤄졌다고 보았다. 1층에는 자급자족하는 물질
생활material life이 있고 2층에는 시장경제market economy, 3층에는 자본주의
capitalism가 있다. 자본주의는 독점을 지향하고 반反시장적이다. 시장을 독
점하는 자본주의는 머리가 여러 개 달린 히드라처럼 상업, 산업, 금융을 자
유자재로 오간다.

14세기 베네치아에서 자본주의가 출현했다는 브로델 주장에 대해 적지
않은 반론이 제기된다.

미국 사회학자 재닛 아부-루고드는 13~14세기 유럽은 아직까지 자본
주의 단계에 이르지 못했다고 밝혔다. 유럽, 중동, 극동 3개 광역 체제가

협력하고 공존하는 관계였고, 베네치아는 중동을 제치고 중국, 인도와의 직접 교역이 불가능했다고 지적했다. 아부-루고드는 "이탈리아 상인과 플랑드르 산업가는 자본주의를 준비하는 전前자본주의자precapitalist 단계였다"고 평가했다. 독일의 사회역사학자 위르겐 코카Jürgen Kocka는 "브로델이 자본주의와 시장경제를 대립시킨 것은 잘못"이라고 비판했다. 독점 단계에서도 시장경제같이 경쟁, 이익과 손실, 기회와 위험이 있었다고 지적했다. 자본주의가 곧 독점은 아니지만 시장을 독점하려는 자본주의 특성을 브로델은 예리하게 지적하고 있다.

베네치아 자본주의는 자본주의의 여린 싹, 맹아萌芽라는 평가가 일반적이다. 자본주의의 맹아는 플랑드르와 네덜란드로 이식되어 근대 자본주의를 꽃피우게 된다.

왕과 교황의 충돌

이 시기에 프랑스 왕들은 왕권 강화에 힘을 쏟았다. 미남왕 필리프 4세는 전쟁 비용을 마련하기 위해 교회에 세금을 부과했다. 교황이 반발하자 그는 1302년 성직자, 귀족, 평민으로 구성된 삼부회三部會, États généraux를 소집해 민족주의 여론을 조성했다. 교황 보니파키우스 8세Bonifacius VIII는 이에 맞서 교황권 우위를 주장하는 교서Unam Sanctam를 발표했다. 누구든지 교황에 복종해야 하고, 권위를 거역하는 자는 이단으로 규정하겠다는 위협이었다.

교황은 프랑스 왕을 과소평가했다. 필리프는 용병을 보내 이탈리아 아나니Anagni에서 교황을 구금하고 폭행했다. 보니파키우스 교황은 충격으로 며칠 만에 사망했다. 이후에도 필리프는 교황청에 대한 공격을 늦추지 않았다. 1307년 템플 기사단 영지를 습격해 기사들을 체포하고, 1309년 교황청을 로마에서 아비뇽으로 옮기도록 했다. 이 사건이 아비뇽 유수幽囚다.

이렇게 해서 교황청은 70년간 프랑스 왕의 영향력 아래 들어가게 되었다. 아비뇽 유수 기간에 선출된 7명의 교황이 모두 프랑스인이었다. 사람들은 아비뇽 교황을 프랑스 왕의 허수아비로 생각했다. 아비뇽 교황은 교황청 건물을 새로 짓느라 이전보다 많은 세금을 부과하고 성직을 매매해 신자들의 반감을 샀다.

단테와 파리대 학장을 지낸 마르실리오Marsilio da Padova는 정치와 종교 분리를 요구했다. 교회는 '태양'이고 국가는 '달'이라는 교회 주장은 낡은 구호가 되었다.

잉글랜드에서는 왕과 귀족이 힘겨루기를 벌였다. 존John I 왕은 노르망디를 프랑스에 빼앗기자, 강제로 세금을 거두어 원정에 나섰으나 또다시 패전했다. 1215년 귀족들이 반란을 일으켰다. 귀족 대표들은 템스강 남쪽 러니미드Runnymede 초원에서 존 왕을 만났다. 그들은 63개 항의 요구 조건을 내걸고 문서에 서명할 것을 요구했다. 귀족의 압력으로 서명한 문서가 마그나카르타Magna Carta(대헌장)다. 대헌장은 국왕 권한을 법으로 제한하는 내용을 담고 있다.

제12조: 어떠한 군역세나 봉건 원조도 전체 동의general consent 없이 거두지 못한다.

제39조: 어떠한 자유인도 같은 자유인의 법적 판단이나 국법에 의하지 않고서는 체포·구금되거나 권리와 재산을 빼앗기거나 추방되거나 다른 방

법으로 지위를 박탈당하지 않는다.

과세에 국민 동의를 요구한 12조는 의회 탄생으로 구체화되었다. 적법
절차due process와 법의 지배rule of law를 명시한 39조는 근대 자유와 인권 개
념의 토대가 되었다. 이 조항은 영국 법과 미국 헌법, 세계인권선언에 반영
되고 전 세계 헌법에 영향을 미쳤다.

유럽 절대왕정과 법치주의, 의회제도는 13~14세기 중세에 뿌리를 두
고 있다. 새로운 정치 변화는 봉건제와 교회 권력을 해체하는 힘으로 작용
했다.

검은 재앙,
흑사병

흑해 항구 카파Caffa에서 온 12척의 배가 1347년
10월 시칠리아 메시나 항구에 도착했다. 부두에 모여 있던 사람들은 배 안
을 들여다보고 경악했다. 선원 대부분이 죽어 있었고, 살아 있는 사람 얼굴
과 몸은 흉측한 검은 종기로 뒤덮이고 피를 흘리고 있었다.

메시나시는 죽음의 배를 항구 밖으로 끌어냈으나 흑사병(페스트)은 순식
간에 도시를 덮쳤다. 흑사병은 이탈리아를 휩쓸고 알프스 북쪽으로 올라
가 5년 만에 전 유럽으로 번졌다.

환자와 신체 접촉만 해도, 마치 불을 옆에 갖다 대면 바짝 마른 것이나 기
름 묻은 것에 확 옮겨붙듯 건강한 이에게 옮았습니다. 아니, 상황은 더 지
독했습니다. 환자와 말을 주거받거나 환자와 교제하는 것만으로 전염되거

나 죽음의 원인이 되었으며, 환자가 입은 옷 또는 그 밖의 물건을 만지기만 해도 이 병에 감염될 정도였으니까요. _조반니 보카치오Giovanni Boccaccio, 《데카메론Decameron》

치료 약이 없었기 때문에 감염되면 대부분 사망했다. 현대에도 흑사병 환자가 치료를 받지 못할 경우 66~93%가 사망한다. 흑사병으로 2,500만 명, 유럽 인구의 3분의 1이 목숨을 잃었다.

흑사병으로 이렇게 많은 사망자가 발생한 원인은 무엇인가? 흑사병 확산은 상업 발전과 관련이 있다. 흑해와 지중해, 북해를 연결하는 무역 항로와 상업 유통망은 전염병 확산 통로가 되었다. 중세도시의 불결한 위생 문제는 흑사병 확산을 부채질했다.

집들은 마주 보고 거리로 튀어나와 있었으며, 구불구불하고 비좁은 거리에서는 작은 공간의 하늘만이 보일 뿐이었다. 도로는 공동작업장과 가게들로 잠식되었고, 도로 가운데는 도랑이 있었으나 진흙과 짚, 오물 들로 가득 차 있었다. _로베르 들로르, 《서양 중세의 삶과 생활》

인구과잉과 식량 부족이 흑사병의 주요 원인으로 지적된다. 유럽 인구는 1000년 3,850만 명에서 1350년 7,300만 명으로 2배 가까이 늘어났다. 식량 생산량은 인구 증가를 따라가지 못했다. 흑사병이 닥치기 전 여러 차례 기근 사태가 일어났다. 1315~1317년 홍수와 냉해로 플랑드르 지역 곡물 가격이 3배 폭등했고, 1316년 브뤼주에서 2,000명, 이프르에서 2,800명이 기아와 질병으로 사망했다.

토머스 맬서스Thomas Robert Malthus는 《인구론》에서 인구과잉과 식량 부족, 빈곤, 비좁은 도시환경이 흑사병의 주요 원인이라고 주장했다.

우리들은 이와 같은 종류의 원인이 점차 악화되어 일찍이 유럽 여러 나라를 자주 휩쓸던 저 파괴적인 대흑사병을 유발·만연시키는 데 큰 역할을 했다는 것을 의심할 수밖에 없다. _토머스 맬서스, 《인구론》

맬서스 이론은 현대 학계에서 주류 학설로 받아들여진다.

2013년 런던 크로스레일Crossrail 건설 공사장에서 집단 매장지가 발견되었다. 영국 고고학 연구팀이 유골 25구를 정밀 분석한 결과 대다수가 영양결핍 상태였고 16%는 각기병을 앓고 있었다. 영양부족과 육체노동 흔적이 남아 있는 희생자 유골은 중세인의 힘겨운 삶을 보여준다.

중세사회는 모래성처럼 허약한 기반 위에 서 있었다. 봉건제 아래 자급자족으로 연명해온 유럽 사회는 변화가 불가피했다.

아담이 밭을 갈 때
누가 신사였는가

흑사병이 휩쓸고 지나간 뒤 사람의 그림자가 사라졌다. 도시와 농촌 어디에서도 노동자를 구하기 어려웠다. 씨 뿌릴 사람, 수확할 사람이 없어 농지는 황무지로 변했다. 노동자들은 높은 임금을 요구했다.

노동자가 부족해지자 평민들이 콧대를 높여, 3배 임금을 주지 않으면 일하려 하지 않았다. 장례식 때 나눠 주는 무료 답례품 때문에 전에 일을 해야만 했던 사람들은 시간 여유가 생겨 게으름을 피우거나 도둑질 등의 나쁜 짓을 했다. 그래서 가난했거나 하인이었던 사람이 부자가 되고, 부자가 가난해졌다. 그 결과 성직자와 기사 등 지위가 높은 사람들은 빵을 먹으려면 서툰 솜씨로 곡식을 털고, 땅을 갈고, 다른 여러 일을 해야 했다. _윌리엄 데네William Dene, 《로체스터의 역사》

캐나다 경제학자 존 먼로John Munro에 따르면, 1396~1400년 잉글랜드 노동자 임금은 흑사병 전에 비해 2배 올랐고 물가 상승을 고려하면 85% 오른 것으로 나타났다. 노동력이 모자라자 농민 발언권이 높아졌다. 농민들은 임금을 올려주지 않으면 다른 영주를 찾아 이동했다. 생활수준이 높아져 농민들은 밀로 만든 빵과 육류, 과일을 섭취했다.

보수적인 잉글랜드 시인 존 가워John Gower는 달라진 세태에 불만을 털어놓았다.

지역 노동자들은 불만이 많고 까다롭다. 그들은 적게 일하고 전보다 더 많은 임금을 요구한다. 옛날 노동자는 흰 빵을 먹지 못했고 우유, 치즈도 가끔 먹었다. 그때는 사정이 더 좋았다. 지금 그들의 상황은 사회에 지속적인 위험이다. _존 가워, 《존 가워 전집The Complete Works of John Gower》

잉글랜드 왕과 귀족은 상황 변화를 알아차리지 못하고 노동자 임금을 흑사병 이전 수준에서 동결하는 노동자 법령Statute of Laborers을 만들었다. 귀족들이 강경하게 나오자 농민들은 집단적으로 저항했다. 1358년 프랑

스에서 자크리Jacquerie의 난, 1381년 잉글랜드에서는 와트 타일러Wat Tyler
의 난이 일어났다.

잉글랜드 사제 존 볼John Ball은 "아담이 밭을 갈고 이브가 길쌈할 때 누가
신사gentleman였는가"라고 일갈했다. 14세기 농민은 영주에 굽신거리던 과
거 농민이 아니었다. 영주는 돈을 받고 땅을 빌려주는 지주로 전환하거나
농지를 목초지로 바꿨다. 농민은 장원에서 풀려나 자유농민, 소작농, 임금
노동자로 변신했다.

죽음의 무도

　　　　　해골들이 무덤에서 일어나 음악에 맞춰 춤을 추
고, 황제와 교황이 해골과 손을 잡고 행진을 한다. 죽음은 항상 곁에 있고,
귀족이나 성직자나 평민이나 죽기는 마찬가지다. 15세기에 유행한 '죽음
의 무도The Dance of Death' 그림은 흑사병이 몰고 온 심리적 충격과 고통을
보여준다. 인생이 짧은 한순간이라는 허무주의와 죽음 앞에 모두가 평등
하다는 평등주의, 죽음이 닥치기 전에 현재를 즐기자는 쾌락주의를 '해골'
그림들은 표현한다.

흑사병은 중세인의 신앙심을 흔들어 놓았다. 사람들은 대재앙 앞에 무
기력하고 무능한 교회와 성직자에 실망감을 나타냈다.

잉글랜드 신학자 존 위클리프John Wycliffe는 성직자들의 탐욕과 사치를
공격하고 교회 개혁을 요구했다. 위클리프는 기독교 가르침은 성경에서
찾아야 한다며 라틴어 성경을 영어로 번역했다. 그는 1377년 교황청에 의
해 이단으로 탄핵되었다. 위클리프 사상은 체코의 얀 후스Jan Hus에게 이어
졌다. 종교개혁가들의 고독한 외침은 1517년 종교개혁으로 결실을 맺는

다. 마르틴 루터Martin Luther보다 140년 앞서 교회 개혁을 요구한 위클리프는 종교개혁의 샛별로 불린다.

중세의 끝,
백년전쟁

흑사병 와중에도 잉글랜드와 프랑스는 백 년 넘게 전쟁을 벌였다. 백년전쟁(1337~1453년)은 프랑스 왕위 계승권을 둘러싼 잉글랜드와 프랑스 왕가 사이 분쟁이 발단이 되었다. 전쟁 명분은 왕위 계승권이지만 본질은 유명한 포도주 산지 보르도Bordeaux 일대 귀엔 공국 Duchy of Guyenne을 차지하려는 영토 분쟁이다. 잉글랜드와 프랑스는 플랑드르 주도권을 놓고도 충돌했다.

잉글랜드는 전쟁 초기 프랑스에 우세를 보였다. 잉글랜드는 1346년 크레시Crécy와 1415년 아쟁쿠르Agincourt에서 신무기 장궁長弓으로 프랑스군에 대승을 거두었다. 길이 1.8미터의 잉글랜드 장궁은 1분에 화살 10발을 발사할 수 있어, 1분에 3~4발을 쏘는 프랑스 석궁을 속도에서 압도했다. 잉글랜드 장궁 부대가 하늘을 새카맣게 뒤덮을 정도로 맹렬한 화살 공격을 퍼붓자 프랑스 기병은 속수무책으로 쓰러졌다. 잉글랜드군은 영토를 점령하기보다 금은과 보물, 가축을 약탈하고 도시와 마을에 불을 질렀다. 왕과 귀족, 기사를 생포해 몸값을 챙겼다. 영토를 초토화시키는 슈보시 Chevauchée 전술이다.

이때 17세 시골 소녀 잔 다르크Jeanne d'Arc가 혜성처럼 나타났다. 잔 다르크의 등장은 전쟁 흐름을 완전히 바꿔 놓았다. "그들이 우리의 땅에 들어왔다. 우리는 그들을 내쫓아야 한다!" 잔 다르크는 프랑스 병사들에게 민족의식을 불러일으켰다. 잔 다르크가 선봉에 서서 오를레앙 전투에서 승리를 거두자, 프랑스군의 사기가 높아졌다.

대포는 프랑스에 결정적 승리를 안겼다. 포병 지휘를 맡은 장 뷔로Jean Bureau 형제는 대포와 화약 성능을 높이고, 무기 조달에서 포병 배치까지 명령 계통을 일원화했다. 프랑스군은 1453년 보르도 근교 카스티용Castillon 전투에 신형 대포 300문을 배치했다. 대포 위력을 알지 못하고 앞으로 돌진하는 잉글랜드 병사들을 향해 프랑스 대포가 불을 뿜었다.

> 잉글랜드와 가스코뉴Gascogne 병사들은 '탤벗!'과 '성 조지!'를 외치며 프랑스 진영으로 돌진했다. 프랑스군의 포화가 잉글랜드 병사들에게 정면으로 쏟아졌고, 종사縱射였기 때문에 포탄 한 발로 무려 6명이 죽었다. 도저히 승부가 되지 않았음에도 공격은 한 시간 가까이 지속되었다. _데즈먼드 수어드Desmond Seward, 《백년전쟁 1337~1453》

카스티용 전투에서 6,000~1만 명의 잉글랜드 병사 가운데 4,000명이 전사하거나 중경상을 입었다. 잉글랜드군 사령관 존 탤벗John Talbot도 전사했다.

백년전쟁은 프랑스의 승리로 끝났다. 백년전쟁은 민족의식, 무기 체계, 정치 구조에 큰 변화를 일으켰다. 프랑스인과 잉글랜드인은 긴 전쟁을 치르며 민족의식에 눈을 떴고 '나'와 '남'을 가르는 민족의식은 국민국가nation 형성의 바탕이 되었다.

대포는 번쩍이는 갑옷을 입은 중세 기사를 몰락시켰다. 철옹성 같던 중세 성곽은 포성과 함께 무너졌다. 대포와 상비군을 보유한 왕은 절대 권력자로 부상했다.

백년전쟁은 봉건제를 무너뜨리고 근대국가를 탄생시킨 전환점으로 평가된다.

서로마제국 멸망 이후 중세는 어둠에 묻혔다. 폐쇄적 장원과 교회는 물질생활과 영적 생활을 지배했다. 중세 암흑기는 인간 욕망과 지식을 억압한 시대였다. 하지만 샤를마뉴, 농업혁명, 십자군 전쟁은 유럽인을 잠에서 깨어나게 했다. 물질적 욕망과 합리적 이성이 되살아났다. 상업과 도시가 부활하고, 대학과 고딕 교회가 건설되고, 자본주의와 민족주의 원형이 희미하게 모습을 드러냈다. 흑사병과 백년전쟁은 중세의 잔재를 무너뜨렸다.

근대는 중세의 산물이다. 중세는 대체로 어두웠지만 근대를 잉태한 인고의 시간이었다.

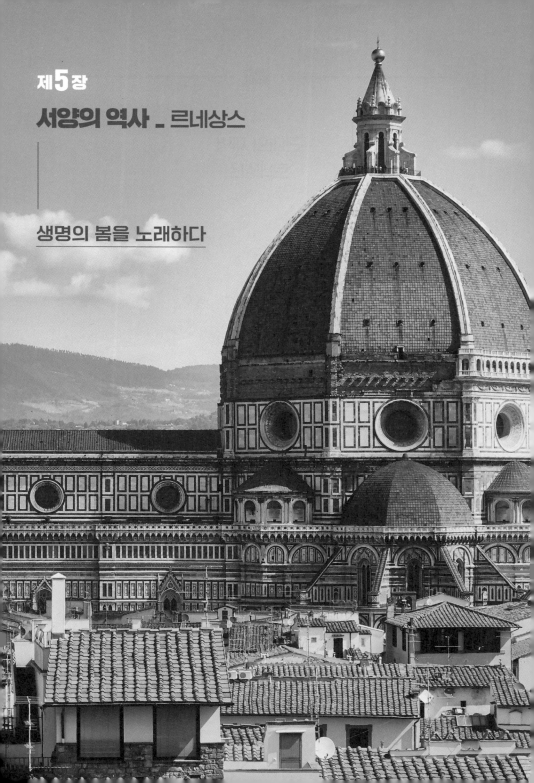

제**5**장

서양의 역사 _ 르네상스

생명의 봄을 노래하다

근대의 새벽,
르네상스

미의 여신 비너스가 매혹적 자태로 전면을 응시하는 〈비너스의 탄생〉은 중세 어둠을 깨뜨리는 강렬한 빛이었다. 대리석같이 하얀 피부를 가진 비너스는 한 손으로 가슴을 가리고 다른 손으로 물결치는 황금빛 머리카락을 움켜쥔 채 둥근 조개껍데기 위에 공중에 떠 있는 듯 서 있다. 꽃의 여신 클로리스Chloris를 안은 제피로스Zephyros는 서풍을 일으켜 비너스를 해안으로 인도하고, 계절의 여신 호라이Horae는 붉은색 망토를 들고 비너스를 맞는다.

비너스의 탄생

경건한 종교화가 주류를 이루던 시대에 벌거벗은 이교異敎, paganism 여신의 등장은 혁명적 사건이었다. 중세인들은 나체를 죄악과 수치로 생각했고, 아담과 이브를 제외하고 나체를 그리는 일을 금기시했다.

영국 예술사가 케네스 클라크에 따르면, 나체는 벌거벗은 상태를 의미하고, 누드는 균형 잡히고 건강하고 자신만만한 육체, 재구성된 육체의 이미지다. 인체의 아름다움을 표현하는 예술형식 누드가 나체와 다르다 해도 인간 욕망을 반영한다.

누드가 아무리 추상적이라도, 보는 사람에게 에로틱한 감정을 불러일으키는 데 실패해서는 안 된다. 그리고 만일 누드가 그렇게 하지 못한다면, 그것은 나쁜 예술이고 그릇된 도덕이다. 욕망은 아주 근본적인 인간 본능의 일부이기 때문에 소위 순수 형식에 대한 우리의 판단도 불가피하게 욕망의 영향을 받게 된다. _케네스 클라크, 《누드의 미술사》

피렌체 우피치 미술관이 소장하고 있는 〈비너스의 탄생〉은 높이 172.5센티미터, 너비 278.5센티미터 실물 크기의 대작이다. 르네상스 시대정신을 가장 대담하고 극적으로 표현한 산드로 보티첼리Sandro Botticelli의 명화를 감상하기 위해 많은 관람객이 우피치 미술관을 찾는다.

보티첼리는 1485년경 메디치 가문의 젊은 후원자 피에르프란체스코 Lorenzo di Pierfrancesco의 주문을 받아 이 그림을 그렸다. 메디치 가문의 시골 별장에 걸려 있던 이 그림은 신플라톤주의Neoplatonism 영향을 받았다는 해석이 주류를 이룬다. 신플라톤주의 철학자 마르실리오 피치노Marsilio Ficino는 제자 피에르프란체스코에게 보낸 편지에 '비너스는 후마니타스 Humanitas(인간성)를 상징한다'고 썼다.

후마니타스는 천상에서 태어난 아름다운 요정으로 누구보다 신의 사랑을 받았다. 그녀의 영혼과 마음은 사랑과 자선이다. _〈피치노의 편지〉

비너스 그림은 보는 사람에게 어떤 메시지를 전하려는 것일까? 영국 예술사가 에른스트 곰브리치Ernst H. J. Gombrich는 "비너스는 보는 사람 마음에 아름다움으로 종교적 열정, 신성한 열광a divine furor 같은 감정을 불러일으키게 한다"고 말한다. 이탈리아 인류학자 발렌티나 프로스페리Valentina Prosperi는 비너스는 기쁨, 사랑, 생명력, 다산을 상징한다고 해석했다.

로마 시대 쾌락주의 철학자 루크레티우스Titus Lucretius Carus가 쓴《사물의 본성에 관하여De Rerum Natura》는 비너스에 바치는 예찬으로 시작한다.

인류와 저 위 신들의 기쁨이로다.
로마의 어머니, 자애로운 사랑의 여신이여,
그대의 생명력과 공기와 대지, 바다가
굴곡진 하늘 아래 태어나는 모든 것들을 낳으리니,
모두를 위해 베푸시는 그대 다산의 힘이여.
_루크레티우스,《사물의 본성에 관하여》

기쁨, 사랑, 생명력, 다산은 인간 욕망의 표현이다. 루크레티우스의 쾌락주의 철학이 시인 안젤로 폴리치아노Angelo Poliziano를 통해 보티첼리에 영향을 주었다는 것이 프로스페리의 해석이다. 하버드대 교수 스티븐 그린블랫Stephen Greenblatt은 루크레티우스의 비너스는 모든 생명체에 쾌락과 성적 갈망을 불어넣는 존재라고 말한다.

보티첼리는 무거운 중세의 옷을 벗어던지고 인간의 아름다움을 찬양했다. 새가 알껍데기를 깨고 나오듯 비너스는 종교적 억압을 뚫고 세상에 나와 생명의 봄을 노래했다.

르네상스,
근대의 시작인가?

르네상스는 1350~1550년 이탈리아를 중심으로 전개된, 인간성 해방을 위한 문화 혁신 운동을 말한다.《예술가의 생애》를 쓴 조르조 바사리는 중세에 소멸했던 예술이 자신의 시대에 재탄생rinàscita했다고 말했다. 프랑스 역사가 쥘 미슐레Jules Michelet는《프랑스 역사》에서 르네상스Renaissance라는 단어를 처음 사용했다.

르네상스 개념을 학술적으로 체계화한 학자는 스위스 역사학자 야코프 부르크하르트Jacob Burckhardt다. 부르크하르트는 1860년《이탈리아 르네상스의 문화》에서 르네상스를 중세와 뚜렷하게 구분되는 근대의 시작으로 보았다.

의식의 두 측면—곧 세상을 향한 것과 인간 자신의 내면을 향한 것—이 하나의 공통된 베일 아래 감싸여서 꿈꾸거나 아니면 절반쯤 깨어 있었다. 바로 이탈리아에서 맨 먼저 이 베일이 공중으로 날아갔다. 국가와 이 세상의 모든 사물들에 대한 객관적 관찰과 취급법이 드디어 깨어났다. _야코프 부르크하르트,《이탈리아 르네상스의 문화》

네덜란드 역사가 요한 하위징아Johan Huizinga는 르네상스를 밝음과 어두움이 뒤섞인 '중세의 가을'로 보았다. 현대 역사가들은 르네상스를 중세와 근대를 이어주는 전환기, 근대의 새벽으로 정의한다.

르네상스는 좁은 의미에서 고대 문화 부흥이다. 그리스·로마 문화는 현실의 삶을 긍정하고 물질적 풍요를 중시하는 세속 문화다. 르네상스 운동의 핵심 가치는 휴머니즘humanism이다. 휴머니즘은 로마 철학자 키케로가 말한 인간에 관한 학문 '후마니타스humanitas'에서 나왔다. 그리스 시인 아르키아스Archias가 로마에서 시를 가르쳤다는 이유로 추방될 위험에 처하자 키케로는 그의 변호를 맡아 인문학 교육vestra humanitate의 중요성을 역설했다.

수많은 사람들의 가르침과 무수한 글에서 배운 도리, 즉 삶에서 칭찬과 명예보다 더 추구해야 할 만한 가치는 없습니다. 모든 육체적 고문과 온갖 죽음의 위협과 추방은 대수롭지 않게 여겨야 한다는 이치에 따라 어릴 때부터 훈육되지 않았더라면… 실로 문학의 빛이 닿지 않았더라면 어둠 속에 누워 있을 터입니다. _키케로, 《아르키아스를 위한 변론》

로마 시대 자유학liberal arts은 논리학, 수학, 천문학을 합해 7과목이지만 르네상스 학자들은 문법, 수사학, 시, 역사, 도덕철학 5과목에 집중했다. 그리스·로마 문화에 뿌리를 둔 휴머니즘은 인간 중심, 세속주의, 이교주의 경향을 띠었다. 믿음과 사실, 신앙과 이성을 분리하는 르네상스 휴머니즘은 중세 기독교 신앙과 점점 멀어져 간다.

학문 연구에서 출발한 휴머니즘은 문학, 예술, 사상, 과학, 기술로 영역을 넓혔다. 르네상스 시대 분출한 세속주의와 탐구 열정, 이성적 사고는 자본주의와 콜럼버스 항해, 과학혁명으로 이어진다.

개인의 탄생

14~15세기 이탈리아는 크고 작은 도시국가들이 주도권 쟁탈전을 벌이는 군웅할거의 시대였다. 도시국가를 다스리는 전제군주 시뇨레signore와 용병대장은 탐욕스럽고 폭력적이어서 도시 안팎으로 분쟁이 끊이지 않았다.

부르크하르트는 분열되고 혼란한 이탈리아 정치 환경에서 근대국가와 근대적 개인이 출현했다고 주장했다. 르네상스 개인주의의 특징은 '통제되지 않는 에고티즘unbridled egotism'이다. 에고티즘은 자기를 부풀리려고 하는 성향, 자기애, 나르시시즘과 통한다. 부르크하르트는 높은 저항 의식을 가진 자유인, 다양한 능력을 가진 만능인, 명예욕으로 가득한 인간상을 근대적 개인의 전형으로 보았다. 고향에서 추방당하는 아픔을 딛고 불후의 고전《신곡》을 쓴 단테, 세상 모든 지식을 얻고자 했던 레오나르도 다빈치 Leonardo da Vinci, 사생아로 태어나 인문학자·건축가로 명성을 날린 레온 바티스타 알베르티Leon Battista Alberti가 대표적 인물이다.

이탈리아 정치 환경을 근대국가와 근대 개인주의의 원인으로 본 부르크하르트 주장은 지나치게 관념에 기울었다는 평가를 받는다. 경제·사회적 분석이 빠져 있다는 비판이다.

꽃의 도시
피렌체와 메디치

이탈리아의 경제적 풍요는 르네상스 운동의 주요

배경으로 꼽힌다. 1400년대 베네치아, 밀라노, 피렌체는 흑사병 후유증에서 벗어나 지중해 무역, 금융업으로 부를 축적했다. 경제사 통계 연구 기관 '매디슨 프로젝트Maddison Project'에 따르면, 1400년 이탈리아 중북부 지역 1인당 GDP는 1,716달러로 서유럽 평균의 2배 수준이었다.

이탈리아 도시국가의 선두 주자는 아름다운 꽃의 도시 피렌체였다. 피렌체는 12세기부터 잉글랜드산 양모와 동방의 염료, 아르노강 수자원을 이용해 고급 모직물을 생산했다. 피렌체는 1250년 금화 플로린을 발행하면서 유럽 금융 중심으로 급성장했고, 1422년에는 은행이 72개에 달했다.

11개의 문을 통해 피렌체에 들어선 방문객은 우선 그 번영의 기운에 기가 죽었다. 한 여행객은 이를 "많은 돈이 만들어지고 많은 사람들이 돈을 벌고 있는 도시의 분위기"라고 말했다. 피렌체는 번잡하고 비좁고 구불구불한 도로, 공장, 탑, 거대한 석조 성벽, 발코니가 달린 요새 같은 궁전, 기하학적 패턴으로 전면이 장식된 교회, 수도원, 수녀원, 개인 소유 주택으로 이뤄진 도시였다. _크리스토퍼 히버트Christopher Hibbert, 《도시로 읽는 세계사》

물질적 부와 세속주의는 사치품의 소비와 예술 후원으로 나타났다. 작은 소품과 메달에서 대형 기마상에 이르기까지 조각들이 공간을 장식했다. 궁전, 빌라, 정원, 시 광장에 조각상이 세워졌다.

피렌체 최대 예술 후원가는 메디치 가문이었다. 화려한 메디치 가문의 역사는 1397년 조반니Giovanni de' Medici의 메디치 은행 설립으로 시작된다.

사제 시절 발다사레 코사Baldassarre Cossa에게 거액을 후원한 메디치 은행은 코사가 교황(요한 23세)으로 선출되자 교황청 금고 관리를 맡게 된다.

메디치 가문은 조반니의 아들 코시모Cosimo de' Medici 시대에 황금기를 맞는다. 부를 바탕으로 권력을 장악한 코시모는 30년 동안 피렌체를 통치하며 대성당 돔과 산 로렌초 교회, 산 마르코 도서관, 메디치 궁전을 건축하고 예술과 철학, 인문학을 후원했다. 코시모가 75세로 잠들었을 때 시민들은 그에게 국부Pater Patriae 칭호를 수여했다.

코시모의 손자 로렌초Lorenzo(1440~1492년)는 할아버지와 같이 막대한 재산을 건축, 예술가 후원, 자선사업에 투입해 '위대한 로렌초Lorenzo il Magnifico'로 불린다. 메디치 가문이 1434~1471년 예술 후원에 지출한 금액은 66만 3,000플로린(현재 가치 1억 3,200만 달러)에 이른다. 로렌초는 은행 경영난에도 불구하고 후원을 중단하지 않았다.

"나는 후회하지 않는다. 나는 이것이 국가에 큰 명예를 주었다고 생각한다. 돈이 잘 쓰였고 이에 만족한다."_자넷 로스Janet Ross, 《초기 메디치 가문의 삶Lives of the Early Medici》

메디치 은행은 로렌초 사망 2년 후 문을 닫는다. 은행은 문을 닫았으나 메디치 가문의 예술 후원은 피렌체를 문화 예술의 도시로 만들었다. 스웨덴 출신 작가 프란스 요한슨Frans Johansson은 메디치 가문의 다양한 후원 활동으로 예술과 철학, 과학이 교차하고 결합해 폭발적 혁신innovation이 일어났다고 평가했다. 요한슨은 이러한 현상을 '메디치 효과Medici Effect'라고 정의했다.

독일 사회학자 알프레드 폰 마르틴Alfred von Martin은 1932년《르네상스 사회학》에서 르네상스를 부르주아 혁명으로 보았다. 마르틴에 따르면, 15세기 이탈리아 사회는 돈이 권력이 되는 초기 자본주의 사회, '돈의 경제money economy'였다. 부와 합리적 사고방식을 가진 부르주아는 토지와 혈통, 무력에 의존하는 봉건적 귀족과의 경쟁에서 승리해 권력을 쥐었다. 현실적이고 합리적 성격의 부르주아가 세속적 휴머니즘, 자연과학, 새로운 예술을 후원해 사회·문화적 변화를 이끌었다는 것이 마르틴의 분석이다. 마르틴은 르네상스를 '첫 번째 근대 부르주아 시대the first modern bourgeois epoch'로 규정했다.

《르네상스 사회학》은 자본주의와 르네상스의 관계를 분석한 첫 번째 저작으로, 르네상스를 넓은 시각에서 바라보게 한다.

예술과 과학의
만남

건축가 필리포 브루넬레스키Filippo Brunelleschi는 1420년경 피렌체 대성당 세례당 앞에서 거울을 가지고 기묘한 실험을 했다. 기하학적으로 미리 그려 놓은 세례당 그림 패널을 앞으로 향하게 하고 그림 앞에 거울을 놓았다. 패널 가운데 뚫은 구멍 틈으로 거울에 반사된 그림을 보다가 거울을 치우자 그림과 똑같은 세례당 건물이 눈앞에 나타났다. 브루넬레스키는 서로마 멸망 이후 사라진 원근법perspective을 되살렸다.

어릴 때 조각 공방에서 훈련을 받은 브루넬레스키는 24세 때 세례당 청동문 공모에서 떨어진 뒤 로마에서 3년 동안 고대 건축을 연구했다. 로마 건축물을 관찰하고 스케치하다가 원근법 원리를 터득했을 것이라고 학자들은 추정한다. 원근법은 3차원 공간을 2차원 평면에 표현하는 기하학·광학 기법이다. 브루넬레스키 원근법은 유클리드 기하학 원리에 의해 이론적으로 뒷받침되었다.

르네상스 예술은 과학이나 기술과 구분되지 않을 만큼 밀접하게 연결되어 있다. 예술가는 기하학과 광학, 해부학을 연구하는 과학자였다. 또 대리석과 금속, 나무를 다루고 기계를 만드는 장인이기도 했다. 브루넬레스키는 건축가이면서 수학자였다. 대성당 돔을 지을 때는 기중기를 직접 제작해 높은 작업장 위로 건축자재를 운반했다.

알베르티는《회화론》과《건축론》을 저술해 과학적 연구 방법으로 예술이론을 정립했고, 레오나르도 다빈치는 화가이자 건축가인 동시에 해부학자, 기계공학자, 발명가였다. 다빈치는 톱니바퀴gear 기술을 활용해 기계식 시계, 계산기, 거리계, 물레방아 펌프, 투석기, 기중기를 발명했다.

르네상스 시대 지식의 부활은 십자군 전쟁 이후 이슬람, 고대 그리스, 인도, 중국 지식의 유입과 대학 발전, 중세 기술 축적이 그 바탕이 되었다. 찰스 해스킨스는 15세기 르네상스가 갑작스럽게 돌출한 역사 단절이 아니라 '12세기 르네상스'의 연속선 위에 있다고 주장했다. 중세 시대부터 점진적으로 발전한 학문, 예술, 문화, 제도가 15세기 이탈리아 르네상스로 표출되었다는 주장이다.

중세를 대표하는 기술은 기계식 시계 기술이다. 시계 기술은 물레방아와 풍차의 회전 동력을 제어하는 톱니바퀴 기술에서 진화했다. 유럽 시계 기술은 11세기에 자동 물시계를 제작한 중국에 비해 늦었으나 14세기에 상당한 발전을 이루었다.

14세기에 걸쳐 기계식 시계는 서서히 유럽 전역에 확산되었고, 곧 소리로 정시를 알리는 장치가 장착되었다. 1335년 밀라노의 한 연대기에 따르면, 밀라노의 산 고타르도San Gottardo 교회에는 매우 커다란 추가 하루 24시간에 따라 24차례 종을 치는 시계가 있는데 밤 한 시에는 한 번, 두 시에는 두 번 쳐서 시각을 구분하며, 지위 고하를 막론하고 모든 이에게 큰 도움이 된다. _카를로 치폴라Carlo M. Cipolla, 《시계와 문명》

시계는 규칙적으로 생활하게 하고, 상업을 효율화하고, 상품 거래 속도를 빠르게 했다.

기계식 시계는 작은 부품들이 서로 맞물려 회전하는 작은 우주다. 시계는 자연과 인체의 움직임을 규칙적 시계 운동과 같다고 보는 기계적 세계관을 만들어 냈다.

기계적 세계관은 르네상스 과학 발전에 영향을 주고 과학혁명, 합리주의, 계몽주의로 퍼져 나간다.

학교 교육에서 시작된
르네상스

르네상스 기원은 교육에서도 찾을 수 있다. 13~14세기 이탈리아에서는 교회가 운영하는 성당 학교가 줄어들고 자치도시가 운영하는 공립학교와 사립학교가 늘어났다.

미국 역사학자 폴 그렌들러Paul Grendler에 따르면, 이탈리아 도시에는 시 정부가 세운 공립 라틴학교와 공립 셈법abbaco학교, 개인이 세운 독립학교 등의 세 종류 학교가 있었다. 라틴학교는 공무원, 셈법학교는 예비 상인을 양성했고, 독립학교는 문법과 수사학, 셈법을 가르쳤다.

피렌체는 어느 도시보다 교육열이 높았다.《연대기》의 작가 조반니 빌라니Giovanni Villani에 따르면, 1338년 피렌체 인구 10만 명 가운데 10분의 1이 학생이었다. 8,000~1만 명이 초등학교에 다니고, 중등 과정으로 6개 셈법학교에 1,000~1,200명, 4개 라틴학교에 550~600명의 학생이 재학했다. 이탈리아 학교는 종교교육에서 벗어나 실용교육으로 전환했고 인문학을 공부한 인문학자를 교사로 채용했다.

르네상스 운동은 일찍이 학교 교육에서 시작되었다고 할 수 있다.

좌절과 고통에서 태어난
《신곡》

"내 고향은 이 세상이다!"

부르크하르트는 가장 높은 단계의 개인주의는 어디에서든 독립적으로 살아가는 세계시민주의이고, 그 전형은 도시에서 쫓겨난 추방자에게서 발견할 수 있다고 말했다.

도시를 떠돌아다니는 추방자의 대표적 인물이 단테다. 그는 중세의 '컴컴하고 황량한 숲'에서 방황했다.

> 인생의 중반기에 올바른 길을 벗어난 내가 눈을 떴을 때는 컴컴한 숲속이었다. 그 가혹하고도 황량한, 준엄한 숲이 어떠했는지는 입에 담는 것조차도 괴롭고 생각만 해도 몸서리쳐진다. _단테,《신곡》,〈지옥편 1곡〉

숲에서 표범과 사자, 암이리에 쫓겨 골짜기로 달아나던 단테는 어둠 속에서 한 노인을 만난다. 로마 시인 베르길리우스다. 단테는 스승 베르길리우스의 안내로 지옥과 연옥을 순례하는 여행을 떠난다.

1265년 피렌체에서 태어나 정치가로 활약하던 단테는 37세 때 정치 분쟁에 휘말려 고향에서 추방된다. 《신곡》은 20년 동안 객지를 떠도는 좌절과 고통 속에서 탄생했다.

> 남의 빵이 얼마나 입에 쓴 것인지, 남의 집 층계의 오르내림이 얼마나 쓰라린 것인지를 너는 뼈저리게 깨닫게 되리라. _단테, 《신곡》, 〈천국편 17곡〉

단테는 지옥을 순례하다 땅 구덩이에 거꾸로 처박혀 벌을 받는 교황을 보았다. 성직매매로 지옥에 끌려온 니콜라오 3세Nicolaus III였다. 그에게 다가가 말을 걸어보니 단테를 추방한 보니파시오 8세Bonifacius VIII도 곧 그곳으로 올 것이라고 말한다. 《신곡》의 지옥 묘사는 교회 부패에 대한 통렬한 비판이다. 단테는 연옥 꼭대기에서 꿈에서도 그리던 첫사랑 베아트리체Beatrice를 만난다. 단테는 그녀와 함께 휘황찬란한 빛과 음악 소리 가득한 천국으로 들어간다.

《신곡》은 기독교 세계관이 바탕을 이루지만, 르네상스 정신의 특징이라 할 수 있는 이성과 사랑을 통해 구원에 이르는 길을 제시한다. 그리스·로마 철학과 기독교 사상, 단테의 체험을 아우른 《신곡》은 중세 최고 문학작품으로 평가된다. 단테가 시어로 쓴 토스카나 토속어는 현대 이탈리아어의 원형이 되었다.

어둠에서
빛의 시대로

르네상스 시대를 연 인문주의자 프란체스코 페트라르카Francesco Petrarca(1304~1374년)는 중세에 살면서 로마 시대를 그리워했다. 어릴 때 아버지를 따라 이탈리아에서 프랑스 아비뇽으로 이주한 페트라르카는 아버지가 원하던 법률 공부를 포기하고 로마 역사와 시에 빠져들었다. 그는 열정적으로 고전 문헌을 수집해 여러 점의 키케로 편지와 재판 변론, 역사서를 발굴했다. 33세 때 처음 방문한 로마는 그의 열정을 타오르게 했다. 페트라르카는 고대 유적을 돌아보다가 다리가 아프면 디오클레티아누스 대욕장 지붕 위에 올라가 폐허로 변한 로마 시가지를 내려다보았다.

정말 로마는 내가 상상했던 것보다 거대하고, 그 폐허도 거대하다. 나는 전 세계가 이 도시에 의해 정복되었다는 게 놀라운 것이 아니라 이렇게 늦게 정복당했다는 것이 놀랍다. _프란체스코 페트라르카, 〈콜론나Colonna 추기경에게 보내는 편지〉

페트라르카는 고대 라틴어 문헌을 수집해 해석하고 문체를 모방하려했다. 고대 문헌 연구자들은 자신들의 연구를 '스투디아 후마니타스studia humanitas', 인문학이라고 불렀다. 페트라르카는 로마 시대를 '빛의 시대', 자신의 시대를 '어둠과 짙은 우울에 싸인 시대'로 보았다. 페트라르카는 후손들에게 보내는 편지에서 '나는 언제나 이 시대를 좋아하지 않았다. 나는 언제나 다른 시대에 맞추려고 노력했다. 그래서 나는 역사 공부에서 희열을 느꼈다'고 토로했다. 르네상스에는 로마제국의 부활을 꿈꾸는 이탈리아 민족주의가 배어 있다.

《데카메론》, 인간을 그리다

보카치오는 있는 그대로의 현실을 문장에 담으려 했다. 그의 대표작《데카메론》은 흑사병으로 도시 전체가 묘지처럼 변해가는 절망적 피렌체를 배경으로 한다. 산타 마리아 노벨라 대성당에서 만난 7명의 젊은 부인과 3명의 젊은 남자는 죽은 사람을 애도하며 슬픔에 젖어 있다가는 삶이 비참해질 뿐이라며 교외 별장에 모여 즐거운 이야기를 나누기로 한다. 10명의 젊은 남녀는 열흘 동안 100편의 이야기를 풀어놓는다. 성직자와 귀족의 위선과 탐욕, 욕망에 들뜬 남녀의 애정 행각이 유쾌하게 전개된다.

문명사가 윌 듀런트Will Durant는 "최악의 재앙 속에서 보카치오는 아름다움, 유머, 선량함, 즐거움이 아직도 지상을 산책하고 있음을 볼 용기를 찾아냈다"고 평했다. 사회 세태를 적나라하게 풍자한《데카메론》은 음란하다는 이유로 교황청에 의해 금서로 지정되었다. 보카치오는 문학을 천상에서 땅으로 끌고 내려와 인간의 삶을 이야기했다.

르네상스,
천재들의 시대

르네상스 시대 혁신은 시각예술 분야에서 두드러진다. 예술과 과학이
결합해 자연스럽고 역동적인 회화, 조각, 건축이 탄생하고 종교에서 신화
와 현실 세계로 주제의 획기적 변화가 나타난다. 한 시기에 쏟아져나온 레
오나르도 다빈치, 미켈란젤로Michelangelo Buonarroti, 라파엘로Raffaello Sanzio 등
거장들의 창의성은 르네상스 예술을 화려하게 빛냈다.

회화

추상적이고, 경직되고, 기형적 형태의 중세 미
술은 조토 디본도네Giotto di Bondone에 의해 허물어지기 시작한다. 원근법
이 재발견되기 전이지만 조토는 자연적 인간을 재현하려 했다. 조토가
1304~1306년에 그린 〈애도The Lamentation〉를 보면, 그리스도의 죽음을 슬
퍼하는 사람들의 감정이 생생하게 전해진다. 두 팔로 아들의 시신을 부여

안고 슬퍼하는 성모 마리아 주위로 베일을 쓴 여인들은 엎드려 눈물을 흘리고, 뒤에 서 있는 제자들은 숙연하게 손을 모으고 있다.

보카치오는 조토의 사실적 그림을 보고 놀라움을 감추지 못했다.

"그의 붓으로 여러 가지 자연물은 그 자연물과 흡사하기보다, 보는 자의 시각이 잘못되지나 않았는가 하고 생각할 정도로 진짜로 보였던 것입니다."

마사초Masaccio는 1427년경 르네상스 화가로는 처음으로 원근법을 적용해 〈성 삼위일체〉를 그렸다. 예술평론가 바사리는 성당 벽에 그린 원통형 궁륭barrel vault 그림을 보고 "벽이 진짜 뚫린 것처럼 보인다"고 평했다. 마사초는 〈낙원의 추방〉에서 낙원에서 추방되는 아담과 이브의 수치심과 슬픔을 사실적으로 표현했다.

보티첼리는 최초의 누드화를 그려 이교주의와 세속주의 회화 시대를 열었다. 권력자와 부유층은 부와 권력을 과시하고 아름다움과 즐거움을 위해 초상화와 전쟁 그림, 누드화 등 세속적 그림을 주문했다. 영국 역사학자 피터 버크Peter Burke는 1420년대 5%에 불과했던 세속주의 회화 비중이 1520년대 20%로 높아졌다고 밝혔다.

종교화 비중이 여전히 높지만, 종교화에 등장하는 인물은 사실적으로 묘사되고 주문자 가족 얼굴이 삽입되어 세속화 경향을 강하게 보여준다.

레오나르도 다빈치

다빈치는 르네상스 회화에 정점을 찍었다. 다빈치는 다른 일에 마음을 빼앗겨 25점의 회화만을 남겼지만 모든 작품이 걸작으로 평가된다. 〈모나리자〉, 〈최후의 만찬〉, 〈암굴의 성모〉, 〈담비를 안고 있는 여인〉, 〈살바토르 문디〉가 대표작으로 꼽힌다.

보티첼리는 인물 윤곽에 선을 사용한 반면, 다빈치는 윤곽을 흐리게 하는 스푸마토sfumato 기법을 사용했다. 스푸마토는 이탈리아어 연기fumo에서 파생되었다. 옅은 안개가 낀 듯 인물의 윤곽을 부드럽게 처리해 자연스럽고 신비스러운 느낌을 나게 하는 기법이다.

다빈치는 광학과 해부학을 연구해 새로운 회화 기법을 창안했다. 그에게 예술과 과학은 경계가 없었다. 다빈치는 그림을 그리려면 "먼저 과학을 공부하고, 과학의 결과를 따르라"고 가르쳤다. 다빈치는 해부학을 전문적으로 연구해 30구 이상의 시신을 해부하고 인체 골격과 근육, 장기를 스케치북에 자세히 묘사했다. 그는 골격과 근육이 어떻게 움직이는지를 알아야 인체 형상을 자연에 가깝게 그릴 수 있다고 말했다. 이상적 인간의 비례를 그린 〈인체 비례도〉는 다빈치의 과학 정신을 상징한다.

다빈치는 인체 해부도를 포함해 토목공사, 기계, 발명품을 그린 1만 3,000장의 스케치와 드로잉을 남겼다. 건축 공사용 기중기, 전차, 비행 날개, 헬리콥터, 잠수함 등 당시 존재하지 않았던 발명품을 비밀 노트에 그렸다. 과학역사가들은 다빈치를 과학자, 기계공학자로 분류하는 데 주저하지 않는다.

비록 실패로 끝나긴 했어도 그의 위대한 시도였던 기계에 의한 비행은, 새에 대한 자세한 관찰과 모형제작, 계산, 실물 실험을 결합한 공학 연구의 걸작이었다. 그는 어떠한 용도에 쓰이는 기계라도 전부 다 발명할 수 있었고, 더욱이 어느 누구도 흉내 낼 수 없을 정도로 훌륭한 설계도를 그릴 수 있었다. _존 버널John Desmond Bernal, 《과학의 역사》

다빈치는 온갖 구상으로 가득 차 한 가지 일에 집중하지 못했다. 노년에 여러 도시를 떠돌던 다빈치는 프랑스 왕(프랑수아 1세)의 초청을 받고 생애 마지막 3년을 프랑스에서 보냈다. 다빈치는 프랑스로 가는 이삿짐 마차에 미완성 〈모자리자〉를 실었다. 그는 죽는 날까지 그림 위에 붓질을 거듭해 세계에서 가장 유명한 그림을 남겼다.

미켈란젤로

미켈란젤로는 고집이 세고 불같은 성격이었다. 교황 율리우스 2세Julius II가 바티칸 시스티나 성당 천장화를 그려달라고 부탁하자, 미켈란젤로는 자신은 조각가라서 그림을 그리지 않는다며 거절했다. 교황은 막무가내로 미켈란젤로를 고집했고, 미켈란젤로는 어쩔 수 없이 천장화 제작을 맡았다.

프레스코 그림은 처음 해보는 일이었고, 천장화를 그리려면 높은 비계 위에서 바닥에 누워 천장을 올려다보며 물감을 칠해야 했다. 미켈란젤로는 그림을 그리다 눈을 상하고, 목과 허리 통증에 시달렸다. 그는 초인적 에너지로 4년 만에 그림을 완성했다.

시스티나 성당 천장화 〈천지창조〉에는 343명의 인물상이 등장한다. 아담에게 신이 손가락으로 생명력을 불어넣는 순간을 묘사한 '아담의 창조'는 서양미술 최고 걸작의 하나로 평가된다. 예술사가 곰브리치는 "벽을 보다가 천장을 쳐다보면 우리는 완전히 다른 세계, 인간의 차원을 넘어선 세계를 보게 된다"고 극찬했다.

미켈란젤로는 60대 노년에 시스티나 성당 벽에 〈최후의 심판〉을 그렸다. 화면 속 인물은 화염이 이글거리는 듯 역동적으로 움직인다. 신의 선택을 받은 사람은 하늘로 올라가고 죄를 지은 사람은 지옥으로 떨어진다. 인물들은 거의 근육질 누드이고, 형상은 심하게 일그러졌다.

노년기 미켈란젤로의 그림은 고전적 인체 비례를 이탈해 '찌그러진 진주', 바로크baroque 시대를 예고했다.

라파엘로

라파엘로 그림은 그리스 조각처럼 단정하고 우아하다. 라파엘로의 성모상은 품위 있고 고상한 이상적 여성상을 표현한다. 젊은 라파엘로는 다빈치와 미켈란젤로의 영향을 받으며 성장했다. 평론가 바사리는 라파엘로가 달콤함과 자연스러움에서는 다빈치를 앞서지만, 사상의 숭고성이나 장엄한 예술성에서 다빈치를 앞설 수 없다고 평했다. 그리고 미켈란젤로와 비교해, 라파엘로는 미켈란젤로가 가진 최고 심판자 같은 완벽함을 가질 수 없다고 평했다. 모방으로 두 거장을 넘을 수 없다고 생각한 라파엘로는 자신만의 스타일을 모색했다.

〈아테네 학당〉은 고전적 아름다움을 표현한 라파엘로의 대표작이다. 이 그림은 그리스 철학자, 과학자 들이 흰 대리석 신전에 모여 토론을 벌이는 장면을 묘사했다. 플라톤은 손가락으로 하늘을 가리키고, 아리스토텔레스 손가락은 땅을 향한다. 학자들은 저마다 다른 표정과 다른 제스처를 취하지만 그림 구도는 정확한 원근법을 따르고 좌우균형을 이뤄 안정감을 보여준다.

베네치아 화가들은 색채와 빛을 중요하게 생각했다.

베첼리오 티치아노Vecellio Tiziano는 정확한 인체 비례보다 극적 운동감과 풍부한 색채로 강렬한 운동 에너지를 표현했다. 티치아노는 말을 탄 카를

5세, 교황 바오로 3세 초상화 등 유명 인사 초상화와 비너스, 바쿠스, 아도니스, 다나에 등 신화를 소재로 한 세속화를 많이 그렸다.

독일 뉘른베르크 출신 알브레히트 뒤러Albrecht Dürer는 이탈리아에 두 차례 유학하며 원근법, 해부학, 회화 기법을 공부했다. 뒤러는 르네상스 화가 최초로 자화상을 그렸고, 400여 점의 세밀한 판화를 제작했다. 그는 이탈리아 르네상스를 북유럽에 소개하고, 치밀하고 엄격한 독일 화풍을 융합해 북유럽 르네상스를 주도했다.

조각

르네상스 조각의 출발점은 1401년 피렌체 세례당 청동문이라 할 수 있다. 세례당 북문을 제작하는 공모에서 두 천재 로렌초 기베르티Lorenzo Ghiberti와 필리포 브루넬레스키는 명예를 걸고 치열하게 경쟁했다. 최종 제작자로 선정된 기베르티는 청동문 제작에 일생을 바쳤다. 그의 최고 걸작은 세례당 동문이다. 이 청동문은 기하학적 원근법으로 배경을 구성하고 인물을 밖으로 돌출시켜 입체감을 극대화했다. 미켈란젤로는 황금색으로 번쩍이는 세례당 동문을 보고 '천국의 문'이라고 극찬했다.

기베르티의 제자 도나텔로Donatello는 최초의 남성 누드 조각 〈다비드〉와 〈막달라 마리아〉, 〈가타멜라타 기마상〉을 제작했다.

미켈란젤로는 역사상 최고 조각가로 불린다. 14세 때 피렌체 저택에서 인문학과 그림, 조각을 공부한 미켈란젤로는 24세 때 현재 성 베드로 성당에 있는 걸작 〈피에타〉를 제작했다. 29세 때엔 거대한 대리석 돌덩어리를 쪼아 높이 4.1미터의 〈다비드〉를 완성했다. 다비드는 독재 권력에 맞서는 피렌체 공화국의 시민 정신을 상징한다. 예술사가 케네스 클라크는 〈다비드〉가 이상적 남성의 아름다움과 아폴론적 이념을 구현하면서도 갈비뼈와 근육의 잔물결은 다가올 폭풍을 예감한다고 평했다.

미켈란젤로는 해부학과 수학을 공부했지만 상상력을 더 중요하게 생각했다. 그는 돌 속에 인간 형상이 숨어 있다고 생각했다. 조각가가 할 일은 두뇌 지시에 따라 손으로 돌덩이를 깨뜨려 불필요한 껍데기를 제거하는 작업이다. 그는 대리석에 상상력을 불어넣어 테리빌리타terribilita(공포스러운 아름다움) 미학을 창조했다. 머리에 뿔이 난 〈모세상〉에서 풍기는 공포감이 테리빌리타다.

70대 들어 미켈란젤로는 자신의 묘지에 세울 〈피렌체 피에타〉를 제작했다. 십자가에서 내려진 그리스도의 머리는 옆으로 젖혀지고 허리와 다리는 심하게 뒤틀려 있다. 그리스도를 뒤에서 부둥켜안고 있는 비감한 표정의 늙은 니고데모Nicodemos는 미켈란젤로 자신이다.

미켈란젤로는 신의 형상을 재창조하는 조각을 최고 예술이라고 생각했다. 사람들은 손으로 인간 형상을 창조하는 미켈란젤로를 '일 디비노 Il Divino(신과 같은 사람)'라고 불렀다. 예술평론가 헨드릭 빌렘 반 룬Hendrik Willem van Loon은 《예술사 이야기》에서 "보통 사람에게 해당되는 '위대함'이니 '완전함'이니 '탁월함'이니 하는 용어는 미켈란젤로 앞에서 갑자기 마력을 잃는다"고 평했다.

건축

1436년에 완공한 피렌체 대성당Santa Maria del Fiore 돔 공사는 피렌체 부와 기술이 집약된 기념비적 건축 사업이었다. 높이

55미터의 성당 구조물 위에 높이 46미터 둥근 지붕을 올리려면 고도의 건축 기술이 필요했다. 돔이 너무 높아 비계를 설치할 수도 없었다.

브루넬레스키는 돔 안쪽에 내벽을 설치하고 바깥에 둥근 외벽을 둘러 문제를 해결했다. 돔 건축에는 벽돌 400만 장, 2만 5,000톤의 자재가 투입되었다. 바닥에서 돔 중앙까지 높이가 91미터로, 하기야 소피아 성당 돔 53미터의 1.7배에 이른다.

피렌체 대성당 돔은 1626년 높이 119미터의 성 바오로 성당 돔이 완성되기 전까지 190년 동안 세계에서 가장 높은 돔 건축물이었다.

1414년에 재발견된 로마 시대 비트루비우스Vitruvius의 《건축서》는 르네상스 건축가들에게 중요한 지침서가 되었다. 알베르티는 산타 마리아 노벨라 성당 파사드를 설계했고 미켈레초Michelezzo는 성벽처럼 울퉁불퉁한 건물 위에 처마 지붕을 올린 메디치 저택을 건축했다.

근대 사상의
출현

신플라톤주의는 르네상스 시대를 대표하는 철학 사상이다. 신플라톤주의 철학자 마르실리오 피치노는 메디치 가문이 세운 플라톤 아카데미를 맡아 플라톤 저서를 번역하고 르네상스 예술을 철학적으로 뒷받침했다.

인문학자 포지오 브라치올리니Poggio Braccriolini는 1417년 남부 독일 한 수도원에서 에피쿠로스학파 철학자 루크레티우스가 쓴 《사물의 본성에 관하여》 필사본을 찾아내 세상에 공개했다. 《사물의 본성에 관하여》는 물질주의, 무신론, 쾌락주의 같은 반기독교 위험 사상을 담고 있었다.

루크레티우스 철학은 보티첼리, 마키아벨리, 갈릴레이, 몽테뉴, 마르크스, 다윈, 아인슈타인 등 많은 예술가와 사상가, 과학자에게 영향을 주었다는 평가를 받는다. 하버드대 교수 스티븐 그린블랫은《사물의 본성에 관하여》를 찾아낸 1417년에 근대가 탄생했다고 주장했다.

- 사물은 눈에 보이지 않는 작은 입자들로 만들어진다.
- 우주에는 창조자도 설계자도 없다.
- 사후 세계는 없다.
- 인생의 최고 목표는 쾌락의 증진과 고통의 경감이다.

_스티븐 그린블랫,《1417년, 근대의 탄생》

로렌초 발라Lorenzo Valla는 금욕적 스토아철학보다 에피쿠로스의 쾌락주의 철학이 더 낫다는 대담한 주장을 폈다. 발라는 사람들이 덕 있는 행동을 찬양하고, 명예를 추구하는 것은 그것이 즐거움을 주기 때문이라고 주장했다. 발라는 1440년 '콘스탄티누스 기증장Donation of Constantine'이 위조라는 사실을 밝혀내 큰 파문을 일으켰다. 315~317년에 작성했다는 기증장에는 콘스탄티노플 총대주교 직위가 쓰여 있으나 당시에는 콘스탄티노플 총대주교는 존재하지 않았다. 발라의 폭로는 교황권 우위를 주장해온 교회 권위에 심각한 타격을 주었다.

근대 정치학의 아버지,
악의 교사

'꽃의 도시' 피렌체와 마키아벨리는 어울리지 않

는 듯이 보인다. 하지만 마키아벨리 사상은 인간을 '있는 그대로' 보려는 휴머니즘의 산물이다. 현실주의 정치철학을 주장한 마키아벨리는 '악의 교사', '사악한 천재'라는 부정적 평가와 함께 근대 정치학을 창시한 사상가라는 상반된 평가를 받는다.

《군주론》은 피렌체가 처한 위기 상황에서 나왔다. 피렌체는 1492년 프랑스 침공 이후 공화정으로 바뀌었다가 1512년 스페인 군대 개입으로 메디치 가문 왕정이 복원되었다. 공화국 제2 서기로 일하던 마키아벨리는 반역 혐의로 체포되었다. 감옥에서 풀려난 마키아벨리는 시골 농장에 은둔했다. 아침에는 숲을 거닐고 오후에는 선술집에서 마을 사람과 어울리다 저녁이면 서재에 들어가 책을 읽고 글을 썼다.

문 앞에서 진흙과 먼지투성이의 옷을 벗고 궁정에서 입는 깔끔한 옷으로 갈아입네. 이렇게 어울리는 복장으로 갈아입고 나는 옛 선인들의 낡은 궁정으로 향하지…. 이곳에서 나는 그들과 대화하며 그들이 왜 그렇게 행동했는지 그 이유를 묻는 것을 주저하지 않는다네…. 나의 빈곤함도, 죽음도 두렵지가 않아. 나는 이렇게 옛 선조들에게 내 자신을 완전히 맡기지.
_〈마키아벨리가 프란체스코 베토리Francesco Vettori에게 쓴 편지〉

1513년 《군주론》을 완성한 마키아벨리는 이 책을 피렌체 군주 로렌초 데 메디치Lorenzo de' Medici에게 헌정했다. 마키아벨리는 군주가 권력을 장악하려면, 사자의 폭력과 여우의 지혜를 가져야 한다고 말한다.

군주는 짐승처럼 행동하는 법을 알아야 하기 때문에 여우와 사자를 모범으로 삼아야 한다. 사자는 함정에 빠지기 쉬운 데 반해 여우는 늑대를 물리칠 수 없기 때문이다. 결국 함정을 알아차리기 위해서는 여우가 될 필요가 있으며, 늑대를 물리치려면 사자가 될 필요가 있다. _마키아벨리,《군주론 제18장》

마키아벨리는 인간이 본성적으로 악하다고 보았다.

인간은 흔히 배은망덕하고 변덕스러우며, 사기꾼에다가 위선자이며, 위험을 피하려 하고, 이익에 혈안이 되어 있다고 말할 수 있다. _마키아벨리,《군주론 제17장》

마키아벨리는 항상 부도덕하게 행동하라는 것이 아니라 '네체시타 necessità'라는 전제를 달았다. 네체시타는 권력과 국가 유지를 위해 꼭 필요한 경우를 말한다.

군주는 자신의 권력을 유지하기 위해서라면 대개 신뢰를 저버리고, 무자비하고, 몰인정하게 행동하며, 종교의 가르침을 무시할 수밖에 없다. _마키아벨리,《군주론 제18장》

마키아벨리는 야심만만하고 냉혹한 체사레 보르자Cesare Borgia를 위대한 군주의 전형으로 보았다. 교황 알렉산더 6세의 큰아들로 21세에 교황군 지휘를 맡은 체사레는 폭력과 권모술수로 이탈리아 중부 도시들을 차례로 정복했다. 점령 도시에서 혼란이 계속되자 체사레는 '잔인하고 정력적인' 심복을 보내 소요를 진압했다. 시민들의 증오심이 높아지자 그는 심복을 두 조각내어 광장에 내다 버렸다. 시민들은 만족해하면서도 두려움에 떨었다.

마키아벨리는 그의 고향에서 환영받지 못했다. 메디치 군주 로렌초는 마키아벨리를 외면했다. 교황청은 1559년 《군주론》을 '악마의 책'이라며 금서로 지정했다. 하지만 금서로 지정되기 전 《군주론》은 15개 판형으로 제작되어 유럽 전역으로 퍼져 나갔다. 16~18세기 절대군주 시대, 마키아벨리 사상은 국익을 우선하는 국가이성Raison d'État으로 발전해 현실 정치에 큰 영향을 미쳤다.

마키아벨리는 정치를 도덕에서 분리해 정치학을 과학 영역에 올려놓았다. 그는 상상 속의 공화국이나 군주국이 아니라 현실 세계의 실효적 진실effectual truth을 탐구했다. 독일 철학자 에른스트 카시러Ernst Cassirer는 마키아벨리를 갈릴레이에 견줄 만한 과학자라고 평가했다. "갈릴레이가 근대과학의 기초를 세웠듯이, 마키아벨리는 정치과학의 새로운 길을 닦았다." 오스트레일리아 정치학자 미구엘 배터Miguel Vatter는 "근대 정치사상 영향력 면에서 《군주론》에 견줄 수 있는 저서는 마르크스 《공산당 선언》을 제외하고는 없을 것이다"라고 말했다.

마키아벨리가 역사와 현실에서 찾아낸 권력의 요체는 법과 군사력이고, 그중에서도 핵심은 군사력이다. '국가의 폭력 독점'은 국가를 구성하는 필수 요소다. 마키아벨리는 '폭력', '힘'의 중요성을 꿰뚫어 보고 있었다.

비르투,
운명에 맞서라

군사력이 하드웨어라면 군주의 비르투virtú는 소프트웨어다. 남성에서 유래한 비르투는《군주론》에서는 군주의 자질이나 정치적 역량을 뜻한다. 군주 앞을 가로막는 정치적 환경은 운명의 여신 포르투나Fortuna다. 포르투나는 사나운 강물 같아 분노하면 평야와 건물을 집어삼킨다. 지혜를 발휘하면 운명의 절반은 극복할 수 있지만 나머지 절반은 통제가 불가능하다.

마키아벨리는 과감하게 도전하라고 말한다.

나는 신중한 것보다는 과감한 것이 더 낫다고 확실히 믿는다. 운명은 여성이기 때문에 군주가 여성을 지배하고자 한다면, 거칠게 다루는 것이 필요하기 때문이다. _마키아벨리,《군주론 제25장》

마키아벨리는 관조적 삶보다 운명에 맞서 도전하고 투쟁하는 '활동적 삶vita activa'을 이상적 인간형으로 보았다.

마키아벨리는 이탈리아 통일을 열망했다. 그는 조국 이탈리아가 프랑스, 스페인, 독일의 가혹한 억압을 받는 현실에 분노했다. 모세, 키루스, 로물루스, 테세우스처럼 위대한 군주가 나타나 이탈리아를 통일해주기를 염원했다.

마키아벨리가 생각하는 정치의 최종 목표는 영광gloria과 시민 이익good to the people이다. 영광은 권력과 명예를 합한 개념이다. 마키아벨리는《군주론》에서 군주제를 옹호했지만, 최선의 정체는 영광과 부를 추구한 로마 공화정 체제로 보았다. 공화정 때 로마는 제국을 확대했고 시민의 부가 늘어났다. 원정에서 대승을 거둔 장군은 개선의 영광을 누렸고 보물을 실은 황금 마차가 그의 뒤를 따랐다.

미국 국제정치학자 마이클 도일Michael Doyle은 마키아벨리 사상을 자유주의적 제국주의Liberal Imperialism라고 평가했다.

마키아벨리는 공화국이 평화주의적이지 않을 뿐 아니라 제국주의 팽창을 위한 최고의 국가형태라고 주장했다. 제국주의 팽창에 적합한 공화국을 세우는 것이 무엇보다 국가의 생존을 보장하는 최선의 길이다. _마이크 도일, 〈자유주의와 세계 정치Liberalism and World Politics〉

마키아벨리 사상은 근대국가, 절대왕정, 현실주의 정치realpolitik, 제국주의와 맥이 닿아 있다. 무력과 권력, 영광을 숭배하는 마키아벨리 사상은 근대 정치에 지워지지 않는 유산을 남겼다. 미국 정치학자 레오 스트라우스Leo Strauss는 마키아벨리를 '악의 교사'라 칭했다.

마키아벨리를 굳이 애국자라거나 과학자라고 마지못해 인정하더라도, 그가 '악의 교사'임을 반드시 부인할 필요는 없다. 애국주의로 이해된 마키아벨리의 사상은 집단적 이기주의다. 조국을 위해서는 선악을 구별할 필요가 없다는 태도는 자기 자신의 편의 또는 영광을 위해 선이든 악이든 개의치 않는 것보다는 반감을 덜 산다. _레오 스트라우스, 《마키아벨리》

마키아벨리의 현실주의는 시민적 휴머니즘civic humanism의 대척점에 서 있다. 키케로는《의무론》에서 "선행을 행하고 호의를 베푸는 것보다 인간 본성에 더 적합한 것은 없다"고 말했다. 르네상스 인문학자 레오나르도 브루니Leonardo Bruni는 피렌체 공화국에는 정의와 자유가 모든 제도와 법률에 반영되어 있다고 찬양했다.

정치학자들은 시민적 휴머니즘은 이상일 뿐 현실은 아니라고 지적한다.

> 브루니는 공화정의 이상형을 그려 내기는 했으나 이러한 그림은 당시 피렌체 정치의 현실적 모습을 정확히 재현하는 것이라기보다는 이상형을 바탕으로 화합과 단결을 호소하는 현실 정치적 목적도 지녔던 것으로 언급된다. _박상섭,《국가와 폭력》

많은 사람들이 마키아벨리 이론을 사악하다고 비판하지만 정치 현실은 그의 이론과 크게 어긋나지 않는다. 현실은 도덕과 덕성이 지배하는 유토피아가 아니라 폭력과 기만, 부도덕이 난무하는 혼란한 세계라는 사실을 마키아벨리는 이야기하고 있다.

천재의 시대

르네상스는 천재의 시대였다.

단테, 페트라르카, 보카치오, 다빈치, 미켈란젤로, 라파엘로, 브루넬레스키, 마키아벨리 등 수많은 천재들이 탄생했다. 헝가리 출신 독일 역사학자 아르놀트 하우저Arnold Hauser는 르네상스 예술에서 근본적으로 새로운 요소는 천재 개념의 발견이라고 보았다.

천재가 신의 선물이며 선천적이고 독특한 개인의 창조력이라는 생각, 천재가 허용될 뿐 아니라 천재가 반드시 따라야 하는 개성적이고 예외적 법칙의 가르침, 천재 예술가의 개성과 의지의 정당성, 이 모든 사상 흐름이 르네상스 사회에서 처음 출현했다. _아르놀트 하우저,《문학과 예술의 사회사Social History of Art》

천재는 개인의 자유와 개성을 존중하는 환경에서 탄생한다. 르네상스 예술가와 사상가 들은 중세 권위주의에서 풀려나면서 창의적이고 역동적인 작품을 세상에 내놓았다. 르네상스 문화는 인간 창의성을 극대화한 자유정신의 산물이라 할 수 있다.

과학혁명을 예비한
르네상스

피렌체 천문학자 토스카넬리Paolo Toscanelli는 1475년 대성당 돔 남쪽에 조그만 창을 뚫고 태양 광선이 성당 바닥에 작은 점으로 표시되도록 했다. 하지 정오에 바닥 중앙에서 가장 가까운 지점에 햇빛이 쏟아졌다. 토스카넬리는 이 실험을 통해 태양 고도를 측정하고, 달력 오차를 수정했다. 토스카넬리의 과학적 성과는 대서양, 카타이Cathay(중국), 지팡구(일본)가 표시된 세계지도를 제작하는 데까지 나아갔다. 그는 지구가 둥글기 때문에 서쪽으로 가면 아시아로 갈 수 있다고 말했다.

콜럼버스는 토스카넬리에게 여러 차례 편지로 간청해 지도를 손에 넣었다. 이 지도는 콜럼버스 가슴에 아시아 항해에 대한 확신을 심어 주었다.

독일 출신 천재 수학자 레기오몬타누스Regiomontanus는 1474년, 향후

30년간 해와 달의 움직임을 예측한《천문력Ephimerides》을 펴냈다. 레기오 몬타누스는 1504년 2월 29일 완전 월식月蝕이 일어날 것이라고 예측했다. 그 무렵 콜럼버스는 4차 항해 중 자메이카에서 식량이 떨어져 곤란을 겪고 있었다. 콜럼버스는《천문력》을 보고 원주민들에게 신의 노여움으로 달이 사라질 것이라고 예언가 행세를 했다. 현지 날짜로 3월 1일 밤 보름 달이 붉게 변하더니 월식이 일어났다. 원주민들은 콜럼버스 일행을 신의 사자로 대접했다.

레기오몬타누스는 프톨레마이오스의《알마게스트Almagest》를 라틴어로 번역한《요약Epitome》을 출판했다. 그는 프톨레마이오스 천동설이 성립하려면 달이 주기적으로 4배로 커져야 한다며 의문을 제기했다. 코페르니쿠스는 레기오몬타누스의《요약》을 보고 천문학을 공부했고 그의 제자 노바라Domenico Novara로부터 천체 관측술을 배웠다.

르네상스 과학과 콜럼버스 항해, 코페르니쿠스 지동설은 서로 연결되어 있다.

미국 과학역사가 조지 사튼George Sarton은 르네상스 학문이 장식에 치우쳤다며 그리스와 아랍으로부터 과학이 유입된 중세보다 과학이 빈약하다고 비판했다. 린 손다이크Lynn Thorndike는 르네상스Renaissace가 재탄생이 아니라 '프리네상스Prenaissance(탄생 전)'라고 꼬집었다. 역사학자 마리 보아스 홀Marie Boas Hall은 선배 학자의 주장을 반박했다. 홀은《과학 르네상스Scientific Renaissance》에서 15세기에 시작된 학문의 르네상스Renaissance of Learning가 과학적 사고와 방법에 혁신을 가져와 과학혁명을 탄생시켰다고 강조했다.

르네상스가 과학혁명의 직접 원인은 아니지만 과학혁명을 준비한 기간

임에는 틀림없어 보인다.

구텐베르크 혁명

독일 마인츠에서 금세공업자 아들로 태어난 요하
네스 구텐베르크Johannes Gutenberg는 젊은 시절 스트라스부르에서 사업을
하다가 인쇄 사업에 눈을 떴다. 그는 고향에 돌아와 1455년 인쇄소를 열
었다. 세계에서 가장 오래된 금속활자본 '직지直指'보다 78년 늦은 시기다.
구텐베르크는 포도주 압착기와 비슷한 기계에 금속활자를 올려놓고 성경
과 독일 시집, 교회 문서, 면죄부, 라틴 문법책을 인쇄했다. 성경 한 권 가격
은 30플로린으로, 사무원 3년 치 연봉에 해당했다. 수도원에서 필사해 성
직자만 가지고 있던 성경을 일반인도 읽고 해석할 수 있게 되었다.

구텐베르크 인쇄기는 유럽에 인쇄 열풍을 일으켰다. 인쇄소가 늘어나면
서 싼값에 많은 책이 제작되었다. 단테, 페트라르카, 보카치오의 문학작품
과 아우구스티누스의 《신국론》, 《이솝 우화》, 프톨레마이오스의 《지리학
Geographia》, 각종 기행문 등이 출판되었다.

미국 역사학자 조나단 데일리Jonathan Daly에 따르면, 1480년까지 이탈리
아에서만 3만 종류, 2,000만 권 이상의 책이 출판되었다. 1501년까지 유
럽 260개 도시에 1,120개의 인쇄소가 문을 열었다.

책의 대량 보급으로 대중의 문자 해독률이 높아지고 지식과 사상이 빠
르게 전파되었다. 마르틴 루터의 종교개혁 운동도 인쇄 혁명에 의해 가능
했다. 구텐베르크의 금속활자 발명은 유럽의 지적 수준을 높이고 사상을
변화시킨 지적 혁명이었다.

르네상스는 새로운 사상과 문화가 형성되는 창조와 파괴의 과정이었다. 인간을 중심에 놓은 휴머니즘과 사실주의, 세속주의는 중세의 경직성과 왜곡을 걷어 냈다. 자연스러우면서도 창의적인 르네상스 예술은 유럽 예술 최고봉으로 평가받는다.

르네상스 시대에 등장한 과학적 사고와 새로운 세계지도, 도전 정신은 콜럼버스 항해와 과학혁명을 예고했다. 믿음과 사실, 정치와 종교의 분리, 지식 확산은 종교개혁으로 이어진다.

이탈리아에서 시작된 르네상스 운동은 알프스를 넘어 북유럽, 프랑스, 잉글랜드로 번져 나가면서 유럽 정신과 물질문화에 중대한 변화를 일으키게 된다.

제6장

서양의 역사_ 대항해 시대

유럽의 팽창과 자본주의

콜럼버스,
세계 역사를 바꾸다

1492년 8월 3일 이른 아침, 흰 돛에 붉은 십자가를 단 3척의 배가 세비아 외곽 팔로스Palos 항구를 떠났다. 산타 마리아Sanata Maria, 핀타Pinta, 니냐Niná라는 3척의 배에는 이탈리아 출신 선장 콜럼버스Christopher Columbus와 88명의 선원이 타고 있었다. 기함 산타 마리아호는 150톤 규모의 중형 카라크carrack선이고, 핀타호는 60~70톤, 니냐호는 50~60톤의 작은 카라벨caravel선이었다.

아무도
시도한 적 없는 도박

콜럼버스는 지도 몇 장과 해양관측 장비만 가지고 아시아로 가겠다며 바다에 뛰어들었다. 그야말로 아무도 시도한 적 없는 도박이었다.

콜럼버스는 1451년 제노바에서 직물업자의 아들로 태어났다. 콜럼버스 아들이 쓴 전기에 따르면, 콜럼버스가 이탈리아 파비아대에서 천문학과 지리학을 공부했다고 되어 있지만 근거가 확실치 않다. 콜럼버스는 스페인 왕실에 자신이 23년 동안 바다에서 살았다고 밝혔다. 이러한 사실로 미루어 볼 때 콜럼버스는 10대 후반부터 선원 생활을 한 것으로 추측된다.

콜럼버스는 25세 때인 1476년 제노바 상선을 타고 포르투갈 상 비센테San Vicente 앞바다를 항해하다 프랑스 해적의 공격을 받고 구사일생으로 살아나 해안에 상륙했다. 포르투갈에 정착한 콜럼버스는 이듬해 잉글랜드와 아일랜드, 아이슬란드까지 항해했고 마데이라Madeira 총독 딸 펠리파 팔라스렐리Felipa Palasrelli와 결혼했다. 마데이라는 포르투갈 해안에서 서남쪽으로 870킬로미터 떨어진 대서양의 작은 섬이다. 포르투갈인들이 1425년부터 이 섬에서 사탕수수를 재배해 설탕 산지로 유명했다. 콜럼버스는 마데이라와 아프리카 해안을 오가며 흑인 노예를 구해 오고, 유럽 항구로 설탕을 운송했다. 콜럼버스는 이 시기에 플랜테이션 농업에 눈을 떴고, 대양을 항해하겠다는 야망을 품은 것으로 보인다.

콜럼버스는 마르코 폴로의 《동방견문록The Travels of Marco Polo》과 프톨레마이오스의 수리 천문서 《알마게스트》, 프랑스 추기경 피에르 다이Pierre d'Ailly가 쓴 《이마고 문디Imago Mundi》, 교황 비오 2세Pius II가 추기경 시절에 쓴 지리책 등을 탐독했다. 콜럼버스는 피렌체 천문학자 토스카넬리에게 간청해 1481년 포르투갈 왕 알폰소 5세Alfonso V에게 보낸 세계지도 사본을 구했다.

콜럼버스는 포르투갈 왕 후앙 2세Juan II와 스페인의 이사벨Isabel 여왕에게 대서양을 건너 아시아로 가는 구상을 설명하고 후원을 요청했으나 모두 거절당했다.

1492년 1월 2일, 그라나다를 탈환한 스페인은 축제 분위기에 싸여 있었다. 콜럼버스는 1월 12일 그라나다 산타페에서 이사벨 여왕을 다시 알현했다. 콜럼버스는 이사벨 여왕 앞에서 항해 계획을 다시 설명하고, 새로운 땅을 발견하면 그 땅에서 얻는 이익의 10분 1과 총독직을 달라고 요구했다. 이사벨 여왕은 콜럼버스의 제안을 거부했다. 또다시 좌절한 콜럼버스는 당나귀를 타고 쓸쓸하게 왕궁을 떠났다. 짐을 꾸려 코르도바로 가는 길에 병사들이 황급히 쫓아와 여왕의 명을 전했다.

"왕궁으로 돌아오라!"

아라곤 재무 책임자 산탄젤Santangel의 설득이 여왕을 움직였다. 산탄젤은 실패한다 해도 잃을 것이 많지 않고, 성공한다면 스페인의 부와 영광을 높이고 기독교를 전파하는 위업을 이루게 될 것이라고 조언했다. 마음이 돌아선 이사벨 여왕은 보석까지 맡기며 콜럼버스를 후원했다.

이탈리아 경제학자 조반니 아리기Giovanni Arrighi는 이사벨 여왕을 가장 성공적인 사업가이자 새로운 십자군 지도자라고 평했다. 스페인 영토 확장은 '종교적 광신religious fanaticism과 정치적 모험가 정신political entrepreneurship의 결합'이라고 정의했다.

황금을 찾아라

카나리아제도에서 배를 정비한 콜럼버스는 9월 6일 본격적인 대서양 항해에 나섰다. 대서양으로 나가자 사방으로 수평선만 보이는 망망대해였다. 한 달 넘게 육지가 나오지 않자 선원들은 불평을 늘어놓기 시작했다. 콜럼버스는 항해 거리를 축소해 기록하고, 선원들의 불만을 달래며 항해를 계속했다.

10월 12일 항해 37일 만에 콜럼버스는 '어떤 섬'에 상륙했다.

해안가에 상륙했다. 나무들이 짙푸르고 물도 풍부하고 다양한 종류의 과
일이 있었다. 잠시 후, 섬사람들이 우리 주위로 몰려들었다. 나는 그들 중
몇 사람에게 챙 없는 붉은색 모자, 목걸이를 만들 수 있는 유리구슬, 조금
값어치가 있는 몇 가지 물건들을 주었다. 그러자 그들은 믿을 수 없을 정
도로 기뻐하면서 열정적으로 우리를 환영했다. 내가 보기에 그들은 모든
면에서 대단히 가난한 것 같았다. 그들은 모두 다 태어날 때부터 지금까지
죽 벌거벗은 채로 살았다. _《콜럼버스 항해록》

콜럼버스는 이 섬 이름을 산살바도르San Salvador (구세주)라고 명명했다.
그는 바하마제도와 에스파뇰라섬, 쿠바섬에 차례로 상륙해 주변 지리 환
경과 원주민의 생활상을 자세히 관찰했다. 섬은 과일과 농산물이 풍부하
고, 원주민은 원시적 무기만 갖고 있을 뿐 욕심이 없는 순진한 사람들이었
다. 콜럼버스는 자신이 인도에 도착한 것으로 착각하고 원주민을 인디언
Indian이라고 불렀다.

콜럼버스가 애타게 찾은 것은 황금과 향료였다.《콜럼버스 항해록》에는
금이라는 단어가 65번 이상 등장한다. 콜럼버스는 쿠바섬에 황금으로 몸
을 치장한 추장이 살고 있다는 원주민 이야기를 듣고 이 섬이 지팡구라 생
각했다. 마르코 폴로는《동방견문록》에서 지팡구에는 금이 많이 나 궁전
지붕이 모두 금판으로 덮여 있고, 방의 천장과 창문, 탁자, 궁전의 디딤돌
도 황금으로 되어 있다고 말했다. 콜럼버스는 쿠바섬을 샅샅이 뒤졌지만

소량의 금밖에 얻지 못했다.

콜럼버스가 착각한 원인은 계산 착오였다. 천문학자 토스카넬리는 카나리아제도에서 중국 킨사이Quinsai(항주)까지의 거리를 9,250킬로미터(5,000노티컬 마일), 카나리아제도에서 지팡구 거리를 5,550킬로미터(3,000노티컬 마일)로 실제보다 훨씬 가깝게 추정했다. 콜럼버스는 여기에 또 하나의 계산 착오를 추가했다. 노티컬 마일nautical mile(1,850미터)을 이탈리안 마일Italian mile(1,480미터)로 축소해 계산했다. 결론적으로 콜럼버스는 카나리아에서 지팡구까지 거리를 4,440킬로미터로 생각했다. 카나리아에서 일본까지는 직선 거리로 1만 7,800킬로미터이므로, 4배 차이가 난다. 콜럼버스 선단이 가진 식량과 장비로는 갈 수 없는 거리였다.

콜럼버스는 카나리아제도에서 서쪽으로 약 5,850킬로미터를 항해하다가 우연히 아메리카 대륙에 딸린 섬에 상륙했다. 그러니까 신대륙 도착은 무지와 착오에 의한 우연이었다. 콜럼버스가 실제 거리를 알았더라면 항해를 시작하지도 못했을 것이고, 아메리카 대륙이 없었다면 바다 한가운데에서 불귀의 객이 되었을지 모를 일이다. 그렇다고 신대륙 발견을 순전히 우연이나 행운이라 보기만도 어렵다. 당시 유럽은 상당한 과학 지식과 항해 기술을 축적하고 있었다. 콜럼버스는 황금을 찾으려는 강한 욕망이 있었기에 항해를 떠날 수 있었고, 행운을 만날 수 있었다.

발견의
다른 의미

콜럼버스는 신대륙에 처음 발을 디딘 유럽인으로 기록된다. 바이킹 레이프 에릭슨Leif Erikson이 1000년경 북아메리카에 상류했으나 기록을 남기지 못했다.

그렇다면 콜럼버스의 신대륙 상륙을 '신대륙 발견'이라 할 수 있을까? 아메리카에 사람이 살고 있었기 때문에 발견이 아니라 도착이나 우연한 만남이라는 표현이 더 적절할 것이다. 하지만 콜럼버스가 이야기하는 '발견discovery'은 사전적 의미의 발견이 아니다. 《콜럼버스 항해록》을 보면 그 의미를 이해할 수 있다.

> 육지에 오른 이들은 선대의 서기관인 로드리고 데 에스코베도, 그리고 로드리고 사네스 데 세고비아 등이었다. 나는 그들에게 모두가 있는 자리에서 우리의 주군이신 국왕 및 여왕 폐하를 위해 이 섬을 점유possess했다는 사실을 입증하는 유일한 증인이 되어 달라고 요청했다. 필요한 몇 가지 선언들을 발표한 후, 보다 상세히 기록한 문서를 남기도록 했다. _《콜럼버스 항해록》

콜럼버스는 점유라는 표현을 사용했다. 콜럼버스는 무슨 권리로 처음 보는 곳에 와서 점유를 선언하는가? 일방적 점유 선언은 토지 강탈이다. 그 배경에는 유럽인의 일방적 사고가 자리 잡고 있다.

교황 니콜라스 5세는 1452년 교황 칙서 〈둠 디베르사스Dum Diversas〉를 발표했다. 이 칙서는 포르투갈 국왕 알폰소 5세에게 서아프리카에서 사라센과 이교도를 정복하고 노예로 삼을 수 있는 권리를 준다고 명시했다. 아프리카 식민지 사업에 십자군 전쟁 논리를 적용했다. 스페인 출신 교황 알렉산더 6세는 1493년 스페인 왕에게 대서양 서쪽 땅을 점령하고 통치할 수 있는 독점적 권한을 주었다.

우리는 어떤 계급이든지, 황실이나 왕실이나, 어떤 지위이든, 모든 사람이 (스페인의) 특별한 허가 없이 무역의 목적이나 그 밖의 다른 이유로든지 이미 발견된 지역이든, 미래에 발견될 지역이든 아조레스Azores 군도와 베르데곶 Cape Verde으로부터 서쪽 100리그league(400해리) 서쪽의 섬이나 본토로 가는 것을 금지한다. _알렉산더 6세 교황 칙서, 〈인테르 카에테라Inter Caetera〉

유럽인에게 이방인 땅 발견은 곧 소유였다. 이것이 이른바 '발견주의 원칙Doctrine of Discovery'이다. 교황 칙서는 1494년 스페인과 포르투갈 사이 '토르데시야스 조약Treaty of Tordesillas'으로 발전한다. 이 조약은 베르데제도 서쪽으로 370리그 떨어진 지점에 남북으로 선을 긋고 서쪽은 스페인, 동쪽은 포르투갈이 점유한다고 선언했다.

발견주의는 제국주의 원칙이다. 발견주의는 힘이 약한 민족에만 적용되었다. 유럽인은 16세기에 인도와 중국에 발을 디뎠지만 발견주의 원칙을 적용할 수 없었다. 무력을 가진 국가가 존재했기 때문이다. 유럽은 무력을 키운 뒤 인도와 중국을 차례로 침략한다.

콜럼버스가 도착한 아메리카는 전 세계 육지 면적의 28%에 이르는 거대한 대륙이었다. 애덤 스미스는 이 발견이 역사를 바꿨다고 말했다.

아메리카의 발견과 희망봉을 거쳐서 동인도로 가는 항로를 발견한 것은 인류 역사에 기록된 가장 크고 가장 중요한 두 가지 사건이었다. 그 여러 가지 결과는 지금까지 이미 매우 컸지만, 그런 발견 이래의 2, 3세기라는 짧은 기간으로는, 양자의 결과의 모든 범위를 아는 것은 불가능했다. _애덤 스미스, 《국부론》

미국 역사학자 케네스 포메란츠Kenneth Pomeranz는 동서양 대분기Great Divergence를 1800년경으로 보았지만 콜럼버스 항해로 동서양 균형은 서서히 기울기 시작한다.

원주민 절멸시킨
'검은 전설'

콜럼버스는 다음 해 2차 항해에서 식민지 건설 의도를 노골적으로 드러냈다. 2차 항해에는 17척의 배가 동원되고 신부, 병사, 상인, 농민 등 1,200명이 참가했다. 스페인 사람들은 신대륙에 내리자마자 황금 찾기에 혈안이 되었다. 그들은 원주민에게 폭력을 휘두르고 학대했다. 콜럼버스는 14세 이상의 모든 원주민에게 3개월마다 현재 가치로 15달러의 금을 바치게 하고, 금을 바친 원주민에게 구리 목걸이를 하나씩 주었다. 구리 표식 없이 돌아다니는 원주민은 두 손을 잘랐다.

에스파뇰라섬 원주민 1만 명이 폭정에 항거했다. 콜럼버스는 200명 병사와 20명의 기병, 사냥개를 투입해 원주민들을 잔인하게 학살했다. 수천 명의 원주민이 죽고 1,500명이 생포되었다. 콜럼버스는 원주민 500명을 노예로 팔았다. 콜럼버스와 스페인 사람들은 폭력으로 생명과 재산을 탈취하는 정복자, 콩키스타도르conquistador였다.

1510년 신대륙에 도착한 몬테시노Antonio de Montesino 신부는 원주민 참상을 보고 분노했다.

"당신들은 무슨 권리로 인디언을 이렇게 잔인하고 끔찍한 노예 상태로 만들었습니까? 자기 땅에서 평화롭게 살아가는 사람에게 무슨 권리로 전쟁을 벌이고 있습니까? 당신들은 어떤 근거로 이 전쟁에서 전혀 들어본 적도 없는 살인과 살육으로 수많은 사람을 파괴했습니까?"

잔혹 행위에 대한 비난이 높아지자 스페인 왕은 1513년 레케리미엔토 Requerimiento 제도를 도입했다. 레케리미엔토는 전쟁을 하기 전 원주민에게 스페인이 정복할 권리가 있다는 사실을 알려주는 의식이었다.

이 대륙의 도시(마을)에 있는 족장들과 인디언들이여, 이제 너희들에게 통보하니, 신은 하나뿐이고, 교황도 하나이고, 이 땅의 주인이신 스페인의 왕도 하나다. 즉시 나와서 충성을 맹세하라. 그렇지 않으면, 우리는 너희와 전쟁을 벌이고, 죽이고, 또 노예로 삼던가 할 것이다.

이 선언은 내용도 터무니없지만 스페인 말로 했기 때문에 알아듣는 원주민은 한 사람도 없었다. 젊은 신부 라스카사스Bartolomé de Las Casas(1484~1566년)는 스페인 정복자들의 학살 행위를 글로 써서 세상에 고발했다.

유럽인들은 발이 땅에 거의 닿을 정도의 넓은 교수대를 만들어 한 번에 13명씩—우리 구세주와 12제자를 경외하며—매달았고 아래쪽에 나무를 디밀어 불을 지펴 인디언들을 산채로 태워 죽였다. 유럽인은 내륙의 주거지까지 들어가 아이들이건, 노인이건, 임산부이건, 분만을 하는 여성이건 가리지 않고 찌르고 가르고 베었다. 마치 양 떼들을 들판의 울타리에 몰아놓고 공격하듯이. 이 섬에 총독이 한 번 온 적이 있는데 60명의 기병과 300명의 보병을 대동했다. 기병만으로도 이 섬과 대륙을 도륙할 수 있을 정도였다. 총독은 300명 이상의 부족장들을 안심시켜 (환영식에) 불러 모았다. 총독은 속임수로 중요한 부족장들을 짚으로 만든 집으로 끌어들인 다음, 불을 질러 모두 산 채로 태워 죽였다. _라스카사스, 《눈물의 인디언 문명 파괴사》

일부 원주민은 폭력에 시달리다가 집단 자살을 선택했다. 아이를 스페인 정복자에게 넘겨주지 않으려고 부모들은 자녀를 물에 빠뜨려 죽였다. 굶주림과 전염병으로 죽고, 노예로 팔려가는 배에서 사망했다. 죽은 사람이 하도 많아 바하마Bahama제도에서 에스파뇰라섬까지 항해할 때 원주민 시체를 따라가며 항로를 잡았다.

라스카사스는 스페인의 신대륙 점령 이후 40년 동안 1,200~1,500만 명이 죽었을 것이라고 말했다. 미국 원주민 출신 역사학자 조지 팅커George Tinker는 콜럼버스가 오기 전 800만 명이던 에스파뇰라섬 인구가 50년 후 200명으로 줄었다고 밝혔다.

에스파뇰라섬의 인구 변화

연도	인구
1492년	7,975,000명
1496년	3,770,000명
1500년	500,000명
1507년	60,000명
1514년	22,000~27,800명
1531년	600명
1542년	200명

* 출처: 조지 팅커·마크 프리랜드, 〈콜럼버스와 카리브 지역 인구 감소Thief, Slave Trader, Murderer: Christopher Columbus and Caribbean Population Decline〉

스페인 정복자의 잔혹 행위는 다른 유럽인의 반스페인 정서를 증폭시키는 '검은 전설Black Legend'을 만들어 냈다. 스페인 정복자들에게 잔인, 폭력, 공포의 이미지가 덧씌워졌다.

여론이 악화되자 스페인 왕실은 원주민 지위를 논의하는 토론회를 열었다. 완고한 신학자 세풀베다Juan Ginés de Sepúlveda는 원주민은 인간성이 거의 남아 있지 않기 때문에 아리스토텔레스 이론에 따라 노예로 만드는 것이 정당하다고 주장했다. 반면 라스카사스는 원주민도 이성과 영혼을 가진 인간이기 때문에 스페인 사람과 동등한 권리를 가지며, 폭력을 써서는 안 된다고 반박했다.

스페인 정부는 원주민을 노예화하는 엥코미엔다encomienda를 폐지했으나, 강제 노역mita과 대농장 제도hacienda를 통해 노동력 착취를 계속했다.

고대 문명을 멸망시킨
스페인 정복자

　　스페인 정복자들은 카리브섬에 황금이 없다는 것이 확실해지자, 아메리카 본토로 눈을 돌렸다. 바스코 발보아Vasco Núñez de Balboa는 1510년 황금을 찾아 파나마를 탐사하다 태평양을 발견했고, 후안 폰세 데 레온Juan Ponce de León은 1513년 플로리다를 탐사했다.

콩키스타도르의 전설,
코르테스

　　　　　　　아즈텍제국을 정복한 에르난 코르테스Hernán Cortés는 콩키스타도르의 전설이다. 코르테스는 19세 때 황금을 거머쥐겠다는 야망을 품고 대서양을 건넜다. 신대륙에서 10년 넘게 경험을 쌓은 코르테스는 1519년 쿠바 총독 벨라스케스의 명령을 무시하고 독자적으로 멕시코 원정에 나섰다. 이 원정에 530명의 병사와 16필의 말, 14문의 대포를 동원했다. 그는 이탈자를 막기 위해 타고 온 배에 구멍을 뚫어 침몰시켰다.

원정대는 그해 11월 아즈텍제국의 수도 테노치티틀란Tenochtitlán 부근
까지 행진했다. 코르테스의 움직임을 파악하고 있던 아즈텍 황제 목테수
마Moctezuma II는 사신을 보내 코르테스에게 황금 목걸이와 깃털을 선물했
다. 목테수마가 스페인 원정대를 환대한 이유는 미스터리로 남아 있다.
하얀 얼굴에 말을 타고 다니는 스페인 사람을 아즈텍 조상신 케찰코아틀
Quetzalcoatl로 생각했다는 설이 있고, 스페인 군대를 유인해 생포하려 했다
는 이야기도 전해진다.

테노치티틀란은 해발 2,000미터 호수 위에 떠 있는 거대한 인공 도시였
다. 스페인 원정대는 처음 보는 광경에 입을 다물지 못했다.

우리가 보고 있는 것이 꿈인지 현실인지 의심이 들었다. 호수의 강둑을 따
라 큰 마을이 줄지어 있고, 물 위에 더 큰 마을이 웅장하게 솟아 있다. 카
누를 탄 수많은 사람들이 노를 젓는 광경을 어디서나 볼 수 있다. 우리
는 일정한 간격으로 계속해서 새로운 다리를 통과했다. 우리 눈앞에 찬란
한 거대도시 멕시코가 펼쳐져 있었다. _베르널 디아즈 델 카시티요Bernal
Díaz del Castillo,《새로운 스페인 정복의 진실The True History of the Conquest of New
Spain》

코르테스는 아즈텍 왕궁에 들어가자마자 본색을 드러냈다.

코르테스가 30만 명의 인구가 사는 장려한 아즈텍의 수도 테노치티틀란
에 도착했을 때 스페인 사람들은 보물 궁전에 밀치고 들어가, 곧 커다란

금구슬을 만들고 불을 지른 뒤 그것이 얼마나 귀중한 것이든 남아 있는 모든 것을 화염 속에 집어던졌다. 그래서 모두 타버리고 말았다. 그리고 금이라고 하면 스페인 사람들은 밀대 막대기로 바꿨다. _에두아르도 갈레아노Eduardo Galeano, 《수탈된 대지》

아즈텍인들은 스페인 침략자에 맞서 폭동을 일으켰다. 생명의 위협을 느낀 코르테스 일행은 황금 덩어리를 말에 싣고 한밤중에 도시를 탈출했다. 많은 병사가 전투를 하다가 죽고, 무거운 황금을 싣고 가다가 물에 빠져 죽었다.

병력을 보충한 코르테스는 2차 공격에 나섰다. 코르테스가 도시를 포위 공격하는 동안 전염병이 돌아 원주민이 수없이 죽어 갔다. 500여 명의 스페인 정복자 앞에 인구 1,500만 명의 아즈텍제국이 맥없이 무너졌다. 코르테스는 1521년 아메리카 대륙에 새로운 스페인, 누에바 에스파냐Nueva España를 세웠다.

돼지 농부 피사로, 잉카를 무너뜨리다

프란시스코 피사로Francisco Pizarro는 돼지치기 농부 출신이다. 신대륙에서 30년 넘게 풍파를 겪은 피사로는 1532년 57세의 늦은 나이에 잉카 정복에 나섰다. 병력은 보병 102명에 기병 62명이었다.

잉카 황제 아타우알파Atahualpa는 안데스 고원 휴양지 카하마르카Cajamarca에서 피사로 일행을 접견하기로 했다. 피사로는 외곽에 미리 대포를 숨겨 놓았다. 아타우알파가 앵무새 깃털과 은으로 호화롭게 장식한 가마를 타고 5,000~6,000명의 수행원과 함께 광장에 나타났다. 피사로가 황제와 인사를 나누는 사이 수사 벨베르데Vicent Velverde가 황제에게 성경을 내밀며 개종을 권유했다. 화가 난 아타우알파는 성경을 훑어보고는 땅바닥에 내던졌다. 수사가 큰 소리로 외쳤다.

"저 폭군이 기독교 신앙을 저버렸으니 공격하라!"

스페인 대포가 불을 뿜었다. 천둥소리 같은 대포 소리와 총소리, 말을 타고 칼을 휘두르는 기병의 공격에 잉카 군대는 겁에 질려 저항도 못 하고 무참히 쓰러졌다. 포로로 붙잡힌 아타우알파는 목숨을 살려주면 방을 가득 채울 만큼의 황금을 주겠다고 제안했다. 미국 금융역사가 피터 번스타인Peter Bernstein은 이 황금은 유럽의 1년 금 생산량보다 많았고 2004년 금값으로 계산하면 2억 7,000만 달러에 이른다고 밝혔다.

아타우알파는 막대한 몸값을 지불했지만 피사로는 아타우알파를 처형하고 수도 쿠스코Cuzco를 약탈했다. 남아메리카 고대 문명이 200명도 안 되는 스페인 군대에 멸망했다.

부에 굶주린
정복자

스페인 정복자들은 왜 이렇게 탐욕스럽고 잔인했는가?

콩키스타도르 가운데 상당수가 변방 에스트레마두라Estremadura 출신이다. 코르테스와 피사로, 태평양을 발견한 발보아가 같은 지역에서 왔다. 스페인은 빈부 격차가 극심했다. 영국 역사가 존 엘리엇John Elliott에 따르면, 인구 3%의 대귀족이 카스티야 토지의 97%를 소유했다.

정복자들은 부에 굶주려 있었다.

그들은 조국에서 얻을 수 없는 행운을 신대륙에서 발견하기를 원했다. 이러한 사람들의 특성, 특히 이달고 계층이 원정을 주도했던 점은 불가피하게 정복의 모든 양상에 특별한 흔적을 남겼다. 그들은 카스티야에서 품었던 야망, 편견, 관습, 가치 등을 아메리카로 그대로 가지고 왔다. _존 엘리엇,《스페인 제국사》

그들은 재정복 운동에 참전했던 전사였고, 이교도에 대한 증오심으로 가득 차 있었다. 총과 대포를 가진 스페인 전사들에게 석기와 청동기 무기를 가진 아즈텍 군대나 잉카 군대는 상대가 되지 않았다. 스페인 정복자들이 가져온 천연두는 보이지 않는 살상 무기였다. 콜럼버스가 오기 전 1억명 내외였던 원주민 인구는 100~150년 사이 80~95% 줄어들었다. 스페인 수사 베르나르디노 데 사아군Bernardino de Sahagún은 천연두에 걸린 원주민 실태를 자세하게 기록했다.

전염병에 감염된 사람은 걸을 수도 없었고, 집이나 잠자는 곳에 누워 있을 수밖에 없었다. 손을 조금만 움직여도 비명을 질렀다. 온몸을 뒤덮은 수포는 병자를 피폐하게 했다. 수없이 많은 사람들이 질병 때문에 죽었고, 많은 사람들이 굶어 죽었다. 아무도 다른 사람을 더 이상 돌보지 않았다. _사아군,《피렌체 코덱스Florentine Codex》

미국 지리학자 재레드 다이아몬드Jared Diamond는 유럽인이 이민족을 정복할 수 있었던 힘은 '총, 균, 쇠Guns, Germs, and Steel'에 함축되어 있다고 말한다.

피사로가 성공을 거두게 된 직접적 원인에는 총기, 쇠 무기, 말 등을 중심
으로 한 군사 기술, 유라시아 고유의 전염병, 유럽의 해상 기술, 유럽 국가
들의 중앙집권적 정치 조직, 그리고 문자 등이 있다. _제레드 다이아몬드,
《총, 균, 쇠》

죽음의 산,
포토시

황금의 도시 '엘도라도El Dorado' 전설은 유럽인을
끊임없이 끌어당겼다. 많은 모험가들이 목숨을 걸고 아마존 밀림을 탐험
했지만 엘도라도를 발견하지 못했다. 아메리카 대륙 최대 노다지는 해발
4,009미터 황량한 안데스 고산지대에서 터졌다.

인디오 왈파Diego de Huallpa는 도망가는 발걸음이 빠른 라마 한 마리의 발자
취를 더듬어 달리다가, 그날 밤은 산에서 지샐 수밖에 없게 되었다. 얼어
죽지 않기 위해 모닥불을 피웠다. 모닥불은 희게 번쩍번쩍 빛나는 광맥을
비췄다. 그것은 순수한 은이었다. 이후 스페인 사람들이 우르르 밀어닥쳤
다. _에두아르도 갈레아노, 《수탈된 대지》

원뿔 모양의 붉은 바위산에서 쉴새 없이 은광석이 흘러나왔다. 포토시
Potosi 은광산은 16~17세기 연평균 184톤의 은을 생산해 전 세계 생산량
의 70~80%를 차지했다. 포토시 인구는 16만 명으로 불어나 도시가 만들

어지고, 수십 개의 극장과 주점, 유흥장이 들어섰다. 포토시는 지구상에서 가장 부유한 도시였다. 펠리페 2세는 포토시에 감사 방패를 주며 "이 높은 은산銀山이 세계를 정복할 수 있게 해준다"고 치하했다.

'부유한 산'이라는 뜻의 세로 리코Cerro Rico는 많은 사람의 목숨을 집어삼켜 사람을 먹는 산으로 불렸다. 광산으로 끌려온 원주민은 매일 25포대 분량의 은광석을 캐야 했는데, 1포대에 무게가 45킬로그램이나 되었다. 과도한 노동과 굶주림, 질병, 매몰 사고, 수은 중독으로 사람들이 죽어 나갔다. 원주민과 흑인 노예를 합해 식민지 시대 은광에서 죽은 사람이 800만 명에 달했다고 전해진다.

원주민과 노예의 희생으로 얻은 은괴는 스페인 왕실의 왕궁 건축과 사치품 구입, 전쟁 자금으로 흘러가 유럽 자본주의의 종잣돈이 되었다.

대항해 시대,
황금과 향료에 대한 욕망

　　포르투갈의 사그레스Sagres는 육지가 대서양을 향해 손가락처럼 뻗어 나온 곳이다. 주앙 1세João I의 셋째 아들 엔히크Henrique는 1410년대 사그레스에 작은 성채를 짓고 해양 연구를 시작했다. 조선 기술자, 항해가, 지리학자, 천문학자를 모아 해양 지도와 카라벨 선박을 개발하고, 아프리카 정복을 구상했다. 엔히크는 1415년 지브롤터 해협 건너편에 있는 북아프리카 세우타Ceuta를 점령하고 기니Guinea 해안까지 항해했다.

포르투갈,
인도양으로 나가다

　　　　　　　　포르투갈은 콜럼버스보다 80년 앞서 아시아 항로를 찾아 나섰다. 향료와 비단, 도자기가 나는 아시아는 약속의 땅이었다. 바르톨로메우 디아스Bartholomeu Diaz가 1488년 아프리카 남단 희망봉까지 진출했고, 바스쿠 다가마Vasco da Gama는 1498년 희망봉을 돌아 유럽인 최초로 인도에 도착했다. 그는 배 2척과 절반이 넘는 선원을 잃었으나 인도에서 값비싼 향료를 싣고 돌아왔다. 포르투갈 선박은 희망봉을 돌아 거침없이 동쪽으로 나아갔다. 포르투갈 원정대는 1500년 인도로 가다 브라질을 발견했고 1512년 고급 향료의 원산지 인도네시아 반다Banda, 1513년 중국 광저우廣州에 처음 닻을 내렸다. 인도네시아에서 가져온 육두구肉荳蔲, nutmeg와 정향丁香, clove은 황금 알갱이였다.

> 반다제도에서 육두구 10파운드(4.5킬로그램)는 영국 돈으로 1페니도 안 되었지만, 런던에 돌아오면 똑같은 양의 육두구가 2.1파운드로 돌변했다. 거의 600배나 되는 가격이었다. 작은 육두구 주머니 하나만 가지면 박공을 단 집을 사서 하인의 시중을 받으며 평생 편안히 놀고먹을 수 있었다.
> _가일스 밀턴Giles Milton, 《향료전쟁》

포르투갈은 100년 가까이 인도 항로를 국가 기밀로 숨기고 인도양 무역을 독점했다. 포르투갈 출신 페르디난드 마젤란Ferdinand Magellan은 1519년 스페인 왕실의 지원을 받아 새로운 항로를 찾아 나섰다. 마젤란은 남아메리카 최남단에서 태평양으로 나가는 좁은 수로 마젤란 해협을 발견했다. 마젤란은 1년 반의 항해 끝에 필리핀 세부Cebu에 도착했지만 현지 부족과 전투하다 사망했다. 마젤란의 부하 18명은 끝까지 살아남아 출항 3년 만인 1522년 스페인으로 귀환했다.

마젤란의 세계 일주는 지구가 둥글다는 사실을 증명했고, 유럽인들은 배를 이용해 세계 어디든지 갈 수 있다는 자신감을 갖게 되었다.

신항로를 찾아라

잉글랜드는 북아메리카를 통과해 아시아로 가는 출구를 찾아 나섰다. 1497년 베네치아 출신 항해가 존 캐벗John Cabot은 헨리 7세의 지원을 받아 뉴펀들랜드 일대를 탐사했다. 그는 뉴펀들랜드 바다에 대구가 넘쳐나 배가 앞으로 나가지 못할 지경이라고 보고했다. 그는 수산물이 풍부하다는 사실만 확인했을 뿐 새로운 항로 개척에는 실패했다.

잉글랜드 역사를 화려하게 장식한 인물은 해적왕 프랜시스 드레이크Francis Drake다. 드레이크는 1572년 파나마에서 스페인 보물 수송 대열을 습격해 황금과 은괴를 탈취했다. 1577년에는 골든 하인드Golden Hind호를 타고 마젤란 해협을 돌아 페루 연안에서 스페인 보물선을 습격해 30만 파운드의 막대한 보물을 탈취했다. 드레이크는 사상 두 번째로 세계 일주에 성공하고 플리머스Plymouth항으로 돌아왔다. 엘리자베스 1세는 그에게 기사 작위를 수여했다. 드레이크는 1587년 세비야 외항 카디즈Cadiz를 공격해 스페인 함선 27척을 불태웠다. 카디즈 공격은 스페인과의 전쟁을 촉발했다.

프랑스는 잉글랜드보다 늦은 시기에 신대륙 탐험에 뛰어들었다. 1524년 북아메리카 동부 해안을 항해했고 1534년 세인트로렌스Saint Lawrence만 일대를 탐사했다.

네덜란드는 북극해로 돌진했다. 윌렘 바렌츠Willem Barentsz는 1594년부터 세 차례에 걸쳐 북극 항로에 도전했으나 거대한 빙산과 혹독한 추위에 막혀 실패했다. 네덜란드는 바스쿠 다가마 항해 이후 100년이 지나서야 인도양에 진입했다.

대항해 시대는 그리스 신화의 재현이라 할 수 있다. 황금을 찾아 거친 바다를 항해하는 탐험가는 오디세우스의 후예다. 19세기 영국 시인 존 키츠 John Keats는 자신이 오디세우스와 코르테스가 되어 신세계 발견의 감동을 노래했다.

비로소 나는 새로운 행성이 은신처로 헤엄쳐 들어가는 것을 발견한
하늘의 관찰자가 된 기분이었네.
혹은 독수리의 눈으로 태평양을 바라보던
강인한 코르테스가 된 기분이었네.
그의 부하들 모두 갖가지 추측을 하며 서로를 바라볼 때
다리엔Darien의 봉우리 위에서 침묵하는.
_존 키츠, 〈채프먼의 호머를 처음 읽고서On First Looking into Chapman's Homer〉

태평양을 처음 발견한 유럽인은 코르테스가 아니라 발보아이지만 이는 작은 오류에 불과하다. 키츠는 신대륙 탐사를 별을 관측하는 천체 연구에 비유하고, 탐욕스러운 정복자를 위대한 개척자로 묘사했다.

외부 세계를 지배하려는 욕망은 유럽인 DNA에 깊이 각인되어 식민지 정복 역사를 써 내려갔다.

황금이
밀려오다

아메리카에서 거대한 황금 물결이 밀려들었다. 아즈텍과 잉카제국에서 강탈한 황금, 포토시와 멕시코 자카테카스Zacatecas에서 채굴한 은괴가 보물선 함대 플로타flota에 실려 세비야로 들어왔다. 매년

60~100척의 선박이 스페인과 아메리카를 왕복하며 귀금속을 실어 날랐다.

아메리카 귀금속 유입량을 분석·연구한 미국 경제사학자 얼 해밀턴 Earl Hamilton은 1503~1660년 스페인으로 들어온 황금이 181톤, 은이 1만 6,887톤에 달한다고 밝혔다. 2021년 가격으로 환산하면 금 104억 달러, 은 129억 달러에 해당한다. 해밀턴은 "역사상 어느 시대에도 멕시코와 페루를 정복할 때만큼 귀금속 생산이 큰 폭으로 증가한 적은 없었다"고 말했다. 금융역사가 피터 번스타인은 《황금의 지배》에서 "1500년대 말 유럽이 보유한 금과 은의 총량은 1492년에 비해 5배 가까이 된다"고 밝혔다.

스페인 왕실이 설치한 세비야 무역관 Casa de Contratación은 아메리카 무역과 운송, 통관을 전담했다. 아메리카 귀금속 가운데 광산 세금과 식민지 세금을 합해 40%가 왕실 금고로 들어갔다. 세비야 상인들은 식량, 의류, 생필품, 사치품을 조달해 아메리카로 운송했다. 황금의 도시 세비야는 1530년 인구 5만 명에서 1600년 15만 명의 대도시로 성장했다.

> 세비야는 이탈리아인, 플랑드르인, 포르투갈인 등 외국 상인들로 넘쳐났고 이곳을 엘도라도, 엄청난 부의 땅인 아메리카로 가는 관문으로 생각했던 스페인 북부와 중부 사람들이 이곳으로 몰려들었다. _존 엘리엇, 《스페인 제국사》

금은이 유입되고 농산물과 공산품 수출이 늘어나면서 스페인 경제는 호황을 맞았다. 귀금속을 가진 사람은 소비를 늘리고, 농산물 수출로 돈을 번 농민은 농장을 키웠다.

유럽의
가격혁명

황금을 가지면 엄청난 부자가 될 것이라는 환상은 실망으로 바뀌었다. 물가가 천정부지로 뛰어올랐기 때문이다. 피에르 빌라르Pierre Vilar는《금과 화폐의 역사》에서 1511~1539년 안달루시아 지역 포도주 가격은 3.5배 올랐고, 올리브 기름은 3배, 밀 가격은 2.6배 올랐다고 밝혔다. 얼 해밀턴은 1501~1600년 스페인 소비자 물가가 4배 올랐다고 말했다.

스페인에서 시작된 인플레이션은 이웃 국가로 번져 나가 대부분의 유럽 도시의 물가가 올랐다. 1500~1649년 런던, 암스테르담, 앤트워프의 소비자 물가는 2.4~2.8배 상승했다. 16~17세기 유럽에서 나타난 장기간의 인플레이션 현상을 '가격혁명price revolution'이라고 부른다. 얼 해밀턴은 "아메리카의 풍부한 귀금속이 스페인 가격혁명의 주요 원인"이라고 밝혔다.

16세기 당시에도 화폐량이 많아지면 물가가 오르는 원리를 알고 있었다. 스페인 학자 마르틴 데 아즈필쿠에타Martín de Azpilcueta와 프랑스 법학자 장 보댕Jean Bodin은 아메리카 발견 이후 상품과 노동력 가격이 올랐다고 분석했다.

아메리카 귀금속과 가격혁명은 다양한 파장을 일으켰다. 제국주의 팽창과 전쟁, 사치 풍조가 번지는가 하면 탐험, 원거리 무역, 생산 활동이 활기를 띠었다. 독일 사회역사학자 위르겐 코카는 아메리카 귀금속이 유럽 경제 지형을 바꿨다고 분석했다.

유럽 내에서 잉여 농산물, 특히 곡물을 동유럽과 중동부 유럽에서 서유럽으로 옮기는 활발한 교역이 이뤄졌다. 서유럽에서는 도시화가 진전되고 수출업이 발전하면서 상품 수요가 늘어났다. 이로써 유럽 내 원거리 무역의 중심이었던 지중해는 중요성을 상실하고 대서양이 부각되었다. _위르겐 코카, 《자본주의의 역사》

경제 활성화로 유럽 인구가 늘어나고 경제 규모가 커졌다. 1500~1600년 네덜란드 GDP(국내총생산)는 2.8배, 잉글랜드와 포르투갈은 2배, 스페인은 1.6배, 프랑스는 1.4배 성장했다. 아메리카 귀금속 유입의 '충격'은 유럽에 인플레이션을 일으키고 높은 경제성장을 가져다주었다.

불평등한
콜럼버스 교환

아메리카에서 들어온 물건은 금과 은뿐이 아니다. 감자, 고구마, 옥수수, 토마토, 담배, 땅콩, 파인애플, 카카오, 바닐라, 칠면조 같은 새로운 식량과 기호품이 들어왔다. 유럽에서는 아메리카로 말, 소, 돼지, 사탕수수, 커피, 귤, 포도, 쌀, 밀이 들어갔다. 천연두, 홍역, 발진티푸스 같은 전염병도 함께 따라 들어갔다. 구대륙과 신대륙 사이 물질과 문화 이동을 콜럼버스의 교환Columbian Exchange이라고 한다.

유럽인들이 귀금속 다음으로 탐내는 상품은 설탕이었다. 설탕은 값이 비싸 황금이나 마찬가지였다. 스페인 상인들은 1516년 산토도밍고에 흑인 노예를 들여와 사탕수수를 재배하고 여기서 생산한 설탕을 유럽에 수출했다. 대서양 마데이라제도에서 사탕수수 농장을 운영한 경험이 있는 포르투갈인들은 브라질에서 대규모 설탕 사업을 시작했다.

1585년에 제당소는 120개로 늘어났고, 17세기에 이르면 연간 1만 톤 이상의 설탕을 수출했다. 초기 100년간은 브라질이 설탕의 독점적인 공급원이었다. 살아남아서 대서양을 건넌 1,200만 명의 흑인 노예 가운데 300~400만 명이 이곳 브라질로 흘러들어 왔다. _이성형,《콜럼버스가 서쪽으로 간 까닭은?》

브라질 설탕은 잉글랜드가 생산하는 양모보다 가치가 높았다. 포르투갈이 브라질 설탕 사업으로 부를 축적하자 네덜란드, 잉글랜드, 프랑스가 뛰어들어 아메리카를 잠식해 들어갔다. 설탕에서 시작된 플랜테이션 농업은 담배, 면화, 커피, 고무 등으로 확대되었다.

서로마 멸망과 함께 사라진 노예 농장 라티푼디움이 다시 등장했다. 흑인 노예들은 노동 착취를 당하고, 유럽 농장주는 사치스러운 생활을 즐겼다. 우루과이 작가 에두아르도 갈레아노는 유럽과 라틴 아메리카 관계를 말 탄 기사騎士와 말에 비유했다.

자본주의 출현

마르크스는 16세기 아메리카 정복과 식민지 수탈을 '자본의 원시적 축적primitive accumulation of capital'이라고 정의했다. 마르크스는 원시적 축적으로부터 자본주의가 출현했다고 말했다.

아메리카에서 금은의 발견, 원주민의 섬멸, 노예화, 광산에 생매장, 동인도제도의 정복과 약탈의 개시, 아프리카가 검은 노예의 상업적 수렵장으로 전환된 따위가 자본주의적 생산의 시대를 알리는 새벽의 특징이었다. 오기에Marie Augier(19세기 프랑스 경제학자)가 말하는 바와 같이, "화폐가 한쪽 볼에 핏자국을 떠고 이 세상에 나온다"고 하면, 자본은 머리부터 발끝까지 모든 털구멍에서 피와 오물을 흘리면서 이 세상에 나온다고 말해야 할 것이다. _마르크스, 《자본론》

자본주의는 다양한 의미로 쓰이지만, 일반적으로 자본가가 이윤을 목적으로 자유로운 시장에서 상품과 서비스를 생산, 유통하는 경제 체계로 정의된다.

마르크스는 자본주의를 18~19세기 자본가가 임금 노동자를 고용해 잉여가치를 착취하는 생산양식이라 규정하고, 그 출발점을 자본의 원시적 축적으로 보았다.

미국 사회학자 이매뉴얼 월러스틴은《근대 세계체제The Modern World-System》에서 자본주의를 선진국과 후진국 사이의 불평등 교환관계로 보았다.

핵심부는 주변부로부터 원자재를 수입하고, 주변부에 공산품을 수출해 두 지역 사이에 기축적 분업axial division of labor 관계가 형성된다. 월러스틴은 세계 경제권을 핵심부, 반주변부, 주변부로 분류했다. 그는 16세기 스페인·포르투갈·잉글랜드·네덜란드·프랑스 북부·이탈리아 북부를 핵심부로 보았고, 독일·프랑스 남부를 반주변부, 스페인령 아메리카와 동유럽을 주변부로 보았다.

세계 경제를 하나의 체계로 본 월러스틴의 세계체제론은 20세기 가장 영향력 있는 사회과학 이론의 하나로 평가받는다.

스페인의
영광과 몰락

16세기 스페인은 세계 최고의 부국이었다. 미국 지리학자 워드 배럿Ward Barrett에 따르면, 15~18세기 아메리카 대륙에서 생산한 금과 은이 전 세계 생산량의 70~85%를 차지했다.

이사벨 여왕의 외손자 신성로마제국 황제 카를 5세Charles V는 스페인, 네덜란드, 오스트리아, 독일, 이탈리아에 걸친 방대한 영토를 물려받았다. 유럽 통합과 기독교 수호자를 자임한 카를 5세는 프랑스, 신교도, 오스만제국과 전쟁을 벌였다. 아메리카에서 들어오는 막대한 금과 은이 전쟁터에 뿌려졌다. 황실 금고가 금세 바닥을 드러냈다. 카를 5세는 귀금속을 담보로 돈을 빌렸다가 빚이 더 불어나자 1556년 아들 펠리페 2세Philip Ⅱ에게 스페인 왕위를 물려주고 퇴위했다. 그가 남긴 빚은 3,600만 두카트(미화 72억 달러)에 달했다. 스페인 재정수입의 3분의 2가 이자로 빠져나갔다. 펠리페 2세는 이듬해 국가파산을 선언했다.

펠리페 2세는 아버지보다 더 광적으로 종교와 전쟁에 집착했다. 내성적 성격의 펠리페 2세는 수도원 겸 왕궁 엘 에스코리알El Escorial에 은둔하며 영토 확장과 전쟁을 지휘했다. 필리핀을 스페인 제국에 편입하고 오스만 제국, 네덜란드 신교도, 잉글랜드와 전쟁을 벌였다. 전쟁 비용이 바닥나자 그는 4차례 파산을 선언했다.

> 내수 경제에 투자되었는지도 모르는 이윤은 사실상 군비로 지출되었다. 더욱이 전쟁은 사그라지지 않고 17세기까지 장기적으로 이어지는 국가파산의 사슬을 촉발시켰다. 펠리페 2세 치하의 카스티야 재무국은 카를 5세가 야기시킨 부채 부담에서 헤어날 수 없어서 매 20년마다 파산을 선고했다.
> _헨리 카멘Henry Kamen, 〈세계적인 강대국의 성쇠, 1500-1700〉, 《스페인사》

갑작스러운 풍요는 저주였다. 스페인은 산업 기반이 약해 제품 가격이 비싸고 품질이 떨어졌다. 도로가 미비해 노새와 소달구지 같은 원시적 방법으로 상품을 날라야 했다. 외국 상품을 수입해 쓰는 편이 더 편리하고 이익이 되었다. 수입품 홍수는 스페인의 생산 기반을 무너뜨렸다.

1558년 1만 6,000대였던 세비야의 직물 기계는 40년 후 400대 정도만
남아 있었다. _에두아르도 갈레아노,《수탈된 대지》

귀족과 부유층은 호화 생활과 사치품 소비에 열중했다. 일할 수 있는 젊
은이와 기술자 들은 황금을 찾아 신대륙으로 이주했다. 1500~1600년
27만 5,000명에 가까운 스페인 사람이 신대륙으로 이주한 것으로 추산된
다. 스페인에는 산업 공동화 현상이 일어났다.

죽음의
종교재판

재정복 운동을 하면서 스페인 사회에는 이교도에
대한 혐오 감정이 높아졌다. 극단적 광기의 표출이 종교재판Inquisition이다.

1483년 종교재판소장을 맡은 토마스 데 토르케마다Thomás de Torquemada
는 잔혹하기로 악명 높은 인물이었다. 토르케마다는 개종한 유대인과 모
슬렘을 대상으로 거짓 개종 혐의를 씌워 체포하고 혹독한 고문을 가해 강
제 고백을 받아 냈다. 그가 종교재판소장으로 있던 15년 동안 이단 용의자
2,000명이 장작더미 위에서 사라졌다. 350년 동안 계속된 종교재판에서
3만 2,000명이 처형되었다.

1492년 스페인은 기독교 세례를 받지 않은 유대인을 추방했다. 유대인
16만 명이 집과 재산을 남겨 두고 추방되어 플랑드르, 네덜란드, 잉글랜드
로 이주했다. 행정 관료와 학자, 상인 등 유대인 고급 인력과 자본 유출은

스페인 쇠락의 한 원인이 되었다. 1609년에는 30만 명의 개종한 모슬렘 모리스코morisco를 추방했다. 대부분 농업에 종사하던 모리스코 추방은 농업을 와해시켰다.

종교적 도그마와 불관용이 스페인 사회를 지배했다. 스페인 왕실은 세금을 많이 내는 목양업 조합인 메스타Mesta에 농지를 마음대로 이동할 수 있는 특권을 주었다. 목양업자들은 여름과 가을 두 차례 양 떼를 몰고 이동하며 농경지를 휩쓸고 지나갔다. 숲과 농지는 목초지나 황무지로 변해 곡물 생산이 줄어들고 기근이 발생했다.

스페인은 급속히 기울었다. 네덜란드와 잉글랜드가 자본주의로 향하는 동안 스페인은 중세로 뒷걸음쳤다. 17세기 독일 역사가 사무엘 폰 푸펜도르프Samuel von Pufendorf는 "스페인은 암소를 길렀고, 나머지 유럽 국가들은 우유를 마셨다"고 비유했다.

유럽의 경제 중심,
앤트워프

벨기에 앤트워프는 16세기 유럽의 중심이었다. 당시 인구 10만 명이 넘는 대도시였고, 외국 상인이 1만 명에 이르렀다. 구시가지에 있는 마르크트 광장Grote Markt은 스페인, 포르투갈, 잉글랜드, 프랑스, 독일 등 유럽 각지에서 온 상인들로 북적거렸다. 마르크트 광장을 둘러싸고 있는 고풍스러운 시청사와 황금빛 조각으로 지붕을 장식한 길드 홀, 높이 123미터의 대성당은 옛 영화를 증언한다.

앤트워프는 1500년경 이웃 브뤼주 항구에 진흙이 쌓여 기능을 잃으면서 북유럽 중심 항구로 성장했다. 1501년 후추와 향료를 싣고 온 포르투갈 선박 입항은 앤트워프 번영의 신호탄이 되었다. 15세기 잉글랜드에서 후추 1파운드(453그램) 가격은 숙련된 장인의 이틀 임금, 정향은 4.5일 임금에 해당했다.

1530년경 아메리카 금은을 손에 쥔 스페인 상인들이 앤트워프로 모여들었다. 스페인 상인들은 귀금속과 양모, 소금을 가져와 식량, 목재, 금속제품, 직물을 싣고 갔다. 1531년에는 대량으로 상품을 거래하는 상품거래소가 문을 열었다. 유럽 각지에서 온 상인들은 상품 견본을 보며 계약을 맺고, 환어음이나 양도성 예금증서로 대금을 지급했다.

프랑스 역사학자 페르낭 브로델은 16세기(1500~1569년) 앤트워프가 "전 세계 경제의 중심이었다"고 말했다. 스페인과 포르투갈에 뿌리내리지 못한 자본주의가 앤트워프에서 만개했다.

앤트워프 시대는 푸거가Fugger家의 시대이기도 하다. 독일 아우크스부르크 출신 야콥 푸거Jakob Fugger는 방직업으로 돈을 모아 무역, 은행, 광산업으로 사업을 확장했다. 푸거가는 카를 5세에게 신성로마제국 황제에 나갈 선거 자금을 빌려주고, 티롤의 은광과 헝가리 구리 채굴권을 얻었다. 푸거가는 향료와 구리 유통망을 장악해 유럽 최고 부호가 되었다.

펠리페 2세의 등장은 앤트워프의 종말을 예고했다. 펠리페 2세는 1557년 지급불능을 선언했고, 1567년 알바Alba 공작을 파견해 신교도를 무력으로 탄압했다. 알바 공작은 '피의 법정'을 열어 귀족과 시민 1만 2,000명을 체포하고 1,000명을 처형했다.

시민들은 폭정에 대항해 독립전쟁을 일으켰다. 전쟁 중에 급료를 받지 못한 스페인 용병들은 1576년 앤트워프에서 살인과 방화, 약탈을 저질러 시민 7,000명이 사망했다. 앤트워프 시대는 비극으로 막을 내렸다.

암스테르담 시대

앤트워프가 함락된 뒤 네덜란드인들은 북부 홀란드Holland를 중심으로 스페인에 저항했다. 네덜란드인들은 홀란드 총독 오라녜공 빌렘 1세Willem van Oranje 지휘 아래 반군을 결성했다. 반군의 주축은 해적 활동을 하던 '바다의 거지Watergeuzen'였다. 이들 중 대다수는 칼뱅교도로 스페인에 강한 적개심을 갖고 있었다.

바다의 거지는 1572년 25척의 배로 로테르담 인근의 브리엘Brielle을 점령했다. 스페인 군대가 레이던Leiden을 포위하자 네덜란드인들은 간척지 둑을 터뜨려 이 일대를 물바다로 만들었다. 바다의 거지는 배를 몰고 레이던으로 진격했다. 바닷물에 둘러싸인 스페인 군대는 진지를 버리고 달아났다.

네덜란드 7개 지방 대표들은 1579년 위트레흐트Utrecht에서 동맹을 맺고 종교의 자유와 공동 투쟁을 결의했다. 남부 네덜란드에서 15만 명 이상이 종교의 자유를 찾아 북부 네덜란드로 이주했다. 칼뱅파, 루터파, 재세례파, 유대인 등 다양한 배경을 가진 사람들이 모여들었다.

1570년 인구 3만 명의 소도시였던 암스테르담은 1620년 10만 명, 1660년 20만 명의 대도시로 발전했다. 댐 스퀘어Dam Square를 중심으로 관공서, 교회, 무역회사, 은행이 들어서고 운하 주변에 수백 채의 주택이 새로 건축되었다.

암스테르담은 4개의 운하가 서로 직각으로 교차하면서 시의 교통망은 거미줄처럼 퍼지는 부채꼴 모양으로 팽창해 갔다. 운하의 길이를 모두 합하면 약 80킬로미터 정도 되고 운하 위로 수백 개의 다리가 교차하는데, 이런 다리 중에는 아케이드 형식으로 된 것도 있었고 거룻배가 지나다니도

록 들어 올릴 수 있게 건축된 것도 있었다. _크리스토퍼 허버트, 《도시로 읽는 세계사》

암스테르담은 3분 1이 이민자였고, 레이던과 미델버그는 3분의 2가 이민자였다. 상인과 은행가는 자본을, 플랑드르 섬유 기술자들은 기술을 가지고 왔다.

바다에서
황금을 캐다

네덜란드인들은 물과 싸워 영토를 넓혔고, 스페인 군대와 싸워 국가를 건설했다. 그러기에 그들은 자랑스럽게 말한다.

"세상은 신이 창조했지만, 네덜란드는 네덜란드 사람이 만들었다."

저지대에 사는 네덜란드인들은 일찍이 바다로 나가 삶을 개척했다. 처음에는 청어잡이로 돈을 모았다. 1400년경 청어 떼가 발트해에서 북해로 이동하면서 어업 붐이 일어났다. 북해 어장은 네덜란드인의 '금광'이었다. 네덜란드 어부들은 청어를 배 위에서 소금에 절여 시간을 절약하는 새로운 어업 방법을 개발했다. 어부들은 이 방법으로 밤에 항구로 돌아오지 않고 5~8주씩 바다에 머물며 조업했다.

육류가 부족했던 유럽에서 청어는 중요한 단백질원이었다. 네덜란드인은 청어 수출로 부를 쌓아 '암스테르담은 청어 뼈 위에 건설했다'는 속담이 나왔다.

네덜란드 사람들은 1500년대 초 식량과 원자재를 구하러 발트해로 진출했다. 폴란드와 러시아는 곡물, 스칸디나비아는 목재와 철이 풍부했다. 네

딜란드인들은 발트해로 항해할 때 청어와 직물을 가지고 갔다. 발트해 무역은 네덜란드 경제를 낳고 성장시켜 '어머니 무역mother trade'이라 불린다.

네덜란드는 1590년대 스페인과 지중해 무역으로 급성장한다. 스페인은 펠리페 2세가 프랑스로 관심을 돌린 데다 곡물이 부족해지자 네덜란드 선박 봉쇄령을 해제했다. 네덜란드 상인들은 발트해에서 곡물을 가져오고 잉글랜드에서 양모와 모직물, 프랑스에서 포도주와 목재와 소금, 스페인에서 양모와 염료, 포르투갈에서 향료를 가져와 유럽에 유통시켰다.

스페인이 아메리카에서 가져온 은의 4분의 1 내지 2분의 1이 암스테르담으로 이동한 것으로 추정된다.

네덜란드는 유럽 상업과 해운업을 지배했다. 영국 역사학자 팀 블래닝Tim Blanning에 따르면, 1670년 네덜란드의 운송 능력은 56만 8,000톤으로 잉글랜드, 프랑스, 스페인, 포르투갈 등 다른 유럽 국가 운송 능력을 합한 것보다 많았다.

네덜란드의 해운 경쟁력은 튼튼한 배와 선원의 근면성에서 나왔다. 1570년대에 개발한 플류트fluyt선은 선체가 옆으로 불룩해 많은 짐을 실을 수 있고 거친 바다에서도 잘 견뎌, 적은 인원으로도 배를 운용할 수 있었다. 선원들은 검소하고 인내심이 강해, 거친 음식에도 불평 없이 일했다. 네덜란드의 해운 비용은 다른 나라의 3분의 1 정도로 낮아 경쟁 상대가 없었다.

유럽 최고의
조선업, 농업

네덜란드 조선소는 자동 기계를 갖춘 최첨단 공장

이었다. 조선소에서는 풍차 동력을 이용해 기계 톱으로 목재를 잘랐다. 사람 손으로 할 때보다 30배 빨랐다. 기계 설비를 이용해 네덜란드 조선소는 잉글랜드보다 40% 싼값에 플류트 선박을 건조했다.

러시아 표트르 대제Peter the Great는 1697년 네덜란드 조선 기술을 배우려고 네덜란드로 왔다. 표트르는 노동자 복장을 하고 암스테르담 북쪽에 있는 잔담Zaandam의 대장장이 집에 머물렀다.

네덜란드 직물 산업은 플랑드르와 프랑스에서 직물 기술자들이 대거 이주하면서 급성장했다. 17세기 레이던은 유럽 최대 모직물 산지가 되었다.

네덜란드는 농업에서도 경쟁국에 앞서갔다. 네덜란드인들은 땅을 알차게 활용하려고 3포제 대신 4포제를 도입했다.

> 휴경지를 없애고 땅을 네 부분으로 나눈 다음 계절에 따라서 곡물, 순무, 건초, 클로버 순으로 돌려짓기를 했다. 클로버는 토양에 질소를 공급한 후 가축의 사료로 이용되었다. _조이스 애플비Joyce Appleby,《가차 없는 자본주의》

윤작법 개량으로 네덜란드는 유럽에서 가장 높은 생산성을 보였다. 밀의 경우 1400년대 초 씨앗 대비 수확량이 1 대 6에서 1500년 후반 1 대 10으로 높아졌다. 생산성을 높여도 땅이 좁아 식량 절반은 외국에서 수입할 수밖에 없었다.

네덜란드인들은 곡물 대신 소와 양을 기르고 가격이 높은 버터와 치즈를 만들어 해외시장에 판매했다. 모래땅에는 리넨과 밧줄 원료가 되는 아마와 삼을 심었고, 꽃과 염료작물을 길렀다.

네덜란드 패권 시대

동인도회사 출범은 네덜란드 도약의 전기였다. 네덜란드 정부는 1602년 동인도회사에 아시아 독점 무역권을 주었다. 동인도회사는 1,800명이 넘는 투자자들로부터 약 643만 길더guilder(현재 가치로 약 2억 6,000만 달러)의 자본을 유치했다. (1길더=순금 0.77그램, 2020년 46달러)

동인도회사는 최초의 주식회사이고, 유럽 최대 기업이었다. 동인도회사는 단순한 무역회사가 아니라 국가 안의 국가였다. 독자적으로 전쟁을 선포하고, 조약을 맺고, 화폐를 발행하고, 새로운 식민지를 세울 권한을 가졌다.

동인도회사의 우선 목표는 향료 시장 장악이었다. 그들은 1605년 인도네시아 암본Ambon섬에 있는 포르투갈 요새를 빼앗고 1619년 바타비아 Batavia(자카르타)에 아시아 무역 본부를 설치했다. 일본 히라도平戸島에 무역 기지(1609년)를 세우고 대만 남부(1624년), 실론(1640년), 말라카(1641년)를 잇달아 점령했다. 바타비아는 제2의 암스테르담이었다. 바타비아를 중심으로 인도네시아산 향료, 인도산 후추와 면직물, 중국산 비단과 도자기와 차를 거래했다. 바타비아는 1700년 인구 7만 명의 대도시로 성장했다.

동인도회사,
아시아 무역 장악

인도양으로 진출한 지 40년 만에 네덜란드는 아시아 향료 시장을 장악했다. 앵거스 매디슨에 따르면, 1600~1800년 아시아로 항해한 유럽 배 가운데 절반이 네덜란드 선박이었다. 동인도회사는 향료 시장을 장악해 엄청난 부를 끌어모았다. 1610년 주주들에게 배당금 125%를 향료로 지급했고, 1650년 500%를 배당했다.

동인도회사는 북아메리카에도 손을 뻗쳐, 1609년 뉴욕 허드슨강을 탐사했다. 네덜란드인들은 1625년 60길더를 주고 아메리카 원주민으로부터 맨해튼 땅을 사들여 뉴암스테르담Nieuw Amsterdam이라 이름 붙였다. 모피 교역을 위해 세운 뉴암스테르담 요새에는 여러 나라에서 온 상인과 밀수업자, 떠돌이 선원 들이 모여들었다.

1621년에는 남아메리카와 아프리카 교역을 전담할 서인도회사가 설립되었다. 서인도회사는 1637년 포르투갈이 세운 아프리카 상 조르즈 다 미나São Jorge da Mina를 탈취해 노예무역에 뛰어들었다. 네덜란드 상인들은 유럽의 직물과 럼주를 아프리카에 가져간 뒤, 아프리카에서 노예를 실어 남아메리카 수리남과 서인도제도에 팔고 설탕과 커피를 유럽으로 가져오는 삼각무역을 운영했다. 네덜란드는 아프리카 흑인 55만 명을 노예로 송출했다.

노예무역은 네덜란드인에게 부끄러운 과거였다. 암스테르담 시장 펨키

할시머Femke Halsema는 2021년 7월 수리남에서 열린 노예해방 기념행사에 참석해 노예무역에 대해 공식 사과했다.

"나는 암스테르담 시위원회가 식민지 노예무역에 적극적으로 관여한 점에 대해 사과드립니다. 이제 열린 마음으로, 무조건적으로 노예제도의 부당성을 우리 도시의 정체성에 새겨야 할 때입니다."

유럽 최고 부국
네덜란드

1600년대 네덜란드는 유럽 최고 부국으로 성장했다. 1500년 95만 명 수준이던 네덜란드 인구는 1700년 190만 명으로 늘어났고 1인당 GDP는 2,000달러를 넘어섰다. 1600년 네덜란드의 1인당 GDP는 서유럽 평균보다 50% 높았고, 1700년에는 2배 수준이 되었다.

네덜란드와 서유럽의 1인당 GDP 비교

연도	1500년	1600년	1700년
네덜란드	761달러	1,381달러	2,130달러
서유럽 12개국 평균	797달러	906달러	1,028달러

* 출처: 〈매디슨 프로젝트Maddison Project 2010〉

잉글랜드 외교관 윌리엄 템플William Temple은 1670년대 네덜란드를 방문하고 나서 "네덜란드의 부유함과 아름다움, 번창하는 무역, 인구는 어떤 이에게는 부러움, 다른 이에게는 두려움, 다른 모든 이웃에게는 놀라움을 준다"고 말했다.

갯벌이나 다름없는 황무지를 유럽 최고 부국으로 만든 힘은 어디에서 왔나?

네덜란드는 유럽에서 가장 살기 힘든 지역이었지만 지정학적 이점을 가졌다. 라인강과 뫼즈강 하구에 위치해 일찍부터 상업이 발달했고, 직물업과 상업 중심지 플랑드르가 같은 문화권에 속했다. 북해의 청어, 발트해의 곡물, 잉글랜드의 양모, 앤트워프의 자본주의, 스페인의 귀금속은 네덜란드 성장의 바탕이 되었다. 무엇보다 네덜란드인에게는 치열한 상인 정신이 있었다.

자본주의 정신, 어디서 기원했나?

페르낭 브로델은 "네덜란드의 정책과 삶이 늘 지키고 수호하려고 했던 것은 총체적 상업 이익"이었고 "이익이야말로 이곳 사람들을 인도하는 유일한 나침반"이라고 말했다. 독일 사회학자 베르너 좀바르트Werner Sombart는 "네덜란드는 모든 사람이 자본주의 정신으로 물든 곳"이라고 말했다. 좀바르트는 기업가 정신spirit of enterprise과 부르주아 정신bourgeois spirit을 자본주의 정신의 핵심 요소로 보았다. 기업가 정신은 경제적 욕망과 모험 욕구, 탐사에 대한 애착심을 가리킨다. 부르주아 정신은 계산적인 신중함과 합리성, 그리고 절약 정신을 말한다.

막스 베버는 프로테스탄트 윤리를 자본주의 정신의 기원으로 보았다. 베버는 금전적 욕망과 탐욕적 이윤 추구는 자본주의 정신이 아니라고 부정했다. '체계적이고 합리적으로 정당한 이윤을 추구하는 정신적 태도'를 자본주의 정신으로 제시했다. 물질적 탐욕을 비판하고 자본주의 윤리 규범을 제시한 베버의 《프로테스탄트 윤리와 자본주의 정신》은 20세기 사회학 분야 최고 고전의 하나로 꼽는다.

마르틴 루터의 소명 의식, 장 칼뱅Jean Calvin의 금욕주의와 예정론은 프로테스탄트 윤리의 핵심 내용이다. 직업을 신의 사명으로 생각하는 소명 의식, 쾌락과 사치를 물리치고 청빈하게 살아가는 금욕주의, 누가 구원을 받을지 알 수 없는 '전대미문의 절대 고립감' 속에서 부의 생산에 몰두하도록 하는 예정론이 자본주의 추진력이 되었다는 것이다.

베버 이론은 17세기 네덜란드 상황과 잘 들어맞는다. 칼뱅 신도들은 독립 투쟁을 주도했고, 칼뱅주의는 국교 지위를 얻을 만큼 세력이 강했다. 소명 의식과 금욕주의는 부지런하고 검소한 네덜란드인의 기질과 통한다. 1688년 네덜란드 저축률은 11%로 잉글랜드와 프랑스의 4%에 비해 3배 가까이 높았다. 높은 저축률 덕분에 상인들은 낮은 금리로 자본을 조달할 수 있었다. 칼뱅주의는 상공업을 긍정적으로 평가하고 상거래를 할 때 이자 받는 행위를 허용해, 네덜란드 사회에 빠르게 정착했다.

학자들은 칼뱅 교리가 자본주의 친화적 요소도 있지만 반대 요소도 있다고 말한다. '재능을 사적 용도로 보유해서는 안 되고 구성원과 공유해야 한다'는 교리는 사회주의 이론에 가깝다는 지적을 받는다. 영국 역사학자 리처드 토니Richard Tawney는 "칼뱅 교리에서 강렬한 개인주의도, 기독교 사회주의도 도출할 수 있다"고 말한다.

칼뱅은 제네바 시민들에게 금욕 생활을 강요하고 교리에 반대하면 추방하거나 처형했다. 칼뱅의 독재정치는 중세 신정정치theocracy에 가깝다는 평가를 받는다. 페르낭 브로델은 "북유럽 자본주의는 베네치아를 본떴을 뿐 아무것도 새로 만들어 내지 않았다"며 베버 이론은 "명백히 틀렸다"고 주장했다. 남아공 경제사학자 핵터 로버트슨Hector Robertson은 베버 이론은 역사적 사실에 기초하지 않았다며, 자본주의 정신은 종교적 충동보다 물질적 조건material conditions에서 기원했다고 주장했다.

여러 비판에도 불구하고 종교와 정신을 자본주의 발전의 중요한 요소로 본 점은 베버의 공헌이라 할 수 있다. 스페인은 종교적 도그마에 빠져 자본주의 발전에 실패한 반면, 신교 국가 네덜란드와 잉글랜드는 자본주의 발전에 성공했다.

네덜란드 자본주의 정신은 부당한 억압에 저항하는 프로테스탄트 정신 자체에 있다고 할 수 있다. 네덜란드인들은 종교 자유를 위해 독립 투쟁에 나섰고, 1579년 위트레흐트 조약에 종교의 자유를 명시했다. '모든 사람은 종교의 자유를 가져야 하며, 종교로 인해 조사받거나 박해받지 않아야 한다.'

다른 종교, 다양성을 존중하는 관용 정신은 인문학자 데시데리위스 에라스뮈스Desiderius Erasmus 사상에 뿌리를 두고 있다. 네덜란드 출신 경제사학자 얀 드 브리스Jan de Vries는 교조적 칼뱅 신학보다 종교적 관용을 강조한 에라스뮈스 사상이 자본주의 발전에 더 큰 영향을 주었을 것이라고 말한다.

프로테스탄트 자유정신과 에라스뮈스 관용 정신은 자본주의를 성장시킨 네덜란드 정신문화의 양대 축이라 할 수 있다.

대포로 무장한
네덜란드 상선

17세기 무역은 해군력에 비례했다. 동인도회사

선원은 상인이자 군인이고 공인된 해적이었다. 1603년 2월 동인도회사 선원들은 싱가포르 근해에서 포르투갈 대형 범선이 지나가는 것을 발견했다. 1,500톤급의 산타 카탈리나Santa Catalina호는 중국 마카오에서 비단과 도자기, 값비싼 사향을 싣고 말라카(믈라카의 옛 이름)로 가던 중이었다. 네덜란드인들은 포르투갈 범선을 대포로 공격하고 상품을 약탈했다. 약탈한 상품 가치는 300만 길더로 동인도회사 자본금의 절반에 가까운 금액이었다. 후일 '국제법의 아버지'로 불리는 법률가 휴고 그로티우스Hugo Grotius는 국제 해역에서 '항해의 자유'를 내세워 네덜란드인의 해적 행위를 변호했다.

1628년 서인도회사 제독 피에트 하인Piet Heyn은 쿠바에서 스페인 보물선을 나포해 1,150만 길드 상당의 황금과 은괴를 탈취했다. 이 귀금속 가치는 서인도회사 자본금 280만 길더의 4배가 넘었다. 서인도회사는 1630년 브라질 설탕 산지 올린다Olinda와 페르남부쿠Pernambuco를 점령하고 이 일대를 '뉴 홀란드Nieuw Holland'라고 명명했다. 네덜란드인들은 브라질 동부 해안을 장악했으나 1654년 포르투갈의 반격에 밀려 퇴각했다.

동인도회사 상선은 중무장을 하고 다녔다. 브로델은 17세기 말 동인도회사가 보유한 160척의 선박마다 30~60문의 대포가 있었다고 밝혔다. 1688년 동인도회사가 고용한 2만 1,900명 가운데 절반인 1만 270명이 군인이었다.

식민주의는 폭력 행위를 동반한다. 동인도회사는 향료의 섬 반다제도를 장악하기 위해 원주민 1만 5,000명을 학살했다. 네덜란드인의 잔혹 행위는 아메리카에서 저지른 스페인 정복자의 만행에 비견된다. 조반니 아리기는 네덜란드가 번영한 배경에는 강력한 해군력과 전쟁 수행 능력이 있었다고 분석했다.

자유, 관용에서
사상, 과학이 꽃피다

네덜란드 황금기는 과학혁명과 시기를 같이 한다. 16~17세기에는 신대륙 항해와 탐험으로 지식과 정보가 폭발했고 새로운 과학적 발견과 발명이 잇달았다.

코페르니쿠스는 1543년 《천구의 회전에 관하여》를 출간해 '과학혁명'의 문을 열었고, 갈릴레이는 1610년 망원경으로 목성 주위를 도는 4개 위성을 발견해 지동설을 입증했다. 수학 이론과 실험 방법을 결합해 과학적 연구 방법을 확립한 갈릴레이는 근대과학의 아버지라 불린다.

종교·사상의 자유를 허용한 네덜란드는 유럽 사상가와 과학자의 피난처가 되었고, 이곳에서 합리주의 철학과 과학이 꽃을 피웠다.

르네 데카르트René Descartes(1596~1650년)는 32세 때 프랑스 정부의 사상 탄압을 피해 네덜란드로 망명했다. 그는 20년 넘게 네덜란드에 머무르며, 《방법서설》과 철학, 기하학에 관한 책을 펴냈다. 그는 모든 자연은 기계처럼 과학적 원리에 의해 움직이며, 인간의 이성적 능력으로 자연을 지배할 수 있다고 생각했다. 데카르트의 합리주의 철학은 실험과 경험을 중시한 프랜시스 베이컨Francis Bacon의 경험주의 철학과 함께 근대 유럽 철학의 양대 축을 형성했다.

포르투갈계 유대인 가정에서 태어난 스피노자는 자연은 창조된 것이 아니라 스스로 만들어 간다는 범신론汎神論을 주장했다. 또 인간은 자신을 보존하려는 본능 코나투스Conatus의 지배를 받는다는 급진적 주장을 폈다. 신성모독으로 유대인 사회에서 추방된 스피노자는 안경 렌즈를 연마하는 일로 생계를 이어가다 불우하게 생을 마감했다. 그의 사상은 니체와 헤겔

철학에 많은 영향을 주었다.

물리학자 크리스티안 하위헌스Christiaan Huygens는 진자로 톱니바퀴의 회전속도를 제어하는 기계식 시계를 발명했고 빛의 파동설을 제시했다. 직물 상인이었던 안톤 판 레이우엔훅Antonie van Leeuwenhoek은 독학으로 실물보다 300배 확대해서 볼 수 있는 현미경을 발명해 처음으로 박테리아를 관찰했다.

1575년 네덜란드에서 최초로 설립된 레이던대는 지식인의 구심점 역할을 했다. 데카르트와 스피노자가 대학 학자들과 교류했고, 하위헌스와 그로티우스가 이 대학을 졸업했다. 대학 의학부는 해부학 극장Theatrum Anatomicum을 만들어 시민들이 시신 해부 장면을 직접 볼 수 있도록 했다. 인체 해부는 종교적 금기에서 벗어나 의학 연구와 지적 탐구의 대상이었다. 의학자는 관객들에게 인체 구조를 보여주며, 인체의 신비와 의학의 중요성에 관해 강의했다. 해부학 강의 장면은 아르트 피테르스존Aert Pietersz, 렘브란트Rembrandt van Rijn 등의 회화로 남아 있다.

풍차는 네덜란드 기술혁신의 상징이다. 부존자원이 부족한 네덜란드는 북해의 거센 바람을 동력원으로 활용했다. 17세기에 1,000여 대의 풍차가 간척지의 물을 퍼 올리며 조선소와 제분 공장, 제지 공장, 직물 공장의 기계를 돌렸다.

네덜란드인들은 중세 때부터 교육에 관심을 기울여 교육 수준과 문자 해독률이 높았다. 1583년 암스테르담에서 결혼한 부부 가운데 신랑은 55%, 신부는 38%가 결혼 증명서에 자기 이름을 기재했다. 1670년대에는 자기 이름을 쓸 수 있는 신랑 비율이 70%에 달했다. 높은 문자 해독률 덕에 출판업이 호황을 누렸다. 암스테르담과 레이던은 유럽에서 손꼽히는 서적, 정보, 정치 팸플릿의 중심지가 되었다.

빛을 그린
네덜란드 화가

네덜란드인들은 눈에 보이는 세계를 사실적으로 묘사한 회화에 열광했다. 돈 많은 상인은 집 안을 온통 미술품으로 장식했고 서민들도 집 안에 작은 회화 작품을 걸어 놓았다. 네덜란드 역사학자 마르틴 프락Maarten Prak은 "1650년 네덜란드에서 650~750명의 화가가 활동했고 17세기 중에 500만 점의 회화가 제작된 것으로 추정된다"고 밝혔다.

네덜란드 회화는 신교 영향으로 장식적 종교화 대신 일상과 자연을 묘사했다. 상인들이 주문한 초상화가 대량으로 제작되고 길드 회원, 민병대, 의사, 양로원 여자 관리인 등 집단 초상화가 유행했다. 영국 미술사학자 곰브리치는 "성공한 많은 상인들은 그들 자신의 모습을 후손들에게 남기고 싶어 했고, 시장이나 시의원으로 선출된 명사들은 직위를 나타내는 표지가 들어 있는 초상화를 원했다"고 말했다.

회화는 일상생활을 담는 그릇이었다. 먼바다로 떠나는 범선, 풍차와 교회의 첨탑, 붉은 벽돌집이 늘어선 도회지 풍경, 소박한 농가의 실내, 시장에서 고기를 파는 상인, 잔칫날 바이올린 연주에 맞추어 춤을 추는 떠들썩하고 유쾌한 일상이 스냅사진처럼 화폭에 담겼다.

렘브란트는 빛의 효과를 극대화해 '빛의 화가'로 불린다. 야간 순찰을 나가는 민병대의 역동적 동작을 묘사한 〈야경夜警, The Night Watch〉은 렘브란트의 최고 걸작으로 평가된다. 무대 위에 서치라이트를 비추는 듯한 강렬한 명암 대비와 어둠 속에서 은은하게 퍼지는 빛은 입체감과 극적 효과를 높인다. 렘브란트는 인간의 아름다움, 추함, 감정, 영혼까지 그림에 표현하고자 했다. 곰브리치는 렘브란트 자화상에 대해 "실제 인물과 직접 대면해 그 사람의 체온을 느끼고 그의 절박함과 외로움, 고통을 느낄 수 있다"고 말한다.

정물화 출현은 황금기 회화의 또 다른 특징이다. 바닷가재, 과일, 햄 같은 호사스러운 음식이 식탁을 가득 채우고 넘어진 은촛대, 먹다 만 빵 조각, 사냥한 새, 무질서하게 놓인 생선이 그림 소재로 등장한다. 화가들은 작은 생선 비늘, 가느다란 새 깃털, 유리컵의 번질거리는 질감까지 극사실적으로 묘사했다.

미국의 예술사학자 스베틀라나 앨퍼스Svetlana Alpers는 네덜란드 회화의 재현 기술은 자연 지식natural knowledge과 깊은 연관성이 있다고 분석했다. 네덜란드인들은 현미경으로 미생물을 관찰하고, 망원경으로 천체와 선박을 관측하고, 항해용 정밀 지도를 제작했다. 앨퍼스는 세계를 이해하는 양식으로 시각 문화visual culture가 문자 문화textual culture보다 중심에 있었다고 말했다.

〈진주 귀고리를 한 소녀〉, 〈우유를 따르는 여인〉, 〈회화 예술〉 등의 명작을 그린 요하네스 페르메이르Johannes Vermeer는 예술과 과학을 접목시킨 대표적 화가로 평가된다. 페르메이르는 창문의 빛이 방 안으로 퍼져 나가면서 벽과 가구, 인물의 명암, 색채에 주는 미묘한 변화를 카메라로 찍은 듯 묘사했다.

영국 화가 데이비드 호크니David Hockney와 건축학자 필립 스테드먼Philip Steadman은 페르메이르가 카메라 옵스큐라camera obscura를 이용해 그림을 그렸을 가능성이 있다는 가설을 제시했다. 카메라의 원조 격인 카메라 옵스큐라는 어두운 방에 작은 구멍을 뚫어 밖의 이미지가 벽에 거꾸로 맺히게 하는 장치다.

스테드먼은《페르메이르의 카메라Vermeer's Camera》에서 인물보다 가까이에 있는 물체의 초점이 흐려지거나, 매끈한 표면에 둥근 점이 반짝이고 윤곽선이 흐려지는 현상은 카메라로 촬영한 사진에 나타나는 특징이라고 밝혔다. 스테드먼은 현미경을 발명한 레이우엔훅과 페르메이르가 같은 델프트에 살았고, 레이우엔훅이 페르메이르의 유산 관리를 맡았다는 점을 들어 두 사람 간의 연관성을 주장했다.

페르메이르가 실제로 카메라 옵스큐라를 사용했는지는 불확실하지만 그림에 나타난 생생한 사실 묘사는 현대 과학자들의 탐구심을 자극하고 있다.

근대 최초의
공화정

네덜란드는 왕이 없는 공화국이었다. 오라녜공 빌렘 가문이 스타트하우더stadhouder직을 세습했지만, 권한은 군사·치안에 한정되었다. 권력은 7개 주 정부에 분산되었고 주 정부 권력은 상인 출신의 과두 집단 레헨트regent가 쥐고 있었다.

새로 독립한 국가, 네덜란드 연합주의 권력은 각 지방으로 분산되었고, 전국의회States General 결정은 모든 주의 만장일치 의결을 받아야 했다. 과정은 번거로웠지만 이 정치 구조는 살아남았다. 이 정체는 대의 정치와 민주적

통치 요소를 발전시켰고, 종교의 자유를 지원했다. _더글러스 노스, 《경제
변화 과정의 이해Understanding the Process of Economic Change》

네덜란드는 부르주아 이익을 보호하고 상업 활동을 지원하는 일에 정책
의 우선순위를 두었다. 1602년 출범한 동인도회사는 상업적 이익과 국가
군사력이 결합한 대표적 예다. 동인도회사 출범과 함께 암스테르담 증권
거래소가 문을 열었다. 베네치아에 비슷한 제도가 있었지만 대규모 주식
거래는 암스테르담 증권거래소가 최초다.

1609년에는 중앙은행 역할을 하는 암스테르담 은행이 설립되었다. 암
스테르담 은행은 금화와 은화로 예금을 받아 은행권을 지급했다. 금화와
은화는 유통 과정에서 마모되어 가치가 떨어지는 데 반해 은행권 지폐는
가치가 고정되어 안정성이 높았다. 네덜란드인은 저축률이 높아 여유 자
금이 은행으로 모여들었다. 1600년대 초 8% 수준이던 금리는 1655년
4%로 낮아졌다. 네덜란드 상인은 자금력과 금융 비용 면에서 다른 나라
상인에 우위를 보였다.

월러스틴은 네덜란드가 1625~1675년 세계 헤게모니 국가에 올라섰
다고 보았다. 헤게모니는 한 국가가 경제력에서 압도적 우위를 보여 상
업·금융을 지배하고 군사적·문화적 지도력을 갖는 것을 말한다. 월러스
틴은 근대사에서 헤게모니를 가진 국가는 네덜란드, 영국, 미국 3개국뿐
으로, 네덜란드가 그 첫 번째 국가라고 밝혔다.

조반니 아리기는 네덜란드 헤게모니 시기를 1630~1780년으로 보았
다. 얀 드 브리스는 네덜란드가 최초의 근대 경제First Modern Economy라고 주
장했다. 브리스는 흔히 영국을 최초의 근대 경제라고 하지만 네덜란드에

서 처음으로 근대적 시장경제, 농업 생산, 정치제도가 출현했다고 말했다.

튤립 광풍

　　　　　　　네덜란드 범선이 전 세계를 누비던 황금기에 튤립 광풍Tulip mania이 불었다. 중앙아시아 파미르고원이 원산지인 튤립은 1590년대 오스만제국을 통해 네덜란드에 들어왔다. 세계 여러 지역에서 진귀한 동물, 식물, 광물, 특산품이 쏟아져 들어왔지만 튤립만큼 이국적이고 매력적인 물건은 없었다.

튤립은 봄에 빨강, 노랑, 보라, 핑크, 하양의 탐스러운 꽃을 피웠고, 알 뿌리를 옮겨 심는 과정에서 오묘한 색을 가진 400여 종의 변종이 나왔다. 붉은 꽃잎에 흰색, 노란색 불꽃무늬가 나타나는 렘브란트 튤립, 흰 꽃잎에 붉은색 줄무늬를 가진 희귀종도 있었다. 튤립이 변종이 생기는 원인은 1928년에 가서야 바이러스 감염 때문으로 밝혀졌지만, 네덜란드 상류층은 튤립 꽃잎에 예술적 가치를 부여했다. 아름다운 희귀종 튤립은 높은 값에 거래되었고, 값비싼 튤립은 지위의 상징이 되었다.

튤립은 갖고 싶은 욕망, 투기 심리에 불을 붙였다. 1636년 11월 튤립 가격이 폭등하기 시작했다. 보라색과 흰색이 섞인 '총독Viceroy'이라는 이름의 튤립 가격은 한 뿌리에 2,500길더(약 11만 5,000달러)로 치솟았다. 이 돈이면 밀 2.5톤, 보리 5톤, 돼지 8마리, 황소 4마리, 양 12마리에 마음껏 먹을 수 있는 분량의 와인, 맥주, 버터, 치즈를 살 수 있었다.

'아우구스투스Semper Augustus' 구근 가격은 5,500길더(약 25만 3,000달러)로, 암스테르담의 근사한 저택을 살 수 있는 금액이었다. 목수, 벽돌공, 굴뚝 청소부도 술집 뒷방에 둘러앉아 튤립 증서에 돈을 걸었다.

1637년 2월 튤립 거품이 붕괴했다. 10분의 1 가격에도, 50분 1 가격에도 튤립을 사려는 사람이 없었다. 채무자는 달아나고 소송이 꼬리를 물었다.

네덜란드 튤립 광풍은 자본주의 최초의 거품경제 현상으로 기록된다. 튤립 투기는 인간 욕망의 어두운 면을 보여준다. 탐욕, 투기, 광기는 세계 경제사에서 자주 모습을 드러냈다. 1930년대 대공황과 IT 버블, 21세기 글로벌 금융 위기는 통제되지 않은 탐욕의 위험성을 보여준다.

튤립 파동이 네덜란드 경제에 심각한 타격을 주지는 않았다. 그럼에도 불구하고 투기 심리는 네덜란드인의 검약 정신이 흔들리고 있다는 신호였다. 미국 역사학자 앤 골드가Anne Goldgar는 경제에 미치는 충격은 적었으나 상호 불신 같은 문화적 충격은 상당했다고 설명한다.

네덜란드의 황혼

1648년 스페인과 네덜란드 사이 80년 전쟁이 막을 내렸다. 유럽 각국 대표들은 베스트팔렌Westfalen(영어로는 웨스트팔리아 Westphalia)에서 각국의 외교권과 종교의 자유를 보장한다는 평화조약에 서명했다.

이 조약으로 독립국 지위를 얻은 네덜란드는 단꿈에 빠졌다. 주 정부 대표들은 전쟁이 끝났으니 병력을 감축하자고 요구했다. 전쟁 시기 6만 명이던 육군 병력은 3만 5,000명으로 줄어들었다. 군 총사령관 오라녜공 빌렘 2세는 병력 감축을 요구한 공화파 6명을 감금하고 친위 쿠데타를 일으켰으나 천연두에 걸려 갑자기 사망했다.

평화조약 체결 이후 유럽 정세는 더 험악해졌다. 잉글랜드 호국경 올리버 크롬웰Oliver Cromwell은 1651년 잉글랜드로 수입되는 모든 물품은 자국 선박으로 운반해야 한다는 항해법Navigation Act을 선포했다. 바야흐로 힘으로 경쟁국을 제압하는 중상주의mercantilism 시대가 개막되었다.

잉글랜드와 네덜란드 사이에 제1차 영란 전쟁Anglo-Dutch War(1642~1654년)이 터졌다. 전쟁 중에 젊은 정치가 요한 드 비트Johan de Witt가 홀란드주 행정장관에 선출되었다. 수학에도 천재적 재능을 가진 비트는 뛰어난 두뇌와 부드러운 외교정책으로 전쟁을 마무리지었으나 국제 정세를 오판했다. 그는 전쟁이 난다면 바다에서 날 것이라 판단하고, 지상군 관리에 신경을 쓰지 않았다. 육군은 2만 7,000명에 불과했다. 훈련도 제대로 되지 않아 병사들은 지휘관이 누구인지도 몰랐다.

1672년 잉글랜드와 프랑스가 바다와 육지 양면으로 네덜란드를 침공했다. 육지 방어선이 무너졌다. 미국 역사학자 허버트 로웬Herbert Rowen은 비트가 군인 정신army esprit의 중요성을 알지 못했다고 지적했다.

> 드 비트는 군대 증강이 필요하다면, 홀란트의 막대한 자금으로 빠르게 군대를 확보할 수 있을 것이라 자신했다. 그는 전투 부대를 조직하고 군인 정신을 불어넣는 지휘관의 일을 전혀 이해하지 못했다. _허버트 로웬,《요한 드 비트, '진정한 자유'의 행정가John de Witt: Statesman of the "True Freedom"》

프랑스군 13만 병력은 한 달 만에 네덜란드 영토의 절반을 점령하고 암스테르담 근처까지 접근했다. 성난 군중들은 비트에게 몰려갔다. 히스테리에 빠진 군중들은 비트와 그의 형 코르넬리스 드 비트Cornelis de Witt를 잔인하게 살해하고 시신을 거꾸로 매달았다.

1672년은 네덜란드 역사에 '재난의 해Rampjaar, Disaster Year'로 기록된다.

작은 나라의 한계

잉글랜드와 프랑스의 네덜란드 침공은 중상주의의 본질을 보여준다. 중상주의는 무역을 '끝없는 전투'로 보고 상업 경쟁과 식민지 확장을 위해 무력을 동원한다. 네덜란드는 두 강대국의 협공에 밀려 패권국에서 밀려났다.

네덜란드는 1인당 소득은 높았으나 인구, 경제 규모에서 잉글랜드와 프랑스의 상대가 되지 않았다.

네덜란드, 잉글랜드, 프랑스의 1700년 인구와 GDP 비교

나라	인구 (단위: 1,000명)	GDP (단위: 100만 달러)	1인당 GDP (단위: 달러)
네덜란드	1,900	4,047	2,130
영국	8,565	10,709	1,250
프랑스	21,471	19,539	910

* 출처: 〈매디슨 프로젝트 2010〉

네덜란드 인구는 영국의 4분의 1, 프랑스의 11분의 1에 불과했다. 국내 총생산은 영국의 2분의 1, 프랑스의 5분의 1 수준이었다. 국력 열세는 넘기 힘든 장벽이었다. 프랑스를 막기 위해 육군을 증강하자 해군이 무너졌다.

1688년과 1748년 사이 프랑스에 대한 여러 차례의 전쟁에서 네덜란드는 자원이 부족했기 때문에 국방비의 4분의 3을 육군에 집중 지출하고 함대를 소홀히 한 데 반해, 영국은 해운과 식민지 전쟁에 갈수록 많은 금액

을 투입하여 여기에서 많은 상업적 이익을 얻었다. _폴 케네디, 《강대국의 흥망》

전쟁 능력은 국가 흥망을 결정한다. 전쟁 능력이 떨어지는 네덜란드는 무역에서 금융으로 방향을 돌렸다. 상인들은 금욕적 생활 대신 사치를 즐기거나 시골 저택을 구입하고, 안락한 중세 영주의 삶을 추구했다. 경제사학자 찰스 킨들버거는 1702~1748년 과두 지배층 가운데 73%가 직업이 없었고, 81%가 시골 저택을 보유했다고 밝혔다.

네덜란드 쇠퇴 원인을 일반적으로 중상주의 때문이라고 하지만, 미국 사회학자 리아 그린펠드Liah Greenfeld는 민족의식 부족 때문이라고 보았다. 그린펠드는 네덜란드인은 경제 합리성을 추구하는 '경제적 인간homo economicus'이었지 하나의 국민nation은 아니었다고 지적했다.

작은 나라 네덜란드가 강대국 사이에서 번영을 이룬 것은 예외적 기적이라 할 수 있다. 킨들버거는 "네덜란드의 쇠퇴는 인구 200만 명의 조그마한 네덜란드 공화국이 유럽 내에서 원래 자신에게 걸맞은 지위로 돌아가는 것을 의미할 따름"이라고 말했다.

네덜란드는 패권을 상실했지만 막대한 자본과 자본주의 노하우를 갖고 있었다. 네덜란드의 행보는 유럽 주도권 향배에 중대한 영향을 미치게 된다.

잉글랜드 절대군주,
헨리 8세와 엘리자베스 1세

평생 6번을 결혼하고 2명의 부인을 처형한 헨리

8세Henry Ⅷ(재위 1509~1547년)는 폭군의 이미지가 강하다. 188센티미터의 키에 몸무게 80~90킬로그램의 큰 체구를 가진 헨리 8세는 과시적이고 호전적이었다. 말년에 편집증paranoia 증세를 보였다고 전해진다.

헨리 8세 시대는 전쟁과 사치, 궁정 스캔들로 얼룩졌으나 독립적이고 강한 잉글랜드를 유산으로 남겼다. 그는 1534년 스페인 출신 왕비 캐서린 Catherine of Aragon과의 이혼 문제로 로마 교황청과 결별하고 잉글랜드 국교회를 세웠다. 교회 수장Supreme Head of the Church을 겸한 헨리 8세는 전국 수도원을 해체해 전쟁 비용을 조달했다. 잉글랜드 국토의 17%에 이르는 수도원 땅이 국고로 귀속되고, 토지 대부분이 부유한 지주 젠트리gentry에 매각되었다.

헨리 8세는 해군을 창설해 함선을 5척에서 58척으로 늘리고, 청동 대신 철로 대포를 주조했다. 600톤급의 대형 전함 메리 로즈Mary Rose는 헨리 8세가 보물처럼 아끼는 기함이었다. 메리 로즈는 대대적 수리를 거쳐 91문의 대포를 장착한 최신예 전함으로 재탄생했다. 1545년 메리 로즈는 프랑스 해전에 참전했다가 갑자기 균형을 잃고 침몰했다. 메리 로즈호 침몰로 400명 가까운 병사가 수장되었다. 수면 가까이까지 포문을 뚫은 의욕 과잉이 침몰 원인으로 추정된다.

눈앞에서 침몰을 목격한 헨리 8세는 고개를 떨구고 궁으로 돌아왔다. 메리 로즈 침몰은 영국 해군사에 치욕으로 남았다. 영국 정부는 1982년 400년 이상 바다 밑에 묻혀 있던 메리 로즈를 인양해 현재 포츠머스에 있는 메리 로즈 박물관에 전시하고 있다.

인클로저 운동enclosure movement이 사회 갈등으로 폭발한 것도 헨리 8세 때다. 지주들은 양털 가격이 오르자 공유지와 농경지를 울타리로 막아 양을 사육했다. 양 사육 두수가 1,000만 마리에 이르렀다. 공유지가 없어지자, 매년 5,000명 정도의 농촌 빈민이 런던으로 몰려갔다. 인문학자 토머스 모어Thomas More는 인클로저 운동을 신랄하게 비판했다.

> 양들이 사나워지고 게걸스러워지기 시작하여 마침내 인간들마저 집어삼킬 정도라고 합니다. 토지며 가옥이며 도시를 황폐화시켜 사람들을 몰아내고 있습니다. _토머스 모어, 《유토피아》

마르크스는 인클로저 운동을 자본주의 농업의 시초라고 평가했다.

> 근대적 사적 소유로 전환—이것들은 모두 시초 축적의 목가적 방법이었다. 이것들은 자본주의적 농업을 위한 무대를 마련했으며, 토지를 자본에 결합시켰으며, 도시의 산업을 위해 그것에 필요한 무일푼의 자유로운 프롤레타리아트를 공급하게 되었다. _마르크스, 《자본론》

헨리 8세와 비운의 왕비 앤 불린Anne Boleyn 사이에서 태어난 엘리자베스 1세Elizabeth I는 잉글랜드 전성기를 열게 된다.

무적함대 침몰

엘리자베스 1세 때 스페인과의 해전은 잉글랜드의 운명을 바꿨다.

잉글랜드가 스페인에 대해 도발 행위를 계속하자, 스페인의 펠리페 2세는 무적함대 출동을 명령했다. 22척의 갤리언galleon 함선과 108척의 무장

상선으로 구성된 무적함대가 잉글랜드 정복에 나섰다. 잉글랜드는 전함 34척, 무장상선 163척으로 맞섰다. 두 함대는 1588년 7월 잉글랜드 남쪽 해상에서 격돌했다. 양측은 서로 다른 전술을 구사했다.

> 스페인 전술은 단거리에서 적을 포격해 그 배에 올라타는 것이었다. 그래서 그들은 각 갤리언선에 사정거리가 짧고 무거운 대포 약 40문을 장착했다. 잉글랜드의 전술은 가능한 먼 사정거리에서, 그리고 하향 파동을 할 때 적선의 뱃전에 포격을 가해 적선을 침몰시키는 것이었다. _버나드 로 몽고메리Bernard Law Montgomery, 《전쟁의 역사》

잉글랜드는 작전대로 멀리서 함포를 발사해 무적함대 접근을 막았다. 잉글랜드는 한밤중에 화약을 실은 선박 8척을 스페인 함대 쪽으로 흘려보냈다. 불길이 치솟으면서 스페인 함대 전열이 흐트러지자, 잉글랜드 함대는 일제히 포격을 가했다. 잉글랜드 상륙에 실패한 무적함대는 후퇴를 결정했다. 북쪽으로 우회해 후퇴하던 스페인 함대는 아일랜드 근해에서 폭풍을 만나 함선 70척과 병력 1만 5,000명을 잃었다.

스페인 패전은 유럽의 세력균형을 무너뜨렸다. 무적함대를 격파한 잉글랜드는 거침없이 북아메리카와 아시아로 세력을 넓혔다.

민족주의 색채가 강한 잉글랜드는 독자적 경제 발전을 추진했다. 엘리자베스 1세는 1595년 양모를 수출하는 국내 상인을 보호하기 위해 한자Hansa 상인 특권을 박탈하고 외국인 무역 단지 스틸야드Steelyard를 폐쇄했다. 또 금융가 토머스 그레셤Thomas Gresham의 조언을 받아들여 독자적으로 상품거래소를 설립하고 사치품과 군수산업을 육성했다. 국내산업 육성은 시간이 많이 걸렸지만 후일 산업혁명의 기초가 되었다.

엘리자베스 사후, 국왕과 의회는 종교와 세금을 놓고 대립했다. 갈등은 내전으로 번졌다. 대지주와 부르주아로 구성된 의회파는 1649년 절대군주 찰스 1세를 체포해 사형에 처했다. 프랑스혁명이 일어나기 140년 전의 일이다.

잉글랜드는 부르주아의 나라였다. 왕정복고 후 제임스 2세가 독재로 회귀하자, 의회는 1688년 공주 메리 2세와 남편 네덜란드 오라녜공을 공동 통치자로 추대하고 왕을 추방했다. 잉글랜드는 명예혁명Glorious Revolution으로 오늘날과 같은 입헌군주제를 확립했다.

윌리엄 3세의 국왕 즉위는 대규모 자본 이동을 촉발했다. 잉글랜드는 네덜란드 자본주의 제도를 받아들여 1693년 최초로 국채를 발행했고, 이 듬해 잉글랜드 은행을 설립했다. 네덜란드와 연합한 잉글랜드는 1700년을 전후해 유럽 최강의 해군력을 보유하게 되었다.

1707년 잉글랜드는 스코틀랜드와 합병해 나라 이름을 그레이트브리튼 Great Britain, 대영제국으로 바꿨다.

프랑스 절대군주, 루이 14세

프랑스는 자본주의 발전이 늦었다. 북부 일부 지역에서 상업과 직물업이 발달했으나 인구의 70%는 농업에 종사했다. 풍요로운 영토 안에 머물러 있던 프랑스인은 세계 경제 중심에서 비켜나 있었다.

부의 중심은 베네치아, 앤트워프, 제노바, 암스테르담에 차례로 돌아갔는데 이것은 하나같이 프랑스 영역 바깥에 있는 곳들이다. 세계의 분할은 프랑스를 배제하고, 심지어는 프랑스의 희생 아래에서 이뤄졌다. _페르낭 브로델,《물질문명과 자본주의》

프랑스 왕들은 유럽 패권에 관심을 쏟았다. 루이 13세 시대 18년 동안 재상을 맡은 리슐리외Richelieu는 국가이성Raison d'État을 내세워 왕의 권위를 절대화했다. 국가이성은 군주의 절대 권력을 정당화하는 마키아벨리 이론에서 나왔다.

'태양왕' 루이 14세는 군사력을 강화해 영토와 식민지를 넓혔다. 루이 14세는 독일과 네덜란드를 침공하고 캐나다와 미시시피강 유역에 루이지애나Louisiana 식민지를 세웠다. 호화로운 베르사유 궁전은 루이 14세의 절대 권력과 프랑스 문화 예술의 정수를 보여준다.

재무장관 장 바티스트 콜베르Jean-Baptiste Colbert는 강력한 중상주의 콜베르티슴Colbertisme을 시행했다. 콜베르는 관세를 올려 외국 상품의 수입을 막고, 국가 주도로 수출산업을 육성했다.

콜베르는 400개 이상의 공장 건설을 추진했다. 다 같이 특권을 부여받고 있던 몇 개의 작업장이 합쳐 집단 공장이 되었다. 이들에게는 엄격한 품질 관리를 하는 대신 여러 가지 특권이 부여되었다. 이러한 정책으로 인하여 사치품과 수출품(태피스트리, 자기, 유리 제품, 고급 직물)의 생산이 증진되었을 뿐만 아니라 기초재 생산(철공술, 제지법, 무기 제조)과 일상 소비용품(모직물, 마직물, 나사 등)의 생산이 발달했다. _미셸 보Michel Beaud,《자본주의의 역사》

콜베르는 1664년 프랑스 동인도회사를 설립하고 무역 전쟁에 뛰어들었다. 영국과 프랑스는 유럽의 패권과 경제적 이권을 놓고 곳곳에서 충돌했다. 두 나라는 1689년부터 100년 동안 제2차 백년전쟁을 벌였다.

콜럼버스가 대서양을 건넌 1492년 세계 역사는 바뀌었다. 물질적 욕망과 종교적 열정, 대포로 무장한 유럽인들은 아메리카를 정복하고 아프리카와 아시아 땅을 점령했다.

아메리카에서 들어오는 막대한 금은과 흑인 노예를 동원한 플랜테이션 농업, 향료 무역으로 유럽은 막대한 자본을 축적했다. 부에 대한 열망은 중상주의를 일으켰고, 과학혁명과 합리주의는 이성의 시대를 열었다.

이제 유럽은 산업혁명을 통해 지배력 확대를 가속화하게 된다.

제**7**장

동양의 역사 _ 이슬람 세계와 중국의 송·명 시대

오스만제국과 중국의 시간은
느리게 흘렀다

1453년,
콘스탄티노플 함락

1453년 5월 29일 새벽 콘스탄티노플 성벽이 무너졌다. 오스만제국 군대는 성벽을 뚫고 도시로 침입해 극심한 약탈과 파괴를 자행했다.

21세의 젊은 술탄 메흐메드 2세Mehmed II(재위 1451~1481년)는 그날 오후 늦게 입성해 소피아 대성당으로 향했다. 말에서 내린 메흐메드는 대성당 앞 땅바닥에 엎드려 흙을 자신의 터번 위에 뿌렸다. 성당 안에 들어선 그는 공중에서 휘황한 빛을 내뿜는 거대한 돔을 보고 넋을 잃었다. 그는 대성당 꼭대기로 올라가 허물어진 비잔틴제국 수도를 내려다보며 13세기 페르시아 시인의 시구를 읊었다.

호스로Chosroes 황제의 궁전에는 거미줄이 무성하고,
아프라시야브Afrasiyab 성에서는 부엉이만 우는구나.

붉은 사과,
떨어지다

유럽과 아시아, 흑해와 지중해를 잇는 콘스탄티노플은 '붉은 사과'라 불렸다. 콘스탄티노플의 부와 전략적 중요성은 욕망의 대상이었다.

예언자 무함마드Muhammad의 언행을 기록한 하디스Hadith에는 콘스탄티노플 이야기가 여러 곳에 나온다. 어느 날 무함마드가 사람들과 앉아서 글을 쓰고 있을 때 어떤 이가 "콘스탄티노플과 로마 중에 어느 도시가 먼저 정복될까요?"라고 물었다. 무함마드는 "헤라클리우스Heraclius(비잔틴 황제)의 도시, 콘스탄티노플이 먼저 정복될 것이다"라고 답했다. 또 다른 하디스에는 "콘스탄티노플이 진실로 해방될지니, 그 지휘관은 얼마나 훌륭한가. 그 군대는 얼마나 훌륭하겠는가"라고 말했다고 전해진다.

이슬람 세력은 콘스탄티노플을 점령하려고 800년 동안 10차례 공격을 시도했으나 난공불락의 두꺼운 성벽과 '그리스의 불Greek fire'에 막혀 실패했다. 메흐메드 2세는 '지하드jihad'를 선포하고 콘스탄티노플 정복에 자신의 명운을 걸었다.

메흐메드 2세는 자기 부하들에게 비잔틴제국의 수도에 대한 포위를 강화할 것을 강조하면서, 조상들에게도 그러하였듯이, 성전이야말로 가장 기본적인 의무라는 점과 콘스탄티노플의 함락이야말로 오스만제국의 미래를 결정지을 것이라는 점을 주지시켰다. _버나드 루이스Bernard Lewis,《이슬람 1400년》

메흐메드는 콘스탄티노플 공격에 앞서 보스포루스 해협 양쪽에 군사 요새 루멜리 히사리Rumeli Hisari를 건설했다. 비잔틴 군대가 콘스탄티노플 북쪽의 좁은 바다 골든혼Golden Horn에 쇠사슬을 걸어 선박 접근을 봉쇄하자, 오스만제국의 군대는 묘수를 찾아냈다. 5킬로미터의 산길에 나무 레일을 깔아 소가 끄는 수레로 70척의 배를 옮겼다.

비장의 무기는 헝가리 무기 기술자 오르반Orban이 제작한 오르반 대포였다. 메흐메드는 69문의 대포를 주문했다. 가장 큰 괴물 대포 마호메타 Mahometa는 길이 8.2미터, 구경 76센티미터로 270킬로그램의 돌덩어리를 1.6킬로미터까지 날려 보낼 수 있었다. 포탄을 발사하고 나면 열을 식히느라 하루 7발밖에 발사하지 못하지만 마호메타는 난공불락의 콘스탄티노플 성벽을 무너뜨렸다. 오스만제국의 군대는 성안으로 들어가 4,000명의 주민을 살해하고 5만 명을 노예로 삼았다. 수많은 보물이 약탈되고, 유물과 서적이 불탔다.

서로마 멸망 이후 천 년 동안 명맥을 이어온 동로마제국이 멸망했다. 메흐메드 2세는 스스로 로마 황제임을 선포했다. 그는 도시 이름을 '그 도시로to the city'라는 뜻의 이스탄불Istanbul로 바꿨다.

오스만제국 전사들은 로마 전사들처럼 매년 3월 전쟁에 나갔다. 그들은 전쟁으로 영토를 확장하고 땅과 노획물을 분배했다. 오스만제국 경제는 전쟁을 통해 부를 획득하는 전쟁경제war economy, 약탈 경제plunder economy 성격을 가졌다.

메흐메드는 정복 전쟁을 계속해 발칸반도와 흑해의 크림반도, 아나톨리아를 아우르는 대제국을 건설했다. 셀림 1세Selim I와 술레이만 대제Suleiman the Magnificent(재위 1520~1566년) 시대에 오스만제국 영토는 이집트와 북아프리카, 아라비아, 이라크, 비엔나 접경에 이르렀다. 베네치아와 제노바는 지중해에서 밀려났다.

오스만제국은 환호했으나 바로 그 시기에 역사 조류가 바뀌고 있었다.

세계 경제의
흐름이 바뀌다

콘스탄티노플이 무너지자, 유럽인은 대서양과 인도양으로 눈을 돌렸다. 유럽은 아메리카에서 귀금속과 천연자원을 대량으로 실어왔고, 아프리카를 우회해 아시아와 직접 무역을 했다. 이슬람 세계는 세상 변화에 둔감했다.

1585년에는 포르투갈 선박보다 3배나 많은 향신료가 중동과 일부 중동 캐러밴을 통해 유럽으로 운송되었다. 그러나 1750년이 되면 아프리카를 우회하는 향료 무역이 인도양과 지중해 사이의 캐러밴 무역을 완전히 사라지게 한다. _티무르 쿠란Timur Kuran, 《오랜 격차The Long Divergence》

세계 경제 흐름이 바뀌자, 유럽의 공세가 시작되었다. 종교는 다르지만 1,500만 인구를 가진 오스만제국은 유럽 상인들에게 매력적인 시장이었다.

오스만제국은 1535년 프랑스와 첫 번째 무역 조약을 맺었다. 프랑스가 오스만제국의 적대 국가 신성로마제국과 전쟁을 하고 있었기 때문이다. 1580년대 잉글랜드와 네덜란드가 오스만제국과 무역을 개시했다.

오스만제국이 시장을 개방한 뒤 유럽에서 아메리카 귀금속이 쏟아져 들어왔다. 유럽인이 가져온 귀금속은 오스만제국에 인플레이션을 전염시켰다. 물가가 무섭게 뛰어올랐다. 터키 경제학자 쉐브켓 파묵Sevket Pamuk에 따르면, 1489년 물가를 100으로 볼 때 1590년 331, 1597년 479로 물가가 3~5배 급등했다.

인플레이션은 정부 재정과 노동자에게 부정적 영향을 주었다. 당국은 재정 적자를 메우기 위해 은화 크기를 축소했다. 화폐가치 하락은 물가 상승을 부채질했다.

오스만제국은 특이한 무역정책을 시행했다. 수입보다 수출을 규제했다. 유럽에서 들어오는 수입품은 모직물과 유리 제품, 의약품, 화약, 시계 등 공산품이었고 오스만제국의 수출품은 비단, 목화, 담배, 향신료 같은 사치품이었다. 정부 관리들은 수입품은 국내에서 생산되지 않는 상품이기 때문에 낮은 관세를 물리고, 수출은 주민을 보호한다는 이유로 억제했다. 수입품에는 5%, 수출품에는 12%의 관세를 매겼다. 유럽 중상주의와 반대로 움직였다. 값싼 유럽 공산품 유입으로 수공업자는 큰 피해를 보았다. 힘없는 상공업자들은 정부 결정에 따를 수밖에 없었다.

18세기에 오스만제국은 공산품을 수출하기보다 목화, 비단, 리넨, 구리 등 원자재를 수출하는 국가로 전락했다.

예언자 무함마드가 태어난 메카는 캐러밴이 지나가는 상업 도시였다. 젊은 시절 무함마드는 장사를 했다. 어릴 때 고아가 된 그는 삼촌을 따라 대상 무역을 배웠다. 그는 상인을 존중했고 상업 활동에 관대했으나 이자를 받는 행위는 금했다.

알라는 고리대금Riba을 멸할 것이며, 사다카트Sadaqât(자선 행위)에 대해 증식

을 줄 것이다. _홍성민,《이슬람 경제와 금융》

리바Riba는 고대 아라비아로부터 전해진 고리대금으로 채무자가 빚을 갚지 않으면 빚이 2배가 되었다. 코란은 악덕 고리대금을 금지했으나 이슬람 법학자들은 코란을 엄격하게 해석해 모든 이자를 금지했다. 이자 금지로 은행업이 발전하지 못했다. 근대식 은행은 1850년대 처음 카이로와 이스탄불에 설립되었다.

주식회사나 법인 개념도 없었다. 법인과 비슷한 제도로 와크프waqf가 있었다. 와크프는 멈춘다는 뜻으로, 기증자가 공익과 복지사업에 재산을 기부하는 제도를 말한다. 학교, 병원, 모스크, 빈곤 구호 단체가 와크프로 설립되어 사회 안정에 도움을 주었다. 하지만 법인이 없어 대규모 자본형성은 불가능했다. 1851년 처음 주식회사 형태의 해운 운송 회사가 설립되었다. 주식회사 설립은 네덜란드 동인도회사에 비해 250년이 늦었다.

1880년대까지 오스만제국 노동력의 80%가 농업에 종사했다. 유럽이 산업자본주의를 발전시키고 있을 때 오스만제국은 중세 농업국에 머물러 있었다.

모든 것은
신의 뜻

15세기까지 이슬람 세계는 학문과 과학기술에서 유럽을 앞섰다. 8~9세기 압바스Abbasid Caliphate 시대는 이슬람 과학 황금기였다.

2대 칼리프 알만수르 알리Al-Mansur Ali는 바그다드에 궁정 도서관을 설립했다.《아라비안 나이트》이야기로 유명한 하룬 알 라쉬드Harun al-Rashid는 고대 그리스 문헌을 번역하게 하고 문학, 철학, 수학, 천문학 연구를 지원했다. 알 라쉬드는 샤를마뉴와 친선 사절, 예물을 교환하며 국력을 과시했다.

알마문al-Ma'mun은 '지혜의 집'을 세우고 무타질라 학파Mu'tazilism를 후원했다. 무타질라는 그리스 철학 '팔사파Falsafah'를 통해 진리를 탐구하는 철학 학파다. 알마문은 팔사파를 옹호하고, 이슬람 정통주의를 탄압했다.

10대 칼리프 알무타와킬al-Mutawakkil은 선대의 종교 정책을 뒤집었다. 알무타와킬은 무타질라 학파를 탄압하고, 코란을 문자 그대로 해석하는 정통주의를 후원했다. 철학자와 과학자 들은 박해를 피해 바그다드를 탈출했다. 이슬람 신학은 보수화되고, 신비주의 수피즘Sufism이 성행했다. 정통주의자 알 아샤리Al-Ash'ari는 인간의 이성이 아닌 신의 의지에 순종해야 한다고 강조했다.

알 가잘리Al-Ghazali는《철학자의 모순The Incoherence of Philosophers》에서 그리스 전통을 따르는 합리주의 철학을 비판했다. 목화솜에 불을 가까이 대면 불이 붙는 원인을 그는 이렇게 설명한다.

우리는 목화솜을 불태우고 재로 만드는 것은 신이라고 말한다. 철학자의 주장은 불과 솜이 접촉할 때 불이 난다는 사실의 관찰에서 나온 것이다. 그러나 관찰은 불과 솜이 함께 있다는 것일 뿐, 인과관계를 보여주는 것은 아니다. _알 가잘리,《철학자의 모순》

모든 것이 신의 뜻이라는 주장이다. 아리스토텔레스 철학을 연구한 이븐 루시드Ibn Rushd, Averroes는 알 가잘리 신학을 맹렬히 비판했다. "감각으로 관찰한 동력인動力因, efficient cause을 부인하는 것은 궤변이다." 이븐 루시드는 이단으로 몰려 도시에서 추방되었다.

13~14세기에 활동한 알 투시Al-Tusi와 알 샤티르Al-Shatir는 중세 이슬람 과학자의 마지막 세대에 속한다. 두 학자의 천문학 이론은 코페르니쿠스에게 많은 영향을 주었다.

독일 동양학자 에두아르트 사카우Eduard Sachau는 이슬람 철학과 과학이 탄압받지 않았다면 과학사가 달라졌을 것이라고 주장했다.

4세기(10세기)는 이슬람 정신사의 전환점이다. 500년(1107년)경 정통주의의 확립은 독립적 연구의 운명을 영원히 봉쇄했다. 알 아샤리와 알 가잘리가 아니었다면 아랍은 갈릴레이, 케플러, 뉴턴의 나라가 되었을지 모른다. _에두아르트 사카우, 《고대국가 연대기The Chronology of Ancient Nations》

파키스탄 핵물리학자 후드보이Pervez Hoodbhoy는 원리주의 신학이 이슬람 과학 발전을 저해했다고 비판했다.

편협함과 맹목적 광신주의의 합창이 고조되자, 세속적 과학은 점점 더 퇴보했다. 마침내 이슬람 지성의 황금시대가 14세기에 끝났을 때 이슬람 과학의 전당은 폐허로 변했다. _후드보이, 《이슬람과 과학Islam and Science》

이스탄불 천문대 파괴는 이슬람 과학의 운명을 상징한다. 이집트에서 판사로 일하다 이스탄불에 온 천문학자 타키 알 딘Taqi al Din은 술탄 무라드

3세Murad Ⅲ를 설득해 1577년 대형 천문대를 건설했다. 천문대 안에는 튀코 브라헤Tycho Brahe가 세운 천문대에 버금가는 최신 장비를 설치했다. 천문대를 완성하고 나서 몇 달 뒤 알 딘은 밤하늘을 가로지르는 대형 유성을 관측했다. 그는 이는 좋은 징조이고, 페르시아와의 전쟁에서 승리할 것이라고 예언했다.

이슬람 법학자들은 자연의 비밀을 훔쳐보려는 자들은 불행을 가져올 것이라고 술탄에게 경고했다. 해군 함선은 1580년 천문대를 대포로 폭파했다. 터키 과학역사가 아이딘 사일리Aydin Sayili는 "개인의 시기심과 종교적 광신이 천문대의 생명을 끊어 놓았다"고 비판했다.

오스만제국에 천문대가 다시 세워진 것은 3세기 후인 1868년이다.

무적의 군대,
예니체리

사각형의 흰 두건börk을 쓰고 숟가락 모양의 금속 장식과 깃털을 단 예니체리yeniçeri 보병은 유럽인에게 공포를 불러일으켰다. 술탄 친위부대 예니체리는 어떤 악조건에서도 앞으로 돌진했고, 뛰어난 사격술과 궁술로 적을 제압했다. 요란하게 북과 나팔, 심벌즈를 울려대는 군악대는 병사들의 사기를 북돋웠다. 이들은 메흐메드 2세를 따라 콘스탄티노플을 정복했고, 술레이만을 따라 베오그라드, 부다, 비엔나를 공격했다.

예니체리는 새로운 군대라는 뜻이다. 무라드 1세Murad I(1362~1389년) 때 전쟁 포로로 별도의 부대를 창설해 이 이름을 갖게 되었다.

오스만제국은 데브쉬르메devshirme 제도를 통해 발칸반도의 농촌 가정에서 소년들을 징집했다. 기독교도 출신은 이슬람 사회와 혈연관계가 없고, 모슬렘 부족과의 전투에서 거부감을 덜 가졌기 때문이다. 8~10세 때 징집된 소년들은 7~8년 동안 아나톨리아 농촌 가정에 맡겨져 이슬람 사회 풍습과 힘든 농사일을 경험했다. 사회 적응이 끝나면 이슬람으로 개종하고 군 훈련소에 들어가 6년간 혹독한 군사훈련과 정신 교육을 받았다.

예니체리는 스파르타 병사같이 병영에서 함께 생활하며 전투에 나갔고, 결혼은 허락되지 않았다. 예니체리 병사에게는 많은 봉급과 승진, 연금 특혜가 주어졌다. 재능이 뛰어난 10%의 소년은 궁정에서 훈련을 받고 관료로 출세의 길을 걸었다. 비천한 집안 출신이라도 충성심과 능력을 발휘하면 고위직까지 신분 상승을 할 수 있었다. 예니체리 병사들은 술탄을 위해 목숨을 걸었다.

예니체리의 추락

예니체리 제도는 술레이만 사후 균열이 생기기 시작한다. 1566년부터 예니체리 병사의 결혼과 그 자식들의 입대가 허용되면서 기강이 무너졌다. 오스만 군대는 과거 승리에 도취해 변화를 거부했다. 유럽 군대는 기동성 높은 최신 무기로 교체한 반면, 오스만 군대는 크고 무거운 구형 대포를 고집했다.

15세기 중반까지 서양의 대포 제작자들도 거대 무기를 추구하면서 크고 무시무시한 대포를 꿈꾸었으나 메흐메드 2세가 마호메타를 발사하고 있던 바로 그 시점에 기존의 지배적인 경향과 반대로 가벼운 야포를 생산하는 데 주력하기 시작했다. 오스만튀르크인들은 혁신의 중요성을 깨닫지

못했고 새로운 발전 양상을 따라잡지 않았다. _카를로 치폴라, 《대포, 범선, 제국》

오스만군이 큰 대포로 한 발을 쏘는 동안, 적진에서 여러 발의 포탄이 날아왔다. 전투에서 밀리자, 군 지휘부는 예니체리 숫자를 늘렸다. 예니체리 병력은 1560년 1만 3,000명에서 1652년 5만 5,000명으로 4배 이상 늘어났다. 기독교도 출신이 모자라자 출신과 자질을 가리지 않고 마구잡이로 병력을 선발했다. 무거운 군사비 부담은 오스만제국의 재정을 압박했다.

오스만은 바다에서도 밀렸다. 1509년 오스만 함대는 인도 디우Diu 앞바다에서 포르투갈 해군과 맞붙었다. 포르투갈 함선은 18척이었고 오스만제국, 인도, 이집트의 이슬람 연합함대는 대형 함선 12척을 합해 100척 규모였다. 이슬람 연합함대는 배 앞머리로 적선을 들이받고 배에 올라타는 전통 전술을 고집했고, 포르투갈은 대포로 공격했다. 이슬람 함대는 포르투갈에 대패했다. 유럽 함대를 제압하려면 대형 범선과 신형 대포가 필요했지만, 오스만제국은 인도양을 지배할 의지도 없었고 범선과 대포를 만들 기술도 없었다.

지중해에서는 오스만제국과 유럽이 어느 정도 힘의 균형을 이루었다. 오스만제국과 유럽 함대는 키프로스섬을 둘러싸고 공방을 벌이다가 1571년 발칸반도 남쪽 레판토Lepanto에서 정면으로 충돌했다. 오스만 함대는 250척, 스페인·베네치아·제노바 기독교 연합함대는 200척의 갤리선을 동원했다. 유럽 함대의 비밀 무기는 6척의 갈레아스galleass선이었다. 일반 갤리선은 3~5문의 대포를 가진 데 비해 갈레아스선은 30문의 대포로 무장했다. 갈레아스선은 전방위로 오스만 함대에 포격을 가했다. 오스만 함대의 거의 모든 함선이 격침되거나 나포되었다.

술탄의 권력이 약해지자, 예니체리는 이익과 권력을 탐하는 무법 집단으로 변해 갔다. 그들은 농민의 곡물을 약탈하고 상인 재산을 빼앗았다. 18세의 젊은 술탄 오스만 2세Osman II(1604~1622년)는 예니체리를 해산하기로 결심했다. 오스만 2세가 아나톨리아에서 병력을 모아 새로운 군대를 창설하려 하자, 예니체리가 반란을 일으켰다. 그들은 톱카피Topkapi 궁전에 난입해 오스만 2세를 체포하고 다음 날 목 졸라 살해했다. 오스만제국 건국 이후 처음으로 술탄이 궁정 쿠데타에 의해 피살되었다.

예니체리는 로마 근위대Praetory Guard의 일탈 행동을 따라 했다. 그들은 제국의 군대를 자신들을 위한 군대로 변질시켰다.

오스만제국은 1683년 비엔나 공략에 나섰다. 재상 카라 무스타파Kara Mustafa는 비엔나를 함락해 오스만제국의 옛 영광을 되살리겠다며 15만 대군을 동원했다. 무스타파는 두 달 동안 비엔나를 포위하고 화약을 터뜨려 성벽에 타격을 가했다. 오스만군이 성벽 공격에 몰두하는 사이, 폴란드 왕 소비에스키John III Sobieski가 이끄는 유럽 연합군 7만 명이 외곽을 공격했다. 오스만군은 대패했다.

비엔나 패전으로 오스만제국은 허약함을 노출시켰고, 예니체리 신화는 무너졌다. 서양식 군대 도입에 격렬히 저항하던 예니체리는 1826년 강제 해산된다.

술탄과 노예

오스만제국의 수도 이스탄불은 15세기 인구 5만 명 도시에서 1700년 70만 명이 사는 거대도시로 변모했다.

보스포루스 해협과 마르마라해가 바라보이는 해안 언덕에 톱카피 궁전이 있다. 두 개의 뾰족한 탑이 인상적인 톱카피 궁전 정문을 통과하면 술탄 집무실과 각료 회의장, 하렘Harem이 나온다. 궁전 안에 도서관, 학교, 황실 금고, 화폐 주조소도 위치해 있다. 옛 비잔틴제국 황궁 터에 건설한 톱카피 궁전은 1460년대부터 400년 동안 오스만제국의 심장 역할을 했다. 오스만제국의 주요 결정이 여기서 이뤄지고, 제국 전체로 내려갔다.

술탄을 정점으로 행정은 재상 사르다잠Sardazam, 군사는 예니체리와 기병 부대, 종교는 최고위 법학자 샤흐 알 이슬람Shaykh al-Islām이 담당했다. 술탄과 신하의 관계는 주인과 노예 관계였다.

국가는 술탄의 가정이었고, 신민은 술탄 개인의 종이었다. 병사는 그의 노예이며 술탄 개인에게 충성을 바쳤다. 제국의 영토는 술탄의 사유재산이었다. 다만 대부분의 영토는 익타iqta라는 형식으로 지배계급의 구성원에게 분급되었다. _아이라 M. 라피두스Ira M. Lapidus, 《이슬람의 세계사》

18세기 서양학자들은 오스만제국의 성격을 폭력적 전제주의라고 정의했다.

신하의 재산과 생명, 명예에는 거의 관심을 갖지 않는 터키에서는 모든 쟁송이 어떤 식으로든 서둘러 처리된다. 처리되기만 한다면 어떤 식으로 처리하건 상관없다. 총독은 먼저 무슨 일인지 알아보고 자기 마음 내키는 대로 소송인들의 발바닥을 몽둥이로 몇 차례 때린 다음 집으로 돌려보낸다. _몽테스키외,《법의 정신》

막스 베버는 오스만제국의 지배 구조를 개인과 국가의 구분이 모호한 가산제家産制의 한 형태로 보았다.

> 우두머리의 순전히 개인적인 도구로서 행정 간부, 또는 군사 간부가 생겨
> 나면 전통적인 지배는 가산제로 향하는 경향이 있고, 극단적으로 술탄주
> 의 경향을 보인다. _막스 베버,《경제와 사회》

초기 술탄은 강력한 카리스마로 무소불위의 권력을 가졌으나 후대에 가면서 장악력이 약해졌다. 폴 케네디는《강대국의 흥망》에서 술레이만 이후 "13명의 무능한 술탄들이 연이어 통치하게 되었다"고 밝혔다.

왕위 승계 제도가 없어 주기적으로 내란이 일어났다. 메흐메드 3세는 집권할 때 자신의 형제 19명을 몰살했다. 이 사건 이후 형제 살해는 사라졌지만 친족들을 하렘에 유폐시켰다. 하렘은 여성들의 권력 암투, 음모의 무대가 되고 정치는 혼미해졌다.

> 어린 왕자들은 하렘에 갇혀 지내면서 교육도 제대로 받지 못하고 세상을
> 경험하지도 못했기 때문에 군사나 행정 업무에 문외한이었다. 17세기 술
> 탄들은 하렘에서의 음모 말고는 정치 세계의 실상을 알지 못했다. 그 결과
> 는 무능과 급격한 권위의 추락이었다. _아이라 M. 라피두스,《이슬람의 세
> 계사》

서아시아의 경제력은 급속히 기울어졌다. 앵거스 매디슨에 따르면, 서기 1000년 서아시아의 세계 경제 비중은 10.3%, 서유럽은 9.1%로 비

숫한 수준이었다. 1700년에는 서유럽이 21.3%로 높아지고 서아시아는 3.3%로 떨어진다. 오스만제국은 18세기에 페르시아와 러시아에 밀려나고 1798년 나폴레옹의 침공을 받는다. 영토를 방어할 능력이 없는 오스만제국은 '유럽의 병자Sick Man of Europe'로 추락했다.

무엇이
잘못되었나

19~20세기 이슬람 세계는 유럽 열강의 식민 지배를 받게 되면서 종교적·민족적 굴욕을 경험했다. 기독교와 이슬람 세계 사이의 증오심과 적대감은 높아졌다. 현실을 보는 시각차도 뚜렷하다. 서양학자들은 이슬람 사회의 근대화와 민주화, 과학을 강조한다. 영국의 중동학 권위자 버나드 루이스Bernard Lewis는 9·11사태 이후에 출간한 저서 《무엇이 잘못되었나》에서 이슬람 세계는 외부뿐 아니라 내부에서 쇠퇴 원인을 찾아야 한다고 주장했다.

> 무엇이 잘못되었는가? 지난 수 세기에 걸쳐 이슬람 세계, 특히 중동의 많은 사람들은 이러한 질문을 제기하곤 했다. 서구와의 접촉에 의해 촉발된 이러한 질문의 내용과 성격은 중동인들이 자신들의 사회가 상대적으로 낙후되어 있다는 사실을 깨닫게 된 정황과 정도, 그리고 기간에 따라 차이를 보이고 있다. _버나드 루이스, 《무엇이 잘못되었나》

팔레스타인 출신 문명학자 에드워드 사이드Edward Said는 동양을 열등하게 보는 오리엔탈리즘orientalism은 서양학자들이 만들어 냈다고 주장했다.

오리엔탈리즘이란, 동양을 지배하고 재구성하며 위압하기 위한 서양의 스타일이다. 오리엔탈리즘이란 동양이 서양보다도 약했기 때문에 동양 위를 억누른, 본질적으로 정치적인 교의이고, 그것은 동양이 갖는 이질성을 그 약함에 관련시켜 무시하고자 하는 것이었다. _에드워드 사이드,《오리엔탈리즘》

　사이드의《오리엔탈리즘》은 동양에 대한 편견을 허물고 학문 연구를 다양화하는 데 공헌했다는 평가를 받는다. 하지만《오리엔탈리즘》은 갈등의 근본 원인이라 할 수 있는 이슬람권의 저개발 문제는 외면했다는 지적도 제기된다.

　이슬람권 인구는 약 18억 명으로 전 세계 인구의 4분의 1에 이른다. 이슬람권에는 다양한 생각이 공존한다. 근대화에 찬성하는 사람도 있고, 서구화에 강한 거부감을 표시하는 전통주의자와 근본주의자도 있다. 새뮤얼 헌팅턴은 '문명의 충돌'을 주장했지만, 독일 평화연구가 할라트 뮐러Harald Mülller는 '문명의 공존'을 주장한다. 뮐러는 "근본주의자들이 이슬람권의 다수가 될 동향은 확인되지 않는다"며 전 세계가 이슬람 세계의 근대화와 민주화 성공에 더 큰 관심을 가져야 한다고 말한다.

중화 제국의 중흥

선비족 출신 양견楊堅은 581년 수隋나라를 세우고 중국 대륙을 재통일했다. 2대 황제 양제煬帝는 중원의 탁주涿州에서 강남 항주杭州까지 남북을 가로지르는 1,800킬로미터의 대운하를 건설했다. 대운하는 만리장성 이후 최대 토목 사업으로 불리는 대역사였다. 대운하는 황하와 양자강을 빠르고 안전한 뱃길로 연결해 물류 혁명을 일으켰다. 강남의 농산물이 북으로 운송되고 중원의 인구와 문화가 남쪽으로 이동했다. 수나라는 대위업을 이루었지만 가혹한 노동력 동원과 폭정, 고구려 원정 실패로 38년 만에 멸망한다.

당唐나라(618~907년)는 중앙아시아에 이르는 대제국을 건설했다. 한당성세漢唐盛世는 한과 당 왕조의 번영을 이르는 말이다. 수도 장안은 당시 세계 최대의 도시로 인구가 100만 명에 달했다. 장안 외성은 동서 9.7킬로미터, 남북 8.6킬로미터에 이르고 12개 성문이 있었다. 내부는 110개 방坊

으로 구획되고 폭 150미터의 주작대로朱雀大路를 중심으로 동쪽에 황족과 관료의 전용시장 동시東市, 서쪽에 국제무역시장 서시西市가 있었다. 서시는 실크로드의 시발점이자 종점으로 돌궐과 위구르, 인도, 페르시아, 아랍의 상인들이 모여들었다.

오늘날 시안西安 후이족 거리에는 밤마다 인파가 넘쳐나고, 명나라 때 재건한 성벽과 종루鐘樓, 고루鼓樓는 옛 영화를 짐작케 한다. 현장玄奘이 인도 경전을 보관한 대안탑大雁塔과 이슬람 사원 청진사淸眞寺는 동서 교류를 상징하듯 서 있다.

당의 번영은 안록산安祿山의 난으로 무너진다. 안록산은 소그드Sogd인 아버지와 돌궐족 어머니 사이에 태어난 혼혈호족으로 젊은 시절 무역중개사 아인牙人으로 일했다. 여섯 개 외국어에 능통하고 전투에서 용맹해 33세에 장군으로 승진한 안록산은 현종과 양귀비의 신임을 받아 3곳의 절도사節度使를 겸하는 실력자가 되었다. 절도사는 번진藩鎭의 군사 지휘권과 행정권을 갖고 있어 봉건영주나 마찬가지였다. 양귀비의 사촌오빠 양국충楊國忠과 대립하던 안록산은 755년 난을 일으켰다. 8년을 끈 안록산과 사사명史思明의 난으로 대당성세大唐盛世는 막을 내렸다.

안록산의 난으로 사회질서와 토지제도 균전제均田制가 무너지고 중앙정부 통제권이 약화되었다. 당 조정은 복잡한 세금을 일 년에 두 번 내는 양세제兩稅制로 단순화하고, 모자라는 재정은 염세鹽稅로 보충했다.

안록산의 난이 부정적 결과만 가져온 것은 아니다.

정부가 경제 운영으로부터 손을 뗀 것은 예상외로 무역을 촉진하는 효과를 가져왔다. 상품의 유통이 증가하고 더욱더 많은 도시(진鎭)에 시장이 열려, 새로운 성의 수도(성회省會)를 중심으로 하는 지역 간의 교역을 촉진시켰다. 더 이상 철저한 감독을 받지 않게 된 상인들은 은괴나 지폐를 유통시킴으로써 만성적인 동전 문제를 해결하는 길을 찾았다. _패트리샤 버클리 에브리,《사진과 그림으로 보는 케임브리지 중국사》

북부 농민이 난을 피해 강남으로 이주하면서 양자강 하류 소주蘇州와 항주 개발이 본격화되었다. 한동안 안정을 되찾는 듯하던 당나라는 당쟁이 심해지고 세금 인상 불만으로 황소黃巢의 난이 일어나면서 907년 멸망한다.

송나라의
문치주의

당이 멸망한 후 여러 왕조가 명멸하는 오대십국五代十國(907~960년) 시대가 50년 넘게 이어졌다. 분열의 시대를 끝낸 인물은 송태조宋太祖 조광윤趙光胤이다. 후주後周 근위대장이던 조광윤은 황하 북쪽 진교역陳橋驛으로 출정했다가 쿠데타를 일으켰다.

《송사宋史》에 따르면, 부하들이 조광윤에게 황포黃袍를 입히고 만세를 부르며 천자로 추대해 황제에 올랐다고 전해진다. 이를 황포가신黃袍加身이라고 한다. 개봉開封에 입성한 조광윤은 7세의 공제恭帝로부터 선위받아 송宋을 건국했다.

조광윤은 황제가 된 뒤 군권 회수에 나섰다. 왕권 안정을 위해 군부의 힘을 약화시켜야 한다고 생각했다. 조광윤은 정변에 참가한 개국공신들과 술잔을 나누며 병권을 내놓고 부유하고 편안하게 사는 길을 택하라고 설득했다. 술로 병권을 놓게 했다고 하여 배주석병권杯酒釋兵權이라 한다. 송태조는 또한 궁궐 안 비밀 장소에 서비誓碑를 세워 다음 황제에 오르는 후손은 3가지 조항은 반드시 지키라고 했다.

'후주 황족 시柴씨는 죄를 지어도 형벌을 가하지 말고, 사대부를 죽여서는 안 되며, 이 맹세를 어기는 후손은 천벌을 받으리라'는 글을 서비에 새겼다. 무력의 악순환을 끝내고 문민 통치를 실현하겠다는 송태조의 의지를 보여준다.

문文을 높이고 무武를 낮추는 문치주의는 송나라를 특징짓는 지배 이데올로기가 된다.

송나라의
풍요

대운하와 황하가 만나는 합류점에 위치한 수도 개봉은 전국 물류와 상업의 중심지였다. 평야 지대라 방어에 불리했지만 경제적 이점이 많았다. 송나라는 군사적 약점을 보완하기 위해 3중으로 성벽을 두르고 외성의 높이를 장안성의 두 배가 넘는 12미터로 높였다. 개봉성 인구는 60~70만 명에 이르렀다.

송나라 때는 도시의 구역을 나누는 방제坊制와 영업시간 제한을 없애 상인들은 밤낮없이 장사를 할 수 있었다. 개봉은 밤마다 불야성不夜城을 이루었다.

카이펑의 밤 역시 늦었다. 전날 밤은 3경까지 장사가 이어졌고, 사람들이 거리를 꽉 메웠기에, 카이펑이 잠이 드는 것은 그저 몇 시간뿐이었다. 당에서 송에 이르기까지 도시 제도의 변화에 의해 생겨난 변화 가운데 가장

큰 것이 그런 밤의 경관이었다는 것은 이제 와서 새삼스럽게 이야기할 것
도 없다. _이하라 히로시,《중국 중세 도시 기행》

한림학사 장택단張擇端이 그린 〈청명상하도淸明上河圖〉는 송나라 전성기
의 풍요와 번영을 보여준다. 청명절을 맞은 개봉성 풍경이 파노라마처럼
5.28미터의 긴 비단 두루마리에 펼쳐진다. 개봉 근교 한적한 농촌을 지나
면 웅장한 성문이 나오고 도성 한가운데 변하汴河가 흐른다. 강 위에 놓인
거대한 무지개다리에는 상점과 인파가 넘치고, 다리 밑으로 분주하게 조
운선漕運船이 지나간다. 다리 넘어 시가지에는 기와집이 줄지어 있고 찻집,
술집, 푸줏간, 의원, 시장과 비단, 향료를 파는 상점, 수레를 고치는 공방이
늘어서 있다. 널찍한 길 가운데 짐수레와 가마, 우마차, 낙타가 지나가고
당나귀를 탄 선비와 어깨에 멜대를 진 짐꾼이 보인다.
　변하는 대운하와 이어져 전국 물류와 상업의 대동맥 역할을 했다. 수천
척의 화물선이 오가는 물길을 따라 시장과 도시가 형성되었다.
　북송北宋 시대에는 개봉을 중심으로 한 북중국과 태호太湖 남쪽 남중국,
사천四川이 3대 상업 중심지였다.
　북쪽은 거란契丹과 서하西夏(티베트 계열 탕구트족이 세운 왕조)가 가로막고
있어 송나라는 남쪽으로 발전했다. 회하淮河를 경계로 8세기 55 대 45였
던 북과 남의 인구 비율이 11세기 후반 35 대 65로 변했다. 남쪽 인구가
북쪽보다 2배 가까이 많았다. 남쪽은 쌀농사가 주였다. 농민들은 늪을 간
척해 농지를 만들었다. 점성도占城稻 도입은 식량 생산을 획기적으로 높였
다. 점성도는 1012년 베트남에서 들여온 벼 품종이다.
　《송사》에 보면, '강江(양자강 중류), 회淮(회하), 양절兩浙(강소, 절강)에 가뭄

이 들어 벼가 자라지 않았다. 복건福建에 사신을 보내 점성도 삼만 말을 구해 삼로三路에 나눠 주었다. 피해가 큰 농민을 골라 심게 했더니 벼가 일찍 결실을 맺었다'는 기록이 나온다.

일반 벼는 수확에 180일이 걸리는 데 비해 점성도는 130일로 짧아 1년에 2모작이 가능했다. 양자강 삼각주는 쌀 생산 중심지가 되어 "소주와 호주湖州에 풍년이 들면 천하가 풍족하다"는 말이 생겨났다. 농업 생산이 늘어나면서, 남는 농산물을 사고파는 시장과 상업이 발전했다.

지역별로 농산물 특화가 일어나 차, 사탕수수, 귤, 염료를 전문적으로 재배하는 농가가 생겨났다. 영국 옥스퍼드대 교수 마크 엘빈Mark Elvin은 8~12세기 중국 농업 번영을 '농업혁명'이라고 평가했다. 엘빈은 농업 발전이 상업 활동과 도시화의 바탕이 되었다고 밝혔다.

공업 분야에서는 비단과 도자기, 광업, 제철, 조선, 제염, 제지, 인쇄업이 성행하고 기술이 발전했다. 이 시기에 도자기가 비단을 밀어내고 제1의 수출 품목으로 부상했다.《폰 글란의 중국 경제사》에 따르면, 중국 최대 도자기 산지 경덕진景德鎭에는 300개 이상의 가마가 있었고 1만 2,000명의 숙련공이 일했다.

철 생산량은 놀라운 수준이었다.《사진과 그림으로 보는 케임브리지 중국사》에 따르면, 1078년의 철 생산은 800년에 비해 6배 증가해 연간 12만 5,000톤에 이르렀다. 이 같은 철 생산량은 1796년 영국, 스웨덴과 비슷한 수준이다. 서주徐州 북쪽 이국감利國監에는 평균 100명의 노동자를 가진 36개 민간 제철 공장이 있었고, 1년에 7,000톤의 철을 생산했다. 철은 주로 무기와 농기구, 화폐를 만드는 데 쓰였다. 목재 남벌로 산림이 황폐해지자, 목탄 대신 석탄 코크스로 쇳물을 녹이는 새로운 제철 기술이 개발되었다.

군사력이 약한 송나라는 1127년 금金나라에 수도 개봉을 빼앗기고 임안臨安(항주)으로 천도했다. 서호西湖와 전단강錢塘江 사이에 위치한 항주는 곡창지대에 위치하고 대운하의 기점이라 빠르게 대도시로 발전했다. 항주는 성내에 50만 명, 교외 60만 명을 합해 110만 명이 거주하는 세계 최대 도시가 되었다.

원나라 때 항주를 방문한 마르코 폴로는 퀸사이Quinsai가 천상의 도시이며, 세계에서 가장 세련되고 훌륭한 도시라고 감탄했다.

퀸사이는 아주 거대해 둘레가 100마일에 달한다고 한다. 이곳에 1만 2,000여 개의 돌다리가 있는데 다리가 아주 높아서 대형 선박이 그 밑을 통과할 수 있다. 시내에는 10개 정도의 주요 시장이 있고, 도시의 다른 지역에도 수많은 시장이 있다. 큰 시장은 정사각형으로 한 면의 길이가 0.5마일이고, 시장 옆에는 폭이 40걸음 정도 되는 대로가 도시의 끝에서 끝까지 이어진다. 그 길은 쉽고 편리하게 접근할 수 있는 많은 다리를 건너간다. _마르코 폴로, 《동방견문록》

송나라 때에는 해양 실크로드가 활기를 띠었다. 시박사市舶司가 외국 무역과 관세를 관리했다. 당 현종 때 광주廣州에 처음 설치한 시박사는 송나라 때 항주와 천주泉州, 명주明州(영파寧波)로 확대되었다. 광주와 천주에는 아랍과 동남아시아, 고려, 일본 상인들이 모여들었다. 인도양 무역을 장악한 아랍 상인들은 여러 도시에 집단 거주지를 형성했다.

북송 태조 개보 원년(968)부터 남송 효종 건도 4년(1168)까지 칼리프의 명의로 공식적으로 파견된 사절단이 49차에 이른다고 한다. 이처럼 중국을 방문하는 아랍인의 수가 폭증하면서 광주, 천주, 양주 등지에는 6~7개의 모스크가 건립되었고, 정기적으로 대상인들의 기부로 보수가 이뤄졌다. _양승윤·최영수·이희수 외, 《바다의 실크로드》

중국은 아시아 지역에 비단, 도자기, 차, 금속 제품을 수출했고 동남아시아에서 향료와 상아, 산호, 계피를 수입했다. 인도에서는 면직물을 수입했다. 해외무역 규모가 커졌다고는 하지만 국내총생산의 1.7% 수준에 머물렀다.

상업이 발달하면서 11세기 초 세계 최초의 지폐가 등장했다. 상인들 사이에 전부터 교자交子라는 약속어음이 유통되었는데, 1023년 사천의 교자무交子務에서 관이 공인하는 교자를 발행했다. 교자 유통기간은 3년으로 이 기간이 지나면 교자무에서 새로운 교자나 동전 꾸러미로 교환할 수 있었다. 지폐는 동전에 비해 휴대가 간편하고 도난 위험이 적어 빠른 속도로 확산되었다. 북송 말기에는 교자 발행을 남발해 가치가 폭락했다. 12세기 남송 시기에 회자會子라는 이름의 새 지폐가 발행된다.

유교와 상업의 만남

송나라의 경제 번영은 개국 초기부터 상업의 자유를 허용했기 때문이다. 송태조는 개봉의 상업 제한을 해제했고, 관리들이 상인 짐을 수색하거나 상세商稅를 높이지 못하게 했다. 그는 고관의 상업 활동도 묵인했다. 재상 조보趙普가 "주택을 확장하고 상점을 경영하여, 백성들의 이익을 침탈했다"는 고발이 있었으나 처벌하지 않았다. 개국공신 석수신石守信은 무장에서 물러난 뒤 재물 쌓기에 열중했다.

　석수신은 여러 번에 걸쳐서 절도사를 역임했는데, 오로지 재산을 모으는 데 전념하여 축적한 재산이 수만에 달했다. _조복현, 《중국 송대 가계 수입과 생활비》

　2대 황제 태종은 공인工人과 상인 가운데 특별한 재주나 업적이 있으면 과거를 볼 수 있게 했다. 규제가 느슨해지자 직접 상업에 종사하는 관리가 적지 않았다.

　송대에는 일부 하급관리와 빈관, 청관 등을 제외한 대부분의 관원들은 봉록 이외에 토지를 경영해 토지 경영을 통한 수입을 획득했고, 나아가 국가에서 현임관의 상업 경영을 금지했으나 많은 관원들이 여전히 법령을 어기면서 상업을 경영해 그 이윤을 취득했다. 송대의 사대부들의 풍조에 대해서 인종 황제 또한 "재산을 불려 이익을 도모하거나 혹은 백성들과 이익을 다투는 행위를 오히려 부끄럽게 여기지 않는다"고 했다. _조복현, 《중국 송대 가계 수입과 생활비》

　생활이 어려운 선비들은 공부를 포기하고 상업에 뛰어들었다. 중문학자 이화승은 《상인 이야기》에서 송나라 때 유교와 상업이 만나는 사상합류士商合流가 일어났다고 평가했다.

사대부가 책을 읽는 것과 농부가 곡식을 생산하는 것, 장인이 호미를 만드는 것, 상인이 상품을 유통시키는 것 모두 '천하사무天下事務(천하 경영에 참여한다)'의 하나가 된다고 보았던 것이다. 따라서 상인이 된 사대부들은 스스로 비록 직업은 바뀌었어도 추구하는 도道는 이전과 다르지 않다는 논리를 내세우게 되었다. _이화승, 《상인 이야기》

선비의 상업 참여는 중국 역사에서 예외적인 일이다. 관료 사회가 부패하는 부작용이 나타났으나 경제 자유는 이례적 번영을 가져다주었다.

세계사를 바꾼
3대 발명품

송나라 시대는 서양 르네상스에 비유된다. 독일 역사학자 디터 쿤Dieter Kuhn은 "1,000여 년 전 송나라는 지구상에서 가장 발전된 문명으로 등장했다"고 격찬했다.

세계 역사를 바꾼 3대 발명품 나침반, 화약, 인쇄술이 모두 송나라 때 발명되었다. 나침반은 11~12세기 군사, 항해용으로 실용화되었다. 1044년에 출간된 《무경총요武經總要》에는 칠흑 같은 밤중에 행군할 때 지남어指南魚로 방향을 찾았다는 기록이 나온다. 당나라 때 연단술사鍊丹術士가 제조한 화약은 송나라 초에 무기로 제작되었다. 불을 뿜는 화창火槍과 화살 분사기, 폭탄이 이 시기에 등장했다. 11세기 중엽 필승畢昇은 진흙을 구워 인쇄용 활자를 만들었다. 이후 14세기 고려에서 최초의 금속활자가 나온다.

중국의 발명품은 서양으로 전해져 근대의 씨앗이 되었다. 프랜시스 베이컨은 "인쇄술, 화약, 나침반보다 인류의 삶에 더 큰 영향력을 끼친 발명품은 없었다"고 말했다. 나침반은 항해에 혁신을 가져왔고, 화약은 봉건제를 해체했다. 인쇄술은 지식 혁명에 불을 붙였다.

천문학자 소송蘇頌은 11세기 후반 황제의 명을 받아 거대한 물시계 수운의상대水運儀象臺를 제작했다. 수운의상대는 시계 기능뿐 아니라 천체 관측 기능을 가진 최첨단 천문대였다.

15세기 이전에 과학기술은 동양에서 서양으로 이동했다. 조지프 니덤은 중국 과학사를 연구하다가 서양의 많은 과학기술이 중국에서 나왔다는 사실을 밝혀냈다. 4대 발명품을 비롯해 갑문, 수력식 풀무, 종두種痘, 주철법, 마구馬具, 굴착 기술, 비단 직조기, 쇠사슬식 조교弔橋, 조선 기술, 선박의 키, 도자기 기술 등이 1~15세기 사이 서양으로 건너갔다. 서양에서 중국으로 전해진 기술은 나사, 압력 펌프, 크랭크 축 정도였다.

중국은 일찍이 위대한 성취를 이루었으나 송나라 이후 정체 상태에 빠졌다. 조지프 니덤은 중국사에 근원적 질문을 던졌다.

"중국은 왜 과학혁명을 일으키지 못했는가?"

"중국에서는 왜 산업혁명이 일어나지 않았는가?"

니덤의 수수께끼는 아직도 어려운 숙제로 남아 있다.

문치주의의
비극

송나라의 최대 약점은 군사력이었다. 송태조는 유능한 장군을 무장해제시키고 군대를 재편했다. 지방 절도사로부터 인사권, 행정권, 재정권을 빼앗고 문관이 군대를 지휘하도록 했다. 글만 읽던 문인 관료는 전투에 적합하지 않았다.

거칠고 호전적인 거란의 기마 부대에 송나라 군대는 연전연패했다. 송은 1004년 거란과 굴욕적 전연澶淵의 맹약을 맺고 매년 20만 필의 비단과 10만 냥의 은을 바치기로 했다. 거란에 바친 세폐歲幣는 재정수입의 1.5%에 해당한다.

송나라는 전쟁을 하기보다 평화적으로 공존하는 것이 나은 대안이라고 여겼다. 일시적 평화를 얻었으나 돈을 주고 평화를 구걸하는 극단적 문치주의는 국가 생존을 위태롭게 했다. 상무 정신은 사라지고 훈련 부족과 군기 문란으로 전투력은 약화되었다. 수도를 지키는 금군禁軍은 비교적 정예군대였으나 지방 상군廂軍은 빈민 구제책으로 병력을 뽑아 오합지졸이었다.

송나라 군대는 1040년 서하西夏와의 전쟁에서도 패했다. 송나라는 서하에 매년 비단 13만 필과 은 5만 냥, 차 2만 근을 바쳤다.

관료들은 병력 숫자만 늘려 병력이 125만 명을 넘었다.

국초 개보開寶 연간(968~975년) 총병수가 37만 8천 명이고 그중에 금군禁軍과 마보군馬步軍이 19만 3천 명이었는데, 이것이 계속 증가하여 인종 연간(1032~1038년)에는 총병수가 125만 9천 명이고, 그중 금군과 마보군이 92만 6천 명으로 증가를 보이고 있다. _신채식,《송대정치경제사연구》

백만 대군을 유지하느라 재정의 80%를 군사비로 지출해 송나라는 재정난에 빠졌다. 국경 밖에서는 여진족 금나라가 일어서고 안에서는 농민 반란이 일어났다. 1126년 개봉성이 금나라에 함락되고, 황제 휘종徽宗과 흠종欽宗은 금의 포로가 되었다. 송나라는 중원을 잃고 남쪽으로 피난했다. 남송 황제는 금 황제에게 신하로서 예를 표하고 매년 25만 냥의 은과

25만 필의 비단을 조공으로 바쳤다. 항주에서 150년간 왕조를 이어가던 남송은 몽골군의 침략을 받아 1279년 멸망한다.

국방이 무너지자 경제적 번영은 아침 안개처럼 사라졌다. 허약한 문치주의의 비극적 종말이다.

왕안석의
급진 개혁

송나라가 재정을 개혁할 기회가 없었던 것은 아니다. 막대한 군비 지출과 과중한 세금으로 사회 불안이 높아지던 북송 중기에 왕안석이 등장한다.

유학과 노자, 법가 등 제자백가를 섭렵한 왕안석은 37세 때 황제에게 정치 개혁을 제안하는 상소를 올려 조정의 주목을 받았다. 왕안석은 48세에 부재상 격인 참지정사參知政事에 발탁되면서 본격적인 개혁 작업에 나선다. 그가 내놓은 신법新法은 기존 제도를 뒤엎는 급진 정책이었다.

연리 50~60%의 고리대금 폐해를 막기 위해 관청이 농민에게 20%의 낮은 이율로 곡식을 빌려주는 청묘법青苗法, 농민이 직역職役(관청에서 하는 의무 노동)을 하는 대신 돈을 내게 하는 모역법募役法, 중앙정부가 직접 상품 유통에 참여하는 균수법均輸法, 10집 단위로 민병대를 구성하는 보갑법保甲法이 주요 내용이다. 신법은 유학자들이 혀를 차는 관중, 상앙, 상홍양의 부국강병책에 가까웠다.

신법은 초기 어느 정도 성과를 거뒀으나 곧 대지주와 대상大商의 강력한 저항에 부딪혔다.

사마광司馬光을 비롯한 보수파 관료들은 국가가 백성들로부터 금전적 이익을 얻는 것은 비천한 일이라며 신법新法을 공격했다. 왕안석은 구법당舊法黨과 싸우며 고집스럽게 정책을 밀어붙였으나 결국 구법당의 거센 저항과 관리들의 부실 행정으로 실각했다. 개혁 작업에 실패한 왕안석은 북송 멸망의 책임을 뒤집어쓰고 소인小人, 간인奸人으로 매도당했다.

근대에 들어 왕안석의 경제사상은 재평가되었다. 량치차오는 왕안석을 위대한 개혁가라고 칭송했다. "불세출의 위인이지만 천하의 지탄을 받으며 개혁을 완성하지 못한 인물로 유럽에 올리버 크롬웰이 있다면, 중국에는 왕안석이 있다."

서양학자들은 왕안석의 개혁 정책을 케인스의 거시 경제 이론과 비교한다. 두 사람의 사상적 배경은 다르지만 정부 재정 정책으로 경제문제를 해결하려고 했다는 점에서 공통점이 있다. 미국 역사학자 레이 황은 왕안석의 개혁이 1,000년이나 앞서가 사회 현실과 부합하지 않았다고 평가했다.

주희의 시대

북송이 여진족에게 패망한 뒤 유학은 도학道學으로 기울었다. 성리학性理學, 주자학朱子學, 송학宋學으로 불리는 도학은 우주와 자연, 인간 심성의 원리를 연구하는 새로운 유학이다.

도학은 북송 시대 주돈이周敦頤, 장재張載, 소옹邵雍, 정호程顥, 정이程頤 다섯 학자가 기초를 세우고 남송 시대 주희朱熹(1130~1200년)가 집대성했다. 여러 관직을 맡으며 학문에 열중한 주희는 사서四書(대학, 중용, 논어, 맹자)에 주석을 단《사서집주四書集註》와 사대부의 예법과 의례를 다룬《가례家禮》 등 80여 편의 책을 펴냈다. 주희는 공자와 맹자를 잇는 도통道統 계보를 만들어 자신의 정통성을 주장했다.

주희 철학의 핵심은 천지 만물이 리理와 기氣로 나뉘어 있다는 이기이원론理氣二元論이다. 리理는 이념, 즉 정신세계이고 기氣는 만물을 형성하는 재료, 즉 물질세계다. 주희는 리理가 기氣를 주재한다고 보았다. 도덕성을 높여 정치·사회 문제를 해결해야 한다는 것이 주희 철학의 요점이다. 그는 "존천리 멸사욕存天理 滅私欲"이라고 가르쳤다. 하늘의 이치를 보존하고 사욕私欲을 없애야 한다는 말이다.

유학의 이념화는 중화주의와 주체 의식의 반영으로 해석된다.

중화의 문명은 이민족의 침략 앞에 허무하게 무너졌다. 그(주희)는 지름길을 선택하지 않고 학문을 통한 길, 근원적인 개혁의 길을 선택한 것이다. 그 점에서 주희는 왕안석이 취한 방법이 문화적 위기를 해결하는 근본적 방책이 될 수 없다고 생각했다. 주희는 중국의 위기를 치료하는 근본 처방은 중화 정신을 부활시키고 중국 문화를 부흥시키는 데 있다고 확신했다.
_이용주,《주희의 문화 이데올로기》

주자학은 초현실적 이상주의로 흘러갔다. 현실, 자연, 과학은 관심에서 멀어졌다. 천둥이 왜 생기는가 하는 물음에 대한 답변은 주희의 과학관을 보여준다.

"당신은 천둥이 어디에서 생긴다고 생각하는가?"라는 소옹邵雍의 질문에 대해 정이程頤는 "천둥은 그것이 생기는 곳에서 생긴다"라고 대답했다. 이에 대해 주희는 "왜 꼭 그것이 어디서 생기는지를 알아야만 하는가?"라고 반문했다. _김영식,〈유학은 과학의 발전을 저해했는가?〉

《공자가 죽어야 나라가 산다》를 쓴 중문학자 김경일은 주자 철학이 과학적 검증도 없이 주관적으로 만들어 낸 공상적 우주론이라고 공격했다.

대나무 울타리에 둘러싸인 초가에서 밤마다 별을 보았던 주자, 그는 본 것을 생각했고, 생각한 것을 써냈다. 주자가 사색하고 나름대로 결론 내린 공상적 우주론은 조선 유교의 근본적 뿌리가 되어 어느 누구도 토를 달지 못했고 다른 해석을 달지 못했다. _김경일,《공자가 죽어야 나라가 산다》

주희는 생전 여러 학파의 도전을 받았다. 주희와 논쟁을 벌인 대표적 인물은 공리주의功利主義 유학자 진량陳亮이다. 진량은 이론보다 현실이 중요하다며 왕도와 패도를 함께 써야 한다고 주장했고, 주희는 모든 일에는 도덕적 동기가 중요하다며 왕도를 주장했다. 진량은 도학자들이 말만 앞세운다고 비난했다.

그들은 절의를 마땅히 지켜야 한다는 것만 알 뿐 형세를 어떻게 이용해야 하는가에 대해서는 알지 못합니다. 그들은 과거의 문장과 법도에 어긋나지 않게 순응하고 있을 뿐 어느 누구도 그것을 벗어나 현재의 난국을 타개할 수 있는 능력을 가진 자가 없습니다. _진량, '戊申再上孝宗皇帝書', 이용주,《주희의 문화 이데올로기》

역사를 보는 관점도 달랐다. 진량은 한고조와 당태종을 훌륭한 영웅으로 보았고 주희는 그들의 마음속에 인욕만 있다고 비판했다. 공리주의는 상공업이 발달한 절강浙江의 영가永嘉와 영강永康을 중심으로 성행했으나 주자학에 가려져 소수파에 머물렀다.

주희는 심학心學을 창시한 육상산陸象山과도 논쟁을 벌였다. 주희는 성즉리性卽理(인간의 본성이 리理)라고 주장했고, 육상산은 심즉리心卽理(마음이 리理)라고 말했다. 육상산 학문은 명대 유학자 왕양명王陽明에게 계승된다.

왕양명은 처음에 주희의 격물치지格物致知를 수련했다. 주희는 모든 사물의 이치를 끝까지 파고들면 올바른 지식에 이를 수 있다고 가르쳤다. 왕양명은 어릴 때 격물치지를 실천하기 위해 친구와 함께 대나무 앞에 앉아 아침저녁으로 대나무를 뚫어지게 바라보았다. 대나무 바라보기를 시작한 지 사흘째 되는 날 친구가 쓰러져 병이 나고, 왕양명도 일주일째 되는 날 쓰러졌다. 격물치지의 뜻을 깨닫지 못한 그는 자신의 역량이 부족해 성현이 되지 못한다고 한탄했다. 후일 관직에 있다가 첩첩산중 귀주貴州 용장龍場으로 좌천된 왕양명은 지난날을 되돌아보다가 문득 진리는 마음속에 있다는 깨달음을 얻었다. 인간의 평등과 주체성을 강조하는 양명학陽明學은 명나라 때 주자학과 더불어 유학의 양대 산맥을 형성하게 된다.

대학자로 명성을 날린 주희는 말년에 혹독한 시련을 겪는다. 65세에 영종寧宗 황제의 시강侍講이 된 주희는 권신 한탁주韓侂冑의 미움을 받아 50여 명의 관료와 함께 파직되었다. 한탁주는 도학을 거짓 학문, 위학僞學으로 낙인찍고 도학을 공부한 학생은 과거시험에서 제외했다. 주희는 위학자의 오명을 쓰고 죽음을 맞았으나 사후 27년 만에 복권되어 신국공信國公에 봉해졌다.

주희의 《사서집주》는 원나라 때인 1315년 과거시험 교재가 된 이래 중국의 유교 철학을 지배했다. 남송 시대 이념적이고 교조적인 주자학의 등장으로 유학의 보수성은 더 강해진다.

유럽을 앞선
'발전의 시대'

송나라 시대는 사대부의 시대라 할 수 있다. 귀족 세력이 약화되고 사대부와 평민의 지위가 높아졌다. 변화의 동력은 과거제도 개편이다. 당나라 시대에는 관리의 90% 이상을 유력 가문의 추천을 받아 임용했으나 송나라 때는 엄격한 과거시험을 통해 선발했다. 가문 배경이 없는 가난한 집안 출신도 과거에 급제해 출세의 사다리를 올라갈 수 있었다. 당나라 후기에는 관료 가운데 고위 관리나 문벌 귀족 집안 출신이 69%였으나 북송 시대에는 그 비율이 19%로 낮아졌다. 1044년에는 상인 집안 출신도 과거를 볼 수 있게 되었다.

상공업과 과학기술이 발전하고 평민의 지위가 높아진 송나라 시대는 중국 역사에서 획기적인 발전의 시대로 평가된다. 경제적 번영은 수치로 확인된다. 앵거스 매디슨은 송나라 초기 5,500만 명이던 인구가 1280년 1억 명으로 80% 늘어났다고 추정했다. 1인당 국민 총생산은 450달러에서 600달러로 33% 증가해 유럽 수준보다 높았다.

매디슨의 중국과 유럽의 1인당 국민 총생산 비교

연도	960년	1300년
중국	450달러	600달러
유럽	422달러	576달러

* 출처: 앵거스 매디슨, 《중국의 장기 경제 실적Chinese Economic Performance in the Long Run》

옥스퍼드대 경제사학자 스티븐 브로드베리Stephen Broadberry는 1020년 중국의 1인당 국민 총생산이 1,000달러를 넘어서 영국보다 높았다고 추정했다. 이 시기에는 인구와 소득수준이 함께 높아져 근대적 성장 패턴을 보여주었다.

브로드베리의 1인당 국민 총생산 비교

연도	980년	1020년	1090년	1120년	1270년
중국	853달러	1,006달러	878달러	863달러	–
영국	–	–	754달러	–	759달러

* 출처: 스티븐 브로드베리, 〈중국과 유럽의 대분기(China, Europe and the Great Divergence)〉

일본 역사학자 나이토 코난內藤湖南은 1922년에 쓴 《중국 근세사》에서 송나라 시기를 '근세近世, early modern period'의 출발점으로 보았다. 나이토에 따르면, 안록산의 난에서 북송 왕안석의 신법에 이르는 '당송변혁기唐宋變革期'를 거쳐 근세가 시작된다. 근세는 서양에 의한 근대화 이전에 자생적으로 근대성이 출현한 시기를 의미한다. 나이토는 송나라 때 정치적으로 군주독재가 출현하고, 경제적으로 화폐경제가 발전하고, 문화적으로 자유로운 표현이 나타나고, 사회 계급의 유동성이 커지고, 평민의 자유가 신장되었다고 밝혔다.

영국 경제사학자 마크 엘빈은 송나라의 경제 발전을 '중세 경제혁명'이라고 평가했다.

몽골 군단,
중국을 삼키다

번영하던 송나라는 몽골군의 말발굽에 밟혀 멸망한다. 거란, 서하, 여진의 침략에 시달리다가 몽골 기병에 의해 최후를 맞았다.

원元(1271~1368년)은 중국 전체를 지배한 최초의 이민족 왕조다. 몽골 초원에서 일어난 칭기즈칸의 기마 군단은 유라시아 대륙에 걸쳐 대제국을 건설했고, 칭기즈칸의 손자 쿠빌라이는 남송을 정복하고 원나라를 세웠다.

중국을 통일한 쿠빌라이는 7~8천만 명의 한족을 통치하기 위해 4개 계급의 차별적 신분제도를 운영했다. 100만 명 정도의 몽골인이 최상층이고, 서역의 색목인色目人이 제2계급, 중국 북부의 한인漢人과 거란·여진·고려인이 제3계급, 끝까지 저항한 남송 남인南人은 최하층 계급으로 떨어졌다.

마르코 폴로가 중국에 온 것은 쿠빌라이가 원나라를 통치할 때다. 마르코 폴로는 외무 관리로 임명되어 중국 여러 도시와 아시아를 여행하고 고향 베네치아로 돌아갔다.

원나라는 과거제도를 부활하고 한인 서리를 기용해 행정을 맡기는 등 유화정책을 폈으나 몽골인과 한족은 물과 기름처럼 섞이지 않았다. 1331~1354년 사이 중국 서남부에서 전염병이 창궐하고 가뭄과 홍수로 민란이 일어나 원나라는 97년 만에 멸망한다. 몽골인은 중국 대륙을 무력으로 점령했으나 후계자를 둘러싼 권력투쟁과 문화적 차이로 정권 유지에 실패했다.

몽골인이 남긴 가장 큰 유산은 군사 역량이라 할 수 있다. 몽골인은 군호軍戶 제도를 운영해 유사시에 대규모 병력을 동원했다. 군호는 세금을 감면받는 대신 병역 의무를 졌다. 군호 제도는 명나라에 거의 그대로 계승되었다.

미국 역사학자 존 킹 페어뱅크John King Fairbank는 "몽골 정복자들은 군사적 관점에서 생각하는 경향이 있었으며, 새로운 군사 조직을 중국에 알려주었다"고 말했다.

명나라,
중화의 중흥

명明을 창건한 홍무제洪武帝 주원장朱元璋은 미천한 유민流民 출신이다. 회하淮河 유역의 호주濠州에서 태어난 주원장은 16세 때 가뭄과 기근으로 부모를 잃고 고향을 떠났다. 절에 들어가 얼마간 음식을 얻어먹던 주원장은 떠돌이 중이 되었다. 천하를 유랑하던 그는 홍건적紅巾賊에 가담해 반란군 지도자가 되었고 40세에 명나라를 건국했다.

한족 정권을 되찾은 명나라의 목표는 중화 중흥이었다. 홍무제는 주자학 원리에 의한 이상적 유교 국가를 꿈꾸었다. 중앙집권을 강화해 황제의 권위를 높이고 형벌 제도를 강화했다. 지식인에 대한 열등감과 폭력성을 가진 주원장은 공포정치를 펴, 4만 5,000명의 관리와 백성을 모반 혐의로 처형했다. 홍무제가 원하는 국가형태는 자급자족하는 안정적 농업 국가였다. 그는 상인을 극도로 싫어해 상업을 억제하고 세금을 현물로 내도록 했다.

대외적으로는 화華와 이夷의 경계를 분명히 해 만리장성을 높이 쌓고, 상인이 바다로 나가는 것을 금지했다. 외국과의 무역은 조공무역으로 전환했다. 홍무제는 후대 황제들에게 내치에 힘쓰고 밖으로 눈을 돌리지 말라고 일렀다. 그는 유훈 〈황명조훈皇明祖訓〉에서 조선, 일본, 안남安南(베트남), 유구琉球(오키나와) 등 15개 나라를 정벌하지 말라고 당부했다. 주원장의 내향적 통치 철학은 명의 국시가 되어 후대에 큰 영향을 미치게 된다.

아시아를 지배한
정화 함대

3대 황제 영락제永樂帝(주체朱棣, 재위 1402~1424년)는 주원장의 넷째 아들로 조카 건문제建文帝를 축출하고 제위에 올랐다. 영락제는 홍무제의 유훈과 달리 적극적 대외 진출에 나섰다. 영락제는 수도를 남경에서 북경으로 옮기고, 1405년 환관 정화鄭和에게 남해南海 원정을 명했다.

정화 함대의 1차 항해에는 64척의 큰 배와 225척의 작은 배, 2만 7,800명의 대규모 인원이 동원되었다. 가장 큰 배 보선寶船은 길이 132미터에 폭이 46미터였다. 현대 학자들이 추정하는 보선의 배수량은 3,000톤으로 콜럼버스가 타고 간 산타 마리아호의 20배 크기다. 정화는 1차 원정에서 참파, 자바, 말라카(믈라카의 옛 이름)를 거쳐 실론(스리랑카의 옛 이름)과 인도까지 항해했다. 정화 함대는 4차 원정(1412~1415년) 때 아라비아반도를 돌아 아프리카 케냐의 말린디까지 항해하고, 기린을 선물로 가지고 돌아왔다.

남해 원정은 1433년까지 7차례 이뤄졌다. 정화는 36개 나라와 도시를 방문해 황제의 선물을 전달하거나 무력을 과시하고, 조공 관계를 맺었다. 남해 원정은 외교, 무역, 신항로 개척 면에서 위대한 성과로 평가된다. 정화 함대의 인도 항해는 바스쿠 다가마보다 90년 이상 빠른 것이다.

중국 해양 진출은
왜 중단되었나?

활발하던 명나라의 대외 진출은 어느 날 갑자기 중단되었다. 영락제 손자 선덕제宣德帝는 7차 항해를 끝으로 해외 원정을 중단했고, 1436년 모든 선박의 입출항을 금지하는 해금령海禁令을 내렸다. 완고한 유학자 병부상서 유대하劉大夏는 정화가 남긴 항해 기록을 모두 불태운 것으로 전해진다.

해외 원정을 중단한 가장 큰 이유는 막대한 비용 때문이다. 정화 함대는 많은 항해 비용과 인력을 투입해 비단과 도자기를 싣고 나갔다가 후추, 향료, 상아, 보석 등 몇 가지 사치품을 가지고 돌아왔다. 유교 관료들은 재정 낭비라고 비난했다.

> 해군은 수지가 맞지 않았을 뿐만 아니라, 새로운 내부 지향적 경향으로 인해서 수도에서 멀리 떨어진 항구들에게서는 이제 외국인들이 횡행하며 믿음이 가지 않는 상업적 이득을 추구하고 있다고 판단되었다. 그 결과는 중국의 철수였으며, 이제 농업의 기반과 내부의 생산 및 시장 거래를 재건하는 데에 집중했다. _재닛 아부-루고드,《유럽 패권 이전 13세기 세계체제》

중국의 해양 진출 중단은 세계사의 진로를 바꿨다. 서양학자들은 중국이 인도양에서 철수함으로써 세계 패권을 장악할 기회가 사라졌다고 말한다. 이매뉴얼 월러스틴은 《근대 세계체제》에서 중국은 "그들 자체가 이미 전 세계라는 오만한 생각, 중화사상을 가지고 있었기 때문"이라고 지적했다. 미국 하버드대 역사학자 데이비드 랜즈David Landes는 중국인의 탐구심 부족 때문이라고 주장했다.

중국 사람들에게는 탐험의 범위(방향)와 초점, 그리고 무엇보다도 호기심이 결여되어 있었다. 몇 번 나갔다고는 하지만, 그들 자신을 보이러 나간 것이지 보고 배우러 나간 게 아니었다. 자신의 존재를 인식시키려는 것이었지 머무르려는 것이 아니었다. 복종과 공물을 받아 내려는 목적이었을 뿐 뭔가를 구매하려는 생각은 없었다. _데이비드 랜즈, 《국가의 부와 빈곤》

중국과 유럽은 세계를 바라보는 관점이 달랐다. 명나라 외교 관계는 조공에 기초했고, 유럽은 상업적 이익과 식민지 확장을 목표로 했다.

정화 원정대가 중요한 것은 중국의 부와 국력을 과시함으로써 만천하에 중국의 외교와 문화적 위신을 세우는 것이었다. 이러한 상황은 유럽의 작은 도시국가들이 중세 말부터 이미 구축된 주변부로부터 끊임없이 자본을 축적할 목적으로 직접 정복하고, 정치적으로 지배하고, 상업적으로 수탈하는 외교정책을 수행하기 위해서 원정대를 보냈던 것과는 달라도 많이 달랐다. _에릭 밀란츠Eric H. Mielants, 《자본주의의 기원과 서양의 발흥》

중국의 해외 원정은 경제적 이익, 리利가 목적이 아니었기에 지속하기 어려웠다. 중국 전통 사회에는 합리적 리利 개념이 부족했다.

명나라는 100년 이상 빗장을 걸어 잠그고 쇄국정책을 지속했다. 정화가 타고 갔던 함선은 낡아 부서지고, 큰 배를 건조하는 기술은 사라졌다. 무역이 금지되고 해군력이 약화되자, 중국 해안에 수만 명의 왜구가 들끓었다. 왜구라고 하지만 열 가운데 일곱은 중국인 해적이었다. 해금령으로 무역을 할 수 없게 된 중국 상인들은 왜구와 합세해 해적이 되었다. 왜구는 1555년 강소성과 절강성, 안휘성에 상륙해 수천 명의 주민을 살해하고 남경성을 공격했다. 남경을 공격한 왜구는 72명에 불과했으나 명나라 병사 800~900명이 전사했다. 명장 척계광戚繼光은 3,000명의 농촌 청년을 정예 병사로 훈련시켜 왜구를 물리쳤다.

명나라 정부는 교역 금지만으로 문제가 해결되지 않자 1567년 해금령을 부분적으로 해제했다.

복건성 장주漳州가 외국 상인에 개방되어 민간무역이 허용되었다. 유럽 상인은 인도양을 돌아 중국으로 몰려들었다. 포르투갈 상인들이 1513년 처음 광동廣東 연안에 도착해 1557년부터 마카오에서 공식적으로 무역을 시작했고 이어서 스페인, 네덜란드, 잉글랜드 선박이 중국에 들어왔다.

중국,
세계 은을 빨아들이다

명나라 초기 농촌 경제는 남자는 농사를 짓고, 여자는 베를 짜는 자급자족 위주였다. 1500년대 들어 농촌 부업이 상품 생산으로 발전해 상업과 수공업이 활기를 띠었다. 쌀 생산 중심지였던 소주와 호주, 항주는 비단 생산지로 탈바꿈했고, 상해上海 일대는 목화 재배와 면직물, 복건성은 설탕, 차, 도자기 생산으로 유명했다.

상공업이 발달한 지역은 인구가 급증했다. 태호太湖 인근의 비단 생산 중심지 성택진盛澤鎭은 50~60호 정도의 마을이던 것이 명나라 말에는 인구 5만 명의 도시가 되었다. 생산 공장 규모도 커졌다.

고급 직물의 경우 더 복잡한 공정을 필요로 했기에 20대에서 40대의 직기를 보유한 작업장에서 행해지는 것이 보통이었다. 따라서 이러한 작업장의 공정 규모는 산업혁명 전야 영국의 섬유산업의 그것에 필적하는 것이었다. _로이드 E. 이스트만Lloyd E. Eastman, 《중국 사회의 지속과 변화》

16세기 후반 강남에 일용 노동자를 알선하는 노동시장이 형성되었고, 고용 노동자가 전체 노동력의 10~15%에 이르렀다. 면직물은 평민의 수요가 높아 가장 큰 수공업으로 성장했다. 17세기 말 상해 지역에 약 20만 명이 방직업에 종사했다. 명나라 말 경덕진에는 200개의 민간 도자기 공장이 있었고, 각 공장에서 평균 30명 정도의 노동자를 고용했다.

불산佛山의 철기 공방은 광동 지역의 철을 모아 농기구와 철기를 만들었는데, 수십 개 공방에 노동자가 수천 명에 달했다. 강남이 상공업 지역으로 바뀌면서 양자강 중류 호광湖廣(호남, 호북성)이 새로운 곡창지대로 성장했다. 명나라 후기의 경제 부흥은 송나라 상업혁명에 이어 2차 상업혁명으로 불린다.

명나라 시대에 나타난 획기적 변화는 해외로부터 대량의 은銀 유입이다. 은은 처음에 일본에서 유입되기 시작했다. 1526년 혼슈의 이와미石見에서 대규모 은광이 발견된 이후, 밀수를 통해 일본 은이 중국으로 흘러들었다.

왜구의 난은 중국과 일본 사이 밀무역과 관련이 있다.

1571년 이후에는 스페인 은이 밀려 들어왔다. 스페인은 마닐라에 상관을 설치하고 아메리카 은을 가져와 중국산 비단과 도자기를 가져갔다. 아메리카에서 채굴한 은은 지구를 반 바퀴 돌아 중국 경제를 움직였다. 해외에서 들어온 은은 명나라 화폐 역할을 했다. 명나라 시대에는 동전이 많이 유통되지 않았고, 지폐는 신뢰를 잃어 은이 화폐를 대신했다.

1581년에는 모든 세금을 은으로 내게 하는 일조편법—條鞭法이 도입되어, 농민들은 곡물과 직물 대신 은으로 세금을 납부했다. 노역도 은으로 대체할 수 있게 되었다. 중국의 은값은 국제 시세보다 1.5~2배 높아 은이 들어오기만 하고 밖으로 나가지 않았다. 중국은 전 세계 은을 빨아들여 '은의 싱크홀', '은의 배수구'라고 불렸다. 미국 역사학자 리처드 폰 글란Richard Von Glahn은 1550~1645년 약 7,500톤의 은이 중국에 유입되었을 것이라고 추산했다. 일본에서 유입된 은이 3,634~3,825톤, 스페인 은이 3,711톤으로 비슷한 규모다. 프랑스 역사학자 피에르 쇼뉘Pierre Chaunu는 아메리카에서 생산된 은의 3분 1이 중국으로 흘러 들어갔을 것이라고 추정했다.

16~17세기 중국과 세계는 국제 화폐인 은을 매개로 하나의 네트워크를 형성했다. 이 시기에 신대륙 특산물 고구마, 감자, 옥수수, 땅콩, 담배가 중국에 들어왔고 중국산 비단, 도자기, 차가 유럽으로 건너가 서양인의 기호를 사로잡았다.

과학기술 경시,
'군자불기君子不器'

명나라 때 뛰어난 발명품은 나오지 않았지만 실용

성 높은 서적이 여러 권 출판되었다. 대표적 과학기술 서적으로 이시진李時珍의 《본초강목本草綱目》, 서광계徐光啓의 《농정전서農政全書》, 《숭정역서崇禎曆書》, 송응성宋應星의 《천공개물天工開物》이 꼽힌다. 《본초강목》은 1,892종의 약초와 약재를 해설하고 자세한 효능과 처방을 제시했다. 《천공개물》은 자연 광물과 기계를 소개하고 농업, 공업, 무기 기술을 종합한 백과사전으로 명나라 시대 산업 기술과 실용 정신을 보여준다.

새로운 과학기술은 주로 서양에서 들어왔다. 이탈리아 신부 마테오 리치Matteo Ricci(중국명 이마두利瑪竇)는 1601년 북경에 들어와 천주교와 서양 기술을 전파했다. 만력제萬曆帝는 공물로 바친 자명종 시계를 보고 관심을 가져 리치의 북경 상주를 허락했다. 예수회 신학교에서 천문, 수학, 기계 제작을 배운 리치는 중국 최초의 세계지도 〈곤여만국전도坤輿萬國全圖〉를 제작하고, 유클리드 기하학을 한문으로 번역한 《기하원본》을 저술했다. 리치가 제작한 세계지도에는 중국과 조선, 일본, 동남아시아, 남북 아메리카의 위치가 정확히 표시되어 있다. 리치는 서광계, 이지조李之藻 등 유학자와 교류하며 서양의 과학기술과 철학 사상, 천주교를 전파했다. 리치가 숨진 1610년, 북경의 천주교 신자 수는 2,500명에 이르렀다.

1623년 북경에 온 독일 출신 선교사 아담 샬Adam Schall은 흠천감欽天監에서 일하며 서양 천문학 지식을 도입해 중국 역법曆法을 개선했다. 중국 역법은 서양 역법에 비해 부정확했다. 청나라 강희제 때 중국 역법의 오류가 밝혀진 뒤 1838년까지 서양인이 흠천감의 책임을 맡았다. 중국은 서양의 역법만 받아들였을 뿐 역법의 배경이 되는 천문학, 수학, 기하학, 물리학 등 기초 과학에는 관심을 두지 않았다. '군자는 불기不器'라는 전통 사고가 중국인의 심성을 오래도록 지배했다.

막스 베버는 중국의 과거시험은 서양 시험에 비해 전문성이 약하다고 지적했다.

중국의 과거시험은 서양에서의 법률가와 의사, 기술자 등에 대한 근대적, 합리적, 관료제적 시험 규정처럼 전문가로서의 자격을 확인하지 못했다. 중국의 시험은 문학에 대해 깊은 교양을 갖고 있는지, 또 그 교양을 바탕으로 해서 고귀한 남자에게 어울리는 사고방식을 갖고 있는지를 조사했다. _막스 베버, 《유교와 도교》

서양의 지리, 항해, 군사, 기계, 건축은 과학기술에서 나왔다. 중국의 과학기술 경시는 경제력, 군사력에서 서양에 뒤지는 이유의 하나가 된다.

주자학에 맞선
이단아

명나라 초기에는 주자학이 유학을 주도했으나 중기 이후 양명학의 강력한 도전을 받았다. 왕양명은 누구나 타고난 도덕 관념, 즉 양지良知를 깨달으면 성현이 될 수 있다고 설파했다. 사농공상士農工商이 하는 일은 다르지만 같은 도道를 추구한다고 가르쳤다. 인간 평등과 존엄을 강조한 양명학은 학자와 평민층에 빠르게 확산되었다. 양명학의 분파 태주학파는 인간의 욕망을 긍정하는 데까지 나아갔다.

하심은何心隱은 인욕人欲을 죄악시하는 주자 학설에 정면으로 맞섰다. 하심은은 "인간의 물질적 욕망을 적당히 만족시켜야 하며, 군주와 백성이 욕망을 같이 하기 때문에, 군주와 백성은 마땅히 균등한 관계"라고 주장했다. 그는 수보首輔(재상) 장거정張居正의 서원 철폐에 반대하다 처형되었다.

이단으로 낙인찍힌 유학자는 광선狂禪이나 야선野禪으로 불렸다. 이지李贄(1527~1602년)는 광선狂禪 중의 광선이라 할 수 있다. 50대에 관직에서 물러난 이지는 절에 은거하며 유교의 문제점을 비판하는《장서藏書》,《분서焚書》를 썼다.《장서》는 숨겨 둬야 할 책,《분서》는 태워버려야 할 책이란 뜻이다.

이지는《속분서續焚書》에서 유학을 공부한 자신을 개에 비유했다.

나는 어려서부터 수많은 성인의 가르침을 읽었지만 그 가르침을 제대로 이해하지 못했다. 공자를 존경했지만 어떤 점이 존경할 만한지 이해하지 못했다. 소위 난쟁이가 사람들 사이로 연희를 구경하다가 다른 사람을 따라서 화음을 맞추는 격이었다. 나는 오십 이전에 참으로 한 마리 개였다. 앞에 있는 개가 형상을 보고 짖으면 나도 따라서 짖었다. 만약 누가 나보고 짖는 이유를 물어본다면 놀라 말없이 웃을 뿐이다. _이지,《속분서》

이지는 "사람은 모두 이를 추구하고 해를 피하는 사심이 있다"며 인간의 이기심은 자연스러운 것이라고 주장했다. 공자를 비판한 이지는 이단의 원흉으로 체포되어 75세에 스스로 생을 마감했다. 이지는 20세기 들어 중국 최초의 근대적 자유 사상가로 재평가되었다.

명나라 말, 청나라 초기에 실증적 연구를 중시하는 고증학考證學이 등장했다. 명나라의 멸망을 눈으로 목격한 유학자들은 망국 원인을 깊이 생각했다. 그들은 주자학과 양명학이 도덕과 수양에 치우쳐 공리공론으로 흘렀다고 비판하고 철저한 고증을 통해 경전에 담긴 정확한 의미를 찾으려 노력했다. 경세치용經世致用, 즉 현실 문제를 해결하기 위한 구체적 방법과 제도 개혁이 그들의 연구 주제였다.

황종희黃宗羲는《명이대방록明夷待訪錄》을 지어 정치, 교육, 국방, 재정, 토지제도의 개혁을 주장했다. 명이明夷는 밝은 태양이 땅에 묻힌 암흑시대라는 뜻이다. 황종희는 환하게 밝은 아침이 아니라 해서 간절한 생각을 감춰 둘 수 없어 책을 세상에 내놓게 되었다고 밝혔다. 그의 사상은 가히 혁명적이다.

군주에게 나아가 벼슬을 하되 천하를 위하여 일하지 않는다면 그는 군주의 노예일 뿐이다. -신하론

군주가 옳다고 해서 반드시 모두 옳은 것만은 아니요, 군주가 그르다고 해서 반드시 그른 것만도 아니다. 군주라도 함부로 자신에 대해 옳고 그름을 판단하지 않고 학교의 공론에 맡겨야 한다. -학교

_황종희,《명이대방록》

전면적 정치 개혁과 민본주의를 주장한 황종희는 중국의 루소로 불린다.

고염무顧炎武는 청나라 정부의 부름을 거절하고 경전과 역사, 고증학 연구에 평생을 바쳤다. 고염무는 천하가 다스려지는 것은 사람들이 저마다 이기적이고 스스로를 위하기 때문이라며, 사유재산제도와 자유로운 교역을 주장했다.

고증학의 실증주의 전통은 후대에 전해졌으나 경세치용 철학은 사상 탄압에 밀려 점차 자취를 감췄다.

무武를 경시한
명의 비극

        1521년 여름, 지금의 홍콩 둔문屯門에서 명나라와 포르투갈 함선 사이에 해상 전투가 벌어졌다. 포르투갈 선박이 둔문에 요새를 건설하고 어린아이를 납치하는 등 폭력 행위를 지속하자, 명나라가 반격에 나섰다. 이 전투는 중국과 서양의 첫 번째 무력 충돌로 기록된다.

    포르투갈 함선 5척은 최신식 화포로 명나라 함선의 접근을 막았다. 해군 제독 왕홍汪鋐은 1차 공격에 실패한 뒤, 불이 붙은 배로 포르투갈 함선을 포위하는 화공 작전을 폈다. 전세가 불리해진 포르투갈은 2척의 함선을 포기하고 후퇴했다.

    다음 해 둔문 인근 서초만西草灣에서 2차 해전이 발발했다. 명나라 해군은 포르투갈 함선 6척 가운데 1척을 침몰시키고 1척을 나포했다. 왕홍은 포르투갈로부터 노획한 20여 점의 화포와 무기를 조정에 바치고, 1524년 포르투갈 화포를 모방해 '불랑기포佛朗機砲'를 제작했다. 불랑기는 프랑크Frank라는 뜻으로 불랑기포는 길이 1.5미터 이하의 소형 화포다.

    포르투갈과의 해전 후에도 무기 기술 발전은 느리게 진행되었다. 이탈리아 경제사학자 카를로 치폴라는 중국이 우수한 대포를 만들지 못한 것은 기술적 문제가 아니라 가치관과 제도의 문제로 보인다고 밝혔다.

    중국의 조정은 기술 개발에 관심이 많고 호전적인 서양의 군주들과 달리 대포에 열성을 보인 적이 한 번도 없었다. 외적 못지않게 내부의 비적을 두려워하고 외침 못지않게 내부의 반란을 걱정한 조정은 포술에 관한 지식이 널리 퍼지고 포술에 능통한 기술자들이 느는 것을 막으려고 애썼다.

_카를로 치폴라,《대포, 범선, 제국》

명나라는 1619년 무순撫順의 사르후薩爾滸 전투에서 후금後金 군대에 대패하고 나서야 서양의 대형 화포를 수입했다. 서광계徐光啟는 마카오에서 포르투갈 상인으로부터 홍이포紅夷砲 30문을 구입해 북경과 만리장성 산해관山海關에 배치했다. 홍이포는 길이가 2미터 내외이고, 사정거리가 1.5킬로미터에 달했다. 홍이포는 1626년 영원성寧遠城 전투에서 위력을 발휘해, 명나라 장수 원숭환袁崇煥은 말을 타고 달려드는 후금 군대를 대파했다. 청태조 누르하치努爾哈赤는 포탄에 중상을 입고 숨을 거두었다.

명나라 군대는 우수한 무기를 가졌으나, 지휘 계통에 결정적 약점이 있었다. 무관들은 심한 차별 대우를 받았고 현실을 모르는 황제와 문인 관료들은 현장 지휘관을 무분별하게 탄핵했다.

어떤 장군이 스스로의 과감한 판단으로 기회를 놓치지 않고 병사를 진격시켰을 경우, 그것은 공을 탐하여 경솔하고 잔인한 만용을 일삼았다고 하는 탄핵을 받게 되었다. 또 유리한 기회를 기다리며 잠시 동안 병을 움직이지 않는다든가 하면 이번에는 두려워하여 진격하지 않음으로써 이적 행위를 했다는 등등의 탄핵을 받았다. _레이 황,《1587년, 아무 일도 없었던 해》

산해관을 지키던 원숭환은 반역죄로 모함을 받아 사지가 찢기는 극형을 당했다. 병사들의 사기는 떨어지고 군대를 운영할 군사비도 바닥났다. 1640년대 화북 지역에 극심한 가뭄과 냉해가 닥친 데다 지주들이 세금을 탈세하고 관료들이 부패해 제대로 세금이 걷히지 않았다. 미국 군사역사

전문가 케네스 스워프Kenneth Swope는 명나라 말기에 인구는 전보다 2배 가까이 늘어났으나 조세 수입은 절반 이하로 떨어졌다고 밝혔다.

세금 부담은 모두 가난한 농민에게 전가되었다. 세금 압박을 견디지 못한 농민들은 반란군 편에 가담해 반란의 불길은 더욱 거세졌다. 1644년 이자성李自成이 이끄는 반란군이 북경에 입성했다. 마지막 황제 숭정제崇禎帝는 자금성 북쪽 경산景山에 올라가 목을 매 자살했다. 만리장성을 지키던 장군 오삼계吳三桂는 산해관을 열어 청군의 진입을 도왔다.

문치주의를 표방한 중국 왕조는 군사력에서 또다시 취약점을 드러냈다.

직무를 거부한
황제

명나라는 태조 주원장이 설계한 대로 강력한 중앙집권방식으로 통치했다. 하지만 시간이 지나면서 체제에 균열이 나기 시작했다. 대지주의 토지 집중이 일어나고 탈세와 부패로 재정 위기를 맞았다. 만력제가 9세 때 수보首輔를 맡은 장거정은 권력을 장악하고 차례로 개혁을 단행했다. 그의 목표는 부국강병이었다. 장거정은 전국적 토지측량 작업을 벌여 탈세를 막고, 세금을 은으로 납부하는 일조편법을 도입해 재정을 혁신했다. 불필요한 지출을 억제해 국고에 10년분의 식량을 비축하고 400만 냥의 잉여금을 쌓았다. 만력제 시대의 내정 개혁은 '만력중흥萬曆中興'으로 불린다. 역사가들은 장거정의 10년 개혁이 명나라 수명을 70여 년 연장시켰다고 말한다.

장거정은 유능한 행정가였지만 엄격한 정책 집행으로 많은 적을 만들었다. 장거정이 죽은 후, 반대파는 장거정을 부정축재로 공격해 삭탈관직하고 시신을 무덤에서 꺼내어 부관참시했다. 장거정이 발탁한 관리들은 배척되고 그가 주관했던 사업은 모두 중단되었다. 만력제는 장거정의 개혁을 무위로 돌리고 태자 책봉 문제로 관료들과 의견 충돌을 빚은 뒤 돌연 황제의 직무를 거부했다. 48년의 긴 재위 기간 중 20여 년 동안 자금성에 틀어박힌 채 얼굴을 드러내지 않았다.

레이 황이 쓴 《1587년, 아무 일도 없었던 해》는 어느 날 만력제가 오조午朝(정오에 여는 조회)를 열 예정이라는 미확인 소문이 돌면서 시작된다. 황제가 조회를 연다는 소식에 관리들은 의관을 갖추고 허둥지둥 궁으로 달려갔다. 황궁 안으로 들어가 보니 조회가 열린다는 징후가 보이지 않았다. 문무백관들은 무슨 일인가 수군거렸다. 환관이 나와 황제가 조회를 소집하지 않았다고 확인해주자 관리들은 해산했다. 단순한 해프닝으로 지나칠 수도 있지만 이 사건은 명나라의 행정 체계가 얼마나 깊은 늪에 빠져 있었는가를 보여준다.

수보首輔 신시행申時行은 유교적 도덕과 조화, 관용을 중시하는 인물이었다. 신시행은 장거정의 비극적 최후를 보면서 원한을 사기보다 온화한 중재자가 되기로 결심했다. 황제가 태업을 하고 재상이 손을 놓고 있는 사이, 관료의 태만과 부패가 재발하고 변방의 누르하치는 부족을 통합해 세력을 넓혔다. '아무 일도 없었던 해'에 멸망의 싹이 무성하게 자라났다.

레이 황은 "중국은 2천 년 동안 도덕이 법률제도를 대신해왔는데, 명나라 시대에 와서 그것이 극에 달했고 여기에 모든 문제의 근원이 있다"고 말했다.

이민족을 몰아내고 한족 정권을 세운 명나라는 중화 문명의 정수라 할 수 있는 자금성을 건축하고, 만리장성을 개축하고, 정화 함대를 인도양에 보내고, 산업과 무역을 진흥해 은본위경제를 확립했다. 하지만 유럽 국가들이 대양으로 쏟아져 나오며 자본주의와 과학기술을 발전시킨 것과 비교하면 명나라의 대응은 방어적이고 소극적이었다. 유럽 선박이 중국을 찾아왔지만 중국 선박은 유럽을 찾아가지 않았다. 경제와 과학, 종교, 사상이 급변하는 혁명 시대에 중국의 시간은 느리게 흘러갔다.

발전 없는 성장

중국 사회의 정체는 경제사 통계에서 나타난다. 앵거스 매디슨의 분석을 보면 1500~1700년 서유럽의 1인당 GDP는 꾸준히 늘어난 데 비해, 중국은 제자리걸음을 했다.

매디슨의 중국과 서유럽의 1인당 GDP 비교(단위: 달러)

연도	1000년	1500년	1600년	1700년
중국	450	600	600	600
서유럽	400	774	894	1,024

* 출처: 앵거스 매디슨, 《세계 경제The World Economy》

영국 경제사학자 스티븐 브로드베리의 분석에서도 비슷한 흐름이 나타난다. 1400년 중국과 영국의 1인당 GDP는 거의 같았으나 1500년 이후 차이가 벌어진다. 1인당 GDP는 생산성과 생활수준을 나타내는 중요한 척도다. 부국과 빈국, 경제 발전의 차이는 1인당 GDP의 차이라고 할 수 있다.

중국의 1인당 GDP가 정체한 원인은 무엇일까? 영국 경제사학자 마크 엘빈은 그 원인을 기술 발전의 침체라고 보았다. 엘빈은 1500년 이후 전제 경제 규모는 커졌으나 송나라 때 같은 새로운 기술 발명, 생산성 향상, 과학 진보는 거의 없었다고 지적했다.

브로드베리의 중국과 영국의 1인당 GDP 비교(단위: 달러)

연도	1400년	1500년	1600년	1700년
중국	1,032	858	865	1,103
영국	1,090	1,114	1,123	1,563

* 출처: 스티븐 브로드베리, 〈중국과 유럽의 대분기〉

양적으로 커지는 현상을 '성장growth'이라 하고, 양적·질적으로 개선되는 현상을 '발전development'이라 한다. 엘빈은 14세기 이후 중국이 발전 없는 성장의 함정에 빠졌다고 진단하고, 이를 '고도 균형 함정High-level Equilibrium Trap'이라 이름 붙였다. '고도 균형 함정'은 일반적 맬서스 함정보다 경제적으로 발전된 사회에서 나타나는 경제 정체 현상을 의미한다.

19세기 이후 서양학자들은 동양 사회가 정체 사회라 자본주의가 발전하지 않았다는 '동양 사회 정체론'을 주장했다. 헤겔은 아시아는 황제 한 사람만 자유로운 전제군주 사회이고, 끊임없이 왕조가 바뀌지만 "어떠한 진보도 찾아볼 수 없다"고 꼬집었다. 마르크스는 아시아 사회를 원시 공동체를 벗어난 수준의 아시아 생산양식이라고 정의했다. 그는 "생산 조직이 단순해 정치적 폭풍우 속에서도 사회의 경제구조는 변하지 않았다"고 말했다. 카를 비트포겔은 동양의 절대주의 구조 때문에 자본주의가 발전하지 못했다고 주장했다.

'자본주의 맹아' 논쟁

그렇다면 중국 전통 사회에는 자본주의가 전혀 존재하지 않았는가? 이 문제는 수십 년 동안 아시아 사회를 달군 뜨거운 주제다. 마오쩌둥毛澤東은 1939년 12월 옌안延安에서 발표한 〈중국혁명과 중국공산당〉에서 자본주의 맹아가 존재했다고 주장했다. "중국 봉건사회 내에서도 상품 경제가 발전해 이미 자본주의 맹아를 잉태하고 있었다. 외국 자본주의의 영향이 없었다면 중국은 서서히 자본주의 사회로 발전했을 것이다."

자본주의 맹아 주장은 1950~1960년대 본격화되어 중국 내에서 수백 편의 논문이 쏟아졌다. 맹아론은 중국 사회 정체론을 비판하고, 역사는 자본주의에서 사회주의로 발전해 간다는 마르크스 이론을 중국에 적용해 사회주의 혁명의 정당성을 확보하려는 의도에서 나왔다는 해석이 많다. 맹아 출현 시기에 관해, 대부분의 중국 학자들은 송나라 때보다 명·청대에 무게를 두었다. 맹아론자들은 16~18세기에 수공업이 세밀하게 분화되고 일일 노동자, 자유 노동 계약, 노동시장이 출현했다고 주장했다.

맹아론 권위자 우청밍吳承明은 1981년 그간의 연구 성과를 이렇게 요약했다.

중국의 자본주의 맹아는 16~17세기, 곧 명나라 가정嘉靖, 만력萬曆 연간에 발생했다. 자본주의 맹아로서 확실히 증명할 수 있는 것은 소주와 항주의 몇몇 견직물 공장과 광동 불산의 제철소뿐이지만, 그것들은 이미 공장 수공업의 성질을 갖고 있었다. 18세기와 19세기에 이르러 중국의 자본주의 맹아는 보다 발전했다. _우청밍, 〈중국 자본주의 발전에 대한 약술〉,

《중국 자본주의 논쟁사》

　　많은 서양학자들은 자본주의 맹아론이 정치적 의도에서 나온 것이라
고 평가절하했다. 레이 황은 《자본주의 역사와 중국의 21세기》에서 맹아
론을 전면 부정했다. 레이 황은 "외국 자본주의의 영향이 없었다면 서서히
자본주의 사회로 발전했을 것"이라는 마오쩌둥의 주장은 억측에 불과하
다고 비판했다. 무엇보다 낡은 정치와 법률제도가 자본주의 발전에 가장
큰 저해 요인이라고 지적했다.

　　자본가 또는 그 대변인이 입법권을 가져야만 축적한 자본을 보호해주는
　　법조문을 만들 수 있다. 또 사법부의 협조가 있어야만 입법 정신에 근거하
　　여 기업 조직이 발전·확대할 수 있다. 하지만 본질적으로는 전통적 관료
　　조직이 도덕으로 법률을 대체하고 사유재산권을 인정하지 않는 특성을 보
　　여주고 있다. _레이 황, 《자본주의 역사와 중국의 21세기》

　　레이 황은 중국은 자급자족과 중앙집권을 지향해 "자본주의를 출현시
키지 못했을 뿐 아니라 출현시킬 뜻도 없었다"고 쓴소리를 퍼부었다.

동서양 '대분기'는
언제인가?

　　　　　　　자본주의 맹아 논쟁은 2000년을 전후해 캘리포
니아 학파의 등장으로 새로운 국면을 맞는다. 캘리포니아 학파는 서양 중
심주의에 비판적 입장을 가진 미국 서부의 역사학자와 사회과학자의 학

문적 경향을 가리킨다. 대표적 학자 케네스 포메란츠는《대분기大分岐, The Great Divergence》에서 1800년 이전까지 중국과 유럽이 비슷한 발전 단계에 있었다고 주장했다. 동서양의 발전 격차가 크게 벌어진 것이 16세기가 아니라 19세기라는 주장이다.

> 1800년 이전 서유럽이 다른 구세계보다 자본을 더 많이 보유했다거나, 유럽이 자본축적에서 상당한 우위를 점하게끔 만든 일련의 항구적인 환경—인구 통계학적인 것이든 그 밖의 다른 것이든—이 존재했음을 시사하는 증거는 거의 없다. 유럽인이 두드러지게 더 건강했거나, 생산성이 더 높았다거나, 아니면 더 발전한 아시아 일부 지역보다 오랜 시간에 걸쳐 서서히 축적한 이점을 물려받았을 가능성도 높지 않다. _케네스 포메란츠, 《대분기》

동료 학자 로이 빈 웡Roy Bin Wong, 王國斌은 중국과 영국이 같은 스미스적 성장Smithian Growth 단계에 있었다고 보았다. 스미스적 성장은 시장경제와 분업으로 효율성을 높이는 성장 방식을 말한다. 애덤 스미스는《국부론》에서 직공 한 사람이 혼자서 핀을 만들면 하루에 하나밖에 만들지 못하지만, 10명의 직공이 분업을 하면 한 사람이 하루에 평균 4,800개를 만든다고 말했다.

같은 발전 단계에 있던 중국과 영국은 18세기 인구 증가와 자원 고갈로 똑같이 성장 한계를 맞는다. 비슷한 위기 상황에서 영국은 산업혁명에 성공했고, 중국은 그렇지 못했다.

포메란츠는 영국이 산업혁명에 성공한 것은 아메리카 식민지와 석탄 발견이라는 뜻밖의 행운 때문이었다고 주장했다.《대분기》는 세계 역사 학계에 신선한 충격을 주었으나, 실증적 근거는 약하다는 비판을 받는다. 1800년 이전까지 중국과 영국의 생활수준이 비슷했다는 주장도 소득수준이 가장 높은 중국의 강남 델타를 기준으로 한 것이어서 과장되었다는 비판이 나온다.

스탠퍼드대 역사학자 이언 모리스는 포메란츠와 다른 진단을 내놓았다. 모리스는 1800년보다 훨씬 전에 서유럽에 산업화를 위한 전제 조건이 자리 잡아 가고 있었다고 말했다. 그는 1650년을 기준으로 보면, 대서양 경제의 성장, 과학기술과 정치제도 발전으로 서양 우위가 80퍼센트 정도 확실했다고 주장했다.

중국과 영국은 같은 점도 있지만 다른 점도 많았다. 윙은 정치 이데올로기는 전혀 달랐다고 말한다. 유럽은 부를 축적하기 위해 중상주의를 택했고, 중국은 그렇지 않았다. 유럽은 상업, 정치, 군사적 요소를 결합해 제국주의적 팽창 동력으로 활용했으나 중국은 그렇지 않았다.

중국은 외국과의 무역이 수지맞는 일이라 여기지 않았고, 다른 나라를 군사적·경제적으로 지배하기 위해 해군력을 사용하겠다는 생각을 하지 않았다. 중국은 조용한 농업국을 지향했고 상업 자본주의를 장려하지 않았다. 중국 전통 사회 안에는 화華와 이夷를 나누는 중화주의와 사욕私欲을 멸滅해야 한다는 유교 도덕주의, 사농공상士農工商의 신분 차별과 과학기술 경시, 문치주의가 깊이 뿌리 내리고 있었다. 이러한 핵심 가치관을 허물고 중상주의, 자본주의, 과학적 합리주의를 발전시킨다는 것은 기대하기 어려운 일이다.

유럽은 유럽의 길을 갔고, 중국은 중국의 길을 갔다. 이념과 체제 차이가 동서양 역사를 갈랐다.

맹아론자 우칭밍은 앞서 소개한 논문에서 중국 자본주의가 늦은 이유를 이렇게 설명한다. "일찍부터 통일된 중앙집권 국가였기 때문에 상부구조가 비교적 엄밀했다. 따라서 자본주의 생산 관계의 맹아가 비교적 늦었고 그 발전도 비교적 완만했다." 중앙집권 체제로 인해 자본주의 발전이 늦어졌다는 설명이다.

제**8**장

서양의 역사 _ 산업혁명

산업자본주의 시대가 열리다

산업혁명,
왜 영국에서 일어났나?

1776년 3월 11일 영국 버밍엄의 벤틀리 탄광에서 증기기관이 요란한 소리를 내며 하얀 수증기를 내뿜었다.

> 처음 작동을 한 순간부터 증기 엔진은 1분에 약 14~15번의 스트로크를 했고 90피트(27미터) 아래 바닥으로부터 57피트(17미터) 높이로 물이 차 있는 광산 우물을 1시간도 안 되어 비웠다. _〈아리스의 버밍엄 가제트Aris's Birmingham Gazette〉

뉴커먼Newcomen 엔진의 4배 효율을 가진 괴물 엔진 등장에 참석자들은 새로운 세계가 열리고 있음을 직감했다. 산업혁명의 주역 제임스 와트James Watt 증기기관은 처음 이렇게 모습을 드러냈다.

스코틀랜드에서 목수의 아들로 태어난 제임스 와트는 그래머 스쿨

grammar school(중등학교)을 졸업하고 글래스고대학교에서 실험기구 제작하는 일을 했다. 대학으로부터 뉴커먼 엔진 수리 의뢰를 받고 엔진을 살펴본 와트는 큰 결점을 발견했다. 뉴커먼 엔진은 증기압으로 피스톤을 밀어 올렸다가, 실린더를 찬물로 식혀 피스톤이 내려가게 하는 방식이라 열 손실이 많고 속도가 느렸다. 와트는 직접 효율적 증기기관 제작에 도전했다. 방법을 고민하던 와트는 어느 날 숲길을 걷다가 뜨거운 실린더와 열을 식히는 응축기condenser를 분리하는 아이디어를 생각해냈다.

과학자와 기술자 들이 증기기관 제작에 참여했다.

> 기본 원리를 확립한 블랙Joseph Black(글래스고대 물리학자), 볼턴Matthew Boulton(엔지니어), 윌킨슨John Wilkinson(제철업자)… 그리고 수많은 무명 기술공들이 증기기관 제작에 참여했다. 와트는 순수과학에서 사용된 체계적 실험 방법을 산업에 적용한 최초의 인물 가운데 한 사람이다. _토머스 애슈턴Thomas Southcliffe Ashton, 《산업혁명》

말 다섯 마리 힘을 가진 와트 엔진으로 뮬mule 방적기를 돌릴 경우 수작업으로 할 때보다 160배의 면사를 생산했다. 사람과 가축이 하던 일을 기계가 대신하고, 물레방아를 설치할 수 없는 도시에도 공장을 건설할 수 있게 되었다. 와트 엔진은 1800년까지 약 500대가 제작되어 직물 공장과 탄광, 제철소, 양조장, 운하 건설 현장의 기계를 돌렸다.

1760~1830년 영국에서 일어난 기계공업 발전과 경제·사회적 변화를 산업혁명Industrial Revolution이라고 부른다.

산업혁명은
혁명인가?

'산업혁명'이란 용어는 19세기 영국 경제사학자 아널드 토인비(20세기 역사가 아널드 J. 토인비의 삼촌)가 처음 사용했다. 토인비는 《18세기 영국 산업혁명 강의》에서 "《국부론》과 증기기관이 구세계를 파괴하고 새로운 세계를 건설했다"고 말했다.

혁명은 근본적 변화, 과거와의 단절을 의미한다. 영국 산업이 16세기부터 서서히 발전해왔다며 혁명성을 부정하는 학자도 있지만, 산업혁명이 세계 경제에 가한 충격을 부인하기 어렵다. 영국 역사학자 로널드 하트웰 Ronald Hartwell은 산업혁명에 성공함으로써 인류가 처음으로 맬서스 함정에서 벗어났다고 말했다. 케네스 포메란츠는 산업혁명을 동서양이 갈라지는 '대분기'의 기점으로 보았다.

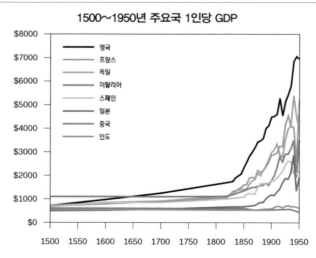

1500~1950년 주요국 1인당 GDP

* 출처: 위키피디아(앵거스 매디슨, 《세계 경제의 윤곽Contours of the World Economy》 통계자료를 근거로 작성)

1800년을 전후해 서양은 고도성장기에 들어서고 동양은 정체 상태를 보여 소득 격차가 커진다. 케네디 행정부와 존슨 행정부에서 경제고문을 지낸 월트 로스토Walt Rostow는 산업혁명을 비행기 이륙에 비유했다. 로스토는 경제성장 단계를 ① 전통 사회 ② 도약의 선행조건 단계 ③ 도약 단계 ④ 성숙 단계 ⑤ 고도 대량소비 단계로 나누고, 영국은 최초로 도약에 성공해 선진국 단계에 들어섰다고 설명했다.

영국과 미국의 발전 경로를 이론화한 '경제 발전 단계론'은 20세기 개발도상국 경제정책에 큰 영향을 미쳤다. 로스토 이론은 각 나라의 경제 여건을 고려하지 않은 일방적 서구화 모델이라는 비판도 받는다.

산업혁명의 배경

영국 크기는 지구 육지 면적의 0.2%에 불과하다. 이 작은 섬나라가 지구 4분의 1을 지배하는 대제국을 건설하고 세계의 면직물과 철강 절반을 생산한 것은 불가사의한 일이다. 영국에서 처음 산업혁명이 일어난 배경은 무엇인가?

산업혁명에는 영국의 식민지 확장, 이데올로기, 기술, 자원 등 다양한 요인이 얽혀 있다. 먼저 산업혁명이 일어난 외부 요인과 시대적 배경을 살펴보기로 한다.

17세기 이후 영국 대외 정책은 공격적 중상주의였다. 스페인 무적함대를 물리친 영국은 1600년 동인도회사를 설립하고 1651년 항해조례를 제정해 중상주의 깃발을 높이 들었다. 바다는 부의 원천이었다. 월러스틴은 "자본주의 세계 경제에서 바다에 대한 지배는 부를 축적하는 교환의 연쇄망에서 중심고리였다"고 말했다.

영국에서 중상주의 이데올로기를 제공한 인물은 동인도회사 이사 토머스 먼Thomas Mun이다. 토머스 먼은 수출을 늘리고 외국 상품 수입을 줄여 무역 흑자를 내야 국부가 늘어난다고 주장했다. 이른바 무역차액론Theory of the Balance of Trade이다. 무역차액론은 남의 부를 가져와야 자신의 부가 늘어나는 '제로섬 게임' 원리다. 수입은 막고 수출만 늘리려는 보호무역주의는 '이웃을 거지로 만드는 정책beggar-thy-neighbor'이라고 네덜란드 경제학자 루디 베어버그Rudi Verburg는 말한다.

20세기 개발경제학자 앨버트 허쉬먼Albert Otto Hirschman은 중상주의 뿌리를 역사적으로 살펴보았다. 고대와 중세에는 인간의 욕망과 정념passion을 악으로 보고 도덕 철학과 종교 계율로 억압했다. 르네상스 시대에 인간을 '있는 그대로' 파악하려는 휴머니즘이 출현했다. "정념을 억누르는 것이 더 이상 효력이 없게 되자, 17~18세기에 국가와 사회가 정념을 제어하는 방안이 해법으로 제시되었다"고 허쉬먼은 분석했다.

국가가 주도하는 중상주의는 파괴적 욕망으로부터 선을 이끌어 낼 수 있다고 믿는다. 국가 부를 늘리기 위해 영토 확장과 경제성장이 강조되고 탐욕은 선으로 포장된다.

전쟁 자본주의

영국 왕실 문장에는 여러 마리의 사자가 등장한다. 문장 맨 위에 왕관을 쓴 작은 사자가 있고, 왼편에서 큰 사자가 방패를 보호한다. 방패에도 사자 문양이 그려져 있다. 이탈리아 경제학자 조반니 아리기는 네덜란드를 고양이, 영국을 사자에 비유했다. 네덜란드는 인구와 자원이 빈약해 적극적으로 식민지 확장을 시도할 수 없었으나 영국은 사자의 힘을 앞세워 영토를 넓혔다.

식민지에서 얻는 경제적 이익을 앵거스 매디슨은 7가지로 정리했다.

① 귀금속 공급

② 설탕, 담배, 면화, 커피, 코코아 등 열대작물 수입

③ 수산물, 모피, 선박, 목재, 조선용 재료 등 온대와 한대 생산물 수입

④ 공산품 수출 시장 제공

⑤ 노예무역의 이익

⑥ 해외 이민 기회 제공

⑦ 옥수수, 감자, 고구마, 땅콩 등 신대륙 특산종 도입

영국은 식민지 확장을 위해 끊임없이 전쟁을 벌였다. 1700년 이후 영국이 참가한 전쟁을 보면 스페인 왕위 계승 전쟁(1702~1713년), 젠킨스의 귀 전쟁War of Jenkins' Ear(1739~1748년), 오스트리아 왕위 계승 전쟁(1740~1763년), 미국독립전쟁(1776~1783년), 프랑스혁명 전쟁(1792~1802년) 등 수십 차례에 이른다. 미국 사회학자 찰스 틸리는 영국이 18세기에 11번, 19세기에 44번의 전쟁에 참가했다고 밝혔다.

영국은 18세기 내내 프랑스를 해군력에서 앞섰고, 지상전에 대응해 육군 병력을 20만 명으로 증강했다. 군사력은 경제적 이익을 얻기 위한 조직적 폭력이었다. 19세기 영국 역사학자 존 로버트 실리John Robert Seeley는 전쟁과 교역은 뗄 수 없는 관계라고 말했다.

전 시기에 걸쳐 교역은 자연스럽게 전쟁으로 연결되고 전쟁은 교역을 번창하게 만들었다. 나는 이미 18세기 전쟁이 중세의 전쟁들보다도 더 대규모로 그리고 더 부담이 컸다는 점을 지적한 바 있다. 정도는 덜하더라도

17세기 전쟁 또한 대규모였다. 이때는 정확히 영국이 갈수록 상업 국가로 성장하는 세기였다. 영국은 좀 더 상업적인 나라로 성장하던 그 시기에 이전보다 더 전쟁 지향적인 나라였던 것이다. _존 로버트 실리, 《잉글랜드의 확장》

미국 하버드대 교수 스벤 베커트Sven Beckert는 무력을 동원한 교역을 전쟁 자본주의war capitalism라고 명명했다.

전쟁 자본주의는 공장이 아니라 들판에서 번성했으며, 기계화가 아니라 토지에 집중되고 노동집약적이었으며, 아프리카와 아메리카에서 토지와 노동의 폭력적인 약탈에 의존했다. _스벤 베커트, 《면화의 제국》

전쟁에는 많은 인력과 무기, 식량, 자원이 들어간다. 영국은 해마다 거액을 전쟁에 쏟아부었다.

우선 눈에 띄는 것은 영국 재정 규모의 놀라운 상승 추세다. 1700~1815년에 재정지출은 무려 경상가격으로 35배, 실질 가격으로 15배가 증가했다. 이것은 유럽 역사상 한 세기의 증가율 치고는 최고 기록이다. _주경철, 《근대 유럽의 형성》

군사비 지출이 늘어남에 따라 세금 부담이 높아졌다. 로널드 하트웰의 추산에 따르면, 1700년대에는 세금 부담이 국민소득의 9~13%, 나폴레옹 전쟁이 절정이던 1811년에는 24%까지 높아졌다. 중국 명나라 때 세

금 부담이 6~8%였던 것과 비교하면 3~4배 높은 수준이다.

영국 정부는 세금만으로는 전쟁 비용을 충당할 수 없어 비용의 3분의 1을 공채로 조달했다. 영국 인구는 프랑스의 절반밖에 안 되었으나 군사비는 프랑스를 능가했다.

전쟁은 경제적 이익과 직결된다. 미국 사회학자 찰스 틸리는 근대국가가 하는 일을 국가 건설, 전쟁, 보호, 추출 4가지로 요약했다. 국가 건설State Making은 영토 안에서 경쟁자를 물리치는 일이고, 전쟁 수행War Making은 외부의 적을 물리치는 행위다. 보호Protection는 영토 안팎에서 국민과 동맹자를 보호하는 행위이고, 추출Extraction은 국가 활동을 위해 세금을 걷고 자원을 모으는 활동이다. 찰스 틸리는 전쟁은 국가를 만들고 국가는 전쟁을 만든다고 말했다. 국가는 전쟁을 통해 국민 이익을 보호하고, 국가 유지와 전쟁을 위해 자원을 끌어모은다. 틸리 모델은 근대국가가 어떤 원리에 의해 움직이는가를 보여준다.

영국은 17~18세기 군사력을 앞세워 북아메리카와 서인도제도, 인도, 아프리카의 잠비아를 점령했다. 세 곳 식민지에서 축적한 거대 자본은 산업혁명의 기반이 되었다.

아메리카에 세운
제2 잉글랜드

영국인 이주자 105명이 1607년 4월, 북아메리카 체서피크만Chesapeake Bay에 상륙했다. 이주자들은 초기에 굶주림과 질병, 아메리카 원주민과의 갈등으로 힘든 시기를 보냈으나 담배 재배를 시작하며 정착에 성공했다. 1620년에는 102명의 청교도들이 메이플라워

Mayflower호를 타고 보스턴 남쪽 케이프코드만Cape Cod Bay에 상륙했다. 청교도들은 이곳을 뉴잉글랜드New England라 불렀다.

담배와 면화 재배에 성공하면서 많은 이주자들이 모여들어 인구가 급속히 늘어났다. 북아메리카 13개 주 인구는 1700년 25만 명, 미국독립전쟁 직전인 1770년에는 215만 명으로 증가했다. 이 가운데 흑인 노예가 5분의 1을 차지했다.

북아메리카 13개 주 인구 변화

연도	인구
1630년	4,646명
1650년	59,368명
1700년	250,888명
1750년	1,170,760명
1770년	2,148,076명

* 출처: 미국 경제분석국US Bureau of Economic Analysis

유럽인이 오기 전 아메리카는 원주민의 땅이었다. 영국인 이주자들은 어떻게 원주민 땅을 자기 소유로 만들었는가? 식민지 정당화 논리를 제공한 인물은 자유주의 사상가 존 로크다. '무역과 플랜테이션 위원회the Board of Trade and Plantation' 서기였던 존 로크는 개간하지 않은 땅은 버려진 땅이라는 논리를 폈다.

자연에 맡겨진 땅, 곧 목장화나 개간·경작의 면에서 아무런 개량이 이뤄지지 않은 땅은 너무나 적은 가치만을 인정받기 때문에 실제로 그렇듯이

버려진 땅waste이라고 불리게 된 것이다. 태초에는 누구든 공유물이던 것에 기꺼이 노동을 지출하면 어디에서나 노동이 그것에 소유권을 부여했다.

_존 로크, 《통치론》

로크는 남의 권리를 침해하는 정복은 부당하지만 황무지를 개간해 소유권을 얻는 수취收取는 정당하다고 주장했다. 로크의 말과는 달리 식민지 정착은 실제로는 정복이었다. 영국군은 1636년 피쿼트Pequot족을 제압하기 위해 주거지에 불을 질렀다.

이 한 번의 공격으로 약 400명을 해치운 것으로 생각했다. 불길 속에서 인디언들이 튀겨지고 피가 냇물을 이뤄 불이 꺼지는 광경은 차마 눈 뜨고 보기 힘들 정도였으며 코를 찌르는 냄새 또한 오싹하게 만드는 것이었다. 그러나 희생을 내면서도 승리는 감미로운 듯 보였고, 교만하고 무례한 적에 맞서 신속한 승리를 안겨 주신 하나님께 기도를 올렸다. _윌리엄 브래드퍼드William Bradford, 《플리머스 식민지의 역사History of Plymouth Plantation》

이주자가 가져온 전염병은 아메리카 원주민의 생명을 앗아갔다. 유럽인이 오기 전 500만 명에 달하던 아메리카 원주민은 1800년 60만 명으로 줄어들었다.

원주민이 전염병에 약하다는 것을 안 영국군은 원주민을 상대로 생화학전을 벌였다. 1763년 영국군 사령관 제프리 애머스트Jeffery Amherst는 부하에게 전염병 전파를 지시했다. "인디언에게 담요를 줘 감염시키는 방법을 쓰든지, 이 혐오스러운 종족을 쓸어버리는 데 도움이 되는 모든 방법을 시도하라." 천연두 전파 작전은 계획대로 실행되었다. 몬트리올시는 2019년 '애머스트'라는 이름을 도로 지명에서 삭제했다.

천연자원이 많고 비옥한 북아메리카 식민지는 얼마 지나지 않아 제2의 잉글랜드로 성장했다. 보스턴을 중심으로 하는 북부 4개 주는 목재와 수산자원이 풍부해 목재 가공과 조선업, 어업, 상공업이 발달했다. 뉴욕을 비롯한 중부 4개 주는 기후가 온화해 밀 생산 중심지로 발전했다. 철광석이 생산되는 펜실베이니아에서는 수백 개의 작은 제철소가 문을 열었다. 남부 4개 주(버지니아, 남북 캐롤라이나, 조지아)는 기후가 따뜻하고 땅이 비옥해 담배와 면화를 재배하는 플랜테이션 농업이 성행했다.

영국은 아메리카 식민지에서 농산물과 원료를 수입하고 공산품을 수출했다. 영국 정부는 식민지 상품이 본국 상품과 경쟁하지 못하도록 산업 성장을 억제했다. 북아메리카 식민지는 몇 가지 제약이 있었지만, 영국 깃발 아래 빠르게 몸집을 키워 갔다.

잔혹한
대서양 노예무역

카리브해의 서인도제도West Indies는 부가 넘치는 곳이었다. 유럽 여러 나라가 수익성 높은 사탕수수, 목화, 인디고 등 열대 특산물을 재배해 번영을 누렸다. 영국인들은 1624년 서인도제도의 바베이도스Barbados를 점령해 플랜테이션 농장을 운영했다.

1650년 이주민 숫자가 북아메리카 이주민보다 많은 4만 4,000명에 달했다. 1655년에는 자메이카Jamaica를 침공해 스페인 정착민을 몰아내고 섬을 탈취했다. 상인들은 영국, 아프리카, 아메리카를 연결하는 삼각무역을 운영했다. 삼각무역을 대략 설명하면 이렇다. 영국에서 면직물과 무기, 럼주를 싣고 아프리카로 가서 노예와 교환한다. 아프리카 노예를 서인도제도에 내려놓은 다음에는 설탕과 당밀을 구입해 영국으로 돌아온다. 삼각무역은 엄청난 이익을 남겼다.

트리니다드 토바고 역사학자 에릭 윌리엄스Eric Williams는《자본주의와 노예제도》에서 삼각무역의 이익금 대부분이 서인도제도에서 나왔다고 말했다.

찰스 대버넌트Charles Davenant(영국 중상주의자)는 백인이든 흑인이든 서인디아에서 1인당 창출할 수 있는 이익금은 잉글랜드 본토에서보다 7배나 더 많다고 계산했다. 1798년 브리튼 총리 윌리엄 피트William Pitt는 서인디아 식민 농장들에게 브리튼이 벌어들인 연간 소득을 400만 파운드로 평가하면서 세계의 나머지 다른 식민 농장들에서 벌어들인 연간 소득을 100만 파운드로 평가했다. _에릭 윌리엄스,《자본주의와 노예제도》

삼각무역으로 영국의 섬유, 조선, 해운, 제철업이 성장하고 은행과 보험업이 번창했다. 바클레이스 은행Barclays Bank을 설립한 바클레이스가家는 노예무역으로 돈을 벌었고 자메이카에 넓은 식민 농장을 소유했다. 제임스 와트의 발명 자금은 서인도에서 자본을 축적한 로우 비어Lowe Vere 은행에서 나왔다.

대서양 노예무역은 인류 역사상 가장 추악한 범죄의 하나다. 미국 에모리대가 관리하는 '대서양 노예무역 데이터베이스'에 따르면, 1501~1875년 사이 아프리카인 1,252만 명이 강제로 노예선에 실려 아메리카로 향했다. 노예 송출 숫자를 보면 포르투갈이 585만 명으로 가장 많고, 영국이 326만 명, 프랑스와 스페인이 100만 명대, 네덜란드가 55만 명 수준이다.

국가별 아프리카 노예 송출 비교(1501~1875년)   단위: 천 명

국가	포르투갈	영국	프랑스	스페인	네덜란드	미국	덴마크	계
인원	5,848	3,259	1,381	1,062	554	305	111	12,521

* 출처: 대서양 노예무역 데이터베이스The Trans-Atlantic Slave Trade Database

아프리카인들은 족쇄가 채워진 채 숨쉬기도 어려운 좁은 화물칸에 갇혀 대서양을 건넜다. 2~3개월의 긴 항해 중에 비위생적 환경과 물 부족, 영양 실조, 전염병으로 평균 15%가 배 안에서 사망했다. 흑인 노예들은 가혹한 노동에 시달리며 열대 특산물과 원자재를 생산했다. 에릭 윌리엄스는 "인간의 살과 피를 팔아서 챙긴 이익금 덕분에 브리튼은 번영을 향한 첫발을 내디딜 수 있었다"고 비판했다.

인도 대륙을
손에 넣다

영국인이 처음 도착한 1600년대 초, 무굴제국은 부유한 경제 대국이었다. 1억 3,500만 명의 인구에 경제 규모도 중국과 비슷했다. 인도는 면직물·모직물·실크 등의 섬유와 금속, 도자기, 보석 산지로 유명했다. 아름다운 도시와 건축물도 자랑할 만했다. 인도 건축의 정수 타지마할Taj Mahal은 1600년대 중반 샤자한Shāh Jahān 황제 시대에 건설

되었다.

영국 동인도회사는 1613년 인도에 무역 거점을 마련하고 후추와 향료, 면직물 무역을 시작했다. 영국인들은 밝은 색깔을 가진 면직물 캘리코calico에 매료되었다. 캘리코는 가볍고 부드럽고, 물세탁을 할 수 있어 폭발적 인기를 얻었다. 인도산 면직물은 동인도회사 수입액의 60% 이상을 차지했다.

면직물 때문에 영국은 많은 무역 적자를 보았고 국내 모직물 산업이 타격을 받았다. 영국 의회는 1701년 염색한 캘리코 수입을 금지했고, 1721년에는 캘리코의 전시와 소비를 금지했다.

영국이 캘리코 문제로 고심할 무렵 무굴제국은 기울고 있었다. 아우랑제브Aurangzeb 황제가 죽은 후 내전이 일어나 여러 지역으로 분열되었고, 1739년 페르시아가 침공해 국력이 약화되었다.

영국과 프랑스는 인도 장악을 위해 치열한 쟁탈전을 벌였다. 최대 분수령이 된 사건이 1757년 플라시Plassey 전투다. 동인도회사 로버트 클라이브Robert Clive가 지휘하는 영국군 3,000명은 그해 6월, 벵골 지역의 지도자 시라지 우드 다울라Siraj ud-Daulah가 이끄는 5만 병력과 격돌했다. 프랑스 포병 50명이 인도군에 가세했다. 오전부터 포격전을 벌이던 중 소나기가 쏟아졌다. 영국군은 방수포를 준비해 탄약이 온전했으나 인도군은 탄약이 물에 젖어 포를 쏘기 어려웠다. 여기에다 영국군에 매수된 기병대장 미르 자파르Mir Jafar가 공격 명령을 거부하고 병력을 후퇴시켰다. 플라시 전투는 영국의 완승으로 끝났다.

인도 연합군은 1764년 북사르Buxar에서 영국군과 맞서 싸웠으나 2,000명의 전사자를 내고 무참히 패했다. 인도에서 영국군을 막을 자는 아무도 없었다.

인도를 파괴한
식민 지배

영국이 권력을 잡은 후 모든 것이 변했다. 벵골 지역의 징세권을 가진 영국은 농민을 쥐어짜 세금을 뜯어갔다. 인도 정치인이자 작가 샤시 타루르Shashi Tharoor는 《암흑의 시대》에서 동인도회사의 가혹한 착취 행위가 인도 사회를 붕괴시켰다고 비판했다.

영국은 1765년과 1815년 사이에 매년 약 1,800만 파운드를 인도에서 착취해갔다. 동인도회사가 물렸던 세금이—보통 소득의 최소 50퍼센트—너무 부담이 되었기 때문에 18세기 말에 영국이 통치했던 주민의 3분의 2가 자기의 땅을 포기하고 도망갔다. _샤시 타루르,《암흑의 시대》

인도 세수의 절반은 영국 국고로 들어갔다. 영국인은 빼앗아 가기만 할 뿐 인도인이 어떠한 고통을 당해도 이를 외면했다. 동인도회사 통치 초기에 대규모 아사자가 발생했다.

1769~1770년 사이에 벵골을 휩쓴 기근은 미증유의 참상을 보여주었다. 벵골 주민의 3분의 1, 다시 말하면 약 천만 명의 생명이 아사, 혹은 병사했으며 경작지의 3분의 1이 황무지로 변해버렸다. 동인도회사 직원들은 엄청난 수의 주민들이 아사하고 농지는 계속 황폐해져 가는 것을 보고도 구호 대책을 강구하기는커녕 오히려 먼 지역에서 곡식을 사다가 비싼 값에 팔아서 커다란 이익을 보았다. _조길태,《영국의 인도 통치 정책》

동인도회사 관리들은 인도에서 착취한 보물과 재산을 개인적으로 빼돌렸다. 벵골 총독 로버트 클라이브는 두 차례 총독을 지내면서 63만 4,000파운드(현재 가치로 6,340만 파운드)의 재산을 모았고, 인도 남부 마드라스 총독이었던 토마스 피트Thomas Pitt는 400캐럿의 다이아몬드를 손에 넣었다.

인도에서 큰 재산을 모은 동인도회사 관리를 영국인들은 경멸적 의미로 인도 태수 내이보브nabob라 불렀다.

탈산업화,
사막화의 다른 이름

영국 식민 통치의 가장 심각한 폐해는 산업 파괴였다. 영국은 인도가 직물과 공산품 등을 생산하지 못하게 산업을 조직적으로 파괴했다. 동인도회사 군인들이 벵골 직기를 부수고, 장인의 손가락을 잘랐다는 이야기도 전해진다.

사이에드 무하메드 타이푸르Syed Muhammed Taifoor(20세기 방글라데시 역사가)에 따르면, 1821년 영국의 기계 방적기가 다카에 처음 도입되었을 때, 유명한 장인이 더 이상 실을 꼬지 못하도록 엄지와 검지를 잘랐다는 잔혹한 이야기가 전해진다. 타이푸르는 일부 장인은 중간상들의 횡포를 피하려고 자신의 손가락을 잘라 냈다고 말했다. _닉 로빈스Nick Robins, 《세계를 바꾼 회사The Corporation that Changed the World》

인도산 직물에는 70~80%의 높은 세금을 부과하고 영국산 제품은 거

의 무관세로 수입했다. 인도산 직물은 값이 두 배로 높아져 수출이 불가능
했다. 영국산 직물이 거꾸로 인도에 쏟아져 들어왔다. 섬유 수출국이던 인
도가 섬유 수입국으로 바뀌었다.

영국 국립문서보관소The National Archives 자료에 따르면, 1814~1835년
인도 섬유제품의 영국 수출은 4분의 1로 줄어들고 영국 섬유제품의 인도
수출은 63배 늘어났다.

인도 섬유산업은 철저히 파괴되었다. 1760년 40~50만 명이었던 다카
인구는 1820년대에 약 5만 명으로 줄어들었다. 경제난이 얼마나 극심했
던지, 1830년대 인도총독 윌리엄 벤팅크William Bentinck는 본국 정부에 인
도 실상을 이렇게 보고했다.

이 재난이야말로 무역사에 유례가 없을 것이다. 면방직공들의 해골이 인
도의 벌판을 하얗게 물들이고 있다. _마르크스, 《자본론 1권 15장》

인도의 제철, 조선, 해운 회사들도 문을 닫았다. 학자들은 인도 산업 몰
락을 탈산업화deindustrialization라고 표현했다. 탈산업화는 사막화의 다른 이
름이다.

인도의 연도별 경제지표 비교

연도	1700년	1820년	1870년
인구	1억 6,500명	2억 900명	2억 5,300명
1인당 GDP	550달러	533달러	533달러
세계 경제 비중	24.2%	16.0%	12.2%

* 출처: 앵거스 매디슨, 《세계 경제》

인도의 경제지표를 보면 영국 통치하에서 인구가 늘어났을 뿐 1인당 GDP는 그대로이고 세계 경제에서 차지하는 비중은 절반으로 줄어들었다. 인도 통계학자 샤K. T. Shah와 캄바타K. J. Khambata는 영국이 매년 인도 국민 총소득의 10% 이상을 여러 가지 명목으로 수탈했다고 주장했다.

19세기 영국 역사가 제임스 밀James Mill은《영국령 인도의 역사History of British India》에서 "이것은 국가 산업의 동맥에서 피를 뽑아내는 것으로 어떠한 영양소를 공급해줘도 회복되지 않는다"고 말했다.

서양 중심주의 학자들은 동양의 정체성과 무능력을 이야기하지만, 비판적 학자들은 인도가 착취를 받아 발전 기회를 잃어버렸다고 지적한다.

산업혁명의
내부 요인

거대한 식민지를 차지한 영국은 해외에 수출할 공산품이 필요했다. 공산품 생산에 가장 큰 장애물은 높은 임금이었다. 경제사학자 로버트 앨런에 따르면, 1700년대 런던의 건설 노동자 임금은 유럽에서 가장 높았다. 암스테르담이나 비엔나보다 높고 인도 노동자의 10배 수준이었다. 자본가들은 생산 비용을 낮추기 위해 새로운 방법을 찾아야 했다. 그 방법은 기계화와 대량생산이다.

영국은 어떻게 기계화, 산업화에 성공했는가? 이제 산업혁명의 내부 요인을 살펴보기로 한다.

첫 번째로 들 수 있는 내부 요인은 높은 과학기술 수준이다. 코페르니쿠스와 갈릴레이에 의해 시작된 과학혁명은 전 유럽으로 확산되어 1600년대 영국에서도 과학 연구가 활발했다. 영국 왕립학회를 이끈 프랜시스 베이컨은 경제에 도움이 되는 유용한 지식useful knowledge을 강조했다. '아는 것이 힘이다'라는 명언은 그의 실용적 과학관을 선명하게 보여준다. 지식이 곧 부와 권력이라는 의미라 할 수 있다.

네덜란드 경제사학자 조엘 모키르Joel Mokyr는 베이컨을 '문화적 사업가 Cultural Entrepreneur', 그의 사상을 '산업 계몽주의Industrial Enlightenment'라고 평가했다. 산업 계몽주의란 지식을 넓힘으로써 물질적 진보와 경제성장을 달성할 수 있다는 믿음이다.

영국 최고의 산업 계몽주의자로 평가되는 인물은 아이작 뉴턴이다. 뉴턴은 1687년《프린키피아》를 발표해 만유인력의 법칙과 운동 역학을 수학적으로 증명했다. 뉴턴은 천체 운동을 규칙적으로 움직이는 진자시계 pendulum clock에 비유했다. 뉴턴의 운동 역학은 20세기 알베르트 아인슈타 인Albert Einstein의 상대성 이론이 나올 때까지 근대 물리학을 지배했다. 뉴턴은 물체의 힘과 운동 법칙을 수학 공식으로 정확하게 밝힘으로써 모든 기계 운동에 물리학 법칙을 응용할 수 있게 되었다.

산업혁명의 주역, '땜장이'

실제로 산업 기계를 발명한 사람은 이른바 '땜장이tinker'로 불리는 기능공, 장인이었다. 현장에서 기술을 익힌 직조공, 주물공, 목공, 시계공, 물레방아 기계공이 산업혁명 초기 발명을 주도했다. 그들은 대부분 전문 과학 교육을 받지 못했다. 1780년 이전 대발명가 95명 가운데 고등교육을 받은 전문가는 4분의 1에 불과했고 나머지는 중등학교 이하 졸업자였다.

노동자의 질을 나타내는 인적 자본human capital에서 영국은 높은 편이 아니었다. 산업혁명 기간에 문자 해독 능력을 가진 인구는 50% 내외로 프랑스보다는 높고 네덜란드나 독일보다 낮은 수준이었다.

문자 해독 능력을 가진 인구 비교(%)

연도	1775년	1820년	1870년
네덜란드	74	67	81
독일	50	65	80
영국	50	53	76
프랑스	41	38	69

* 출처: 브라이언 어헤른, 〈유럽의 거울에 비춘 영국 산업혁명The British Industrial Revolution in a European Mirror〉

인적 자본이 높지 않음에도 불구하고 산업혁명에 성공한 것은 자본가들이 기계화를 절실하게 필요로 했고, 과학 지식과 산업 기술이 연계되었기 때문이다. 당시 과학자들은 여러 실험을 통해 과학 지식을 얻었고 장인, 엔지니어는 과학 지식을 활용해 기계를 개량했다.

맨체스터대 역사학자 앨버트 머슨Albert E. Musson은 산업혁명기에 과학과 기술의 구분이 뚜렷하지 않았고, 이론과 실용 지식이 결합해 기술혁신이 일어났다고 주장했다.

그들(발명가)이 실용적인 땜장이tinker였다는 것은 완벽하게 사실이지만 그것이 전부가 아니었다: 중요한 것은 '응용과학' 분야에서 실용적 손재주, 경험과 과학 지식이 결합한 것이다. 이러한 방법으로 서서히 근대과학—산업혁명으로 변화해갔다. _앨버트 머슨, 《영국의 산업혁명The British

영국이 특별히 앞선 분야는 시계 기술이었다. 시계 기술은 항해 필요성 때문에 높은 수준으로 발전했다. 1707년 영국 함대가 안개 속에서 항해하다 암초에 좌초되어 2,000명이 목숨을 잃었다. 항해 중에 정확한 경도經度, longitude를 알려면 항해용 정밀 시계 크로노미터marine chronometer가 필요했다.

영국 의회는 1714년 하루에 3초 이내 오차를 가진 정밀 시계를 제작하는 발명가에게 2만 파운드의 포상금을 지급하겠다고 제안했다. 목수 출신 시계 제작자 존 해리슨john Harrison은 1730년 첫 번째 시제품을 선보였고 1761년 완성품을 내놓았다. 해리슨의 크로노미터는 자메이카를 다녀오는 다섯 달 동안 15초밖에 오차가 나지 않았다. 시계 작동 원리는 섬유기계 작동 원리와 같다. 시계 장인들은 섬유기계 발명에 참여해 솜씨를 발휘했다.

미국 기술사학자 루이스 멈퍼드Lewis Mumford는 《기술과 문명》에서 "시계의 정교한 톱니바퀴 구조는 다양한 유형의 전동 장치gearing와 전달 장치transmission에 응용되었고 다른 기계 발전에도 기여했다"고 밝혔다.

산업혁명의 다른 요인:
석탄, 농업, 제도

풍부한 석탄 자원은 자원 측면에서 산업혁명에 기여했다. 영국은 17세기 산림을 남벌해 목재가 부족했다. 조선과 건축뿐 아니라 제철과 주택 난방하는 데까지 목재를 쓰다 보니 목재가 모자라 런던

목탄 가격이 3배나 폭등했다.

이런 상황이 지속되자 가정과 공장에서 석탄을 연료로 사용하기 시작했다. 석탄은 노천에서 캐낼 정도로 풍부했다. 런던경제대 교수 에드워드 리글리Edward Wrigley에 따르면, 16세기에 10% 수준이던 석탄 에너지 비중이 1750년 61%로 높아졌다. 석탄은 거의 무제한 에너지를 공급했다. 리글리는 석탄이 성장 한계를 돌파한 주역이었고 구텐베르크 활자 인쇄기만큼이나 사회 전체에 큰 영향을 주었다고 평가했다. 미국 경제학자 케네스 포메란츠는 영국이 석탄 자원을 보유하는 행운을 가졌기에 산업혁명에 성공했다고 주장했다.

석탄이 중요한 에너지원이기는 했지만 성장 기여도로 볼 때 결정적 요인은 아니라는 반론도 있다.

농업의 역할을 강조하는 학자도 있다. 1760년대 농촌에서는 2차 인클로저 운동이 일어나 농촌 인구가 대거 도시로 이동했다. 집과 땅을 잃은 이주자들은 도시의 값싼 임금노동자가 되었다. 지주들은 늪과 잡초지, 황무지를 개간해 농지와 목초지를 조성하고, 농지를 대형화했다. 휴경지에는 순무와 클로버를 심어 가축을 기르고, 가축 품종을 개량했다.

1700~1860년 농업 노동력은 90만 명에서 100만 명으로 미미한 증가에 그쳤으나 농업 생산량은 2.3배 늘어났다. 1800년 영국 농민의 1인당 생산성은 네덜란드와 함께 유럽 최고 수준으로 높아져 프랑스의 1.7배에 달했다.

영국은 국내 생산 농산물로 인구 대부분을 먹여 살렸다. 농촌은 산업에 필요한 인력과 식량을 공급했고, 농업에서 축적한 부는 산업자본으로 전환되었다. 영국학자들은 '농업혁명Agricultural Revolution'이 산업혁명의 동력이 되었다고 주장한다.

경제 발전에 또 하나의 중요한 요소는 법과 제도다. 신제도학파 경제학자 더글러스 노스는 1688년 명예혁명이 산업혁명에 필요한 제도적 환경을 마련했다고 평가한다. 윌리엄 3세의 영국 국왕 즉위 이후 네덜란드에서 막대한 유대인 자본과 자본주의 제도가 건너왔다.

런던에는 주식회사joint stock company와 여러 환전상 은행goldsmith banker이 들어섰고, 커피 하우스에서 로이드 보험회사가 출범했다.

노스는 입헌군주제 전환 이후 법으로 사유재산권과 특허권을 보호함으로써 자본가와 개인 들이 마음 놓고 경제활동을 할 수 있게 되었다고 설명했다.

작은 기술이 모여
혁명을 일으키다

산업혁명의 기술혁신은 작은 기술 개량에서 시작되었다. 모직물 기술자 존 케이John Kay는 1733년 40센티미터 크기의 나무 북 플라잉 셔틀flying shuttle, 비사飛梭을 발명했다. 플라잉 셔틀은 직물을 짤 때 씨줄을 좌우로 날라 주는 북이다. 플라잉 셔틀은 일손을 20~30% 줄여 주었다.

목수 출신의 직물업자 제임스 하그리브스James Hargreaves는 1766년 목화솜을 꼬아 실을 만드는 제니 방적기spinning jenny를 발명했다. 제니 방적기는 한 번에 8가닥의 실을 뽑을 수 있어 대량생산의 시초가 되었다. 리처드 아크라이트Richard Arkwright는 1769년 물레방아로 움직이는 수력방적기water frame를 발명했다. 아크라이트 방적기는 동력으로 기계를 돌리는 최초의 방적기다. 시계 제작자 존 케이John Kay가 방적기 발명에 결정적 도움을 주었다.

방적공 출신 새뮤얼 크럼프턴Samuel Crompton은 1779년 제니 방적기와 아크라이트 방적기의 장점을 모아 뮬 방적기mule spinning frame를 발명했다. 1812년까지 400~500만 대의 뮬 방적기가 제작되었다. 옥스퍼드 출신 신학자 에드먼드 카트라이트Edmund Cartwright는 기계 발명에 빠져 1785년 동력으로 면직물을 짜는 방직기를 발명했다.

기계화로 인해 숙련공들이 일자리에서 밀려났다. 1810년대 여러 도시에서 실업 노동자들이 기계파괴운동Luddite movement을 벌였다. 숙련공들의 투쟁은 격렬했으나 거대한 시대 변화를 막을 수는 없었다.

증기기관은 1712년 토머스 뉴커먼Thomas Newcomen이 처음 발명했다. 뉴커먼 엔진은 열효율이 낮았으나 석탄이 풍부한 탄광에서는 활용 가치가 있었다. 600여 대의 증기 펌프가 광산에서 물을 퍼냈다.

1776년에 나온 제임스 와트 증기기관은 시장 판도를 바꾼 '게임 체인저game changer'였다. 와트 엔진은 효율성이 높았고, 왕복운동을 회전운동으로 바꾸는 장치를 달아 방적기와 방직기를 돌렸다. 와트의 특허 기간이 끝난 1800년 이후 10년 만에 5,000대의 증기 엔진이 생산되었다.

증기 엔진은 철도로 옮겨갔다. 리처드 트레비식Richard Trevithick은 1804년 증기기관차를 선보였고, 조지 스티븐슨George Stephenson은 1814년 실용성 높은 기관차 로켓Rocket을 개발했다. 스티븐슨은 1825년 로켓을 타고 스톡턴Stockton에서 달링턴Darlington 사이 철로를 시속 24킬로미터의 속도로 달렸다.

미국 엔지니어 로버트 풀턴Robert Fulton은 1807년 증기 여객선을 발명해 뉴욕 허드슨강을 오가는 여객선 사업을 시작했다.

증기 엔진은 전쟁 무기로 발전했다. 영국과 프랑스는 증기 엔진으로 움직이는 철갑 증기선을 제작했다.

프랑스 해군은 대구경포를 장착한 철갑 증기선을 채택했고 이로 인해 목재 군함은 완전히 구식이 되어버렸다. 프랑스 해군이 1840년대 중반부터 1860년대까지 점점 더 정교한 철갑 증기선을 진수시키자 영국 해군은 따라 할 수밖에 없었다. _조반니 아리기,《체계론으로 보는 세계사》

증기기관은 1870년 영국 산업 동력의 90%를 차지했고 교통, 해운, 무기 체계에 혁명적 변화를 가져왔다.

중화학 공업 분야에서도 기술혁신이 일어났다. 에이브러햄 다비Abraham Darby는 1709년 코크스cokes로 철을 제련하는 기술을 개발했다. 석탄을 태워 철을 녹이면 불순물이 많이 생기기 때문에 석탄을 구워 코크스를 만들고, 코크스로 철을 생산했다.

기계, 철도, 건설, 군수산업 호황과 수출로 철 생산량은 매년 급증했다. 1750~1850년 철 생산량은 50배 늘어났다. 영국은 1840년대 전 세계 선철pig iron의 2분의 1을 생산해 세계 경제 주도권을 장악했다.

산업혁명의
빛과 그림자

영국은 산업혁명으로 '경제 도약'에 성공했다. 경제사학자 브로드베리에 따르면, 산업혁명 전 0.66%에 머물렀던 경제성장률은 산업혁명 기간 1.8%로 높아졌다.

영국의 연도별 1인당 GDP와 세계 GDP 비중 비교

연도	1700년	1820년	1870년
인구(만 명)	857	2,123	3,139
1인당 GDP(달러)	1,250	1,707	3,191
세계 GDP 비중(%)	2.9	5.2	9.1

* 출처: 앵거스 매디슨,《세계 경제》

인구는 1700년 857만 명에서 1820년 2,000만 명, 1870년 3,000만 명을 넘어섰고, 1인당 GDP는 1700년 1,250달러에서 1870년 3,191달러

로 높아졌다. 1870년 영국 경제는 전 세계 GDP의 9.1%를 차지했다.

산업혁명은 경제성장 방식을 변화시켰다. 전통 경제에서는 노동력과 토지, 자본이 전부였으나 산업혁명 시대에 기술이 새로운 성장 동력으로 등장했다.

그렇다면 자본, 노동, 기술 3요소는 경제성장에 얼마나 기여했는가?

서섹스대 교수 니콜라스 크래프츠Nicholas Crafts는 계량경제기법을 이용해 요소별 생산성을 분석했다. 도표를 보면 산업혁명 초기에는 자본과 노동의 성장 기여율이 높았으나 점차 총요소 생산성TFP, Total Factor Productivity 비중이 높아지는 것을 알 수 있다.

영국 산업혁명 기간 동안의 요소별 생산성 분석

연도	자본	노동력	총요소 생산성(TFP)	실질 성장률(%)
1760~1800	0.38	0.45	0.29	1.2
1800~1830	0.56	0.65	0.37	1.6
1830~1860	1.02	0.55	0.71	2.3

* 출처: 니콜라스 크래프츠·피터 볼처, 〈경제사의 성장 계정Growth Accounting in Economic History〉

총요소 생산성은 자본과 노동으로 설명할 수 없는 성장 요인, 한마디로 기술 발전을 가리킨다. 총요소 생산성이 경제성장에 기여한 비율은 0.29%에서 시작해 0.37%, 0.71%로 높아졌다. 성장 엔진이 자본과 노동에서 기술로 바뀌고 있음을 보여준다.

산업국에서
패권국으로

산업혁명 직후인 1851년, 런던 하이드 파크Hyde Park에 있는 수정궁Crystal Palace에서 만국박람회가 열렸다. 박람회에는 영국을 비롯해 프랑스, 독일, 미국, 스페인, 러시아, 오스트리아 등 40여 개국이 1만 3,000여 점의 기계, 공산품, 원자재, 미술품을 출품했다. 지금은 사라지고 없지만, 유리 온실처럼 생긴 높이 39미터의 거대한 수정궁은 자본주의와 산업혁명의 승리를 상징했다.

영국 사회는 개막 전부터 기대와 흥분에 휩싸였다. 빅토리아 여왕이 개막을 선언한 5월 1일, 하이드 파크에는 수정궁을 밖에서라도 구경하려고 50만 인파가 몰렸다. 만국박람회 테마는 '진보'였다. 영국은 공개적 무대에서 부와 기술력을 마음껏 과시했다.

> 증기 해머, 수압식 인쇄기, 거대한 동력 장치가 달린 방적기, 탈곡용 엔진 등 급격히 번져가는 공업과 농업의 전 세계가 거기에 전개되어 있었다. 때로는 경질 고무로 만든 엘리자베스 시대풍의 찬장 같은 예스러움과 새로운 기술이 결부된 물건도 있었다. 그러나 사람들에게 미래를 엿보게 한 것은 아름답게 빛나는 기계였다. _새뮤얼 C. 버어첼Samuel C. Burchell, 《근대 유럽The Age of Progress》

나폴레옹 전쟁(1803~1815년)에서 승리하고 산업혁명에 성공한 영국이 세계 패권국이라는 사실을 의심하는 사람은 없었다. 월러스틴은 1815~1873년을 영국의 헤게모니 시기로 보았다. 아리기는 영국이

1780년부터 1930년까지 장기간 헤게모니를 유지했다고 주장했다.

자유주의 시대

산업혁명은 자유주의 사상과 흐름을 같이한다. 자유주의 사상은 1640년대 청교도혁명을 전후해 영국 사회에 확산되었다. 토머스 홉스는 절대군주제를 옹호했지만, 사회계약 이론을 제시해 자유주의 기초를 쌓았다는 평가를 받는다. 홉스는 자연상태에서는 '만인의 만인에 대한 투쟁'이 벌어지기 때문에 생명을 보존하기 위해 힘을 가진 리바이어던에게 권리 일부를 양도하고 사회계약을 맺는 것이라고 말한다.

존 로크는 자연상태에서 인간은 자유롭고 평등한 상태라고 보았다. 그는 모두가 권리를 행사하면 전쟁 상태에 빠지기 때문에 사회계약을 맺고 공동체를 세우는 것이라고 말한다.

> 일정한 수의 사람들이 서로 결합하여 하나의 사회를 형성하고, 각자 모두 자연법의 집행권을 포기하여 그것을 공동체에게 양도하는 곳에서만 비로소 정치사회 또는 시민사회가 존재하게 된다. _존 로크, 《통치론》

로크는 만약 통치자가 폭정으로 국민에 대해 전쟁 상태를 초래한다면 시민들은 정부를 전복하고 새로운 정부를 수립할 권리가 있다고 주장했다.

경제사상 면에서는 이기심을 긍정적으로 보는 사조가 출현했다. 네덜란드 출신 작가 버나드 맨더빌Bernard Mandeville은 1714년에 펴낸 《꿀벌의 우화》에서 개인의 악덕이 사회의 미덕이 될 수 있다는 주장을 폈다.

우화에 나오는 꿀벌 왕국은 돈이 풍족하고 과학과 산업이 발달했으나 사치, 탐욕, 속임수가 판치는 곳이다. 벌들은 소리 높여 주피터에게 정직함을 내려달라고 기도한다. 꿀벌 왕국에 속임수가 없어지자 갑자기 이상한 일들이 일어난다. 사치와 낭비가 사라져 상점과 공장이 문을 닫고 경제가 나빠져 커다란 벌집에 남은 벌이 거의 없게 되었다. 개인의 미덕이 사회에 해가 되고, 악덕이 이익이 된다는 역설이다.

《꿀벌의 우화》는 18세기 영국 사회를 풍자했다. 꿀벌 이야기는 애덤 스미스에게 깊은 영감을 주었고, '보이지 않는 손'으로 재탄생한다. 애덤 스미스는《국부론》에서 모든 사람이 자신의 이익을 추구하지만 '보이지 않는 손'에 이끌려 사회에 도움이 되는 결과를 가져온다고 설명했다. 보이지 않는 손은 수요 공급의 원리, 시장경제 원리다. 스미스는 국부國富의 원천은 귀금속이 아니라 상품 생산과 교환이라며 중상주의 철폐와 자유무역을 주장했다.

자유주의 사상은 미국과 프랑스에서 혁명의 불꽃을 일으켰다. 미국 독립전쟁은 세금 문제에서 촉발되었다. 영국은 프랑스와의 7년 전쟁(1756~1763년)으로 국가 부채가 늘어나자, 아메리카 식민지에 무거운 세금을 물렸다. 설탕, 법률 문서, 신문, 잡지, 차, 종이, 유리, 페인트에 세금을 부과했다. 자유와 부를 찾아 아메리카로 건너온 식민지 주민들은 "대표 없이 과세 없다"며 영국 정부의 일방적 세금 인상에 항의했다.

1773년 영국 정부가 동인도회사에 특권을 주어 차를 무관세로 수입하자, 혁명주의자들은 배에 올라가 차 상자를 바닷물에 던져버렸다. 이 보스턴 차 사건Boston Tea Party은 전쟁으로 번졌다.

13개 주의 식민지 대표들은 1776년 미국 독립을 선언했다. 로크의 자유주의 사상은 미국 독립선언서에 그대로 반영되었다.

> 다음과 같은 사실을 자명한 진리로 받아들인다. 즉, 모든 사람은 평등하게
> 창조되었고, 창조주는 몇 개의 양도할 수 없는 권리를 부여했으며, 그 권
> 리 중에는 생명과 자유와 행복의 추구가 있다. _〈미국 독립선언서〉

자유주의 사상은 미국의 정체성이 되었다. 자유주의는 '다수의 폭정'을
견제하려는 공화주의와 결합해 미국 헌법의 틀을 구성했고, 자립적이고
경쟁적인 미국 자본주의의 바탕이 되었다.

앙시앵 레짐을 무너뜨린
프랑스혁명

프랑스는 낡은 구체제 앙시앵 레짐Ancien Régime에
갇혀 있었다. 절대군주인 왕을 중심으로 성직자, 귀족이 관직을 독점하고
봉건적 특권을 누렸다. 1780년 부의 불평등은 극에 달해, 상위 10%가 전
체 소득의 51~53%를 차지했다. 제3신분 부르주아, 농민, 노동자는 차별
대우를 받으며 무거운 세금 부담까지 졌다. 가난한 계층은 소득의 56%를
세금으로 납부했다.

계몽주의 철학자들은 폐쇄적 신분 질서를 비판하고, 법과 시민의 뜻에
따라 통치하는 정치·사회 개혁을 요구했다. 몽티스키외는 삼권분립과 법
에 의한 통치를 요구했다.

> 국가 구조는 그 누구도 법이 강제하지 않는 바를 행하도록 강제당하지 않

고, 또 법이 허용하는 바를 행하지 못하도록 강제당하는 일이 없어야 한다. _몽테스키외, 《법의 정신》

루소는 《사회계약론》에서 "사람은 자유로운 몸으로 태어나 도처에서 사슬에 매어 있다"고 비판했다. 루소는 각 구성원이 자유롭게 살아가려면 모든 구성원의 뜻에 따라 통치해야 한다고 주장했다.

이성과 자유를 주장하는 계몽사상과 미국독립혁명 사상은 혁명 열기를 불어넣었다. 전쟁으로 국고가 바닥나고 흉작으로 빵값이 폭등하자 민중의 불만이 폭발했다. 파리 시민과 농민 들은 1789년 바스티유 감옥 습격을 기점으로 혁명을 일으켜 천 년 동안 지속되어 온 앙시앵 레짐을 무너뜨렸다.

프랑스혁명은 근대 민주주의 기원으로 여겨진다. 혁명 기간 중 국민의회가 채택한 프랑스 인권선언은 민주주의의 기본 원리를 반영하고 있다.

제1조 인간은 권리에 있어서 자유롭고 평등하게 태어나 생존한다.
제3조 모든 주권의 원리는 본질적으로 국민에게 있다.

프랑스혁명 이념은 나폴레옹에 의해 유럽 전역으로 퍼져나갔다. 영국 역사학자 에릭 홉스봄Eric Hobsbawm은 산업혁명과 프랑스혁명을 '이중혁명Dual Revolution'이라 칭했다. 산업혁명이 경제혁명이라면 프랑스혁명은 정치혁명이다. 홉스봄은 '이중혁명'에 의해 자유주의적 자본주의가 승리하고, 서구 정권이 지구 지배를 확립하게 되었다고 말한다.

산업혁명과 민주혁명을 이룬 유럽에는 낙관주의가 팽배했다. 유럽인들은 인간의 자유, 평등, 이성의 힘으로 무한한 진보가 가능하다고 믿었다.

산업혁명의 그늘

산업혁명 기간 도시는 무서운 속도로 팽창했다. 1750년 67만 명 수준이던 런던 인구는 1850년 220만 명으로 늘어났다. 리버풀, 맨체스터, 글래스고 인구는 2만 명에서 30만 명으로 급증해 100년 만에 15배가 불어났다.

영국 대도시 인구 변화(단위:천 명)

연도	1750년	1850년
런던	675	2,236
리버풀	22	376
맨체스터	18	303
버밍엄	24	233
글래스고	25	345

* 출처: 리엄 브런트, 〈도시화와 근대경제성장Urbanisation and the Onset of Modern Economic Growth〉

1700년 10%였던 도시화율은 1890년 60%로 높아졌다. 급속한 도시화로 도시마다 빈민들이 밀집한 슬럼slum이 생겨났다. 도시 노동자의 주거는 열악했고, 상하수도와 위생 시설이 미비해 콜레라와 각종 전염병이 번졌다.

1835년 맨체스터를 방문한 프랑스 계몽주의자 토크빌Alexis de Tocqueville은 검은 연기로 뒤덮이고 폐기물이 넘쳐나는 도시를 보고 놀라움을 감추지 못했다.

이 더러운 배수구에서 산업의 가장 거대한 물줄기가 흘러나와 온 세상을 기름지게 한다. 이 불결한 하수도에서 순금이 흘러나온다. 여기서 인류는 가장 완벽하고 가장 야만적 발전을 이룩하고, 여기서 문명은 기적을 일으키고, 문명화된 인간은 거의 야만으로 돌아간다. _토크빌, 《잉글랜드와 아일랜드 기행Journeys to England and Ireland》

소수 자본가가 다수 노동자를 지배하는 산업자본주의는 사회문제를 양산했다. 14~16시간 장시간 노동과 미성년자 노동은 흔한 일이었고, 자본가들은 이윤을 늘리기 위해 10세 이하 아동까지 고용했다.

1789년 더비셔에 있던 아크라이트의 공장 세 곳에서는 1,150명의 노동자 중 3분의 2가량이 아동이었으나, 몇 년 후 그의 다른 공장에서는 그 비율이 다소 줄었다. 성인 광부의 임금 상승은 소년 고용을 자극했고, 점점 더 많이 고용된 소년들은 공기의 흐름을 조절하는 문을 여닫거나, 지표면에서 갱도로 석탄 운반 바구니를 끌거나, 갱도를 따라 조랑말을 탄갱 밑까지 몰고 오는 허드렛일을 했다. _토머스 애슈턴, 《산업혁명》

아동 노동자와 여성 노동자가 늘어나면서 평균 임금은 낮아졌다. 브로드베리의 《영국 경제성장British Economic Growth》에 따르면, 1750~1800년대 영국인 1인당 GDP는 19.6% 높아졌으나 노동자 실질 임금은 3.6% 하락했다. 자본가는 더 부유해졌고, 노동자는 더 가난해졌다. 빈부 격차는 최악으로 벌어졌다. OECD 자료에 따르면, 1820년 영국의 지니계수는 0.59(퍼센트 기준 59)로 프랑스혁명 직전보다 높았다.

헝가리 정치경제학자 칼 폴라니Karl Polanyi는 《거대한 전환》에서 산업혁명 시대 자본주의를 '사탄의 맷돌satanic mill'에 비유했다. "자본주의가 인간을 '사탄의 맷돌'에 통째로 갈아 무차별의 떼거리로 만들어버렸다."

불평등한 환경에서
사회주의가 자라나다

영국 전역에 빈민이 넘쳐났다. 1801년 잉글랜드와 웨일스 인구의 11%가 빈민 구호 대상이었다. 빈민 구제는 지역 행정기관에 맡겨졌다. 지역에서는 교구별로 구빈세를 거두어 가난한 사람들에게 보조금을 나눠 주었다.

자유주의 정치경제학자 맬서스는 가난을 구제할수록 의존도가 높아진다며 빈민 구제에 반대했다. 영국 정부는 1834년 새로운 빈민 구제법을 제정해 구제 대상을 대폭 축소했다. 구호시설은 극빈자에 한해 최소한의 주거와 음식만 제공했다.

찰스 디킨스Charles Dickins의 《올리버 트위스트Oliver Twist》는 빈민 구제법 시행 당시 빈곤층의 삶을 묘사하고 있다.

고아원에서 자란 올리버는 9세 때 수용자들이 추위와 영양실조로 죽어가는 구빈원으로 보내진다. 한 끼 급식은 묽은 귀리죽 한 사발이 전부다. 올리버는 배고픔에 지친 아이들을 대신해 죽을 더 달라고 했다가 감독관에게 얻어맞고 캄캄한 독방에 갇힌다. 구빈원을 탈출한 올리버는 런던으로 달아났으나 런던 뒷골목은 더러운 범죄 소굴이었다. "사이크스Sikes는 도둑놈이고 페이긴Fagin은 장물아비이며, 소년들은 소매치기이고 여자애들은 창녀다."

디킨스는 "가장 추하고 불쾌한 이야기에서 가장 순수하고 선한 교훈이 얻어질 수 있다"고 말한다.

극도로 불평등한 환경에서 사회주의가 자라났다. 프리드리히 엥겔스는 24세 때 노동자 생활 실태를 조사해《영국 노동자 계급의 상황The Condition of the Working-Class in England》을 썼다. 그의 관찰 기록은 사회주의 운동의 기초 자료가 된다.

> 거리는 보통 비포장에 험하고 지저분하며, 채소와 고기 찌꺼기가 그득하고, 하수도나 배수로가 없는 대신 물이 고여 악취가 진동하는 웅덩이들이 있다. 게다가 형편없고 난잡한 건축 방법 때문에 다수가 모여 사는 좁은 공간에서 환기마저 원활하지 않으니, 이런 노동자 거주 구역에 어떤 분위기가 팽배해 있을지 쉽게 상상할 수 있을 것이다. _프리드리히 엥겔스,《영국 노동자 계급의 상황》

엥겔스는 공포와 분노를 일으키는 이 모든 것이 '산업시대industrial epoch' 에서 비롯되었다고 공격했다. 마르크스는 자본가와 노동자를 적대 관계로 보았다. 마르크스는 자본주의가 자기모순에 의해 무너지고 사회주의와 공산주의 사회가 온다고 주장했다.

마르크스주의는 유럽 노동운동을 자극했고, 20세기 러시아와 중국이 공산화되었다. 영국 노동자들은 자본가에 대항해 노동조합을 결성했다. 노동자들은 차티스트 운동Chartist movement을 벌여 선거권 확대를 요구했다. 1800년대 후반 자산가 계층에만 허용되던 선거권이 노동자 계층으로 확대되었다.

부르주아 중심 자유주의는 민주주의와 결합해 자유민주주의liberal democracy로 진화해갔다. 영국 정부는 노동 문제 개선에 나서 1847년 아동과 여성 노동시간을 하루 10시간으로 제한했다. 또 1870년 초등교육법을 만들어 13세 이하 어린이를 대상으로 교육을 장려했다.

자본가와 노동자는 타협으로 해결책을 모색했다. 브로드베리에 따르면, 1800~1860년 노동자 실질 임금은 60% 올라, 1인당 GDP 증가율 46%를 앞질렀다. 소득 증가로 중산층이 두꺼워지면서 자본주의가 자기모순으로 몰락할 것이라는 마르크스의 예언은 빗나갔다.

> 예측으로서의 이 예언은 사실을 통해 거짓으로 입증되었다. 상호 적대적인 두 계급이 양극화되기보다는 공업화가 확산되면서 화이트칼라 노동자, 숙련기술자, 독립 자영업자 등과 같은 중산층이 크게 팽창했다. _론도 캐머런Rondo Cameron · 래리 닐Larry Neal, 《간결한 세계 경제사》

자본주의는 효율성은 높지만 '시장 실패market failure'의 위험성을 안고 있다. 독과점 횡포, 수요 공급 불안, 빈부 격차 확대, 공해는 국민 생활에 큰 해악을 끼치고 자본주의에 대한 불만을 증폭시킨다. 자본주의는 1930년대 대공황을 겪은 뒤 궤도를 대폭 수정하게 된다.

과잉생산의 종착점

19세기 후반 유럽과 미국 경제는 철도 레일을 따라 쾌속 질주했다. 1870년까지 영국은 2만 5,000킬로미터의 철도를 깔았고, 미국은 8만 5,000킬로미터의 철도를 건설했다. 독일, 프랑스, 러시아의 철도 길이도 1만 킬로미터에 이르렀다. 투자자들은 앞을 다투어 철도 확장에 돈을 투자했다.

1873년 5월 9일 검은 금요일, 비엔나 증권시장이 갑자기 붕괴했다. 몇 달 뒤, 금융 공포가 뉴욕 시장을 덮쳤다. 철도 주식이 폭락하고 예금자들은 돈을 찾으려고 은행 창구로 몰려갔다. 철도 건설이 중단되고 '장기 불황'이 닥쳤다. 불황은 1873년에 시작해 1879년까지 지속되었다.

인간이 기억하는 가장 맹렬한 디플레이션이었다. 상품 가격의 폭락은 자본 수익률을 하락시켰다. 수익이 줄어들고 경제학자들이 '자본이 자유재일 가능성이 있다고 생각할 정도로 풍부해' 이자율이 하락했다. _조반니 아리기,《체계론으로 보는 세계사》

장기 불황의 원인은 무엇인가? 철도 사업에 지나치게 많은 자금이 투자되었고, 금본위제도를 채택한 미국과 독일의 통화량 부족 때문이라는 것이 일반적 분석이다. 하지만 근본 원인을 살펴보면 미국, 독일, 프랑스가 산업화에 성공해 과잉생산이 빚어졌기 때문이라 할 수 있다.

각 나라의 연도별 GDP 규모와 성장 배수(단위: 100만 달러)

나라명	1820년 GDP	1870년 GDP	배수
영국	36,232	100,179	2.8
프랑스	38,434	72,100	1.9
독일	26,349	71,429	2.7
미국	12,548	98,374	7.8

* 출처: 앵거스 매디슨,《세계 경제》

1820~1870년 서구 4개국은 경쟁적으로 생산 시설을 확대했다. 이 기간에 영국, 독일, 프랑스 경제가 2~3배 성장했고, 미국 경제는 무려 7.8배 성장했다. 과잉생산과 과열 경기는 임계점을 넘어 폭발을 일으키고 악명 높은 불황이 찾아왔다. 유럽과 미국은 불황에서 탈출하려고 밖으로 눈을 돌렸다.

제국주의, '백인의 짐'

영국은 맹렬한 속도로 해외 팽창에 나섰다. 1874~1901년 사이에 말레이시아, 보르네오, 버마(미얀마의 이전 명칭)를 식민지로 편입했고 이집트, 수단, 나이지리아, 중앙아프리카, 동아프리카, 남아프리카를 식민지와 보호령으로 선포했다. 1900년 대영제국 영토는 3,400만 제곱킬로미터로 지구 육지 면적의 4분의 1에 해당했다. 총인구는 3억 7,000만 명에 달했다. 영국은 끊임없는 팽창정책으로 로마제국 7배 크기의 '태양이 지지 않는 나라'를 건설했다.

19세기 식민지 지배 방식은 북아메리카 식민지 개척 때와 달랐다. 이주민을 보내기보다 군사·정치·경제적으로 지배하는 데 주력했다. 식민지에 공산품을 수출하고 현지 천연자원을 가져와 이익을 환수했다. 19세기에 출현한 새로운 식민지 지배 방식을 '제국주의imperialism'라고 부른다. 영국 저널리스트이자 경제학자 존 홉슨John Hobson은 제국주의를 과잉 자본 해소를 위한 자본주의 팽창이라고 보았다.

새로운 시장의 소유자로 하여금 우리와 거래하지 않을 수 없게 만들기 위해서는 영국의 외교와 무력이 행사되지 않으면 안 되었으며, 과거의 경험은 그 같은 시장을 확보하고 개발하는 가장 안전한 방법이 보호령을 만들거나 합병하는 것임을 보여주고 있다. _존 홉슨, 《제국주의론》

영국 지식인들은 식민 지배를 정당화하기 위해 서양 우월주의를 확산시켰다. 대표적 인물이 '사회진화론'을 주장한 허버트 스펜서Herbert Spencer다. 스펜서는 1864년 《생물학 원리The Principles of Biology》에서 다윈의 자연선택 이론을 인간 사회에 적용해 '적자생존survival of the fittest'을 주장했다. 그는 유럽에서 온 쥐가 뉴질랜드 토종 쥐를 몰아내고, 유럽 클로버가 토종 양치식물 서식지를 파괴하는 것처럼 "우월한 종이 열등한 종의 영역을 침략하는 것은 생물 세계의 보편적 경향"이라고 주장했다. 사회진화론은 침략과 식민 지배를 정당화하고 인종차별을 옹호하는 제국주의의 이론적 근거가 되었다.

영국 시인 러디어드 키플링Rudyard Kipling은 1899년 백인 우월주의를 노골적으로 드러낸 시, 〈백인의 짐The White Man's Burden〉을 발표했다.

백인의 짐을 져라.

너희가 기른 최선의 자식을 보내라.

너희 아들들을 유배지로 떠나보내라.

네 포로의 요구에 응하기 위해

무거운 무장을 하고 기다리라.

날뛰는 족속과 야생에 맞서.

새로 잡아 온 입 나온 사람들,

반은 악마요, 반은 아이인 자들.
_러디어드 키플링, 〈백인의 짐〉

키플링은 미국의 필리핀 침공을 옹호하려는 목적에서 이 시를 썼다. '반은 악마요, 반은 아이인 자들'을 정복해 문명화하는 것이 백인의 사명이라는 의미다. 시집《다섯 국가》,《병영의 노래》, 소설《정글 북》을 쓴 제국주의 작가 키플링은 1914년 노벨 문학상을 수상했다.

서구 열강은 무력과 과학, 기술로 세계를 정복했다. 서양학자들은 승리 원인이 서양의 자체 역량에 있다고 말한다. 대표적 서구중심주의 학자 에릭 존스Eric Jones는 '유럽의 기적'은 서양인의 실력이라고 주장했다.

지리상의 발견에 의해 해외 자원이라는 선물이 생기게 된 결과 그것이 유럽의 성장에 박차를 가하게 된 것으로 볼 수도 있을 것이다. 그러나 일단 발견한 것을 잘 이용할 수 있는 경제적 실력이 있었다는 것이 좀 더 핵심에 가까운 것처럼 보인다. 그것은 제국이 아닌 유럽 고유의 특성이다.
_에릭 존스,《유럽 문명의 신화The European Miracle》

비판적 학자들은 외부 요인, 즉 식민지 확장을 주요 원인으로 본다.

유럽인들이 식민지에서 창출할 수 있었던 거대한 수요가 없었다면 산업혁명은 존재하지 않았을 것이며, 산업혁명을 견인한 것은 다른 어떤 것들보다도 바로 이 요인이었다는 것이다. _제임스 M. 블라우트James Morris Blaut,《식민주의자의 세계 모델》

식민지에서 축적한 막대한 부와 노예 노동 사실을 외면하고, '유럽의 기적'을 강조하는 유럽 중심주의는 휴브리스(자만심)의 발로다. 그리스인들은 휴브리스는 네메시스nemesis(복수)를 불러온다고 했다.

서구 열강은 교만함에 빠져 군사적 팽창을 지속했다. 제국주의 경쟁은 마침내 세계대전의 재앙을 불러온다.

산업혁명은 세계 역사에 빛과 그림자를 남겼다. 현대의 물질적 풍요와 편리함이 밝은 빛이라면, 식민지 착취와 도덕성 상실은 어두운 그림자다.

동양의 역사_ 아편전쟁과 새로운 중국

치욕을 겪고
분노의 용틀임을 시작하다

부끄러운 전쟁,
용의 추락

　1644년 만주 군대가 산해관을 넘어올 때 전체 병력은 17만 명에 불과했다. 청을 세운 만주족은 숙신肅愼, 읍루挹婁, 물길勿吉, 말갈靺鞨, 여진女眞이라 불리던 중국 대륙 변방의 이민족이다.

　1%의 인구로 1억이 넘는 한족을 다스리기 위해 청나라는 강온 정책을 병행했다. 전통적 팔기八旗 제도를 운영해 만주족이 군권을 독점하고, 문화적 통제를 위해 변발辮髮과 만주식 복장을 강요했다. 저항하는 한족은 무자비하게 탄압했다. 강소성 가정현嘉正縣에서는 20만 명이 넘는 사람을 학살했고 강음江陰에서는 이보다 많은 사람들을 죽였다.

　강경책을 쓰면서도 만주족과 한족 관리를 함께 임명해 정권 안정을 꾀하고 과거제도를 실시해 한족 인재들을 등용했다. 청나라 조정은 정성공鄭成功의 반청反淸 운동과 삼번三藩의 난을 평정해 어렵게 민심을 안정시켰다.

　강희康熙, 옹정雍正, 건륭乾隆 황제 시대는 '강건성세康乾盛世'로 일컬어진다. 세 황제는 몽골, 티베트, 위구르를 정복해 영토를 역대 최대로 늘렸다. 세 황제의 통치 기간은 135년(1661~1796년)에 이른다. 큰 전쟁도 없었고, 내란도 없었다. 하지만 문화적으로는 사상을 탄압하는 문자옥文字獄이 계속되었다. 건륭제는 130여 회의 문자옥을 일으켜 황제와 체제를 비판하는 학자를 무자비하게 탄압하고 외국과의 무역을 규제했다.

어떻게 보면 태평성대는 타키투스가 이야기한 '사막의 평화'였는지 모른다. 강건성세 말기에 쇠퇴의 그림자가 서서히 짙어지기 시작한다.

인구 폭발, 비바람을 부르다

여객기가 윈난雲南 상공을 지날 때 아래를 내려다보면 믿기 어려운 장관을 마주하게 된다. 산등성이에 등고선을 그려 놓은 듯 수백, 수천 개의 구불구불한 계단식 논이 수십 킬로미터에 걸쳐 펼쳐진다. 논과 논 사이로 주택이 빽빽한 마을이 들어서 있다. 잠자리 날개같이 현란한 무늬의 계단식 논은 인간 의지와 지혜의 산물이다. 그 아름다움 속에는 수많은 인구를 부양하기 위해 험준한 산을 개간해야 했던 아픈 역사가 숨어 있다.

청나라 때 중국 인구는 폭발적으로 증가했다. 1661년 1억 명 정도였던 인구는 1750년 1억 8,300만 명으로 늘어났고, 1851년에는 4억 3,200만 명에 이르렀다. 200년 사이에 인구가 3배 이상 늘어났다. 오랜 기간 전란이 없었고, 천연두 종두種痘가 개발되어 사망률이 낮아진 이유가 크다. 2모작 확산, 새로운 작물 도입, 비료 사용 증가로 식량 생산량이 늘어났기 때문이기도 하다. 아메리카 대륙에서 전해진 고구마, 감자, 옥수수 같은 구황

작물이 보급되어 곡물 소비를 대체한 것도 인구 증가에 큰 몫을 차지했다.

고구마는 1582년 베트남에서 들여왔다는 설이 있고, 1590년대 초 필리핀에서 가져왔다는 설이 있다. 고구마는 맛이 달고 재배가 쉬워 구릉지, 건조지, 모래땅에 많이 심었다. 옥수수, 감자는 고산지대에 널리 보급되었다.

인구 늘어나는 속도가 너무 빨라 경지 증가 속도를 몇 배나 앞질렀다. 1인당 경지 면적은 급속히 줄어들었다. 1661~1851년 1인당 경지 면적은 3분의 1로 감소했다.

연도별 인구와 경지 면적 비교

연도	인구	경지(백만 경)	1인당 평균 경지(단위: 무)
1661년	0.96억 명	5.49	5.74
1753년	1.83억 명	7.35	4.00
1812년	3.34억 명	7.89	2.36
1851년	4.32억 명	7.56	1.75

* 출처: 쉬후이徐輝, 〈청대 중기적 인구 천이〉

가난한 농민들은 새로운 땅을 찾아 운남, 귀주, 만주로 이주했다. 산에서 나무를 벌목해 산림자원이 황폐화되고, 토사가 유실되어 산사태와 홍수가 자주 일어났다. 토지와 물이 부족하다 보니 원주민과 이주자 사이 갈등은 무기를 들고 싸우는 패싸움 '계투械鬪'로 번졌다.

귀주에서 3년간 관리로 일하며 농촌 참상을 목격한 선비 홍량길洪亮吉은 1793년에 펴낸《치평편治平篇》에서 인구 문제의 위험성을 경고했다.

태평성대를 좋아하지 않는 사람은 없을 것이다. 평화 시기가 100년이 지속되었으니 오래되었다고 할 수 있다. 그리하여 호구는 30년 전에 비해 5배가 증가하고, 60년 전에 비해 10배, 백 년이나 백수십 년 이전보다 20배가 증가했다. 농사짓는 사람은 10배 늘어났어도 농지는 늘어나지 않았다. 장사하는 사람은 10배 늘어났어도 물건은 늘어나지 않았다. _홍량길,《치평편》

홍량길은 "비바람과 서리를 맞고 굶주려 죽는 사람이 늘어나도 이상한 일이 아닐 것이다"라고 미래를 암울하게 예측했다. 홍량길의《치평편》(1793)은 맬서스의《인구론》(1798)보다 5년 앞선 것이다.

인구 폭발의 후유증은 1796년 백련교白蓮敎의 난으로 터져 나왔다. 난이 일어난 곳은 호북과 사천, 섬서성 접경의 산간 지역이다. 땅이 좁은 데다 이주민까지 모여들어 식량난이 심각했다. 빈농들 사이에 반청反淸 결사 조직 백련교가 확산되었다. 식량 부족에다 관리의 수탈이 심해지자 백련교도들은 반란을 일으켰다. 이웃 농민과 부랑자 들이 가담해 반란군 숫자가 수십만 명에 달했다.

만주 팔기군의 기강해이와 부패로 반란 진압에 8년이 걸렸고, 군사비로 국가 세입의 2배인 2억 량이 소모되었다. 백련교의 난 이후, 청나라는 내리막길에 들어서게 된다.

18세기 중국은 '맬서스의 덫'에 빠졌다.

중국계 미국 경제사학자 필립 황Philip Huang, 黃宗智은 18세기 중국 경제가 발전development 한 것이 아니라 퇴행involution 했다고 진단했다. 필립 황은 중국어로 과밀화過密化라고 표현했다. 그는 "양쯔강 삼각주 지역의 노동력 밀집화와 단위당 과밀화가 세계에서 가장 높은 수준에 도달해, 노동생산성이 체감하는 단계였다"고 밝혔다.

현대 경제학자들은 1600~1850년 중국의 1인당 소득이 급속히 줄어들었다고 추산했다.

학자별 1600~1850년 중국의 1인당 GDP 비교(단위: 달러)

연도	브로드베리	매디슨	리우티
1600년	977		388
1750년	685	600	
1850년	594		318

* 출처: 리처드 폰 글란,《중국 경제사The Economic History of China》

영국 학자 브로드베리는 1600~1850년 1인당 GDP가 40% 줄어들었다고 분석했고, 중국 경제학자 리우티劉逖는 1인당 GDP를 300달러대로 추산했다.

청나라는 서서히 가라앉고 있었다.

문 앞에 온
사자

18세기 중반 청나라는 문을 걸어 잠그고 쇄국정책을 폈다. 서양과 교역할 수 있는 항구는 광주廣州 한 곳뿐이었다. 강희제는 1685년 광주와 하문廈門, 영파, 송강淞江(상해) 4곳을 개항했으나 1757년 건륭제 때 무역 창구를 하나로 줄였다. 외국 상인들은 광주의 특별거주지역 월해관粵海關 안에 머물러야 했다.

영국은 중국 차 수입으로 많은 적자를 보았다. 매년 6~14톤의 은이 중국으로 흘러 들어갔다. 영국인들은 무역 규제에 불만을 표시하며 자유무역을 주장했다. 그즈음 영국 사회에는 애덤 스미스의 자유무역론이 널리 확산되었다.

대외 상업을 무시하거나 경시하고, 한두 군데 항구밖에 외국 배의 입항을 허가하지 않는 나라는, 다른 법률이나 제도에 의하면 가능할지도 모르는 양의 사업은 영위할 수 없다. 또 부자, 즉 대자본의 소유자는 크게 안전을 누리고 있지만, 가난한 사람, 즉 소자본 소유자는 거의 안전을 누리지 못한다. _애덤 스미스,《국부론》

영국 정부는 상인들의 불만이 높아지자, 통상사절단을 파견했다. 인도 마드라스 총독을 지낸 자작viscount 조지 매카트니George Macartney가 수석 대표를 맡았다. 매카트니는 중국 황제에게 영국의 높은 문명 수준을 보여주려고 많은 선물을 준비했다. 천문 기구와 지구의, 수학 기구, 시계, 망원경, 군함 모형, 모직물, 문방구, 웨지우드 도자기 등 선물이 600개 상자에 달했다.

매카트니 사절단은 1793년 8월 천진 외항에 도착해 북경으로 이동했다. 청나라 관리들은 사절단이 북경으로 이동할 때 '조공朝貢' 깃발을 달게 했다. 매카트니는 만리장성 북쪽의 열하熱河 피서 산장에서 건륭제를 알현했다. 건륭제의 나이 82세였다. 영국 사절단의 열하 방문은 조선 사신 박지원朴趾源의 열하 기행 13년 후의 일이다. 청나라 관리들은 매카트니에게 '삼배구고두三拜九叩頭(세 번 절하고 아홉 번 머리를 조아리는 의식)'를 요구했다.

매카트니는 평등 관계를 주장하며 고두를 거부했다. 매카트니가 고두를 했다는 설도 있으나 1910년대 중국 학자들이 편찬한 《청사고清史稿》에는 무릎만 꿇었다고 기록되어 있다.

> 건륭 58년, 영국인들이 조공을 드리러 왔다. 사신 매카트니 등이 황제를 뵈었다. 매카트니가 절하는 방법(拜跪)을 스스로 익히지 않았으나 어전에 이르러 무릎을 꿇고(跪) 아무렇지도 않은 듯 행동(自若)했다. 《청사고》

매카트니는 건륭제에게 영국 왕 조지 3세의 친서를 전달했다. 조지 3세는 이 친서에서 친선 관계와 상업 편의를 위해 상주 대표부를 두자고 제의했다. 이 친서에는 우호적인 내용도 있지만 다른 해석을 낳을 수 있는 문장도 들어 있다.

- 선박을 보내는 것은 정복을 하거나 영토 확장, 부와 상업적 이익을 위한 목적이 아니라 새로운 지식을 넓히고, 다양한 생산물을 찾고, 예술 문화를 교류하려는 목적입니다.
- 야심 많은 이웃을 파괴할 힘을 가지고 있지만 전쟁의 재앙을 피했습니다.

'정복', '영토 확장', '파괴할 힘', '전쟁의 재앙' 같은 표현은 묘한 뉘앙스를 풍긴다. 매카트니는 영국의 요구 사항을 보다 구체화했다.

- 북경에 상주 무역 대표부 파견

- 영파, 주산舟山(영파 동쪽에 있는 큰 섬), 광주, 천진항 개방
- 주산 부근 작은 섬에 영국 상인 상주 시설 설치
- 영국인 선교 허용

건륭제는 영국 왕 조지 3세에게 2통의 답서를 보냈다.

오, 친애하는 왕이시여!

천조天朝가 사해四海를 아우르는 데 관심을 두는 것은 오직 정성을 다하여 정무를 처리하는 것이오. 우리에게는 없는 것이 없소. 나는 기이하고 교묘한 물건을 귀하다고 여기지 않소. 그대 나라에서 만든 물건 가운데 필요로 하는 것이 없소.

'지대물박地大物博', 땅이 넓고 물자가 풍부하니 따로 필요한 물건이 없다는 말이다. 건륭제는 청을 '천조天朝', 서양인을 '외이外夷', '이상夷商'이라 부르고, '화이지변華夷之辨(중국과 오랑캐의 구분)이 매우 엄하다'고 했다.

중국은 이적夷狄과 평등한 통상협정을 맺는 것은 중화 질서를 흔드는 일이라고 생각했다. 청나라가 1689년 러시아와 네르친스크 조약을 체결한 예가 있지만, 이 조약은 무력 충돌 뒤에 맺은 평화조약이다. 대표부 개설은 어느 나라에도 허가하지 않은 일이고, 추가 개항은 건륭제의 '일구통상一口通商' 정책에 어긋난다. 건륭제가 할 수 있는 대답은 거절뿐이었다.

미국의 중국사 권위자 존 킹 페어뱅크는 건륭제를 '오만lofty'하고 '경멸적condescending'이라고 비판했다.

유럽과의 접촉이 증가하면서, 청 조정은 서양 국가를 전통적이고 낡은 조공의 틀 안에 끼워 맞추려는 태도를 견지했다. 이러한 태도의 가장 유명한 예가 조지 3세에게 보낸 오만하고 경멸적 서한이다. _덩쓰위Teng Ssu-yü·존 킹 페어뱅크,《서구에 대한 중국의 반응China's Response to the West》

페어뱅크는 중국이 영국인을 문명의 울타리 밖에 있는 미개인으로 취급했고, 영국과 미국을 중앙아시아의 키르기스(키르기스스탄의 이전 명칭)나 중국 서남부의 이족彝族, 묘족苗族으로 보았다고 비난했다. 페어뱅크는 모든 원인이 중국 관리의 '뿌리 깊은 무지' 때문이고 그 무지는 '비극적'이라고 공격했다. 페어뱅크의 관점은 오랫동안 서양인의 시각을 지배했다.

중국 학자들은 영국의 제국주의 야심을 지적한다. 중국사회과학원장을 지낸 후성胡繩은 매카트니가 동인도회사의 대리인이고, 매카트니 파견은 제국주의 공격의 일환이라고 주장했다.

동인도회사로 대표되는 영국의 자산 계급은 중국 정부가 정한 무역에 만족하지 못했다. 영국은 앞장서서 각종 방법을 동원해 중국 정부가 정한 규정을 파괴했다. _후성,《아편전쟁에서 5·4운동까지》

후성은 영국을 비난하면서도 "중국은 모든 나라보다 우월한 천조라는 자만에 빠졌고, 서방 국가가 어떤 나라인지 진지하게 알아보려는 생각을 하지 않았다"고 지적했다.

매카트니의
중국 관찰

　　　　매카트니 일행은 열하에서 북경으로 돌아온 뒤, 건륭제가 영국의 요청을 거부했다는 사실을 알게 되었다. 매카트니는 분노했다. 그는 대운하를 따라 남쪽으로 내려오면서 군대 방어시설과 주민 생활을 눈여겨보았다. 중국 군대는 전혀 방어 태세가 되어 있지 않았다. 군인들은 불편한 복장을 입고 있고 무기도 조총, 활, 무거운 칼을 지니고 있을 뿐이었다. 매카트니는 영국이 중국을 공격하면 쉽게 정복할 수 있다고 생각했다.

　　우리는 복수하기에 충분한 수단을 가지고 있다. 호위함frigate 몇 척만 있으면 수주일 안에 모든 해안의 항해를 파괴할 수 있다. 호문虎門 요새는 여섯 조의 브로드사이드broadside (측면 함포)만으로 파괴될 것이다. 그러면 우리의 허락 없이 항구 통행은 불가능하다. 광동의 모든 무역과 교류는 한 시즌 안에 완전히 사라질 것이다. _조지 매카트니, 《영국 사절단의 중국 관찰기 An Embassy to China, Observations upon China》

　　매카트니는 중국이 밖에서 보기에는 크고 위압적이지만 내부는 썩어 가고 있다고 진단했다.

　　나는 종종 거대한 상부구조 아래 기반이 텅 비어 있는 것을 감지했고, 웅장하고 번성하는 나무에서 빠르게 부패하는 징후를 발견했다. 그들(한족)은 본래의 에너지가 되살아나는 것을 느끼기 시작했다. 부싯돌을 살짝 그어도 불꽃이 일어나, 중국 전역으로 반란의 불길이 번져 나갈 것이다.

_조지 매카트니,《영국 사절단의 중국 관찰기》

매카트니 사절단은 5개월 동안 중국 핵심부를 돌아보면서 중국인의 생활수준, 군사력, 지리에 관한 정보를 수집했다. 84명의 사절단은 정부 관료와 과학자, 법률가, 군인, 의사, 화가 등 영국 사회 최고 전문가로 구성되었다. 사절단의 임무는 통상 교섭 외에 정탐하려는 목적도 있었다. 매카트니는 외교에서 실패했다고 자책했지만 영국 정부는 사절단 파견을 성공으로 평가했다. 사절단이 중국의 실상을 눈으로 확인하고, 값진 정보를 수집해왔기 때문이다.

영국과 달리 중국은 영국에 관심이 없었다. 황제의 관심은 오로지 농업이었다. 농사를 짓고 누에를 기르는 농상農桑이 좋은 정치의 바탕이고 자급자족과 조공무역이면 충분하다고 생각했다.

건륭제와 관료는 매카트니가 선물한 정교한 천문 기구, 지구의, 시계, 군함 모형을 신기한 물건, 어린이 장난감쯤으로 취급했다. 건륭제는 다만 관료들에게 '영국은 다른 서양 국가보다 강하고 사나운 나라'이니 주의하라고 일렀다. 황제와 관료는 영국이 위협적인 나라임을 알면서도 불만을 달랠 유화책을 내놓거나 국방을 강화하지 않았다. 그들은 문 앞에 나타난 사자 한 마리를 쫓아낸 것으로 자족했다.

아편에
병들다

매카트니는 중국으로 갈 때 한 가지 치명적 약점

을 숨기고 있었다. 아편 밀매였다. 영국 동인도회사는 인도 아편을 중국에 밀수출하고 있었다. 내무장관 헨리 던다스Henry Dundas는 매카트니가 중국으로 떠나기 전 다음과 같은 훈령을 내렸다.

인도에서 재배되는 아편 상당량이 중국으로 간다는 것은 의심의 여지가 없다. 아편을 중국으로 보내지 않도록 분명히 요구하거나, 상업 조약에 어떤 조항을 넣어야 한다면, 여기에 동의해야 한다. 자유를 주장해 본질적 이익에 위험을 초래하기보다 아편을 시장에 내다 팔거나 동양의 여러 유통망에서 소비처를 찾는 방향으로 가야 한다.

영국은 중국에서 아편 거래가 불법이라는 사실을 알면서도 밀수 행위를 계속했다. 청나라는 오래전부터 아편 사용을 금지했다. 1724년 관리 남정원藍鼎元은 아편 폐해를 조정에 상세하게 보고했다.

처음에는 즐거움으로 여겼으나 나중에는 다시 회복할 수 없게 되었고, 하루 동안 마시지 않으면 얼굴이 움츠러들고, 입술과 이를 드러내고, 탈진해 죽으려 하여 다시 마시게 되었고, 3년 후에 죽지 않은 사람이 없습니다.
_남정원, 〈與吳觀察論治臺灣事務書〉

옹정제는 1729년 아편 금지령을 내렸다. 아편을 파는 자는 변방 군대에 보내고, 아편관을 여는 자는 장형을 내리거나 삼천리 밖으로 유배를 보냈다.
동인도회사는 중국과의 무역 적자를 메우려고 1773년경부터 인도에서 아편을 대량으로 재배했다. 벵골에서 광동 영정도伶仃島, Lintin로 큰 배를 이용해 아편을 운송한 뒤 작은 배를 이용해 육지로 옮겼다. 아편 단속에도 불구하고 밀수입은 계속 늘어났다. 1775년 75톤 규모였던 아편 밀수입은 1800년 200톤, 1839년 2,552톤으로 30배 이상 증가했다.

수백만 명이 아편에 중독되어 폐인이 되었다. 주로 관리와 군인, 상인, 신사 층이 아편을 흡입했다.

> 1830년대 농업에 종사하는 자의 20%, 공업에 종사하는 자의 50%, 상인의 60%, 군인의 80%, 신사의 50%가 아편을 흡입했으며 관의 경우는 위로는 독무, 아래로는 현의 말단에 이르기까지 80~90%가 아편을 흡입했다. _신승하, 《중국근대사》

관리와 군인이 아편 중독자였으니 밀수가 성행할 수밖에 없었다. 아편 밀수입으로 은화가 썰물처럼 빠져나갔다. 1820년경 한 해 1,871톤의 은이 유출되고, 1830년대 초에는 유출량이 8,920톤으로 증가했다. 은화 유출은 재정수입과 상업에 막대한 타격을 주었다.

6월,
호문 강변

아편 폐해가 커지자, 도광제道光帝는 엄단 지시를 내렸다. 강직하기로 이름 높은 임칙서林則徐를 흠차대신欽差大臣에 임명해 아편 밀매를 단속하도록 했다. 임칙서는 1839년 3월 광주에 부임하자마자 밀매업자 1,600명을 체포하고 대량의 아편을 압수했다. 압수한 아편이 약 2만 상자(1상자=63.5㎏), 무게로 1,200톤에 달했다. 당시 금액으로 200만 파운드, 현재 가치로 따지면 약 2억 파운드다.

임칙서는 6월 호문虎門 강변에서 아편을 폐기했다. 현장을 목격한 미국 선교사 엘리자 브리지먼Elijah Bridgman에 따르면, 작업 인부들은 2미터 깊이의 웅덩이 3곳에 아편을 모아 휘저은 뒤 석회와 소금을 뿌려 강물에 흘려보냈다. 아편을 폐기하자, 도광제는 쾌거라며 임칙서의 노고를 치하했다.

아편 폐기는 강력한 불꽃을 일으켰다. 영국 함대는 무력으로 대응했다. 그해 가을 구룡 앞바다에서 영국 함선과 청군 포대가 포격전을 벌였고, 11월에는 천비穿鼻 해안에서 청군과 영국 함대가 충돌해 정크선 4척이 침몰했다.

전쟁의
먹구름이 몰려오다

광주에서 소규모 무력 충돌이 벌어지던 1839년 9월 말, 영국 외무장관 파머스턴 집무실에 중국에서 온 아편 상인이 찾아왔다. 그의 이름은 윌리엄 자딘William Jardine이었다. 자딘은 1820년부터 아편 밀무역을 해온 인물로 영국 최대 아편무역회사 이화양행怡和洋行 대표였다. 그는 파머스턴에게 중국을 군사 공격해야 한다며 자세한 침공 계획까지 설명했다.

며칠 후 윈저궁에서 비밀 내각회의가 열렸다. 이 회의에는 멜버른 총리와 외무장관 파머스턴, 동인도회사 이사회 회장 홉하우스, 전쟁장관 매콜리가 참석했다. 이 회의에서 해군 함대와 육군 병력 파견이 결정되었다.

1840년 1월 빅토리아 여왕은 의회 연설에서 "중국에서 영국 이익과 국가 존엄이 지켜지는지를 예의 주시하겠다"고 천명했다. 외무장관 파머스턴은 4월 의회에서 중국의 횡포와 폐쇄성을 비난하며 전쟁 필요성을 역설했다. 토리당Tory의 젊은 의원 윌리엄 글래드스턴William Gladstone을 비롯해 많은 의원이 전쟁에 반대했으나 파병안은 271 대 262로 통과되었다.

그렇다면 청나라 조정은 전쟁에 어떻게 대비하고 있었는가?

도광제와 임칙서는 영국 함선 공격을 해적 행위 정도로 생각했다. 영국 해군이 강하다는 것을 알고 있는 임칙서는 해상 전투를 피하고 육지 방어에 주력했다. 영국 함선이 광주로 접근하지 못하도록 해안 포대를 강화했다. 호문, 첨사취尖沙嘴, 관용官涌 등 11개 포대에 300여 문의 대포와 3,000명의 병력을 배치했다.

청나라의 군사력은 영국에 수백 년 뒤지는 수준이었다. 80만 병력이라 하지만 실제 동원할 수 있는 병력은 10만 명에 불과했다. 무기는 열악한 상태였다. 무기 절반은 구식 화승총이고, 절반은 활과 창이었다. 화포는 철주물로 만들어 절삭 가공한 영국 대포에 비해 사거리가 짧고 명중률이 떨어졌다. 그나마 대부분 고철 덩어리였다.

평상시 사용하지 않았기 때문에 포대, 성타 등 노천에 거치된 수많은 화포는 햇빛과 비로 인해 포신이 부식되었다. 이런 화포들은 대부분 사용 기한이 이미 한참 지난 청나라 초기에 주조된 것으로, 어떤 것은 심지어 명나라 시대의 유물인 것도 있었다. 씻어서 시험 발사를 해보지 않고서는 누구도 사용 가능한지 알 수 없었다. _마오하이젠茅海建,《중국인의 선혈만 앗아간 아편전쟁》

광동 지역에 주재하는 서양인들은 중국의 약점을 꿰뚫어 보고 있었다. 아편전쟁 3년 전인 1836년, 광동 지역 서양 선교사들이 발행하는 정기 간행물 〈중국 보고Chinese Repository〉에 작자 미상의 글이 실렸다. 이 글은 청나라 군사력이 원시적 수준이라고 평가했다.

오늘날 문명이나 사회발전을 가늠하는 척도로서, '살인기술murderous art'의 능숙함보다 더 확실한 기준은 없을 것이다. 그것은 상호 파괴를 위한 도구의 완벽함과 다양성, 그리고 그런 장치들의 사용법을 배워 익힌 숙련도를 말한다. 이 기준으로 본다면, 중국은 전술보다 무기에 있어 가장 낮은 상태의 문명에 있다. 중국인이 허풍과 허세를 부리기로 유명하지만, 이 거대한 제국의 해군력은 가장 야만적인 국가나 섬과도 비교가 되지 않는다.

미국 문명사학자 마이클 에이더스Michael Adas는 '공격적 오랑캐'보다 뒤떨어진 중국 군사력은 재앙을 예고하는 것이라고 지적했다.

악마의 배,
네메시스

1840년 6월 21일 마카오 해안에 영국 군함이 새까맣게 몰려왔다. 전함 16척과 무장 증기선 4척, 수송선 27척을 합해 47척의 함대였다. 함선에는 6~7천 명의 병사가 타고 있었다. 영국 함대는 광주 입구 수로를 봉쇄하더니 일부 함선을 남겨 두고 북쪽으로 이동했다. 영국 주력 함대는 7월 하문廈門을 공격하고 주산舟山섬을 점령했다. 8월 11일에는 천진天津 외항에 상륙했다.

영국 함대가 북경 앞바다까지 쳐들어왔다는 소식에 도광제는 대경실색했다. 황제는 직예총독 기선琦善을 보내 협상하도록 하고, 전쟁 책임을 물어 임칙서를 파직했다. 청나라는 전쟁이 시작되자마자 꼬리를 내렸다. 영국은 힘을 앞세워 청나라 조정을 마음대로 주물렀다. 협상을 하다가 요구 조건이 마음에 들지 않으면 함포로 공격했다.

영국 함대는 1841년 1월 호문을 공격해 포대를 무력화시키고 홍콩섬을 점령했다. 그들은 천비 해안에서 벌어진 해상 전투에서 청나라 정크선 11척을 침몰시켰다. 이 전투에서 비밀병기 네메시스Nemesis가 처음 등장했다. 2대의 증기 엔진으로 움직이는 네메시스는 660톤의 철갑선으로 89문의 함포를 장착했다. 노와 바람 없이도 빠르게 움직이며 불을 뿜는 네메시스를 중국인들은 '악마의 배'라고 불렀다. 네메시스는 광주성 앞 주강珠江으로 들어와 범선 케임브리지호와 포대를 파괴했다.

전쟁은 영국의 일방적 승리로 끝났다. 청군은 1만 8,000~2만 명이 전사하거나 부상했다. 영국군은 69명이 전사하고 451명이 부상했다. 천조天朝라 자부하던 청나라는 조그만 섬나라에서 온 1만 6,000명의 군대에 굴복했다.

청나라는 1842년 여름 남경에서 굴욕적 평화조약에 서명했다. 서명식은 남경성 앞에 정박한 영국 함선 콘월리스Cornwallis 배 위에서 열렸다. 청나라 항복 사실을 널리 알리려는 의도였다. 청나라는 홍콩섬을 영국에 할양하고, 영국 정부와 상인에 2,100만 달러를 배상하기로 했다. 또 광주와 상해, 하문, 영파, 복주 5개 항구를 개항하고, 개항 도시에 사는 영국인에게 치외법권을 허용하기로 했다. 청나라는 의무만 있고 권리는 없는 불평등 조약이었다.

남경조약 이후 아편이 무제한으로 쏟아져 들어왔다. 아편 수입량은 1839년 2,500톤에서 1880년 6,500톤으로 늘어났고 청나라는 더 깊은 늪으로 빠져들었다.

부끄러운 전쟁

아편전쟁은 역사상 가장 부끄러운 전쟁으로 불린다. 영국은 자유무역을 내세웠지만 본질은 아편이었다. 임칙서는 아편전쟁 직전 빅토리아 여왕에게 아편을 수출하지 말라는 서한을 보냈다.

당신 나라에서는 아편이 극도로 엄중하게 금지되어 있다고 들었습니다. 이것은 당신이 아편이 인류에게 얼마나 해로운지 잘 알고 있다는 강력한 증거입니다. 당신 나라에서 아편을 해롭다고 허용하지 않기 때문에 다른 나라로 옮겨서는 안 됩니다. 만약 이런 것들이 우리에게 필요하지 않다면, 금지하고 폐쇄하는 것이 무엇이 어렵습니까?

임칙서의 편지는 여왕에게 전달되지 않았다. 외무장관 파머스턴과 전쟁 장관 매콜리는 영국의 국가 이익과 존엄성만 강조했다.

그들은 위대한 호민관이 로마 시민처럼 영국 시민도 똑같은 존경을 받도록 하겠다고 맹세한 이래로 쇠약해진 적이 없는 나라에 속합니다. 고향에서 멀리 떨어진 지구의 끝에서 위험에 처해 보호가 필요한 상황이지만, 한 사람의 털끝 하나라도 상하게 되면 반드시 응징하는 나라의 일원이라는 사실을 그들은 알고 있습니다. _토머스 매콜리의 '영국 의회 연설'

글래드스턴은 불의한 전쟁이라고 비판했다.

원천적으로 이 전쟁보다 더 불의한 전쟁이 있었는지, 이 전쟁보다 이 나라
를 영원히 치욕스럽게 만들 계산된 전쟁이 있었는지를 나는 알지 못하고
읽어보지도 못했습니다. _글래드스턴의 '영국 의회 연설'

반대 목소리에도 불구하고 영국 정부는 거대한 중국 시장을 장악하려고
전쟁을 선택했다. 영국인들은 아편의 폐해를 몰랐는가? 아편이 금지 약품
은 아니었으나 여러 사람이 아편 위험성을 경고했다. 작가 토머스 드 퀸시
Thomas De Quincey는 19세 때 치통을 가라앉히려고 아편을 복용하다가 중독
자가 되었다. 그는 36세 때 발표한《어느 아편 중독자의 고백Confessions of an
Opium Eater》에서 아편 중독의 폐해를 경고했다.

조금 후 놀라움도 삼켜버리는 감정의 역류 현상이 일어나며, 나는 공포를
느끼기보다는 증오와 혐오의 감정에 사로잡혔다. 모든 형태의 위협, 형벌
과 감금 등이 영원히 그리고 무한히 지속되리라는 느낌으로 나를 짓눌러
미칠 것 같았다. _토머스 드 퀸시,《어느 아편 중독자의 고백》

아편 중독자의 고통과 불안 심리를 묘사한 드 퀸시의 고백록은 영
국 사회에 큰 파문을 일으켰다. 아편 희생자는 성인만이 아니었다.
1837~1838년 영국에서 아편 중독으로 인한 사망자 186명 가운데 72명
이 어린이였다. 탁아소에서 아이들을 재우려고 먹이는 약물과 엉터리 강
장제에 아편이 들어 있었다.

영국 의회는 1868년 약국법을 제정해 아편 판매를 규제하기 시작했다. 아편이 함유된 약품은 등록된 약국에서만 판매하도록 하고, 용기 표면에 '독'이라고 표기하도록 했다. 유럽 여러 나라가 1912년경부터 아편 판매를 금지했고, 영국은 1920년에 가서야 아편 판매를 금지했다.

역사학자 토머스 아널드Thomas Arnold 같은 양심 있는 영국 지식인들은 전쟁 초기부터 아편전쟁의 부도덕성을 지적했다.

중국과의 전쟁은 정말 엄청난 규모의 사악한 국가적 죄악으로 느껴져 나를 괴롭게 한다. 우리가 일으키는 무서운 죄에 대해 사람들이 자각할 수 있도록 청원이나 다른 방법을 활용하는 길은 없을까? _토머스 아널드, 《토머스 아널드의 생애와 편지The Life and Correspondence of Thomas Arnold》

1840년대 홍콩에서 고위 관리로 근무한 몽고메리 마틴Montgomery Martin 은 아편 무역은 노예무역보다 도덕적으로 더 나쁘다고 공격했다.

왜 노예무역이 아편 무역에 비해 자비로운 무역이었는가? 우리는 아프리카인들의 몸을 파괴하지 않았다. 그들을 살려두는 것이 우리의 당면 관심사였기 때문이다. 우리는 그들의 본성을 손상하거나, 마음을 타락시키거나, 그들의 영혼을 파괴하지 않았다. 하지만 아편 장수는 불행한 죄인들의 도덕적 존재를 타락, 손상, 말살시킨 후에 몸을 파괴한다. _몽고메리 마틴, 《영국 아편 밀매의 기원과 전개The Rise and Progress of British Opium Smuggling》

이탈리아 경제사학자 카를로 치폴라는 영국이 군사력에서 앞섰지만 도덕성에서 뒤졌다고 비판했다.

> 빅토리아 여왕의 포함砲艦은 아편 무역을 근절하려는 린쩌쉬(임칙서)의 고
> 귀한 노력을 좌절시켰지만 그러한 사실이 빅토리아 여왕의 제독들이 흠차
> 대신 린쩌쉬보다 더 문명화했다는 것을 의미하지는 않는다. _카를로 치폴
> 라,《대포, 범선, 제국》

아편전쟁은 폭력을 앞세우는 제국주의와 자국의 이익을 우선하는 극단
적 민족주의의 위험성을 보여준다. 상대 국가의 국민을 약물에 중독시켜
정신을 황폐화하고 부를 탈취하는 행위는 어떠한 명분으로도 정당화될
수 없다. 아편전쟁은 탐욕과 우월 의식에 사로잡혀 도덕성과 인간성을 파
괴한 제국주의 시대 최대 비극이라고 할 수 있다.

중국의 수치

전쟁 책임이 영국에 있다고 해도 영토를 방어하는
것은 국가의 책임이다. 청나라는 영토를 방어할 능력이 없었다. 관리와 군
인은 자신들이 먼저 아편에 중독되어 나라를 수렁으로 몰고 갔다. 패전의
수모를 겪게 된 근본 원인은 청나라의 무능과 부패라 할 수 있다.

청나라 정부는 아편을 불법으로 규정하면서도 철저하게 단속하지 못했
다. 일찍부터 아편을 강력하게 단속했더라면 아편전쟁이 일찍 터지거나
일어나지 않았을지 모를 일이다. 폐쇄적 쇄국정책은 우매함의 표본이다.
청나라 관리들은 영국, 프랑스, 네덜란드, 미국, 스페인, 포르투갈이 어떤
나라인지도 알지 못했다. 청나라는 중병을 앓는 환자였다. 인구 급증으로

경제력이 약화되고 아편 중독으로 정신이 마비되어 가고 있었다.

황제와 관료는 무력했지만 민중은 살아 있었다. 광주성 인근 삼원리三元里 주민의 항전은 중국 근대사에 자랑스러운 기록으로 남아 있다. 영국군은 1841년 5월 말 광주성 일대를 장악한 뒤 주변 마을로 들어왔다. 병사들은 마을에 침입해 식량을 약탈하고, 무덤을 파헤치고, 부녀자를 강간했다. 지역 향신鄕紳과 농민 들은 자치 조직 사학社學과 단련團練을 중심으로 민병대를 조직했다. 5월 30일 아침, 103개 마을에서 온 주민 1만여 명이 영국군 포대를 포위했다. 그들이 가진 무기는 삽과 곡괭이, 창, 칼, 몽둥이 뿐이었다. 60여 명의 영국군은 민병대를 추격하다가 폭우가 쏟아지자 황급히 진지로 후퇴했다. 혼란한 와중에 영국군과 민병대 사이에 육박전이 벌어졌다. 영국군은 진흙탕 속에서 총기와 탄약이 물에 젖어 총을 쏘기 어려웠다. 영국군 지휘부는 포대에 지원군을 보내 가까스로 포위망을 뚫고 철수시켰다. 중국인 민병대는 영국군 100명이 죽거나 부상했다고 주장했다. 영국군은 상부에 5명이 전사하고 23명이 부상했다고 보고했다.

청나라 관리들은 영국 군대에 고개를 숙였지만, 민중은 용감히 맞서 싸웠다. 중국 역사학자 허성胡繩은 삼원리 투쟁은 오직 인민만이 제국주의 침략에 반대하는 역량을 갖추고 있음을 보여주는 것이라고 평가했다.

삼원리 주민의 투쟁 소식은 전국으로 퍼져나가 중국인의 애국심에 불을 지폈다.

원명원이
불타다

청나라의 시련은 한 번으로 끝나지 않았다. 남경

조약 후에도 서양 상인들이 상업 활동에 여러 제약을 받게 되자, 서양 연합군은 2차 아편전쟁을 일으켰다. 전쟁은 아편 밀수선 애로Arrow호 사건이 발단이 되었다.

1856년 10월 청나라 관리가 애로호를 수색해 중국인 선원을 체포하자, 영국 영사관이 개입했다. 영국 대리영사 해리 파크스Harry Parkes는 중국 관리들이 애로호에 걸린 영국 국기를 모독했다며 광주성을 포격했다. 1860년 2만 명의 영국, 프랑스 연합군이 북경을 침공했다. 청나라는 20만 병력으로 북경을 방어했으나 무기력하게 패하고, 함풍제咸豊帝는 열하로 달아났다. 영국, 프랑스 연합군은 북경의 원명원圓明園과 이화원頤和園 보물을 약탈하고, 궁궐을 불태웠다.

영국군 최고 지휘관은 파르테논 신전 대리석 조각을 탈취한 엘긴 7세7th Earl of Elgin의 아들 엘긴 8세8th Earl of Elgin였다. 원명원의 불길은 사흘 동안 꺼지지 않았다. 청은 또다시 무릎을 꿇었다.

청나라는 영국, 프랑스, 러시아와 북경조약을 맺고, 홍콩 구룡반도를 영국에 할양했다. 천진天津항을 개방하고, 선교의 자유를 허용하고, 아편을 합법화하기로 약속했다. 러시아는 중앙아시아 북쪽 땅과 아무르강 동쪽을 할양받아 부동항 블라디보스토크를 개항했다.

연이은 패전과 굴욕은 청 제국이 얼마나 허약한 기반 위에 서 있었는가를 보여준다.

대륙을 뒤흔든
태평천국의 난

1853년 3월 천왕天王 홍수전洪秀全은 농민군을 이

끌고 남경성을 점령했다. 홍수전은 남경을 태평천국太平天國 수도로 삼아 천경天京이라 불렀다. 200만 농민군을 보유한 태평천국의 지배 영역은 광서, 강소, 저장, 안휘, 호북, 호남에 이르렀다. 태평천국의 난은 청나라의 무능과 관리 부패, 식량난, 경제적 불평등에 대한 불만이 폭발한 농민 저항운동이라 할 수 있다.

홍수전은 토지를 국유화하고 식량과 물자를 고르게 분배한다는 기치를 내걸었다.

밭을 함께 경작하고, 밥을 함께 나눠 먹고, 옷을 함께 나눠 입고, 돈을 함께 나눠 쓴다.

토지 국유화는 2천 년 전 왕망이 시도하다 실패한 왕전제王田制의 재판이다. 홍수전은 대지주와 부유한 상인, 관료를 공격하고 모세의 십계명을 본 따 우상숭배, 아편, 음주, 도박, 전족을 금했다. 차별과 착취를 받아온 빈농과 광부, 숯쟁이, 대장장이, 부랑자 들은 열렬히 환영했다.

태평천국의 난 지도자 홍수전은 광동 객가客家 출신의 평범한 유생이었다. 홍수전은 25세 때 과거에 낙방한 충격으로 40여 일 동안 열병을 앓다가 꿈속에서 금빛 수염을 가진 노인 환상을 보았다. 6년 뒤에 치른 과거에도 실패한 그는 기독교 선교용 소책자《권세양언勸世良言》을 읽고, 꿈에 나타난 노인이 상제上帝라고 믿었다. 그는 자신이 상제 둘째 아들로 예수 동생이라고 주장하며, 배상제회拜上帝會를 조직해 포교 활동에 나섰다. 그는 기독교 천년왕국 사상과 유교 대동사상을 접목시켜 상제를 믿으면 골고루 잘 사는 이상사회가 온다고 선교했다. 추종자가 늘어나자 그는 종교운동을 정치투쟁으로 전환했다. 태평천국을 건국한 그는 천국 같은 사회를 약속했으나 현실은 달랐다.

홍수전 자신이 황제처럼 행동하고, 권력투쟁과 비현실적 정책으로 태평천국은 서서히 붕괴한다. 체제 전복을 우려한 유학자와 지주 들은 의병을 모으고, 서양 국가들도 청에 협력해 진압 작전을 지원했다. 유학자 증국번曾國藩의 상군湘軍과 이홍장李鴻章의 회군淮軍, 외국인 용병으로 구성된 상승군常勝軍이 포위망을 좁혀 왔다. 홍수전은 남경이 함락되기 전 갑자기 사망한다.

빈약한 이데올로기와 무지한 농민 역량으로 전통 사회 벽을 무너뜨리고 현대식 서양 무기를 막기에는 역부족이었다. 태평천국의 난 시기에 사상 유례를 찾을 수 없이 많은 희생자가 발생했다. 14년간 계속된 난으로 2,000만 명이 사망한 것으로 추정된다.

태평천국의 난은 실패했으나 청나라 통치력에 타격을 주어 왕조 붕괴를 앞당겼다. 또 반청주의와 평등사상, 아편·도박·음주·전족 금지, 여성 해방 등 사회개혁 사상은 신해혁명과 공산혁명의 뿌리가 되었다.

중국 현대사의
격렬한 진통

아편전쟁과 태평천국의 난을 겪은 뒤, 청나라는 개혁 필요성을 절감했다. 청나라는 1861년부터 서양 무기를 들여와 자강自强을 이루겠다며 양무운동洋務運動을 시작했다. "사이제이師夷制夷(오랑캐를 배워 오랑캐를 제압하자)", "중체서용中體西用(중국 문화 바탕 위에 서양 문화를 보완하자)" 구호가 양무운동의 기본 사상이다.

낡은 체제와 사고방식은 그대로 두고 서양 기술만 채용하려는 양무운동은 처음부터 한계가 있었으나 근대화 작업을 시작했다는 데 의의가 있다. 양무파는 서양에서 총과 대포, 전함을 구매하고 서양 교관을 초빙해 서양식 군대를 양성했다. 총과 대포를 만드는 기계공장, 조선소를 건설하고 기술자를 유학 보냈다. 이 시기에 민간이 경영하는 제철, 탄광, 직물, 해운, 통신, 철도 회사가 설립되었다. 양무운동 시기에 처음으로 서양식 군대와 기계공업, 자본주의가 도입되었다. 하지만 시간이 갈수록 관료의 부패와 비

효율성이 발목을 잡았다.

북양함대 경비의 5분의 1가량이 서태후西太后 여름 별장 공사비로 전용되고, 상당액이 부패한 황실과 관리 호주머니로 흘러 들어갔다. 예산이 모자라자 탄두에 폭약 대신 시멘트를 채워 넣었다. 함선들은 각 성에 소속되어, 지휘 체계가 일원화되지 않았다.

1894년 청일전쟁에서 청나라는 일본에 맥을 추지 못했다. 압록강 하구에서 벌어진 해전에서 북양함대는 일본 함대에 궤멸되었다. 12척의 전함 가운데 주력함 5척이 침몰하고 3척이 대파되었다. 영국인 군사고문 로버트 하트Robert Hart는 전쟁 직전 "북양함대 크루프 함포에는 포탄이 없고, 암스트롱 함포에는 화약이 없다"고 개탄했다.

일본은 전쟁에 승리한 후 대만을 강제 합병하고, 조선에 대한 내정간섭을 본격화했다. 청일전쟁 패전으로 중국인들은 아편전쟁 때보다 더 깊은 굴욕감과 절망에 빠졌다.

변법과
신해혁명

강유위康有爲, 양계초梁啓超, 담사동譚嗣同 등 젊은 개혁파는 제도를 바꾸지 않고 자강은 불가능하다고 역설했다. 그들은 일본 메이지 유신과 같은 변법變法을 요구했다. 광서제光緖帝는 개혁파의 건의를 받아들여 1898년 6월 변법을 시행한다는 조서를 발표했다. 광서제의 개혁 조치는 과거제도 개혁, 신식 학교 설치, 언로 확대, 만주인의 특권 폐지, 서양 제도 채택 등 200여 건에 이른다.

광서제는 새로운 법을 공포했으나 집행할 힘이 없었다. 실권을 가진 서태후는 군을 동원해 개혁파를 체포하고 광서제를 자금성 중남해中南海에 있는 영대瀛臺에 유폐했다. 정치 개혁은 100일 천하로 끝났다. 강유위, 양계초는 해외로 도피하고 담사동은 남았다.

> 각국이 변법을 하면서 피를 흘리지 않은 곳이 없다. 오늘날 중국에서 변법으로 피를 흘렸다는 이야기를 듣지 못했다. 이것이 나라가 번창하지 않는 이유다. 그렇다. 이 담사동부터 시작하겠다. _양계초, 〈담사동전〉

담사동 등 6명의 개혁파는 선무문宣武門 밖 형장에서 참수되었다. 변법 운동 실패 후 청나라는 자연재해와 의화단義和團의 난으로 혼란에 빠져들었다.

몇 차례 거병에 실패한 후 해외를 떠돌던 쑨원孫文은 조국을 구하려면 혁명밖에 없다고 생각했다. 미국과 홍콩에서 공부한 쑨원은 미국식 민주주의를 구상했고 만주 왕조를 타도하자는 반청주의를 내걸었다. 그의 정치사상은 민족, 민권, 민생의 삼민주의三民主義로 요약된다. 쑨원의 혁명 사상은 신군新軍 개혁파를 중심으로 확산되었다.

1911년 10월 10일 우창武昌에서 신해혁명辛亥革命의 불길이 타올랐다. 신군 내 혁명파 2,000여 명은 무기를 탈취해 총독 관서와 군사령부를 점령하고 자치 정부를 수립했다. 혁명의 불씨는 전국으로 번져 24개 성 가운데 17개 성에 독립 정부가 수립되었다.

쑨원은 1912년 1월 난징에서 중화민국 임시 총통에 취임했으나 힘이 약했다. 쑨원은 북양군벌 위안스카이袁世凱와 손을 잡았다. 위안스카이는 그해 2월 마지막 황제 선통제宣統帝를 퇴위시키고 청나라 왕조를 무너뜨렸다.

위안스카이는 혁명과 거리가 먼 탐욕스러운 위인이었다. 위안스카이는 1915년 말 황제에 즉위했다가 지역 군벌의 반발로 퇴위했다. 그의 사후 여러 군벌이 갈등하는 군벌 시대가 시작된다.

중국 역사학자 후성은 쑨원이 전쟁을 치를 능력이 없었고, 농민 대중을 어떻게 동원하고 조직할지 구상이 전혀 없었다고 지적했다. 신해혁명은 실패했으나 2천 년 전제 왕조 시대를 마감했다는 점에서 역사적 의의를 가진다.

서양 사상 유입과
유교 비판

혁명은 이데올로기 전쟁이다. 이데올로기는 대중이 행동하도록 이끄는 신념 체계다. 신해혁명은 혁명 이데올로기 확산에 실패했다. 중국 사회에 유교 이데올로기가 뿌리 깊게 남아 있었고 민족, 민주, 권리, 공화정에 대한 인식이 미약했다. 사상 혁신 없이 혁명과 개혁은 불가능했다.

청나라 말 지식인을 매료시킨 서구 사상은 허버트 스펜서의 사회진화론이다. 영국 유학을 마치고 돌아온 옌푸嚴復는 사회진화론을 중국에 처음 소개했다. 옌푸는 토머스 헉슬리Thomas Huxley의 《진화와 윤리Evolution and Ethics》를 중국어로 번역하고 해석을 붙여 1898년 《천연론天演論》을 출간했다. 헉슬리는 스펜서의 사회진화론을 부정하고 사회 윤리를 강조했으나, 옌푸는 사회진화론에 더 큰 비중을 두었다.

스펜서는 다음과 같이 말했다. 자연선택이란 최적자를 생존케 하는 것이

다. 생물이 생존경쟁을 벌이면 자연은 그 경쟁이 끝난 후에 승리자를 선택한다. _옌푸,《천연론》

옌푸는 중국이 생존경쟁에서 살아남으려면 국가를 부강하게 해야 한다고 주장했다.

좋은 환경을 만나면 진실로 고귀하게 여겨 보존하고, 좋지 않은 환경을 만나더라도 근심할 필요가 없다. 주야로 부지런히 뜻을 같이하는 이들과 힘을 모아 화를 복으로 전화시키고 손해를 이익으로 바꾸면 되는 것이다.
_옌푸,《천연론》

제국주의와 인종적 불평등을 정당화하는 사회진화론은 옌푸의 손을 거쳐 사회 계몽 이론으로 변질되었다.

황제 부활, 공교孔敎 국교화 등 복고적 주장이 다시 고개를 들자, 지식인들은 보다 급진적 신문화운동을 전개했다. 신문화운동은 1915년 창간한 월간지 〈신청년新靑年〉이 중심이 되었다. 〈신청년〉 필진에는 천두슈陳獨秀, 후스胡適, 루쉰魯迅 등 쟁쟁한 인물들이 참여했다. 일본에서 유학한 천두슈는 덕德 선생(Democracy, 민주주의)과 새賽 선생(Scinece, 과학)을 새로운 스승으로 삼아야 한다고 주장했다.

서양 사람들은 덕德 선생과 새賽 선생을 옹호해서 많은 일들을 치렀고 많은 피를 흘렸다. 그리고 그렇게 해서 비로소 이 두 선생이 암흑 속에서 차츰차츰 그들을 구출해 광명한 세계로 이끌어 냈다. 지금 우리는 오직 이

두 선생만 있으면 정치적, 도덕적, 학술적, 사상적인 모든 암흑에서 중국을 구해낼 수 있다고 확신한다. _천두슈, 《천두슈 사상선집》

미국 컬럼비아대에서 공부한 후스胡適는 구어체로 글을 쓰는 백화白話운동을 주도했다. 백화문은 일상 언어를 글로 옮긴 것으로, 원·명대에 나온 《수호전》,《삼국지》,《서유기》가 대표적 백화문이다. 후스는 옛글을 모방하는 문어체는 '죽은 글'이고, 백화문이 '살아 있는 글'이라고 주장했다. 말과 글을 일치시키는 백화운동은 현대 중국어에 큰 영향을 끼쳤다.

우위吳虞는 유교를 격렬히 비판하며 전통적 권위에 정면 도전했다.

유가에서는 효의 개념을 확대해석하여 군왕을 섬기는 일, 사회적 활동의 일체를 효와 관련시킴으로써 '존귀장상尊貴長上'에게만 이로움이 있고 비천한 사람에게 불이익을 주는 불평등을 낳았다. 유가는 효제孝弟 두 자를 가지고, 2천 년 전제정치와 가족제도를 연결하는 근간으로 삼았으며 그 해독은 홍수나 맹수보다 적지 않았다. _우위, 〈가족제도가 전제주의의 근원家族制度爲專制主義之根據論〉

우위는 "도척盜跖의 해로움은 일시적이나 도구盜丘의 화는 만세에 미친다"며 공자를 직접 공격했다. 후스는 우위를 "공자의 점포孔家店를 타격한 노영웅"이라고 옹호했다.

작가 루쉰은 신랄한 풍자로 유교 사회의 위선을 폭로했다.《광인일기狂人日記》는 피해 망상증에 걸린 어느 광인의 이야기다. 광인은 '인의예지仁義禮智' 글자 사이에 온통 '식인食人'이라는 글자가 쓰여 있다고 불안에 떨고,

병든 부모를 위해 자기 살점을 베어 잡숫게 하는 것이 자식의 도리라는 형이야기에 공포감을 느낀다. 그의 눈에 중국 전통 사회는 서로를 잡아먹는 식인사회다. 형에게 "식인을 멈추라"고 소리친 날 그는 어두운 방 안에 갇힌다. 그는 마지막 희망은 미래 세대 아이들뿐이라고 외친다.

> 4천 년이나 사람을 먹어 온 역사를 가진 우리, 처음엔 몰랐으나 이제는 알았다. 참다운 인간은 보기 어렵구나. 사람을 먹은 일이 없는 아이들이 아직도 남아 있을는지 몰라. 아이들을 구해라. _루쉰,《광인일기》

우위는 "사람을 잡아먹는 자가 곧 예교禮敎를 말하는 자이고, 예교를 말하는 자가 곧 사람을 잡아먹는 자"라고 루쉰을 옹호했다.
《아큐정전》의 주인공 아큐는 노예근성이 몸에 밴 하층민의 전형이다. 집도 없이 동네 사당 안에 살면서 허드렛일을 하러 다니는 아큐는 건달에게 얻어맞아도 '정신승리법'으로 희열을 느낀다.

> 붉은 머리채를 꺼들려 벽을 네댓 번이나 쾅쾅 부딪히니, 건달들은 그제야 겨우 만족하고 승리를 자랑하며 가버렸다. 아큐는 한참 서서 마음속으로 생각했다. '나는 자식놈에게 맞은 셈이다. 요즘 세상은 정말 꼴 같지 않아!' 그러고는 그도 만족해서 의기양양하게 가버렸다. _루쉰,《아큐 정전》

혁명이 나자 우쭐해진 아큐는 혁명당을 찾아갔으나 문전박대를 당한다. 오히려 약탈범으로 몰려 한밤중에 혁명군에 끌려간다. 아큐가 형장으로 가는 길에 사형을 구경하러 온 인파가 개미처럼 따라온다. 그들은 모두 아큐를 나쁘다고 말한다. "총살당한 것은 곧 그가 나쁜 증거야! 나쁘지 않았다면 무엇 때문에 총살을 당한단 말인가?"

이 장면은 루쉰에게 상처로 남은 오랜 기억의 재현이다. 일본 센다이 의대 재학 시절, 루쉰은 일본 학생들 틈에서 우연히 러일전쟁 뉴스 필름을 보게 되었다. 일본군에게 체포된 중국인 한 사람이 묶여 있고 주위로 많은 중국인들이 둘러서 구경하고 있었다. 동족의 고통을 멍하니 바라만 보고 있는 어리석고 약한 중국인 모습에 루쉰은 모멸감을 느꼈다. "우리가 맨 먼저 해야 할 일은 저들의 정신을 뜯어고치는 데 있다." 그는 적막의 슬픔이 잊히지 않아서 때로는 자신도 모르게 '외침〔吶喊〕'이 새어 나오곤 한다고 말했다. 루쉰은 소설을 통해 패배주의에 젖은 민중의 각성을 촉구했다.

서구 열강과 일본의 침략이 노골화하면서 배타적 민족주의 감정이 고조되었다. 혁명으로 세상을 뒤엎자는 마르크스주의는 비판적 젊은이들에게 호소력을 가졌다. 중국 최초의 공산주의자는 베이징대 교수 리다자오李大釗다. 일본에서 서양 사상을 공부하고 돌아온 리다자오는 1917년 러시아혁명 후 급속히 공산주의로 기울었다. 리다자오는 러시아혁명을 중국의 미래로 보았다.

오늘날 러시아인의 장엄하고 찬란한 피는 직접적으로 수년간 정치에 쌓인 더러운 먼지를 씻어내고, 간접적으로 우리나라 자유의 싹에 물을 공급할 것이다. 이는 구舊관료들에게 전제주의는 부활할 수 없으며, 또다시 민권이 억압되고 공화국이 파괴될 수 없고, 황제 정치가 부흥할 수 없음을 분명히 보여줄 것이다. _리다자오, 〈俄國大革命之影響〉

베이징대 도서관장이던 리다자오는 도서관 연구실에서 비밀리에 학생들에게 마르크스 이론을 가르쳤다. 그는 러시아혁명 물결이 중국에도 상륙할 것으로 내다보고, 자신의 연구실을 시위 주동 학생의 모임 장소로 제공했다. 후난성湖南省에서 올라온 마오쩌둥을 도서관 사서 보조로 채용한 것도 리다자오였다.

5·4운동 후
국민당·공산당의 대결

1919년 5월 4일 톈안먼天安門 앞에서 대규모 학생 시위가 일어났다. 영국과 프랑스가 파리강화조약에서 일본의 산둥반도 점유를 승인했다는 소식이 전해지자 학생들이 일제히 거리로 뛰쳐나왔다. 신문화운동과 러시아혁명, 조선에서 일어난 3·1운동이 5·4운동에 영향을 주었다.

톈안먼 앞에 모인 대학생 3,000여 명은 "일본의 21개조 철회", "제국주의 타도", "매국노 처단" 등의 구호가 적힌 깃발을 흔들며 격렬한 시위를 벌였다. 항의 시위는 전국으로 확산되어 200개 이상의 도시에서 동맹파업, 항의 집회, 불매 운동이 일어났다. 신해혁명이 위로부터의 혁명이라면 5·4운동은 아래로부터의 운동이라 할 수 있다.

5·4운동을 기점으로 사상·문화 운동은 정치투쟁으로 변화한다. 쑨원은 1919년 10월 조직을 재건해 상하이에서 중화국민당中華國民黨을 창당했다. 공산주의 세력은 1921년 7월 상하이에서 중국 공산당 제1차 전국대표대회를 열었다. 이 자리에는 장궈타오, 리다, 마오쩌둥, 둥비우 등 지역 대표 13명이 참석해 천두슈를 총서기로 선출했다. 천두슈는 5·4운동

때 감옥에 수감된 후 자유주의에서 마르크스주의로 전향했다.

이념적으로 다른 국민당과 공산당의 충돌은 불가피했다. 쑨원 후계자 장제스는 강경한 반공 노선을 걸었다. 일본 육사를 졸업한 뒤 일본군에 복무하다가 귀국한 장제스는 황푸黃埔 군관학교 교장에 취임해 군 간부 육성을 통해 국민당 세력을 넓혔다. 장제스는 1927년 상하이에서 쿠데타를 일으켜 공산당을 축출하고 정권을 장악했다. 장제스는 자본가, 도시 상공인과 손을 잡았고 친서방정책을 취했다.

공산당은 도시 노동자, 농민 중심으로 게릴라전을 벌이다가 국민당 군대의 토벌 작전에 밀려 조직이 와해되었다. 공산당원들은 1934년 10월 국민당 군대의 포위망을 뚫고 서쪽 산악 지역으로 탈출했다. 공산당원 8만 명이 새로운 근거지를 찾아 1년 동안 1만 킬로미터 가까이를 걸어서 이동한 것이 유명한 대장정大長征이다. 대장정 기간에 마오쩌둥이 공산당 지도자로 추대되었다. 마오쩌둥은 일찍이 "권력은 총구에서 나온다"고 말했다. 현대 중국의 운명을 결정지은 힘은 무력과 이데올로기, 지지 기반이었다.

장제스는 자본가와 기득권 세력을 기반으로 했고, 마오쩌둥은 도시 노동자와 농민을 기반으로 했다. 마오쩌둥은 농촌에서 도시를 포위하는 전략을 펴며, 점령지마다 지주의 재산을 빼앗아 분배하고 세금을 줄여 농민 지지를 얻었다. 지식인들은 서구 자본주의에 비판적이었고, 분배를 중시하는 사회주의로 기울었다.

1920년 가을부터 1년 동안 중국 대학에서 강의한 영국 철학자 버트런드 러셀Bertrand Russell은 의미심장한 인상기를 남겼다.

청년들은 서구 지식을 습득하려는 열정적 욕구를 가지고 있으면서도 서구의 해악을 생생하게 느끼고 있었다. 그들은 과학적이기를 원하지만 기계주의를 원치 않고, 산업을 원하지만 자본주의를 원치 않는다. 중국의 훌륭한 교사들이 대부분 사회주의자들인 것처럼, 훌륭한 학생들 역시 대부분 사회주의자다. _버트런드 러셀,《러셀, 북경에 가다The Problem of China》

장제스의 국민당 군대는 많은 병력과 미국의 물량 지원에도 불구하고 정책 실패와 부정부패로 공산당 군대에 패했다.

중화인민공화국과
공산주의 실험

1949년 10월 1일 톈안먼 광장에서 중화인민공화국 창건식이 열렸다. 30만 군중이 광장을 가득 메웠다. 마오쩌둥은 마이크 앞에서 상기된 모습으로 새로운 중국 창건을 선포했다.

"중국 인민이 이제 일어섰다!"

군중들은 일제히 "만세!"를 외쳤다. 중국인들은 이제야 '백년국치'에서 벗어났다고 환호했다.

마오쩌둥은 1953년 스탈린식 계획경제를 모방해 5개년 계획을 추진했다. 중국은 소련으로부터 3억 달러를 빌려 철강, 석탄, 석유, 기계 등 중공업에 투자했다. 철강, 석탄 생산량이 2배 증가했고 미그기와 자동차를 자체 생산했다.

영국 역사학자 켄트 덩에 따르면, 1949~1955년 중국 경제는 연평균 11.3% 성장했다. 하지만 인구가 6억 명으로 불어나 1인당 평균 소득은

109달러 수준이었다. 투자도 중공업에 집중되어 대다수 농민의 생활은 나아지지 않았다.

소련 공산당 서기장 흐루쇼프Khrushchyov가 1957년 스푸트니크 위성을 쏘아 올리고 15년 안에 미국 경제를 추월하겠다고 큰소리를 치자, 마오쩌둥은 영국을 추월하겠다고 맞받아쳤다. 마오쩌둥은 1958년 중국 농촌을 거대한 집단 농장으로 만드는 '대약진 운동'을 개시했다. 5,000가구를 하나로 묶어 인민공사를 만들고, 가족을 해체해 집단 노동과 식사를 함께하도록 했다. 철 생산을 늘리기 위해 진흙으로 수백만 개의 원시적 용광로 토법고로土法高爐를 만들었다. 연료를 마련하느라 산의 나무를 베고, 참새가 해로운 새라며 참새를 박멸해 병충해가 기승을 부렸다. 식량을 증산하겠다며 모를 빽빽이 심어 벼가 말라 죽었다. 1959~1960년 식량 생산량이 30%나 감소했다. 2,500만 명이 아사하고 경제는 파탄이 났다. 영국을 단숨에 따라잡겠다는 무모한 공산주의 실험은 대재앙으로 끝났다. 마오쩌둥은 국가주석직에서 물러났다.

권좌에서 물러나 사태를 관망하던 마오쩌둥은 1966년 홍위병들에게 공개적으로 지령을 내렸다. "사령부를 포격하라." 붉은 완장을 찬 홍위병이 거리로 몰려나와 당 간부와 지식인을 공격하고 학교와 문화재를 파괴했다. 문화혁명은 마오쩌둥의 친위 쿠데타이고 사실상 내전이었다. 문화혁명으로 200만 명이 사망하고, 실용주의자 류샤오치劉少奇와 덩샤오핑鄧小平이 실각했다. 대약진 운동, 문화혁명은 통제장치 없는 권력이 저지른 현대 중국 최대의 비극이었다.

미국 언론인 해리슨 솔즈베리Harrison Salisbury는《새로운 황제들》에서 마오쩌둥을 마르크스와 진시황제를 합쳐 놓은 인물 같다고 평했다. 황제와 마르크스는 현대 중국을 이해하는 핵심 코드다.

마오쩌둥 사후 후계자 화궈펑華國鋒은 "마오쩌둥 말은 모두 옳다"는 범시론凡是論을 주장했다. 1978년 5월 〈광명일보光明日報〉에 범시론을 비판하는 평론이 실렸다. '실천은 진리를 검증하는 유일한 표준이다.' 어떠한 이론이라도 현실에서 검증되어야 보편적 진리로 인정된다는 뜻이다. 마오쩌둥 이론이라도 현실에 맞지 않으면 진리가 아니라는 의미를 내포한다. 이 평론은 무서운 힘을 발휘했다.

화궈펑이 실각하고 개혁파가 정권을 장악했다.

사자,
깨어나다

"중국은 잠자는 사자다. 그냥 자게 내버려 두라. 만약 사자가 깨어나면 전 세계를 뒤흔들 것이다."

나폴레옹이 중국에 대해 한 말이라고 한다.

덩샤오핑은 잠자는 사자, 중국을 어떻게 깨어나게 했는가?

"흰 고양이든 검은 고양이든 쥐만 잘 잡으면 된다."

덩샤오핑은 실용주의 노선을 선택해 개혁·개방 정책을 추진했다. 경제 모든 부문에 시장경제를 도입하고 선전, 아모이, 상하이, 톈진, 광저우, 다롄에 경제특구를 설치해 외국자본을 유치했다. 덩샤오핑은 중국인들에게 부富와 이익〔利〕, 시장경제 개념을 불어넣었다.

"가난이 사회주의는 아니다."

"인민 중에 일부라도, 일부 지역이라도 먼저 부자가 되게 해야 한다."

"공산주의는 사회의 물질적 부가 최대한도로 풍부하게 되었을 때라야

가능하다."

덩샤오핑은 이렇게 잠들어 있던 중국인의 원초적 욕망을 흔들어 깨웠다.

> 당시 중국은 시장 바닥이 되어가고 있었다. 온통 팔려고 내놓은 것뿐이었다. 적어도 그렇게 보였다. 바야흐로 거래의 시대였다. 모든 사람이 거기에 간여했다. 대장정에 참가했던 저명한 선임당원의 딸은 이렇게 말했다. "돈을 버는 게 뭐가 나쁘죠? 나는 백만장자가 되고 싶어요." 농촌에는 '부자가 되는 것은 영광스러운 일이다'라고 쓰인 깃발이 도처에 세워졌다.
> _해리슨 솔즈베리,《새로운 황제들》

민간기업과 외국자본은 공장을 건설하고, 매년 수백만 명의 농촌 노동력이 일자리를 찾아 도시로 이동했다.

정치적 자유를 요구한 톈안먼 시위는 덩샤오핑 정권의 최대 위기였다. 덩샤오핑은 민주화 시위를 무력으로 진압했다. 1989년 인민해방군 탱크가 베이징에 진입해 최소 1,000명, 많게는 1만 명이 사망한 것으로 추정된다. 톈안먼 사태는 덩샤오핑의 최대 오점으로 남았다. 개혁·개방이 위기에 처하자 덩샤오핑은 1992년, 88세의 고령에도 불구하고 우한, 선전, 주하이, 상하이를 순회하며 개혁을 역설했다.

"성씨가 '자본주의' 자資씨냐, '사회주의' 사社씨냐가 중요하지 않다."

"발전은 확고한 이치다."

'남순강화南巡講話'는 개혁에 다시 불을 붙였다. 1978~1991년 연평균 18억 달러이던 외국인 투자가 남순강화 이후 급속히 늘어나, 2017년 한

해 1,350억 달러의 자금이 유입되었다. 외국자본을 따라 기술이 들어오고, 교육과 훈련이 확대되고, 생산성이 높아졌다.

중국의
경제 기적

개혁·개방 이후 중국 경제는 놀라운 기적을 만들었다. 1979~2020년 40년 동안 중국 경제는 연평균 9.2% 성장했다. 경제 규모가 30배 이상 커져, 미국에 이어 세계 2위다. 1인당 GDP는 1978년 156달러에서 2020년 1만 달러로 높아졌다.

상하이 푸동浦洞지구에는 128층의 상하이 타워를 비롯해 고층건물이 숲을 이루고, 3만 7,000킬로미터의 고속철도가 주요 도시를 연결한다. 우주선 '창어嫦娥 5호'는 2020년 달 표면에 오성홍기를 꽂았고, 2021년 화성 탐사 로봇 '주룽祝融'은 화성에 착륙해 석 달 동안 화성 표면을 탐사했다.

중국의 경제 기적에는 다양한 요소가 작용했다. 경제요소별로 보면 노동과 자본, 기술이 골고루 경제성장에 기여했다. 세계은행이 발표한 〈중국 2030〉에 따르면, 1978~2004년 노동력은 연평균 2%, 자본은 3.2% 늘어났다. 기술 발전을 나타내는 총요소 생산성은 3.8% 높아졌다.

미·중 화해 무드는 경제 발전에 유리한 환경을 조성했다. 2001년 WTO(국제무역기구)에 가입한 중국은 세계의 공장으로 성장했고, 미국은 중국의 최대 소비 시장이 되었다. 중국은 신자유주의와 세계화 덕분에 전 세계로 수출 시장을 넓혔다. 중국과 미국의 밀월 관계로 '차이메리카 Chimerica'라는 신조어까지 등장했다.

일본과 아시아 신흥공업국의 발전 경험은 중국의 발전모델이 되었다.

덩샤오핑은 기회 있을 때마다 "4마리 용(한국, 대만, 홍콩, 싱가포르)에게 배워야 한다", "4마리 작은 용을 따라잡아야 한다"고 말했다.

고도성장이 시작된 시기를 보면 일본이 1950년, 대만이 1958년, 한국이 1962년, 중국이 1978년이다. 일본이 앞서고 4마리 호랑이가 따라가고, 중국이 그 뒤를 따르는 패턴이다. 서양학자들은 동아시아 발전 과정이 기러기 떼가 줄지어 날아가는 모습을 닮았다 해서 '나는 기러기 모델flying geese model'이라 부른다.

동아시아 국가는 같은 유교 문화권, 노동집약적 벼농사 지역이라는 공통점이 있다. 일본 경제사학자 하야미 아키라速水融는 영국이 산업혁명으로 경제 도약을 했다면, 일본은 장시간 부지런하게 일해 생산성을 높이는 근면혁명Industrious Revolution을 일으켰다고 주장했다. 후배 학자 스기하라 카오루杉原薫는 이 이론을 발전시켜, 동아시아 국가들이 근면혁명과 산업혁명을 융합해 경제 기적을 이루었다고 주장했다.

세계은행 부총재를 지낸 베이징대 경제연구원장 린이푸林毅夫는 중국 경제 성공 원인으로 후발국 우위latecomer advantage를 꼽는다. 후발국이어서 큰 비용을 들이지 않고 선진국 기술을 빌려오거나 모방해 빠르게 성장할 수 있었다는 것이다.

중국 학자들은 모방으로는 한계가 있고, 첨단기술을 개발해 후발국 열세latecomer disadvantage를 극복해야 한다고 강조한다. 중국이 2000년대 들어 독자적으로 첨단기술 개발에 총력을 기울이는 이유다.

도광양회

1997년 7월 1일 홍콩에서 영국 국기 '유니언잭'

이 내려졌다. 아편전쟁으로부터 155년이 지나 중국은 굴욕적 근대사에 마침표를 찍었다. 덩샤오핑은 언젠가 "홍콩을 회수한 뒤 우리 땅을 걸어보고 싶다"고 말했다. 그는 꿈을 이루지 못한 채 그해 2월 눈을 감았다.

덩샤오핑은 평소 평화로운 외교를 강조했다. "국제 정세는 세 마디로 말할 수 있습니다. 냉정하게 관찰하고(冷靜觀察), 우리의 기반을 튼튼히 하며(隱住陣脚), 침착하게 대처하는 것입니다(沈着應付)."

미국 동아시아 전문가 에즈라 보겔Ezra Vogel은 조금 더 구체적 상황을 전한다.

> 1991년 왕전王震(국가 부주석)이 소련의 쿠데타를 지지해야 한다는 의견을 제시하자 덩샤오핑은 이렇게 대답했다. "재능을 감춘 채 드러내지 말고(韜光養晦), 절대로 앞장서지 말 것이며(決不當頭), 해야 할 일은 적극적으로 하라(有所作爲)." _에즈라 보겔, 《덩샤오핑 평전》

'도광양회韜光養晦'는 칼 빛을 숨기고 어둠 속에서 힘을 기른다는 뜻이다. 본뜻을 숨기고 감추라는 충고다. 《삼국지》에 보면, 유비는 조조와 식사를 하다가 천둥이 치자 놀라 젓가락을 떨어뜨린다. 유비가 조조 앞에서 두려운 표정을 지은 것은 속내를 숨기려는 도광양회 계략이었다.

중국 대도시 거리를 지나거나 박물관, 사적지에 가보면 '물망국치勿忘國恥(국치를 잊지 말자)' 구호가 걸려 있는 것을 볼 수 있다. 아편전쟁 이후 100년의 굴욕사는 중국인에게 한으로 남아 있다. '백년국치百年國恥'는 잊힌 과거가 아니라 현실이다. 중국은 1990년대 공산당 주도로 애국주의 교육을 강화했다. 과거의 기억은 가정·학교·사회를 통해, 정치 이데올로기에 의해 반복적으로 다음 세대에 전해진다.

중국 출신 미국 정치외교학자 왕젱Wang Zheng, 汪铮은 평화연구가 요한 갈 퉁Johan Galtung 이론을 적용해 중국인 의식을 분석했다. 왕젱은 중국인 집단 의식 속에 세 가지 심리가 얽혀 있다고 진단했다. 세 가지 심리는 선민의 식chosenness, 신화myth, 트라우마tramua다.

중국인은 과거 자신들이 세계의 중심이라고 생각했다. 자신들이 인류의 위대한 발명품을 만들고, 찬란한 문명을 건설했다고 자부했다. 선민의식 과 신화가 19세기 열강의 침략으로 무너져 내리면서 집단 트라우마에 빠 졌다는 것이 왕젱의 분석이다. 집단 트라우마는 민족주의와 애국주의로 표출되고 공격성을 띤다.

중국몽

시진핑習近平은 주석 취임 직후인 2012년 11월 '부흥의 길' 전시회를 돌아보며 '중국의 꿈中國夢'을 이야기했다. "각 개인은 이상과 추구하는 목표가 있다. 모두 자기 꿈이 있다. 중화민족의 위대한 부 흥 실현은 근대 이래 중화민족의 가장 큰 꿈이다."

시진핑은 중국 창건 100주년이 되는 2049년까지 중화민족 부흥을 실 현하겠다고 밝혔다. 현대판 실크로드 일대일로—帶—路를 건설하는 사업과 군사 강국을 이루겠다는 강군몽强軍夢은 중국몽의 주요 골격을 이룬다. 일 대일로는 유라시아 대륙을 연결하는 교통, 디지털, 금융 네트워크를 건설 하려는 팽창주의 전략이다. 2021년 말, 중국 쿤밍과 라오스 수도 비엔티 안을 잇는 1,035킬로미터의 고속철도가 개통되어 첫 결실을 맺었다.

시진핑은 2017년 "중국이 세계 무대 중앙에 서는 '신세기New Era'를 열겠다"고 밝혔다. 미국에 대한 패권 도전 선언이다. '도광양회'는 폐기되고 떨쳐 일어나 할 일을 하겠다는 '분발유위奮發有爲'가 전면에 등장했다.

미국 브루킹스 연구소 선임연구원 리처드 부시Richard Bush는 "지난 40년 간 중국 경제가 도약하고 힘이 강해지면서, 오늘날 중국인은 중국과 중국 문명이 과거의 위대함을 되찾을 수 있다는 낙관적인 시각을 갖게 되었다"고 풀이했다.

중국의 강경 노선은 군부 내 '매파' 목소리를 반영했다는 해석도 있다. 미국 허드슨 연구소 선임연구원 마이클 필스버리Michael Pillsbury는 "시진핑 이 중국군 내 민족주의 초강경파와 긴밀한 관계를 맺고 있다"고 주장했다. 중국 국방대 교수 류밍푸劉明福는 시진핑 집권 2년 전에《중국몽》이라는 제목으로 책을 출간했다. 해방군 대령 출신으로 군부 내 강경파로 알려진 류밍푸는 이 책에서 "강한 국가는 강한 군대를 필요로 한다", "세계 최강의 군대를 키워 세계 질서를 재편해야 한다"고 주장했다. 그는 미국과의 갈등 은 불가피하다고 말한다.

중국이 패권국이 되기 위해 분투해야 하는 것은 역사적 운명이다. 그것은 미국도 마찬가지다. 미국과 중국이 경기장에 있는 한 패권 쟁탈전은 피할 수 없다. _류밍푸,《중국몽The Chinese Dream》

류밍푸는 두 나라의 경쟁은 사회주의 대 자본주의, 동서양 문명의 경쟁 이 될 것이며 서양의 인종적·지리적 우월성을 교체하는 계기가 될 것이라 말했다.《중국몽》은 시진핑의 '중국몽' 발언이 나온 뒤 베스트셀러가 되었 고, 2013년 국영서점 추천도서로 선정되었다.

필스버리는 중국이 오랜 기간 기만 전략을 펼쳤고, 이제 글로벌 야망이 현실로 나타나고 있다고 주장했다.

중국은
어디로 가는가

중국은 앞으로 어떻게 변화할 것인가?

영국 저널리스트 마틴 자크Martin Jacques는《중국이 세계를 지배할 때 When China Rules the World》에서 2050년에는 세계 판도가 완전히 달라져 있을 것이라고 주장했다. 그의 전망은 골드만 삭스가 2003년에 내놓은〈글로벌 경제 보고서Global Economics Paper〉에 근거를 두고 있다. 골드만 삭스는 2050년 중국이 GDP 규모에서 세계 1위를 차지하고, 미국이 2위, 인도가 3위, 일본이 4위, 브라질이 5위로 올라설 것이라고 예측했다.

미국, 독일, 영국 등의 서구 국가들이 밀려나고 신흥국 브릭스BRICs(브라질, 러시아, 인도, 중국)가 상위권을 차지할 것이라는 전망이다. 마틴 자크는 "우리가 현재의 패러다임과 환경에 익숙해 인식하기 어렵지만, 다른 세계의 전야에 서 있다"고 말했다.

2000년 중국 GDP는 미국의 8분의 1에 불과했지만, 2020년 14조

7,000억 달러로 21조 달러인 미국의 70% 선에 올라왔다. 영국의 '경제·비즈니스 연구센터Centre for Economics and Business Research, CEBR'는 2021년 말 발표한 세계 전망 보고서에서 '중국이 2030년 미국을 추월해 세계 제1의 경제 대국이 될 것'이라고 내다보았다. 연구센터는 2020년에는 중국이 미국을 앞서는 시기를 2028년으로 예상했으나 2021년 보고서에서는 2년 늦은 2030년으로 예측했다. 연구센터는 중국의 경제성장률이 2020~2025년 5.7%, 2025~2030년 4.7%, 2030~2035년 3.8%로 해마다 낮아질 것이라고 전망했다.

"중국은
세계 제1 강대국이 될 것이다"

2015년에 사망한 전 싱가포르 총리 리콴유는 오래전부터 중국이 패권에 도전할 것이라고 예견했다.

중국은 4천 년의 문화 전통과 13억 인구가 있으며 매우 재능이 뛰어난 인재 풀이 있다. 그런 중국이 어떻게 아시아 제1 강대국을, 그리고 그 후 세계 제1 강대국을 염원하지 않을 수 있겠는가? … 중국인들은 미국과 동등한 자격으로 이 21세기를 함께 나누고자 할 것이다. 중국의 의도는 세계 최강국이 되는 것이다. _그레이엄 앨리슨·로버트 블랙웰Robert D. Blackwell, 《리콴유가 말하다》

시카고대 국제정치학자 존 미어셰이머John Mearsheimer는《강대국 국제정치의 비극》에서 중국은 아시아 패권국이 되려고 시도할 것이고, 미국은 동맹국과 연합해 봉쇄에 나설 것이라고 예상했다. 미어셰이머는 국제정치에서 각 국가는 무한도로 군사력을 증강할 것이라고 보는 공격적 현실주의offensive realism 정치학자다. "국제정치 세계에서 밤비Bambi(아기 사슴)보다 고질라Godzilla(괴수)가 되는 편이 낫다"는 말은 그의 이론을 함축한다. 미어셰이머는 미·중의 패권 경쟁으로 아시아는 점점 더 위험한 지역이 될 가능성이 있다고 말했다. 의도하지 않았어도 패권 경쟁에 휘말릴 수밖에 없는 강대국의 운명을 그는 비극이라고 표현했다.

세계체제론자 조반니 아리기는《베이징의 애덤 스미스》에서 중국의 부상을 장밋빛으로 그렸다. 아리기는 21세기가 중국의 세기가 된다면, 보다 평등하고 평화로운 세계가 될 것이라고 주장했다. 중국은 유럽처럼 남의 땅을 빼앗는 식민지 팽창정책을 추진하지 않았고, 탐욕적 자본주의 방식이 아닌 애덤 스미스적 성장Smithian growth을 해왔다는 점을 들었다. 아리기는 애덤 스미스 사상과 자본주의를 대립 개념으로 보았다. 아리기에 따르면, 스미스적 성장은 분업과 시장경제에 의한 성장이고, 자본주의는 강탈, 독점에 의한 끝없는 자본과 권력의 축적을 뜻한다. 이러한 주장에 대해 적지 않은 비판이 제기된다.

현대 중국의 성장 방식은 자본주의와 무관하지 않다. 중국은 1978년 개혁, 개방 이후 시장경제를 도입하고, 자본주의 국가로부터 기술과 자본을 받아들여 근대적 성장으로 전환했다. 중국에는 애덤 스미스도 있고, 자본주의도 있다. 중국사 전문가 마크 엘빈은〈점쟁이로서의 역사가The Historian as Haruspex〉에서 아리기의 주장은 부적절한 분석에 근거한 '그의 희망 사항'이라고 꼬집었다.

투키디데스의 함정

중국의 군사 굴기崛起로 남중국해에는 거센 풍랑이 일고 있다. 중국은 2014년부터 남중국해 모래섬과 암초에 인공 구조물을 건설하고 남중국해 대부분을 중국 영해라고 주장해 국제 분쟁이 벌어지고 있다.

2018년 미 국방장관 제임스 매티스James Mattis는 "명明 왕조가 현대 중국의 모델로 보인다"며, "그때보다 더 위압적으로 다른 나라를 조공국으로 만들려 한다"고 비판했다.

하버드대 정치학자 그레이엄 앨리슨은 스파르타와 아테네처럼 미국과 중국이 '투키디데스 함정Thucydides Trap'에 빠질 수 있다고 경고한다. 투키디데스 함정은 신흥 강국이 기존 강대국에 도전할 때, 적대감과 두려움에 의해 전쟁 발생 위험성이 높아진다는 이론이다. 앨리슨은 지난 500년 동안 아테네와 스파르타 같은 패권 경쟁이 16번 있었고, 이 가운데 12번 전쟁이 일어났다고 분석했다.

우리가 예전과 다름없이 상황을 해결하려 하고, 예전과 다름없이 외교정책을 펼치며, 예전과 다름없이 국정 운영을 한다면, 예전과 다름없는 역사가 기다리고 있을 것이다. 예전과 다름없는 역사란 전쟁이다. _그레이엄 앨리슨, 〈미국과 중국은 투키디데스의 함정을 피할 수 있는가?〉,《중국, 새로운 패러다임 Ⅱ》

앨리슨은 모두가 전쟁을 원하지 않지만, 위험을 과소평가한다면 전쟁 가능성은 높아진다고 말한다.

붉은 황제,
시진핑

시진핑은 국가주석 취임 이후 시간을 거슬러 올라가듯 권위주의 통치와 사회주의 색채를 강화했다. 시진핑은 2018년 주석 임기를 없애 장기 집권 길을 열었고, 2021년 건국 이후 세 번째 '역사결의'를 채택해 자신을 마오쩌둥과 덩샤오핑 반열에 올려놓았다.

미국 카토 연구소 선임연구원 더그 밴도Doug Bandow는 역사결의가 나오자 "시진핑이 새로운 마오쩌둥이 되려 한다"고 논평했다. 그는 시진핑이 '붉은 황제Red Emperor' 마오쩌둥처럼 집단적 사회주의 가치와 공산당 권력을 강화하는 데 주력하고, 대외 관계를 공격적으로 바꾸고 있다고 비판했다.

권력을 한 손에 쥔 시진핑은 언론에서 종종 '시황제'로 불린다. 〈이코노미스트〉는 2013년 5월호 표지에 시진핑이 청나라 건륭제의 황금색 용포를 두른 합성 이미지를 실었다. 중국이 황제 시대로 되돌아갔다는 풍자다.

동서대학교 중국연구센터 교수 장윤미는 "국가권력이 제국 시기의 황권에서 오늘날 공산당이라는 집정당 권력으로 바뀌었을 뿐 일원적 전제 권력이 최고 위치를 차지하고 권력을 독점한다는 점은 변하지 않았다"고 말한다.

미국 학자들은 중국을 사상과 표현의 자유를 억압하는 권위주의 authoritarianism 정권으로 분류한다. 헤리티지재단의 보수파 연구원 리 에드워즈Lee Edwards는 시진핑 정권이 권위주의를 넘어 전체주의에 가깝다고 혹평했다. 정치학자 칼 프리드리히Carl Friedrich와 즈비그뉴 브르제진스키 Zbigniew Brzezinski에 따르면, 전체주의는 여섯 가지 특징을 가진다. 정교한 국가 이데올로기가 있고, 권력자가 일당 독재를 하고, 공포정치를 행하고, 권력이 언론·무력·경제를 독점하는 체제다. 리 에드워즈는 중국이 경제를 제외한 다섯 가지 항목에서 전체주의에 해당한다고 주장했다.

중국 정치에 계승된 또 하나의 전통 가치관은 대일통大一統 사상이다. 대일통은 영토와 문화가 하나로 통일되어야 천하가 안정된다는 믿음이다. 대만과 통일을 이루겠다는 '하나의 중국' 원칙은 대일통 사상에서 나왔다.

획일적 사고와 권위주의, 불투명한 정책은 실패 위험성을 안고 있다. 중국은 2019년 12월 코로나19 발생 초기에 전염병 발생 사실을 은폐하고 국제기구에 정확한 자료를 공개하지 않아 피해를 키웠다는 비판을 받는다. 코로나가 확산되자 시진핑은 2020년 1월 총서기 명의로 공산당에 총동원령을 내렸다. 공무원과 공산당원, 군이 동원되어 도시를 봉쇄하고 감염자를 격리한 채 이동을 차단했다. CCTV, 드론, QR코드, 안면 인식 기술을 이용해 주민의 이동과 접촉 정보를 수집하고 자가 격리자 집 안에까지 감시 카메라를 설치했다. '빅브라더Big Brother', '디지털 전체주의'가 현실화되었다는 비판이 제기되었다.

미국 여론조사기관 퓨 리서치 센터Pew Research Center가 2020년 미국, 유럽, 아시아, 대양주 14개국을 대상으로 한 여론조사에서 중국에 대한 부정적 반응은 최고치를 기록했다. 2019년 조사에서 중국에 대한 부정적 의견은 60% 내외였으나 2020년 62~86%로 높아졌다. 시진핑 주석에 대한 부정적 평가도 70~84%에 이른다.

국가 신뢰도와 평판 하락은 외교와 경제, 문화 협력 등 광범위한 분야에 부정적 영향을 미치게 된다.

공산당이 주도하는
국가자본주의

알리바바 창립자 마윈馬雲은 2020년 10월 상하이 금융회의에서 금융 당국을 향해 독설을 퍼부었다. "기차역을 관리하듯 공항을 관리할 수는 없다." 이 발언 이후 마윈은 종적을 감췄다. 며칠 후 세계 최대 규모로 예상되었던 알리바바 계열사 앤트Ant의 기업 공개는 무산되었다. 알리바바 주가는 폭락했다. 실종설이 나돌던 마윈은 석 달 만에 굳은 표정으로 트위터에 모습을 나타냈다.

마윈 사건은 중국의 진짜 주인이 누구인지를 보여준다. 중국 경제 주체는 정부, 정확히는 공산당이다. 서양학자들은 중국 경제체제를 '국가자본주의state capitalism'로 분류한다. 국가자본주의는 국가가 금융과 산업을 지배하고 시장을 조정하는 경제체제다. 미국 정치 평론가 이언 브레머Ian Bremmer는 국가자본주의에서 가장 중요한 요소는 정치권력이라고 말한다.

> 국가자본주의자들은 시장을 개인에게 기회를 제공하는 원동력이라기보다는 국익, 적어도 지배 엘리트층의 이해관계 증진을 위한 수단으로 본다. 국가자본주의자들은 시장을 활용해 자국과 해외 무대에서 자신들의 정치·경제적 영향력을 확대한다. _이언 브레머,《국가는 무엇을 해야 하는가》

중국이 국가자본주의를 강화한 계기는 2008년 글로벌 금융 위기였다. 미국 경제가 '대침체Great Recession'에 빠지자, 중국 이주노동자 2,000만 명이 일자리를 잃었다. 중국 정부는 긴급히 5,860억 달러의 돈을 퍼부어 경기를 부양했다. 중국은 빠르게 위기를 탈출해 2009년 9.4%의 성장률을 기록했고, 2010년 일본을 추월해 세계 제2 경제 대국으로 올라섰다.

국제사회에서는 중국 국가자본주의가 승리하고 미국 신자유주의가 패배했다는 평가가 흘러나왔다. 국무원 총리 원자바오溫家宝는 2010년 정부 업무 보고에서 "사회주의 체제의 우월성을 확인하게 되었다"고 목소리를 높였다.

중국은 경기를 부양하면서 인프라와 에너지 분야에 자금 지원을 집중해 대형 국유기업이 급성장했다. '국진민퇴國進民退', 국유기업이 커지고 민간 기업이 퇴조했다. 중국 경제에서 공공 부문이 차지하는 비중은 약 40%다. 미국과 영국 국영기업의 GDP 비중이 1~2%이고 프랑스, 이탈리아, 독일의 국영기업 비중이 10~13%인 것과 비교하면 매우 높은 비율이다.

동아대 사회학과 교수 윤상우는 국가자본주의 강화에는 숨겨진 이유가 있다고 말한다.

중국 모델이 국가자본주의로 선회한 이유는 개혁·개방 이후 외국 기업에 내준 시장점유율을 재탈환하고 국유기업을 글로벌 챔피언으로 육성하려는 중국 지도부의 전략적 판단에서 연유한다. _윤상우, 〈중국 발전모델의 진화와 변동〉

국유기업은 인수·합병으로 몸집을 불려 크기에서 미국 기업을 앞질렀다. 〈포춘Fortune〉이 발표한 2021년 글로벌 500대 기업을 보면, 중국 기업이 143개사, 미국 기업이 122개사로 중국 기업이 미국 기업보다 많다. 세계 5대 기업에는 미국에서 월마트와 아마존 2개사, 중국에서 국가전망과 중국석유, 시노펙 3개사가 이름을 올렸다. 중국은 여기에다 '중국 제조Made in China 2025' 계획을 마련해 첨단기술 산업을 집중 육성하고 있다.

중국 국가자본주의는 서구 자본주의는 물론 한국, 일본, 대만의 동아시아 발전모델East Asian Development Model과도 다르다. 동아시아 발전모델이 민간기업 중심인 데 비해 중국 모델은 국유기업 중심이다. 중국식 발전모델을 2004년 친중국 저널리스트 조슈아 라모Joshua Ramo는 '베이징 컨센서스'라 이름 붙였다. 베이징 컨센서스는 경제에서 국가의 역할을 강조하고 민주주의, 인권보다 정치 안정에 비중을 둔다. 중국은 이 모델로 권위주의 정권이 많은 아프리카와 중남미 개발도상국을 파고들고 있다.

중국은 체제 우월성을 주장하지만 중국 모델은 구조적 문제를 안고 있다. 옛 왕조 시대에 만연한 관료체제 부패가 다시 고개를 들고 있다. 시진핑은 집권 이후 호랑이〔老虎〕, 파리〔蒼蠅〕를 때려잡고 여우〔狐〕를 사냥하자는 반부패운동에 열을 올리고 있다. 호랑이는 부패한 고위 공무원, 파리는 하위직 공무원, 여우는 해외로 도주한 부패 관료를 말한다. 감찰당국은 2021년까지 374만 명의 부패 사범에 대해 처분을 내렸다고 밝혔다.

부패는 국가자본주의 체제와 중국에서 구조적으로 만연해 있다. 부패는 국가자본주의 체제의 법치주의가 의도적으로 유연하게 해석되어야 하는 이유가 되기도 한다. 부패가 만연한 환경은 통치자들이 체제를 좀 더 효과적으로 통제하는 수단으로 작용할 뿐만 아니라 여타 사람들(엘리트 포함)도 횡령에 가담할 수 있도록 만든다. _브랑코 밀라노비치, 《홀로 선 자본주의》

또 하나의 문제는 소득 불평등이다. 중국은 사회주의 강점으로 평등 사회를 주장하지만 현실은 그렇지 않다.

공동부유,
새로운 해법인가?

중국에서 3,000만 달러 이상의 재산을 가진 초고액 순자산 보유자는 2020년 기준으로 7만 426명에 이른다. 미국의 18만 명보다 적지만 일본의 1만 4,800명보다 5배 가까이 많다. 코로나19 사태에도 불구하고 중국 슈퍼리치는 16% 늘어났다. 조사를 맡은 영국 부동산 정보업체 나이트 프랭크Knight Frank 측은 중국 슈퍼리치가 5년 안에 46% 더 늘어날 전망이라고 밝혔다.

신흥 부자가 늘어났지만 빈곤층의 삶은 개선되지 않았다. 리커창 총리는 2020년 5월 기자회견에서 월수입 140달러 이하 빈곤층이 6억 명이 넘는다고 밝혔다. 절대 빈곤층이 사라져 샤오캉小康 사회에 진입했다고 중국 정부가 선언한 지 석 달 만에 나온 발언이다.

중국의 지니계수는 2019년 0.465(퍼센트 기준 46.5)로 국제적 경계 수준 0.4를 넘었다. 이 수치는 자본주의가 고도로 발달한 미국과 비슷한 수준이다. 덩샤오핑은 개혁·개방 초기 '일부라도 먼저 부유하게 하자'는 선부론先富論을 폈다. 선부론으로 전체 부는 늘어났지만 빈부 격차가 커졌다.

사회 불만이 높아지자 시진핑은 '함께 잘살자'는 '공동부유共同富裕'로 방향을 돌렸다. 시진핑은 2021년 공동부유가 사회주의의 본질적 요구라고 강조했다. 공동부유는 시장경제에 의한 1차 분배, 세금과 사회보장에 의한 2차 분배, 부유층과 기업의 자발적 기부를 통한 3차 분배의 세 단계로 나눠진다.

'자발'이라는 단어를 정부 계획에 넣으면 강제가 된다. 공동부유 발언이 나오자 인터넷 기업 텐센트 그룹은 가장 먼저 77억 5,000만 달러 기부를 약속했고 정부와 마찰을 빚은 알리바바는 텐센트의 2배인 155억 달러를 약속했다. 부의 불평등을 조세·재정 정책이 아닌 강압적 지시로 해결하려는 행태에 대해 비판이 제기된다.

베이징대 교수 장웨이잉張維迎은 "우리가 시장에 대한 신뢰를 잃고 잦은 시장 개입에 의존한다면, '공동빈곤'에 빠질 위험이 있다"고 지적했다. '중국 경제 50인 포럼' 인터넷 사이트에 올린 장웨이잉의 글은 삭제된 상태다.

중국은 제2 경제 대국으로 올라선 뒤 분노의 용틀임을 시작했다. 시진핑은 2017년 10월 "마오쩌둥이 중국을 세우고(站起來), 덩샤오핑이 부유하게(富起來) 했다면, 자신은 강하게(强起來) 만들겠다"고 말했다. 덩샤오핑 시대 실용적이고 개방적 자세는 시진핑 시대 들어 이념적이고 배타적 자세로 변했다. 중국 해군은 남중국해에서 영유권 분쟁을 일으키고, 외교관들은 무례하고 전투적 언행으로 관련국을 위협한다. 중국의 거칠고 사나운 외교 스타일은 국제사회에서 전랑戰狼외교, 늑대외교로 불린다.

미국은 트럼프 행정부 시절부터 반격을 개시해 미·중 간 긴장감이 높아지고 있다. 21세기 아시아는 미·중의 이해관계가 부딪히는 격전장이 될 가능성이 높다. 미·중 패권 경쟁 이야기는 미국 경제사를 다루는 다음 장에서 이어 가기로 한다.

제**10**장
서양의 역사_ 아메리카

미국이 주도하는 세계 질서,
앞으로의 세기는 어떻게 달라질 것인가

초강대국 미국,
그 힘의 원천

허드슨 강변에서 바라보는 거대도시 뉴욕의 야경은 가히 위압적이다. 하늘을 뚫을 듯한 수백 개의 초고층 빌딩이 숲을 이루고 도시가 내뿜는 휘황한 빛은 어두운 밤을 대낮처럼 밝힌다.

뉴욕에는 고층 빌딩이 6,000여 개, 높이 150미터 이상 초고층 빌딩만 해도 274개에 이른다. 매년 2조 달러의 부를 창출하는 뉴욕은 미국 경제 패권을 상징한다. 문명사가 페르낭 브로델은 자본주의 중심 도시가 14세기 베네치아에서 출발해 앤트워프, 암스테르담, 런던을 거쳐 1929년경 뉴욕으로 이동했다고 말한다.

미국은 지구상에서 가장 힘센 나라다. 미국은 제1, 2차 세계대전과 미·소 냉전에서 승리해 세계 초강대국이 되었다. 미국의 구글, 유튜브, 애플, 아마존, 인텔, 테슬라 전기차, 할리우드 영화, 맥도널드, 스타벅스는 세계 시장에서 지배적 위치를 차지한다.

2001년 9월 11일 맑은 날 아침, 두 대의 민간 여객기가 세계무역센터 빌딩에 충돌했다. 검은 연기와 화염에 휩싸인 쌍둥이 빌딩은 짙은 먼지구름을 일으키며 처참하게 무너져 내렸다. 이슬람 과격파의 테러는 미국 자본주의 문명에 대한 정면 공격이었다.

9·11사태가 일어난 지 20년, 세계무역센터 자리에는 초고층 빌딩 '원 월드 트레이드 센터One World Trade Center'가 세워지고, 이웃에는 엠파이어 스테이트 빌딩보다 높은 5개의 마천루가 건설되었다.

미국은 정상을 되찾은 듯 보이지만 불확실성은 여전하다. 2008년 서브프라임 사태와 중국의 패권 도전, 코로나19, 러시아의 우크라이나 침공은 독일 사회학자 울리히 벡Ulich Beck의 말처럼 현대사회가 얼마나 많은 위험에 노출되어 있는지를 보여준다.

앞으로의 세기는 어떻게 달라질 것인가?

미·중 패권 경쟁의 향방은 어떻게 될 것인가?

세계 정치, 경제에 막대한 영향을 미치는 미국의 250년 역사를 돌아봄으로써 21세기 국제 정세 변화를 내다볼 수 있는 단서를 찾아보자.

광대한
영토와 자원

뉴욕에서 태평양 연안 샌프란시스코까지는 약 5,000킬로미터, 기차를 타고 밤을 새워 달려도 3일 반이 걸린다. 미국의 영토 넓이는 983만 제곱킬로미터로 러시아와 캐나다에 이어 세계 3위이고, 중국과 비슷한 크기다.

광대한 영토와 자원, 인구는 미국을 강대국으로 만든 강력한 원천이다.

미국은 넓고 비옥한 영토에서 3억 3,000만 명의 인구가 먹고 남을 정도의 풍부한 농산물을 생산한다. 막대한 광물자원과 산림, 수산자원은 독자적 경제 발전을 가능하게 했다. 영국이 식민지에서 원자재와 소비 시장을 확보했다면, 미국은 대부분의 문제를 자국 영토 안에서 해결했다.

> 영국의 식민지 영역은 전 세계에 걸쳐 퍼져 있었고 서로 간의 통합성도 약했던 반면, 20세기 미국의 영토적 영역은 정치적으로나 경제적으로나 지역적으로나 집중되어 있고 서로 간의 통합성도 강하다. 이 점이 두 패권 국가의 공간적 구성에서 가장 중요한 차이점이다. _조반니 아리기, 《체계론으로 보는 세계사》

섬나라 같은 미국의 지정학적 위치는 또 다른 강점이다. 미국은 유럽으로부터 멀리 떨어져 있어 전쟁과 안보 위협이 적었다. 영국, 프랑스, 독일이 유럽 대륙에서 각축을 벌이는 동안, 미국은 1823년 먼로 독트린Monroe Doctrine을 선포하고 고립주의 노선을 걸었다. 고립주의를 통해 미국은 아메리카 대륙에서 독점적 영향력을 행사하며 힘을 키울 수 있었다.

미국이 자연의 혜택을 받았지만, 이는 전체 스토리의 부분에 불과하다. 자유, 기회를 찾아 아메리카로 이주한 이민자들의 팽창 욕망, 거침없는 자본주의, 민주적 전통, 군사력, 기술 진보가 더 큰 힘의 원천이라 할 수 있다.

명백한 운명

1793년 동부 13개 주에서 출발한 미국은 서부로 영토를 넓혔다. 식민지 개척자들은 지속적으로 서부로 이동해 아메리카 원주민을 몰아내고 백인 정착촌을 건설했다. 미국은 1803년 프랑스로부터 미시시피강 서쪽의 광활한 루이지애나 땅을 매입했고 1819년 스페인령 플로리다, 1836년 멕시코령 텍사스를 무력으로 점령했다.

〈데모크래틱 리뷰Democratic Review〉 편집장 존 오설리반John O'Sullivan은 미국의 영토 확장은 신이 정해준 '명백한 운명Manifest Destiny'이라고 주장했다.

> 장차 무한히 펼쳐질 미래는 위대한 미국의 시대가 될 것이다. 이 광대한 시간과 공간에서, 수많은 국가 중에 이 나라는 인류에게 위대한 하나님의 섭리를 증명하고, 최고의 성스러움과 진리에 봉헌된 지구상의 어떤 신전보다 훌륭한 신전을 세울 운명을 타고났다.

우월 의식과 팽창 욕망을 함축한 '명백한 운명'은 종교적 색채를 띠었기에 강력한 힘을 발휘했다. 새뮤얼 헌팅턴은 미국인의 정체성은 '앵글로-개신교Anglo-Protestant' 문화에서 비롯되었다고 주장했다. 그는 앵글로-개신교 문화의 핵심 요소로 영어, 기독교, 종교적 헌신, 영국식 법치, 개인주의, 근로 윤리를 들었다.

'명백한 운명' 이데올로기는 끝없는 팽창이었다. 멕시코와 국경분쟁을 벌이던 미국은 1846년 멕시코를 침공하고 오리건과 캘리포니아, 뉴멕시코를 합병했다. 1848년 캘리포니아에서 금광이 발견되자 골드러시가 시작되었다. 30만 명이 넘는 모험가들이 황금을 찾아 서부로 이주했다.

백인들이 탐욕스럽게 찾는 황금 부스러기가 아메리카 원주민에게는 고통의 씨앗이었다. 조지아에서 금광이 발견된 뒤 미국 정부는 1820년대 말 인디언 이주법Indian Removal Act을 만들어 원주민을 서부로 강제 이주시켰다. 체로키, 촉토, 머스코지, 크릭, 세미놀 5개 부족 10만 명의 원주민이 '눈물의 길Trail of Tears'을 걸어 미시시피강 서쪽 오클라호마로 이주했다. 1,600킬로미터를 걸어서 이동하는 동안 원주민 1만 5,000명이 추위와 굶주림, 질병으로 사망했다.

급속한 팽창 와중에 남북전쟁이 발발했다. 흑인 노예 노동으로 목화를 재배하는 남부와 상공업 중심의 북부는 무역정책과 노예제도를 놓고 대립하다가 1861년 전투를 개시했다. 4년 동안 37만 명의 희생자를 낸 남북전쟁은 압도적 경제력과 병력을 가진 북부의 승리로 끝났다. 링컨 대통령은 전쟁 중에 노예해방을 선언해 흑인 노예 350만 명이 자유를 찾았다.

남북전쟁 종전 후, 원주민 토벌 작전이 재개되었다. 백인 동화정책을 거부하는 원주민 수Sioux족과 아파치Apache족은 최후의 결전을 벌였으나 현대식 무기를 가진 연방군에 의해 진압되었다.

탐욕의
도금시대

미국은 내전을 치르면서도 세계에서 가장 높은 성장률을 기록했다. 1820~1870년 미국 경제는 연간 4.2% 성장해 경제 규모가 8배나 커졌다. 인구는 1,000만 명에서 4,000만 명으로 늘어났고, 1인당 GDP는 1,257달러에서 2,445달러로 높아졌다. 풍부한 자원과 끝없이 밀려드는 이민자, 자유 시장 경제, 흑인 노동력이 고도성장의 원동력이었다.

1869년 5월 10일, 동부와 서부에서 출발한 증기기관차가 해발 1,498미터의 유타주 프로몬토리 서미트Promontory Summit에서 만났다. 센트

럴퍼시픽철도 사장 릴랜드 스탠포드Leland Stanford와 유니언퍼시픽철도 부사장 토머스 듀런트Thomas Durant는 수천 명의 노동자와 주민이 지켜보는 가운데 철도 연결점에 황금 스파이크를 박아 넣었다. 뉴욕에서 새크라멘토까지 대륙을 횡단하는 5,000킬로미터 철도가 처음으로 연결되었다. 육로로 평균 6개월, 선박으로 6주가 걸리던 대륙 횡단 운송 기간이 일주일로 단축되었다. 농장과 산림, 광산 개발이 본격화되고 도시와 철도 건설 붐이 일어났다.

호황이 절정에 달하던 1873년 뉴욕 증권시장이 붕괴했다. 유니언퍼시픽철도의 부패·사기 사건과 제이 쿡Jay Cooke 은행의 과도한 철도 투자가 원인이었다. 장기 불황으로 많은 기업이 파산하고 대량 실업이 발생했다.

이 시기에 거대 독점자본이 출현했다. 최초의 독점자본가는 뉴욕 해운 재벌 코넬리우스 밴더빌트Cornelius Vanderbilt다. 밴더빌트는 경쟁자를 파산 직전까지 몰아붙인 뒤 경쟁에서 빠지는 대가로 뒷돈을 받았다. 1859년 〈뉴욕 타임스〉 편집장 헨리 레이몬드는 밴더빌트를 13세기 라인강에서 통행세를 갈취하던 '강도 귀족robber baron'에 비유했다. 이때부터 독점자본가에게 강도 귀족이라는 불명예스러운 이름이 붙었다. 밴더빌트는 70대 늦은 나이에 해운업을 정리하고 철도 사업에 뛰어들었다. 그는 불황기에 철도 노선을 사들여 뉴욕과 시카고를 연결하는 황금 노선을 비롯해 전국 철도 노선의 40%를 장악했다. 맨해튼에 44개의 플랫폼을 가진 그랜드 센트럴 역사도 그의 작품이다. 그는 임종하기 전 100만 달러를 기부해 밴더빌트대학교를 세웠고, 유산으로 당시 화폐로 1억 달러(2016년 가치로 2,150억 달러)를 남겼다.

존 록펠러John Rockefeller는 가장 악명 높은 강도 귀족이었다. 록펠러는

31세 때인 1870년 클리블랜드에서 정유 회사 스탠더드오일을 세우고 경쟁사를 인수·합병해 사업을 확장했다. 록펠러는 철도 회사와 장기 계약해 운송비를 낮추고, 원가 이하로 석유를 판매해 경쟁자를 제거했다. 록펠러는 40여 개 정유사를 모아 트러스트trust를 결성해 1882년 미국 정유 생산량의 80%를 장악했다. 그는 석유 가격을 마음대로 조정해 막대한 이익을 취했다.

연방대법원은 1911년 트러스트 해체를 명령했다. 스탠더드오일은 엑손, 모빌, 아모코, 쉐브론, 아르코 등 34개사로 분할되었다. 회사 분할 후에도 자동차 붐으로 주식 가치가 뛰어올라, 록펠러 재산은 1913년 9억 달러에 달했다. 록펠러는 말년에 시카고대에 3,500만 달러, 록펠러재단 설립에 5억 달러를 기부했다.

앤드루 카네기Andrew Carnegie는 철강 산업 독점으로 대부호가 되었다. 카네기는 1873년 피츠버그에 제철소를 설립하고 영국에서 개발된 베서머 Bessemer 공법을 도입해 철강 생산 비용을 10분의 1로 낮췄다. 카네기는 메사비 철광산을 임차하고 탄광, 선박, 철도 회사를 인수해 원료에서 완제품까지 수직적 결합을 완성했다. 1880년대 카네기철강회사는 미국 철강의 절반을 생산했다.

카네기는 66세가 되던 1901년, 카네기철강회사를 J. P. 모건에게 4억 8,700만 달러에 매각하고 자선사업가로 변신했다. 카네기는 3억 5,000만 달러를 기부해 대학, 도서관, 병원, 음악당, 공원, 교회를 지었다. 카네기철강회사는 군소 회사와 합병해 세계 최대 철강 회사 US스틸이 되었다. US스틸은 미국 철강의 3분의 2를 생산해, 영국과 독일의 철강 생산량을 앞질렀다.

J. P. 모건은 월스트리트의 황제였다. 모건은 기업을 인수·합병해 독점 기업으로 만드는 데 탁월한 재능을 보였다. US스틸, 제너럴일렉트릭, 인터내셔널하베스트, AT&T가 그의 손을 거쳐 탄생했다. 모건은 1893년과 1907년 금융공황이 닥치자 은행 대표를 소집해 긴급 자금 투입으로 증권 시장 붕괴를 막았다. 1913년 연방준비제도가 설립되기 전까지 미국 통화 정책은 그의 손아귀에 있었다.

강도 귀족 시대는 사회진화론이 지배하는 약육강식의 시대였다. 독점, 부정부패, 불평등이 만연했다. 이 시기는 마크 트웨인의 소설 제목을 본 따 '도금시대Gilded Age'로도 불린다. 도금시대는 황금시대Golden Age가 아니라 금칠을 한 듯 겉만 번쩍거리는 시대라는 의미다.

1893년에 열린 시카고 만국박람회는 도금시대의 대미를 장식했다. 대형 서치라이트와 전등이 로마네스크, 르네상스 양식으로 지은 건축물과 밤하늘을 환하게 밝히고, 석유 발전소가 박람회장 전역에 전력을 공급했다. 200개 전시장에서는 백열전등과 전차, 전화기, 축음기, 증기선, 재봉틀, 농업기계 등의 최신 기계와 기술을 선보였다.

나이아가라 폭포의
물레방아

나이아가라 폭포는 천둥소리를 내며 높이 56미터 절벽 아래로 쉼 없이 거대한 물줄기를 쏟아 낸다. 수직으로 낙하한 물줄기는 바닥을 차고 공중에 솟구쳐 하얀 뭉게구름을 일으킨다. 미국과 캐나다 사이 1킬로미터에 걸친 나이아가라 폭포는 초당 3,160톤의 물을 토해 내며 엄청난 에너지를 발산한다.

세르비아 소년 니콜라 테슬라Nichola Tesla는 나이아가라 폭포 사진을 보고 상상의 나래를 폈다.

당시 나는 나이아가라 폭포 그림을 보고 큰 영감이 솟아나서 폭포를 이용해 가동되는 거대한 물레방아를 마음속으로 그렸다. 그래서 삼촌에게 미국으로 건너가 이런 계획을 펼쳐보고 싶다고 말하기도 했다. _니콜라 테슬라, 《테슬라 자서전》

오스트리아 그라츠공과대를 중퇴하고 파리에서 전기 기술자로 일하던 테슬라는 28세 때인 1884년 뉴욕으로 이주했다. 에디슨연구소에 취직한 테슬라는 그곳에서 평생 라이벌 토머스 에디슨Thomas Edison을 만난다. 테슬라는 에디슨 지시로 신형 발전기를 개발했으나 약속한 보상금을 주지 않자 연구소를 뛰쳐나와 개인 연구소를 세웠다.

두 천재 발명가는 송전 방식을 놓고 불꽃 튀는 '전류 전쟁War of Currents'을 벌였다. 에디슨은 직류DC, 테슬라는 교류AC를 주장했다. 직류는 전압이 일정하고 전기를 저장할 수 있는 장점이 있는 반면, 멀리까지 전기를 송전하기 어려운 단점이 있었다.

1893년 시카고 만국박람회와 나이아가라 발전소 건설위원회는 교류 방식을 선택했다. 나이아가라에 물레방아를 설치하겠다는 테슬라의 어릴 적 꿈이 마침내 실현되었다.

에디슨은 전류 전쟁에서 패했으나 1,093건의 발명 특허를 가진 역사상 최고 발명가였다. 에디슨은 전구, 직류 발전기, 축음기, 동영상 카메라kinetograph, 영사기kinetoscope, 알칼리 배터리, 전기 계량기, 선풍기를 발명했다.

에디슨과 테슬라 시대는 새로운 사업 기회와 아이디어, 발명이 폭발한 진보의 시대였다. 전구, 전화기, 영화, 라디오, 자동차, 비행기가 등장하고 전기, 자동차, 석유 산업이 비약적으로 발전했다. 1850년대 발명 특허 건수는 연간 4,000건 정도였으나 1869년 1만 3,000건으로 3배, 1890년에는 2만 6,000건으로 6배 늘어났다.

이 시기 미국과 독일을 중심으로 진행된 철강, 화학, 자동차, 전기 분야의 기술혁신을 2차 산업혁명(1870~1914년)이라고 한다.

아이디어와
자본의 결합

미국의 기술혁신은 개인 창의성과 자본 결합으로 탄생했다. 전화기를 발명한 알렉산더 그레이엄 벨Alexander Graham Bell은 1876년 필라델피아 박람회에 전화기를 출품하고, 빅토리아 여왕 앞에서 전화 통화를 시연해 세계적 명성을 얻었다. 그는 자본가와 합작으로 전화 회사를 세웠다. 벨 전화 회사는 후일 미국 최대 통신사 AT&T로 성장한다.

에디슨연구소는 제너럴일렉트릭의 모태가 되었다. 웨스팅하우스 Westinghouse는 테슬라의 특허를 사들여 대형 발전·가전회사로 성장했다. 카네기는 영국인 헨리 베서머Henry Bessemer가 발명한 제강법으로 철강왕이 되었고, 록펠러는 독일 발명가 허먼 프래쉬Herman Frasch로부터 유황 제거 특허를 사들여 고품질 등유를 독점했다.

발명가와 자본가의 공생 관계는 20세기 벤처기업의 모델이 되었다. 기업들은 자체 연구소를 설립해 연구 개발R&D에 투자했다. 제너럴일렉트릭이 1900년 처음 기업 연구소를 세웠고, AT&T, 뒤퐁, 코닥, 스탠더드오일,

코닝 글래스가 뒤를 이었다. 1919년 기업 연구소에서 일하는 과학자가 3,000명에 이르렀다.

미국 과학기술의 뿌리는 유럽이다. 이탈리아 물리학자 알레산드로 볼타 Alessandro Volta는 1800년 전지를 발명했고, 영국 물리학자 마이클 페러데이 Michael Faraday와 제임스 맥스웰James Maxwell은 전자기 이론을 정립했다. 독일 은 물리학, 화학, 기계, 전기 기술 분야에서 최고 선진국이었다. 미국은 과 학기술의 실용화와 상업화에서 다른 나라를 앞섰다.

미국은 고급 인력을 양성하기 위해 유럽 대학 같은 실험·연구 중심 대 학을 설립했다. 1860~1870년대 MIT, 코넬 공과대, 존스홉킨스대학교가 문을 열었다. 세계 과학 중심지는 1700년대 이탈리아에서 영국으로 이동 하고, 1800년대 프랑스와 독일, 20세기 미국으로 이동했다고 일본 미쓰 비시 UFJ 연구소는 분석했다.

이민자는 고급 인력을 공급하는 마르지 않는 샘이었다. 1850~1913년 사이 3,000만 명의 유럽인이 미국으로 이주했다. 아메리칸 드림을 꿈꾸는 젊은이, 과학자, 기술자 들은 유럽의 기술과 지식, 아이디어를 새로운 정착 지에 이식했다. 시카고대 경제학자 악시지트Ufuk Akcigit는 1880~1940년 발명가 가운데 미국에서 출생하지 않은 이민자가 19.6%를 차지한다고 밝 혔다. 그레이엄 벨, 테슬라, 유황 제거 기술을 발명한 허먼 프래쉬가 대표 적 인물이다.

프런티어 확장과
미국 헤게모니

 1890년 서부 개척 시대가 공식적으로 막을 내렸다. 미국 인구통계청은 서부 개척이 완료되어 미국에 더 이상 프런티어frontier가 남아 있지 않다고 밝혔다. 프런티어는 1평방 마일(2.56제곱킬로미터) 안에 사는 주민이 2명 이하인 미개척지를 말한다.

 빈 땅이 사라진 미국은 어디로 갈 것인가?

 젊은 역사학자 프레더릭 잭슨 터너Frederick Jackson Turner는 해외 팽창을 주장했다.

거의 3세기 동안 미국의 삶을 지배해온 사실은 팽창이었다. 이러한 팽창 운동은 태평양 연안의 정착 및 주인 없는 토지의 정복과 함께 멈춰 섰다. 이러한 팽창이 더 이상 작동하지 않으리라는 점은 성급한 예측이다. 그리고 활력 있는 외교정책, 해양을 연결하는 운하, 해양에 대한 우리의 힘의 부활, 주변 섬들과 이웃 나라에 대한 미국의 영향력 확대 요구는 이러한 운동이 지속되리라는 표시다. _프레더릭 터너, 《서부의 문제》

해군 제독 앨프리드 세이어 머핸 Alfred Thayer Mahan**은 해외 팽창을 위해 해군력을 강화해야 한다고 역설했다.**

미국은 원하건 원하지 않건 당장 밖으로 눈을 돌려야 한다. 늘어나는 공업 생산이 팽창을 원하고, 비등하는 여론이 팽창을 원한다. _앨프리드 머핸, 《해양력에 있어 현재와 미래 미국의 이해관계The Interest of America in Sea Power, Present and Future》

해군력을 팽창주의의 핵심 요소로 본 머핸은 바다에 '거대한 고속도로great highway'를 놓아야 한다고 제안했다.

팽창 욕망은 제국주의로 분출한다. 미국은 1898년 스페인과 전쟁을 벌여 쿠바와 푸에르토리코를 점령하고 하와이, 괌, 필리핀을 합병했다. 미국의 필리핀 침공으로 필리핀 독립군 2만 명, 민간인 20만 명 이상이 사망했다. 미국은 하와이와 필리핀을 장악해 태평양에 고속도로를 놓았고, 태평양을 미국의 바다로 만들었다.

군대를 따라 무역업자, 자본가, 선교사, 자선단체, 문화단체가 활동 영역을 넓혔다. 그들은 자본주의, 민주주의, 기독교, 대중문화 전파를 '미국의 사명America's mission'으로 여겼다.

호전적 카우보이

콧수염을 기른 카우보이, 시어도어 루스벨트 Theodore Roosevelt는 미국 제국주의를 상징하는 인물이다. 루스벨트는 1898년 미국·스페인 전쟁이 발발하자 해군 차관보 직책을 내던지고 전쟁에 뛰어들었다. 그는 민병대 '러프 라이더Rough Riders'를 이끌고 쿠바에 상륙했다. 쿠바 전선에서 전쟁 영웅으로 떠오른 루스벨트는 윌리엄 매킨리William McKinley 대통령 사망 후 대통령직을 승계했다.

머핸의 열렬한 옹호자였던 루스벨트는 1903년 파나마와 운하 건설 계약을 맺었고, 전함 16척으로 구성된 '대백색 함대Great White Fleet'를 창설해 미국의 해군력을 과시했다.

루스벨트는 시사만화에 큰 방망이big stick를 휘두르는 호전적 카우보이로 등장한다. 그는 국내 문제에도 큰 방망이를 휘둘렀다. 당시 미국 사회에는 머크레이커muckraker(추문 폭로자)들의 폭로 저널리즘이 성행했다. 언론은 연일 독점자본의 추악한 부정을 폭로했고, 작가 아이다 타벨Aida Tarbell은 스탠더드오일이 저지른 사기와 뇌물, 부패 행위를 고발하는 글을 연재했다.

루스벨트는 혁신주의 노선에 동조해 트러스트 분쇄Trust-Bursting에 나섰다. 루스벨트 정부는 예고도 없이 J. P. 모건의 철도 지주회사 노던시큐리티Northern Security Company를 반독점법 위반으로 기소했다. 모건은 나흘 뒤 백악관을 찾아가 협상을 요청했으나 루스벨트는 한마디로 거절했다. 루스벨트는 석유 재벌 스탠더드오일과 아메리칸 토바코를 잇달아 반독점법 위반으로 기소했다.

루스벨트의 강경 조치로 독점재벌은 와해되었다. 그는 노조에 대해서도 똑같이 강경하게 대응했다.

1914년 유럽에서 제1차 세계대전이 발발해 1,000만 명의 군인이 전사하는 참혹한 살육전이 벌어졌다. 독일 U보트가 미국 상선을 공격하고 독일이 멕시코에 미국과의 전쟁을 부추기는 전보를 보낸 사실이 드러나자, 우드로 윌슨Woodrow Wilson 대통령은 '전쟁을 끝내기 위한 전쟁'을 명분으로 참전을 결정했다.

1917년 280만 명의 미군이 유럽 전선에 투입되었다. 미군의 가세로 전세는 급속히 연합군 쪽으로 기울었다. 윌슨은 국제연맹 창설을 제안하고 국제사회에서 미국의 책임과 역할을 강조했으나 국제연맹 가입안은 의회에서 부결되었다. 미국인들은 자유방임을 원했다.

워런 하딩Warren Harding은 전시 체제에서 벗어나 "정상으로 돌아가자"는 선거 캠페인으로 대통령에 당선되었고, 후임 캘빈 쿨리지Calvin Coolidge는 "미국의 본업은 사업"이라고 공언했다.

이 시기에 경제정책을 실질적으로 주도한 인물은 재무장관 앤드루 멜론Andrew Mellon이다. 존 록펠러, 헨리 포드 다음가는 3대 부호였던 멜론은 세금을 낮추고 균형 예산을 추구했다. 멜론은 기업이 돈을 벌어야, 돈이 경제 전체로 흘러간다는 '낙수 효과' 이론을 신봉했다.

전기, 석유, 자동차 산업 호황으로 미국 경제는 1920년대 매년 4.2% 성장했다.

모던 타임스,
광란의 1920년대

이 시기에 미국식 경영 '과학적 관리법scientific management'이 출현했다. 당시 공장에서는 모든 노동자 임금이 같았기 때문에 태업이 잦고 능률이 오르지 않았다.

공장 견습생에서 출발해 관리자가 된 프레더릭 테일러Frederick Winslow Taylor는 작업량에 따라 임금을 지급하는 과학적 관리법을 창안했다. 베들레헴 철강의 컨설팅을 맡은 테일러는 스톱워치를 가지고 노동자 작업량과 시간을 측정했다. 능숙한 노동자는 하루 47톤의 쇠를 운반하는 반면 일반 노동자는 12.5톤을 운반했다. 테일러는 '슈미트'라는 건장한 청년에게 하루 47톤을 운반하면 임금을 60% 올려주겠다고 제의했다. 열심히 노력해 목표를 달성한 슈미트는 높은 임금을 받았다. 성과급 제도는 노동자에게 동기를 부여했다. 과학적 관리법은 유럽과 공산권 국가에서도 받아들여져 현대 경영에 큰 영향을 미쳤다.

헨리 포드는 1913년 '모델 T' 생산 공장에 일관생산방식assembly-line production을 도입했다. 노동자들은 처음에는 컨베이어 벨트 방식에 거부감을 보였다. 작업을 세분화해 자동차를 조립하다 보니 노동자들이 일에 싫증을 느껴 서너 달이 안 되어 공장을 그만두었다. 헨리 포드는 1914년 1월 임금을 하루 2.25달러에서 5달러로 2배 인상한다고 발표했다. 미시간주 하이랜드 파크 공장 앞에는 추운 날씨에도 매일 수천 명의 노동자가 일자리를 구하러 몰려들었다. 임금을 올린 뒤 생산성이 높아지고 이직률이 낮아졌다. 자동차 1대 조립에 걸리는 시간이 12시간 반에서 1시간 반으로 줄어들었다.

1925년 포드 자동차는 하루에 9,000~1만 대, 10초에 1대꼴로 모델 T를 생산했다.

헨리 포드는 자동차 가격을 낮춰 노동자들이 차를 구입하면, 판매가 더 늘어날 것이라고 생각했다. 모델 T 가격은 1908년 825달러에서 1925년

260달러로 낮아졌다. 포드 자동차 노동자들도 3개월 월급을 모으면 자동차를 살 수 있었다. 많이 생산하고 많이 소비하도록 하자는 포드 경영철학은 대량생산, 대량소비 시대를 열었다.

'포드주의' 확산으로 대부분의 공장이 컨베이어 벨트를 도입했다. 컨베이어 도입 이후 기계가 인간을 지배했다. 찰리 채플린Charlie Chaplin이 제작한 무성 흑백영화〈모던 타임스Modern Times〉는 인간이 기계의 지배를 받는 현대사회의 모순을 풍자했다. 반복적으로 나사를 조립하던 채플린은 컨베이어 벨트로 빨려 들어가 톱니바퀴 사이를 돌아다닌다. 톱니바퀴에 끼어서도 나사를 돌리는 채플린의 모습은 웃음과 함께 비애를 느끼게 한다.

비인간적이라는 비판을 받으면서도 테일러 관리법과 포드주의는 성과를 냈다. 미국 기업들은 값싸고 실용적이고 규격화된 제품을 대량생산해 세계시장을 석권했다. 라디오, 전화, 진공청소기, 냉장고, 세탁기, 토스터가 일반화되어 많은 미국인들이 문명 혜택을 누렸다. 기하학적 아르데코Art Deco 문양은 뉴욕 크라이슬러 빌딩과 엠파이어 스테이트 빌딩 첨탑을 우아하게 장식했다.

전쟁의 공포를 체험한 젊은이들은 현세적 자유와 쾌락에 탐닉했다. 재즈 음악과 수백 개의 라디오 방송, 할리우드 영화, 짧은 치마를 입는 플래퍼flapper 스타일이 유행하고 비행사 찰스 린드버그Charles Lindbergh, 홈런왕 베이브 루스Babe Ruth가 대중의 명성을 얻었다. 술 생산과 소비를 금지하는 금주법Prohibition이 시행되고 시카고 갱 두목 알 카포네Al Capone, 백인 우월 단체 KKK단이 등장했다.

1920년대 뉴욕 주가는 4배 가까이 폭등했고 맨해튼 부동산 가격은 67% 상승했다. 스콧 피츠제럴드Scott Fitzgerald의 소설《위대한 개츠비The

Great Gatsby》는 화려한 물질적 풍요 뒤에 감춰진 부도덕하고 타락한 시대상을 그리고 있다.

탐욕과 허영, 향락적 소비가 지배한 1920년대를 미국인들은 '광란의 20년대Roaring Twenties'라고 부른다.

대공황과
새로운 자본주의

1929년 10월 24일 검은 목요일, 뉴욕 증권시장 개장 벨이 울리자마자 주식값이 바닥을 모르고 추락했다. 불과 몇 시간 만에 주가가 11% 급락했다. 주가는 1932년까지 3년 연속 하락해 주식 가치 90%가 날아갔다. 개인 투자자와 은행이 파산하고 자동차 생산은 3분의 1로 줄어들었다. 미국은 건국 이후 최대 경제 위기를 맞았다.

경제성장률은 1930년 마이너스 8.5%였다. 1931년 경제성장률이 마이너스 6.4%로 조금 회복되는가 싶더니 1932년에 마이너스 12.9%로 떨어졌다. 실업률이 25%로 치솟아 1,500만 명이 일자리를 잃었다. 산업도시 클리블랜드 실업률은 50%, 톨레도는 80%에 달했다. 1932년 10월 〈포춘〉은 '미국 인구 3분 1에 가까운 3,400만 명이 소득이 없는 상태에 있다'고 추산했다.

대공황은 전통 경제 이론으로 풀기 어려운 문제였다. 허버트 후버Herbert Hoover 대통령과 정책 당국자들은 시간이 가면 시장이 자동적으로 불황을 해결해줄 것이라 생각했다. 그들은 '공급은 스스로 수요를 창출한다'는 프랑스 경제학자 세이Jean-Baptiste Say의 이론을 무비판적으로 받아들였다. 세이 이론은 들어맞지 않았다. 후버는 긴축정책을 지속하고 국내 산업 보호를 이유로 관세율을 높여 상황을 악화시켰다.

영국 케임브리지대 경제학자 존 메이너드 케인스는 정반대의 생각을 가지고 있었다. 케인스는 유효수요effective demand 부족으로 불황이 발생한다고 생각했다. 유효수요는 마음속에 있는 소비 욕구가 아니라 실제 구매력을 가진 수요를 말한다.

1920년대 미국의 부는 부유층에 쏠려 있어 일반 대중은 소비할 돈이 없었다. 1928년 최상위 1% 부유층이 전체 소득의 19.6%를 차지했다. 1960~1970년대 최상위 소득 비중 8%와 비교하면 2배가 넘는 수준이다. 지니계수는 48.9(퍼센트 기준)로 영국 산업혁명 시기와 비슷했다.

케인스는 불황을 탈출하려면 정부 지출을 늘려 대중의 구매력을 높여야 한다고 주장했다. 프랭클린 루스벨트Franklin D. Roosevelt 대통령은 간접 채널을 통해 케인스 이론을 접했다. 그는 1933년 취임하자마자 정부 지출과 공공 근로를 늘리고 농산물 과잉생산을 규제하는 뉴딜New Deal 정책을 시행했다. 테네시강 유역 개발 공사Tennessee Valley Authority를 벌여 29개 댐과 발전소를 건설해 전기와 비료를 생산하고 홍수를 통제했다. 언론 재벌 윌리엄 허스트William Hearst는 시장에 개입하는 루스벨트를 스탈린에 비유했다. 우려와 비판에도 불구하고 뉴딜 정책은 효과를 발휘했다. 1933년 경기 하락세가 멈췄고, 1934년 성장률이 10.8%로 뛰어올랐다.

케인스는 백악관에서 루스벨트를 만나 경의를 표했다. 루스벨트와 케인스는 대공황에서 자본주의를 구했다. 케인스 경제학은 경제학 패러다임을 바꾸고 자본주의 궤도를 수정한 경제학의 혁명Keynesian Revolution이었다. 조반니 아리기는 케인스 경제학이 "소련의 중앙집권적 계획 모델과 전통적 자유방임 정책 사이에서 매력적인 제3의 길을 제공했다"고 평가했다.

케인스의 '큰 정부' 이론은 1970년대 말까지 미국 경제정책에 막강한 영향력을 행사했다.

인류의 재앙,
제2차 세계대전

1941년 12월 7일 일요일 아침, 일본 폭격기 360대가 하와이 진주만 해군기지를 기습 공격했다. 미군 전함 7척과 항공기 188대가 파괴되고, 군인과 민간인 2,400명이 사망했다. 미국은 태평양과 유럽 전선에 모든 자원을 투입했다. 미국인 1,600만 명이 전쟁에 참전했고 GDP의 30%를 군사비로 지출했다. 공장들은 밤낮으로 탱크와 비행기, 전함, 대포, 탄환을 생산했다. 미국 전역이 군수공장으로 변했다.

애리조나주 사막 한가운데 로스앨러모스Los Alamos에서는 극비리에 원자폭탄 개발이 추진되었다. 암호명이 '맨해튼 프로젝트'인 이 사업에는 4만 3,000명의 과학자와 기술자가 참여했다. 1945년 8월 6일과 8일, 사상 최초의 원자폭탄이 히로시마와 나가사키에 떨어졌다. 폭격기 부조종사 로버트 루이스Robert Lewis는 거대한 버섯구름이 올라오는 것을 보고, 그날 비행일지에 이렇게 썼다.

'주여, 우리가 무슨 짓을 한 것입니까?'

제2차 세계대전은 인류 역사상 최대 재앙이었다. 영국, 프랑스, 소련, 미국을 비롯한 연합국 사망자가 6,100만 명이었고 독일, 이탈리아, 일본 등의 추축국 사망자가 1,200만 명에 이르렀다.

아우슈비츠 수용소는 현대 문명이 초래한 야만성의 상징이다. 무자비한 폭력과 광기는 인간 이성에 대한 회의를 불러일으켰다. 독일 철학자 막스 호르크하이머Max Horkheimer와 테오도르 아도르노Theodor Adorno는 인간을 빛으로 이끌어 주리라 믿었던 계몽이 도구적 이성으로 전락해 야만으로 뒷걸음질 쳤다고 개탄했다.

> 권력이 된 지식은 인간을 노예로 만들거나 지배자에게 순종하는 데 있어서 어떠한 한계도 모른다. _막스 호르크하이머·테오도르 아도르노, 《계몽의 변증법Dialectic of Enlightenment》

제2차 세계대전이 끝나고 오랜 시간이 지난 오늘날에도 전쟁 원인에 관한 논쟁이 끊이지 않는다. 히틀러 개인의 광기, 빗나간 민족주의, 대공황이 원인이라는 주장이 일반적이지만 제국주의 라이벌 간 패권 쟁탈전으로 보는 시각도 있다.

미국 역사학자 셸리 바라노우스키Shelley Baranowski는 세계 자원과 식민지를 선점한 영국, 프랑스, 미국, 러시아와 후발국 독일, 이탈리아, 일본 간의 패권 전쟁으로 해석한다.

> 제국주의는 제1차 세계대전 승전국뿐 아니라 추축국에게도 필수적이었다. 추축국은 대공황에 따른 경제난, 영국·미국의 자유주의적 자본주의, 볼셰비즘 위협을 극복하기 위한 유일한 길이 '제국'이라고 보았다. _셸리 바라노우스키, 《제2차 세계대전의 제국주의Axis Imperialism in the Second World War》

바라노우스키는 추축국은 자원 부족으로 전쟁 물자 조달에 한계에 부딪혔고, 결국 인종 학살과 극단적 만행을 저지르다 자멸했다고 분석했다. 추축국 패전으로 나치즘, 파시즘, 군국주의도 사라졌지만 서구 제국주의도 힘을 잃었다.

종전 후 인도, 말레이시아, 인도네시아, 필리핀 등 많은 아시아 국가와 아프리카 국가가 식민지에서 풀려나 독립을 얻었다.

미국의 세기,
자본주의 황금기

전쟁이 끝나고 전선에 나갔던 800만 명의 미군 병사들이 집으로 돌아왔다. 탱크와 비행기를 생산하던 군수공장은 민간 생산 시설로 바뀌었다. 미국은 유럽과 아시아에 농산물, 공산품을 공급하는 생산기지가 되었다. 1944년 미국은 전 세계 GDP의 35%를 차지했고 공산품의 절반을 생산했다.

초강대국으로 부상한 미국은 세계 질서를 재편하는 책임을 떠맡았다. 미국이 구상한 질서는 자유주의 국가 간에 상호 방위와 경제적 이익을 모색하는 자유주의적 국제 질서였다. 1944년 7월 뉴햄프셔주 브레튼 우즈 Bretton Woods에서 열린 국제금융회의에서 44개국 대표들은 미국 달러화를 기축통화로 하는 금본위제를 채택했다. 전 세계 금의 70%를 보유한 미국이 기축통화국이 되는 것은 현실적이고 불가피한 선택이었다. 미국은 달러의 힘으로 전후 금융 패권을 장악하게 된다.

1945년 국제연합 UN이 창설되고, 국제 금융·무역 기구로 국제통화기금IMF, 국제부흥개발은행IBRD, 관세와 무역에 관한 일반 협정GATT이 출범했다.

전후 국제정치에서 최대 사건은 냉전Cold War이다. 제2차 세계대전 동맹국 미국과 소련은 이념 문제로 갈라졌다. 미국은 마셜플랜Marshall Plan에 따라 1948년부터 유럽 17개 국가에 130억 달러의 원조를 제공했다. 1950년 한국전쟁은 자유 진영의 의지와 능력을 시험하는 거센 도전이었다.

종전 이후 세계는 장기간의 호황기에 들어선다. 제2차 세계대전 종전에서 1973년까지의 경제 호황을 학자들은 '자본주의 황금기Golden Age of Capitalism', '좋은 호황Good Boom'이라고 부른다. 이 시기 미국 경제는 연평균 3.9% 성장했고, 서유럽은 4.8% 성장했다.

1950년대 미국에서는 매년 400만 명의 신생아가 태어나고, 자동차 대수는 1947년 3,000만 대에서 1975년 1억 대를 넘어섰다. 미국인 2명이 평균 1대의 자동차를 소유했다. 자동차가 늘어나면서 많은 도시민이 교외로 이주했고, 드와이트 아이젠하워Dwight Eisenhower 대통령은 전국에 격자형으로 4차선 고속도로를 건설했다.

스푸트니크와
아폴로 계획

"삐, 삐, 삐, 삐!"

1957년 10월 4일 소련 위성 스푸트니크Sputnik가 지구 궤도를 돌며 라디오 신호음을 발신했다. 스푸트니크는 둥근 공 모양에 4개의 긴 안테나를 가졌다. 소련이 먼저 인공위성을 개발했다는 뉴스에 미국인들은 큰 충격을 받았다. 우주개발 경쟁에서 뒤처진 당혹감과 언제 날아올지 모르는 핵미사일 공포가 미국인을 불안에 떨게 했다.

소련은 스푸트니크 발사 한 달 뒤 과학 장비와 개를 실은 스푸트니크

2호를 발사했다. 1961년에는 최초의 우주인 유리 가가린Yuri Gagarin을 지구 궤도에 올려 보냈다. 미국 정부와 학자들은 책임 소재를 놓고 논쟁을 벌였다. 학자들은 교육에 문제가 있다고 진단했다. 1950년대 미국 대학생은 소련보다 1.3배 많았으나 이공계 전공은 25%에 불과했다. 소련은 이공계 전공이 75%였다. 하버드대 러시아 연구소의 니콜라스 드윗Nicholas DeWitt은 소련의 이공계 졸업생 수는 9만 5,000명인 반면, 미국은 5만 7,000명으로 소련의 절반 수준이라고 밝혔다. 1955년 소련을 방문한 전 상원의원 윌리엄 벤튼William Benton은 소련의 학교, 도서관, 연구소는 군사 무기보다 더 무서운 위협이라고 지적했다.

대부분의 미국인은 잊고 있었지만 현대 로켓의 원천 기술은 미국이 갖고 있었다. 매사추세츠 클라크대 물리학자 로버트 고더드Robert Goddard는 1926년 길이 3미터의 소형 로켓을 제작해 대학 인근 농장에서 시험 발사에 성공했다. 로켓은 12미터 상공으로 솟아올랐다가 2.5초 만에 떨어졌다. 로켓 연료로 휘발유와 액화 산소를 사용했다. 고더드의 획기적 기술은 미국에서 주목을 받지 못했다. 독일 물리학자 베르너 폰 브라운Wernher von Braun은 고더드의 연구를 발전시켜 1942년 군사용 미사일 V2를 개발했다. V2 로켓은 최장 320킬로미터를 날아가 연합군에 큰 타격을 주었다.

미국과 소련은 제2차 세계대전 말 독일을 분할 점령하며 로켓 기술 확보 경쟁을 벌였다. 미국은 폰 브라운을 비롯해 126명의 독일 연구원을 미국으로 데려갔고, 소련은 약 1,000명의 기술 인력을 확보했다. 소련은 V2 로켓 기술을 기반으로 대형 로켓을 개발해 미국보다 먼저 인공위성 발사에 성공했다.

미 의회는 1958년 과학, 기술, 공학, 수학 분야 인재를 양성하기 위해 국가방위교육법National Defense Education Act을 제정했다. 영재 교육을 강화하고 과학 전공 학생들에게 학자금과 연구비를 지원했다. 우주개발 전담 기구로 미국항공우주국, 나사NASA가 창설되었다.

존 F. 케네디John Fitzgerald Kennedy 대통령은 1961년 야심 찬 아폴로 우주계획을 발표했다.

"1960년대가 끝나기 전에 인간을 달에 착륙시킨 후 무사히 지구로 귀환시키겠습니다."

1958년 32억 달러이던 연구 개발 예산이 1966년 149억 달러로 5배 늘어났고, 이 가운데 3분의 1이 우주개발에 투입되었다. 1969년 7월 16일 아폴로 11호가 인류 역사상 처음으로 달에 착륙했다. 우주선 선장 닐 암스트롱Neil Armstrong은 달에 첫발을 내디디며 감격스러운 소감을 밝혔다.

"한 인간에게 작은 걸음이지만 인류 전체에 큰 도약입니다."

우주개발은 과학과 군사 분야뿐 아니라 통신, TV 위성중계, 기상관측, 위치 정보GPS에 이르기까지 산업과 일상생활을 획기적으로 변화시켰다. NASA로부터 2,000여 개 기술이 민간기업에 이전되어 디지털 이미지 센서, 메모리 폼, LED, 무선청소기, 적외선 온도 측정기, 단열 섬유 등 새로운 상품이 출현했다. 교육투자 확대로 대학 진학률이 높아져, 1957년 332만 명이던 미국 대학 신입생이 1969년 800만 명으로 늘어났다.

스푸트니크 위성은 미국인에게 공포감과 굴욕감을 안겨주었지만, 과학기술 개발을 촉진하고 교육을 혁신하는 계기가 되었다.

전후 30년 호황은 케인스주의의 승리이기도 하다. 경기가 하강하면 정부는 지출을 늘려 경기를 부양하고, 과열이 나타나면 지출을 억제해 경기를 진정시켰다. 1950~1960년대 미국 경제는 인플레이션이나 불황 없이 경제 규모가 2배로 커졌다. 미국산 자동차, 가전, 항공기, 타이어, 필름, 할리우드 영화, 콜라, 햄버거, 청바지가 세계시장을 장악했고, 미국 자본이 세계 전역에 상륙했다. 프랑스 경제학자 미셸 보에 따르면, 1971년 미국 자본 투자액은 전 세계 투자의 52%를 점했다. 영국이 14%, 프랑스가 6%, 서독과 스위스가 각각 4%였다. 고소득자에 높은 세금이 부과되고 복지 혜택이 늘어나면서 부의 불평등이 줄어들었다. 1968년 지니계수는 36.3(퍼센트 기준)으로 최저 수준으로 낮아졌다. 경제사학자 콜라우디아 골딘Claudia Goldin과 로버트 마고Robert Margo는 빈부 격차 축소를 '대압축Great Compression'이라고 표현했다.

흔들리는 1970년대

순항하던 미국 경제는 1960년대 말 갑자기 흔들리기 시작했다. 1970년 경제성장률이 0.2%로 떨어졌고, 이듬해 처음으로 무역 적자가 발생했다. 미국 경제의 하강은 과도한 재정지출이 원인으로 지적된다.

'위대한 사회Great Society'를 표방한 린든 B. 존슨Lyndon Baines Johnson 행정부는 복지와 빈곤 퇴치에 많은 예산을 투입하고, 베트남 전쟁 수렁에 빠져 막대한 군사비를 지출했다. 존슨 재임 기간 재정지출은 60%나 늘어났다. 달러화 가치 하락으로 금 선호가 높아져, 미국 금 보유고가 1950년대의 절반으로 줄어들었다.

1971년 리처드 닉슨Richard Nixon은 더 이상 달러를 금으로 바꿔주지 않겠다고 선언했다. 브래튼 우즈 체제는 막을 내렸고 세계 외환시장은 큰 혼란에 빠졌다. 1973년 오일쇼크는 인플레이션에 기름을 부었다. 국제 원유 가격이 4배나 폭등했고, 물가가 뛰고 경기가 침체하는 스태그플레이션 stagflation 현상이 일어났다.

닉슨의 불명예 퇴진, 베트남 전쟁 패전, 경기 불황으로 미국의 자존심은 바닥으로 떨어졌다. 포드와 카터 행정부 시절 재정 적자는 더 커졌다. 인플레이션을 잡으려고 정부 지출을 줄이면 경기가 침체하고, 지출을 늘리면 인플레이션이 일어났다.

케인스 이론은 스태그플레이션에 무기력했다. 1979년 2차 오일쇼크는 미국 경제에 결정타를 날렸다.

케인스주의,
포드주의의 위기

두 차례 오일쇼크를 겪으며 미국 전통 산업 경쟁력은 급격히 추락했다. 1979년 일본 소형 자동차가 미국 시장의 18%를 점유했다. 그해 크라이슬러는 12억 달러의 적자를 냈고, 1980년 GM과 포드도 적자를 기록했다. 3대 자동차 회사 종업원은 1978년 100만 명에서 1982년 70만 명으로 줄어들었다. 1950년대 세계 생산량의 50%를 넘었던 미국산 철강 점유율은 1984년 12%로 떨어졌다. 디트로이트, 피츠버그, 클리블랜드, 세인트루이스는 문을 닫은 공장이 늘어나고 인구가 줄어들어 러스트 벨트Rust Belt로 변했다.

미국 자동차 산업 추락에는 이유가 있다. 미국산 자동차는 크고, 기름 소비가 많고, 가격이 비싸고, 품질이 떨어졌다. 3대 자동차 회사는 자만심에 빠져 자동차 연비, 가격, 품질관리를 소홀히 했다. 일본 자동차 회사와 비교하면 생산 원가에서 큰 차이가 났다. 1980년 GM 자동차 노동자 1명당 인건비는 연금과 보험을 포함해 1시간에 16.85달러인 반면, 도요타 자동차는 7.78달러로 절반 수준이었다. 생산성은 그 반대였다. 미국 MIT 교수 제임스 워맥James Womack의 분석에 따르면, GM은 자동차 1대 생산에 40.7시간이 소요되는 데 비해 도요타는 18시간에 불과했다. 자동차 조립 불량 건수에서 GM은 100대당 130건, 도요타는 45건이었다.

도요타의 간판看板, kaban, Just In Time 방식은 미국 기업의 주목을 받았다. 간판 방식은 팻말에 하루 생산량을 써넣으면 필요한 만큼 부품을 생산해 재고와 낭비를 최소화하는 생산방식이다. 도요타는 간부에서 현장 노동자까지 전사적으로 개선改善, kaizen 활동을 벌여 품질을 높이고 불량을 줄였다. 대량생산과 수공업의 장점을 결합한 도요타 방식은 미국에서는 유연하다는 의미로 린 생산Lean Production 방식으로 불렸다.

미국 자동차 회사들은 생산방식 개선을 시도했으나 궤도를 수정하는 데 많은 시간이 걸렸다. 미국 자동차 3사는 결국 일본과 독일 자동차의 공세에 밀려 미국 시장의 절반을 내주게 된다.

경쟁력 하락은 제조업 전체의 문제였다. 리치몬드 연방은행 연구원 윌리엄 컬리슨William Cullison에 따르면, 1960~1973년 미국 제조업 생산성은 평균 3.4% 증가한 데 비해 독일은 4.9%, 일본은 10.3% 상승했다. 1973~1979년 미국 생산성 증가율은 1%에 그쳤다.

포드주의는 한계에 부딪혔다. 미국 상품은 높은 인건비로 값싼 외국 상품과 경쟁이 되지 않았고, 컨베이어 벨트 방식으로는 생산성이 높아지지 않았다. 자본주의 황금기를 이끈 케인스주의와 포드주의는 동시에 위기를 맞았다.

미국, 독일, 일본의 연도별 생산성 증가율 비교

연도	1960~1973년	1973~1979년
미국	3.4%	1.0%
독일	4.9%	3.3%
일본	10.3%	4.2%

* 출처: 윌리엄 컬리슨, 〈미국의 생산성 둔화The U.S. Productivity Slowdown〉

새로운 자유주의

비주류로 밀려나 있던 시장주의자들은 케인스주의에 대해 일제히 포문을 열었다. 케인스 비판에 앞장선 대표적 인물은 신자유주의 경제학자 밀턴 프리드먼Milton Friedman이다. 소비 분석과 통화 이론으로 1976년 노벨 경제학상을 수상한 프리드먼은 20세기 가장 영향력 있는 경제학자의 한 명으로 평가된다. 그의 주장은 정부 개입을 줄이고 시장에 맡기라는 것이다.

복지와 평등이라는 미명하에 국가 개입과 가부장적 온정주의 정책을 옹호하는 것은 17세기 중상주의 시대로 시계를 거꾸로 되돌리는 행위다.
_밀턴 프리드먼, 《자본주의와 자유Capitalism and Freedom》

프리드먼은 정부 개입 정책을 울퉁불퉁한 길에서 핸들을 계속해서 돌리는 서툰 운전자에 비유했다. 그는 1980년에 쓴 《선택할 자유Free to Choose》에서 "자유보다 평등을 앞세우는 사회는 결국 자유와 평등 그 어느 것도 갖지 못할 것이다"라고 주장했다. 프리드먼은 캘리포니아 주지사 시절 로널드 레이건Ronald Reagan을 두 차례 만나 자유 시장 경제에 대한 확신을 심어 주었다. 그는 레이건 대통령 취임 이후 백악관 경제고문을 맡아 경제정책에 큰 영향력을 끼쳤다.

유럽을 대표하는 신자유주의 학자는 프리드리히 폰 하이에크Friedrich von Hayek였다. 비엔나대학교에서 경제학을 공부하고 영국에 정착한 하이에크는 1944년 사회주의의 위험성을 경고하는《노예의 길The Road to Serfdom》을 발표했다. '노예의 길'은 계획경제는 독재와 예속으로 가는 지름길이라는 뜻이다.

> 우리의 논점은 계획이 독재로 귀결된다는 것이다. 독재는 강제력을 행사하고 이상을 집행하는 데 가장 효과적인 도구일 뿐만 아니라, 대규모 중앙계획이 가능하기 위해서는 독재가 본질적으로 필수적이기 때문이다.
> _프리드리히 폰 하이에크,《노예의 길》

나치 전체주의도 사회주의에서 나왔다는 것이 하이에크의 진단이다. 그는 영국 진보주의자들이 사회주의 노선을 따라간다면 독일 나치즘 전철을 밟을 위험성이 있다고 경고했다. 옥스퍼드대에 다니던 19세 여학생 마거릿 대처Margaret Thatcher는《노예의 길》을 읽고 큰 감명을 받았다. 1975년 보수당 당수에 선출된 대처는 런던 경제연구소Institute for Economic Affairs로 하이에크를 찾아가 단독 면담을 가졌다. 대처는 그해 여름 당 전략회의에서 중도로 가야 한다는 주장이 나오자, 가방에서 하이에크의《자유헌정론 Constitution of Liberty》을 꺼내 들었다. 그녀는 "우리가 믿어야 할 것이 여기에 있습니다"라고 말하며 책을 탁자 위에 쾅 내려놓았다.

미국과 영국 최고 지도자는 신자유주의 철학을 받아들여 경제정책의 물길을 바꾸게 된다.

시카고대에서 자유주의 경제학을 공부한 제임스 뷰캐넌James Buchanan은 버지니아대에서 공공선택론Public Choice Theory을 발전시켰다. 공공선택론은 경제학적 방법론으로 정치 현상을 연구하는 이론이다. 이 이론은 정치가와 관료가 기업가나 상인과 마찬가지로 개인 이기심에 따라 행동한다고 본다. 정치인이 유권자 압력과 로비스트에 휘말리고, 관료가 부패와 권력 남용 스캔들에 연루되는 것은 그들이 개인 이기심과 욕망에 따라 행동하기 때문이라는 것이다.

케인스가 '시장 실패'를 비판했다면, 뷰캐넌은 '정부 실패'를 공격했다.

> 케인스 경제학은 정치인들을 느슨하게 만들었고, 세수를 분명하게 확보하지 않고 이뤄지는 정치인들의 지출 요구를 효과적으로 억제하던 제약을 파괴했다. 냉철한 평가를 내린다면, 정치적으로 케인스주의는 민주주의의 장기적 생존에 치명적인 심각한 질병이다. _뷰캐넌·버튼·와그너,《케인스는 어떻게 재정을 파탄냈는가The Consequences of Mr. Keynes》

1970년대 후반 신자유주의는 케인스주의를 밀어내고 주류를 차지했다. 존 케네스 갤브레이스John Kenneth Galbraith는《경제학의 역사Economics in Perspective》에서 케인스 혁명은 그 시대에는 옳았지만 세월의 변화에 따라 운명이 다했다고 말했다.

신자유주의는 시장을 중시하는 애덤 스미스 시대 고전 자유주의와 공통점이 있다. 하지만 17~18세기 고전 자유주의와 20세기 신자유주의는 시대 배경만큼이나 차이가 있다. 고전 자유주의는 완전경쟁을 이상으로 본다. 신자유주의는 독과점 현실을 인정하고 독과점 환경에서 적자생존을 강조한다. 정부 역할에 관해 고전 자유주의는 작고 약한 정부를 전제하는 데 비해 신자유주의는 작지만 강한 정부를 주장한다. 신자유주의는 노동조합 파업과 과도한 복지 요구에 대해 단호하게 대처해야 한다고 주문한다.

신자유주의 명암

1984년 6월 18일 영국 중부 오그리브Orgreave 코크스 공장 앞에서 탄광 노조와 경찰이 충돌했다. 파업 노조원 5,000여 명이 철로를 막고 피켓 시위를 벌이자, 기마경찰을 비롯한 경찰 6,000명이 강제 진압에 들어갔다. 시위 진압 과정에서 노조원 51명, 경찰 72명이 부상했다. 탄광 파업은 적자를 내는 20개 국영 탄광을 폐쇄하겠다는 정부 발표로 촉발되었다. 노조는 찬반 투표 없이 불법 파업에 들어갔다.

'철의 여인Iron Lady' 대처는 노조와의 전쟁을 선포했다.

"우리는 포클랜드에서 외부의 적과 싸워야 했습니다. 우리는 늘 내부의 적에도 유의해야 합니다. 자유를 위협하는 내부 적과의 싸움이 훨씬 더 어렵고 위험합니다."

1970년대 총리 2명을 물러나게 했던 막강한 탄광노조는 1년 만에 백기를 들었다. 노조와의 전쟁에서 승리한 대처는 세금과 복지 예산을 축소하고 가스, 통신, 수도, 철도, 항공, 자동차 회사를 민영화했다.

대처는 '마녀'라는 비난을 무릅쓰고 신자유주의 정책을 밀어붙였다. 대처는 소득 양극화와 높은 실업률을 가져왔다는 비판을 받기도 하지만, 대다수 영국인들로부터 과감한 개혁으로 '영국병'을 치유했다는 평가를 받는다.

레이건 시대 미국,
최강대국으로 올라서다

미국의 인플레이션과 경기 침체를 치유할 책임은 할리우드 출신에 가장 나이 많은 대통령 레이건에게 맡겨졌다. 레이건은 70대였지만 젊은이 못지않은 활기와 저격 사건을 이겨낸 강인함으로 국민의 높은 지지를 받았다.

1981년 8월 휴가철에 항공 관제사 1만 3,000명이 파업에 들어가자 레이건은 백악관에서 긴급 연설을 했다. 레이건은 불법 파업을 하는 관제사들에게 48시간 내에 복귀하지 않으면 전원 해고하겠다는 최후통첩을 보냈다. 대통령 명령을 무시하고 업무에 복귀하지 않은 1만 1,000여 명의 노조원 전원이 해고되었다. 노조의 힘은 위축되었다.

레이건은 세금 감면과 규제 완화를 주요 내용으로 하는 레이거노믹스를 추진했다. 소득세 최고 세율은 70%에서 28%, 법인세율은 48%에서 34%로 낮아졌다.

레이거노믹스를 창안한 인물은 백악관 경제고문 아서 래퍼Arthur Laffer다. 래퍼는 "세금 부담이 줄어들면 경기가 좋아져 세금 수입이 더 늘어난다"는 공급주의 경제학을 주장했다. 공화당 대선 후보 경쟁 때 조지 부시 후보는 공급주의 경제학을 '미신 경제학voodoo economics'이라고 비판했고, 경제학자 폴 크루그먼은 래퍼를 정통에서 벗어난 '괴짜crank'라고 폄하했다.

논란에도 불구하고 레이건 시대 미국 경제는 상당한 활력을 되찾았다. 경제성장률은 70년대 말 2.9%에서 3.5%로 상승했고, 물가 상승률은 취임 첫해 8.9%에서 임기 마지막 해 4.4%로 낮아졌다.

레이건의 진면목은 군사와 외교에서 드러난다. 반공주의자 레이건은 소련을 '악의 제국Evil Empire'이라고 공격했다. 레이건 행정부는 국방 예산을 최고 51% 증액해, 국내총생산의 6.8%를 군사비로 투입했다. 우주 공간에서 레이저로 소련 미사일을 요격하는 '스타워즈Star Wars' 계획도 이 시기에 나왔다. 국가 부채가 1조 달러에서 2조 8,500억 달러로 세 배 가까이 늘어났지만 레이건은 공세를 늦추지 않았다.

1987년 6월, 레이건의 베를린 장벽 연설은 세계를 놀라게 했다.

"미스터 고르바초프, 이 장벽을 허물어버리시오."

경제난을 겪던 소련은 군비 경쟁을 감당하기 어려웠다. 1989년 베를린 장벽이 붕괴되고 1991년 소련이 해체되었다. 제2차 세계대전 이후 46년간 세계를 갈라놓은 이념 전쟁, 냉전이 막을 내렸다.

정치학자 프랜시스 후쿠야마는 사회주의 붕괴를 자유민주주의의 승리, 역사의 종말이라고 선언했다.

자유민주주의야말로 오늘날 세계 여러 지역과 문화에 걸쳐 일관되게 영향을 행사하고 있는 유일한 정치체제가 되고 있다. 또 자유주의적 경제 원리인 '자유 시장 경제'가 보급되어 선진 공업국에서는 물론 제2차 세계대전이 종결되던 당시만 해도 가난에 시달리던 제3세계에서도 전대미문의 물질적 번영을 구가하고 있다. _프랜시스 후쿠야마,《역사의 종말》

미국은 경쟁자 없는 세계 유일의 초강대국이 되었고, 세계를 자유주의 국제 질서로 개편하는 작업에 착수했다. 이 작업은 세계를 민주주의와 시장경제로 통합하는 일이었다.

세계화의
거센 파도

1989년 워싱턴 관가에 '워싱턴 컨센서스Washington Consensus'라는 이름의 보고서가 유포되었다. 피터슨 연구소PIIE에서 일하던 영국 경제학자 존 윌리엄슨John Williamson이 작성한 '워싱턴 컨센서스'는 라틴아메리카 경제개혁을 위한 처방전이었다. 이 보고서는 정부 지출 축소, 규제 완화, 수입 개방, 외국인 투자 자유화, 민영화, 지식재산권 보호 등 10개 권고안을 담았다. 권고안 뒤에는 IMF와 세계은행, 미국 재무부가 있었다.

워싱턴 컨센서스는 '세계화globalization'의 기본 강령이 되어 전 세계에 신자유주의를 전파했다. "세계는 평평하다", "국경 없는 세계"라는 구호는 세계화에 대한 환상을 심었다.

1994년 미국과 캐나다, 멕시코 간 북미자유무역협정NAFTA이 발효되어 세계 최대 지역 경제권이 탄생했다. 회원국 사이에 관세와 비관세 장벽이 낮아져 26년 사이 무역이 3배 증가하고, 지역 경제권의 경제성장률이 높아졌다. 자유무역협정은 미국, 캐나다, 멕시코의 산업구조를 변화시켰다. 미국 제조업체가 멕시코로 이전해 60만 개의 일자리가 줄어들고, 멕시코에서는 200만 명의 농부들이 일자리를 잃었다.

미국 금융자본은 세계를 무대로 카지노 도박판을 벌였다. 이들은 파생

상품에 돈을 걸고, 인수·합병으로 막대한 이익을 남겼다. 전 FRB 의장 앨런 그린스펀은 이 시기에 미국 금융자본이 신흥 시장으로 대거 이동했다고 밝혔다.

> 미국의 호황으로 엄청난 자본 이득을 얻은 투자자들이 투자를 분산하기 위해 낯선 신흥 시장으로 몰려가기 시작했다. 대형 은행들도 미국에서보다 더 높은 대출 수익을 올리기 위해 이에 동참할 태세였다. _앨런 그린스펀, 《격동의 시대》

세계화의 거친 풍랑이 몰아치면서 1997년 아시아 경제는 좌초했다. 아시아 국가들은 집단적으로 외환 위기를 겪었고 한국, 태국, 인도네시아는 IMF 구제금융을 받아 가까스로 국가 부도를 피했다. IMF 관리 체제에 들어간 국가는 가혹한 구조 조정 터널을 지나야 했다. 한국 경제성장률은 마이너스 5%로 떨어지고 일본도 1998년과 1999년 2년 연속 마이너스 성장을 기록했다.

세계화는 상품과 서비스, 노동과 자본, 지식 이동을 가속화했으나 투기자본과 노동자 임금 정체, 빈부 격차 확대의 문제를 낳았다.

IT 혁명,
무서운 아이들

1975년 1월 컴퓨터 전문 잡지 〈포퓰러 일렉트로닉스Popular Electronics〉 전면에 조립식 소형 컴퓨터를 소개하는 기사가 실렸다. 뉴멕시코주 앨버커키에 있는 MITS가 생산한 최초의 미니 컴퓨터 '알테어Altair 8800'이었다. 인텔 8080 칩을 장착한 알테어는 키보드, 모니터가 없는 원시적 컴퓨터였다. 토글 스위치로 숫자를 입력하면 LED 불빛이 깜빡거리며 계산 결과를 표시했다. 조립하지 않은 키트는 395달러, 완제품은 495달러에 판매되었다. 이 컴퓨터는 마니아 사이에서 인기를 얻어 그해 여름까지 5,000대가 팔렸다.

하버드대에 다니던 20세의 빌 게이츠는 이 잡지를 보고 친구 폴 앨런Paul Allen과 함께 앨버커키로 날아갔다. 게이츠는 그곳에서 MITS에 컴퓨터 운영체계 BASIC을 제공하는 계약을 맺었다. 마이크로소프트는 이렇게 탄생했다.

IBM은 1980년 퍼스널 컴퓨터 시장에 진출하려고 빌 게이츠에게 운영 프로그램 개발을 맡겼다. 게이츠는 천재적 사업가 기질을 발휘해 계약서에 특이한 조항을 집어넣었다. 운영체계 지식재산권은 마이크로소프트에 있고, 마이크로소프트는 다른 업체에 소프트웨어를 판매할 수 있다는 조항이었다. 공룡 기업 IBM은 이 계약의 의미를 얼른 알아차리지 못했다. 황금알을 낳는 거위는 하드웨어가 아니라 소프트웨어였다. '세기의 계약', '악마와의 계약'이라 불리는 한 건의 계약으로 빌 게이츠는 세계 최고 부호가 되었다.

양부모 밑에서 자란 스티브 잡스는 질풍노도 같은 청소년기를 보냈다. 지독하게 말썽을 피우던 잡스는 학교 공부보다 전자회로, 음악, 문학에 빠져 있었다. 그는 대학을 중퇴하고 전자 게임 회사 아타리Atari에서 일하다 인도로 구도 여행을 떠났다. 인도에서 돌아온 그는 21세 때인 1976년 팔로 알토 주택 차고에서 친구 스티브 워즈니악Steve Wozniak과 애플을 설립했다. 잡스는 그해 워즈니악이 제작한 컴퓨터 회로 기판 '애플1'을 동네 가게에 팔았고, 이듬해 모니터와 키보드를 갖춘 최초의 퍼스널 컴퓨터 '애플2' 를 내놓았다. '애플2'는 16년 동안 600만 대가 판매되었다. 잡스는 25세 의 젊은 나이에 자산 2억 달러를 소유한 부호가 되었다.

잡스는 제록스Xerox 연구소에서 아이콘을 클릭해 명령을 내리는 소프트 웨어를 본 뒤 완전히 새로운 컴퓨터를 구상했다. 애플은 1983년 그래픽으 로 구현하는 최초의 컴퓨터 '리사Lisa'를 내놓았다. 리사는 성능이 좋았지만 가격이 1만 달러나 되어서 일반 소비자는 접근하기 어려웠다. 스티브 잡 스는 이듬해 2,495달러 가격표를 붙인 '매킨토시Macintosh'를 출시했다. 잡 스는 조지 오웰의 소설《1984년》을 모티브로 파격적 내용의 광고를 제작 했다. 광고 도입부에 죄수복을 입은 사람들이 무표정한 모습으로 발을 맞 춰 큰 강당에 들어선다. "사상을 통일하라"는 빅브라더의 연설이 진행되는 가운데 근육질의 여전사가 강당으로 뛰어들어 빅브라더를 향해 해머를 집어 던진다. 화면에서 대폭발이 일어나면서 새로운 컴퓨터 출현을 알리 는 자막이 올라간다. IBM의 독점을 깨겠다는 애플의 도전장이다.

매킨토시는 상업적으로 성공을 거두어 1997년까지 20개 가까운 모델 이 생산되었다. 매킨토시 개발에 참여했던 빌 게이츠는 소프트웨어를 모 방해 1985년 '윈도우즈Windows'를 내놓았다. 스티브 잡스는 빌 게이츠가 자신의 아이디어를 훔쳤다며 "부끄러움을 모르는 인간"이라고 공격했다. 빌 게이츠는 잡스의 아이디어도 오리지널이 아니라며 "이상한 결함이 있 는 인간"이라고 맞받았다.

실리콘밸리는 점잖은 사교 클럽이 아니라 천재, 악마, 히피, 독재자, 이 방인이 치고받고 싸우는 정글이었다. 모방과 경쟁 속에서 새로운 발명과 기술혁신이 일어났다.

집적도는
매년 2배씩 높아진다

　　　　　　　　　　IT 기술혁신은 오랜 과학기술 축적이 이룬 결실이다. 세계 최초의 컴퓨터는 제2차 세계대전 중에 탄생했다. 미 육군은 대포의 정확한 탄도 계산을 위해 1943년 물리학자 존 모클리John Mauchly와 에커트J. P. Eckert에게 계산기 개발을 의뢰했다. 두 과학자는 2년 만에 에니악 ENIAC을 완성했다. 에니악은 높이 2.4미터, 길이 30미터에 30톤의 무게를 가진 괴물 기계였다. 1만 8,000개의 진공관이 신호를 주고받아 숫자를 계산했다. 에니악은 수학자가 20시간이 걸리는 탄도 계산을 30초 만에 해냈다.

　진공관 컴퓨터는 크고 무겁고 관리에 많은 시간과 비용이 들었다. 벨 연구소는 1947년 진공관을 대체할 작고 가벼운 트랜지스터를 개발했다. 3명의 과학자 윌리엄 쇼클리William Shockley와 월터 브래튼Wilter Brattain, 혼 바딘 Hohn Bardeen은 트랜지스터를 개발한 공로로 노벨 물리학상을 수상했다.

　쇼클리는 1956년 동부를 떠나 고향 캘리포니아 마운틴 뷰에 반도체 연구소를 설립했다. 이 연구소로부터 실리콘밸리 전설이 시작된다. 쇼클리는 연구소에 MIT, 스탠퍼드, 버클리 출신의 물리학자와 화학자 32명을 불러 모았다. 하지만 쇼클리는 얼마 지나지 않아 독단적 운영으로 연구원들과 충돌한다. 젊은 과학자 8명이 집단적으로 연구소를 뛰쳐나왔다. 쇼클리가 '8인의 반역자traitorous eight'라 부른 이 과학자들은 자본가 셔먼 페어차일드Sherman Fairchild로부터 138만 달러를 지원받아 독자적 반도체 회사를 설립했다. 이들 중 한 사람인 로버트 노이스Robert Noyce는 1959년 ICIntegrated Circuit(집적회로) 칩을 발명했다. 1960년 페어차일드 반도체 매출액은 2,000만 달러로 뛰어올랐다.

노이스와 동료 고든 무어Gordon Moore는 1968년 독립해 후일 세계 최대 반도체 회사로 성장하는 인텔을 창립했다. 공동 창립자 무어는 트랜지스터 집적도가 매년 2배씩 높아질 것이라고 예측했다. 그의 예측대로 반도체 성능은 배가되고 가격은 하락했다.

　　1953년에 나온 최초의 상업용 컴퓨터 UNIVAC 가격은 40만 달러, 1965년에 나온 IBM 1130 가격은 3만 2,000달러로 낮아졌다. 1977년 시판된 애플2는 1,298달러, 1982년 코모도어Commodore 64 가격은 595달러로 떨어졌다. 소비자들은 가전제품을 사듯 컴퓨터를 구입했다.

　　로체스터대 경제학자 제러미 그린우드Jeremy Greenwood는 1974년을 전후해 컴퓨터 가격이 빠른 속도로 하락하고 IT 기술 발전 속도가 급상승했다고 분석했다.

　　인터넷의 기원도 군사 기술이었다. 미국방위고등연구계획국DARPA은 1969년 핵전쟁에 대비해 컴퓨터를 네트워크로 연결하는 '아르파넷ARPANET'을 개발했다. 아르파넷은 대학, 연구 기관의 관심을 모아 가입자가 1985년 2,000곳으로 늘어났다. 1991년 '월드 와이드 웹World Wide Web'이 세계 표준으로 정해지면서 인터넷 산업이 폭발적으로 성장했다.

　　인터넷은 상거래, 정보 통신, 문화생활의 중심이 되고 컴퓨터는 데스크톱에서 노트북, 태블릿, 스마트폰으로 진화했다. 미국은 IT 기술을 앞세워 1990년대 후반 독일과 일본을 생산성에서 앞질렀다. 브루킹스 연구소 분석에 따르면, 미국의 생산성 증가율은 1980년대 독일과 일본에 뒤졌으나 1995년 이후 우위를 유지했다.

미국, 독일, 일본의 연도별 생산성 증가율 비교

연도	1985~1995년	1995~2004년	2004~2016년
미국	1.30	2.47	1.02
독일	2.46	1.69	0.95
일본	3.27	2.03	0.79

* 출처: 브루킹스 연구소, 〈생산성 비교: 일본, 미국, 독일의 교훈Productivity Comparisons: Lessons from Japan, the United States, and Germany〉

실리콘밸리 신화

실리콘밸리는 샌프란시스코 베이 남쪽, 산타크루즈산맥 동쪽 넓은 평원을 말한다. 이곳에 애플, 구글, 인텔, 메타, HP, 엔비디아, 테슬라, 비자, 이베이, 시스코 등 4만 개 글로벌 기업과 신생 기업start-up, 벤처 캐피털이 밀집해 있다. 〈포춘〉이 선정한 미국 1,000대 기업 가운데 39개 기업이 실리콘밸리에 본사를 두고 있다.

274만 명의 인구가 거주하는 실리콘밸리는 미국 내에서 소득이 가장 높은 곳이다. 실리콘밸리 주민 1인당 GDP는 2020년 12만 8,834달러로 미국 평균의 2배에 이른다. 과학기술과 지식, 아이디어가 물질적 풍요와 번영의 원천임을 보여준다.

실리콘밸리 탄생지는 스탠퍼드대학교라 할 수 있다. 스탠퍼드 공대 학장 프레더릭 터먼Frederick Terman은 1951년 캠퍼스 인근 빈 땅에 '스탠퍼드 연구단지Stanford Research Park'를 세우고 벤처기업을 육성했다. 스탠퍼드 졸업생 휴렛과 패커드가 이곳에 전자 회사를 세웠고, 이스트먼 코닥, 제너럴 일렉트릭, 록히드, 제록스 연구소가 입주했다. 스탠퍼드대와 인근 대학, 국립 연구소, 민간 연구소는 거대한 클러스터를 형성했고, 산호세 지역에 수

많은 벤처기업이 생겨났다.

실리콘밸리 신화 뒤에는 신생 기업의 미래를 보고 자금을 투자한 모험 자본가가 있었다. 쇼클리 연구소를 탈출한 '8인의 반역자'와 페어차일드를 연결해준 사람은 벤처 투자의 전설로 불리는 아서 락Arthur Rock이다. 아서 락은 그의 동료와 함께 보상으로 페어차일드 지분 20%를 받았다. 그는 노이스와 무어가 인텔을 창립할 때 250만 달러를 지원했다. 1978년 인텔 부사장으로 퇴직한 마이크 마쿨라Mike Markkula에게 애플 투자를 권유한 인물도 아서 락이다. 마쿨라는 20대 초반의 스티브 잡스와 워즈니악에게 25만 달러를 투자했다. 그가 받은 8만 달러의 애플 주식은 2년 뒤 2억 달러로 가치가 수직 상승했다.

1990년대 실리콘밸리에 제2의 골드러시가 일어났다. IT 분야 투자 액수가 1987년 2,000억 달러에서 2003년 7,000억 달러로 급증했다. 2003년 한국 GDP 규모의 자금이 미국 IT 산업에 투자되었다.

벤처기업 투자가 모두 성공하는 것은 아니다. 실패는 흔한 일이다. 2012년 〈월스트리트 저널〉은 신생 기업의 75%가 실패한다고 보도했다. 수많은 벤처기업이 명멸하는 가운데 5%만이 신흥 강자 대열에 오른다. 실리콘밸리의 법칙은 '하이 리스크, 하이 리턴'이다.

실리콘 밸리, 무엇이 다른가?

"나는 우주에 흔적을 남기고 싶다."

스티브 잡스는 우주에 흔적을 남기려고 한 몽상가였다. 그는 기존 제품을 개량하기보다 남들이 생각하지 못하는 놀라운 제품을 만드는 데에서 희열을 느꼈다. 그는 애플 컴퓨터, 매킨토시, 아이팟, 아이패드, 아이폰을 만들고 〈토이 스토리〉, 〈니모를 찾아서〉를 제작했다. 기술, 디자인, 고객과의 소통 방식을 혁신하고 현대 문명의 모습을 바꾼 스티브 잡스는 혁신의 아이콘이 되었다.

실리콘밸리 문화는 무엇이 다른가?

베이 지역 협의회 경제 연구소Bay Area Council Economic Institute와 컨설팅 회사 부즈 앤 컴퍼니Booz & Company는 2012년 실리콘밸리 기업의 특성을 분석한 보고서를 내놓았다. 이 보고서는 기업 혁신 전략을 소비자 니즈 추구Needs Seeker, 시장 동향 파악Market Reader, 기술 주도Techonology Driver 세 가지 유형으로 분류했다. 소비자 니즈 추구형은 사전에 소비자 욕구를 파악하고 먼저 행동한다. 시장 동향 파악형은 시장 반응을 보고 천천히 움직인다. 기술 주도형은 연구 개발 투자를 늘려 기술혁신에 집중한다.

기업 혁신 전략 분포 비교

기업 종류	글로벌 혁신 기업	실리콘밸리 기업
니즈 추구	27.7	46.4
시장 동향 파악	33.9	17.9
기술 주도	38.3	35.7

* 출처: 배리 자루젤스키 외,《혁신의 문화Culture of Innovation》

이 조사에서 실리콘밸리 기업의 절반에 가까운 46%가 소비자 니즈 추구형으로 나타났다. 기다리기보다 소비자 니즈에 맞춰 남보다 앞서 도전하는 것이 벤처기업의 특성이다. 대기업으로 성장한 글로벌 기업은 안정적 전략을 추구하는 시장 동향 파악형이 상대적으로 많았다. 기술 주도 성향은 글로벌 혁신 기업과 실리콘밸리 기업이 비슷한 분포를 보였다. 니즈 추구형은 애플, 시장 동향 파악형은 삼성전자, 기술 주도형은 구글이 대표적 기업으로 꼽혔다. 이 보고서는 니즈 추구형 기업이 일반 기업보다 혁신 성향이 강하고 이윤율과 주식 가치에서 우위를 보였다고 밝혔다.

혁신은 기존의 틀을 깨는 데에서 출발한다. IT 혁신가들은 반항아였고 혁명가였다. 무작정 황야로 뛰쳐나온 8인의 반역자, 악마의 계약을 따낸 빌 게이츠, 빅브라더를 향해 해머를 집어 던진 스티브 잡스의 도전 정신이 세상을 바꾼 동력이라 할 수 있다.

실리콘밸리의
이민자

실리콘밸리는 이민자의 천국이다. 1995~2005년 실리콘밸리 창업자 가운데 52%가 이민자다. 인텔 회장을 지낸 앤드루 그로브는 헝가리 난민 출신이고, 스티브 잡스는 시리아 이민자의 아들이다. 야후를 창업한 제리 양은 타이완 출신이고, 선 마이크로 시스템을 창업한 비노드 코슬라는 인도 출신이다. 구글 공동 창업자 세르게이 브린은 모스크바에서 태어났다. 2019년 실리콘밸리 인덱스에 따르면, 학사 학위 이상의 실리콘밸리 기술 인력 가운데 이민자가 3분의 2이고 미국 출생자가 3분의 1이다. 아시아 이민자가 57%로 절대다수를 차지한다. 인도 출신이 26%, 중국 출신이 14%로 두 나라 이민자만 40%에 달한다.

아메리칸 드림을 쫓아 세계 각지에서 모여든 고급 두뇌가 실리콘밸리를 만들고, 미국 IT 산업을 일으켰다. 좋은 기술과 아이디어가 있으면 일자리를 얻고 거부가 될 수 있는 실리콘밸리의 비옥한 생태계가 고급 두뇌를 유인하는 요인이라 할 수 있다.

IT 혁명은 황금 소나기를 뿌렸다. 1995년부터 2000년 초까지 닷컴dot-com 붐이 일어나 나스닥Nasdaq 지수가 5배 뛰어올랐다. 많은 벤처 사업가와 투자자들이 벼락부자가 되었다. 메릴린치와 제미니 컨설팅이 내놓은 〈세계재산보고서World Wealth Report 2000〉에 따르면, IT 주가 상승으로 1999년 북아메리카에서 10억 달러 이상 가진 거부가 140명에서 276명으로 두 배 가까이 늘어났다. 100만 달러 이상을 가진 부자는 19% 늘어났다.

IT 혁명은 미국 경제에 두 가지 흔적을 남겼다. IT 산업과 경제가 발전하고 애플, 마이크로소프트, 아마존, 구글 같은 글로벌 기업이 탄생했다. 다른 한편으로 소득 불평등과 경제 거품을 낳았다.

셰일 혁명

'셰일 혁명Shale Revolution'을 일으킨 조지 미첼George Mitchell은 그리스에서 염소를 키우던 가난한 이민자의 아들로 태어났다. 텍사스 A&M대에서 지질학을 공부한 미첼은 석유 시추 회사를 설립해 약 1만 개의 유정을 굴착했다. 그는 1980~1990년대 고압 수증기로 셰일 암석을 분쇄해 천연가스를 추출하는 새로운 공법을 개발했다. 1990년대 그는 텍사스 바네트Barnett 셰일 지층에서 대량의 셰일 석유와 가스를 생산하는 데 성공했다. 미첼은 550개의 경제성 있는 셰일 유전과 가스전을 개발해 셰일 혁명을 일으켰다. 미국 에너지 정보국에 따르면, 2020년 미국 원유 생산량의 65%가 셰일 유전에서 생산되었다.

미국은 셰일 혁명 덕분에 2010년대 원유와 천연가스를 수출하는 나라가 되었다. 셰일 혁명으로 중동 석유 의존도가 낮아지면서 미국 외교정책에 상당한 변화가 일어났다. 미첼은 2002년 자신의 석유 회사를 31억 달러에 매각해 거부가 되었다.

앨런 그린스펀은 《미국 자본주의의 역사Capitalism in America》에서 생산성, 창조적 파괴, 정치를 미국 자본주의 3대 요소로 보았다. 그린스펀은 이 가운데 창조적 파괴에 강조점을 두었다. 그는 1990년대 IT 혁명, 셰일 혁명으로 미국은 세계에서 가장 역동적인 경제 대국의 위상을 회복했다고 평가했다.

클린턴 행정부 시대(1993~2001년)는 '골디락스goldilocks(황금 머리카락)'라 부르는 장기 호황기였다. 이 시기에 경제성장률은 3.9%로 높아지고, 물가 상승률은 2.8%로 낮아져 1960년대 이래 최고의 경제 실적을 냈다.

무너진
'팍스아메리카나'

2001년 9월 11일 세계무역센터 테러는 끔찍한 악몽이었다. '군사 장비도 없는 한 무리의 잡다한 광신도'가 뉴욕 중심부와 워싱턴 펜타곤을 공격해 세계 자본주의와 세계 군사 패권의 상징물을 파괴했다. 초고층 건물 붕괴와 함께 '팍스아메리카나Pax Americana' 환상은 무너졌다.

후쿠야마가 예견한 역사의 종말은 오지 않았고, 미국인들은 불안과 공포 속에 21세기를 맞았다. 오사마 빈 라덴은 테러 직후 "우리 민족은 80년 가까이 이런 수모와 모욕을 맛보았다"고 강변했다. 제1차 세계대전 직후 중동이 서구에 의해 분할되고 식민 지배를 받은 모욕감을 빈 라덴은 잔인한 테러로 되갚았다. 조지 W. 부시 대통령은 테러와의 전쟁을 선포하고 아프가니스탄과 이라크에 대한 공격을 개시했다. 부시는 이 전쟁을 새로운 십자군 전쟁으로 규정했다.

미국은 2011년 테러 주범 빈 라덴을 사살해 전쟁 목적의 하나를 달성했으나, 이슬람 사회의 반미 감정이 높아지고 과격파 IS와 탈레반의 힘을 키웠다는 비판을 받는다.

수천 년간에 걸쳐 형성된 민족 감정과 종교는 자유와 민주 이념보다 강한 영향력을 가진다. 새뮤얼 헌팅턴은 1993년《문명의 충돌》에서 서구 문명과 이슬람 문명, 중국 문명의 충돌 가능성을 예언했다.

> 지배적 대립은 서구 대 비서구의 양상으로 나타나겠지만, 가장 격렬한 대립은 이슬람 사회와 아시아 사회, 이슬람 사회와 서구 사회에서 나타날 것이다. 미래의 가장 위험한 충돌은 서구의 오만함, 이슬람의 편협함, 중화의 자존심(공세적 성향)이 복합적으로 작용해 발생할 것이다. _새뮤얼 헌팅턴,《문명의 충돌》

미국은 아프가니스탄과 이라크 전쟁에 막대한 국력을 소모했다. 보스턴대 경제학자 하이디 펠티어Heidi Peltier는 전쟁 직접 비용이 2조 1,000억 달러, 이자와 참전 용사 지원 비용을 합해 6조 5,000억 달러에 이른다고 밝혔다. 미국이 중동에서 힘을 소진하는 동안 중국은 경제성장에 집중했다.

9·11 사태는 미국과 중동 관계뿐 아니라 미·중 간 힘의 균형을 변화시켰다.

탐욕의 종말,
글로벌 금융 위기

테러와의 전쟁에 관심이 쏠리고 신자유주의 확산으로 금융 규제가 느슨해진 사이, 미국 부동산 가격이 폭등했다. 2000년에서 2006년 7월 사이 20개 도시 주택 가격이 2배 이상 상승했다. 금융회사들은 신용도가 낮은 서브프라임subprime 등급에까지 무차별적으로 주택자금을 빌려주었고 금융기관들은 파생상품을 만들어 유통시켰다. 주택 가격이 정점을 치고 부동산 거품이 꺼지자 미국 경제는 한꺼번에 무너져 내렸다. 수백만 명이 대출이자를 갚지 못해 집을 잃고 부동산 금융회사, 투자은행, 헤지펀드가 줄줄이 부실화되었다.

2008년 9월 미국 네 번째 투자은행 리먼 브러더스Lehman Brothers가 파산했다. 주가가 폭락하고, 경제성장률이 마이너스로 떨어지고, 실업률은 10%로 치솟았다. 유럽과 일본 경제도 2009년 마이너스를 기록했다. 리먼 사태는 1930년대 대공황Great Depression 이후 최악의 금융 위기, '대침체Great Recession'라 불린다.

연방준비제도이사회 의장 벤 버냉키Ben Bernanke는 헬리콥터에서 돈을 뿌리듯 통화를 공급했다. 조지 W. 부시 대통령은 7,000억 달러의 공적 기금을 투입했다. 대형 금융기관 AIG, 시티뱅크, 모건 스탠리, 골드만 삭스가 구제금융을 받아 파산을 면했다. 시티그룹은 구제금융을 지원받은 상태에서도 임직원에게 53억 달러의 보너스를 지급했다. 시티그룹뿐 아니라 골드만 삭스 48억, 뱅크 오브 아메리카 33억, 웰스파고는 10억 달러를 보너스로 지급했다. 미국인들은 세금으로 보너스 잔치를 벌이는 금융기관의 도덕적 해이에 분노했다. 미국 사회는 금융 위기의 책임 소재를 놓고 들끓었다.

비난의 화살은 19년 동안 통화정책을 주도한 전 연방준비제도이사회 의장 앨런 그린스펀에게 향했다. 2010년에 열린 청문회에서 의원들은 연방준비제도가 지나친 저금리 정책을 펴고 금융 규제를 완화해 자산 거품을 일으켰다고 비판했다. 그린스펀은 자신의 실수를 일부 인정했다. "나는 그때 70%는 옳았다. 하지만 30%는 잘못되었다. 정부에 몸담는 21년 동안 많은 실수가 있었다." 수학과 통계에 정통한 그린스펀은 경제가 정교한 수학적 모델에 따라 움직인다고 생각했다. 그는 은행가들이 위험을 더 잘 관리할 것으로 기대했으나, 금융 위기를 겪으면서 자신이 생각한 경제모델과 이데올로기에 심각한 결함이 있음을 발견했다고 토로했다.

케인스는 1936년《고용, 이자 및 화폐의 일반 이론》에서 인간의 동물적 특성, '야성적 충동animal spirit'이 경기 변동을 일으킨다고 설명했다. "인간의 적극적 활동 대부분은 아마도 수량적 이익에 확률을 곱한 가중 평균값이 아니라 오직 야성적 충동의 결과로 이뤄진다." 야성적 충동은 과도한 낙관주의, 열정, 히스테리, 공포 같은 비이성적 심리를 말한다. 인간의 동물적 특성은 시장이 보이지 않는 손에 의해 질서정연하게 움직인다는 애덤 스미스의 명제와 충돌한다.

노벨 경제학상 수상자 조지 애커로프George Akerlof와 로버트 쉴러Robert Shiller는 2009년 공저《야성적 충동Animal Spirits》을 출간했다. 두 사람은 이 책에서 전통 경제 이론은 야성적 충동의 영향을 고려하지 않기 때문에 정책 실패가 발생한다고 지적했다. 시장이 만능이라는 신자유주의 도그마에 수정이 필요하다는 주장이다.

슈퍼리치,
부의 불평등

　　　　　　신자유주의 도입 이후 미국 사회 소득 불평등은 심해졌다. '세계 불평등 데이터베이스World Inequality Database'에 따르면, 소득 상위 1% 슈퍼리치가 국민소득에서 차지하는 비중은 1980년 10.5%에서 2020년 19%로 높아졌다. 상위 10% 소득 비중은 34%에서 46%로 증가했다. 강도 귀족이 판치던 '도금시대', '광란의 1920년대' 재현이라는 비판이 제기되었다.

　프랑스 경제학자 토마 피케티Thomas Piketty는 소득 불평등은 부를 독점하는 슈퍼리치에 원인이 있다고 주장했다.

　미국의 불평등 증가는 주로 전례 없는 임금 불평등의 증가와 임금 계층의 꼭대기 층, 그중에서도 대기업 최고위 경영진의 보수가 극도로 높아진 결과다. _토마 피케티, 《21세기 자본》

　최고경영자 연봉은 상상을 초월한다. 경제전문지 〈블룸버그〉에 따르면, 테슬라 CEO 일론 머스크Elon Musk는 2020년 연봉으로 66억 6,000만 달러를 받았다. 한국 원화로 7조 원이 넘는 천문학적 액수다. 2위 오크 스트리트 헬스의 CEO 마이크 파이코츠Mike Pykosz는 5억 6,800만 달러, 애플 CEO 팀 쿡Tim Cook은 2억 6,500만 달러를 받아 8위에 이름을 올렸다. 진보적 싱크 탱크 경제정책연구소Economic Policy Institute에 따르면, 1978~2020년 최고경영자 연봉은 1,322% 오른 반면, 노동자 연봉은 18% 오르는 데 그쳤다. 350대 기업 CEO 평균 연봉은 2,420만 달러로 일반 노동자의 351배에 달했다.

최고경영자 연봉 폭등은 주주 이익을 최고 목표로 하는 '주주 자본주의 Shareholder Capitalism'에서 비롯되었다. 신자유주의 전도사 밀턴 프리드먼은 1970년 〈뉴욕 타임스 매거진〉에 기고한 글에서 '기업의 사회적 책임은 이익을 늘리는 것'이라고 강조했다. 프리드먼의 짧고 강렬한 메시지는 주주 자본주의의 철칙이 되었다. 주주들은 이익을 많이 낸 경영자에게 파격적 연봉과 스톡옵션을 지급했다. 경영자들은 단기적 수익성에 매달리고, 이익을 내기 위해 임금과 고용을 줄였다.

신자유주의는 소득 불평등을 키우고, 자본주의를 '승자독식' 구조로 만들었다는 비판을 받는다.

신자유주의 시대의 또 다른 특이 현상은 금융업의 폭발적 성장이다. 금융 투자자들은 IT 벤처 붐을 일으켰고, 은행과 헤지펀드는 금융 공학에 몰두했다. 1986년 미국의 법인 이익corporate profit 가운데 금융업 이익 비중이 14.1%였으나 2020년 29%로 증가했다. 반대로 제조업 이익 비중은 35%에서 19%로 떨어졌다.

미국의 법인 이익 비중 변화

연도	1986년	2020년
금융업	14.1%	29.3%
제조업	35.3%	19.2%

* 출처: 미국 경제분석국

금융업에 돈이 몰리자 금융업계의 연봉이 치솟았다. 1980년 이전에는

금융업과 일반 노동자 소득이 비슷한 수준이었으나 2020년 금융업 임금
은 전 산업 평균보다 64% 높았다. 미국 사회학자 돈 토마스코빅–디비Don
Tomaskovic-Devey는 2007년 미국 금융업 종사자 주급週給은 노동자 평균보다
7.8배 높고, 맨해튼 금융회사 주급은 노동자 평균의 19배라고 밝혔다.

신자유주의 도입 이후 미국 산업구조에 지각 변동이 일어났다. 제조업
체들이 멕시코와 중국 등으로 옮겨가고, IT 산업과 서비스업이 급성장했
다. 이른바 탈脫산업화 현상이 일어났다.

미국의 산업별 고용 비중

연도	1980년	2020년
농업	1.9%	0.9%
제조업	20.8%	9.0%
서비스업	57.7%	74.9%
정부	19.6%	15.2%

* 출처: 미국 경제분석국

1980년 21%를 차지하던 제조업 고용 비중은 2020년 9%로 절반 이
하로 줄어들었다. 제조업체에서 일하는 미국인은 이제 10명 가운데 1명
도 안 된다. 서비스업 비중은 58%에서 75%로 높아졌다. 숫자로는 제조업
노동자가 2,040만 명에서 1,180만 명으로 줄어들고, 서비스업 노동자는
5,700만 명에서 9,900만 명으로 늘어났다.

서비스업 분야에서는 교육, 건강, 의료, 법률, 회계, 디지털, 컴퓨터 등 전
문 기술직과 오락, 숙박, 음식업 고용이 증가했다. 첨단기술 발전에 따라
학력 간·직종 간 임금 격차가 크게 벌어졌다.

도전받는
신자유주의

"월스트리트를 점령하라."

2011년 9월 소득 불평등에 항의하는 1,000여 명의 시민운동가와 젊은 이들이 맨해튼 일대에서 연일 시위를 벌였다. 시위대는 최상위 1% 소득자가 부를 독식하고 있다며 '우리는 99%다'라고 쓴 플래카드를 들고 거리를 행진했다.

오바마 대통령은 "미국인들이 느끼는 좌절감의 표현으로 생각한다"며 공감을 표시했다. 점령 운동은 두 달 만에 소멸되었으나 "월스트리트를 점령하라"는 구호는 큰 여운을 남겼다. 미국 여러 도시에서 비슷한 시위가 일어나고 유럽 사회운동에도 영향을 미쳤다.

진보적 학자들은 신자유주의가 상위 집단의 이익을 극대화하기 위한 제도라고 공격했다.

좌파 이론가 데이비드 하비David Harvey는 신자유주의하에서 4가지 방법으로 '탈취에 의한 축적accumulation by dispossession'이 이뤄지고 있다고 지적했다. 첫째 공적 자산의 민영화, 둘째 금융화, 셋째 약한 나라를 경제 위기에 빠뜨려 부를 탈취하는 위기관리, 넷째 복지 지출 삭감과 세금 감면이다.

케인스주의 학자들은 신자유주의 폐해를 바로잡기 위해 정부 개입이 필요하다고 말한다. 세계은행 부총재를 지낸 노벨 경제학상 수상자 조지프 스티글리츠Joseph Eugene Stiglitz가 대표적 학자다.

그들은 네 가지 치명적인 실수를 저질렀다. 우선 점점 커져 가는 불평등의 파괴적인 영향력을 이해하지 못했다. 두 번째 장기적인 사고방식의 중요성을 이해하지 못했다. 세 번째 평등하고 유지 가능한 성장을 이룩하기 위해 정부가 중요한 역할을 맡아야 할 집단행동의 필요성을 이해하지 못했다. 마지막으로 더욱 중요하게 미국 스스로 혁신 경제라고 자부하면서도 지식과 기술의 근간인 기초 연구의 중요성을 제대로 인식하지 못했다. _조지프 스티글리츠, 《불만 시대의 자본주의》

스티글리츠는 신자유주의·세계화의 문제점을 시장에만 맡겨 두어서는 안 되며, 정부가 효과적인 산업·과학 정책으로 새로운 일자리를 창출해 소득 불평등을 개선해야 한다고 주장한다.

2019년 여름, 미국 최고경영자 모임 '비즈니스 라운드 테이블Business Round Table'의 선언은 경영계에 큰 파문을 던졌다. 최고경영자들은 이 모임에서 주주 이익을 최우선으로 하는 원칙을 폐지하고 새로운 '기업 목적 선언문'을 발표했다. 이들은 앞으로 주주뿐 아니라 소비자, 직원, 납품 회사, 지역사회를 포함한 이해관계자stakeholder의 이익을 존중하겠다고 밝혔다. 이 선언에는 J. P. 모건 은행의 제이미 다이먼, 아마존의 제프 베이조스, 애플의 팀 쿡 등 181명의 최고경영자가 서명했다.

경영자들의 집단 선언은 월스트리트를 뒤흔들었다. 선언 배경에는 기업이 다양한 이해관계를 무시하고 주주의 이익만 고려한다면 지속적 성장과 이윤 창출이 어렵다는 위기의식이 깔려 있다.

선언만으로 미국 기업의 관행과 제도가 바뀔지는 의문이다.

미국 기업 제도는 이해관계자의 경영 참여를 법으로 보장하는 독일이나 스웨덴과 차이가 있다. 최고경영자 선언은 주주 자본주의 원칙의 일부를 무너뜨렸다는 사실만으로도 의미가 있지만 이해관계자 자본주의로 가기까지는 갈 길이 멀다.

세계 경제 지도자 모임인 다보스 포럼은 2020년 1월 이해관계자 자본주의를 지지하는 '다보스 선언Davos Manifesto'을 채택했다.

"기업의 목적은 모든 이해관계자들이 함께 지속적으로 가치 창출에 참여하는 것이다. 이러한 가치를 창출함으로써 기업은 주주뿐 아니라 모든 이해관계자에게 봉사한다."

다보스 선언은 1970년대부터 이해관계자 자본주의를 주창해온 세계 경제 포럼 회장 클라우스 슈밥Klaus Schwab이 주도했다.

2021년 9월 현재 50여 개 기업이 이해관계자 관련 경영지표를 공시하겠다고 밝혔다. 이해관계자 자본주의는 ESGEnvironmental, Social and Governance(환경, 사회, 지배 구조)를 포괄하는 개념이다. 2000년대 초 세계 경영계에 도입된 ESG는 탄소 배출 저감과 신재생 에너지 확대, 노동 환경 개선, 투명 경영, 부패 추방을 목표로 한다. ESG를 지지하는 학자들은 바른 경영이 장기적으로 기업 이익에 도움을 준다고 말한다.

세계적 컨설팅 그룹 액센츄어Accenture와 세계 경제 포럼이 2021년 세계 4,000개 기업을 대상으로 연구한 보고서에 따르면, ESG 경영 역량이 높은 기업이 낮은 기업에 비해 이익률이 21% 높은 것으로 나타났다. 사회적 책임 준수가 기업 이익에 부정적 영향을 준다는 통념을 깨는 조사 결과다.

이해관계자 자본주의와 ESG는 신자유주의의 역풍을 막으려는 자발적 움직임이다. 이 작은 움직임이 자본주의 미래가 될 수 있을지 판단하기에는 아직 이르다.

미·중 패권 경쟁

　21세기 미국 최대 외교 현안은 미·중 관계다. 미·중 관계는 1972년 리처드 닉슨 대통령의 중국 방문 이후 롤러코스터를 타듯 급상승과 급하강을 반복해왔다. 닉슨은 '세계를 바꾼 일주일'간의 중국 방문에서 마오쩌둥을 만나 오랜 적대 관계를 청산했다. 중국과의 관계 정상화는 중국을 포용해 자유주의 국제 질서 안으로 끌어들이고, 소련을 압박하려는 포석이었다.

　덩샤오핑은 1978년 본격적으로 개혁·개방을 추진해 국제사회의 열렬한 지지를 받았다. 1989년 톈안먼 시위 유혈 진압은 중국의 또 다른 모습이다.

　닉슨은 말년 사석에서 솔직한 심경을 털어놓았다.

　"우리가 프랑켄슈타인을 만들었을지 모른다."

　톈안먼 사태 이후 한동안 냉각되었던 미·중 관계는 남순강화 이후 중국이 개혁·개방을 가속화하면서 정상을 되찾았다. 미 국방부 차관보를 지낸 후버 연구소 안보전문가 해리 로웬Harry Rowen은 1996년, 중국이 경제 발전을 지속한다면 2015년쯤 부분적으로 민주주의를 수용할 가능성이 있다고 낙관했다. 하지만 그런 일은 일어나지 않았다.

시진핑 시대
미·중 관계

2012년 시진핑 취임 이후 미·중 관계는 급속히 악화되었다. 시진핑이 '중국몽'을 부르짖으며 패권 도전에 나서자, 미국은 '아시아 회귀 전략Pivot to Asia'으로 맞섰다. 시진핑은 2013년 1월 공산당 중앙당교에서 한 연설에서 "자본주의는 최종적으로 소멸하고, 사회주의가 승리한다"고 강조했다.

미 국방부는 2018년 1월에 발표한 〈국방전략서National Defense Strategy〉에서 중국과 러시아를 미국의 번영과 안보에 도전하는 전략적 경쟁 대상으로 규정했다. 이 보고서는 중국이 '남중국해를 군사화하고 약탈 경제로 이웃 국가를 위협'하는 수정주의(현상 타파) 국가라고 비난했다.

미·중 갈등은 2018년 7월 무역 전쟁으로 폭발했다. 트럼프 대통령은 500억 달러의 중국산 제품에 관세 폭탄을 투하했다. 2019년에는 중국 통신장비업체 화웨이華爲가 미국 기술을 절도했다며 미국 기업에 대해 화웨이와의 거래를 중단하도록 했다. 남중국해에서 미국과 중국 군함은 41미터까지 접근해 충돌 직전 상황까지 갔다.

미 국무장관 마이크 폼페이오는 2020년 7월 로스앤젤레스 근교에 있는 닉슨 도서관을 찾아 강경 발언을 쏟아 냈다. 폼페이오는 이곳에서 닉슨 발언을 인용해, 중국 공산당을 공개적으로 프랑켄슈타인에 비유했다. 미국의 포용 정책은 완전히 폐기되었다.

바이든 대통령은 취임 일성으로 "미국이 돌아왔다!"고 외쳤다. 바이든은 2021년 3월 발표한 '잠정 국가 안보 전략 지침Interim National Security Strategic Guidance'에서 중국을 국제 체제에 지속적으로 도전할 잠재력을 가진 유일한 경쟁자로 규정했다. 바이든은 국제 규범과 가치를 훼손하는 새로운 위협에 대해 동맹과 국제기구의 뜻을 모아 단호하게 대처하겠다고 밝혔다.

미·중
군사력 경쟁

중국은 패권 경쟁에서 미국을 넘어설 수 있을까? 중국은 인민해방군 창설 100주년이 되는 2027년까지 군 현대화를 실현하겠다고 밝혔다. 21세기 중반에는 세계 최강의 군대를 건설하겠다는 청사진을 제시했다. 미국은 전 세계에서 군사력 우위를 유지해 '힘을 통한 평화'를 실현하겠다는 각오를 밝혔다. 미국은 2020년 해군력의 60%를 아시아에 집중 배치했다.

군사비와 군사 무기를 비교하면 미국이 중국을 훨씬 앞선다. 영국 국제전략문제연구소IISS가 작성한 〈2021 군사력 보고서〉에 따르면, 미국과 중국의 군사비 지출은 4 대 1이다. 2020년 미국 군사비 지출은 7,380억 달러, 중국은 1,933억 달러로 집계되었다. 미국 군사비는 전 세계의 40%를 차지하고, 중국은 10.6% 수준이다. 대륙간탄도탄ICBM는 미국이 400기, 중국이 104기를 보유하고 있다. 전투기는 미국 3,318대, 중국 1,820대이고 항공모함은 11척 대 2척이다. 구축함, 순양함, 호위함도 113척 대 78척으로 미국이 우위를 보인다.

중국은 해군력 열세를 만회하기 위해 해군 함정 건조에 열을 올리고 있다. 미국 외교 잡지 〈더 디플로매트The Diplomat〉에 따르면, 미국은 2035년 까지 355척의 군함을 보유할 계획인 데 비해 중국은 2030년까지 군함 숫자를 460척으로 늘릴 계획이다.

중국은 2021년 10월 낮은 고도로 핵무기를 실어 나를 수 있는 극초음속 활공 비행체Hypersonic Glide Vehicle 실험에 성공해 미국을 놀라게 했다. 미 합참차장 존 하이튼John Hyten은 중국이 놀라운 속도로 군사력을 강화하고 있어 적극적으로 대응하지 않으면 중국에 추월당할 수도 있다고 우려했다.

타오르는
기술 패권 경쟁

"십년마일검!十年磨一劍!"

중국 국무원 총리 리커창李克强은 2021년 3월 "10년 동안 한 자루의 칼을 연마하는 정신으로 신기술 개발에 매진하겠다"고 말했다. 미국과의 과학기술 경쟁에서 승리하겠다는 각오를 리커창은 서슬 퍼런 검에 비유했다.

중국은 2025년까지 첨단기술에 1조 4,000억 달러를 투자할 계획이다. 7대 과학기술(인공지능, 반도체, 퀀텀 컴퓨팅, 뇌과학, 바이오, 의학, 우주 탐사)과 8대 산업 기술(신소재, 로봇, 전기차, 스마트카 등)이 집중 육성 대상이다. 중국의 과학기술 육성 계획은 미국 정치권에 1957년 소련의 스푸트니크 위성 발사만큼이나 큰 충격을 던졌다.

미 의회는 3개월 뒤 '혁신경쟁법U.S. Innovation and Competition Act'을 통과시켰다. 인공지능, 반도체, 퀀텀 컴퓨팅, 로봇, 바이오 등 10대 전략 기술에 5년 동안 2,500억 달러를 투자할 계획이다.

미국과 중국 사이에는 상당한 기술 격차가 있다. 중국과학원이 2017년 공개한 자료에 따르면, 중국 기술 수준은 미국의 68% 수준이다. 17%의 기술은 중국이 앞서고 31%는 비슷하고, 52%는 뒤지는 것으로 나타났다. 한국 과학기술정보통신부 자료에 따르면, 2020년 중국 기술 수준은 미국의 80%로 3.3년의 격차가 있는 것으로 분석되었다. 연구 개발 투자액은 비슷한 수준이다. 미국 과학위원회에 따르면, 2017년 미국의 연구 개발 투자는 5,490억 달러로, 중국의 4,960억 달러와 근소한 차이를 보였다.

과학 연구 실적에서는 미국이 중국을 훨씬 앞선다. 세계적 과학 저널 〈네이처Nature〉가 각국의 과학 연구 성과를 분석한 '2021 네이처 지수'에 따르면, 미국 2만 677점, 중국 1만 4,256점으로 큰 격차를 보였다.

벤처기업 투자액에서도 미국이 우위를 보인다. 컨설팅 그룹 KPMG에 따르면, 2021년 미국의 벤처 투자는 3,297억 달러였고, 중국은 1,064억 달러에 그쳤다.

중국이 앞선 분야는 국제 특허 출원 건수다. 2020년 국제 특허 출원 건수를 보면, 중국이 6만 9,000건, 미국이 5만 9,000건이다.

중국이 과학기술에 막대한 자금을 투자하지만 단기간에 미국을 따라잡기는 쉽지 않다. 중국은 2025년까지 반도체 자급률을 70%로 끌어올리겠다는 계획을 세웠다. 하지만 전망은 매우 어둡다. 미국 반도체 시장조사기관 'IC 인사이트'에 따르면, 2020년 중국 반도체 자급률은 15.9%에 머물렀고, 2025년에도 19.4%에 그칠 것으로 예측되었다. 미국이 첨단기술 접근을 봉쇄해 계획 달성이 불가능할 것이라는 전망이 지배적이다.

과학기술 격차는 코로나19 백신 효율성에서 간접적으로 증명되었다. 미국계 화이자와 모더나가 개발한 백신 효율은 95%인 데 비해, 중국이 개발한 시노팜은 79%, 코로나백은 51%의 효율을 보였다. 중국은 자체 백신 개발에 성공해 상당한 기술력을 보여주었으나, 효능이 떨어져 '물백신' 논란을 빚었다.

소프트 파워 전쟁

경제, 군사, 기술력과 함께 국력을 평가하는 또 하나의 기준은 소프트 파워soft power다. 하드 파워는 경제력이나 군사력 같은 물리적 힘이고, 소프트 파워는 강제적 힘이나 대가를 지불하지 않고 매력으로 원하는 것을 얻는 능력이다. 소프트 파워는 미국 정치학자 조지프 나이가 창안한 개념으로 문화, 정치적 가치, 외교정책의 매력도를 말한다.

자유, 자본주의 사고, 민주주의, 인권, 문화재, 예술, 영화, 음악, 공연, 스포츠, 컴퓨터 소프트웨어, 생활 양식이 소프트 파워에 속한다. 소프트 파워는 부드러워 보이지만 원하는 결과를 만들어 내는 권력의 한 형태다.

미국과 중국 가운데 어느 나라의 소프트 파워가 강할까?

영국 컨설팅 그룹 브랜드 파이넌스Brand Finance가 발표한 '글로벌 소프트 파워 지수 2022'를 보면 미국이 1위, 영국 2위, 독일이 3위이고, 아시아권의 중국이 4위, 일본이 5위에 올랐다. 영국 국제관계 잡지 〈모노클Monocle〉의 '소프트 파워 2020'에서는 독일 1위, 대한민국 2위이고 프랑스, 일본, 대만이 뒤를 이었다. 미국과 중국은 10위권 밖이었다. 미국 USC대학교와 컨설팅 그룹 포틀랜드가 발표한 2019년 '소프트 파워 30'에서는 프랑스가 1위, 영국, 독일, 스웨덴에 이어 미국이 5위를 차지했다. 중국은 27위로 하위권에 속했다. 영국의 싱크 탱크 정부 연구소Institute for Government 2012년 조사에서는 영국 1위, 미국 2위, 독일 3위, 중국 22위로 나타났다.

미국은 문화 생산과 대학 교육에서 높은 점수를 받았다. 중국은 개인 자유 제한과 언론 통제로 점수가 낮아졌다. 중국은 열세를 만회하기 위해 중국판 소프트 파워를 강화하고 있다. 5천 년 전통문화와 현금이 주무기다.

중국은 2018년까지 세계 100여 개국에 548개의 공자학원을 설립했다. 중국어 교실과 문화원을 운영하는 공자학원은 중국 이데올로기를 전파하는 창구로 활용된다. 아시아 지역에 인프라를 건설하고, 아프리카 석유·광산을 개발하는 일대일로 사업도 하나의 영향력 확대 방법이다. 중국은 서구 침략을 받은 역사와 경제 성공 사례를 들어 개발도상국을 공략한다. 중국 정부는 연간 100억 달러를 투입해 140개국에 중국 뉴스를 내보내고 '중국 글로벌 TV 네트워크CGTN'를 개국하는 등 소프트 파워 강화에 안간힘을 쓰고 있다. 중국은 코로나 사태가 확산되자 아시아, 유럽, 아프리카에 방역 마스크를 지원해 '마스크 외교'를 펼쳤다. 인도네시아, 브라질, 파키스탄, 터키, 이란에는 무료 백신을 지원하기도 했다.

미국 민주주의재단National Endowment for Democracy은 중국의 소프트 파워는 샤프 파워sharp power라고 평가절하한다. 샤프 파워는 권위주의 국가가 포섭과 조작으로 비밀리에 자국에 유리한 영향력을 행사하는 방식을 가리킨다.

중국이 소프트 파워 강화에 막대한 자금을 투입하고 있지만, 인권 문제가 치명적 약점이다. 스위스 제네바에 있는 인권 단체 '유엔 워치UN Watch'

는 2020년 중국을 최악의 인권 탄압 국가로 지정했다. 이란, 카메룬, 베네수엘라, 사우디, 짐바브웨, 쿠바, 터키, 북한, 러시아를 비롯해 인권 탄압국에 포함된 10개국 가운데 중국이 최악으로 평가되었다. 유엔 워치는 중국이 100만 명의 위구르인을 집단 수용소에 가두고, 티베트인과 홍콩 민주화 시위를 탄압하고, 시민운동가를 투옥했다고 밝혔다.

우한 코로나 확산 사실을 처음 폭로한 의사 리원량李文亮은 당국의 경고를 받은 뒤 전염병에 감염되어 사망했고, 우한 지역을 취재한 시민 저널리스트 장잔張展은 체포되어 징역 4년을 선고받았다.

미국 프리덤 하우스는 2021년 '글로벌 자유 평가Global Freedom Scores'에서 중국을 비자유국으로 평가했다. 〈이코노미스트〉가 167개국을 대상으로 조사한 '민주주의 지수Democracy Index 2020'에서 중국은 151위로 최하위권에 머물렀다. 중국 공안 당국은 인터넷 검열 체계 '황금방패金循'로 31만 개의 웹 사이트를 차단하고 있다. 구글, 페이스북, 유튜브, 트위터, 인스타그램, BBC, 타임도 차단 대상이다.

인권 문제를 개선하지 않는 한, 중국이 소프트 파워 상위권에 속할 가능성은 높지 않다.

미국은 인권 문제를 들어 중국 때리기를 계속하고 있다. 바이든은 위구르 자치구 집단 학살과 인권 유린을 이유로 2022년 베이징 동계 올림픽에 외교사절 파견을 보이콧했다. 미 의회는 위구르에서 생산한 제품의 수입을 금지하는 법안을 통과시켰다.

바이든은 2021년 말 '민주주의 정상회의Summit for Democracy'에 세계 111개국을 초청하고, 중국과 러시아는 제외했다. 중국은 미국이 이념 갈등을 부추기고 있다고 반발했다. 중국 외교부는 〈미국 민주주의 실상The

State of Democracy in the United States〉보고서를 배포해 미국에 역공을 퍼부었다. 이 보고서는 '미국 민주주의는 돈이 지배하는 돈 정치'이고, '소수 엘리트가 다수를 지배하는 이름뿐인 민주주의'이고, '견제와 균형이 지나쳐 서로를 비토하는 비토크라시vetocracy'라고 공격했다.

미·중 갈등,
문명의 충돌인가?

트럼프 행정부 시절인 2019년 4월, 국무부 정책 기획국장 카이런 스키너Kiron Skinner는 중국과의 갈등을 '다른 문명과의 싸움'이라고 표현했다.

"이것은 완전히 다른 문명, 다른 이데올로기와의 싸움이다. 미국이 전에 겪어보지 못한 일이다. 우리가 백인이 아닌 강대국 경쟁 상대를 만나는 것은 처음이고 놀라운 일이라 생각한다."

미 국무부 관리가 문명·인종 문제를 언급한 것은 이례적인 일이다. 스키너의 인종 차별적 발언은 미국 내에서도 비판을 받았다. 시진핑은 대답이라도 하듯, 다음 달 '아시아 문명 대화 대회'에 참석해 문명에 관해 일갈했다.

"자기 인종과 문명이 탁월하다고 생각하고 다른 문명을 개조하거나 대체하려는 생각은 어리석다. 그런 시도는 재앙을 초래할 것이다."

미·중 갈등 저변에는 문명 충돌적 요소가 깔려 있다. 역사, 이데올로기, 문화 차이는 미·중 갈등을 격화시키는 주요 원인의 하나다.

서양이 주도하는
보편주의

현대 문명을 규정하는 거의 대부분의 가치관이 서구에서 유래했다. 인권, 자유, 평등, 자본주의, 민주주의는 서양 문명의 산물이다. 콜럼버스 항해 이후 서양인은 전 세계로 팽창해 신항로 개척과 무역, 식민지 건설로 부를 축적했다. 역사 발전 과정에서 종교개혁, 시민혁명, 과학혁명, 산업혁명이 일어나고 자본주의, 합리주의, 자유주의, 민주주의가 꽃을 피웠다.

물질적 풍요와 과학기술 배후에는 폭력과 약탈의 역사가 자리 잡고 있다. 콩키스타도르의 검은 전설, 원주민 학살, 대서양 노예무역, 식민지 착취, 제국주의 침략은 서양 문명의 어두운 면이다. 미국 평화연구가 윌리엄 에카르트William Eckhardt는 "문명, 제국, 전쟁은 함께 다니고 함께 성장하는 경향을 가졌다"고 말한다. 서구 열강은 토착 문화를 야만으로, 서양 문명을 보편적 문명으로 규정했다. 제국주의 열강이 벌인 두 차례의 세계대전은 서양 문명 뒤에 가려진 야만성을 드러냈다.

유엔은 1948년 "인권에 대한 무시와 경멸은 인류의 양심을 격분시키는 만행"이라고 천명하고 '세계인권선언Universal Declaration of Human Right'을 선포했다.

모든 사람은 인종, 피부색, 성, 언어, 종교, 정치적 또는 기타의 견해, 민족적 또는 사회적 출신, 재산, 출생 또는 기타의 신분과 같은 어떠한 종류의 차별이 없이, 이 선언에 규정된 모든 권리와 자유를 향유할 자격이 있다.

세계인권선언은 전 세계 인권 개선에 기여했으나, 폭력과 인권 탄압이 어디에서 비롯되었고 누구의 책임인지 명시하지 않았다. 전후 서양 문명의 중심축은 미국으로 넘어갔다. 미국은 자유주의 가치를 전 세계에 확산하는 일을 미국의 사명이라고 생각한다.

> 대의제에 의한 자유로운 통치라는 개념 위에 설립된 미국은 자국의 발흥을 자유와 민주주의 확산과 동일시하면서 이 요인들이 이제껏 세계가 성취하지 못한 공정하고 지속적인 평화를 달성할 것이라 생각했다. _헨리 키신저Henry A. Kissinger,《세계 질서》

소련 붕괴는 서구 보편주의의 승리로 받아들여졌다. 21세기 들어 이슬람 과격파는 미국 문명을 공격 목표로 삼았고, 강대국으로 부상한 중국은 서구 보편주의에 도전하고 있다.

서구적 가치를 보편적 가치로 볼 수 있느냐는 뜨거운 논쟁의 대상이 된다. 하버드대 교수 니얼 퍼거슨Niall Ferguson은《시빌라이제이션Civilization》에서 서양 문명의 보편성은 여전히 유효하다고 말한다. 퍼거슨은 2004년 〈타임〉이 선정한 '세계에서 가장 영향력 있는 100인'에 포함된 역사학자다. 퍼거슨은 1500년 이후 500년 동안 서양이 6가지 '비장의 무기killer application'로 세계를 제패했다고 말한다. 그 무기는 ① 경쟁, ② 과학혁명, ③ 법치주의와 대의제, ④ 현대 의학, ⑤ 소비 사회, ⑥ 직업윤리다. 그는 '서양the West'이 위기를 맞은 것은 '나머지 세계the Rest'에 속하는 일본, 신흥공업국, 중국이 서양 문화와 제도를 도입하고 모방해 독점이 깨졌기 때문이라고 말한다. 세계를 '서양'과 '나머지'로 나누는 이분법은 서양학자에게 흔히 발견되는 편향성이다. 그는 "서양 문명은 현존하는 인류 최고의 경제, 사회, 정치제도를 제공하고 있다"며, 서양인들은 자기 문화 우월성에 대한 믿음을 되찾아야 한다고 강조한다.

이집트 출신 종속이론가 사미르 아민Samir Amin은 서구 보편주의를 '서구 중심주의Eurocentrism (유럽 중심주의)'라고 공격했다. 그는 서구 보편주의는 서구화가 사회 발전의 유일한 길이라고 강조함으로써, 서구 지배를 영속화하려 한다고 비판했다. 리콴유는 서구 보편주의에 맞서 '아시아적 가치'를 강조했다. 서구 문화에는 장점도 있지만 단점도 있다고 꼬집었다.

> 서구의 장점이 없었더라면 우리는 후진성에서 벗어나지 못했을 것입니다. 하지만 결코 서양의 모든 것을 다 원하는 것은 아닙니다. 전체 시스템을 보면 절대로 수용할 수 없는 측면도 있습니다. 총기, 마약, 폭력, 부랑인, 공공에서의 무례한 행위 등은 시민사회의 붕괴라 할 수 있을 것입니다.
> _리콴유의 〈포린 어페어스〉 인터뷰

중국 공산당 지도부는 중국이 자유 이념에 물든다면, 과거와 같이 반식민지가 되거나 대혼란이 일어날 것이라고 주장한다. 톈안먼 시위 사태 직후에 나온 덩샤오핑 발언에서 공산당 지도부의 생각을 읽을 수 있다.

> 진정으로 말해서 국권(주권)은 인권보다 더 중요합니다. 빈약한 국가와 제3세계 국가의 국권은 늘 그들에게 침범당했습니다. 그들의 인권, 자유, 민주는 강한 것만을 믿고 약한 자를 무시하는, 그리하여 강국과 부국만의 이익을 지키고, 패권주의자와 강권주의자들만의 이익을 지키자는 것입니다.

《등소평 문선》

시진핑은 보편주의라는 단어 사용 자체를 금지했다. BBC 중문망에 따르면, 시진핑은 2013년 5월 공산당 간부들에게 보편적 가치, 언론 자유, 시민사회, 인권, 공산당의 역사적 과오, 권력 자산 계급, 사법 독립 7가지 주제를 대학가에서 언급하지 말라는 비밀 지시를 내렸다. 보편적 가치, 자유, 인권은 입에 담아서는 안 되는 금기어가 되었다.

중국은 "미국에는 미국식 민주주의가 있고, 중국에는 중국식 민주주의가 있다"며 인권 거론은 내정간섭이라고 주장한다. 인권과 민주주의에 대한 시각차는 태평양을 사이에 둔 두 나라의 거리만큼 길게 느껴진다.

중국은 대국,
다른 나라는 소국

중국인들은 오랜 옛날부터 중국이 천하의 중심이라고 생각했다. 그들은 중화中華를 벗어나면 문화를 모르는 오랑캐, 다시 말해 이적夷狄의 땅이라고 생각했다. 역대 왕조는 이웃 나라의 조공을 받는 교린交隣 외교, 멀리 떨어진 이민족은 회유하거나 통제하는 기미羈縻(말, 소의 고삐를 잡고 부린다) 외교를 폈다. 중국은 '사대자소事大字小', 작은 나라는 큰 나라를 섬기고 큰 나라는 작은 나라를 보호해주는 것이 예禮라고 생각했다. 오늘날에도 그 생각에는 큰 변화가 없는 듯하다.

최근 중국의 중화주의와 민족주의 성향은 더 강해졌다. 시진핑은 기념일마다 "역사를 망각하는 것은 배반背叛"이라고 말한다. 시진핑은 2019년 12월 마카오를 방문한 자리에서 중국이 서구의 침공을 받은 아편전쟁 역사를 다시 언급했다.

"중화 문명은 단절되지 않은 유일한 오래된 문명이다. 5천 년 역사는 우리 문화에 대한 자신감의 원천이다. 아편전쟁 이후 중화민족의 굴욕사를 이해해야 중화민족의 위대한 부흥에 대한 중국 인민의 강렬한 염원을 더욱 깊이 이해할 수 있다."

경제 발전과 민족주의 이데올로기는 중국 정권을 지탱하는 양대 축이라 할 수 있다. 중국은 한족漢族을 비롯해 56개 민족으로 구성되어 있지만 '중화민족'이라는 포괄적 구호로 역사성을 강조한다.

집단 기억과 상징, 신호, 가치, 전통은 대중에 강한 호소력을 가진다. 1990년대 출현한 사이버 민족주의는 홍위병처럼 과격하고 광신적이다. 젊은 네티즌 집단 '분노청년〔憤靑〕', '소분홍小紛紅'은 맹목적 애국주의에 빠져 조금이라도 자존심을 건드리면 외국 언론이나 이웃 나라를 향해 분노와 항의를 쏟아 낸다.

리콴유가 〈포브스〉에 소개한 익명의 시는 서구를 향해 이렇게 외친다.

우리에게 무엇을 원하는 거야?
우리가 아시아의 병자였을 때
우리는 '황화黃禍, peril'라 불렸다.
우리가 차세대 슈퍼파워가 되면
우리는 '위협threat'이라 불려요.

서구와 일본에 대한 반감은 무협 영화에서도 발견된다. 1972년 이소룡이 주연한 〈정무문精武門〉은 복수극의 전범이다. 일본인들이 스승 곽원갑을 독살하고, '東亞病夫(동아시아의 병자)' 현판을 보내자, 이소룡은 일본 도장을 쑥대밭으로 만들고 서양인과 일본인을 향해 분노의 발차기를 날린다.〈황비홍〉,〈곽원갑〉,〈엽문〉도 비슷한 패턴을 보인다.

2020년 개봉작〈엽문 4〉는 미국 샌프란시스코를 배경으로 한다. 가라테 고수로 나오는 미 해병대 중사는 중국인에게 거침없이 인종차별 발언을 내뱉는다. "미국은 지구상에서 가장 강력한 국가다.", "어젯밤 내가 열등한 인종을 처치했다." 엽문은 "불의에 맞서 싸워야 한다"며 부대를 찾아간다. 해병대 중사와 결투를 벌이던 엽문은 중사 목에 날카로운 관수貫手를 꽂아 넣는다. 중국 무협 영화에서 서양인은 폭력적이고 오만한 가해자로 나오고, 중국인은 정의를 실천하는 영웅으로 그려진다.

중화민족주의는 팽창주의적이고 공격적이고 배타적이다. 2010년 7월 하노이에서 열린 아세안 외교장관 회의에서 중국의 인공섬 문제를 제기하자 외교장관 양제츠楊洁篪는 노기 어린 목소리로 맞받았다. "중국은 대국이고 다른 나라는 소국이다. 이것이 현실이다."

미국 정치학자 에드워드 프리드먼Edward Friedman은 중국 민족주의에는 팽창주의 욕망이 숨어 있다고 말한다. "점점 더 강해지는 중국의 세계적 군사력은 새로운 민족주의에 내재된 제국주의 야망에 봉사하고 그럼으로써 인도·태평양 지역의 평화를 위협할 수 있다. 시진핑 시대, 공산당의 민족주의 활용과 남용은 호전적 무력을 강화한다."

중국 내부에서도 민족주의를 우려하는 목소리가 나온다. 중국에서 '가장 영향력 있는 경제학자'로 평가되는 장웨이잉은 전체 사회 이익을 위해 과거보다 미래를 바라봐야 한다고 말한다.

물론 역사는 잊지 말아야 한다. 하지만 과거를 잊지 않는 것은 더 좋은 미래를 위한 것이다. 만약 자신의 미래에 관심을 기울이지 않는다면, 역사를 깊이 기억하는 일은 일시적인 심리적 만족을 얻는 데 불과할 뿐 어떤 실제적 의미도 없고 이성적 행위도 아니다. _청쓰웨이·장웨이잉, 《중국개혁 30년》

자유무역으로 성장한 중국이 배타적 민족주의를 주장하는 것은 자기모순일 수 있다. 미국과 중국의 역사를 잘 아는 헨리 키신저는 국가 간 공식적 타협은 불가능하다고 말한다. 그는 현실주의 전략가답게 "양측 이견이 충돌로 확대되지 않도록 자제하는 것이 양측 지도자의 주요 의무 가운데 하나"라고 충고한다.

미·중
패권 경쟁의 앞날
미·중 패권 경쟁은 앞으로 어떻게 전개될 것인가?

세계 경제 중심이 미국과 유럽에서 아시아로 이동하고 있음은 분명해 보인다. 미국 국가정보위원회National Intelligence Council는 2013년에 내놓은 《미래예측보고서Global Trands》에서 2030년 중국의 경제 규모는 미국을 앞서고, 아시아 경제 규모는 북미와 유럽을 합한 크기보다 커질 것이라고 예측했다. 다만 미국과 중국 어느 나라도 패권 국가가 되지는 않을 것이라고 전망했다.

미국 허드슨 연구소 선임연구원 마이클 필스버리는 미·중 패권 경쟁을 '백 년의 마라톤'이라고 보았다. 단거리 경기가 아니라 신중국 창건 100주년이 되는 2049년까지 지속될 장기 마라톤이라는 뜻이다.

동아시아 화약고는 대만이다. 중국 군부 강경파는 대만은 중국의 일부라며 무력 침공 가능성까지 제기한다. 미국은 1979년 약속한 '하나의 중국' 원칙을 인정하면서도 중국 측에 현상 유지를 요구한다. 대만은 미국과 통상, 문화 교류, 군사동맹 관계를 맺고 있다. 또 대만은 최첨단 반도체 제조 기술을 보유해 미국으로서는 포기할 수 없는 파트너다. 중국이 무력 점령을 시도한다면 군사 대결로 비화할 수 있다.

미국 국제정치학자 존 미어셰이머는 2022년 1월 〈동아일보〉와의 인터뷰에서 15~20년 안에 대만을 둘러싸고 무력 충돌이 일어날 가능성이 있다고 전망했다.

미국과 중국은 정치·외교적으로 대립하지만 경제는 상호 의존적이다. 중국은 미국의 주요 무역 파트너이고, 2021년 10월 현재 미국 국채 1조 654억 달러를 보유하고 있다. 극한 대결은 자국 경제에 타격을 줄 가능성이 있다. 미국과 중국은 서로에게 신중하게 접근할 수밖에 없다. 이 때문에 미·중 패권 경쟁은 '냉전 1.5'라 불린다.

중국을 두려워하거나 과잉 반응할 필요가 없다는 주장도 있다. 미국 지리학자 조지 프리드먼George Friedman은 《앞으로 100년The Next 100 Years》에서 중국을 '종이호랑이'에 비유했다. 중국은 여러 나라에 둘러싸여 있어 지정학적으로 불리한 위치에 있고, 내부 문제로 인해 외교적 모험을 하기 어려울 것이라고 프리드먼은 분석했다. 국제정치학자 이춘근 박사도 중국의 힘이 과대평가되었다고 말한다.

현재 수준에서 미국과 중국은 우리나라 사람들이 쉽게 말하듯 G2 관계라고 보기 힘들다. 중국은 아직은 미국의 맞수가 되지 못한다. 미국이 우려하는 것은 중국이 현재 국력이 아니라 앞으로 경제 발전이 지속될 경우 나타날지도 모를 강한 중국이며 이에 대처하고자 하는 것이다. _이춘근, 《미·중 패권 경쟁과 한국의 전략》

이춘근 박사는 중국이 8% 성장을 지속하기 어렵고 빈부 격차, 소수민족 문제, 버블 경제, 인구노령화 등 내부 문제를 안고 있다고 지적했다. 소프트 파워를 중시하는 조지프 나이는 미국의 세기가 앞으로 수십 년은 더 지속될 것이라고 내다보았다.

결론적으로 말해, 미국의 세기는 끝나지 않았다. 미국의 세기라는 말의 의미가 군사적·경제적으로, 그리고 소프트 파워 면에서 미국이 확보하고 있는 자원이 압도적으로 우월한 특별한 시기를 가리킨다면 그렇다. _조지프 나이, 《미국의 세기는 끝났는가》

체제 경쟁이 부정적인 것만은 아니라는 시각도 있다. 〈뉴욕 타임스〉 편집위원 패러 스타크먼Farah Stockman은 2021년 6월 30일 논평에서 '독점은 게으름과 왜곡, 극심한 착취를 낳는 경향이 있다'며 경쟁은 미국과 중국, 세계에 좋은 결과를 가져올 수 있다고 주장했다.

'중국과의 경제 경쟁은 미국을 항상 위대하게 만들었던 것을 되살리는 길을 열어 줄 것이다. 우리가 중국과의 경쟁에 노심초사해 과학 연구와 교육에 더 많은 투자를 하게 된다면, 그것은 좋은 일이다.'

미·중이 서로에게 적대적으로 대응한다면 파괴적 결과를 가져올 수 있다. 미·중은 어떤 체제가 경제를 발전시키고 국민 생활의 질을 높이느냐를 놓고 경쟁해야 한다.

미국식
자본주의의 과제

"자유주의는 왜 실패했는가?"

미국 노터데임대 정치학 교수 패트릭 데닌Patrick Deneen은 전통적 자유주의에 대해 도발적 질문을 던졌다. 자유주의 이데올로기에 대한 원초적 의문 제기다. 자유주의는 '규제받지 않는 자율적 선택'에 바탕을 둔다. 자유주의는 다양성과 평등 같은 이상을 약속했으나 자유로 인해 불평등이 커지는 모순을 낳았다. 모순을 해소하려고 경제, 무역, 복지, 환경을 보호하는 정책을 찾다 보면, 정부에 힘이 집중되어 자유를 구속한다. 인간을 해방하는 수단이 인간을 가두는 철창이 된다. 그러기에 데닌은 "자유주의는 성공했기에 실패했다"고 말한다.

신자유주의 40년 동안 미국 사회 빈부 격차는 크게 벌어졌다. 부의 양극화는 자본주의와 민주주의의 균형을 무너뜨렸다. 자본주의와 민주주의가 가는 길은 다르다. 자본주의는 주식과 달러로 권리를 나타내고, 민주주의는 1인 1표로 권리를 표시한다. 자본주의는 이익과 욕망을 추구하고, 민주주의는 공동선과 평등을 지향한다. 자본주의는 위계적 성향, 민주주의는 평등 성향을 보인다.

1970년대까지 자본주의와 민주주의는 케인스 거시 경제정책으로 공존 관계를 유지했으나 신자유주의로 인해 균열이 생겼다. 자본주의와 민주주의는 공존할 수 있는가? 서구 정치인과 학자들은 신자유주의를 대체할 새로운 자본주의 모델 찾기에 골몰하고 있다.

국경을 넘나드는 초국적 금융자본 투기는 신자유주의의 가장 큰 폐해로 꼽힌다. 2010년 유엔의 후원으로 세계적 학자 20명이 작성한 《스티글리츠 보고서Stiglitz Report》는 세계 경제 불균형과 금융 투기를 막기 위해 범세계적 경제기구 설립을 제안했다.

"전 세계를 대표하는 포럼, 우리가 세계경제협력이사회라고 부르는 것은 포괄적이고 안정적인 방식으로 글로벌 경제 시스템의 기능과 관련된 문제를 해결하기 위한 기구다. 이것은 반드시 설립되어야 한다."

빈부 격차, 교육, 환경 등 삶의 질을 반영하지 못하는 경제지표를 개선해야 한다는 목소리도 있다. 프랑스 대통령 사르코지는 국내총생산GDP 지표에 불만을 갖고 2008년 세계적 석학들에게 새로운 경제지표 연구를 의뢰했다. 18개월의 연구 작업 끝에 나온 보고서는 시민 생활수준에 초점을 맞춘 지표 개발을 제안했다. 생산보다 소비와 가계 소득을 중요하게 보고 자산, 부채, 불평등, 가사 노동, 레저 가치까지 평가에 포함시켜야 한다는 것이다.

사르코지 보고서는 가계 부채로 인한 글로벌 금융 위기와 맞물려 높은 관심을 받았다.

하버드대 교수 토벤 아이버슨Torben Iversen과 런던경제학교 교수 데이비드 소스키스David Soskice는 자본주의와 민주주의 공존은 가능하다고 말한다. 두 학자는 《민주주의와 번영Democracy and Prosperity》에서 미국 사회 소득 불평등은 새로운 지식 경제와 노동자의 낮은 생산성 간의 괴리에서 비롯되었다고 분석했다. 공존을 위한 처방은 정부, 정당, 기업의 역할 분담이다. 정부는 시장 경쟁과 노사 협력을 강화해 교육·직업훈련·연구 개발 투자를 맡고, 정당은 유권자의 경제 매니저 역할을 하고, 기업은 자국 내에서 기술 인력을 고용해 전문화를 추진하는 방안이다.

아직 신자유주의를 대체할 뚜렷한 대안은 출현하지 않았다. 독일의 사회역사학자 위르겐 코카는 "자본주의 비판은 자본주의 자체만큼이나 오래되었다"고 말한다. 자본주의는 수백 년 동안 호황과 위기를 반복하며 궤도를 수정하고 변화해왔다. 자본주의는 완성품이 아니다. 위르겐 코카는 "자본주의 개혁은 앞으로도 지속될 과제"라고 말한다.

미국 외교정책을 수정해야 한다는 주장도 있다. 미국 외교정책은 전통적으로 자유주의 패권론에 바탕을 두고 있다. '모든 나라가 대의 정부를 받아들이면 자유민주주의 국가들이 안전해진다'는 이론이다. 그런데 국제 문제에 자주 개입하다 보니 미국은 베를린 장벽 붕괴 이후 7번의 전쟁을 치렀다.

공격적 현실주의 국제정치학자 존 미어셰이머는 자유주의 이론은 불가능한 꿈이라고 비판한다. 미어셰이머는 《미국 외교의 거대한 환상》에서 오랫동안 중국을 포용하는 정책을 취했으나 중국은 미국 패권에 도전하고 있다며, 자유주의 이론에 중대한 결함이 있다고 지적했다. 그는 개입주의 정책을 자제하고, 절제된restraint 외교정책으로 전환해야 한다고 주장했다. 절제된 외교정책은 힘을 분산하지 않고 중요한 안보 이익과 중국에 힘을 집중하는 전략이다. 미어셰이머는 아시아에서 중국이 지역 패권국이 되는 것을 어떻게든 막아야 하기 때문에 현실주의 외교정책을 채택하는 것 말고는 대안이 없다고 주장했다.

자유주의 학자들은 중국에 대해 결론을 유보한다. 자유주의 학자 존 아이켄베리John Ikenberry는 중국·러시아와 공존하는 방법이 있고, 보다 공격적으로 맞서는 방법이 있다며 탄력적 입장을 취한다. 바이든 행정부 외교정책은 자유주의적 국제주의 노선을 따르고 있다.

중국 권위주의 체제, 지속될 것인가?

중국은 공산당이 통치하는 권위주의 체제다. 중국 공산당은 자본주의 방식을 받아들이면서도 정치체제는 공산당 독재를 고수한다. 덩샤오핑은 1989년 2월 조지 부시 미국 대통령을 만난 자리에서 다당제는 절대 불가하다고 못 박았다.

> 만약 우리의 10억 인이 다수당 선거를 한다면 틀림없이 문화대혁명 때처럼 '전면 내전'을 하는 혼란한 국면이 나타날 것입니다. 비록 '재난'이 총포를 쏘지 않고 주먹이나 나무 방망이로만 일어난다 하더라도, 그것은 아주 무서운 것입니다. 민주는 우리의 목표이지만 국가는 반드시 안정을 유지해야 합니다. _《등소평 문선》

중국에는 약 800만 명의 공안이 있고, 군사비보다 많은 비용을 치안에 투입한다. 미국 MIT 경제학자 대런 애스모글루와 하버드대 정치학자 제임스 로빈슨은 중국의 정치 개혁 거부는 정권 상실 두려움 때문이라고 말한다.

> 창조적 파괴는 경제적인 면에서 옛것을 새로운 것으로 갈아치울 뿐 아니라 정치적으로도 기성 권력 기반을 뒤흔들기 마련이다. 착취적 제도를 장

악한 엘리트층은 창조적 파괴를 두려워한 나머지 이를 거부하기 때문에 착취적 제도하의 성장은 어쩔 수 없이 단기에 그치고 만다. _대런 애스모글루·제임스 로빈슨,《국가는 왜 실패하는가》

미국 정치사회학자 시모어 마틴 립셋Seymour Martin Lipset은 1959년 '소득 수준이 높을수록 민주주의를 지지할 가능성이 크다'는 근대화 이론을 제시했다. 립셋 이론은 오랫동안 학계에서 정설로 통했지만 중국에서는 실현되지 않았다.

중국에서 민주화 운동이 일어나지 않는 이유로 철저한 감시 때문이라는 의견이 지배적이다. 중국 젊은이들이 경제 발전 기대 때문에 민주화 필요성을 느끼지 않는다는 주장도 있고, 공산 정권이 점진적 민주화를 한 사례가 없다는 분석도 있다. 중국이 언제까지 권위주의적 통제를 지속할 수 있을지 의문이다.

애스모글루와 로빈슨은 중국에서 권위주의 체제가 계속된다면 창조적 파괴와 혁신이 위축되어 고도성장이 막을 내릴 가능성이 있다고 지적했다. 중국은 1인당 국민소득 1만 달러의 중진국이다. 대부분의 개발도상국이 '중진국 함정'에 빠져 선진국 진입에 실패했다.

1988년 다큐멘터리 〈하상〉은 중국이 전제정치에서 벗어나 민주주의로 전환하기를 소망했다.

전제정치의 특색은 신비성, 독재성과 수의성隨意性이다.
민주정치의 특색은 마땅히 투명성과 민의성, 과학성이다.
우리들은 바로 혼탁함에서 투명함으로 달려가고 있다.

우리들은 이미 폐쇄로부터 개방으로 달려간다.

황토는 황토고원을 빠져나오도록 운명지어졌다.

중국의 번영은 건륭제의 '지대물박地大物博'이 아니라 덩샤오핑의 개혁 · 개방에 의해 실현되었다. 중국은 문을 닫았을 때 쇠퇴했고, 문호를 개방했을 때 번영했다.

황하가 푸른 바다를 만나기를 염원한 〈하상〉의 메시지는 지금도 유효하다.

세계사를 탐구하는 뜻

세계 여러 나라는 다른 지리적 환경과 경제력, 역사, 문화, 제도를 가졌지만 흥망의 원리는 다르지 않다.

지금까지 살펴본 대로, 나는 이 책에서 경제와 역사를 움직이는 동력을 다음 여섯 가지로 보았다.

① **지리**_자연환경, 인구, 자원, 민족주의

② **욕망**_시장, 경제, 자본주의, 탐욕

③ **이성**_합리주의, 과학. 기술

④ **힘**_권력, 군사력, 폭력, 공격성

⑤ **문화**_전통, 종교, 자유, 평등, 이데올로기

⑥ **제도**_정치, 경제제도, 법

이 여섯 가지 가운데 지리, 욕망, 이성, 힘은 물질적 요소이고 문화, 제도는 방향을 결정하는 요소다. 세계 경제사는 이러한 요소들이 부딪히고 융합하며 그려 간 궤적이라 할 수 있다.

세계 경제사 분석은 현재를 사는 우리에게 많은 시사점을 제공한다.

지리적 환경은 국가, 문명의 기본 요소이고 욕망은 경제, 자유와 연관성이 높다. 욕망은 경제를 움직이는 강력한 동력이지만 과도하면 탐욕, 투기를 부르고, 억제하면 성장이 정체된다. 이성, 힘, 문화, 제도 또한 경제에 큰 영향을 미친다. 군사, 외교는 국가 생존의 문제이고 경제성장과 복지, 민주주의를 조화시키는 일은 사회 통합과 공동체 발전을 위해 필수적 과제다. 특히 과학기술은 현대 국가 경쟁력의 핵심이라 할 수 있다.

국가, 문명이 지속적으로 성장하려면 각 요소의 균형적 발전이 중요하다. 리비히가 제시한 '최소량의 법칙'처럼, 한 분야에서 문제가 생기면 균형이 무너져 전체로 문제가 확산되는 사례를 역사에서 어렵지 않게 찾아볼 수 있다.

역사는 순수이론이나 추상적 관념이 아니라 구체적 경험이고 현실이다. 역사를 공부하는 목적은 우리가 사는 세계가 어떠한 과정을 거쳐 현재에 이르게 되었는지를 이해하고, 역사에서 지혜와 교훈을 얻기 위함이다. 영국 역사가 에드워드 카Edward Carr는 "과거는 미래를 밝혀주고, 미래는 과거를 밝혀주는 것이다"라고 말했다. 역사는 지나간 과거가 아니라, 현재이고 미래다.

세계사는 또한 남의 나라, 다른 민족, 다른 지역의 이야기가 아니라 바로 우리의 이야기다. 세계사의 큰 흐름은 한국 역사에 그대로 투영되어 있고, 오늘날 한국 사회에 지대한 영향을 미친다. 세계사를 탐구하는 뜻이 여기에 있다. 세계 정치, 경제의 흐름과 역사를 반추하며, 우리는 우리의 과거를 발견하고 현재와 미래를 통찰할 수 있는 지혜를 배울 수 있을 것이다.

서장
경제와 역사에 영향을 미치는
핵심 요소 여섯 가지

앨런 그린스펀,《격동의 시대》, 현대경제연구원 역, 북@북스, 2007.

Paul Krugman, 'The Myth of Asia's Miracle', *Foreign Affairs*, Vol. 73, No. 6, Nov.-Dec. 1994, p. 62.

최두열,《아시아 외환 위기의 발생 과정과 원인》, 한국경제연구원, 1998.

강만수,《현장에서 본 한국경제 30년》, 삼성경제연구소, 2005.

재정경제부,《1999 경제백서》, 재정경제부, 1999.

Michael Richardson, 'Q & A/Jeffrey Sachs: IMF Prescribes Wrong Medicine', *The New York Times*, Jan. 15, 1998.

Paul Blustein, *The Chastening*, PublicAffaris, 2003.

Jan Nederveen Pieterse, 'Neoliberal Globalization and the Washington Consensus', *International Development Governance*, Routledge, 2017.

최창규, '투기적 공격 이론과 한국의 외환 위기', 한국은행 조사부,《경제분석》제

4권 제2호, 1998.

문돈·정진영, '발전국가모델에서 신자유주의 모델로', 《아태연구》 제21권 제2호, 2014.

이상신, 《역사학 개론》, 신서원, 1994.

론도 캐머런·래리 닐, 《간결한 세계 경제사》, 이헌대 역, 범문사, 2003.

김준호, 《경제사》, 나남출판, 2003.

송병건, 《세계화 시대에 돌아보는 세계 경제사》, 해냄, 2005.

데이비드 S. 랜즈, 《국가의 부와 빈곤》, 안진환·최소영 역, 한국경제신문, 2009.

프랜시스 후쿠야마, 《정치 질서의 기원》, 함규진 역, 웅진지식하우스, 2012.

신유근, 《KRP 경영론》, 다산출판사, 2007.

R. H. 라우어, 《사회변동의 이론과 전망》, 정근식·김해식 역, 한울아카데미, 1985.

Kent Deng, *The Premodern Chinese Economy*, Routledge, 1999.

Kent Deng, 'A Critical Survey of Recent Research in Chinese Economic History', *The Economic History Review*, Vol. 53, No. 1, 2000.

J. M. Rubenstein, W. H. Renwick, and C. T. Dahlman, 《현대지리학》, 안재섭 외 역, 시그마프레스, 2013.

이븐 할둔, 《역사 서설》, 김호동 역, 까치, 2003.

Friedrich Ratzel, *The History of Mankind*, Translated by A. J. Butler, Macmillan, 1896. Internet Archive.

로버트 D. 카플란, 《지리의 복수》, 이순호 역, 미지북스, 2017.

팀 마샬, 《지리의 힘》, 김미선 역, 사이, 2016.

Karl A. Wittfogel, *Oriental Despotism*, Yale University Press, 1957. Internet Archive.

재레드 다이아몬드,《총, 균, 쇠》, 김진준 역, 문학사상사, 1998.

제프리 삭스, '경제 발전의 새로운 사회학을 위한 소고',《문화가 중요하다》, 이종
　　인 역, 김영사, 2001.

Anthony Smith, *Nationalism* (2nd ed.), Wiley, 2013.

크리스토퍼 콜럼버스,《콜럼버스 항해록》, 이종훈 역, 서해문집, 2004.

애덤 스미스,《국부론》, 유인호 역, 동서문화사, 2008.

토머스 홉스,《리바이어던》, 신재일 역, 서해문집, 2007.

Benedict de Spinoza, *The Ethics*, Translated by R. H. M. Elwes, Project
　　Gutenberg e-book, 2009.

데이비드 흄,《인간이란 무엇인가》, 김성숙 역, 동서문화사, 2009.

열자,《열자》, 김학주 역, 연암서가, 2011.

Sigmund Freud, *The Ego and the the Id*, Translated by A. J. Berasaluce,
　　Clydesdale, 2019.

David C. McClelland, *Human Motivation*, Cambridge University Press, 2009.

David C. McClelland, *The Achieving Society*, Martino Publishing, 2010.

리처드 도킨스,《이기적 유전자》, 홍영남 역, 을유문화사, 2003.

홍일립,《인간 본성의 역사》, 한언, 2017.

Carolyn Marvin, *When Old Technologies were New*, Oxford University Press,
　　1988.

Ernest Freeberg, *The Age of Edison*, Penguin Books, 2014.

Henri Bergson, *Creative Evolution*, Translated by Arthur Mitchell, Henry Holt,
　　1911, Internet Archive.

플라톤,《국가론》, 이병길 역, 박영사, 2007.

조지프 니덤,《중국의 과학과 문명: 사상적 배경》, 김영식·김제란 역, 까치, 1998.

진관타오·류칭펑,《중국 문화의 시스템론적 해석》, 김수중·박동헌·유원준 역, 천
  지, 2003.

조지프 슘페터,《경제 발전의 이론》, 박영호 역, 지식을 만드는 지식, 2012.

사이먼 쿠즈네츠,《근대경제성장론》, 조성환 역, 을유문화사, 1974.

한국생산성본부,《2020 총요소 생산성 국제 비교》, 한국생산성본부, 2020.

Paul Romer, *Endogenous Technological Change*, NBER Working Paper, No.
  3210, 1989.

Gary Becker, *Human Capital* (3rd ed.), University of Chicago Press, 1994.

Stockholm International Peace Research Institute, *Military expenditure 2021*,
  SIPRI, 2021.

U.S. Department of Defense, *Summary of 2018 National Defense Strategy*,
  Department of Defense of the United States of America, 2018.

폴 케네디,《강대국의 흥망》, 이왈수·전남석·황건 역, 한국경제신문사, 1996.

손무,《손자병법》, 유동환 역, 홍익출판사, 2018.

베게티우스,《군사학 논고》, 정토웅 역, 지식을 만드는 지식, 2011.

Quincy Wright, *A Strudy of War*, University of Chicago Press, 1942. Internet
  Archive.

Carl von Clausewitz, *On War*, Translated by Colonel J. J. Graham, Project
  Gutenberg e-book, 2006.

지그문트 프로이트,《문명 속의 불만》, 김석희 역, 열린책들, 2003.

Konrad Lorenz, *On Aggression*, Translated by M. K. Wilson, Routledge, 1966.
  Internet Archive.

앤서니 스토, 《공격성, 인간의 재능》, 이유진 역, 푸른숲, 2018.

앨버트 반두라, 《사회적 학습이론》, 변창진·김경린 역, 한국학술정보, 2002.

막스 베버, 《직업으로서의 학문, 정치》, 김진욱 외 역, 범우사, 2015.

찰스 틸리, 《국민국가의 형성과 계보》, 이향순 역, 학문과 사상사, 1994.

Joseph Nye, *Soft Power*, PublicAffairs, 2004.

K. Marx and F. Engels, *Manifesto of the Communist Party*, Project Gutenberg
　　　e-book, 2005.

한나 아렌트, 《인간의 조건》, 이진우 역, 한길사, 2017.

새뮤얼 헌팅턴(편), 《문화가 중요하다》, 이종인 역, 김영사, 2001.

이한구, '현대 문명의 두 패러다임에 대한 비판적 고찰', 《Oughtopia(오토피아)》 32,
　　　No. 2, 2017.

막스 베버, 《프로테스탄티즘의 윤리와 자본주의 정신》, 박성수 역, 문예출판사,
　　　1996.

The Inglehart-Welzel World Cultural Map-*World Values Survey* 7, 2020.
　　　[Provisional version], http://www.worldvaluessurvey.org/

로널드 잉글하트, '문화와 민주주의', 헌팅턴 외(편), 《문화가 중요하다》, 이종인 역,
　　　김영사, 2001.

G. W. F. 헤겔, 《역사철학강의》, 권기철 역, 동서문화사, 2008.

마르크스·엥겔스, 《독일 이데올로기》, 박재희 역, 청년사, 1988.

셸리그만, 《경제사관의 제문제》, 현대문화연구회 역, 돌베개, 1985.

손철성, 《헤겔 & 마르크스: 역사를 움직이는 힘》, 김영사, 2008.

A. R. Hybel, *The Power of Ideology*, Routledge, 2010.

존 로크, 《통치론》, 강정인·문지영 역, 까치, 1996.

장 자크 루소, 《인간 불평등 기원론》, 이재형 역, 문예출판사, 2020.

Karl Marx, *Critique of the Gotha Programme*, National Book Agency, 1941. Internet Archive.

테렌스 볼·리처드 대거·대니얼 오닐, 《현대 정치사상의 파노라마》, 정승현·강정인 외 역, 아카넷, 2019.

존 롤즈, 《정의론》, 황경식 역, 이학사, 2003.

소스타인 베블런, 《유한계급론》, 이종인 역, 현대지성, 2018.

Gustav Schmoller, 'Grundrisss der Allgemeinen Volkswirtscaftshehre'(1900), quoted in E. G. Furubotn and R. Richter, *Institutions and Economic Theory*, University of Michigan Press, 2005.

J. A. Caporaso and D. P. Levine, *Theories of Political Economy*, Cambridge University Press, 1992.

Barry Clark, *Political Economy: A Comparative Approach*, Praeger, 1998.

Douglass C. North and R. P. Thomas, *The Rise of the Western World*, Cambridge University Press, 1973.

Douglass C. North, *Institutions, Institutional Change and Economic Performance*, Cambridge University Press, 1990.

김승욱, 《제도의 힘》, 프리이코노미스쿨, 2015.

베르나르 샤방스, 《제도경제학의 시간과 공간》, 양준호 역, 한울아카데미, 2009.

대런 애스모글루·제임스 A. 로빈슨, 《국가는 왜 실패하는가》, 최완규 역, 시공사, 2012.

로버트 퍼트넘, 《사회적 자본과 민주주의》, 안청시 외 역, 박영사, 2016.

로버트 V. 다니엘스, 《인문학의 꽃, 역사를 배우다》, 송용구 역, 평단, 2014.

전용덕,《경제학과 역사학》, 한국경제연구원, 2014.

제1장
서양 역사의 뿌리 1
•
그리스 문명

호메로스,《일리아스》, 천병희 역, 단국대출판부, 2001.

토머스 홉스,《인간론 천줄 읽기》, 이준호 역, 지식을 만드는 지식, 2013.

Leonard Muellner, *The Anger of Achilles*, Cornell University Press, 2005.

페터 슬로터다이크,《분노는 세상을 어떻게 지배했는가》, 이덕임 역, 이야기가 있
    는 집, 2017.

헤로도토스,《역사》, 천병희 역, 숲, 2009.

투키디데스,《펠로폰네소스 전쟁사》, 박광순 역, 범우, 2011.

아리스토텔레스,《정치학》, 천병희 역, 숲, 2013.

피에르 레베크,《그리스 문명의 탄생》, 최경란 역, 시공사, 1995.

Barry Strauss, *The Trojan War: A New History*, Simon & Schuster, 2006.

브루노 스넬,《정신의 발견: 서구적 사유의 그리스적 기원》, 김재홍 역, 까치,
    1994.

토머스 홉스,《시민론》, 이준호 역, 서광사, 2013.

A. W. H. Adkins, *Moral Values and Political Behaviour in Ancient Greece*,
    Norton, 1972.

Christopher Gill, *Greek Thought*, Oxford University Press, 1996.

크리스토퍼 길,《그리스 사상》, 이윤철 역, 까치, 2018.

The Count Las Cases, *Memoirs of The Life, Exile, and Conversations of the Emperor Napoleon* (Vol. 2), Project Gutenberg e-book, 2017.

마이클 우드,《트로이, 잊혀진 신화》, 남경태 역, 중앙M&B, 2002.

R. D'Amato and A. Salimbeti, *Sea Peoples of the Bronze Age Mediterranean*, Osprey Publishing, 2015.

D. Kaniewski · E. Van Campo · J. Guiot · S. Le Burel · T. Otto, et al (2013), 'Environmental Roots of the Late Bronze Age Crisis', *PLoS ONE* 8(8): e71004, doi: 10.1371/journal.pone.0071004.

Eric Cline, *1177 B.C.: The Year Civilization Collapsed*, Princeton University Press, 2014.

A. M. Snodgrass, *The Dark Age of Greece*, Routledge, 2001.

A. M. Snodgrass, *Archaic Greece*, University of California Press, 1981.

C. G. Thomas and C. Conant, *Citadel to City-State*, Indiana University Press, 1999.

Victor Davis Hanson, *The Other Greeks*, Free Press, 1995.

Peter W. Rose, *Class in Archaic Greece*, Cambridge University Press, 2012.

Max Weber, *General Economic History*, Translated by Frank H. Knight, Collier Books, 1961. Internet Archive.

마틴 버널,《블랙 아테나》, 오흥식 역, 소나무, 2006.

헤로도토스,《헤로도토스의 이집트 기행》, 박성식 역, 출판시대, 1998.

Chester Starr, *The Origins of Greek Civilization*, Jonathan Cape, 1962.

호메로스,《오디세이아》, 천병희 역, 숲, 2006.

James Redfield, 'The Economic Man', In C. A. Rubino and C. W. Shelmerdine, eds, *Approaches to Homer*, University of Texas Press, 2011.

헤시오도, '노동과 나날',《신통기》, 김원익 역, 민음사, 2003.

Aristotle, *The Athenian Constitution, The Eudemian Ethics, On Virtues and Vices*, Translated by H. Rackham, Harvard University Press, 1935. Internet Archive.

Edith Hall, *Introducing the Ancient Greeks*, Norton, 2015.

빅터 데이비스 핸슨,《살육과 문명》, 남경태 역, 푸른숲, 2002.

Takeshi Amemiya, *Economy and Economics of Ancient Greece*, Routledge, 2007.

M. I. 핀리,《서양고대경제》, 지동식 역, 민음사, 1993.

W. Scheidel and S. von Reden, *The Ancient Economy*, Routledge, 2002.

J. R. 힉스,《경제사 이론》, 김재훈 역, 새날, 1998.

Josiah Ober, *The Rise and Fall of Classical Greece*, Princeton University Press, 2016.

플라톤,《소크라테스의 변명》, 황문수 역, 문예출판사, 1999.

플라톤·아리스토텔레스,《향연, 파이돈, 니코마코스 윤리학》, 최명관 역, 을유문화사, 1994.

아리스토텔레스,《니코마코스 윤리학》, 조대웅 역, 돋을새김, 2008.

Terence Irwin, *Classical Thought*, Oxford University Press, 1989.

W. K. C. 거스리,《희랍철학 입문》, 박종현 역, 서광사, 2000.

이디스 해밀턴,《고대 그리스인의 생각과 힘》, 이지은 역, 까치, 2009.

월 듀런트,《문명 이야기: 그리스 문명 2-1.2》, 김운한·권영교 역, 민음사, 2011.

프랑수아 슈아르,《알렉산더》, 김주경 역, 해냄, 2004.

페리클레스·뤼시아스·이소크라테스·데모스테네스,《그리스의 위대한 연설》, 김헌 외 역, 민음사, 2015.

플루타르코스,《플루타르코스 영웅전》, 이성규 역, 현대지성, 2016.

김진경,《고대 그리스의 영광과 몰락》, 안티쿠스, 2009.

Ulrich Wilcken, *Alexander the Great*, Norton, 1967.

Frank L. Holt, *The Treasures of Alexander the Great*, Oxford University Press, 2016.

Plutarch, *The Complete Works of Plutarch*, Translated by Bernadotte Perrin, Strelbytskyy Multimedia Publishing, 2021.

Arrian of Nicomedia, *The Anabasis of Alexander*, Translated by E. J. Chinnock, Project Gutenberg e-book, 2014.

Diodorus Siculus, *Library of History*, Translated by C. B. Welles, Harvard University Press, 1933. Internet Archive.

Andrew Wilson, 'Developments in Mediterranean shipping and maritime trade from Hellenistic period to AD 1000', In *Maritime Archaeology and Ancient Trade in the Mediterranean*, Oxford Centre for Maritime Archaeology, 2011.

M. Rostovtzeff, 'The Hellenistic World and its Economic Development', *The American Historical Review*, Vol. 41, No. 2, Jan, 1936. Internet Archive.

Gustave Glotz, *Ancient Greece at Work*, Routledge, 2008.

Johann Joachim Winckelmann, *Reflections on the Painting and Sculpture of the*

Greeks, Translated by H. Fusseli, Project Gutenberg e-book, 2020.

이사야 벌린,《자유론》, 박동천 역, 아카넷, 2014.

제2장

서양 역사의 뿌리 2

·

로마 문명

Pliny the Elder, *The Natural History of Pliny*, Translated by J. Bostock and H. T. Riley, Project Gutenberg e-book, 2018.

헤로도토스,《역사》, 천병희 역, 숲, 2009.

Virgil, *The Aeneid*, Translated by J. Dryden, Project Gutenberg e-book, 1995.

베르길리우스,《아이네이스》, 천병희 역, 숲, 2007.

Marcus Junianus Justinus, *The History of Justin, Taken out of the four and forty Books of Trogus Pompeius*, Translated by R. Codrington, Printed for W. W., 1672. Internet Archive.

G. W. F. 헤겔,《역사철학강의》, 권기철 역, 동서문화사, 2008.

Livy, *The History of Rome*, Wyatt North Publishing, 2013.

티투스 리비우스,《리비우스 로마사》, 이종인 역, 현대지성, 2018.

프리츠 M. 하이켈하임,《하이켈하임 로마사》, 김덕수 역, 현대지성, 2017.

Theodor Mommsen, *The History of Rome*, Translated by W. P. Dickson, Good Press, 2019.

William V. Harris, *War and Imperialism in Republican Rome*, Oxford University Press, 1979.

Kurt A. Raaflaub, 'Born to Be Wolves?', In E. D. Wallace and E. M. Harris, eds, *Transitions to Empire*, University of Oklahoma Press, 1996.

Jeremy Armstrong, *War and Society in Early Rome*, Cambridge University Press, 2016.

데이비드 M. 권,《로마 공화정》(e-book), 신미숙 역, 교유서가, 2016.

마키아벨리,《로마사 논고》, 강정인·안선재 역, 한길사, 2003.

Polybius, *The Histories*, Translated by R. Waterfield, Oxford University Press, 2010.

메리 비어드,《로마는 왜 위대해졌는가》, 김진혜 역, 다른, 2017.

W. E. Heitland, *A Short History of the Roman Republic*, Lecturable, 2012.

W. C. Mahaney, et al, 'Biostratigraphic Evidence Relating to the Age-old Question of Hannibal's Invasion of Italy, I: History and Geological Reconstruction', *Archaeometry* 59, 1(2017) 164-178.

Philip Kay, *Rome's Economic Revolution*, Oxford University Press, 2014.

Sallust, *Conspiracy of Catiline and the Jugurthine War*, Translated by J. S. Watson, Public Domain, 2012.

Edward J. Watts, *Mortal Republic: How Rome Fell into Tyranny*, Basic Books, 2018.

Walter Scheidel, *The Roman Slave Supply*, Princeton/Stanford Working Papers in Classics, Stanford University, 2007.

Walter Eder, 'Republicans and Sinners', In E. D. Wallace and E. M. Harris, eds,

Transitions to Empire, University of Oklahoma Press, 1996.

마이크 덩컨,《폭풍 전의 폭풍》, 이은주 역, 교유서가, 2019.

김경현, '고대 지중해 세계', 배영수 (편),《서양사 강의》, 한울아카데미, 2000.

Barry Strauss, *The Spartacus War*, Simon & Schuster, 2009.

K. Marx, 'Letter from Marx to Engels 27 Feb. 1861', In *Marx & Engels Collected Works*, Lawrence & Wishart, 2010.

Peter Hunt, *Ancient Greek and Roman Slavery*, Wiley-Blackwell, 2018.

키케로,《의무론》, 허성일 역, 서광사, 2006.

Suetonius Tranquillus, *The Lives of the Twelve Caesars*, Translated by A. Thomson, Kindle Edition, 2011.

Caesar, '*De Bello Gallico*' *and Other Commentaries*, Project Gutenberg e-book, 2004.

카이사르,《갈리아 전쟁기》, 김한영 역, 사이, 2005.

Philip Freeman, *Julius Caesar*, Simon & Schuster, 2008.

파멜라 마린,《피의 광장》, 추미란 역, 책우리, 2009.

Marcus Tullius Cicero, *The Republic and the Laws*, Translated by C. D. Yonge. Digireads, 2010.

Anthony Everitt, *Augustus: The Life of Rome's First Emperor*, Random House, 2006.

김덕수,《아우구스투스의 원수정》, 길, 2013.

Jacob Davidson, 'The 10 Richest People of All Time', *Money*, July 30, 2015.

Adrian Goldsworthy, *Pax Romana*, Weidenfeld & Nicolson, 2016.

타키투스,《연대기》, 박광순 역, 범우, 2005.

Sam Wilkinson, *Republicanism during the Early Roman Empire*, Bloomsbury
    Publishing, 2012.

Edward Gibbon, *Decline and Fall of the Roman Empire*, Modern Library, 1995.
에드워드 기번·데로 손더스(편), 《그림과 함께 읽는 로마제국 쇠망사》, 황건 역, 청
    미래, 2005.

Cornelius Tacitus, *The Germany and the Agricola of Tacitus*, Project Gutenberg
    e-book, 2013.

Angus Maddison, *Contours of the World Economy 1-2030 AD*, Oxford
    University Press, 2007.

Cassius Dio, *Dio's Roman History*, Translated by Earnest Cary, London:
    William Heinemann; New York: Macmillan, 1914. Internet Archive.

Marie D. Jackson, et al., 'Unlocking the Secrets of Al-tobermorite in Roman
    Seawater Concrete'(2013), *Geology Faculty Publications*, 75.

Branko Milanovic, 'Income Level and Income Inequality in the Euro-
    Mediterranean Region', *Review of Income and Wealth*, August 2017.

Walter Scheidel, 'Quantifying the Sources of Slaves in the Early Roman
    Empire', *The Journal of Roman Studies*, Vol. 87(1997), pp. 156-169.

Friedrich Engels, *The Origin of the Family, Private Property and the State*,
    Penguin Books, 2010.

Raou McLaughlin, *The Roman Empire and the Indian Ocean*, Pen & Sword
    Military, 2014.

M. Rostovtzeff, *The Social and Economic History of the Roman Empire*,
    Oxford University Press, 1926. Internet Archive.

Roland G. Kent, 'The Edict of Diocletian Fixing Maximum Prices', 69 U. Pa. L.
    Rev. 35, 1920.

Paul Stephenson, *Constantine: Unconquered Emperor, Christian Victor*,
    Quercus, 2009.

로드니 스타크, 《기독교의 발흥》, 손현선 역, 좋은씨앗, 2016.

Catherine Nixey, *The Darkening Age*, Macmillan, 2017.

피터 히더, 《로마제국과 유럽의 탄생》, 이순호 역, 다른세상, 2011.

Ammianus Marcellinus, *The Roman History of Ammianus Marcellinus*,
    Translated by C. D. Yonge, Project Gutenberg e-book, 2009.

Saint Jerome, *The Letters of Saint Jerome*, Translated by W. H. Fremantle,
    Aeterna Press, 2016.

John B. Bury, *The Rise and Decline of the Roman Empire*, e-artnow, 2019.
    Kindle.

Joseph A. Tainter, *The Collapse of Complex Societies*, Cambridge University
    Press, 1988.

Salvian of Marseille, *On The Government Of God*, Edited under the auspices of
    the Department of History, Columbia University Press, 1930.

Bruce Bartlett, 'How Excessive Government Killed Ancient Rome', *Cato
    Journal*, Vol. 14, No. 2 (Fall 1994).

Aldo Schiavone, *The End of the Past*, Translated by M. J. Schneider, Harvard
    University Press, 2002.

Arthur Ferrill, *The Fall of the Roman Empire: the Military Explanation*, Thames
    and Hudson, 1986.

André Piganiol, 'The Causes of the Fall of the Roman Empire', *The Journal of General Education*, Vol. 5, No. 1(October 1950), pp. 62-69.

Bryan Ward-Perkins, *The Fall of Rome and the End of Civilization*, Oxford University Press, 2005.

Guy Halsall, *Barbarian Migrations and the Roman West*, Cambridge University Press, 2007.

Arnold J. Toynbee, *A Study of History*(2nd ed.), Oxford University Press, 1935. Internet Archive.

A.J. 토인비,《역사의 연구》, 원창화 역, 홍신문화사, 1992.

김진경 외,《서양고대사 강의》, 한울아카데미, 2011.

윌 듀런트,《문명 이야기: 카이사르와 그리스도 3-1》, 임웅 역, 민음사, 2012.

제3장

동양 역사의 큰 줄기

•

중국 문명

소효강·왕로상,《하상》, 홍희 역, 동문선, 1989.

사마천,《사기: 본기》(e-book), 김원중 역, 민음사, 2015.

사마천,《사기: 본기》(e-book), 신동준 역, 학오재, 2016.

관중,《관자》, 김필수·고대혁·장승구·신창호 역, 소나무, 2015.

이언 모리스,《왜 서양이 지배하는가》, 최파일 역, 글항아리, 2013.

좌구명,《춘추좌전》(e-book), 신동준 역, 학오재, 2016.

사마천,《사기: 열전》, 신동준 역, 위즈덤하우스, 2015.

여불위,《여씨춘추》, 김근 역, 글항아리, 2012.

위안싱페이 외,《중화문명사》, 구자원 역, 동국대출판부, 2017.

K. C. Chang, *Art, Myth, and Ritual*, Harvard University Press, 1983.

유강하, '饕餮紋의 含意 變化에 대하여',《중국어문학논집》제52호, 2008.

Zhu Xialoi, 'The Evolvement and Development of Chinese Dragon', *Cross-Cultural Communication*, Vol. 11, No. 3, 2015. PP. 95-100.

Rui Oliveira Lopes, 'Securing the Harmony between the High and the Low: Power Animals and Symbols of Political Authority in Ancient Chinese Jades and Bronzes', *Asian Perspective* 53(2), Fall 2014.

《상서》, 中國哲學書電子化計劃, https://ctext.org.

《육도》, 中國哲學書電子化計劃.

태공망, 황석공,《육도 · 삼략》, 유동환 역, 홍익출판사, 2018.

《주례》, 이준영 역, 자유문고, 2002.

이중톈,《제국을 말하다》, 심규호 역, 에버리치홀딩스, 2008.

이중톈,《이중톈 중국사 2: 국가》, 김택규 역, 글항아리, 2013.

순자,《순자》, 이운구 역, 한길사, 2006.

량치차오,《관자전》, 자이위중,《국부책》, 홍순도 · 홍광훈 역, 더숲, 2010. (122-123에서 재인용).

한비,《한비자》, 김원중 역, 글항아리, 2010.

《논어》, 최영갑 역, 펭귄클래식 코리아, 2009.

맹자,《맹자》, 김원중 역, 휴머니스트, 2021.

자이위중, 《국부책》, 홍순도·홍광훈 역, 더숲, 2010.

공원국, 《춘추전국 이야기 1: 최초의 경제학자 관중》, 역사의 아침, 2010.

강신주, 《관중과 공자》, 사계절, 2011.

사마천, 《사기: 세가》, 신동준 역, 위즈덤하우스, 2015.

《효경》, 도민재 역, 지식을 만드는 지식, 2008.

이중톈, 《이중톈 중국사 3: 창시자》, 김택규 역, 글항아리, 2014.

《안자춘추》, 임동석 역, 동문선, 1998.

윌 듀런트, 《문명 이야기: 동양문명 1-1》, 왕수민·한상석 역, 민음사, 2011.

기세춘, 《공자는 왜 소정묘를 죽였는가》, 화남, 2002.

안핑 친, 《공자 평전》, 김기협 역, 돌베개, 2010.

바오펑산, 《공자전》, 이연도 역, 나무의 철학, 2013.

시라카와 시즈카, 《공자전》, 정원철·정영실 역, 펄북스, 2016.

왕건문, 《공자, 최후의 20년》, 이재훈·은미영 역, 글항아리, 2010.

H. G. Creel, *Confucius: The Man and the Myth*, Kissinger Publishing, 2010.

펑유란, 《중국철학사》, 박성규 역, 까치, 1999.

안춘분, 《공자의 춘추대의 사상》, 문사철, 2017.

임종진, 《무엇이 의로움인가》, 글항아리, 2015.

공양고, 《춘추공양전》, 박성진 역, 지식을 만드는 지식, 2018.

이승수, 《사마천의 마음으로 읽는 〈사기〉》, 돌베개, 2018.

왕안석, 《임천집》, 中國哲學書電子化計劃.

루쉰, 《아Q정전/아침꽃을 저녁에 줍다》, 이가원 역, 동서문화사, 2008.

이승환, 《유가 사상의 사회철학적 재조명》, 고려대출판부, 1998.

왕샤오시, 《중국의 전통적 경제윤리》, 윤익수 역, 효형출판, 2003.

Karl Jaspers, *Socrates, Buddha, Confucius, Jesus*, Translated by R. Manheim, Harcourt Brace & Co., 1985.

정영도,《칼 야스퍼스의〈위대한 철학자들〉읽기》, 세창미디어, 2016.

카렌 암스트롱,《축의 시대》, 정영목 역, 교양인, 2010.

王邦雄 외,《맹자 철학》, 황갑연 역, 서광사, 2005

백민정,《맹자: 유학을 위한 철학적 변론》, 태학사, 2005

임건순,《순자, 절름발이 자라가 천리를 간다》, 시대의창, 2015.

상앙,《상군서》, 신동준 역, 인간사랑, 2013.

장소원 외,《구당서》, 中國哲學書電子化計劃.

소식,《소식집》, 中國哲學書電子化計劃.

허야오민,《중국 경제사》, 김승일 역, 집옥재, 2010.

한비자·왕굉빈(해설),《한비자》, 황효순 역, 베이직북스, 2012.

신도,《신자》, 조영래 역, 지식을 만드는 지식, 2011.

유향,《전국책》, 신동준 역, 인간사랑, 2011.

묵자,《묵자》, 中國哲學書電子化計劃.

기세춘,《동양고전 산책》, 바이북스, 2006.

존 킹 페어뱅크·밀 골드만,《신중국사》, 김형종·신성곤 역, 까치, 2005.

패트리샤 버클리 에브리,《사진과 그림으로 보는 케임브리지 중국사》, 이동진·윤미경 역, 시공사, 2010.

진순신,《이야기 중국사》, 박현석 역, 살림, 2011.

오카모토 다카시,《중국 경제사》, 강진아 역, 경북대출판부, 2016.

장펀톈,《진시황 평전》, 이재훈 역, 글항아리, 2011.

왕리췬,《진시황 강의》, 홍순도·홍광훈 역, 김영사, 2017.

쓰루마 가지유키,《진시황제》, 김정호 역, 청어람미디어, 2004.

리카이위엔,《진시황의 비밀》, 하병준 역, 시공사, 2010.

이연승,《이사: 제국의 건설자》, 물레, 2008.

반고,《한서》, 진기환 역, 명문당, 2016.

반고; 노돈기 · 이리충(편),《한서: 반고의 인물열전》, 김하나 역, 팩컴북스, 2013.

몽테스키외,《법의 정신》, 하재홍 역, 동서문화사, 2007.

신용하(편),《아시아적 생산양식론》, 까치, 1986.

서울대 동양사학연구실,《강좌 중국사 1: 고대 문명과 제국의 성립》, 지식산업사,
    1989.

Douglss C. North, 'The Paradox of the West', *Economic History* 9309005,
    University Library of Munich, Germany, 1993.

송영배,《유교적 전통과 중국혁명》, 철학과 현실사, 1992.

송영배,《중국사회사상사》, 사회평론, 2012.

레이 황,《허드슨 강변에서 중국사를 이야기하다》, 권중달 역, 푸른역사, 2001.

정위안 푸,《법가, 절대 권력의 기술》, 윤지산 · 윤태준 역, 돌베개, 2011.

장개충(편),《초한지》, 학영사, 2011.

노자,《노자 도덕경》, 남만성 역, 을유문화사, 2015.

정일동,《한초의 정치와 황로사상》, 백산자료원, 1997.

《백서: 황제사경》, 中國哲學書電子化計劃.

이석명,《노자와 황로학》, 소와당, 2010.

양성민,《한무제 평전》, 심규호 역, 민음사, 2012.

왕리췬,《한무제 강의》, 홍순도 · 홍광훈 역, 김영사, 2011.

히하라 도시쿠니,《국가와 백성 사이의 한漢》, 김동민 역, 글항아리, 2013.

동중서,《춘추번로》, 中國哲學書電子化計劃.

신정근,《동중서: 중화주의의 개막》, 태학사, 2004.

왕충,《논형》, 中國哲學書電子化計劃.

임옥균,《왕충: 한대유학을 비판한 철학자》, 성균관대출판부, 2005.

김동민,《춘추논쟁》, 글항아리, 2014.

장라이용,《거침없이 빠져드는 역사 이야기: 법학편》, 황선영 역, 시그마북스, 2007.

요사렴,《진서》, 中國哲學書電子化計劃.

C. Keyser-Tracqui, et al., 'Nuclear and Mitochondrial DNA Analysis of a 2,000-Year-Old Necropolis in the Egyin Gol Valley of Mongolia', *American Journal of Human Genetics* 73: 247-260, 2003.

사와다 이사오,《흉노》, 김숙경 역, 아이필드, 2007.

장진퀘이,《흉노제국 이야기》, 남은숙 역, 아이필드, 2010.

르네 그루쎄,《유라시아 유목제국사》, 김호동·유원수·정재훈 역, 사계절, 1998.

정수일,《씰크로드학》, 창비, 2001.

두우,《통전》, 中國哲學書電子化計劃.

S. Frederick Starr, *Ferghana Valley*, Routledge, 2011.

Richard von Glahn, *The Economic History of China*, Cambridge University Press, 2016.

소식,《동파지림》, 中國哲學書電子化計劃.

황위평(편),《시는 붉고 그림은 푸르네》, 서은숙 역, 학고재, 2003.

환관,《염철론》, 김원중 역, 현암사, 2007.

니시지마 사다오,《중국 고대 사회경제사》, 변인석 역, 한울아카데미, 1994.

신동준,《사마천의 부자경제학》, 위즈덤하우스, 2012.

殷孟倫 외,《사마천의 역사 인식》, 박혜숙 역, 한길사, 1988.

범엽,《후한서》, 中國哲學書電子化計劃.

조지프 니덤,《중국의 과학과 문명: 사상적 배경》, 김영식·김제란 역, 까치, 1998.

푸단대,《중국인구발전사》, 출전: 維基百科 재인용, https://zh.wikipedia.org/zh-
hk/中國人口史.

제4장

서양의 역사

•

중세

자크 르고프,《서양 중세 문명》, 유희수 역, 문학과지성사, 2008.

Friedrich Engels, *The Origin of the Family, Private Property and the State*,
Penguin Books, 2010.

Bishop of Tours Gregory, *The History of the Franks*, Translated by L. Thorpe.
Penguin Books, 1974. Internet Archive.

Bryan Ward-Perkins, *The Fall of Rome and the End of Civilization*, Oxford
University Press, 2005.

브라이언 타이어니·시드니 페인터,《서양 중세사》, 이연규 역, 집문당, 2002.

브라이언 타이어니,《서양 중세사 연구》, 박은구 외 역, 탐구당, 1988.

로베르 들로르,《서양 중세의 삶과 생활》, 김동섭 역, 새미, 1999.

active 6th century Jordanes, *The Origin and Deeds of the Goths*, Project
Gutenberg e-book, 2005.

카이사르, 《갈리아 전쟁기》, 김한영 역, 사이, 2005.

Cornelius Tacitus, *Germania*, Kindle Edition, 2018.

Ian Wood, *The Merovingian Kingdoms 450-751*, Routledge, 2014.

Christian Pfister, *Gaul Under the Merovingians*, Didactic Press, 2014.

Patrick J. Geary, *Before France & Germany*, Oxford University Press, 1988.

J. W. Currier, *Clovis: King of the Franks*, Kindle Edition, 2020.

미셸 푸코, 《사회를 보호해야 한다》, 김상운 역, 난장, 2015.

콜린 존스, 《사진과 그림으로 보는 케임브리지 프랑스사》, 방문숙·이호영 역, 시
공사, 2001.

어거스틴, 《신국론》, 김광채 역, 아우름, 2017.

최형걸, 《중세교회사》, 이레서원, 2000.

마이클 콜린스·매튜 A. 프라이스, 《사진과 그림으로 보는 기독교 역사》, 김승철
역, 시공사, 2001.

P. G. 맥스웰-스튜어트, 《교황의 역사》, 박기영 역, 갑인공방, 2005.

한스 큉, 《가톨릭 교회》, 배국원 역, 을유문화사, 2003.

보에티우스, 《철학의 위안》, 박문재 역, 현대지성, 2018.

리처드 루빈스타인, 《아리스토텔레스의 아이들》, 유원기 역, 민음사, 2004.

Umberto Eco, *The Name of the Rose*, Translated by William Weaver, Mariner
Books, 2014.

움베르토 에코, 《장미의 이름》, 이윤기 역, 열린책들, 2014.

조셉 폰타나, 《거울에 비친 유럽》, 김원중 역, 새물결, 2000.

Peter Brown, *The World of Late Antiquity*, Norton, 1989.

Averil Cameron, *The Mediterranean World in Late Antiquity*, Routledge, 2012.

Procopius, *The Works of Procopius: The Secret History and the Wars of Justinian*, Halcyon Press, 2009.

David Potter, *Theodora, Actress, Empress, Saint*, Oxford University Press, 2015.

Procopius, *Buildings*, Translated by H. B. Dewing, Harvard University Press, 1972.

A. A. Vasiliev, *History of the Byzantine Empire 324-1453*, University of Wisconsin Press, 1958. Internet Archive.

장 카르팡티에 외,《지중해의 역사》, 강민정·나선희 역, 한길사, 2006.

워렌 트레드골드,《비잔틴제국의 역사》, 박광순 역, 가람기획, 2003.

제임스 E. 매클레란 3세·해럴드 도른,《과학과 기술로 본 세계사 강의》, 전대호 역, 모티브, 2006.

아인하르트,《샤를마뉴의 생애》, 이경구 역, 지식을 만드는 지식, 2012.

Johnnes Fried, *Charlemagne*, Translated by P. Lewis, Harvard University Press, 2016.

Barbara A. Hanwalt, *The Middle Ages: An Illustrated History*, Oxford University Press, 1998.

The Song of Roland, Translated by C. K. Moncrieff, Project Gutenberg e-book, 2008.

Marc Bloch, *Feudal Society*, Translated by L. A. Manyon, Routeldge, 1965.

조르주 뒤비,《전사와 농민》, 최생열 역, 동문선, 1999.

E. M. 번즈·R. 러너·S. 미첨,《서양 문명의 역사》, 박상익 역, 소나무, 1994.

The Anglo-Saxon Chronicle, Translated by J. H. Ingram, Project Gutenberg e-book, 2008.

Else Roesdahl, *The Vikings*, Translated by S. M. Margeson and K. Williams, Penguin Books, 1998.

Robert Ferguson, *The Vikings: A History*, Viking Penguin, 2009.

Quentin Dudo of St., *Gesta Normannorum*, Translated by F. Lifshitz, Internet History Sourcebooks Project, Fordham University. https://sourcebooks. fordham.edu/source/dudu-stquentin-gesta-trans-lifshitz.asp.

B. Raffield, N. Price, and M. Collard, 'Polygyny, Concubinage, and the Social Lives for Women in Viking-Age Scandinavia', *Viking and Medieval Scandinavia* 13(2017), 165-209.

Jacob Abbott, *History of William the Conqueror*, Skyhorse Publishing, 2012.

Spartacus Educational, 'William the Conqueror', Retrieved from https:// spartacus-educational.com/MEDwilliam1.htm.

케네스 O. 모건, 《옥스퍼드 영국사》, 영국사학회 역, 한울아카데미, 1997.

Charles Homer Haskins, *The Normans in European History*, Houghton Mifflin, 1915.

Richard Landes, 'Rodolfus Glaber and the Dawn of the New Millenium', *Revue Mabillon*, n.s., t. 7(=t. 68), 1996, p. 57-77.

Jules Pretty, 'Sustainable Agriculture in the Middle Ages: The English Manor', *Agricultural History Review* 38, 1, pp. 1-19.

Bernard S. Bachrach, *Fulk Nerra*, University of California Press, 1993.

Richard W. Kaeuper, *Chivalry and Violence in Medieval Europe*, Oxford

University Press, 1999.

콘스탄스 브리덴 부시,《귀족과 기사도》, 강일휴 역, 신서원, 2015.

Frances Gies, *The Knight in History*, Harper Perennial, 1987.

Carol Sweetenham, *Robert the Monk's History of the First Crusade*, Routledge, 2016.

Chrsitopher Tyerman, *God's War*, Harvard University Press, 2008.

W. B. 바틀릿,《십자군 전쟁: 그것은 신의 뜻이었다》, 서미석 역, 한길사, 1999.

토머스 E. 매튼,《십자군》, 권영주 역, 루비박스, 2005.

Jonathan Riley-Smith, *The Oxford Illustrated History of the Crusades*, Oxford University Press, 1995.

Jonathan Phillips, *Holy Warriors: A modern History of the Crusades*, Random House, 2010.

Edward Peters, *The First Crusade: The Chronicle of Fulcher of Chartres and Other Source Materials*, University of Pennsylvania Press, 1998.

Carole Hillenbrand, *The Crusades: Islamic Perspectives*, Edinburgh University Press, 2012.

제임스 레스턴,《이슬람의 영웅 살라딘과 신의 전사들》, 이현주 역, 민음사, 2003.

Steven Runciman, *The First Crusade*, Cambridge University Press, 1996.

아민 말루프,《아랍인의 눈으로 본 십자군 전쟁》, 김미선 역, 아침이슬, 2002.

한스 외르크바우어·베르트 할리어,《상거래의 역사》, 이영희 역, 삼진기획, 2003.

Robert S. Lopez, *The Commercial Revolution of Middle Ages, 850-1350*, Cambridge University Press, 1976.

앙리 피렌,《중세 유럽의 도시》, 강일휴 역, 신서원, 1997.

프리드리히 헤르,《중세의 세계: 유럽 1100-1350》, 김기찬 역, 현대지성, 1997.

크누트 슐츠,《중세 유럽의 코뮌 운동과 시민의 형성》, 박흥식 역, 길, 2013.

Steven Epstein, *Genoa & Genoese, 968-1528*, University of North Carolina Press, 1996.

기베르 드 노장,《기베르 드 노장의 자서전》, 박용진 역, 한길사, 2014.

Edward Neville Vose, *The Spell of Flanders*, Page, 1915, Kindle.

에디트 엔넨,《도시로 본 중세유럽》, 안상준 역, 한울아카데미, 1997.

로버트 L. 하일브로너·윌리엄 밀버그,《자본주의 어디서 와서 어디로 가는가》, 홍기빈 역, 미지북스, 2010.

김필년,《자본주의는 왜 서양 문명에서 발전했는가》, 범양사 출판부, 1993.

Martin Allen, *Mints and Money in Medieval England*, Cambridge University Press, 2012.

자크 르 코프,《중세와 화폐》, 안수연 역, 에코, 2011.

필리스 A. 티클,《탐욕》, 남경태 역, 민음사, 2007.

Aquinas, *Summa Theologica*, Translated by Fathers of the English Dominican Province, Project Gutenberg e-book, 2006.

Charles R. Geisst, *Beggar Thy Neighbor*, University of Pennsylvania Press, 2013.

재닛 아부-루고드,《유럽 패권 이전 13세기 세계체제》, 박흥식·이은정 역, 까치, 2006.

Dan Jones, *The Templars*, Penguin Books, 2017.

이언 F. 맥닐리·리사 울버턴,《지식의 재탄생》, 채세진 역, 살림, 2009.

찰스 반 도렌,《지식의 역사》, 오창호 역, 고려문화사, 1995.

Steven Runciman, 'Muslim Influences on the Development of European

Civilization', *Sarkiyat Mecmuasi [Oriental Magazine]* 3, 1959, p. 1-12. https://dergipark.org.tr/tr/download/article-file/10445.

피터 왓슨,《생각의 역사》, 남경태 역, 들녘, 2009.

C.H. 해스킨스,《12세기 르네상스》, 이희만 역, 혜안, 2017.

로버트 스완슨,《12세기 르네상스》, 최종원 역, 심산, 2009.

David Nicholas, *Medieval Flanders*, Routledge, 2013.

R. Pisano and P. Bussotti, 'Fibonacci and the Abacus Schools in Italy, Mathematical Conceptual Streams-Education and its Changing Relationship with Society', *Almagest*, November 2015.

린 화이트 주니어,《중세의 기술과 사회변화》, 강일휴 역, 지식의 풍경, 2005.

Giorgio Vasari, *Lives of the Most Eminent Painters, Sculptors and Architects*, Project Gutenberg e-book, 2010.

Kenneth Clark, *Civilization*, John Murray, 2015.

페르낭 브로델,《물질문명과 자본주의》, 주경철 역, 까치글방, 1997.

위르겐 코카,《자본주의의 역사》, 나종석·육혜원 역, 북캠퍼스, 2017.

Dante Alighieri, *The De Monarchia of Dante Alighieri*, Translated by A. Henry, Cambridge University Press, 1904. Internet Archive.

Marsilius of Padua, *The Defensor Pacis*, Edited by E. Emerton, Harvard University Press, 1920. Internet Archive.

The Magna Carta, Project Gutenberg e-book, 2015.

D. Herlihy, *The Black Death and the Transformation of the West*, Harvard University Press, 1997.

조반니 보카치오,《데카메론》, 한형곤 역, 동서문화사, 2007.

T. R. Malthus, An Essay on the Principle of Population, Project Gutenberg e-book, 2009.

맬서스,《인구론》, 이극찬 역, 을유문화사, 1983.

William Dene, *Historia Roffensis*, British Library, https://www.bl.uk/learning/timeline/item103973.html.

J. H. Munro, *Before and after the Black Death: money, prices, and wages in fourteenth-century England*, MPRA Paper No. 15748, 2004. https://mpra.ub.uni-muenchen.de/15748.

John Gower, *The Complete Works of John Gower*, Edited by G. C. Macaulay, Oxford Clarendon Press, 1899. Internet Archive.

J. Mackenbach and R. P. Dreier, 'Dances of Death: macabre mirrors of an unequal society', *International Journal of Public Health*, 2012; 57(6): 915-924.

D. Seward, *The Hundred Years War*, Penguin Books, 1999.

어니스트 볼크먼,《전쟁과 과학, 그 야합의 역사》, 석기용 역, 이마고, 2003.

버나드 로 몽고메리,《전쟁의 역사》, 승영조 역, 책세상, 2004.

제5장

서양의 역사

•

르네상스

A. Debenedetti and C. Elam, eds., *Botticelli: Past and Present*. UCL Press, 2019.

케네스 클라크,《누드의 미술사》, 이재호 역, 열화당, 2002.

E. H. Gombrich, 'Botticelli's Mythologies: A Study in the Neoplatonic Symbolism of His Circle', *Journal of the Warburg and Courtauld Institutes*, Vol. 8, 1945. pp. 7-60.

Joscelyn Godwin, *The Pagan Dream of the Renaissance*, Phanes Press, 2002.

V. Prosperi, 'Lucretius in the Italian Renaissance', In S. Gillespie and P. Hardie, eds., *The Cambridge Companion to Lucretius*, Cambridge University Press, 2007.

Titus Lucretius Carus, *On the Nature of Things*, Project Gutenberg e-book, 2008.

스티븐 그린블랫,《1417년, 근대의 탄생》, 이혜원 역, 까치, 2013.

Jules Michelet, *History of France*, Translated by G. H. Smith, Appleton, 1882.

야코프 부르크하르트,《이탈리아 르네상스의 문화》, 안인희 역, 푸른숲, 2002.

호이징가,《중세의 가을》, 최홍숙 역, 문학과지성사, 1997.

키케로,《설득의 정치》, 김남우 외 역, 민음사, 2015.

M. T. Cicero, *Cicero's Pro Archia*, Edited by Claude Pavur, Kindle Edition, 2013.

J. Bolt and J. L. van Zanden(2014), The Maddison Project: collaborative research on historical national accounts, *The Economic History Review* 67 (3): 627 – 651, working paper

크리스토퍼 히버트,《도시로 읽는 세계사》, 한은경 역, 미래 M&B, 2002.

크리스토퍼 히버트,《메디치가 이야기》, 한은경 역, 생각의 나무, 2001.

Richard A. Goldthwaite, *The Economy of Renaissance Florence*, Johns Hopkins University Press, 2009.

Janet Ross, *Lives of the Early Medici*, Chatto & Windus, 1910. Internet Archive.

Raymond de Roover, *The Rise and Decline of the Medici Bank*, Borodino Books, 2018. Kindle.

Tim Parks, *Medici Money*, Atlas Books, 2005.

Frans Johansson, *The Medici Effect*, Harvard Business Review Press, 2017.

이은기,《르네상스 미술과 후원자》, 시공사, 2002.

Alfred von Martin, *Sociology of the Renaissance*, Translated by W. L. Luetkens, Kegan Paul, Trench, Trubner, 1944. Internet Archive.

W. K. 퍼거슨,《르네상스사론》, 진원숙 역, 집문당, 1991.

Peter Burke, *The Italian Renaissance: Culture and Society in Italy*, Polity, 2014.

카를로 M. 치폴라,《시계와 문명》, 최파일 역, 미지북스, 2013.

Paul E. Grendler, *Schooling in Renaissance Italy*, Johns Hopkins University Press, 1991.

단테,《신곡》, 허인 역, 동서문화사, 2007.

James H. Robinson, *Petrarch: The First Modern Scholar and Man of Letters*, The Knickerbocker press, 1914. Internet Archive.

Francesco Petrarch, *Letters on Familiar Matters*, Translated by Aldo S.

Bernardo, Italica Press, 2014.

Margaret L. King, *Renaissance Humanism*, Hackett Publishing, 2014.

조반니 보카치오,《데카메론》, 한형곤 역, 동서문화사, 2007.

윌 듀런트,《문명 이야기: 르네상스 5-1》, 안인희 역, 민음사, 2011.

Giorgio Vasari, *Lives of the Most Eminent Painters, Sculptors and Architects*, Project Gutenberg e-book, 2010.

E. H. 곰브리치,《서양 미술사》, 백승길, 이종승 역, 예경, 1997.

월터 페이터,《르네상스》, 이시영 역, 학고재, 2001.

폴 존슨,《르네상스》, 한은경 역, 을유문화사, 2003.

Leonardo da Vinci, *A Treatise on Painting*, Anna Ruggieri, 2017.

Walter Isaacson, *Leonardo da Vinci*, Simon & Schuster, 2017.

J. D. 버날,《과학의 역사》, 김상민 역, 한울, 1995.

Rolland Romain, *Michelangelo*, Project Gutenberg e-book, 2010.

Rona Goffen, *Renaissance Rivals*, Yale University Press, 2003.

T. Campanella, and Michelangelo, *The Sonnets of Michael Angelo Buonarroti and Tommaso Campanella*, Project Gutenberg e-book, 2003.

H. W. 반 룬,《반 룬의 예술사 이야기》, 이덕렬 역, 들녘, 2000.

Vitruvius, *On Architecture*, Edited by F. Granger, London: William Heinemann; New York: Putnam's Sons, 1931. Internet Archive.

P. Elmer, N. Webb and R. Wood, eds., *The Renaissance in Europe: An Anthology*, Yale University Press, 2000.

Lorenzo Valla, *The Treatise of Lorenzo Valla on the Donation of Constantine*, Translated by C. B. Coleman, Yale University Press, 1922. Internet

Archive.

니콜로 마키아벨리,《군주론》, 신재일 역, 서해문집, 2005.

니콜로 마키아벨리,《군주론》, 박상훈 역, 후마니타스, 2014.

Ernst Cassirer, *The Myth of the State*, Yale University Press, 1946. Internet
Archive.

Miguel Vatter, *Machiavelli's The Prince*, Bloomsbury, 2013.

마키아벨리,《로마사 논고》, 강정인·안선재 역, 한길사, 2003.

Michael W. Doyle, 'Liberalism and World Politics', *The American Political
Science Review*, Vol. 80, No. 4, Dec. 1986. pp. 1151-1169.

레오 스트라우스,《마키아벨리》, 함규진 역, 구운몽, 2006.

하비 맨스필드,《마키아벨리의 덕목》, 이태영·조혜진·고승 역, 말글빛냄, 2009.

레오나르도 부르니,《피렌체 찬가》, 임병철 역, 책세상, 2002.

박상섭,《국가와 폭력》, 서울대출판문화원, 2002.

진원숙,《마키아벨리와 국가이성》, 신서원, 1996.

Arnold Hauser, *The Social History of Art* (Vol. 2), Taylor & Francis e-Library,
2005.

Allen G. Debus, *Man and Nature in the Renaissance*, Cambridge University
Press, 1978.

Jack Repcheck, *Copernicus's Secret*, Simon & Schuster, 2007.

L. Thorndike, 'Renaissance or Prenaisance?', In K. H. Dannenfeldt, ed., *The
Renaissance: Medieval or Modern?*, Heath and Co., 1959. Internet
Archive.

Marie Boas Hall, *The Scientific Renaissance 1450-1630*, Dover Publications,

2013. Kindle.

Jonathan Daly, *The Rise of Western Power*, Bloomsbury, 2013.

제6장

서양의 역사

•

대항해 시대

Laurence Bergreen, *Columbus: The Four Voyages, 1492-1504*, Penguin
    Books, 2011.

Miles H. Davidson, *Columbus Then and Now*, University of Oklahoma Press,
    1997.

Fernando Colón, *The life of the Admiral Christopher Columbus by his son,
    Ferdinand*, Translated by B. Keen, Rutgers University Press, 1959.
    Internet Archive.

조반니 아리기,《장기 20세기》, 백승욱 역, 그린비, 2008.

크리스토퍼 콜럼버스·라스 카사스(편),《콜럼버스 항해록》, 박광순 역, 범우사,
    2000.

크리스토퍼 콜럼버스,《콜럼버스 항해록》, 이종훈 역, 서해문집, 2004.

Marco Polo, *The Travel of Marco Polo*, Translated by H. Yule. Kindle Edition,
    1920.

마르코 폴로·루스티켈로,《동방견문록》, 배진영 역, 서해문집, 2004.

Samuel Eliot Morison, *Admiral of the Ocean Sea: A Life of Christopher Columbus*, Little Brown, 1991.

Pope Alexander VI, *Bull Inter Caetera (The Doctrine of Discovery)*, 1493, Source: The Gilder Lehrman Institute of American History. https://www.gilderlehrman.org/history-resources/spotlight-primary-source/doctrine-discovery-1493.

애덤 스미스, 《국부론》, 유인호 역, 동서문화사, 2008

Bartolomé de las Casas, *A Short Account of the Destruction of the Indies*, Penguin Books, 1992.

Bartolomé de las Casas, *An Account, Much Abbreviated, of the Destruction of the Indies*, Translated by A. Hurley, edited by F. W. Knight, Heckett Publishing, 2003.

라스 카사스, 《눈물의 인디언 문명 파괴사》, 이제순 역, 판도라, 2017.

George E. Tinker and M. Freeland, 'Thief, Slave Trader, Murderer: Christopher Columbus and Caribbean Population Decline', *Wicazo Sa Review*, Vol. 23, No. 1, Spring 2008. pp. 25-50.

Bernal Díaz del Castillo, *The History of the Conquest of New Spain*, Edited by D. Carrasco, University of New Mexico Press, 2008.

E. 갈레아노, 《수탈된 대지》, 박광순 역, 범우사, 1999.

피터 L. 번스타인, 《황금의 지배》, 김승욱 역, 경영정신, 2001.

존 H. 엘리엇, 《스페인 제국사 1469-1716》, 김원중 역, 까치, 2000.

Bernardino de Sahagún, *Florentine Codex*, Edited by J. F. Peterson and K. Terraciano, University of Texas Press, 2019.

김명섭,《대서양 문명사》, 한길사, 2001.

주경철,《대항해 시대》, 서울대출판부, 2008.

가일스 밀턴,《향료전쟁》, 손원재 역, 생각의 나무, 2002.

Laurence Bergreen, *Over the Edge of the World*, William Morrow, 2003.

안토니오 피가페타,《최초의 세계 일주》, 박종욱 역, 바움, 2004.

Adam Nicolson, *Why Homer Matters*, Henry Holt and Co., 2014.

Earl J. Hamilton, *American Treasure and the Price Revolution in Spain, 1501–1650*, Harvard University Press, 1934.

피에르 빌라르,《금과 화폐의 역사 1450-1920》, 김현일 역, 까치, 2000.

Robert C. Allen, 'The Great Divergence in European Wages and Prices from the Middle Ages to the First World War', *Explorations in Economic History* 38, 2001. 411–447.

이성형,《콜럼버스가 서쪽으로 간 까닭은?》, 까치, 2003.

카를 마르크스,《자본론》, 김수행 역, 비봉출판사, 2015.

이매뉴얼 월러스틴,《근대 세계체제》, 나종일 외 역, 까치, 2013.

Ward Barrett, 'World bullion flows, 1450-1800', In J. D. Tracy, ed., *The Rise of Merchant Empires*, Cambridge University Press, 1990.

헨리 카멘, '세계적인 강대국의 성쇠, 1500-1700', 레이몬드 카 외(편),《스페인사》, 김원중·황보영조 역, 까치, 2006.

Karl W. Butzer, 'Spanish Colonization of the New World: Cultural Continuity and Change in Mexico', *Erdkunde*, Bd. 45, H. 3, Sep., 1991. pp. 205–219.

Henry Charles Lea, *A History of the Inquisition of the Middle Ages*, Kindle

Edition, 2012.

Samuel Pufendorf, *An Introduction to the History of the Principal Kingdoms and States of Europe*, Translated by J. Crull, Edited by M. J. Seidler, Liberty Fund, 2013.

Paul Freedman, *Out of the East: Spices and the Medieval Imagination*, Yale University Press, 2008.

Greg Steinmetz, *The Richest Man Who Ever Lived*, Simon & Schuster, 2015.

Jan de Vries and Ad van der Woude, *The First Modern Economy*, Cambridge University Press, 1997.

Jonathan I. Israel, *Dutch Primacy in World Trade 1585-1740*, Oxford University Press, 1990.

Robert Siebelhoff, 'The Demography of the Low Countries 1500-1990: Facts and Figures', *Canadian Journal of Netherlandic Studies* 14, 1, Spring/ Printemps 1993.

크리스토퍼 히버트,《도시로 읽는 세계사》, 한은경 역, 미래M&B, 2002.

주경철,《네덜란드: 튤립의 땅, 모든 자유가 당당한 나라》, 산처럼, 2003.

론도 캐머런·래리 닐,《간결한 세계 경제사》, 이헌대 역, 범문사, 2003.

Tim Blanning, *The Pursuit of Glory: The Five Revolutions that Made Modern Europe*, Penguin Books, 2007.

찰스 P. 킨들버거,《경제 강대국 흥망사 1500-1900》, 주경철 역, 까치, 2004.

B. J. P. van Bavel, 'Arable yields and total arable output in the Netherlands from the late Middle Ages to the mid-19th century', In *Land Productivity and Agro-systems in the North Sea Area*. Brepolis, 1999. doi:10.1484/

M.CORN-EB.4.00100.

Angus Maddison, *Contours of the World Economy 1-2030 AD*, Oxford University Press, 2007.

Liah Greenfeld, *The Spirit of Capitalism*, Harvard University Press, 2001.

William Temple, *Observations upon the United Provinces of Netherlands*, Jacob Tonson, 1705. Google Books.

Werner Sombart, *The Quintessence of Capitalism*, Translated by M. Epstein, Dutton, 1915. Kindle.

베르너 좀바르트, 《자본주의의 제5원소》, 종지바라기 역, 유페이퍼, 2019.

막스 베버, 《프로테스탄니즘의 윤리와 자본주의 정신》, 박성수 역, 문예출판사, 1996.

오언 채드윅, 《종교개혁사》, 서요한 역, 크리스찬다이제스트, 2001.

R. H. 토니, 《종교와 자본주의의 발흥》, 김종철 역, 한길사, 1983.

페르낭 브로델, 《물질문명과 자본주의 읽기》, 김홍식 역, 갈라파고스, 2012.

Hector M. Robertson, *Aspects of the Rise of Economic Individualism*, Kelly & Millman, 1959. Internet Archive.

롤란드 베인턴, 《에라스무스의 생애》, 박종숙 역, 크리스찬다이제스트, 2001.

르네 데카르트, 《방법 서설》, 권혁 역, 돋을새김, 2019.

Harold J. Cook, *Matters of Exchange: Commerce, Medicine, and Science in the Dutch Golden Age*, Yale University Press, 2007.

Maarten Prak, *The Dutch Republic in the Seventeenth Century*, Translated by D. Webb, Cambridge University Press, 2002.

존 몰리뉴, 《렘브란트와 혁명》, 정병선 역, 책갈피, 2003.

Svetlana Alpers, *The Art of Describing*, University of Chicago Press, 1983.

E. H. 곰브리치, 《서양 미술사》, 백승길·이종승 역, 예경, 1997.

Philip Steadman, *Vermeer's Camera*, Oxford University Press, 2001.

Douglass C. North, *Understanding the Process of Economic Change*, Princeton University Press, 2005.

Oscar Gelderblom and Jooster Jonker, 'Public Finance and Economic Growth: The Case of Holland in the Seventeenth Century', *The Journal of Economic History*, March 2011.

Anne Goldgar, *Tulipmania: Money, Honor, and Knowledge in the Dutch Golden Age*, University of Chicago Press, 2007.

알렉상드르 뒤마, 《검은 튤립》, 송진석 역, 민음사, 2012.

Herbert H. Rowen, *John de Witt: Statesman of the "True Freedom"*, Cambridge University Press, 1986.

폴 케네디, 《강대국의 흥망》, 이왈수·전남석·황건 역, 한국경제신문사, 1996.

케네스 O. 모건, 《옥스퍼드 영국사》, 영국사학회 역, 한울아카데미, 1997.

Arthur D. Innes, *England under the Tudors*, Kindle Edition, 2012.

David Childs, *The Warship: Mary Rose*, Seaforth Publishing, 2007.

토머스 모어, 《유토피아》, 김남우 역, 문예출판사, 2011.

앤 서머싯, 《제국의 태양: 엘리자베스 1세》, 남경태 역, 들녘, 2005.

Arthur Hassall, *Louis XIV and the Zenith of the French Monarchy*, Lecturable, 2013.

Arthur J. Sargent, *The Economic Policy of Colbert*, Batache Books, 2004.

미셸 보, 《자본주의의 역사》, 김윤자 역, 창작사, 1987.

제7장

동양의 역사

•

이슬람 세계와 중국의 송명 시대

Roger Crowley, *1453: The Holy War for Constantinople and the Clash of Islam and the West*, Hachette Books, 2013.

버나드 루이스, 《중동의 역사》, 이희수 역, 까치, 1998.

버나드 루이스, 《이슬람 1400년》, 김호동 역, 까치, 2001.

Timur Kuran, *The Long Divergence*, Princeton University Press, 2011.

Sevket Pamuk, 'The Price Revolution in the Ottoman Empire Reconsidered', *International Journal of Middle East Studies*, Feb. 2001.

홍성민, 《이슬람 경제와 금융》, 한반도국제대학원 대학교 출판부, 2009.

이희수·이원삼 외, 《이슬람: 이슬람 문명 올바로 이해하기》, 청아출판사, 2001.

정수일, 《이슬람 문명》, 창비, 2002.

프랜시스 로빈슨 외, 《사진과 그림으로 보는 케임브리지 이슬람사》, 손주영 외 역, 시공사, 2002.

타밈 안사리, 《이슬람의 눈으로 본 세계사》, 류한원 역, 뿌리와이파리, 2011.

조나선 라이언스, 《지혜의 집》, 김한영 역, 책과함께, 2013.

al-Ghazali, *Incoherence of the Philosophers*, Translated by S. A. Kamali, Pakistan Philosophical Congress, 1963. Internet Archive.

Ibn Rushd, *The Incoherence of the Incoherence*, Kindle Edition, 1930.

Edward Sachau, *The Chronology of Ancient Nations*, W. H. Allen, 1879

Pervez Hoodboy, *Islam and Science*, Zed Books, 1991. Internet Archive.

Aydin Sayili, *The Observatory in Islam*, Arno Press, 1981.

카를로 치폴라, 《대포, 범선, 제국》, 최파일 역, 미지북스, 2010.

앨런 파머, 《오스만 제국은 왜 몰락했는가》, 이은정 역, 에디터, 2000.

아이라 M. 라피투스, 《이슬람의 세계사》, 신연성 역, 이산, 2008.

버나드 루이스, 《무엇이 잘못되었나》, 서정민 역, 나무와숲, 2002.

에드워드 사이드, 《오리엔탈리즘》, 박홍규 역, 교보문고, 2004.

하랄트 뮐러, 《문명의 공존》, 이영희 역, 푸른숲, 2000.

증선지, 《십팔사략》, 소준섭 역, 현대지성, 2015.

진순신, 《이야기 중국사》, 박현석 역, 살림, 2011.

패트리샤 버클리 에브리, 《사진과 그림으로 보는 케임브리지 중국사》, 이동진·윤
　　　미경 역, 시공사, 2010.

디터 쿤, 《하버드 중국사: 송》, 육정임 역, 너머북스, 2015.

이하라 히로시, 《중국 중세 도시 기행》, 조관희 역, 학고방, 2012.

마크 엘빈, 《중국 역사의 발전 형태》, 이춘식·김정희·임중혁 역, 신서원, 1989.

오카모토 다카시, 《중국 경제사》, 강진아 역, 경북대출판부, 2016.

《송사》, 中國哲學書電子化計劃, https://ctext.org.

Richard von Glahn, *The Economic History of China*, Cambridge University
　　　Press, 2016.

존 킹 페어뱅크·멀 골드만, 《신중국사》, 김형종·신성곤 역, 까치, 2005.

마르코 폴로·루스티켈로, 《동방견문록》, 배진영 역, 서해문집, 2004.

양승윤·최영수·이희수 외, 《바다의 실크로드》, 청아출판사, 2003.

조복현, 《중국 송대 가계수입과 생활비》, 신서원, 2016.

이화승,《상인 이야기》, 행성비, 2013.

증공량·정도,《무경총요》, 中國哲學書電子化計劃.

Francis Bacon, *Novum Organum*, Edited by J. Devey, Kindle Edition, 2014.

신채식,《송대 정치경제사 연구》, 한국학술정보, 2008.

정순태,《송의 눈물》, 조갑제닷컴, 2014.

이근명,《왕안석 평전》, 신서원, 2021.

량치차오,《왕안석전王安石传》, 上海人民出版社, 2016. Kindle.

Xuan Zhao and Wolfgang Drechsler, 'Wang Anshi's economic reforms: proto-Keynesian economic policy in Song Dynasty China', *Cambridge Journal of Economics*, 2018. 42, 1239 – 1254.

이용주,《주희의 문화 이데올로기》, 이학사, 2003.

김영식, '유학은 과학의 발전을 저해했는가?', 성균관대학교 유교문화연구소 추계 학술회의, 2017.

김경일,《공자가 죽어야 나라가 산다》, 바다출판사, 2008.

호이트 틸만,《공리주의 유가: 주희에 대한 진량의 도전》, 김병환·임명희 역, 교육과학사, 2017.

왕양명·정갑임(편),《왕양명의 전습록》, 웅진지식하우스, 2019.

Stephen Broadberry, H. Guan and D. D. Li, *China, Europe and the Great Divergence; A Study in Historical National Accounting, 980-1850*, Discussion Papers in Economic and Social History, Number 155, University of Oxford, 2017.

나이토 코난,《中國近世史》, 岩波書店, 2015.

Joshua A. Fogel, 'Naitō Konan and Chinese Historiography', *Historiography*

East and West, Vol. 1, Issue 1, Jan. 2003.

티모시 브룩,《하버드 중국사: 원, 명》, 조영헌 역, 너머북스, 2015.

《명태조보훈》, 中國哲學書電子化計劃.

레이 황,《중국, 그 거대한 행보》, 홍광훈·홍순도 역, 경당, 2002.

Louise Levathes, *When China Ruled the Seas*, Oxford University Press, 1994.

개빈 멘지스,《1421 중국, 세계를 발견하다》, 조행복 역, 사계절, 2004.

許振興, '《皇明祖訓》與鄭和下西洋',《中國文化研究所學報》, *Journal of Chinese Studies*, No. 51, July 2010,

재닛 아부-루고드,《유럽 패권 이전 13세기 세계체제》, 박흥식·이은정 역, 까치, 2006.

데이비드 S. 랜즈,《국가의 부와 빈곤》, 안진환·최소영 역, 한국경제신문, 2009.

에릭 밀란츠,《자본주의의 기원과 서양의 발흥》, 김병순 역, 글항아리, 2012.

로이드 E. 이스트만,《중국사회의 지속과 변화 1550-1949》, 이승휘 역, 돌베개, 1999.

박기수, '청대 불산의 수공업, 상업 발전과 시진의 확대',《동양사학연구》 69, 2000. 1, 125-171.

Dennis Flynn, 'Silk for Silver: Manila-Macao Trade in the 17th Century', *Philippine Studies*, Vol. 44, No. 1, 1996. 52–68.

송응성,《천공개물》, 최주 역, 전통문화사, 1997.

박성래,《중국과학의 사상: 중국에는 왜 과학이 없었던가?》, 전파과학사, 1978.

막스 베버,《유교와 도교》, 이상률 역, 문예출판사, 1990.

유석춘(편),《막스 베버와 동양사회》, 나남, 1992.

왕샤오시,《중국의 전통적 경제윤리》, 윤익수 역, 효형출판, 2003.

이지,《속분서》, 中國哲學書電子化計劃.

신용철,《이탁오: 공자의 천하, 중국을 뒤흔든 자유인》, 지식산업사, 2006.

혜문보,《유교의 이단자들》, 이영호·노경희 외 역, 성균관대출판부, 2015.

황종희,《명이대방록》, 김덕균 역, 한길사, 2000.

Kenneth Swope, *The Military Collapse of China's Ming Dynasty, 1618-44*, Routledge, 2014.

주둥룬,《장거정 평전》, 이화승 역, 더봄, 2017.

레이 황,《1587 만력 15년 아무 일도 없었던 해》, 김한식 외 역, 새물결, 2004.

오금성·조영록·박원호·권중달·최소자,《명말, 청초 사회의 조명》, 한울아카데미, 1990.

마오쩌둥毛澤東,《中国革命和中国共産黨》, 1939. 12. https://www.cctv.com/special/756/1/49705.html.

우칭밍, '중국 자본주의 발전에 대한 약술', 許滌新 외,《중국 자본주의 논쟁사》, 김세은 외 역, 고려원, 1993.

황런위(레이 황),《자본주의 역사와 중국의 21세기》, 이재정 역, 이산, 2001.

케네스 포메란츠,《대분기》, 김규태·이남희·심은경 역, 에코리브르, 2016.

R. Bin Wong, *China Transformed: Historical Change and the Limits of European Experience*, Cornell University Press, 1997.

이언 모리스,《왜 서양이 지배하는가》, 최파일 역, 글항아리, 2013.

제8장
서양의 역사
·
산업혁명

Roger Osborne, *Iron, Steam and Money: The Making of the Industrial Revolution*, Vintage Digital, 2013. Kindle.

Andrew Carnegie, *James Watt*, Kindle Edition, 2011.

T. S. 애슈턴, 《산업혁명 1760-1830》, 김택현 역, 삼천리, 2020.

Arnold Toynbee, *The Industrial Revolution*, Gleed Press, 2013.

Ronald M. Hartwell, ed., *The Cause of the Industrial Revolution in England*, Routledge, 2017.

케네스 포메란츠, 《대분기》, 김규태·이남희·심은경 역, 에코리브르, 2016.

Walt W. Rostow, *The Stages of Economic Growth*, Cambridge Universtity Press, 1990.

이매뉴얼 월러스틴, 《근대 세계체제》, 나종일 외 역, 까치, 2013.

Thomas Mun, *England's Treasure by Forraign Trade*, Macmillan, 1895. Internet Archive.

Rudi Verburg, *Greed, Self-Interest and the Shaping of Economics*, Routledge, 2018.

앨버트 O. 허시먼, 《정념과 이해관계》, 노정태 역, 후마니타스, 2020.

조반니 아리기, 《장기 20세기》, 백승욱 역, 그린비, 2008.

Angus Maddison, *Contours of the World Economy 1-2030 AD*, Oxford

University Press, 2007.

존 로버트 실리,《잉글랜드의 확장》, 이영석 역, 나남, 2020.

스벤 베커트,《면화의 제국》, 김지혜 역, 휴머니스트, 2019.

이영림·주경철·최갑수,《근대 유럽의 형성 16-18세기》, 까치, 2011.

찰스 틸리,《국민국가의 형성과 계보》, 이향순 역, 학문과사상사, 1994.

US Census Bureau, *Bicentennial Edition: Historical Statistics of the United States, Colonial Times to 1970, 1975.* https://www2.census.gov/prod2/statcomp/documents/CT1970p2-13.pdf.

존 로크,《통치론》, 강정인·문지영 역, 까치, 1996.

하워드 진,《미국 민중사》, 유강은 역, 시울, 2006.

Elizabeth A. Fenn, 'Biological Warfare in Eighteenth-Century North America: Beyond Jeffery Amherst', *The Journal of American History*, Vol. 86, No. 4, Mar. 2000. pp. 1552-1580.

에릭 윌리엄스,《자본주의와 노예제도》, 김성균 역, 우물이 있는 집, 2014.

Slave Voyages, *The Transatlantic Slave Trade Database*, https://www.slavevoyages.org.

샤시 타루르,《암흑의 시대》, 김성웅 역, 젤리판다, 2017.

조길태,《영국의 인도 통치 정책》, 민음사, 2004.

Nick Robins, *The Corporation That Changed the World*, Pluto Press, 2012.

The National Archives of the UK., *Trade that the British East India Company was involved in, 1814-35* (Figures from Parliamentary papers for 1840) https://www.nationalarchives.gov.uk/education/empire/g2/cs4/g2cs4s2a.htm.

카를 마르크스,《자본론》, 김수행 역, 비봉출판사, 2015.

Paul A. Baran, *The Political Economy of Growth*, Monthly Review Press, 1957.

James Mill, *The History of British India*. www.WealthOfNation.com, 2014.

Robert C. Allen, *The British Industrial Revolution in Global Perspective*, Cambridge University Press, 2009.

조엘 모키르,《성장의 문화: 현대 경제의 지적 기원》, 김민주·이엽 역, 에코리브르, 2018.

Isaac Newton, *Newton's Principia: The Mathematical Principles of Natural Philosophy*, Translated by A. Motte. New York: Daniel Adee, 1846. Internet Archive.

B. Zorina Khan, 'The Evolution of Useful Knowledge: Great Inventors, Science and Technology in British Economic Development, 1750-1930', (2007) Unpublished paper, Bowdoin College. https://www.mcgill.ca/economics/files/economics/khan.pdf.

Brian A'Hearn, 'The British industrial revolution in a European mirror', In R. Floud, J. Humphries, and P. Johnson, eds., *The Cambridge Economic History of Modern Britain*, Cambridge University Press, 2014.

A. E. Musson and E. Robinson, *Science and Technology in the Industrial Revolution*, University of Toronto, 1969.

A. E. Musson, 'The British Industrial Revolution', *History*, Vol. 67, No. 220, 1982, pp. 252-258.

데이바 소벨,《경도 이야기》, 김진준 역, 웅진지식하우스, 2012.

루이스 멈퍼드,《기술과 문명》, 문종만 역, 책세상, 2013.

E. A. Wrigley, 'Energy and the English Industrial Revolution', *Philosophical Transactions of the Royal Society* A 371: 20110568. doi: http://dx.doi.org/10.1098/rsta.2011.0568 2013.

Douglass C. North and R. P. Thomas, *The Rise of the Western World*, Cambridge University Press, 1973.

Jorgen Lovland, 'A History of Steam Power', *Personal website at Norwegian University of Science and Technology*, 2007. https://folk.ntnu.no/haugwarb/TKP4175/History/history_of_steam_power.pdf,

조반니 아리기·비벌리 J. 실버 외,《체계론으로 보는 세계사》, 최홍주 역, 모티브북, 2008.

Stephen Broadberry, et al., *British Economic Growth 1270-1870*, Cambridge University Press, 2015.

양동휴. '기술, 경제, 역사 연구 서설',《경제논집》 제40권 제2호, 2001.

Nicholas Crafts and P. Woltjer, 'Growth Accounting in Economic History: Findings, Lessons, and New Directions', *Journal of Economic Surveys* (2021), Vol. 35, No. 3, pp. 670 - 696.

새뮤얼 C. 버어췔,《라이프 인간세계사: 근대 유럽》, 한국일보타임-라이프, 1986.

버나드 맨더빌,《꿀벌의 우화: 개인의 악덕, 사회의 이익》, 최윤재 역, 문예출판사, 2011.

애덤 스미스,《국부론》, 유인호 역, 동서문화사, 2008.

한국미국사학회(편),《사료로 읽는 미국사》, 궁리출판, 2006.

Christian Morrisson and Wayne Snyder, 'The income inequality of France in historical perspective', *European Review of Economic History 4*, 2000.

pp. 59-83.

몽테스키외,《법의 정신》, 하재홍 역, 동서문화사, 2007.

장 자크 루소,《사회계약론》, 김중현 역, 웅진씽크빅, 2010.

F. 블뤼슈 외,《프랑스혁명》, 고봉만 역, 한길사, 1999.

에릭 홉스봄,《혁명의 시대》, 정도영·차명수 역, 한길사, 1998.

Liam Brunt and Cecilia García-Peñalosa, 'Urbanisation and the onset of modern economic growth', *The Economic Journal*, June 2021.

Alexis de Tocqueville, *Journey to England and Ireland*, Translated by G. Lawrence and K. P. Mayer, Yale University Press, 1958. Internet Archive.

칼 폴라니,《거대한 전환》, 홍기빈 역, 길, 2009.

맬서스,《인구론》, 이극찬 역, 을유문화사, 1983.

찰스 디킨스,《올리버 트위스트》, 유수아 역, 현대지성, 2020.

프리드리히 엥겔스,《영국 노동계급의 상황》, 이재만 역, 라티오, 2014.

노명식,《자유주의의 역사》, 책과함께, 2011.

론도 캐머런, 래리 닐,《간결한 세계 경제사》, 이헌대 역, 범문사, 2003.

존 A. 홉슨,《제국주의론》, 신홍범, 김종철 역, 창작과 비평사, 1982.

서정훈,《제국주의의 이해》, 울산대출판부, 2007.

Robert Johnson, *British Imperialism*, Palgrave Macmillan, 2003.

Herbert Spencer, *The Principles of Biology*, Appleton (1910), Project Gutenberg e-book, 2017.

Rudyard Kipling et al., *Kipling Stories and Poems Every Child Should Know*, Book II, Project Gutenberg eBook, 2009.

박경태,《인종주의》, 책세상, 2009.

에릭 L. 존스,《유럽 문명의 신화》, 유재천 역, 나남, 1993.

Eric Jones, *The European Miracle* (3rd ed.), Cambridge University Press, 2003.

제임스 M. 블라우트,《식민주의자의 세계 모델》, 김동택 역, 성균관대출판부,
　　　　2008.

제9장

동양의 역사

•

아편전쟁과 새로운 중국

페멀라 카일 크로슬리,《만주족의 역사》, 양휘웅 역, 돌베개, 2013.

윌리엄 T. 로,《하버드 중국사: 청》, 너머북스, 2014.

Gabe T. Wang, *China's Population: Problems, Thoughts and Policies*,
　　　　Routledge, 1999.

徐輝, '淸代中期的 人口迁移',《人口硏究》第 22卷 第 6期, 1998年 11月.

Hong Liangji(洪亮吉), *Juan shi ge ji* (Chinese Edition: 卷施閣集), Google
　　　　Book, 1795.

古文翻譯庫,《治平篇》原文及翻譯, 2020. https://fanyi.cool/364.html.

진순신,《이야기 중국사》, 박현석 역, 살림, 2011.

리보중,《중국 경제사 연구의 새로운 모색》, 이화승 역, 책세상, 2006.

Philip C. C. Huang, 'Development or Involution in Eighteenth-Century Britain and China?', *The Journal of Asian Studies*, May 2002. Vol. 61, No. 2 (May 2002), pp. 501-538.

Richard von Glahn, *The Economic History of China*, Cambridge University Press, 2016.

신승하,《중국근대사》, 대명출판사, 2000.

애덤 스미스,《국부론》, 유인호 역, 동서문화사, 2008.

George Leonard Staunton, *An historical Account of the embassy to the emperor of China*, abridged principally from the papers of earl Macartney, HardPress, 2017.

조이손,《청사고》, 中國哲學書電子化計劃. https://ctext.org.

Edmund Backhouse, *Annals and memoirs of the court of Peking,* HardPress, 2017.

James L. Hevia, *Cherishing Men From Afar: Qing Guest Ritual and the Macartney Embassy of 1793*, Duke University Press, 1995.

Ssu-yü Teng and John K. Fairbank, *China's Response To the West*, Harvard University Press, 1979.

후성,《아편전쟁에서 5·4운동까지》, 박종일 역, 인간사랑, 2013.

Lord Macartney, *An Embassy to China: Being the Journal Kept by Lord Macartney*, The Folio Society, 2004.

Henrietta Harrison, 'The Qianlong Emperor's Letter to George III and the Early-Twentieth-Century Origins of Ideas about Traditional China's Foreign Relations', *The American Historical Review*, Volume 122, Issue 3, June 2017. Pages 680-701.

Hosea Ballou Morse, *The Chronicles of the East India Company: trading to China 1635-1834*, Oxford University Press, 1926. Internet Archive.

남정원, '與吳觀察論治臺灣事宜書', 1724. 출전: 維基文庫. https://zh.wikisource.org/wiki/與吳觀察論治臺灣事宜書.

UN Office of Drugs and Crime, *A Century of International Drug Control*, UNODC, 2010. https://doi.org/10.18356/68cb46d1-en.

패트리샤 버클리 에브리, 《사진과 그림으로 보는 케임브리지 중국사》, 이동진·윤미경 역, 시공사, 2010.

Stephen R. Platt, *Imperial Twilight*, Alfred A. Knopf, 2018.

서경호, 《아편전쟁》, 일조각, 2020.

Miles Maochun Yu, 'Did China Have A Chance To Win The Opium War?', *Hoover Institution*, July 3, 2018. https://www.hoover.org/research/did-china-have-chance-win-opium-war.

마오하이, 《중국인의 선혈만 앗아간 아편전쟁》, 김승일·이택산 역, 징검다리, 2018.

Anonymous, 'Military skill and power of the Chinese', In *The Chinese Repository*, Vol. 5. From May 1836 To April 1837, Canton, 1837. Internet Archive. Google Books.

마이클 에이더스, 《기계, 인간의 척도가 되다》, 김동광 역, 산처럼, 2011.

Tonio Andrade, *The Gunpowder Age*, Princeton University Press, 2016.

House of Commons, *Hansard*, April 7-9, 1840. cols, 669-951.

토머스 드 퀸시, 《어느 영국인 아편 중독자의 고백》, 김명복 역, 웅진씽크빅, 2011.

Elizabeth Lomax, 'The Uses and Abuses of Opiates in Nineteenth-Century

England', *Bulletin of the History of Medicine*, Mar–Apr 1973. Vol. 47, No. 2.

A. P. Stanley, *The Life and Correspondence of Thomas Arnold*, D. D., John Murray, 1882. Internet Archive.

Major–General R. Alexander, *The Rise and Progress of British Opium Smuggling*, Judd and Glass, 1856. Internet Archive.

카를로 치폴라, 《대포, 범선, 제국》, 최파일 역, 미지북스, 2010.

Julia Lovell, *The Opium War*, Picador, 2011.

췌이쯔칭, '홍수전의 사상과 실천', 김지아 역, 《동학농민혁명과 태평천국운동 과거 현재 미래를 논하다: 동학농민혁명 정기 심포지엄》, 2012년 11월.

Benjamin Elman, 'Naval Warfare and the Refraction of China's Self–Strengthening Reforms into Scientific and Technological Failure, 1865–1895', *Modern Asian Studies 38*, 2 (2004). pp. 283–325.

Bickers Robert, *The Scramble for China: Foreign Devils in the Qing Empire, 1832–1914*, Penguin Books, 2016.

양계초, '담사동전', 1899. 출전: 維基文庫. https://zh.wikisource.org/wiki/譚嗣同傳.

옌푸, 《천연론天然論》, 양일모·이종민·강중기 역, 소명출판, 2008.

Thomas H. Huxley, *Evolution and Ethics, and Other Essays*, Project Gutenberg e-book, 2001.

전복희, 《사회진화론과 국가 사상》, 한울아카데미, 1996.

천두슈, '신청년의 죄안에 대한 답변서', 《천두슈 사상선집》, 심혜영 역, 산지니, 2017.

우위, '家族制度為專制主義之根據論', 1917. 출전: 維基文庫. https://zh.wikisource.org/wiki/家族制度為專制主義之根據論.

함홍근, '중국 신문화운동기의 유교 비판-오우의 논설을 중심으로', 《이대사원》 제23권 0호, 1998년 1월. pp. 1-21.

후스, 《吳虞文錄》序, 新報副刊, 1921. 출전: 維基文庫. https://zh.wikisource.org/wiki/《吳虞文錄》序.

루쉰, 《아Q정전/아침꽃을 저녁에 줍다》, 이가원 역, 동서문화사, 2008.

우위, '吃人與禮教', 1919. 출전: 維基文庫 https://zh.wikisource.org/wiki/吃人與禮教.

리다자오, '俄國大革命之影響', 1917. 출전: 維基文庫. https://zh.wikisource.org/wiki/俄國大革命之影響.

버트런드 러셀, 《러셀, 북경에 가다》, 이순희 역, 천지인, 2009.

김상협, 《모택동 사상》, 일조각, 1975.

Kent Deng and P. K. O'Brien, *China's GDP Per Capita from the Han Dynasty to Communist Times*, LSE Economic History Working Papers, No: 229/2016.

Jasper Becker, *Hungry Ghosts: Mao's Secret Famine*, e-book, Partnership.com, 2013. Kindle.

해리슨 E. 솔즈베리, 《새로운 황제들》, 박월리·박병덕 역, 다섯수레, 2013.

조영남, 《개혁과 개방: 덩샤오핑 시대의 중국 1》, 민음사, 2016.

우송잉, 《덩샤오핑의 남방순회 담화실록》, 김승일 역, 범우, 2012.

World Bank and PRC, *China 2030: Building a Modern, Harmonious, and Creative Society*, World Bank, 2012.

하야미 아키라, 《근세 일본의 경제 발전과 근면혁명》, 조성원, 정안기 역, 혜안, 2006.

스기하라 카오루, 《아시아 간 무역의 형성과 구조》, 박기주, 안병직 역, 전통과현대, 2002.

Sugihara Kaoru, 'The East Asian path of economic development: a long-term perspective', In Giovanni Arrighi et al. eds, *The Resurgence of East Asia*, Routledge, 2003.

최종현 학술원(편), 《중국, 새로운 패러다임 II》, 글항아리, 2020.

덩샤오핑, 《등소평 문선》, 김승일 역, 범우사, 1994.

에즈라 보겔, 《덩샤오핑 평전》, 심규호·유소영 역, 민음사, 2014.

Zheng Wang, *Never Forget National Humiliation*, Columbia University Press, 2012.

케리 브라운, 《시진핑의 중국몽》, 권은하 역, 시그마북스, 2019.

Liu Mingfu, *The China Dream*, CN Times Books, 2015.

마이클 필스버리, 《백년의 마라톤》, 한정은 역, 영림카디널, 2016.

Martin Jacques, *When China Rules the World*, Penguin Books, 2012.

Centre for Economics and Business Research (CEBR), *World Economic League Table 2022*, CEBR, Dec. 2021.

그레이엄 앨리슨 외, 《리콴유가 말하다》, 석동연 역, 행복에너지, 2015.

리콴유, 《리콴유의 눈으로 본 세계》, 유민봉 역, 박영사, 2017.

John J. Mearsheimer, *The Tragedy of Great Power Politics*, Norton, 2003.

조반니 아리기, 《베이징의 애덤 스미스》, 강진아 역, 길, 2009.

Mark Elvin, 'The Historian as Haruspex', *New Left Review*, No 52, 2008: 83-

109.

Graham Allison, *Destined For War*, Mariner Books, 2018.

Doug Bandow, 'XI Jinping Manipulates History on His Way to a Third Term', *Cato Institute*, Nov. 30, 2021.

장윤미, '중국 정치의 동학: 현대적 황제체제인가?', 《Asian Regional Review》, Vol. 3, No. 2. 2020.

Lee Edwards, 'Is China Totalitarian?', *The Heritage Foundation*, Feb. 26, 2020.

C. J. Friedrich and Zbigniew K. Brezezinski, *Totalitarian Dictatorship and Autocracy*, Praeger, 1966.

Pew Research Center, 'Unfavorable Views of China Reach Historic Highs in Many Countries', October, 2020.

이언 브래머, 《국가는 무엇을 해야 하는가》, 차백만 역, 다산북스, 2011.

Scott Kennedy and Jude Blanchette, eds., *Chinese State Capitalism*, CSIS, 2021.

윤상우, '중국 발전모델의 진화와 변동: 발전국가를 넘어 국가자본주의로?', 《아시아 리뷰》, 제7권 제2호, 2018: 33-61.

Joshua C. Ramo, *The Beijing Consensus*, The Foreign Policy Centre, 2014.

브랑코 밀라노비치, 《홀로 선 자본주의》, 정승욱 역, 세종서적, 2020.

Knight Frank, *The Wealth Report 2021*, 15th ed., 2021.

Orange Wang, 'China risks 'common poverty' if Beijing excessively intervenes in market, economist warns', *South China Morning Post*, Sep. 3, 2021.

제10장
서양의 역사
·
아메리카

Ulrich Beck, *World at Risk*, Translated by C. Cronin, Polity, 2009.

조반니 아리기, 비벌리 J. 실버 외,《체계론으로 보는 세계사》, 최홍주 역, 모티브북,
　　2008.

앨런 브링클리,《있는 그대로의 미국사》, 황혜성 외 역, 휴머니스트, 2005.

John L. O'Sullivan, 'The Great Nation of Futurity', In *The United States*
　　democratic review, 1839.

Robert W. Johannsen et al., *Manifest Destiny and Empire*, Texas A&M
　　University Press, 1992.

새뮤얼 헌팅턴,《미국: Who Are We?》, 형선호 역, 김영사, 2004.

Joseph M. Marshall III, *The Journey of Crazy Horse*, Penguin Books, 2005.

Louis P. Masur, *The Civil War: A Concise History*, Oxford University Press,
　　2011.

T. J. Stiles, *The First Tycoon: The Epic Life of Cornelius Vanderbilt*, Vintage,
　　2009.

하워드 민즈,《머니 & 파워》, 황진우 역, 경영정신, 2002.

조이스 애플비,《가차 없는 자본주의: 파괴와 혁신의 역사》, 주경철·안민석 역, 까
　　치, 2012.

Mark Twain and Charles D. Warner, *The Gilded Age: A Tale of Today*, Project

Gutenberg e-book, 2006.

니콜라 테슬라,《테슬라 자서전》, 진선미 역, 양문, 2019.

Thomas P. Huges, *American Genesis*, University of Chicago, 2004.

Christopher Beauchamp, 'The First Patent Litigation Explosion', *Yale Law Journal*, 125: 848, 2016.

시마나카 유우지,《패권의 법칙》, 이정미 역, 한국물가정보, 2020.

Ufuk Akcigit, J. Grigsby and T. Nicholas, *Immigration and the Rise of American Ingenuity*, NBER Working Paper 23137, Mar. 2017.

프레더릭 잭슨 터너,《미국사와 변경》, 손병권 역, 소명출판, 2020.

Captain A. T. Mahan, *The Interest of America in Sea Power, Present and Future*, Project Gutenberg e-book, 2005.

에밀리 S. 로젠버그,《미국의 팽창》, 양홍석 역, 동과서, 2003.

Veronique de Rugy, 'Tax Rates and Tax Revenue: The Mellon Income Tax Cuts of the 1920s', *Cato Institute Tax & Budget Bulletin*, No. 13, Feb. 2003.

F. W. Taylor, *The Principles of Scientific Management* (1911), Project Gutenberg e-book, 2011.

케빈 필립,《부와 민주주의》, 오삼교·정하용 역, 중심, 2004.

Gene Smiley, *Rethinking the Great Depression*, Ivan R. Dee, 2002.

Gene Smiley, 'The U.S. Economy in the 1920s', *EH. Net Encyclopedia*, edited by Robert Whaples, June 29, 2004. https://eh.net/encyclopedia/the-u-s-economy-in-the-1920s/.

앨런 그린스펀, 에이드리언 올드리지,《미국 자본주의의 역사》, 김태훈 역, 세종서적, 2020.

Jean-Baptiste Say, *A Treatise on Political Economy* (1821), Augustus M. Kelley, 1971. Internet Archive.

Tony Atkinson et al., *The Chartbook of Economic Inequality*, Institute for New Economic Thinking, Oxford Martin School, May 2017.

John Maynard Keynes, *The General Theory of Employment, Interest and Money* (1936), Cambridge University Press, 2013. Internet Archive.

리처드 울프·스티븐 레닉스,《경제학의 대결: 신고전학파, 케인스주의, 마르크스주의》, 유철수 역, 연암서가, 2020.

스티븐 워커,《카운트다운 히로시마》, 권기대 역, 황금가지, 2005.

Max Horkheimer and T. W. Adorno, *Dialectic of Enlightenment*, edited by G. S. Noerr, Translated by E. Jephcott, Stanford University Press, 2002.

막스 호르크하이머,《도구적 이성 비판》, 박구용 역, 문예출판사, 2006.

Shelley Baranowski, 'Axis Imperialism in the Second World War', In Nicholas Doumanis, ed., *The Oxford Handbook of European History, 1914-1945*, Oxford University Press, 2016.

Naomi Lamoreaxux and Ian Shapiro, eds., *The Bretton Woods Agreements*, Yale University Press, 2019.

미셸 보,《자본주의의 역사》, 김윤자 역, 창작사, 1987.

David Kaiser, 'The Physics of Spin: Sputnik Politics and American Physicists in the 1950', *Social Research*, Winter 2006, Vol. 73, No. 4.

Yanek Mieczkowski, *Eisenhower's Sputnik Moment: The Race for Space and World Prestige*, Cornell University Press, 2013.

John F. Kennedy, 'Special Message to the Congress on Urgent National Needs', May 25, 1961.

Public papers of the Presidents of the United States, Tauri Group, NASA Socio-Economic Impacts, April 2013. https://www.nasa.gov/sites/default/files/files/SEINSI.pdf.

Claudia Goldin and Robert A. Margo, 'The Great Compression: The U.S. Wage Structure at Mid-Century', *Quarterly Journal of Economics* 107 (1) 1992. 1-34.

Richard Katz and R. Freeman, 'The myth that low Japanese wages wrecked the U.S. auto industry', *Executive Intelligence Review*, Vol. 9, No. 4, Jan. 1982.

James P. Womack, D. T. Jones and D. Roos, *The Machine that Changed the World*, Free Press, 2007.

Willam E. Cullison, 'The U.S. Productivity Slowdown: What the Experts Say', *FRB Richmond Economic Review*, Vol. 75, No. 4, July/August 1989. 10-21.

밀턴 프리드먼, 《자본주의와 자유》, 심준보·변동열 역, 청어람미디어, 2007.

Milton Friedman and Rose, *Free To Choose: A Personal Statement*, Harcourt Brace Jovanovich, 1980. Internet Archive.

프리드리히 A. 하이에크, 《노예의 길》, 김이석 역, 자유기업원, 2018.

조너선 앨드리드, 《경제학은 어떻게 권력이 되었는가》, 강주헌 역, 21세기북스, 2020.

뷰캐넌·버튼·와그너, 《케인스는 어떻게 재정을 파탄냈는가》, 옥동석 역, 자유기업원, 2021.

존 케네스 갤브레이스,《경제학의 역사》, 장상환 역, 책벌레, 2002.

김준호,《경제학 산책》, 신론사, 2009.

Charles Moore, *Margaret Thatcher: The Authorized Biography*, Vintage Books, 2015.

James Cooper, *Margaret Thatcher and Ronald Reagan*, Palgrave Macmillan, 2012.

김형곤,《로널드 레이건: 가장 미국적인 대통령》, 살림출판사, 2007.

폴 크루그먼,《폴 크루그먼의 경제학의 향연》, 김이수, 오승훈 역, 2013.

프랜시스 후쿠야마,《역사의 종말》, 이상훈 역, 한마음사, 1992.

John Williamson, *The Washington Consensus as Policy Prescription for Development*, A lecture delivered at the World Bank, Jan. 2004.

앨런 그린스펀,《격동의 시대》, 현대경제연구원 역, 북@북스, 2007.

Stephen J. Marshall, *The Story of the Computer: A Technical and Business History*, Kindle Edition, 2015.

Tyler Lewis, *Put a Ding in Your Universe: An Entrepreneur's Guide to the Wisdom of Steve Jobs*, Kindle Edition, 2017.

애덤 피셔,《원스어폰어타임인 실리콘밸리》, 김소희 외 역, 워터베어프레스, 2020.

Jeremy Greenwood and Mehmet Yorukoglu, '1974', *Carnegie-Rochester Conference Series on Public Policy* 46, 1997. 49-95.

Martin Baily, B. P. Bosworth and S. Doshi, *Productivity comparisons: Lessons from Japan, the United States, and Germany*, The Brookings

Institution, Jan. 2020.

Lucy Dadayan, 'Measuring Return on Government IT Investments', *Communications in Dependability and Quality Management (CDQM)*, 11, 2008. 76-86. https://www.researchgate.net/publication/237462833.

Barry Jaruzelski and others, *The Culture of Innovation: What Makes San Francisco Bay Area Companies Different?*, Bay Area Council Economic Institute and Booz & Co., 2012.

Silicon Valley Institute for Regional Studies, *2019 Silicon Valley Index*, Joint Venture Silicon Valley, 2019.

Merrill Lynch and Gemini Consulting, *World Wealth Report 2000*, Merrill Lynch and Gemini Consulting, 2000.

새뮤얼 헌팅턴,《문명의 충돌》, 이희재 역, 김영사, 1997.

Heidi Peltier, *The Cost of Debt-financed War: Public Debt and Rising Interest for Post-9/11 War Spending*, Watson Institute, Brown University, 2020.

US Financial Crisis Inquiry Commission, *The Financial Crisis Inquiry Report*, U.S. Government Printing Office, 2011.

조지 애거로프·로버트 쉴러,《야성적 충동》, 김태훈 역, 랜덤하우스, 2009.

토마 피케티,《21세기 자본》, 장경덕 외 역, 글항아리, 2014.

Anders Melin, 'Highest Paid CEOs and Executives in 2020', *Bloomberg*, August 4, 2021. https://www.bloomberg.com/graphics/2021-highest-paid-ceos/.

U.S. Bureau of Economic Analysis, 'Gross Domestic Product, Corporate Profits, and GDP by Industry, Second Quarter 2021', *News release*, Sep. 30, 2021.

U.S. Bureau of Economic Analysis, 'Full-Time and Part-Time Employees by Industry', 2021.

L. Mishel, and J. Kandra, 'CEO pay has skyrocketed 1,322% since 1978', *Economic Policy Institute*, August 2021.

Milton Friedman, 'The Social Responsibility of Business is to Increase its Profits', *The New York Times Magazine*, Sep. 13, 1970.

데이비드 하비, 《데이비드 하비의 세계를 보는 눈》, 최병두 역, 창비, 2017.

조지프 스티글리츠, 《불만 시대의 자본주의》, 박세연 역, 열린책들, 2021.

Business Roundtable, *Statement on the Purpose of a Corporation*, August 19, 2019. https://opportunity.businessroundtable.org/ourcommitment/

Klaus Schwab, *Davos Manifesto 2020*, World Economic Forum. Dec. 2, 2019. www.weforum.org.

Accenture and World Economic Forum, *Shaping the Sustainable Organization*, Accenture, 2021.

Richard Nixon, 'We have created a Frankenstein', *Congressional Record*, Vol. 146 (2000), Part 6. From the U.S. Government Publishing Office.

Henry S. Rowen, 'China is Moving Towards Democracy', In Noah Berlatsky, ed., *China: Opposing Viewpoints*. https://teachers.1990institute.org/wp-content/uploads/2016/07/PA-China-is-Moving-Towards-Democracy.pdf.

U.S. Department of Defense, *Summary of 2018 National Defense Strategy*, Department of Defense of the United States of America, 2018.

Joseph R. Biden, *Interim National Security Strategic Guidance*, The White House, March 2021.

IISS, *The Military Balance 2021*, Routledge, 2021.

Steven Stashwick, 'Growing Naval Imbalance Between Expanding Chinese and Aging US Fleets', *The Diplomat*, Nov. 9, 2021.

中国 国务院,《中国制造2025》, 国发〔2015〕28号, 2015. 5. 19.

Mu Rongping, *Foresight for Policymaking*, South East Asia Capacity Building Workshop, June 11-12, 2017. Malaysia.

과학기술정보통신부, 〈2020년도 기술 수준 평가 결과〉, 과학기술정보통신부, 2021. 3. 11.

US National Science Board, *2020 The State of U.S. Science & Engineering*, National Science Board, Jan. 2020.

Nature, *Nature Index: 2020 Annual Tables*, April 2020. https://www.natureindex.com/annual-tables/2020/country/all.

WIPO and IP Statistics Data Center, *World Intellectual Property Indicators 2021*, WIPO, 2021.

IC Insights, 'China Forecast to Fall Far Short of its 'Made in China 2025' Goal for ICs,' *IC Insights Research Bulletin*, Jan. 6, 2021.

Joseph Nye, *Soft Power*, PublicAffairs, 2004.

Brand Finance, *Global Soft Power Index 2022*, Mar. 2022. https://brandirectory-live-public.s3.eu-west-2.amazonaws.com/reports_free/

brand-finance-soft-power-index-2022.pdf.

J. Michael Cole, *The Hard Edge of Sharp Power*, Macdonald-Laurier Institute, 2018.

PRC and Ministry of Foreign Affairs, *The State of Democracy in the United States*, Dec 5, 2021. https://www.fmprc.gov.cn.

William Eckhardt, 'Civilization, Empires, and Wars', *Journal of Peace Research*, Vol. 27, No. 1 (Feb., 1990), pp. 9-24.

헨리 키신저,《세계 질서》, 이현주 역, 민음사, 2016.

양승태 외,《보편주의: 새로운 세계를 위한 정치사상사적 성찰》, 책세상, 2016.

이매뉴얼 월러스틴,《유럽적 보편주의》, 김재오 역, 창비, 2008.

니얼 퍼거슨,《시빌라이제이션》, 구세희·김정희 역, 21세기북스, 2011.

Samir Amin, *Eurocentrism*, Translated By R. Moore and J. Membrez, Monthly Review Press, 2009.

강정인,《서구중심주의를 넘어서》, 아카넷, 2004.

이승환 외,《아시아적 가치》, 전통과 현대, 1999.

덩샤오핑,《등소평 문선》, 김승일 역, 범우사, 1994.

Franz Schurmann, *Ideology and Organization in Communist China*, University of California Press, 1966.

김인희,《중국 애국주의 홍위병, 분노청년》, 푸른역사, 2021.

Lee Kuan Yew, 'Two Images of China', *Forbes*, June 16, 2008. https://www.forbes.com/forbes/2008/0616/037.html?sh=7d65a0541c69.

Edward Friedman, 'The CCP's use and abuse of nationalism', In Willy Wo-Lap Lam, ed., *Routledge Handbook of the Chinese Communist Party*,

Routledge, 2018.

장웨이잉·청쓰웨이 외,《중국개혁 30년》, 이영란 역, 산해, 2009.

U.S. National Intelligence Council, *Global Trends 2030: Alternative Worlds*, 2012. www.dni.gov/nic/globaltrends.

미어셰이머, '중, 한미 가까워질수록 보복할 것', 동아일보, 2022. 1. 1.

George Friedman, *The Next 100 Years: A Forecast for The 21st Century*, Doubleday, 2009.

이춘근,《미중 패권 경쟁과 한국의 전략》, 김앤김북스, 2016.

조지프 S. 나이,《미국의 세기는 끝났는가》, 이기동 역, 프리뷰, 2015.

Farah Stockman, 'China Has Risen. And It is Hungry for Competition', *The New York Times*, June 30, 2021.

패트릭 J. 드닌,《왜 자유주의는 실패했는가》, 이재만 역, 책과함께, 2019.

조지프 스티글리츠 외,《스티글리츠 보고서》, 박형준 역, 동녘, 2010.

Jean-Paul Fitoussi, Amartya Sen. and J. Stiglitz, 'Report by the Commission on the Measurement of Economic Performance and Social Progress', 2011.

Torben Iversen and David Soskice, *Democracy and Prosperity*, Princeton University Press, 2019.

존 J. 미어셰이머,《미국 외교의 거대한 환상》, 이춘근 역, 김앤김북스, 2020.

G. 존 아이켄베리,《민주주의가 안전한 세상》, 홍지수 역, 경희대출판문화원, 2021.

대런 애스모글루·제임스 A. 로빈슨,《국가는 왜 실패하는가》, 최완규 역, 시공사, 2012.

소효강·왕로상,《하상》, 홍희 역, 동문선, 1989.

E. H. 카,《역사란 무엇인가》(개역판), 김택현 역, 까치, 2015.

세계사를 보는
새로운 눈

1판 1쇄 인쇄 2022년 10월 10일
1판 1쇄 발행 2022년 10월 20일

지은이 김종국
펴낸이 김병우
펴낸곳 생각의창
주소 서울 서대문구 거북골로 120, 204-1202
등록 2020년 4월 1일 제2020-000044호

전화 031)947-8505
팩스 031)947-8506
이메일 saengchang@naver.com

ISBN 979-11-977311-3-6 (03900)
© 2022 김종국